Administração global
Estratégica e Interpessoal

ABPDEA
Associação Brasileira para
a Proteção dos Direitos
Editoriais e Autorais

RESPEITE O AUTOR
NÃO FAÇA CÓPIA
www.abpdea.org.br

D431a   Deresky, Helen
            Administração global: estratégica e interpessoal / Helen Deresky. trad. Raul Rubenich. — Porto Alegre: Bookman, 2004.

            1. Administração — Estratégia. I. Título

                          CDU 658.012.4

Catalogação na publicação: Mônica Ballejo Canto — CRB 10/1023

ISBN 85-363-0302-6

Helen Deresky
State University of New York — Plattsburgh

Administração global
Estratégica e Interpessoal

Tradução:
RAUL RUBENICH

Consultoria, supervisão e revisão técnica desta edição:
UBYRAJARA BRASIL DAL BELLO
*Mestre em Administração de Empresas com ênfase em Comércio Exterior
e Marketing Internacional pela PUC/RJ.
Professor de negociação internacional, pesquisador e coordenador do
Curso de Administração da Universidade de Caxias do Sul.*

Bookman

2004

Obra originalmente publicada sob o título
Global management: strategic and interpersonal

© 2002, Prentice-Hall
Tradução autorizada a partir do original em língua inglesa publicado
por Pearson Education, Inc, sob o selo Prentice-Hall

ISBN 0-13-061964-7

Design de capa:
FLÁVIO WILD

Assistente de design:
GUSTAVO DEMARCHI

Revisão e preparação de original:
LETÍCIA VASCONCELLOS ABREU

Supervisão editorial:
ARYSINHA JACQUES AFFONSO

Editoração eletrônica:
GRAFLINE EDITORA GRÁFICA

Reservados todos os direitos de publicação, em língua portuguesa, à
ARTMED® EDITORA S.A.
(Bookman® Companhia Editora é uma divisão da Artmed® Editora S.A.)
Av. Jerônimo de Ornelas, 670 — Santana
90040-340   Porto Alegre   RS
Fone (51) 3330-3444   Fax (51) 3330-2378

É proibida a duplicação ou reprodução deste volume, no todo ou em parte,
sob quaisquer formas ou por quaisquer meios (eletrônico, mecânico, gravação, fotocópia,
distribuição na Web e outros), sem permissão expressa da Editora.

SÃO PAULO
Av. Rebouças, 1073 — Jardins
05401-150   São Paulo   SP
Fone (11) 3062-3757   Fax (51) 3062-2487

SAC 0800-703-3444

IMPRESSO NO BRASIL
PRINTED IN BRAZIL

Sobre a autora

Helen Deresky (Ph.D. pela Concordia University, em Montreal, Canadá) é professora de Gestão Estratégica e Gestão Internacional e diretora do Programa de Comércio Internacional na State University of New York, em Plattsburgh. É associada da Canadian Studies e membro do Conselho de Negócios EUA-Canadá, além de consultora do Institute for International Business Education, Research and Training (IBERT). A professora Deresky nasceu na Inglaterra, trabalhou e prestou consultoria a inúmeras indústrias na Europa, durante vários anos, antes de se estabelecer nos Estados Unidos e ingressar no mundo acadêmico. Desde então, seu interesse por pesquisas voltou-se principalmente para a implementação estratégica e para a função de gestão de negócios na América Latina e no Canadá, temas nos quais desenvolveu módulos de ensino trabalhando com bolsas da U.S.D.E. A professora Deresky tem ensaios em várias publicações especializadas, entre as quais *Strategic Management Journal*, *Organizational Dynamics* e *Journal of Business Education*, além de apresentar trabalhos em numerosas conferências nos Estados Unidos e no Canadá. Presta consultoria a universidades e escolas técnicas regionais que pretendem internacionalizar seus currículos. Dirige cursos de gestão estratégica e gestão internacional. Este é o seu quarto livro sobre o tema da gestão internacional.

Apresentação à edição brasileira

Para um país cujo nível de internacionalização das empresas é considerado baixo, comparativamente ao de empresas de outras origens (japonesas, americanas, alemãs, italianas, francesas, coreanas, *taiwanesas,* holandesas, inglesas entre outras), a iniciativa da Bookman em lançar o livro de Helen Deresky pode ser tomada, sem exageros, como uma contribuição ao desenvolvimento econômico brasileiro. Além de ser um livro completo no campo da estratégia internacional, a obra, em si, ousa sair do lugar comum, lugar esse onde, costumeiramente, são abordados apenas os procedimentos simplórios de processos mecânicos de exportação que, na realidade empresarial brasileira, salvo poucas exceções, constituem o único nível de conhecimento internacional da maior parte das poucas empresas brasileiras que ousam enfrentar mercados não-domésticos.

Se uma crítica pudesse ser feita ao livro, essa deveria referir-se ao peso da obra: ela é robusta. Por ser robusta é completa. E por ser completa exige leitores de fôlego, versados em administração, estratégia, comércio exterior, direito, relações internacionais e convicção na importância da variável cultural como fator de sucesso em empreitadas internacionais. Esse último aspecto, aliás, bem pouco levado a sério pelos empresários brasileiros, uma vez que os programas de treinamento de executivos com vistas à atuação no exterior são raros, beirando a inexistência no seio das empresas brasileiras com alguma inserção internacional.

Deresky, lançando mão de uma abordagem essencialmente dedutiva, parte de generalidades amplas, a exemplo do primeiro capítulo em que é abordado o cenário da gestão global e, ao longo de sua obra, desce a detalhes importantes e quase ignorados, tanto no meio acadêmico, quanto no meio empresarial, no que tange à responsabilidade ética e social em terreno estrangeiro, à importância da comunicação intercultural, ao processo decisório entre culturas diferentes durante o processo de negociação, à formulação de estratégias para a abertura de novos mercados, à questão da formação de alianças internacionais como forma de circundar problemas de ordem protecionista. E não pára por aí. Segue aprofundando temas pouco estudados sob a ótica do internacional. Discorre em detalhes sobre a organização da estrutura de uma empresa ou unidade internacional, bem como sobre sistemas de controle e relações trabalhistas em países cujos sistemas jurídicos são diferentes daqueles aqui encontrados. Na Parte 4 de sua obra, a última, lições de gerenciamento de recursos humanos, enfocando o elemento humano estrangeiro, alargam a visão daqueles que têm para si a errônea idéia de que a cultura de seu próprio país é base e referência para lidar com qualquer ser humano, independentemente de sua procedência ou origem.

Entretanto, o livro de Deresky não contribui apenas para o conhecimento técnico. O livro traz recursos didáticos que, sem dúvida, ajudam o professor a educar. Por exemplo, há sessões especiais, inseridas no início de cada capítulo, denominadas **Perfis de abertura**

dos capítulos, os quais proporcionam situações práticas sobre a teoria abordada no capítulo em questão. Outro recurso didático são as sessões denominadas **Gestão Comparativa em Foco**. São narrativas bastante leves e de agradável leitura que permitem comparar situações peculiares e diferentes entre si. O resultado é uma facilitação à compreensão por parte do aluno. Os capítulos também trazem em seu corpo uma outra sessão denominada ***E-Biz Boxes*** a qual possibilita a análise de exemplos da aplicação da Tecnologia de Informação no ambiente internacional. Por último, ressalte-se a coletânea de casos que constam do final do livro. São seis casos práticos para estudo e resolução que colocam o aluno no meio de situações de difícil decisão que envolvem aspectos de estratégia, cultura, gestão de RH, responsabilidade social, riscos político-legais e tecnologia. Todas têm como pano de fundo o cenário global.

Por todos esses aspectos, o livro é recomendado a acadêmicos da área internacional, quer na posição de professores de Administração, Direito, Engenharia ou de Tecnologia Aplicada, quer como profissionais de mercado, tanto na condição de empresários como na de executivos. Naturalmente, o livro é de recomendação especial aos alunos de Comércio Exterior, Administração de Empresas, Relações Internacionais e Negócios Internacionais, mormente no que tange a estudantes de pós-graduação.

Por último, mais uma vez registro meus agradecimentos à Bookman pela confiança depositada em mim ao solicitar a revisão técnica e a apresentação desta magnífica obra ao público brasileiro em geral.

Ubyrajara Brasil Dal Bello
Universidade de Caxias do Sul

Prefácio

O panorama global hipercompetitivo do século 21 torna imperativo que os executivos desenvolvam as qualificações necessárias para projetar e implementar estratégias globais, para conduzir interações eficazes ao longo de fronteiras nacionais e para gerenciar operações do dia-a-dia em subsidiárias estrangeiras. As companhias que operam no cenário internacional muitas vezes se queixam de que sua estratégia global é prejudicada pelos fracassos de outras empresas com filiais no exterior — a gestão ineficiente das relações interculturais. Isto significa que o destino das operações internacionais depende, pelo menos parcialmente, tanto das qualificações e da sensibilidade culturais dos executivos internacionais quanto da sua capacidade de desenvolver a estratégia da companhia no contexto dos métodos e das práticas de negócios do país anfitrião.

Torna-se, então, evidente que as qualificações necessárias para uma gestão eficiente de pessoas e de processos em um contexto global são cruciais no século 21. Existe a acentuada necessidade de um livro-texto abrangente capaz de analisar as verdadeiras funções e os comportamentos gerenciais necessários para desenvolver a visão global e a de gestão, tanto a partir de um nível organizacional ou **estratégico** (macro) quanto no nível **interpessoal** (micro). Este livro preenche essa lacuna.

Este texto coloca o executivo ou estudante no papel de um executivo de qualquer nacionalidade, incentivando-o a assumir uma perspectiva verdadeiramente global no enfrentamento de questões dinâmicas de gestão, tanto em cenários meramente estrangeiros quanto em ambientes diversos e hostis. A estratégia competitiva é analisada no contexto das mudanças globais — a União Européia, o Tratado Norte-Americano de Livre Comércio (Nafta), a liberalização da Europa Oriental e o mercado em evolução da Comunidade de Estados Independentes (CEI, formada pelas nações que integravam a extinta União Soviética) — que exigem novos aplicativos em matéria de gestão. Ao longo de todo o desenvolvimento do texto, é ressaltada a maneira pela qual a variável da cultura interage com outros fatores nacionais e internacionais para influir sobre processos e comportamentos administrativos. Além disso, a influência cada vez mais competitiva da tecnologia tem lugar de destaque, com boxes que ilustram a utilização do *e-commerce* para a criação de posições globais estrategicamente competitivas.

Este livro é projetado como uma alternativa concisa e orientada para a parte prática aos típicos livro-textos de mais de 600 páginas. Será, acredito, especialmente no treinamento de executivos e cursos de pós-graduação, e nos cursos de graduação em Gestão Global, Gestão e Negócios Internacionais e Gestão Intercultural, sempre que o professor pretenda utilizar suplementos pedagógicos. A ênfase é sempre em situações práticas para pesquisas de campo e na integração entre a tecnologia, a ética dos negócios e as habilidades para a Gestão Global.

DESTAQUES QUE VALORIZAM O TEXTO

- **Perfis de abertura dos capítulos** nos proporcionam situações práticas sobre a teoria contida nos tópicos do capítulo, como, por exemplo, "A Estratégia Chinesa da Nokia" e "A Aliança Global da DaimlerChrysler AG Pisa no Freio".
- **Gestão Comparativa em Foco** narrativas que proporcionam amplas aplicações comparativas dos tópicos do capítulo em países determinados. Alguns exemplos são "Planejamento Estratégico para o Mercado da União Européia", "Motivação no México", "Comunicação com os Árabes", "Negociação com os Chineses".
- ***E-Biz Boxes*** oferecem exemplos da aplicação da Tecnologia da Informação (TI), especificamente a B2B, no mundo inteiro. Entre eles, destacamos "A Siemens AG Lança uma *E-Company* Global", "Covisint, LLC" e "FedEx: Soluções de *E-Commerce* na Ásia".
- **Casos Abrangentes** situam o administrador em um papel decisório para enfrentar situações referentes a Estratégia, Cultura, Gestão de Recursos Humanos, Responsabilidade Social, Política e Tecnologia no cenário global.

MATERIAL DE APOIO

Site na Web: O *site* que acompanha este livro, disponível em www.prenhall.com/deresky, oferece recursos de grande valor, tanto para alunos quanto para professores, incluindo um guia de estudos interativo. O material é disponibilizado pela editora da obra e seu conteúdo está em língua inglesa.

Sumário resumido

PARTE 1   O CENÁRIO DA GESTÃO GLOBAL

CAPÍTULO 1   Análise do cenário — político, econômico,
   legal e tecnológico   19
CAPÍTULO 2   Administração da interdependência: Responsabilidade social e ética   47

PARTE 2   O CONTEXTO CULTURAL DA GESTÃO GLOBAL

CAPÍTULO 3   A compreensão da importância da cultura   71
CAPÍTULO 4   A comunicação intercultural   103
CAPÍTULO 5   Negociação e processo decisório interculturais   127

PARTE 3   FORMULAÇÃO E IMPLEMENTAÇÃO DE ESTRATÉGIAS PARA OPERAÇÕES GLOBAIS E INTERNACIONAIS

CAPÍTULO 6   Formulação de estratégias   155
CAPÍTULO 7   Alianças globais e a estratégia de implementação   183
CAPÍTULO 8   Organização da estrutura, dos sistemas de controle e das relações
   trabalhistas   203

PARTE 4   GESTÃO GLOBAL DE RECURSOS HUMANOS

CAPÍTULO 9   Desenvolvimento de um núcleo global de executivos   235
CAPÍTULO 10   Motivação e liderança   263

ESTUDOS DE CASO

PARTE 1
   Caso 1:   A Colgate-Palmolive na África do Sul pós-*Apartheid*   287
Parte 2
   Caso 2:   Footwear International   291
   Caso 3:   Moto: fazendo a América   301
Parte 3
   Caso 4:   Reorganização na AB Telecom (1998)   307
   Caso 5:   Softbank Corp.   313

Parte 4
    Caso 6:   A primeira experiência de um expatriado em *joint venture* na China: realmente inesquecível   329

Notas dos capítulos   345

Índice   361

Sumário detalhado

PARTE 1   O CENÁRIO DA GESTÃO GLOBAL

CAPÍTULO 1   Análise do cenário — político, econômico, legal e tecnológico   19

PERFIL DE ABERTURA: A estratégia chinesa da Nokia: troca de tecnologia por acesso ao mercado	20
O cenário global dos negócios	22
Globalismo	22
Blocos regionais de comércio — A TRÍADE	23
Outras regiões do mundo	24
A tecnologia da informação	25
A diversificação da força de trabalho	26
O papel do executivo global	26
O cenário político e econômico	26
Risco político	28
Avaliação do risco político	29
Administração do risco político	32
Administração dos riscos do terrorismo	33
Risco econômico	34
GESTÃO COMPARATIVA EM FOCO: Os executivos globais reagem à *debacle* econômica na Indonésia	35
O cenário legal	36
A lei contratual	36
Outras questões de regulamentação	37
O cenário tecnológico	38
E-business global	39
E-BIZ BOX: A Airbus da Europa adere a um intercâmbio B2B aeroespacial global	43
Conclusão	43
Recursos na Internet	44
Pontos-chave	44

CAPÍTULO 2   Administração da interdependência: Responsabilidade social e ética   47

PERFIL DE ABERTURA: AIDS: O novo dilema moral da Nestlé na África	48
A responsabilidade social das multinacionais	48
A responsabilidade das multinacionais em relação aos direitos humanos	52

Códigos de conduta	53
A ética na gestão global	53
E-BIZ BOX: A União Européia impõe a privacidade de dados eletrônicos interfronteiras	57
Pagamentos questionáveis	57
Tomar a decisão certa	59
Administração da interdependência	60
Subsidiárias estrangeiras nos Estados Unidos	60
Administração da interdependência subsidiária/país sede	61
GESTÃO COMPARATIVA EM FOCO: Interdependência: O NAFTA — visto do sul e visto do norte	64
Administração da interdependência ambiental	66
Conclusão	68
Recursos na Internet	68
Pontos-chave	68

PARTE 2 O CONTEXTO CULTURAL DA GESTÃO GLOBAL

CAPÍTULO 3 A compreensão da importância da cultura 71

PERFIL DE ABERTURA: A vantagem cultural da Telmex diluída pela competição global	72
A cultura e seus efeitos sobre as organizações	74
E-BIZ BOX: O choque cultura-Internet na Ásia	76
Variáveis e dimensões culturais	78
Subculturas	78
Variáveis culturais	79
A tecnologia e seus efeitos sobre a cultura	81
Dimensões de valor	81
As dimensões de valores de Hofstede	81
As descobertas de Trompenaar	85
Diferenças críticas nos valores operacionais	87
Elaboração de perfis culturais	89
GESTÃO COMPARATIVA EM FOCO: Perfis em cultura	91
Cultura e estilos de gerenciamento no mundo	96
Arábia Saudita	96
As pequenas empresas chinesas	98
Conclusão	101
Recursos na Internet	101
Pontos-chave	101

CAPÍTULO 4 A comunicação intercultural 103

PERFIL DE ABERTURA: Cara oriental de jogador de pôquer: o Oriente esquivo ou o Ociende indecifrável?	104
O processo da comunicação	105
O ruído cultural no processo de comunicação	106
Variáveis culturais no processo de comunicação	107
Contexto	113
GESTÃO COMPARATIVA EM FOCO: Comunicação com os árabes	114
Canais de comunicação	116
Tecnologia da informação — cobertura global e ação local	119
E-BIZ BOX: O sistema de anúncios localizados B2B da Manheim Auctions Inc. para as suas operações globais	120
Gestão da comunicação intercultural	121

Desenvolvimento da sensibilidade cultural 121
Codificação cautelosa 121
Transmissão seletiva 121
Decodificação cautelosa do *feedback* 122
Ações de continuidade 122
Conclusão 125
Recursos na Internet 125
Pontos-chave 125

CAPÍTULO 5   Negociação e processo decisório interculturais   127

PERFIL DE ABERTURA: Raios sobre a usina da Enron na Índia 128
Negociação 129
O processo da negociação 130
Primeiro estágio: preparação 131
Segundo estágio: construção do relacionamento 133
Terceiro estágio: intercâmbio de informações relacionadas à tarefa 133
Quarto estágio: persuasão 134
Quinto estágio: concessões e acordo 136
Compreensão dos estilos de negociação 136
Negociadores eficientes no mundo 139
Gestão da negociação 141
Uso da Internet para dar suporte às negociações 143
GESTÃO COMPARATIVA EM FOCO: Negociação com os chineses 144
Gerenciamento da resolução de conflitos 146
E-BIZ BOX: Mercados B2B — Negociações e transações aceleradas 148
A tomada de decisões 148
A influência da cultura na tomada de decisões 149
Abordagens ao processo decisório 149
GESTÃO COMPARATIVA EM FOCO: O processo decisório nas companhias japonesas . 151
Conclusão 153
Recursos na Internet 153
Pontos-chave 153

PARTE 3   FORMULAÇÃO E IMPLEMENTAÇÃO DE ESTRATÉGIAS PARA OPERAÇÕES GLOBAIS E INTERNACIONAIS

CAPÍTULO 6   Formulação de estratégias   155

PERFIL DE ABERTURA: A FedEx na China — Como tornar-se global pelas
  parcerias locais 156
Razões para entrar na área internacional 157
Razões reativas 157
Razões proativas 158
O processo da formulação estratégica 159
Etapas do desenvolvimento de estratégias internacionais e globais 161
Missão e objetivos 161
Análises ambientais 161
Análises internas 164
Análises competitivas 166
Alternativas estratégicas globais e internacionais 167
Abordagens dos mercados mundiais 167
Estratégias globais de integração 168
A utilização do *e-business* para o salto global 170
Alternativas de estratégias de entrada 171

E-BIZ BOX: A Siemens AG lança uma *e-company* global 172
GESTÃO COMPARATIVA EM FOCO: Planejamento estratégico para o mercado
    da União Européia 175
    Opção estratégica 178
    Conclusão 181
Recursos na Internet 181
Pontos-chave 181

CAPÍTULO 7   Alianças globais e a estratégia de implementação   183

PERFIL DE ABERTURA: O motor estourou! A aliança global Daimler-Chrysler AG
    pisa no freio 184
Alianças estratégicas 185
Alianças globais e interfronteiras: motivações e lucros 186
E-BIZ BOX: Covisint, LLC 187
    Desafios à implementação de alianças globais 189
    Normas para o sucesso das alianças 190
GESTÃO COMPARATIVA EM FOCO: *Joint ventures* na Comunidade de Estados
    Independentes 191
Implementação estratégica 194
    Gestão do desempenho nas *joint ventures* internacionais 196
    Influências governamentais na implementação estratégica 198
    Influências culturais na implementação estratégica 199
    O impacto do *e-commerce* na implementação da estratégia 201
    Conclusão 201
Recursos na Internet 201
Pontos-chave 201

CAPÍTULO 8   Organização da estrutura, dos sistemas de controle e das relações trabalhistas   203

PERFIL DE ABERTURA: McDonald's em Moscou — uma década de desafio aos
    controles 204
Estrutura da organização 205
Evolução e mudança nas estruturas organizacionais das multinacionais 206
    Estruturas globais integradas 207
Organização para a globalização 210
GESTÃO COMPARATIVA EM FOCO: A rede global dos chineses expatriados 211
    Organização para "ser global, agir como local" 212
Formas estruturais emergentes 214
    Redes interorganizacionais 214
    A estrutura em rede da corporação transnacional 215
Escolha da forma organizacional 216
    Mudança organizacional e variáveis de projetos 216
Sistemas de controle para operações globais 221
    Sistemas de monitoramento 221
    Mecanismos de coordenação direta 222
    Mecanismos de coordenação indireta 222
E-BIZ BOX: FedEx: soluções de *e-commerce* na Ásia 223
Gestão de sistemas eficientes de monitoramento 224
    A adequação dos sistemas de monitoramento e relatórios 224
    A função dos sistemas de informação 224
    Variáveis de avaliação conforme os países 225
Interação com os sistemas locais de relações trabalhistas 226
    O movimento sindical no mundo 226

Convergência *versus* divergência nos sistemas trabalhistas 228
O Nafta e as relações trabalhistas no México 229
GESTÃO COMPARATIVA EM FOCO: As relações trabalhistas na Alemanha 231
    Conclusão 232
Recursos na Internet 232
Pontos-chave 232

PARTE 4   GESTÃO GLOBAL DE RECURSOS HUMANOS

CAPÍTULO 9   Desenvolvimento de um núcleo global de executivos   235

PERFIL DE ABERTURA: Oleg e Mark — mesmo trabalho, pagamento desigual 236
E-BIZ BOX: Os SGRH tornam-se globais na British Airways 238
Filosofias de formação de equipes em operações globais 239
Seleção global 244
    Problemas com a expatriação 245
Treinamento e aperfeiçoamento 245
    Treinamento intercultural 247
    Técnicas de treinamento 249
    Integração entre treinamento e orientação global 249
    Treinamento de cidadãos do país anfitrião (CPAs) 250
Compensação para os expatriados 251
Compensação para cidadãos do país anfitrião 253
Desenvolvimento de um quadro global de executivos 254
    Preparação, adaptação e repatriação 254
    O papel do cônjuge do expatriado 256
    Gestão da carreira do expatriado 256
    A função da repatriação no desenvolvimento de um quadro de gestão global .. 256
    Equipes globais de gestão 258
    O papel das mulheres na gestão internacional 261
    Conclusão 262
Recursos na Internet 262
Pontos-chave 262

CAPÍTULO 10   Motivação e liderança   263

PERFIL DE ABERTURA: O estilo java da Starbucks ajuda a atrair, motivar e
    conservar lideranças em Beijing 264
Motivação 264
Pesquisa intercultural sobre motivação 265
    O significado do trabalho 265
    A hierarquia necessária no contexto internacional 269
    A dicotomia intrínseco-extrínseco no contexto internacional 270
GESTÃO COMPARATIVA EM FOCO: Motivação no México 271
    Sistemas de recompensa 275
Liderança 276
    A função e o ambiente do líder global 276
E-BIZ BOX: O estilo de liderança da Italtel Spa dá autoridade aos
    funcionários globais pela tecnologia 278
Pesquisa intercultural sobre liderança 279
Liderança contingente — a variável cultural 279
    O projeto GLOBE de liderança 279
GESTÃO COMPARATIVA EM FOCO: Liderança na Índia 284
    Conclusão 286
Recursos na Internet 286
Pontos-chave 286

ESTUDOS DE CASO

Parte 1
Caso 1: A Colgate-Palmolive na África do Sul pós-*Apartheid* 287

Parte 2
Caso 2: Footwear International 293
Caso 3: Moto: fazendo a América 301

Parte 3
Caso 4: Reorganização na AB Telecom (1998) 307
Caso 5: Softbank Corp. 313

Parte 4
Caso 6: A primeira experiência de um expatriado em *joint venture* na China: realmente inesquecível 329

NOTAS DOS CAPÍTULOS   345

ÍNDICE   361

PARTE 1
O cenário da gestão global

Capítulo 1

Análise do cenário — político, econômico, legal e tecnológico

Panorama
Perfil de abertura: *A estratégia chinesa da Nokia: a troca de tecnologia por acesso ao mercado*
O cenário global dos negócios
    Globalismo
    Blocos regionais de comércio — A TRÍADE
    Outras regiões do mundo
    A tecnologia da informação
    A diversificação da força de trabalho
    O papel do executivo global
O cenário político e econômico
    Risco político
    Avaliação do risco político
    Administração do risco político
    Administração dos riscos do terrorismo
    Risco econômico
        Gestão comparativa em foco: *Executivos globais reagem à debacle econômica na Indonésia*
O cenário legal
    A lei contratual
    Outras questões de regulamentação
O cenário tecnológico
    E-business global
E-Biz Box: *A Airbus da Europa adere a um intercâmbio B2B aeroespacial global*

PERFIL DE ABERTURA:

A ESTRATÉGIA CHINESA DA NOKIA:
TROCA DE TECNOLOGIA POR ACESSO AO MERCADO

O presidente da companhia finlandesa na China discorre sobre o desafio de fazer negócios sob o olhar vigilante de Pequim.

Há seis anos, quando Folke Ahlback, presidente da Nokia (China) Investment Co., chegou a Pequim, o escritório local contava com cerca de 250 funcionários amontoados em um antigo cinema local. Desde então, ele revolucionou a operação chinesa da Nokia, que tem hoje o *status* de um verdadeiro rolo compressor de vendas, com 5.000 funcionários. Para que se tenha uma idéia melhor da transformação, basta dizer que, em 1999, essa estrutura foi responsável por 14% das vendas globais da Nokia Corp.

Não é de admirar, pois, que a Nokia tenha investido mais de US$ 1 bilhão no mercado chinês. Já são mais de 70 milhões os assinantes de telefones sem fio no Reino Médio, aos quais cerca de 2 milhões de novos usuários se juntam todos os meses. Ahlback, que é também um vice-presidente sênior da Nokia, conversou recentemente sobre as operações de sua companhia na China com Irene M. Kunii, uma correspondente da *BusinessWeek* especializada em telecomunicações. A seguir, trechos dessa entrevista:

Pergunta: Já ocorreu algum problema com seus negócios na China?
Resposta: Não registramos qualquer cancelamento de pedidos. O crescimento tem sido persistente e continuado. Estamos muito satisfeitos, uma vez que o produto interno bruto da China está no nível dos 8%.

P: A Nokia parece ter excelentes relações com os seus parceiros chineses. Qual é a razão disto? E quantos são esses parceiros chineses?
R: Os chineses e os finlandeses têm algumas características em comum. Eles não contam vantagem e são modestos. Sabem que a vida não é fácil. E isso os torna um pouco mais humildes. Temos aqui sete *joint ventures* e todas, com uma única exceção, de propriedade do Estado.

P: Vocês estão transferindo tecnologia sofisticada para esses sócios. Não é preocupante a possibilidade de, no futuro, eles virem a tomar a fatia de mercado que vocês hoje detêm?
R: Devido à imensa importância das *telecoms* (na China), existem regras e regulamentos que são cumpridos. Você transfere tecnologia e ganha acesso ao mercado. Trata-se de um misto de economia central e planificada. Já aprendemos que cada país tem suas características próprias. Em 1998, a China tornou-se o segundo mais importante mercado para a Nokia (perdendo somente para os EUA).

P: Qual é a fatia de mercado dos fabricantes chineses de aparelhos telefônicos manuais?
R: A tarefa do Ministério da Indústria da Informação (MII) é garantir que essa fatia seja 30% chinesa. Atualmente, é provável que ela esteja entre 5 e 10%.

P: Não preocupa a sua empresa o fato de a China estar apoiando o desenvolvimento de mais um novo tipo de celular de terceira geração, ou 3G, o celular padrão TD-SDDMA?
R: Acreditamos plenamente que... seja qual for a opção feita, o mais importante é que venhamos todos a adotar o caminho da evolução para a banda mais larga CDMA (ou W.CDMA, o padrão de 3G apoiado pelo Japão e pela Europa). Se não fizermos isto, não teremos conseguido seguir nosso caminho.

P: E o que acontecerá na Siemens com este novo padrão em desenvolvimento?
R: O que acontece com qualquer outro padrão; são duas as etapas. A primeira é fazer com que seja um padrão. Saudamos o fato de a China estar envolvida nessa padronização. Os clientes querem saber é dos produtos, e não se preocupam com a tecnologia. E com isso o teste real do TD-SCDMA será o mercado. A Nokia está apoiando este padrão e participa na pesquisa e no desenvolvimento.

P: A Internet móvel conseguirá na China o impulso que obteve no Japão? Como o senhor sabe, na China o destaque maior fica por conta dos *sites* de entretenimento.
R: A China é um país imenso, a caminho de construir um dos maiores e mais modernos sistemas de telefones móveis do mundo. Mas, é também um país em desenvolvimento, e por isso adotará extrema cautela quanto à maneira como utilizará esse sistema. Assim, para a 3G, não deveríamos

falar em conteúdo e, sim, de preferência, nas maneiras de aperfeiçoar esse negócio. A meta do governo chinês é tomar decisões de investimentos que possam ajudar a indústria a ser mais eficiente.

P: O senhor está querendo dizer que os chineses não permitirão que se faça o *download* de jogos, por exemplo, em seus aparelhos?

R: A principal preocupação do governo chinês é transformar a infra-estrutura móvel chinesa em um negócio. Eles colocarão nisso a mais avançada das tecnologias disponíveis. Então, o governo certamente proporcionará aos clientes o que estes quiserem. Como em todo o mundo, aqui certamente haverá grandes segmentos querendo todas as opções que esta tecnologia possibilita. Tenho certeza de que toda a sociedade chinesa gostaria de estar conectada (à Internet móvel).

P: As companhias chinesas irão contribuir de alguma forma para o desenvolvimento do conteúdo e aplicativos de uma Internet móvel?

R: Nossa opinião é no sentido de que haverá centenas de empresas (fazendo isto) na China e milhares no mundo inteiro. Estou certo de que o governo chinês deseja que as empresas chinesas venham a desempenhar um papel significativo nas operações celulares sem fio.

P: Seria possível para a Nokia operar de maneira independente na China e assim preservar seus direitos intelectuais?

R: Na China, é sempre aconselhável trabalhar com parcerias. Eu não aconselharia alguém a se aventurar a trabalhar na China sem parceria, em um negócio tão complicado quanto o das telecomunicações. Depois de consolidar um negócio conjunto, o seu sócio na *joint venture* acaba se transformando em seu parceiro de confiança.

P: Tudo bem, mas não dá para esquecer o que aconteceu com os sócios estrangeiros da operadora móvel China Unicom (que cancelou todos os seus acordos de *joint ventures* com a Unicom no ano 2000).

R: Aquilo foi uma questão política. Eles desenvolveram uma estrutura de investimentos que não seguia os ditames governamentais, e as autoridades chinesas decidiram que seria melhor acabar com o empreendimento.

P: A China é um bom lugar para estabelecer uma empresa, em termos de capacidade de contratar engenheiros promissores?

R: A China apresenta uma enorme disponibilidade de pessoal qualificado. Por exemplo, não levamos muito tempo para entrar em operação plena — menos de 12 meses por fábrica, para ser mais exato. Entre 1996 e 1999, instalamos capacidade produtiva na China, não apenas para este país, mas em escala mundial. Transformamos a China em um centro de produção, juntamente com os EUA e a Europa.

P: O que a sede mundial da Nokia pensa a respeito da sua estratégia na China, de oferecer tecnologia em troca de acesso ao mercado?

R: Minha mensagem para a sede é de que nada se consegue sem dificuldade.

Fonte: Editada por Thane Peterson, www.businessweek.com, 22 de janeiro de 2001. Copyright 2000-2001 por The McGraw-Hill Companies Inc. Todos os direitos reservados.

Os executivos do século 21 enfrentam o desafio de operar em um cenário global cada vez mais complexo, interdependente e dinâmico. Todos os participantes da economia global precisarão ajustar estratégias e estilos de gestão às regiões do mundo em que pretenderem operar, diretamente ou por intermédio de parcerias. Este cenário mundial é ilustrado no perfil de abertura — uma entrevista com o finlandês Folke Ahlback, o presidente da Nokia (China) Investment Company.[1] Os desafios mais comuns que ele enfrenta envolvem política, cultura e o uso, a transferência e a proteção de tecnologia. Além disso, as oportunidades e os riscos do mercado global cada vez mais trazem implícitas as obrigações societárias de operar em uma comunidade global. Um exemplo é o dilema enfrentado pelos fabricantes ocidentais de medicamentos, que ganharam destaque na primavera de 2001 obrigados, simultaneamente, a cumprir suas responsabilidades para com os acionistas, conseguir capital para pesquisas, proteger suas patentes e ser bons cidadãos globais, dando guarida às exigências de medicamentos gratuitos, ou pelo menos de baixo preço, para doenças como a AIDS em países pobres.[2] Os executivos dessas companhias estão batalhando para encontrar maneiras de conseguir o equilíbrio adequado entre suas responsabilidades sociais, sua imagem e suas estratégias competitivas.

Para competir agressivamente, as empresas dependem de investimentos consideráveis no exterior — não apenas investimento em capital, mas também em executivos bem treinados, dotados das qualificações essenciais para trabalhar com eficiência em um ambiente multicultural. Em qualquer cenário estranho, os executivos precisam trabalhar com uma infinidade de variáveis dinâmicas e em rápida mutação, entre elas a variável onipresente que é a cultura, que afeta todas facetas das tarefas diárias de um administrador. Agregado a este *"software* comportamental", há também o desafio da utilização cada vez maior de *software* tecnológico e da Internet sem fronteiras, que vêm rapidamente modificando a dinâmica da competição e das operações.

A *gestão global* é, portanto, o processo de desenvolver estratégias, projetar e operar sistemas, trabalhando com pessoas do mundo inteiro para garantir uma vantagem competitiva permanente. Essas funções executivas são formatadas pelo ritmo do desenvolvimento e pelo rumo dos acontecimentos no mundo, como se irá descrever nas próximas seções.

O CENÁRIO GLOBAL DOS NEGÓCIOS

Globalismo

A competitividade nos negócios evoluiu para um nível de sofisticação que muitos chamam de *globalismo:* a concorrência global caracterizada por redes que unem países, instituições e pessoas em uma economia global interdependente. A mão invisível da concorrência global é orientada pelo fenômeno de um mundo com fronteiras cada vez menos concretas. Como bem descreveu Kenichi Ohmae, "o estado-nação — aquele artefato dos séculos 18 e 19 — começou a desintegrar-se, assolado por uma tempestade contida de ressentimentos políticos, preconceitos étnicos, ódios tribais e animosidades religiosas". [3]

Como conseqüência da integração econômica global, a extrapolação das atuais tendências levará as exportações mundiais de bens e serviços a um volume de US$ 11 trilhões no ano de 2005, ou 28% do produto interno bruto (PIB) mundial. [4] De acordo com os relatórios da Organização Mundial do Comércio (OMC), as diferenças entre os índices regionais de crescimento de produção estreitaram-se à medida que a atividade econômica atingiu seu pico na Europa Ocidental e nas economias em transição.[5] Fica muito claro que o comércio mundial é fenomenal e crescente e, mais importante ainda, inclui cada vez mais as nações em desenvolvimento.

Praticamente todas as empresas em operação no mundo são de alguma forma afetadas pelo globalismo. Empresas de qualquer país competem agora com a sua tanto no seu país quanto no exterior, e os seus concorrentes domésticos conseguem competir em matéria de preços pela terceirização de recursos em qualquer parte do mundo. É, portanto, essencial que os executivos façam muito mais do que operar em seus mercados internos, pois, se a isto se limitarem, ficarão em desvantagem em relação à maioria dos executivos que reconhecem a necessidade de uma visão global para suas empresas, e uma visão desse tipo começa pela familiarização deles mesmos com as qualificações e os instrumentos da gestão em um cenário global. As companhias que pretenderem continuar competitivas globalmente e expandir suas operações para outros países precisarão desenvolver um quadro de executivos altamente capacitados e com experiência em operações no exterior, em condições de entender o que é necessário para fazer negócios em outros países e trabalhar com pessoas em e de culturas diferentes.

Como outro indicador do globalismo, o investimento estrangeiro direto vem crescendo três vezes mais rapidamente do que a produção mundial de bens. A União Européia (UE) está atualmente lado a lado com os Estados Unidos na disputa pela posição de maior investidor mundial. Os investimentos de conglomerados mundiais beneficiam as economias em desenvolvimento pela transferência de recursos financeiros, tecnológicos e administrativos, e também pelo desenvolvimento de aliados locais, que mais tarde se tornam auto-suficientes e têm outras operações. As companhias globais estão se tornando menos dependentes de localização específica, e suas operações e aliados espalham-se pelo mundo inteiro, à medida que se tornam fonte e coordenação de recursos e atividades em que são mais lucrativas, e em paralelo com o desenvolvimento de novas tecnologias que possibilitam interações mais rápidas e aumentam cada vez mais a eficiência.

As empresas de pequeno porte também são afetadas pelo globalismo e, por isso mesmo, passam a colocá-lo em prática. Elas desempenham um papel vital ao contribuir para as respectivas economias nacionais — mediante o emprego, a criação de novos postos de trabalho, o desenvolvimento de novos produtos e serviços, e operações internacionais, especialmente as exportações. A imensa maioria (cerca de 98%) dos negócios nas economias desenvolvidas é constituída por empresas de pequeno e médio portes (EPMs, ou

SMEs, segundo a sigla em inglês), sendo incluídas nessa classificação todas aquelas que têm um máximo de 500 funcionários. Embora muitas empresas de médio porte sejam afetadas pelo globalismo apenas no aspecto de terem de enfrentar a concorrência de produtos importados, um número cada vez maior de empresários vem sendo procurado por clientes estrangeiros potenciais graças ao número cada vez maior de feiras comerciais, iniciativas federais e estaduais de incentivo às exportações, e à crescente utilização de *sites* da Web, com todas as facilidades que proporcionam no que diz respeito à realização de contatos e colocação e recepção de pedidos *on-line*. Nos Estados Unidos, por exemplo, mais de metade das companhias com renda anual inferior a US$ 100 milhões exportam seus produtos.[6]

Blocos regionais de comércio — A TRÍADE

Boa parte do comércio mundial atual é feito no âmbito de três blocos regionais de livre comércio (Europa Ocidental, Ásia e América do Norte), o chamado mercado da TRÍADE, que gira em torno das três moedas dominantes (o euro, o iene e o dólar).[7] Um pesquisador resume o impacto desta nova ordem sobre a nossa percepção das fronteiras nacionais da seguinte forma:

> Hoje, basta observar com maior atenção o mundo em que se inserem as companhias da TRÍADE para ver que as fronteiras nacionais realmente desapareceram e, juntamente com elas, a lógica econômica que, em outros tempos, tornou-as linhas úteis de demarcação.[8]

A união européia

> "Estamos muito atentos ao euro, especialmente porque nosso maior mercado é a Europa; já dissemos aos nossos clientes que assim que eles estiverem prontos, nós também estaremos prontos (para estabelecer a cotação dos seus produtos em euros)."
>
> WILLY LIN, DA MILOS MANUFACTURING, HONG KONG (EMPRESA DE PROPRIEDADE FAMILIAR DE ROUPAS DE MALHA)
> FAR EASTERN ECONOMIC REVIEW, 3 DE SETEMBRO DE 1998.

Depois que 12 dos 15 países-membros da Comunidade Européia adotaram uma moeda e uma política monetária comuns, a UE — um mercado único e suas fronteiras da Europa — é uma realidade. E, à medida que as negociações se prolongavam em 2001, estavam em jogo direitos de voto para a adesão de 13 novos membros.[9] Com o euro como moeda legal para todas as transações, o cenário dos negócios na Europa sofre uma grande transformação. Medidas legislativas foram adotadas para criar um mercado interno com livre movimentação de mercadorias e pessoas entre os países da União Européia, criando assim o maior e mais integrado mercado comum do mundo, com 376 milhões de consumidores. Contudo, a eliminação de tarifas e alfândegas internas, bem como das barreiras comerciais e financeiras, não foi suficiente para acabar com o orgulho nacional. Embora a maioria dos cidadãos da Europa Ocidental esteja sendo chamada apenas de "os europeus", eles ainda se consideram britânicos, franceses, dinamarqueses, italianos, etc. E se preocupam com o fato de virem eventualmente a concentrar poderes em excesso em instituições centralizadas e com a possibilidade de perderem os indicadores das respectivas culturas nacionais.

Há, aqui, dois desafios à espera dos executivos globais. Um deles é estratégico (e será abordado em detalhes no Capítulo 6) — como as empresas fora da Europa enfrentarão as implicações da UE, que alguns passaram a chamar de "fortaleza Europa", isto é, um mercado pronto para dar sempre preferência aos seus próprios integrantes. O outro desafio é cultural — como transitar eficientemente em meio a inúmeras culturas nacionais, tradições e costumes dos europeus — por exemplo, as diferentes atitudes a respeito de quanto tempo a pessoa deve dedicar ao trabalho e ao lazer.

Ásia

O Japão e os Quatro Tigres — Cingapura, Hong Kong, Taiwan e Coréia do Sul, cada um deles contando com recursos tecnológicos e mão-de-obra qualificada em abundância — são a fonte da maior parte do capital e recursos técnicos para os países em desenvolvimento da Ásia.[10] Os economistas observam uma crescente integração da região, com o Japão como o catalisador e sócio dominante e, mesmo assim, bem-vindo.

Na década de 1980 e no começo dos anos 1990, grande parte do poderio econômico e da margem competitiva da Ásia era atribuída aos *keiretsu* japoneses e aos *chaebol* sul-coreanos. Ambos são imensos conglomerados de grupos financeiramente inter-relacionados de companhias que desempenham um papel significativo na economia dos respectivos países. Os *keiretsu* do Japão — Mitsubishi e Toyota, para apontar dois dos mais poderosos — são tidos em Washington como formas de barreiras comerciais.[11] Mais recentemente, porém, o retrocesso da economia japonesa foi atribuído em parte ao sistema fechado do *keiretsu*, que incluía a proteção e influência política do *keiretsu* e o seu suporte financeiro dúbio. Como resultado, esses conglomerados têm sido forçados a se desmembrar e reestruturar. Um exemplo: em março de 2000, a Toshiba Corporation anunciou um plano de reorganização previsto para se estender durante três anos.[12]

No conjunto, as preocupações econômicas no Sudeste da Ásia reduziram severamente o crescimento da região, e na verdade tiveram um drástico efeito nas vendas e nos lucros de empresas em todo o mundo. Contudo, em 2001, Washington e Tóquio renovaram seus esforços no sentido de garantir um mercado mais aberto.[13]

América do Norte

A meta do *North American Free Trade Agreement* (Nafta, ou Acordo de Livre Comércio da América do Norte), entre os Estados Unidos, Canadá e México, era promover crescimento mais acelerado, criar mais empregos, melhores condições de trabalho e um meio ambiente despoluído para todos, como resultado maior de um aumento das exportações e do comércio. Este bloco de comércio da "América única" tem 360 milhões de consumidores e o potencial para se expandir pela América do Sul à medida que a liberalização do comércio entre os países da América Latina conseguir avançar.[14]

Refletindo o otimismo com relação às oportunidades de investimento resultantes do Nafta, empresas estrangeiras investiram bilhões de dólares no México. Para tirar proveito deste incremento comercial, muitas organizações norte-americanas instalaram novas operações de montagem no México, ou ampliaram suas operações de montagem e produção nas *maquiladoras* — linhas de produção norte-americanas que vinham operando ao sul da fronteira entre Estados Unidos e México desde a década de 1960, com o amparo de acordos especiais relativos a incentivos fiscais. Companhias mexicanas e norte-americanas, criaram *joint ventures*, entre elas a Wal-Mart e a Cifra que são, respectivamente, as maiores redes de lojas de varejo nos Estados Unidos e no México; na verdade, em 2001 a WalMex já havia se tornado a maior rede de varejo do país.[15] Apelidada de "Detroit do Sul", a indústria automobilística ao sul da fronteira assume porções cada vez mais consideráveis da produção dos Três Grandes da indústria automotiva norte-americana, tirando também proveito dos salários mais baixos pagos no México. Apesar de todas essas vantagens, problemas recorrentes em matéria de infra-estrutura e o valor sempre decrescente do peso mexicano continuam a pesar negativamente sobre este comércio.

Outras regiões do mundo

Da mesma forma, intranqüilidade e mudanças genéricas nos campos econômico, político e social em todo o mundo representam novos desafios para os executivos globais. O afastamento generalizado do modelo comunista combinado à tendência à privatização teve uma enorme influência sobre a economia mundial; a liberdade econômica é um fator fundamental na riqueza relativa das nações.

Uma das mudanças mais impressionantes do mundo atual é que quase todas as nações de repente começaram a desenvolver sistemas descentralizados, de livre mercado, para terem condições de conduzir uma economia global de intensa concorrência, a complexidade da industrialização de alta tecnologia e o despertar de um sentimento generalizado de anseio por liberdade.[16]

Europa Central e Oriental

Uma das áreas mais afetadas nos últimos anos por todos esses eventos é o bloco da Europa Central e Oriental, onde o comunismo se mostrou insustentável e entrou em colapso. A atenção mundial está agora centrada em um novo mercado de 430 milhões de habitantes cujos baixos índices salariais tentadores oferecem aos investidores campos ainda inexplorados com oportunidades de produção de baixo custo. Muitos obstáculos, no entanto, persistem e tendem a emperrar o crescimento das oportunidades de negócios nesta região, pois os países do Leste Europeu não têm a estrutura e os sistemas capitalistas capazes de reproduzir com facilidade as práticas de gestão ocidentais. Como já destacou um pesquisador, "a pesquisa de mercado é, ali, algo desconhecido. A coisa mais parecida com uma pesquisa de mercado que a maioria dos europeus orientais até então experimentou foi um interrogatório do governo".[17] Contudo, a crescente estabilidade e os ganhos econômicos na Europa Central — Polônia, Hungria e República Tcheca — estão atraindo uma corrente de investimentos estrangeiros, que inclui uma fábrica de automóveis Opel no sul da Polônia, a expansão, pela IBM, de sua fábrica de *disk-drives* na Hungria, e uma nova fábrica de aparelhos de televisão da Matshushita na República Tcheca.[18]

China

A China vem acumulando sucessos em sua carreira recente como verdadeira usina de exportações, uma condição baseada na combinação de fatores favoráveis como custos baixos e constantes fluxos de capitais. O seu índice de crescimento do PIB, embora tenha apresentado um relativo decréscimo, foi, durante muitos anos seguidos, o mais acelerado entre todos os países do mundo.

O presidente Jiang Zemin fez da reforma estado-empresa a sua prioridade. Embora não possa ser chamado de privatização em massa, o seu plano é salvar as mil maiores empresas estatais chinesas, e privatizar ou dissolver as menores, que só dão prejuízos. A meta é fortalecer a indústria chinesa para que tenha condições de competir na economia globalizada. Como resultado, milhões de trabalhadores industriais excedentes perderão seus empregos, e os demais deixarão de contar com benefícios previdenciários que antes eram vitalícios e nada lhes custavam.[19] Em dezembro de 2001, a China foi admitida na Organização Mundial do Comércio (OMC), abrindo oficialmente sua economia dominada pelo estado às importações e investimentos estrangeiros e aumentando suas exportações.[20]

Infelizmente, a privatização não é tão fácil quanto parece; seja no Paquistão, na Rússia, na China ou na Argentina, os problemas enfrentados na venda de empresas estatais — monstros de ineficiência que acumularam déficits colossais ao longo dos anos — não podem, de maneira alguma, ser facilmente resolvidos.

Países menos desenvolvidos

As mudanças têm sido muito lentas nos países menos desenvolvidos (PMDs, ou LDCs, em inglês), à medida que eles continuam lutando com seu PNB reduzido e renda per capita escassa, combinados com o peso representado por populações imensas e relativamente pouco qualificadas e um alto endividamento externo. Sua situação econômica e o nível de intervenção governamental quase sempre inaceitável acabam desencorajando os investimentos estrangeiros de que tanto precisam. Muitos países nas Américas Central e do Sul, no Oriente Médio, na Índia e África tentam desesperadamente atrair investimentos estrangeiros para estimular o crescimento de suas economias. Para as empresas dispostas a enfrentar os riscos políticos e econômicos inerentes a essa situação, existe um potencial considerável para negócios internacionais nos PMDs. A avaliação dos índices de risco e lucro dessas transações e o acompanhamento constante dos fatos políticos nesses países em busca de desenvolvimento são duas das muitas exigências que se fazem aos executivos internacionais atuantes nessas regiões.

A tecnologia da informação

Do seu escritório em Londres, Richard J. Callahan, o presidente da U.S. West International,... dá início a uma agitada superconferência telefônica com sete presidentes de divisões da empresa em cinco diferentes países. Eles revisam assim todos os detalhes das vendas de telefones celulares na República Tcheca, fazem previsões sobre as conexões telefônicas de longa distância na Rússia e aprovam a abertura de um escritório da empresa no Japão.[21]

De todos os fatores que impulsionam os negócios globais atualmente, aquele que está transformando a agenda do executivo internacional mais do que qualquer outro é o conjunto de rápidos progressos na **Tecnologia da Informação (TI)**. A rapidez e o grau de exatidão da transmissão de informações estão modificando a natureza das tarefas do executivo global ao tornarem as barreiras geográficas quase irrelevantes. Na verdade, a necessidade de acesso à TI vem sendo reconhecida em todo o mundo por executivos e suas famílias, que estão priorizando a possibilidade de estarem "plugados" em relação a outros privilégios de sua condição.

A informação não pode ser mais controlada centralmente ou em segredo pelos governos; a informação política, econômica, de mercados e sobre a concorrência está acessível quase instantaneamente a qualquer um no mundo inteiro, permitindo assim um processo decisório bem informado e preciso. Mesmo as barreiras culturais são gradualmente derrubadas pelo papel da informação no aprendizado mútuo entre as diversas sociedades. Na verdade, à medida que os consumidores em todo o mundo vão conhecendo mais, via os diversos meios de informação, a respeito de como vivem os povos de outros países, seus gostos e preferências começam a convergir:

> As marcas globais de colas (refrigerantes), *blue jeans*, calçados esportivos, gravatas e malas de grife são tão conhecidas por um motorista de táxi de Xangai quanto na casa de um professor de Estocolmo.[22]

O crescimento explosivo da tecnologia da informação é tanto causa quanto conseqüência do globalismo. A revolução da informação faz aumentar a produtividade no mundo inteiro. Além disso, o uso da Internet serve de alento ao comércio eletrônico, como discutiremos mais adiante neste capítulo. Companhias de todo o mundo estão conectadas eletronicamente aos seus funcionários, clientes, distribuidores, provedores e parceiros comerciais em muitos países. A tecnologia, em todas as suas formas, é espalhada e compartilhada pelas corporações multinacionais e seus sócios em muitos países. Contudo, parte da informação destinada a transmissão eletrônica está atualmente sujeita a controles de exportações por uma diretriz da União Européia que tem por objetivo proteger informação privada sobre seus cidadãos. Assim, talvez a TI ainda não seja tão "sem fronteiras" quanto parece, pelo contrário, está tão sujeita às mesmas normas, preferências e regulamentações quanto as interações "humanas" de além-fronteiras.

A diversificação da força de trabalho

Em quase todo o mundo, a força de trabalho se diversifica em conseqüência da erosão das fronteiras políticas rígidas, da rapidez com que se vai de um país a outro e da velocidade na transmissão da informação. Impulsionada pelo globalismo, a força de trabalho mundial passa por intensas mudanças como o resultado 1) da movimentação além-fronteiras cada vez mais intensa de trabalhadores com os mais diversos índices de qualificação, (2) da média etária crescente dos empregados, e (3) do acréscimo do número de mulheres à força de trabalho (especialmente nos países desenvolvidos), muitas delas portadoras de altos níveis de instrução.[23] Nos Estados Unidos, por exemplo, a informação demográfica do Departamento de Estatísticas Trabalhistas indica que, por volta do ano de 2050, os hispano-americanos representarão 25% e os americanos originários da Ásia e Pacífico, 9% da população dos Estados Unidos.[24] Assim, a diversificação da força de trabalho torna-se cada vez mais uma questão crítica de administração. Em essência, a gestão intercultural mundial é tanto a tarefa de administrar o multiculturalismo no próprio país quanto a de gerenciar uma força de trabalho em um país estrangeiro. Na verdade, ela é muitas vezes a soma das duas coisas: os executivos que operam em um ambiente estrangeiro também cuidam de uma força de trabalho local que abrange diversas culturas.

A administração eficiente depende cada vez mais da capacidade de projetar e implementar, em toda a organização, programas que valorizem a diversidade e o pluralismo. Tais programas capacitam a organização a desfrutar dos benefícios do multiculturalismo, como criatividade, inovação e flexibilidade; eles incentivam a aproximação com clientes estrangeiros e acabam proporcionando uma gama mais variada de talentos.[25]

O papel do executivo global

Seja qual for o seu nível de envolvimento, é necessário entender o cenário global dos negócios e sua influência sobre o papel dos executivos. Esta função tão complexa exige uma abordagem contingente a ambientes dinâmicos, cada um com suas exigências particulares. Dentro do contexto mais amplo das tendências mundiais e da concorrência, as regras do jogo para o executivo global são estabelecidas por cada país (como é mostrado no Quadro 1.1, p. 27): sua agenda política e econômica, seu *status* tecnológico e nível de desenvolvimento, suas normas e regulamentações, suas vantagens comparativas e competitivas, e suas normas culturais. O executivo astuto saberá analisar o novo ambiente, antecipar de que maneira isso poderá afetar o futuro da empresa matriz, e então desenvolver os estilos mais adequados de operação e as estratégias competentes.

O CENÁRIO POLÍTICO E ECONÔMICO

As empresas proativas globalmente orientadas mantêm um perfil sempre atualizado do cenário econômico e político dos países nos quais têm operações em andamento (ou para os quais planejam investimentos no futuro). No começo da década de 1990, os sistemas anteriormente rígidos do capitalismo, comunismo

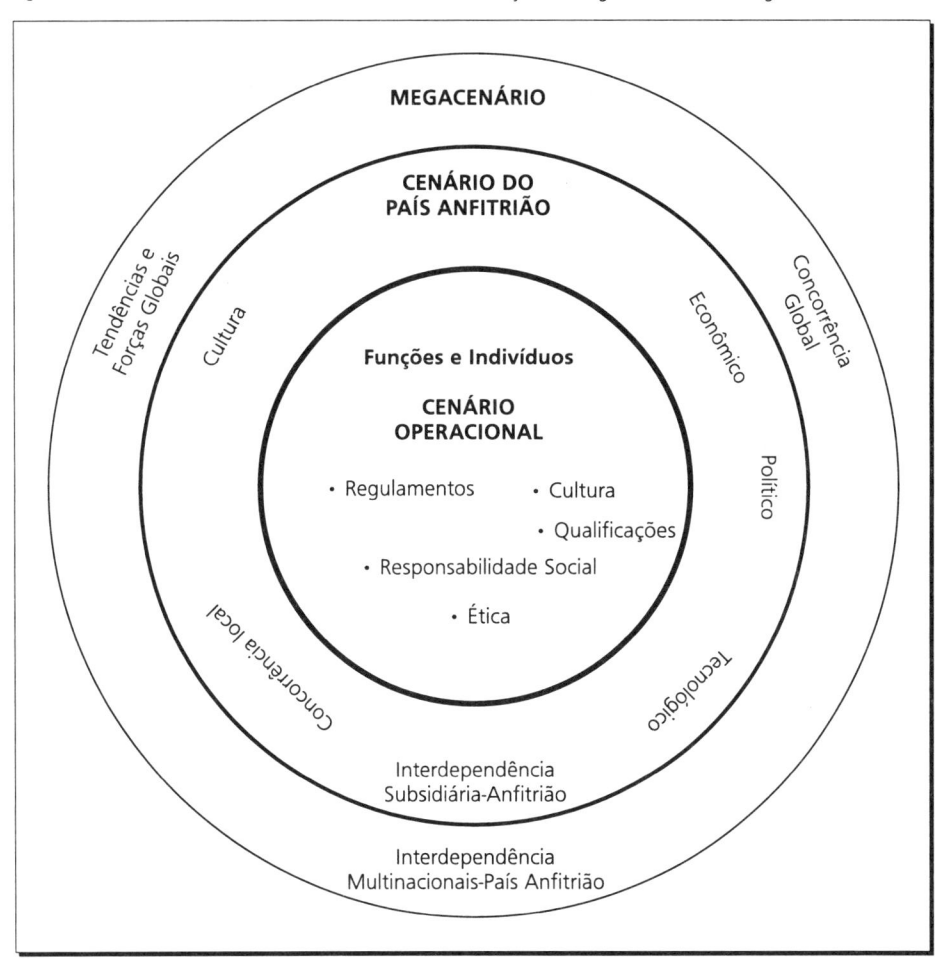

Quadro 1.1 Um modelo de sistemas abertos: a função contingente do executivo global

- MEGACENÁRIO
  - Tendências e Forças Globais
  - Concorrência Global
  - Econômico
  - Político
  - Tecnológico
  - Concorrência local
  - Cultura
- CENÁRIO DO PAÍS ANFITRIÃO
  - Interdependência Subsidiária-Anfitrião
  - Interdependência Multinacionais-País Anfitrião
- Funções e Indivíduos
- CENÁRIO OPERACIONAL
  - Regulamentos
  - Cultura
  - Qualificações
  - Responsabilidade Social
  - Ética

e socialismo passaram por profundas modificações, e as linhas de demarcação entre eles começaram a se tornar indistinguíveis. Hoje em dia, é melhor mensurar tais sistemas ao longo de um *continuum* de sistemas econômicos — desde os que operam principalmente de acordo com as forças de mercado (como os Estados Unidos) até os que usam o planejamento centralizado para a alocação de recursos (como a República Popular da China). Perto do centro do *continuum*, situam-se os países industrializados da Europa Ocidental e o Japão. Alguns países na África, Ásia e América Latina estão desenvolvendo seus mecanismos de mercado e sistemas econômicos para melhorar sua saúde econômica.

Um importante aspecto do cenário político é o fenômeno da etnicidade — uma força propulsora da instabilidade política em todo o mundo. Na verdade, muitos levantes e conflitos que se supõe serem de natureza política não passam, na verdade, de expressões das diferenças entre grupos étnicos. As disputas religiosas estão muitas vezes no ponto central dessas diferenças. Levantes baseados em religião operam tanto em conjunção com diferenças étnicas (como provavelmente foi o caso da antiga Iugoslávia), como de forma independente (como na Irlanda do Norte). Muitas ações terroristas também têm como base as diferenças religiosas, como ocorre no Oriente Médio. Os executivos precisam entender a composição étnica e religiosa do país anfitrião para ter condições de antecipar de que maneira os problemas de instabilidade geral afetarão as operações: sua força de trabalho, produção e acesso a matérias-primas, e seu mercado.[26] Por exemplo:

> No Paquistão, é preciso entender as diferenças entre panjabis e sindis.* Na Malásia, é essencial reconhecer as relações econômicas especiais entre chineses e malaios. Nas Filipinas, é importante entender a liderança, principalmente econômica, exercida pelos filipino-chineses.[27]

Risco político

Cada vez mais, os investidores passam a entender que projetos podem ser destruídos por riscos políticos com "p" minúsculo... a morte pelos 1.000 cortes.[28]

Os executivos de uma empresa global precisam investigar os riscos políticos aos quais estarão se expondo em determinados países e as implicações desses riscos para o sucesso econômico da companhia. *Riscos políticos* são qualquer ação governamental e/ou evento politicamente motivado(s) capaz(es) de afetar negativamente a lucratividade ou o valor de longo prazo de uma empresa.[29] O Oriente Médio, como já vimos, é uma área tradicionalmente instável onde o risco político tem enorme peso sobre as decisões de negócios.

Em áreas de instabilidade, as corporações multinacionais estão sempre prestando bastante atenção aos riscos de nacionalização ou expropriação. A *nacionalização* significa a venda forçada de ativos das multinacionais a compradores locais, com alguma compensação para a empresa, que às vezes até mesmo permanece como acionista minoritária. A *expropriação,* muito rara na última década, ocorre quando o governo local se apropria dos ativos de propriedade de uma multinacional, oferecendo em troca apenas uma compensação irrisória; quando não há qualquer compensação, a expropriação passa a ser confisco. Em países com um histórico de estabilidade e consistência de rumos, o risco político para uma corporação nacional é relativamente baixo. O risco de expropriação é maior em países que passam por agitação política continuada, violência e mudança. Os fatos que afetam as empresas atuantes em um país ou região estrangeiro(a) são chamados de *eventos de macrorrisco político*. No Oriente Médio, a invasão do Kuwait pelo Iraque, em 1990, interrompeu abruptamente todas as transações internacionais entre esses dois países e deles com os demais, surpreendendo as empresas que estavam totalmente despreparadas. Na China, a repressão dos protestos estudantis na Praça da Paz Celestial (Tiananmen), em 1989, interrompeu boa parte dos negócios no Extremo Oriente. Depois de anos de crescentes investimentos internacionais (os Estados Unidos haviam atingido a marca dos US$ 3 bilhões em investimentos estrangeiros diretos na época dessa repressão), muitas companhias fecharam as portas e retiraram seus funcionários da China. Preocupadas com a reação do governo à inquietação dos estudantes, essas firmas passaram a agir com extrema cautela em relação ao futuro.[30]

A incerteza quanto ao futuro e a agitação política nas nações recentemente independentes da Europa Oriental são um exemplo clássico da equação risco-retorno que as companhias precisam avaliar. A atração na Rússia, por exemplo, apesar dos esforços para fazer sua transição para uma economia de mercado, é o considerável potencial de lucros disponível para investidores em condições de apostar no setor de bens de consumo, que pode emergir da demanda de bens contida por 150 milhões de pessoas que começam a desfrutar de algum crescimento econômico.[31] Essa incerteza contínua também não impediu o Japão de estabelecer bases na Europa Oriental para, a partir dali, penetrar no mercado da Comunidade Européia.[32]

Em muitas regiões, é o terrorismo político que representa um severo e aleatório risco para ativos e funcionários das empresas e pode, obviamente, interromper a realização de negócios. Na definição de Micklous, *terrorismo* é "a utilização, ou ameaça de uso,... de violência indutora de ansiedade por motivações ideológicas ou políticas".[33] A crescente incidência do terrorismo, especialmente na América Latina, preocupa as multinacionais. Os seqüestros de executivos de empresas se tornaram corriqueiros. Esses eventos que afetam um setor econômico ou companhia, ou apenas algumas companhias, são chamados de *eventos de microrrisco político*.[34] Esse tipo de evento se tornou mais comum do que os eventos de macrorrisco. Tais microações são também chamadas de expropriação gradativa, indicando a existência de uma ação de governo, gradual e disfarçada, contra empresas estrangeiras.[35] É quando entra em cena a "morte pelos 1.000 cortes" — "quando você não foi expropriado, mas gasta dez vezes mais do que o tempo normal para fazer qualquer coisa".[36] Esses problemas prolongados com um investimento normalmente representam maiores dificuldades para uma empresa estrangeira do que os grandes eventos que podem ser cobertos

---

*N. de T. Grupos regionais rivais, o primeiro do Punjab e o segundo do vale do rio Indo.

por seguros contra riscos políticos. A lista a seguir descreve sete eventos tipicamente políticos que são comuns atualmente (e possíveis no futuro):

1. Expropriação de ativos da corporação sem compensação imediata e adequada.
2. Venda forçada de ações para cidadãos do país anfitrião, normalmente pelo menor preço contábil.
3. Tratamento discriminatório contra empresas estrangeiras na aplicação de regulamentos ou leis.
4. Barreiras à repatriação de fundos (lucros ou valores derivados de ações).
5. Perda da propriedade intelectual de tecnologia ou outros direitos (como patentes, marcas registradas ou nomes de grifes).
6. Interferência no processo decisório dos executivos.
7. Ações desonestas por parte de funcionários governamentais, entre elas o cancelamento ou a alteração de acordos contratuais, extorsões, etc.[37]

Avaliação do risco político

As empresas internacionais são obrigadas a empreender alguma forma de *avaliação do risco político* a fim de administrar sua própria exposição e minimizar os eventuais prejuízos financeiros. Em situações normais, os executivos locais analisam em cada país os assuntos que possam ser desestabilizadores e avaliam seu futuro impacto sobre a empresa, elaborando sugestões quanto à melhor maneira de enfrentar possíveis problemas. Os consultores da corporação estabelecem diretrizes a serem seguidas pelos executivos locais na condução desses problemas. A Dow Chemical tem um programa que utiliza executivos de linha treinados em análises política e econômica, bem como executivos de subsidiárias no exterior, para elaborar análises dos riscos em cada país.[38]

A avaliação de riscos pelas corporações multinacionais normalmente assume duas formas. Uma delas se caracteriza pela utilização de *experts* ou consultores familiarizados com o país ou região sob investigação. Esses consultores, assessores e comitês normalmente acompanham tendências importantes que possam vir a indicar mudanças políticas, como o desenvolvimento da oposição ou de forças políticas desestabilizadoras. Analisam, então, as possibilidades de eventuais mudanças políticas e desenvolvem vários cenários possíveis para descrever condições políticas alternativas no futuro.

Um segundo meio de análise de risco político, cada vez mais comum, utilizado pelas multinacionais é o desenvolvimento de suas próprias equipes e estruturas internas relacionadas ao assunto. É uma avaliação que pode ser realizada com a indicação de pessoal para as subsidiárias ou filiais no exterior para acompanhar e analisar as atividades políticas locais, ou mediante a contratação de especialistas nas condições econômicas e políticas das regiões fundamentais para as operações da empresa. Freqüentemente, ambos os meios são utilizados. O foco deve estar no monitoramento de questões políticas antes que se transformem em manchetes; a capacidade de minimizar os efeitos negativos sobre a empresa — ou de ser o primeiro a tirar proveito de novas oportunidades — fica muito reduzida depois que a CNN divulga suas reportagens a respeito.

Por mais sofisticados que se tornem os métodos de avaliação de risco político, no entanto, nada pode substituir as informações atualizadas vindas de pessoas que estão na linha de frente. Em outras palavras, técnicas sofisticadas e consultorias são muito úteis como um acréscimo, nunca como substituição dos executivos de ponta nas subsidiárias estrangeiras, muitos dos quais são cidadãos dos países anfitriões da companhia. Esses executivos representam a principal fonte de informação atualizada sobre o ambiente político e como este poderá vir a afetar a empresa, justamente por seu posicionamento privilegiado no ponto de encontro da empresa com o país anfitrião. As multinacionais mais cautelosas, no entanto, costumam pesar a subjetividade das análises desses executivos, e também se dão conta de que acontecimentos semelhantes terão efeitos diferentes em países diferentes.

Uma técnica adicional, a avaliação de risco político por intermédio da utilização de modelos computadorizados, também se torna cada vez mais comum. Uma empresa, a American Can, utiliza um programa chamado PRISM (matriz de acompanhamento de risco primário para os investimentos). Ele compila informações de executivos e consultores no exterior em 200 variáveis e as reduz a um índex do "economicamente desejável" e um índex da estabilidade política e econômica. Os países com os índices mais favoráveis do PRISM passam a integrar a lista de possíveis investimentos da American Can.[39] Semelhante programa, é claro, não pode ser melhor do que os dados que analisa, dados que, às vezes, têm qualidade duvidosa por conta dos sistemas inadequados de informação ainda existentes em tantos países e pelo fato de tal informação ser processada subjetivamente.

Para analisar seus dados sobre riscos potenciais, algumas companhias tentam quantificar variáveis em um sistema de ranqueamento por país. Utilizam equipes próprias ou consultores externos para alocar um escore mínimo ou máximo por critérios que julgam importantes no seu campo 1) em matéria de ambiente político e econômico, 2) em relação às condições econômicas internas e (3) a avaliação das relações econômicas internacionais do país analisado. A soma dos escores individuais para cada variável representa o alcance total da avaliação do risco para cada país.[40]

O Quadro 1.2 mostra um ranqueamento do risco de países selecionados para o ano de 1997. A avaliação de risco do país é um ranqueamento comparativo dos países com base em fatores como o crescimento do PNB, a política comercial e o clima para investimentos estrangeiros — ou seja, fatores econômicos, e não apenas políticos. A comparação é feita em uma escala de 1 a 5, sendo 5 a nota máxima,

Quadro 1.2 Ranqueamento comparativo dos riscos de países

PAÍS	NOTA GERAL	RISCO POLÍTICO	CRESCIMENTO DO PNB	RENDA PER CAPITA	FLUXO COMERCIAL COM OS EUA
Itália	4,13	5	3	5	4
Dinamarca	4,25	5	3	5	2
Holanda	4,63	5	3	5	4
Japão	4,19	5	3	5	5
Austrália	4,5	5	4	5	4
Irlanda	4,38	5	3	5	3
Alemanha	4,5	5	3	5	5
Suécia	4	5	3	5	3
França	4,38	5	3	5	5
Suíça	4,5	5	3	5	4
Cingapura	4,88	5	5	5	5
Bélgica	4,38	5	3	5	4
Reino Unido	4,63	5	3	5	5
Canadá	4,38	5	3	4	5
Israel	4	4	4	4	4
Malásia	3,75	4	4	–	4
Chile	2,88	4	3	–	2
Tailândia	3,5	4	4	–	4
Coréia do Sul	3,63	4	4	3	5
Espanha	3,5	4	3	4	3
Hong Kong	4,5	4	4	5	4
Arábia Saudita	3,38	4	3	2	4
Taiwan	4,13	4	4	4	5
Turquia	2,13	3	–	–	2
África do Sul	2,75	3	3	–	2
Argentina	3,25	3	4	3	3
Polônia	2,75	3	4	–	2
Indonésia	2,63	3	4	–	3
Filipinas	3	3	4	–	4
Costa Rica	2,38	3	3	–	2
República Checa	2,75	3	3	–	–
Colômbia	3,25	3	4	3	3
Índia	2,75	3	3	–	3
China	2,88	3	4	–	5
México	3,38	3	3	2	5
Brasil	3	3	4	–	4
Egito	2,38	2	3	–	2
Venezuela	2,38	2	2	–	4
Peru	2,56	2	4,5	–	2
Rússia	2	–	–	2	2

continua

ou o menor risco relativo. Assim, a Rússia e a Turquia ostentam o maior índice de risco na qualificação geral desses países, enquanto Cingapura e a Holanda ostentam o risco relativo mais baixo.[41]

Uma deficiência desses sistemas quantitativos é o fato de dependerem de informações baseadas principalmente em fatos. Por isso, têm uma capacidade limitada de prever eventos políticos em um ambiente volátil.

Um método com maior rapidez de reação e capaz de prever possíveis mudanças, é o sistema de alerta antecipado. Utiliza indicadores principais para a previsão de eventuais perigos políticos, tais como indicadores de violência ou motins nas ruas, aumento da pressão sobre as multinacionais para a contrata-

PAÍS	POLÍTICA MONETÁRIA	POLÍTICA COMERCIAL	PROTEÇÃO DO DIREITO DE PROPRIEDADE	CLIMA PARA INVESTIMENTO ESTRANGEIRO
Itália	4	4	4	4
Dinamarca	5	4	5	5
Holanda	5	5	5	5
Japão	5	4	4	2,5
Austrália	5	4	5	4
Irlanda	5	4	5	5
Alemanha	5	4	5	4
Suécia	4	4	4	4
França	5	4	5	3
Suíça	5	4	5	5
Cingapura	5	5	4	5
Bélgica	5	4	5	4
Reino Unido	5	4	5	5
Canadá	5	4	5	4
Israel	3	4	4	5
Malásia	5	4	4	4
Chile	3	3	3	4
Tailândia	5	3	3	4
Coréia do Sul	5	3	3	2
Espanha	3	4	3	4
Hong Kong	4	5	5	5
Arábia Saudita	5	3	3	3
Taiwan	5	4	4	3
Turquia	—	3	2	4
África do Sul	4	3	3	3
Argentina	4	3	3	3
Polônia	2	3	3	4
Indonésia	3	2	3	2
Filipinas	4	2	4	4
Costa Rica	2	2	3	3
República Tcheca	3	4	3	4
Colômbia	4	3	3	3
Índia	4	2	3	3
China	3	2	2	3
México	4	3	3	4
Brasil	3	3	3	3
Egito	4	2	2	3
Venezuela	2	2	3	3
Peru	2,5	2,5	3	3
Rússia	—	3	3	3

Fonte: Dados de T. Morrison, W. Conaway, J. Douress, *Guide to Doing Business Around the World*, da Dun & Bradstreet (Englewood Cliffs, N.J.: Prentice-Hall, 1997).
Posição no *Ranking*: 1 a 5, com 5 = nota máxima, ou risco mínimo.

ção de maior número de funcionários locais, ou restrições pendentes em matéria de importação-exportação.[42] A análise de alerta antecipado é tipicamente separada em elementos de macrorrisco e microrrisco.

Além de analisar o risco político que uma empresa pode ter pela frente, os gestores de alerta antecipado também avaliam os impactos específicos que tais riscos poderão acarretar para a companhia. Para uma subsidiária internacional autônoma, a maior parte do impacto derivado dos riscos políticos (nacionalização, terrorismo) ocorrerá no nível da propriedade e do controle da empresa, pois sua aquisição pelo país anfitrião daria ao estado um empreendimento inteiramente operacional.[43] Para companhias globalizadas, os riscos principais virão certamente de restrições (sobre importações, exportações, conversão de moeda, etc.), com o impacto no nível das transferências (ou câmbios) da empresa em relação a moeda, produtos ou componentes. [44,45]

Administração do risco político

Depois de completa a avaliação do potencial de risco político de investimento ou após manter operações já em andamento em um país, os executivos podem enfrentar decisões cruciais sobre a maneira de administrar esse risco. Em um determinado nível, eles podem decidir suspender os negócios de sua empresa com um determinado país em uma determinada altura — seja pelo *cancelamento* do investimento, seja pela retirada de investimentos em curso (mediante venda ou abandono de fábricas e outros ativos). Em outro nível, se decidirem que o risco é relativamente baixo em um determinado país, ou que um ambiente de alto risco pode valer a pena por seu elevado potencial de retorno, poderão optar por lançar (ou manter) operações neste local e acomodar este risco pela *adaptação* ao cenário político em que prevalece o ânimo regulador. Esta adaptação pode assumir formas variadas, cada qual destinada a corresponder às preocupações de uma determinada área local. Alguns meios de adaptação sugeridos por Taoka e Beeman são listados a seguir:

1. *Participação nos lucros,* que inclui a concretização de *joint ventures* com elementos do país sede da subsidiária (cidadãos comuns ou aqueles com posições em empresas, sindicatos ou no governo) a fim de reduzir os riscos políticos.
2. *Gestão participativa,* impõe que a empresa envolva ativamente cidadãos do país sede, de preferência os detentores de cargos em organizações sindicais ou no governo, na gestão da subsidiária.
3. *Localização da operação,* que inclui a mudança do nome, do estilo de administração e de outras características da subsidiária para adaptar-se às preferências locais. A localização busca promover a transformação da subsidiária de empresa estrangeira em nacional.
4. *Assistência para o desenvolvimento,* que inclui o envolvimento ativo da empresa no desenvolvimento da infra-estrutura (geração de moeda estrangeira, abastecimento local de materiais ou componentes, treinamento de executivos, transferência de tecnologia, garantia da dívida externa, etc).[46]

Além do cancelamento e da adaptação, outras duas formas de redução de risco ao alcance dos executivos são a *dependência* e a *cobertura*. Alguns dos meios aos quais os executivos podem recorrer para manter a dependência — conservar a subsidiária e a nação anfitriã como dependentes da organização matriz — são:

1. O *controle de recursos* significa que a empresa mantém o controle sobre recursos fundamentais, como matérias-primas, componentes, tecnologia e *know-how.*
2. O *controle do mercado* requer que a empresa mantenha o controle dos meios de distribuição (por exemplo, pela produção de componentes exclusivamente para a matriz ou por bloquear legalmente as vendas fora do país anfitrião).
3. O *controle de posição* implica a manutenção de determinadas posições-chave da administração da subsidiária nas mãos de expatriados ou de executivos procedentes da matriz.
4. As *estratégias de contribuição por estágios,* no sentido de que a empresa pretende aumentar, a cada ano, as contribuições da subsidiária para o desenvolvimento do país anfitrião (na forma de geração de impostos, empregos, desenvolvimento da infra-estrutura, geração de reservas de moedas fortes, etc.) Para que esta estratégia venha a dar os melhores resultados, a empresa deve informar o país hospedeiro de sua intenção de concretizar tais contribuições, como um incentivo.[47]

Por fim, mesmo que a empresa não tenha condições de diminuir ou modificar os riscos políticos, poderá minimizar os prejuízos relacionados com estes eventos mediante uma cobertura adequada. Alguns meios de cobertura são:

1. *Seguro contra risco político:* oferecido pela maior parte dos países industrializados. Nos Estados Unidos, a *Overseas Private Investment Corporation* (OPIC) dá cobertura a novos investimentos em projetos em países menos desenvolvidos considerados amistosos. O seguro minimiza os prejuízos decorrentes de riscos específicos — como a impossibilidade da remessa de lucros, expropriação, nacionalização ou confisco — e de danos resultantes de guerra, terrorismo e assemelhados.[48] A *Foreign Credit Insurance Association* (FCIA) também cobre riscos políticos causados por guerras, revoluções, moeda não-conversível e o cancelamento de licenças de exportação e importação. Contudo, o seguro político cobre tão-somente os prejuízos equivalentes aos ativos da empresa, e não aqueles decorrentes da perda de lucros resultantes da expropriação.[49]
2. *Financiamento de dívidas locais* (empréstimos obtidos no país anfitrião): quando disponível, ajuda a empresa a ter cobertura contra o fato de ser desalojada da competição sem uma compensação adequada dos prejuízos daí decorrentes. Em tais circunstâncias, a empresa suspende o pagamento das dívidas em um montante equivalente a uma compensação suficiente para cobrir seus prejuízos nos negócios.

As corporações multinacionais também administram os riscos políticos por meio de suas opções estratégicas globais. A maioria delas diversifica suas operações tanto por investir em muitos países ao mesmo tempo quanto por operar em *joint ventures* com firmas ou governos locais, ou ainda no sistema de franquias. Ao conseguir o envolvimento e a participação de pessoas, empresas e agências locais, as companhias minimizam os riscos de resultados negativos decorrentes de eventos políticos. (Discutiremos esta e outras estratégias globais nos Capítulos 6 e 7).

Administração dos riscos do terrorismo

Terroristas atacam o World Trade Center, em Nova York, e o Pentágono
MANCHETES MUNDIAIS EM 11 DE SETEMBRO DE 2001

Oitenta países perderam cidadãos no World Trade Center
SECRETÁRIO DE ESTADO COLIN POWELL, 23 DE SETEMBRO DE 2001

Os riscos do terrorismo para os negócios mundiais deixaram de estar centralizados apenas em áreas como a América do Sul ou o Oriente Médio. Precisam ser levados em conta em países como os Estados Unidos que, antes do 11 de setembro, eram considerados seguros. Muitas empresas, da Ásia à Europa, tinham escritórios nas duas torres do World Trade Center, em Nova York: a maior parte desses escritórios, junto com seus funcionários de inúmeros países, transformou-se em poeira nesse atentado. Milhares de vidas e bilhões de dólares foram perdidos, não apenas por aqueles diretamente afetados pelo ataque, mas também por incontáveis pequenas e grandes empresas que sofreram o impacto dos efeitos colaterais; as empresas de aviação comercial e os mercados financeiros, por exemplo, sofreram uma verdadeira devastação.

À medida que se espalham e se aceleram os incidentes terroristas pelo mundo, como o ataque contra o destróier norte-americano *Cole*, no Iêmen, em 2000, muitas empresas se dão conta da necessidade de gerir o risco do terrorismo. Tanto a IBM quanto a Exxon buscam desenvolver uma imagem benevolente em países de alto risco, principalmente mediante generosas doações a instituições beneméritas locais. Elas também tentam manter um perfil discreto e minimizar sua propaganda nesses países; entre outras medidas, tornam menos visíveis os logotipos corporativos nas suas instalações.[50] Algumas empresas formaram equipes destinadas a monitorar os padrões do terrorismo mundial. Os seqüestros são corriqueiros na América Latina (como meio de levantar dinheiro para atividades políticas). Os seqüestros realizados na Colômbia em 2000 estabeleceram novo recorde, chegando a 3.029 casos.[51] No Oriente Médio, seqüestros de aviões, seqüestros de estrangeiros e chantagem (para a libertação de prisioneiros políticos) são muito comuns. Na Europa Ocidental, os terroristas usam bombas contra bancos e companhias de computadores dos EUA. Quase todas as corporações multinacionais tiveram de aumentar suas medidas de segurança no exterior, contratando consultores em contra-terrorismo (para treinar seus funcionários no enfrentamento das ameaças de terrorismo) e aconselhando seus funcionários a evitarem voar em companhias norte-americanas quando em viagem pelo exterior.[52]

Risco econômico

> Em apenas um mês, você vê toda a sua renda líquida virar poeira diante dos seus olhos.
>
> JOHN VONDRAS, EXECUTIVO DA U.S. WEST NA INDONÉSIA[53]

Intimamente ligados à estabilidade política de qualquer país estão o seu cenário econômico e o risco relativo que este representa para empresas estrangeiras. O nível de desenvolvimento econômico geralmente determina a estabilidade econômica e, em conseqüência, seu risco relativo para uma empresa estrangeira. Muitas nações industrializadas apresentam pouco ou quase nenhum risco de instabilidade econômica; as nações de menor desenvolvimento apresentam o maior risco.

A capacidade ou intenção de um país de cumprir suas obrigações financeiras determina o seu grau de risco econômico. O risco econômico que uma corporação está disposta a correr normalmente se insere em duas principais categorias: sua subsidiária (ou qualquer outro investimento) em um determinado país pode tornar-se deficitária 1) se o governo abruptamente modificar suas políticas monetárias ou fiscais ou 2) se o governo decidir modificar suas políticas em relação aos investimentos estrangeiros. Essa última situação seria uma ameaça à capacidade da empresa de remeter os lucros para a sede e criaria um risco financeiro ou de taxa de juro.[54] Além disso, a volatilidade da taxa de câmbio resulta na exposição à transposição da moeda para a empresa no momento da consolidação do balanço geral da corporação. Este risco causa um fluxo de caixa negativo a partir de uma subsidiária no exterior. A exposição à transposição da moeda ocorre quando o valor da moeda de um país muda em relação ao de outro. Para uma empresa norte-americana que opera no México, por exemplo, a desvalorização do peso significa que os ativos da companhia naquele país valiam menos quando transpostos em dólares no balanço financeiro; por outro lado, os débitos da empresa no México também valiam menos. Quando as mudanças nas taxas de câmbio são radicais, como aconteceu com a desvalorização do rublo na Rússia em 1998, as repercussões se espalham pelo mundo inteiro. Não se trata de um problema apenas para os russos, cujo dinheiro de repente compra muito menos do que no dia anterior; isso também significa que as empresas russas deixam de contar com o poder de compra para adquirir produtos no exterior, o que significa que as vendas das empresas estrangeiras irão despencar. Por outro lado, as empresas estrangeiras passam a contar com maior poder de compra na Rússia, habilitando-se, assim, a fazer grandes estoques de matéria-prima e materiais, conseguir mão-de-obra barata, e assim por diante.

Pelo fato de cada multinacional que opera no exterior se expor a algum nível de risco econômico, o que muitas vezes afeta sua lucratividade operacional diária, os executivos fazem uma constante reavaliação do nível de risco que a empresa pode enfrentar em qualquer país ou região do mundo. John Mathis, professor de Economia Internacional que já foi, entre outras funções, analista sênior de política financeira para o Banco Mundial, recomenda: quatro métodos de análise de risco econômico, ou a credibilidade de um país, estes métodos são: 1) a abordagem quantitativa, 2) a abordagem qualitativa, 3) uma combinação dessas duas e 4) a abordagem do inventário.

O método quantitativo, segundo Mathis, "procura medir estatisticamente a capacidade de um determinado país de honrar seus compromissos da dívida".[55] Chega-se a essa medida pela atribuição de diferentes pesos às variáveis econômicas para, a partir disso, produzir um índice composto, usado para monitorar a credibilidade do país ao longo do tempo fazer comparações com outros países. Uma deficiência deste método é o fato de não considerar os diferentes estágios de desenvolvimento entre as nações que compara.

A abordagem qualitativa avalia o risco econômico do país, levando-se em conta a competência dos seus líderes e analisando os tipos de políticas que eles mais provavelmente irão adotar. Este método inclui, inevitavelmente, uma avaliação subjetiva do pesquisador na entrevista destes líderes e na projeção dos rumos futuros de sua economia.

A abordagem do inventário, explica Mathis, "baseia-se em alguns critérios facilmente mensuráveis e atualizados, que se acredita serem capazes de refletir ou indicar mudanças na credibilidade do país".[56] Os pesquisadores desenvolvem vários indicadores de vulnerabilidade que situam os países em termos de sua capacidade de resistir à volatilidade econômica. A maioria das corporações reconhece que nem esse, nem qualquer outro método isoladamente pode proporcionar uma visão abrangente do perfil de risco de qualquer país, e por isso mesmo procura utilizar uma combinação de diferentes abordagens.

Em 2002, as empresas no mundo inteiro ainda sentiam os efeitos de sua exposição ao risco econômico em países da Ásia, à medida que a derrocada econômica, iniciada com a Tailândia em 1997, foi se aprofundando. Nesse período, ficou evidente aos observadores que o Japão não estava adotando medidas suficientemente radicais para reverter os rumos de sua economia. As reverberações sobre os ganhos das multinacionais e sobre os mercados mundiais de ações, sentidas no mundo inteiro, foram a confirmação da interdependência das economias mundiais. A situação também acendeu uma luz sobre os pontos de interface entre as questões econômicas mundiais e os negócios e, mais claramente, sobre a questão do bem-estar de cada um. Mais detalhes são apresentados no quadro Gestão Comparativa em Foco.

Gestão comparativa em foco

Os executivos globais reagem à debacle econômica na Indonésia[57]

Quando as economias asiáticas pareciam desmoronar em 1998, ficava claro que uma das primeiras a cair e a enfrentar os mais duros efeitos da crise era a Indonésia, o quarto maior país do mundo. Os resultados foram devastadores para o povo indonésio, sendo que a rúpia, moeda nacional, perdeu 75% do seu valor em um espaço de curtos meses. A inflação parecia estar fora de qualquer controle, e nas ruas explodiam a inquietação e os motins populares. Não demorou muito até o presidente Suharto, se ver forçado a renunciar ao cargo.

As empresas estrangeiras operando na Indonésia também foram duramente atingidas; seus executivos tentavam encontrar uma maneira de reagir aos fatos e avaliar até que ponto era válido assumir riscos econômicos à espera do potencial retorno sugerido por um imenso mercado que se abria aos estrangeiros. As empresas japonesas e britânicas têm na Indonésia investimentos ainda maiores que os das norte-americanas que, sozinhas, investiram cerca de US$ 9 bilhões nesse país. Atraídas pela abundância dos recursos naturais, companhias como a Goodyear Tire & Rubber já ostentavam uma longa trajetória na Indonésia. A Unocal estava lá havia 30 anos e pretendia continuar. Barry Lane, da Unocal, destacou que "quando grandes programas de infra-estrutura se encontram fortemente integrados em um país, não existe participante desse jogo em condições de simplesmente fazer as malas e dar adeus quando bem entender". A interdependência entre o país e os investimentos estrangeiros é mais evidente na Freeport McMoRan Inc., que tem minas de cobre, ouro e prata na província de Irian Jaya; nessa região se concentra todo o projeto de mineração da companhia que, por sua vez, é a corporação que mais paga impostos na Indonésia.

Um dos executivos apanhados nessa corrente depressiva foi John Wondras, o representante máximo do conglomerado U.S. West na Indonésia, encarregado de comandar um sistema telefônico de 500 mil linhas no país. Os problemas eram muitos: como resultado da desvalorização da rúpia, a companhia tinha grandes prejuízos em dólares, apesar do aumento de 26% registrado pelas vendas locais. Além disso, sua *joint venture* teria de pagar um empréstimo de US$ 615 milhões em dólares, embora os ganhos fossem em rúpias. "Em apenas um mês", disse Vondras, "você vê sua renda líquida virar poeira diante dos seus olhos".[58]

Inúmeras empresas, como uma franquia da KFC, tinham sociedade com algum membro da família Suharto, parceria essa que no passado era quase a única porta de entrada para empresas que tentavam se estabelecer no mercado da Indonésia. Outras companhias, como a General Motors, conseguiram livrar-se a tempo desse relacionamento. A GM, que produzia seus carros na Indonésia desde 1994, havia conseguido indenizar seu sócio, um meio-irmão de Suharto, em 1997. E, enquanto o sócio local ia à falência – incapaz de resistir à grande crise econômica asiática – a GM conseguia manter-se à tona. Contudo, os carros da GM perderam dois terços de seu valor em dólares em apenas alguns dias. A GM efetua atualmente revisões mensais de preços, como forma de se antecipar às flutuações do câmbio. Entre outras estratégias para combater o problema, o número de componentes nacionais dos carros da GM foi aumentado para poder tirar proveito dos menores custos locais. Bill Botwick, presidente da operação da GM na Indonésia, garante que a empresa pretende permanecer por muito tempo ainda, devido à expectativa de conseguir uma boa fatia do mercado local.

Enquanto o Fundo Monetário Internacional pressiona o governo indonésio a privatizar companhias estatais nos setores de bancos, telecomunicações, mineração, siderurgia, construção naval e aeroespacial, as oportunidades para investimentos vão aumentando e contribuindo para reverter o declínio econômico anterior. E os executivos estrangeiros no país avaliam sua exposição ao risco econômico contínuo, comparando-a com o potencial das oportunidades de mercado a longo prazo.

O CENÁRIO LEGAL

O executivo global prudente consulta assessorias jurídicas, tanto no local de suas atividades quanto no país sede da sua companhia, para garantir que as obrigações impostas pelo país anfitrião sejam cumpridas e manter relações cooperativas de longo prazo na área local. Se os executivos esperarem para entrar em ação apenas quando surgir algum problema, de pouco lhes valerá tudo aquilo que não se adequar à interpretação e ao modo de agir das autoridades locais. Esta tem sido, por exemplo, a experiência de muitos executivos estrangeiros na China, onde os sistemas financeiro e legal são ainda rudimentares, mesmo com todas as tentativas empreendidas para mostrar ao mundo uma face capitalista. Os administradores locais, muitas vezes, simplesmente ignoram suas dívidas com empresas estrangeiras, da mesma forma que o faziam sob o velho sistema socialista.[59] A penosa lição que muitas empresas estrangeiras aprendem na China é que estão sofrendo prejuízos milionários porque Pequim não oferece garantia alguma aos compromissos assumidos pelas empresas estatais. Embora não se trate de uma fórmula à prova de riscos, existem algumas maneiras de minimizar o risco de perdas em massa, entre as quais buscar antecipadamente a garantia de que o seu empreendimento tenha a aprovação dos departamentos governamentais relacionados ao assunto (em nível nacional, provincial e local) e obter garantias de empréstimo de um dos principais grandes bancos de Pequim.[60] Além disso, jamais conte com a possibilidade de um processo jurídico normal na China. O Sr. Cheng, empresário norte-americano que viveu durante muito tempo em Hunan, foi jogado em uma cela na China simplesmente porque um empresário local mudou de idéia a respeito de investir na fábrica de capacetes de segurança de Cheng, em Zhuhai. Somente depois de dois meses na cela e de uma visita de seu filho à embaixada dos EUA em Pequim é que o Sr. Cheng pôde ser libertado. E foi ele quem perguntou: "Sem fazer qualquer julgamento, de que maneira o tribunal conseguiu chegar a uma decisão apenas uma hora depois de o Sr. Liu e o meu executivo geral terem assinado um novo contrato?"[61] A sua conclusão sobre o episódio é que entre os fatores que para isso contribuem estão certamente as ligações pessoais — *guanxi* — entre os personagens e o fato de que alguns tribunais oferecem seus serviços à comunidade de negócios em busca de lucro; sem contar que muitos juízes devem seus cargos ao nepotismo, nada tendo a ver com as qualificações jurídicas exigidas em quase todo o mundo.

Embora o cenário mais conhecido de regulamentação consista, para o executivo internacional, principalmente nas muitas legislações locais e no sistema de tribunais nos países em que opera, existem outras questões legais cobertas por leis internacionais. O direito internacional é a lei que governa as relações entre países soberanos, as unidades básicas no sistema político mundial.[62] Um desses acordos, que regula os negócios internacionais pelo estabelecimento dos direitos e deveres do vendedor e do comprador, é a Convenção das Nações Unidas sobre Contratos para as Vendas Internacionais de Bens (CISG). Essa convenção tornou-se lei em 1º de janeiro de 1998 e se aplica aos contratos para a venda de bens entre os países que a adotaram.

De um modo geral, o executivo da subsidiária estrangeira ou divisão de operações no exterior deve sempre cumprir o que estabelece o sistema legal do país anfitrião. Tais sistemas, derivados do direito consuetudinário, da lei civil ou da muçulmana, são um reflexo da cultura, da religião e das tradições de cada país. Sob o *direito consuetudinário,* usado nos Estados Unidos e em 26 outros países de origem ou sob influência inglesa, as decisões anteriores dos tribunais servem como precedentes para a interpretação da lei e para costumes comuns. A *lei civil* baseia-se em um conjunto abrangente de leis organizado sob a forma de código. A interpretação dessas leis baseia-se em referências aos códigos e estatutos. Precisamente 79 países, cuja maioria fica na Europa (entre eles a França e a Alemanha), são regidos pela lei civil, da mesma forma que o Japão. Nos países islâmicos, como a Arábia Saudita, o sistema legal dominante é a lei islâmica; baseada em crenças religiosas, ela domina todos os aspectos da vida. A *lei islâmica* é cumprida em 27 países e combina, em vários graus, elementos do direito civil, consuetudinário e local.[63]

A lei contratual

Na China, diz o ditado, um contrato é uma pausa na negociação.

VANESSA CHANG, KPMG PEAT MARWICK[64]

Um *contrato* é um acordo entre as partes interessadas pelo qual se estabelece um conjunto de regras que irá governar uma transação de negócios. A lei contratual tem um papel muito importante nas transações internacionais, em decorrência das complexidades que emergem das diferenças entre os sistemas legais dos países participantes e porque o governo anfitrião, em muitos países em desenvolvimento ou comunistas, freqüentemente é parte do contrato. Tanto os países regidos pelo direito consuetudinário quanto aqueles em que vigora a lei civil garantem a efetividade dos contratos, embora seus meios para resolver as disputas dele resultantes sejam diferentes. Sob a lei civil, entende-se que um contrato reflete compromissos que serão obrigatoriamente cumpridos, sem que seja necessário especificar tal obrigação no contrato; sob o direito consuetudinário, os detalhes dos compromissos devem estar redigidos nos contratos para que passem a ser de cumprimento obrigatório.[65] Os administradores internacionais experientes sabem que estarão sempre formatando contratos em contextos legais muito diferentes daquele imperante em seus países, e por isso se preparam adequadamente, consultando *experts* em direito internacional antes de qualquer missão no exterior. Na China, por exemplo, "o maior risco que você enfrenta é ter um contrato rasgado ou modificado. E a única coisa que nos resta fazer no Ocidente é nos adaptarmos a isso", afirma Robert Broadfoot, que comanda a *Political & Economic Risk Consultancy* em Hong Kong.[66] Segundo ele, as empresas ocidentais acreditam que é possível evitar qualquer risco pelo simples fato de escrever e deixar muito claros, no papel, todos os detalhes de um contrato, mas acontece que "na Ásia, não existem atalhos para administrar o relacionamento". Em outras palavras, o contrato está no relacionamento, não no papel, e a maneira ideal de garantir a confiabilidade do contrato é consolidar, em primeiro lugar, esse relacionamento.

Mesmo um empreendimento que tenha sido instalado e esteja em andamento durante algum tempo pode começar a ir por água abaixo bem na hora em que não resta qualquer possibilidade de salvá-lo. Um consórcio liderado por japoneses passou por esta experiência negativa depois de construir uma via expressa em Bangcoc. O governo da Tailândia mais tarde baixou a tarifa do pedágio que, conforme o acordo inicial, poderia ser cobrado pelo uso da rodovia. Não deixa de ser uma forma de expropriação, pois não é possível para a empresa em questão colocar a rodovia na mala e deixar o país.[67] Qualquer negligência em relação à lei contratual poderá deixar a empresa sob o peso de um agente que não cumpre as funções previstas, ou de leis que impedem o administrador de dispensar funcionários (como ocorre às vezes na Bélgica, Holanda, Alemanha, Suécia e em tantos outros países).[68]

Outras questões de regulamentação

As diferenças entre leis e regulamentações de país para país são numerosas e complexas. Questões como essa e sua influência sobre o cenário regulamentador que afeta as empresas multinacionais serão resumidamente discutidas a seguir.

Os países costumam impor políticas protecionistas, como tarifas, quotas e outras restrições comerciais, para dar preferência aos seus produtos e indústrias. Os japoneses têm estado no centro do cenário de críticas relativas ao protecionismo, utilizado para limitar as importações de produtos estrangeiros enquanto continuam a exportar bens de consumo (principalmente automóveis e produtos eletrônicos) em larga escala. A indústria automobilística norte-americana continua exigindo do governo de Washington a imposição de barreiras à importação de automóveis japoneses. No entanto, *slogans* como "Compre americano!" não produzem o efeito desejado devido à dificuldade encontrada pelos compradores que se dispõem a identificar se um automóvel é realmente de fabricação norte-americana; a intrincada rede de alianças de produção entre companhias japonesas e norte-americanas muitas vezes torna quase impossível identificar a verdadeira origem do veículo pretendido.

O sistema fiscal também influencia a atração de investimentos estrangeiros de um determinado país e afeta o índice real de lucratividade para uma multinacional. Créditos em impostos exteriores, feriados, isenções, deduções por depreciação e a taxação de lucros corporativos são considerações adicionais que o investidor estrangeiro necessariamente deve examinar antes de agir. Muitos países assinaram tratados (ou convenções) sobre impostos que definem termos como renda, fonte e residência, e determinam claramente quais são as atividades sujeitas a taxação.

O nível do envolvimento governamental no cenário econômico e suas regulamentações varia bastante entre os países e tem um efeito igualmente variável sobre as práticas de administração. No Canadá, o governo tem um envolvimento significativo na economia. Desempenha de um papel poderoso em muitas indústrias, como de transportes, petroquímicos, pesca, siderurgia, têxteis e materiais de construção, formando empresas total ou parcialmente estatais. Empresas totalmente estatais são chamadas de Crown Corporations (Petro Canada, Ontario Hydro Corporation, Marystown Shipyard, Saskatchewan Telephones, entre muitas), várias delas tão poderosas quanto as maiores empresas privadas. Portanto, o papel do governo na economia canadense é, ao mesmo tempo, de controlador e de concorrente.[69] As políticas, os subsídios e as regulamentações governamentais afetam diretamente os processos de planejamento dos executivos, como o fazem outros fatores no ambiente legal canadense, como, por exemplo, a alta proporção de trabalhadores sindicalizados (30%). Em Quebec, a lei que impõe o bilingüismo representa consideráveis restrições e gastos. Para uma subsidiária estrangeira, essa norma obriga os executivos a falar tanto o francês quanto o inglês, além de tornar igualmente obrigatório para a empresa o financiamento dos gastos com treinamento em idiomas para funcionários, tradutores e toda a administração da burocracia decorrente do bilingüismo, etc.[70]

O CENÁRIO TECNOLÓGICO

Os efeitos da tecnologia invadem os negócios e a vida privada. Na verdade, existem regiões do mundo em que gerações inteiras de avanços tecnológicos estão sendo ultrapassadas aos saltos; por exemplo, muita gente chegará diretamente a um telefone digital sem jamais ter tido sua casa ligada por fio a um sistema analógico. Mesmo em um lugar tão remoto como Bario, na Malásia — que, em 2001, não contava ainda com estradas de rodagem — a via expressa da informação já é uma realidade.[71] Aperfeiçoamentos na tecnologia da informação estão proporcionando maior produtividade para funcionários, para suas empresas e para seus países.

Agora que vivemos em uma sociedade da informação global, torna-se claro que as corporações precisam incorporar ao seu planejamento estratégico e às suas operações diárias o fenômeno macroambiental em crescente aceleração do *tecnoglobalismo,* no qual os progressos rápidos em tecnologias de informação e comunicação *(TICs)* impulsionam a globalização e vice-versa.[72] A globalização movida a investimentos se traduz em redes de produção globais, que resultam na difusão global da tecnologia para ligar as partes da cadeia de valor agregado nos diversos países. Essa cadeia pode compreender áreas de uma empresa, englobar provedores e clientes ou, ainda, alianças de compartilhamento de tecnologias entre duas ou mais empresas. Esses avanços tecnológicos estão facilitando ou, na verdade, tornando necessária, a estrutura de rede de empresas que proporciona flexibilidade e resposta rápida a necessidades locais. É claro que não podemos ignorar os efeitos da tecnologia sobre o comércio global e as transações de negócios; é que, além de tudo, a Internet vem impulsionando o comércio eletrônico no mundo. Na verdade, a facilidade de uso e a universalidade da Internet provocam perguntas difíceis sobre questões igualmente complicadas, entre as quais podemos destacar: como ficam os direitos autorais, a proteção ao consumidor, o local de residência, os impostos?[73]

Novas tecnologias específicas para os produtos de uma determinada companhia representam uma vantagem competitiva fundamental e desafiam o cenário internacional de negócios a administrar a transferência e difusão de tecnologia com direitos reservados, com todos os riscos que isto implica. Trate-se de um produto, um processo ou uma tecnologia de gestão, uma das maiores preocupações de uma multinacional é a *apropriação de tecnologia;* ou seja, a capacidade de lucrar com sua própria tecnologia protegendo-a dos concorrentes.

Uma corporação multinacional tem condições de extrair inúmeros benefícios tecnológicos de suas operações globais. Os progressos resultantes de pesquisa e desenvolvimento cooperativos podem ser transferidos entre suas filiais em todo o mundo, e o conhecimento de gestão especializada pode ser integrado e compartilhado. Contudo, o risco da transferência e pirataria tecnológica é considerável e pode ser muito caro. Embora as empresas enfrentem poucas restrições em matéria de criação e disseminação de tecnologia nos países ricos, as nações de menor desenvolvimento muitas vezes impõem restrições aos acordos de patentes, *royalties,* etc., e têm outras restrições legais em matéria de proteção de patentes.

Na Alemanha, por exemplo, os *royalties* sobre patentes são limitados a 10% das vendas, mas a duração das patentes e marcas registradas é, respectivamente, de 20 e 10 anos, sendo de 45% a mais alta alíquota de imposto permitida sobre lucros. As nações menos desenvolvidas tendem a ser comparativamente mais restritivas na duração das patentes e marcas registradas e no alcance dos itens não-patenteados. O Egito não tem limites sobre os lucros, mas exige o patenteamento de processos de produção, e isso pelo prazo máximo de 15 anos.

Na maioria dos países, os governos usam suas leis para controlar o fluxo de tecnologia. Esses controles podem ser impostos por motivos de segurança nacional. Outros países, em especial os menos desenvolvidos, usam suas leis sobre investimentos para adquirir as tecnologias de que necessitam (normalmente tecnologia com alta exigência de mão-de-obra para gerar empregos) para aumentar as exportações, usar a tecnologia local e treinar seus cidadãos no uso dessas tecnologias.

Os métodos mais comuns para proteger a tecnologia patenteada são: utilização de patentes, marcas registradas, grifes comerciais, direitos autorais e segredos comerciais. Várias convenções internacionais garantem algum tipo de proteção nos países participantes; mais de 80 nações aderiram à Convenção Internacional para a Proteção da Propriedade Industrial, também conhecida como a União de Paris, para a proteção de patentes. Contudo, restrições e diferenças nas regras em alguns países não-signatários da União de Paris, da mesma forma que a espionagem industrial, representam problemas contínuos para empresas que tentam proteger suas tecnologias. No ano de 2001, empresas de produtos farmacêuticos do Ocidente batalharam para proteger as patentes de inúmeros remédios na medida em que algumas economias menos desenvolvidas se sentiam no direito de ignorá-las a fim de prover remédios menos caros para combater a epidemia de AIDS.

Um dos riscos para os direitos de propriedade intelectual de uma empresa é o uso inadequado da tecnologia por sócios em *joint ventures*, franqueados, licenciados e funcionários (especialmente aqueles que se transferem para outras companhias). Alguns países fiscalizam rigidamente o cumprimento dos acordos que obrigam os funcionários de tais companhias a manterem segredo sobre esses elementos.

Outra grande preocupação dos executivos globais será avaliar se a tecnologia utilizada é apropriada para o ambiente local — especialmente em países menos desenvolvidos. Os executivos precisam estudar as possíveis conseqüências culturais da transferência de tecnologia para terem condições de analisar se os indivíduos de um determinado país estão preparados e dispostos a mudar seus valores, expectativas e comportamentos no emprego para aplicar novos métodos tecnológicos à produção, à pesquisa, ao *marketing*, às finanças ou a outros aspectos de um negócio. Muitas vezes, a decisão relativa ao nível de transferência de tecnologia é dominada pelos regulamentos ou pelas exigências do governo anfitrião. Em algumas instâncias, o país anfitrião poderá exigir que os investidores estrangeiros importem apenas seus mais modernos maquinários e métodos a fim de que a área local venha a se beneficiar de novas tecnologias. Em outros casos, poderá insistir em que as companhias estrangeiras utilizem apenas processos com alta exigência de mão-de-obra para ajudar a reduzir os elevados índices de desemprego na área. Quando a opção fica inteiramente com os executivos internacionais, os especialistas em desenvolvimento econômico recomendam que eles façam a opção pela tecnologia apropriada; a escolha da tecnologia pode ser de alto índice de capital, de alto índice de trabalho ou intermediária, mas o principal é que ela seja adequada ao nível de desenvolvimento na área e às necessidades e expectativas dos indivíduos que a irão utilizar.[74]

Como um exemplo da utilização bem-sucedida da tecnologia apropriada, podemos apontar um pequeno fabricante de detergentes na Índia, chamado Patel. Essa empresa conseguiu tomar conta de 75% do mercado de detergentes da Lever, uma multinacional cujo detergente da marca Surf dominava anteriormente o mercado indiano. Os executivos da Patel deram-se conta de que, embora Surf fosse um produto de alta qualidade e alto preço, era claramente algo que não servia a um país pobre. Estabeleceram, então, uma rede de lojas nas quais as pessoas podiam misturar manualmente os ingredientes dos seus detergentes. Este método primitivo deu à Patel as condições de adaptar sua tecnologia às condições e expectativas da Índia e de superar a Lever pelo preço; as vendas anuais dessa empresa já ultrapassaram os US$ 250 milhões.[75]

E-business global

O comércio e o intercâmbio eletrônicos de dados por intermédio da Internet estão mudando o modo de fazer negócios de milhares de empresas e rompendo as fronteiras globais de tempo, espaço, logística e cultura. Um novo nível de competição global foi introduzido ao se enfatizar a eficiência obtida mediante a redução do número de fornecedores e a drástica redução dos custos com administração ao longo de toda a cadeia de valor. O *e-business* é "a integração de sistemas, processos, organizações, cadeias de valor e mercados inteiros que utilizam as tecnologias e conceitos da Internet ou a ela relacionados".[76] O *e-commerce* relaciona-se diretamente aos processos de *marketing* e de vendas. De maneira geral, é utilizado pelas empresas como forma de construir novas relações com os clientes.[77] A Internet e o *e-business* são responsáveis pelas seguintes vantagens em matéria de negócios globais:[78]

1. Facilidade para realizar negócios em escala mundial; ao melhorar as comunicações internacionais, contribui para o salto à frente rumo à globalização e a um mercado verdadeiramente global.
2. Um ponto eletrônico de encontro e transações que aumenta a eficiência na condução dos processos comerciais.
3. Um serviço de intranet corporativo, conjugando informação interna e externa para empreendimentos em todo o mundo.
4. Opções ilimitadas e diferenciais de preços para os clientes.
5. Uma cadeia de eficiência na distribuição.[79]

Embora a maior parte da atenção inicial estivesse voltada para o *e-commerce*, os especialistas acreditam que as maiores oportunidades estejam nas transações entre empresas (B2B)*. E embora o escopo, a complexidade e a estonteante velocidade do fenômeno B2B, que inclui os e-mercados, mantenham os executivos permanentemente confusos ao avaliar o impacto e o seu próprio papel competitivo, as estimativas do crescimento no mercado do comércio eletrônico podem ter sido exageradas. O desaquecimento econômico global e o resultante decréscimo dos gastos corporativos com a tecnologia da informação levaram vários grupos de pesquisa, entre eles o AMR Research e o Gartner Group, a diminuir suas projeções de transações B2B via Internet, como se constata no Quadro 1.3. Ainda assim, as projeções de crescimento são consideráveis, prevendo-se um total de US$ 6 trilhões em transações B2B no ano de 2004.

Embora quase sempre se ouça falar da adoção do B2B por grandes corporações, é importante notar que uma grande proporção das utilizações atuais e projetadas do B2B diz respeito a empresas de pequeno e médio portes. Isto está demonstrado no Quadro 1.4 (p. 41), dividido entre três objetivos comuns: cadeia de suprimentos, aquisição e rede de distribuição.

Naturalmente, uma estratégia bem-sucedida de Internet — especialmente em escala global — não é simples nem fácil. São inúmeros os problemas possíveis, como puderam comprovar as empresas européias e norte-americanas incluídas em um levantamento da Forrester Research, resumido no Quadro 1.5

Quadro 1.3 Previsão revista

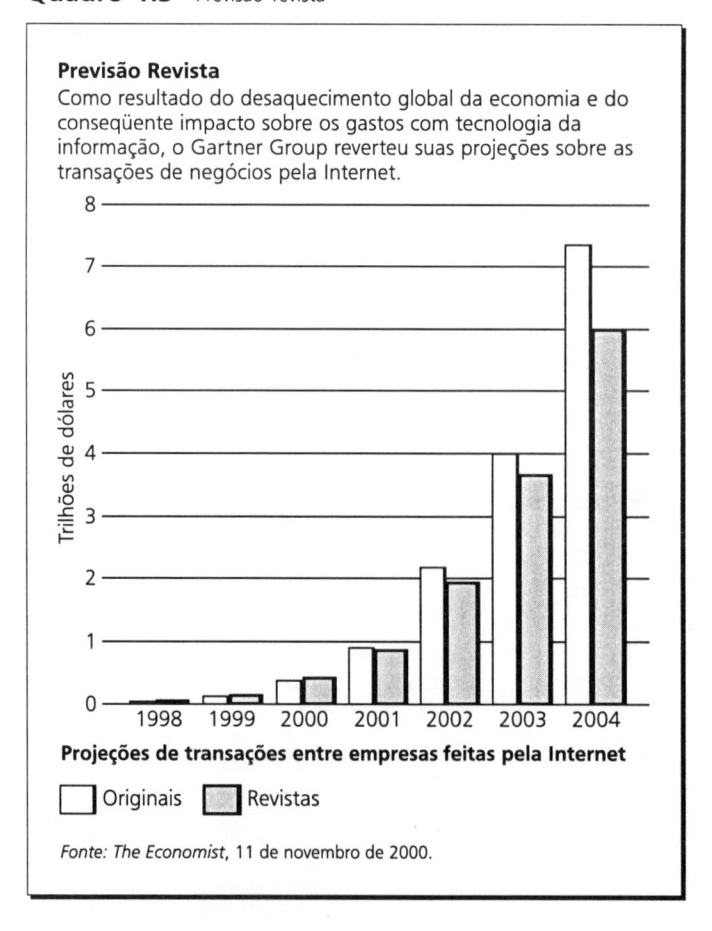

Previsão Revista
Como resultado do desaquecimento global da economia e do conseqüente impacto sobre os gastos com tecnologia da informação, o Gartner Group reverteu suas projeções sobre as transações de negócios pela Internet.

Projeções de transações entre empresas feitas pela Internet

☐ Originais ▨ Revistas

Fonte: The Economist, 11 de novembro de 2000.

---

*N. de T. Optamos por manter a sigla em inglês, que faz jogo de letras e números, brincando com a semelhança entre "two" (2) e "to" (para), na ligação *business to business*.

Quadro 1.4 Recém começou

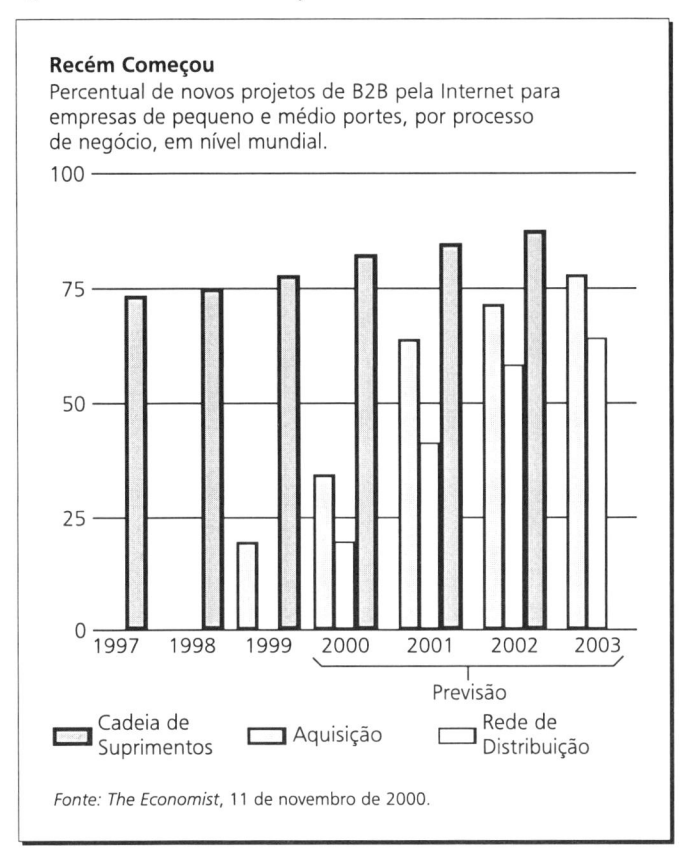

Recém Começou
Percentual de novos projetos de B2B pela Internet para empresas de pequeno e médio portes, por processo de negócio, em nível mundial.

[Gráfico de barras com anos 1997 a 2003, indicando Previsão a partir de 2000. Legenda: Cadeia de Suprimentos, Aquisição, Rede de Distribuição]

Fonte: The Economist, 11 de novembro de 2000.

(p. 42). Tais problemas incluem políticas e obstáculos internos, dificuldades na coordenação regional e no equilíbrio entre *e-commerce* global e local, e diferenças culturais. Torna-se claro que uma mudança de tamanha escala na organização dos negócios exige um comprometimento absoluto da cúpula, dos funcionários com delegação de poderes dispostos a fazer experiências, e comunicações internas excelentes.[80]

As barreiras à adoção e ao progresso do *e-commerce*, incluem a falta de disposição dos sócios na cadeia de valor, por exemplo, os fornecedores. É comum que as companhias se vejam forçadas a investir para aumentar a disposição dos seus sócios de negócios e a capacidade de seus clientes, se quiserem ter um mercado realmente eficiente. Outras barreiras são de caráter cultural. Na Europa, por exemplo:

> A experiência européia com o *e-commerce* tem sido dificultada por uma relação interminável de obstáculos culturais e de regulamentações, como os sistemas de impostos amplamente diferenciados, as barreiras idiomáticas e questões ainda referentes às moedas.
>
> "E-COMMERCE REPORT", *THE NEW YORK TIMES*, 26 DE MARÇO DE 2001.

Outros problemas derivam das dificuldades internas que as indústrias têm para chegar a formatos padronizados para a transmissão de dados — um problema enfrentado por Milan Turk Jr., diretor de desenvolvimento de negócios com clientes globais da Procter and Gamble.[81]

E apesar dos diversos tipos de problemas, o uso da Internet para facilitar e melhorar a competitividade global continua sendo explorado e descoberto. No setor público na Europa, por exemplo, a Comissão Européia começou a divulgar propostas *on-line* com o objetivo de transformar os procedimentos de con-

Quadro 1.5 Causas das dificuldades

Causas das Dificuldades
"Qual é a maior dificuldade na concretização do e-comércio global?"
Percentagem de 40 empresas norte-americanas e européias pesquisadas

Causa	%
Obstáculos e políticas internos	25
Equilíbrio entre e-comércio local e global	18
Coordenação regional	15
Diferenças culturais	13
Provedor inadequado de serviços	10
Transição da estratégia global para a Web	8
Logística global	8
Produto de difícil entrega	8

Fonte: The Economist, 11 de novembro de 2000.

cessão dos contratos do setor público, usando a Internet para construir um mercado verdadeiramente único:

> Com as aquisições públicas, que representam 11,5% do PIB da União Européia, essa iniciativa poderia resultar em um aumento do comércio interfronteiras, em uma maior transparência e abertura, e em uma grande valorização dos impostos dos contribuintes.
>
> THE FINANCIAL TIMES. www.ft.com/eprocurement, INVERNO, 2000.

Organizações de serviços profissionais globais têm sucesso utilizando todos os componentes do *e-business* e ajudando seus clientes a fazerem o mesmo. Um exemplo é a PricewaterhouseCoopers. Os funcionários da companhia, que opera em mais de 150 países, proporcionam aos clientes a capacidade de encontrar soluções para problemas complexos de negócios, entre eles os setores de Recursos Humanos Globais, Terceirização de Processos de Negócios, Assessoria Financeira, Auditoria e Assessoria, Consultoria Gerencial e Serviços Globais Fiscais. [82,83]

Fica claro, como destacam os executivos da PricewaterhouseCoopers, que o *e-commerce* não é apenas um novo *site* na Internet, mas, muito além disso, "uma fonte de vantagem estratégica significativa que acabará sendo o fator diferencial entre as várias companhias e o agente transformador das relações de negócios como são hoje conhecidas".[84] Na expectativa de capturar essa vantagem estratégica, o projeto do Airbus Europeu, uma iniciativa mista dos setores público e privado, aderiu a um intercâmbio B2B aeroespacial global para componentes de aviação, como é detalhado no *E-Biz Box*, em separado. O intercâmbio ilustra duas grandes tendências na competição global: 1) aquela no sentido de alianças globais de cooperação, mesmo entre concorrentes, para concretizar sinergias, e 2) o uso da tecnologia que possibilita essas conexões e sinergias.

E-BIZ BOX
A Airbus da Europa adere a um intercâmbio B2B aeroespacial global

A Airbus, com sede na França, está aderindo ao Intercâmbio Aeroespacial e de Defesa Global para componentes de aviões em desenvolvimento pela Boeing, Lockheed Martin, Raytheon e BAE Systems. Esse intercâmbio aberto no setor aeroespacial e de defesa tem por base o Commerce One MarketSite Portal Solution, que formata um mercado eletrônico no qual compradores e vendedores do mundo inteiro podem fazer negócios. As indústrias coligadas na fundação do empreendimento têm como acordo compartilhar os benefícios e as responsabilidades da nova entidade em igualdade de condições, com os necessários ajustes ao longo do tempo, baseando-se no fluxo do *e-commerce* de cada um dos sócios por meio do intercâmbio. O Commerce One tem 5% do capital inicial, enquanto outros 20% foram reservados para outros participantes da indústria e para os funcionários do novo empreendimento.

As companhias associadas, seus fabricantes e provedores esperam concretizar uma enorme redução de custos nessa indústria de US$ 400 bilhões ao vender e comprar partes pela Internet por intermédio do intercâmbio *on-line*. As companhias participantes atualmente fazem negócios com mais de 37 mil fornecedores, centenas de empresas de aviação comercial e governos nacionais mundo afora, todos os quais serão convidados a participar desse mercado na Web. A maioria dos aviões comerciais contém, cada um, até 6 milhões de partes, que contam com o suporte de milhões de páginas de dados técnicos. Os sócios esperam conseguir alto valor final nessa cadeia e reduzir significativamente os custos de suas transações. O intercâmbio também será um e-mercado para os serviços e produtos indiretos que as companhias participantes, as empresas de aviação comercial e seus fornecedores necessitem para suas operações diárias.

Os planos para o *site* do intercâmbio incluem as cinco maiores empresas aeroespaciais do mundo e os maiores fabricantes de aviões comerciais, a Boeing e a Airbus. A Airbus Industrie é um consórcio europeu do qual fazem parte a Aerospatiale Matra, da França, a DaimlerChrysler Aerospace, da Alemanha, a Construcciones Aeronáuticas, da Espanha e a BAE Systems, do Reino Unido.

Enquanto se desenvolve o intercâmbio conjunto, os futuros sócios continuam com seus próprios *sites* de *e-commerce*, como a wwww.everythingaircraft.com, da Raytheon, e a Airbus On-line Services. Enquanto isso, outras parcerias entre vários sócios prosperam, como a que une a Aerospatiale, a DaimlerChrysler Aerospace e a Construcciones, que constituíram a European Aeronautic Defence and Space Company. A companhia também pretende atrair a Finmecanica, da Itália, para seu âmbito. Os britânicos, mantendo sua característica autonomia, decidiram conservar sua companhia aeroespacial BAE Systems, dona de 20% da Airbus, independente.

Entretanto, se alguém pensou que tudo seria pura facilidade, errou redondamente: Commerce One, que lançou o *site* aeroespacial Global, tem cinco sócios e enfrenta quase inacreditável dificuldades técnicas consideráveis em decorrência da burocracia e do volume de normas e regulamentos que envolvem tudo o que diz respeito às transações aeroespaciais.

Fonte: Adaptado de www.commerceone.com, www.Airbus.com, www.herring.com, www.FT.com, www.Boeing.com, www.baesystems.com, www.raytheon.com, www.lockheedmartin.com (todos de 2000).

Conclusão

Em resumo, um executivo global, por maior que seja sua capacidade e vontade de acertar, não conseguirá desenvolver um plano estratégico adequado, nem pensar em investir no exterior se não fizer uma avaliação prévia do cenário — político, jurídico, regulamentador e tecnológico — em que sua empresa pretende operar. Esta avaliação não deveria ser apenas uma comparação entre países, mas, sim, uma comparação entre 1) o risco relativo e 2) o retorno projetado sobre o investimento que neles se pretenda fazer. Da mesma forma, para as operações em andamento, o executivo da subsidiária e a administração na sede deverão manter um monitoramento continuado do cenário para que seja possível detectar a tempo eventos desestabilizadores ou mudanças indesejáveis que possam exigir a recolocação de determinadas subsidiárias ou de uma empresa na sua totalidade. Alguns dos fatores principais capazes de afetar o ambiente do executivo global (e, por isso mesmo, merecedores de monitoramento contínuo) estão listados no Quadro 1.6 (p. 44).

O risco ecológico já se transformou na nova fronteira dos negócios mundiais. As capacitações das empresas e as medidas adotadas para administrar com eficiência sua exposição ao risco ambiental em escala mundial logo substituirão sua capacidade de desenvolver, produzir e comercializar marcas globais como elemento-chave da vantagem competitiva global.[85]

Como veremos mais adiante, as funções administrativas e as operações diárias de uma companhia podem ser igualmente afetadas por um fator ambiental sutil, mas poderoso, no país anfitrião — a cultura.

Quadro 1.6 O cenário do executivo internacional

CENÁRIO POLÍTICO	CENÁRIO ECONÔMICO
Forma de governo	Sistemas econômicos
Estabilidade política	Estágio de desenvolvimento
Política externa	Estabilidade econômica
Companhias estatais	PNB
Papel dos militares	Posição do financiamento internacional
Nível de terrorismo	Políticas monetárias e fiscais
Restrições sobre importações/exportações	Investimentos estrangeiros
CENÁRIO DE REGULAMENTAÇÃO	**CENÁRIO TECNOLÓGICO**
Sistema jurídico	Nível da tecnologia
Direito internacional imperante	Disponibilidade local de qualificação tecnológica
Leis protecionistas	Necessidades técnicas do país
Leis fiscais	Apropriabilidade
Função dos contratos	Transferência de tecnologia
Proteção dos direitos sobre patentes	Infra-estrutura
	Utilização da Internet

Cenário cultural (Ver Parte 2).

O papel cada vez mais abrangente da cultura na gestão internacional será amplamente detalhado na Parte 2.

No próximo capítulo, avaliaremos mais alguns fatores sutis, mas decisivos, no cenário global: a responsabilidade social e o comportamento ético. Analisaremos perguntas como qual o papel da empresa no futuro das sociedades e seus povos? Quais os interesses que os executivos precisam levar em consideração em suas decisões estratégicas e operacionais em outros países? De que maneira as expectativas de uma firma variam ao redor do mundo? Essas expectativas devem ter influência sobre as decisões dos executivos internacionais? Qual o papel que a interdependência econômica global desempenha a longo prazo nas ações de uma companhia em outros países?

RECURSOS NA INTERNET

Visite o *site* de Deresky no endereço http://prenhall.com/Deresky para ter acesso aos recursos de Internet deste capítulo.

PONTOS-CHAVE

1. Para se habilitarem a competir no século 21, as empresas precisam investir nas qualificações cada vez mais refinadas de gestão indispensáveis ao desempenho eficiente em um cenário multicultural. Os executivos precisam de uma orientação global para estarem à altura dos desafios apresentados pelo mercado mundial e das mudanças rápidas e fundamentais em um mundo de interdependência econômica cada vez maior.
2. A Gestão Global é o processo de desenvolver estratégias, planejar e operar sistemas e trabalhar com pessoas do mundo todo para assegurar uma forte vantagem competitiva.
3. Uma das grandes tendências do comércio mundial é o desenvolvimento de blocos regionais de livre comércio. O mercado da Tríade se refere aos três blocos comerciais da Europa Ocidental, Ásia e América do Norte.

4. Novos mercados e oportunidades de negócios surgem constantemente na Europa Oriental (em países como a Hungria e os integrantes da Comunidade de Estados Independentes, a antiga União Soviética), na China e em países de menor desenvolvimento.
5. Drásticas mudanças mundiais representam desafios dinâmicos aos executivos globais, incluindo a tendência política e econômica à privatização de empresas, rápidos avanços na tecnologia da informação e uma força de trabalho cada vez mais diversificada em termos culturais.
6. Os executivos globais precisam estar conscientes dos riscos políticos presentes em todo o mundo. Entende-se como risco político qualquer ação governamental ou evento de conotação política capazes de afetar negativamente a lucratividade ou o valor da empresa a longo prazo.
7. A avaliação dos riscos políticos pelas corporações multinacionais normalmente assume duas formas: uma consulta com *experts* familiarizados com a área e o desenvolvimento de qualificações internas em equipes da empresa interessada. O risco político pode ser enfrentado por meio 1) do distanciamento ou cancelamento do investimento; 2) de adaptações ao cenário local de regulamentações; 3) da manutenção da dependência do país anfitrião em relação à empresa matriz e 4) da prevenção de prejuízos potenciais mediante seguro contra risco político e financiamento local dos compromissos do empreendimento.
8. O risco econômico se refere à capacidade de um país de cumprir suas obrigações financeiras. O risco é que o governo possa vir a mudar suas políticas econômicas e, deste modo, tornar uma empresa estrangeira deficitária ou proibi-la de remeter os lucros para a matriz.
9. O cenário de regulamentação envolve as diferentes leis e os tribunais do país em que uma empresa está operando. A maioria dos sistemas legais deriva do direito consuetudinário, da lei civil ou da lei muçulmana.
10. O uso da Internet no *e-commerce* — especialmente em transações entre empresas — e para aumentar a eficiência das operações internas está rapidamente se transformando em um dos mais importantes fatores da competitividade global.
11. A apropriabilidade da tecnologia é a capacidade da firma inovadora de proteger sua tecnologia dos concorrentes e de extrair benefícios econômicos dessa mesma tecnologia. Os riscos para a apropriabilidade da tecnologia incluem a transferência de tecnologia e a pirataria e restrições legais à proteção da propriedade intelectual dessa tecnologia. A propriedade intelectual pode ser protegida mediante patentes, marcas registradas, marcas comerciais, direitos autorais ou segredos comerciais.

Capítulo 2

Administração da interdependência: responsabilidade social e ética

Panorama
Perfil de abertura: *AIDS: o novo dilema moral da Nestlé na África*
A responsabilidade social das multinacionais
    A responsabilidade das multinacionais em relação aos direitos humanos
    Códigos de conduta
A ética na gestão global
E-Biz Box: *A União Européia impõe a privacidade de dados eletrônicos interfronteiras*
    Pagamentos questionáveis
    Tomar a decisão correta
Administração da interdependência
    Subsidiárias estrangeiras nos Estados Unidos
    Administração da interdependência subsidiária/país sede
        Gestão comparativa em foco: *Interdependência: O NAFTA — visto do sul e visto do norte*
Administração da interdependência ambiental

PERFIL DE ABERTURA:

AIDS: O NOVO DILEMA MORAL DA NESTLÉ NA ÁFRICA

Para a Nestlé Corporation, multinacional com sede na Suíça, o dilema moral enfrentado em 2001 com relação à distribuição da sua fórmula de alimentação infantil na África não deixou de apresentar uma ironia cruel em relação a um evento semelhante registrado em 1981. Naquela época mais remota, um boicote de sete anos contra os produtos infantis da multinacional e um código de conduta da ONU sobre as vendas de produtos infantis nos países menos desenvolvidos forçaram a Nestlé a mudar a estratégia de *marketing* da sua fórmula infantil Similac. A Nestlé havia promovido a Similac nos países menos desenvolvidos como um substituto do leite materno, distribuindo amostras grátis da fórmula sem o acompanhamento das devidas instruções para o seu preparo. Um clamor público surgiu em conseqüência do número maciço de mortes de crianças causadas, principalmente, pela falta de informação sobre a necessidade de esterilizar as mamadeiras e a água a ser misturada com a fórmula, e inclusive quanto à inexistência de instalações para tais esterilizações. Além disso, as mães mais pobres recorreram à diluição da fórmula em níveis muito superiores aos recomendados para que tivesse eficácia, ou não compraram mais o produto quando as amostras grátis acabaram; nesse ínterim, descobriram também que seu próprio leite do peito havia cessado de fluir em decorrência da falta de uso.[1] A Nestlé sujeitou-se a um código voluntário de *marketing* e parou de distribuir amostras grátis, ou reduziu os preços da fórmula.[2]

No ano de 2001, contudo, muitos entenderam que o Unicef (Fundo da ONU para a Infância e a Juventude) deveria voltar atrás em relação àquele código, em decorrência do moderno flagelo da AIDS na África. O problema é que as mães infectadas com o vírus da AIDS o estão transmitindo a seus bebês exatamente pela alimentação com leite do peito, chegando as estimativas do número de crianças afetadas a muito mais de um milhão de bebês.[2] E, embora a Nestlé tenha se oferecido para doar sua fórmula infantil às mulheres infectadas com o HIV, o Unicef continua insistindo em se recusar a apoiar a proposta dessa indústria — avaliada em US$ 3 bilhões — de alimentos infantis. Pelas posições rígidas das partes, chegou-se, então, ao seguinte impasse: a menos que o Unicef revise suas exigências, a Nestlé não pretende agir novamente contra o código, arriscando-se, portanto, a desencadear a repetição da mesma situação de 20 anos atrás.[3]

A interdependência global é uma dimensão onipresente do cenário internacional de negócios, obrigando os executivos internacionais a adotar uma posição proativa em questões de responsabilidade social e comportamento ético, desenvolvimento econômico nos países anfitriões e proteção ecológica em todo o mundo.

Os executivos são, hoje, normalmente muito sensíveis a questões de responsabilidade social e comportamento ético, em razão das pressões do público, de grupos defensores de interesses compartimentados, das preocupações jurídicas e governamentais, e à agressividade dos meios de comunicação. Ainda não está perfeitamente claro onde se deve estabelecer uma linha divisória entre o comportamento socialmente responsável e as outras preocupações da corporação, ou entre as expectativas contrastantes de comportamento ético entre países diferentes. No cenário nacional, os administradores são confrontados com inúmeras complexidades éticas. No cenário global, tais preocupações são intensificadas pelo maior número de partes envolvidas, entre elas os clientes, as comunidades e os proprietários das empresas em muitos países.

Nossa discussão vai se concentrar separadamente em questões de responsabilidade social e de comportamento ético, mas é bom não esquecer que sempre existe uma interconexão entre esses dois pontos. A diferença é uma questão de escopo e gradação. Enquanto a ética interfere em decisões e interações em nível individual, as decisões sobre responsabilidade social são mais abrangentes em escopo, tendem a ser tomadas em um nível mais elevado, afetam um maior número de indivíduos e refletem uma posição geral adotada por uma companhia ou um determinado número de responsáveis por decisões.

A RESPONSABILIDADE SOCIAL DAS MULTINACIONAIS

Como ficou claro no panorama de abertura deste capítulo, as corporações multinacionais há muito tempo têm sido e — embora em menor grau — continuam a ser protagonistas do debate relativo à responsabilidade social, particularmente no que diz respeito às comparações entre os benefícios e os danos que suas operações acarretam no mundo inteiro, principalmente nos países menos desenvolvidos. Nos últimos anos, as críticas às multinacionais viram-se de certa forma reduzidas em virtude da diminuição das diferenças econômicas entre os vários países, do surgimento de multinacionais nos próprios países menos desenvolvidos, e devido à importância com que essas corporações têm enfrentado o tema da responsabilidade social. Apesar de tudo isso, persistem as preocupações quanto à exploração dos países menos desenvolvidos, alimentadas, entre outros, por episódios como o vazamento de gás da Union Carbide em Bhopal, na Índia, em dezembro de 1984, que matou 2.500 pessoas e deixou outras 200 mil gravemente doentes. Episódios como esse continuam provocando dúvidas quanto aos efeitos da utilização de tecnologias perigosas nas economias em desenvolvimento.

As questões de responsabilidade social continuam a girar em torno da pobreza e da falta de oportunidades iguais em todo o mundo, do meio ambiente, das preocupações dos consumidores, da segurança e das garantias para o futuro dos trabalhadores. Muitos participantes do debate em torno desses temas argumentam que, uma vez que operam em um contexto global, as multinacionais deveriam utilizar seu capital, capacidades e poderes para desenvolver um papel proativo no enfrentamento dos problemas sociais e econômicos em todo o mundo e, no mínimo, seria sua obrigação se preocupar com o bem-estar do país anfitrião de suas operações. Outros indicam que as multinacionais já têm um impacto positivo nos países menos desenvolvidos, ao proporcionar a quase todos eles treinamento de capacitações, capital para investimentos e novas tecnologias, além de criarem empregos e melhorarem a infra-estrutura local. Claro que as corporações multinacionais (agora também chamadas de corporações transnacionais) constituem uma poderosa presença na economia mundial, muitas vezes mais capacitadas do que os próprios governos locais como força indutora de mudanças. As vendas, dívidas e recursos das maiores multinacionais superam respectivamente, a soma do produto nacional bruto, da dívida pública e privada e dos recursos de algumas nações.[4]

O conceito de responsabilidade social internacional inclui a expectativa de que as multinacionais tomem consciência dos efeitos sociais e econômicos de suas decisões. O que está em jogo é determinar até que ponto essa preocupação deve se estender e que nível de planejamento e controle ela deve assumir. Dilemas como este são corriqueiros para os executivos das multinacionais. Os executivos da Del Monte, por exemplo, sabem que suas plantações de abacaxis nas ricas terras costeiras do Quênia dão resultados mistos. Mesmo que essas culturas acabem gerando as divisas de que o Quênia necessita desesperadamente, há também efeitos adversos para os quenianos mais pobres que moram na região, pois as plantações diminuem as terras disponíveis para a agricultura de subsistência sem a qual a população local vê seus problemas agravados.[5]

As opiniões sobre o nível de responsabilidade social que uma empresa nacional deve demonstrar variam de um extremo — a única responsabilidade de uma empresa é gerar dividendos, nos limites da lei, a fim de produzir bens e serviços e servir aos interesses dos seus acionistas[6] — a outro — as empresas deveriam se antecipar aos problemas e resolver aqueles que surgem no âmbito da sociedade em que estão inseridas. Entre esses extremos podem ser encontradas posições variadas descritas como socialmente sensíveis, nas quais as companhias reagem, até um determinado grau das expectativas sociais do momento, de acordo com os custos ambientais e sociais de suas ações.[7] O modelo clássico de Carroll ilustra as relações entre as questões sociais presentes, as categorias de responsabilidades sociais, e os quatro níveis da filosofia de reação, ou sensibilidade: reação, defesa, acomodação e empreendedorismo.[8] O modelo de Carroll é apresentado no Quadro 2.1 (p. 50). Os níveis de filosofia (empreendedorismo, acomodação, etc.), na parte superior, correspondem aos índices de responsabilidade social, na lateral, na mesma ordem que a apresentada (de cima para baixo). Assim, normalmente uma empresa com uma filosofia proativa, de empreendedorismo, sempre acaba desenvolvendo um esforço extra para cumprir responsabilidades arbitrárias, enquanto uma empresa com uma filosofia defensiva não se preocupa com aquilo que considera estar além de suas responsabilidades legais. Ao aplicar essas dimensões às questões sociais típicas que uma corporação enfrenta, o modelo sugere que a empresa com uma filosofia defensiva em relação à questão social da discriminação normalmente cumpre suas responsabilidades sociais apenas quando compelida por forças externas, ao contrário da empresa com uma filosofia proativa, que enfrentará suas responsabilidades éticas e arbitrárias mediante a criação de programas positivos para valorizar a diversidade na própria empresa. Por exemplo, a rede de restaurantes Denny's, dos Estados Unidos, foi forçada por ações judiciais, em 1997/1998, a diversificar sua estrutura administrativa; uma atitude de maior sensibilidade, mais proativa, provavelmente teria concretizado essa mudança muito antes disto, talvez à medida que a crescente diversidade de sua clientela começasse a se fazer sentir.

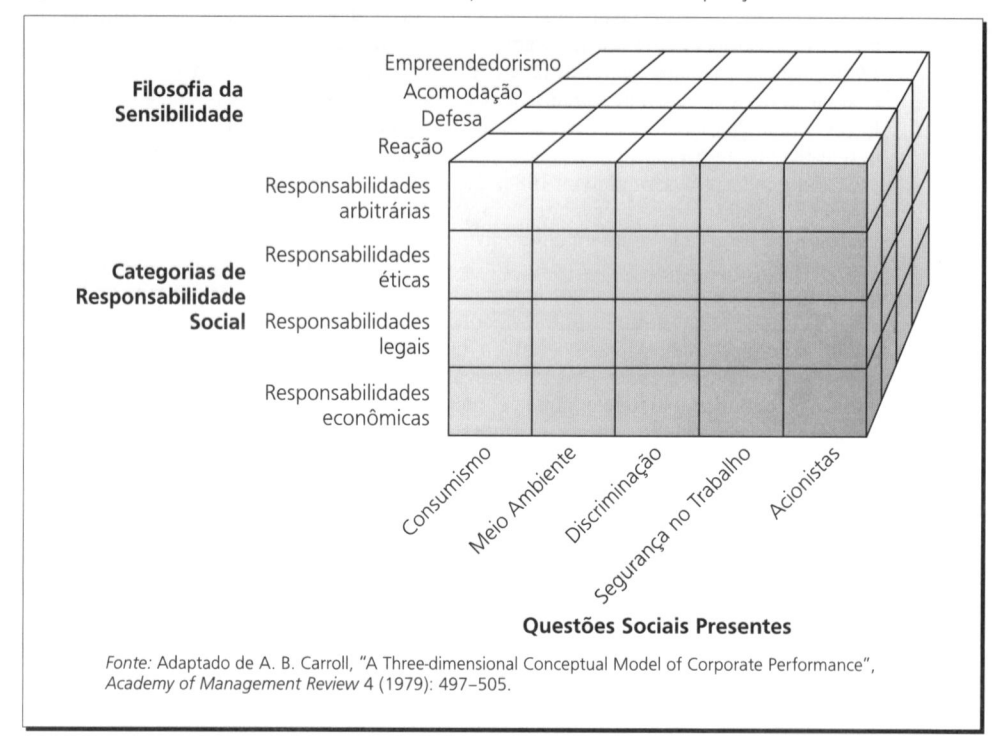

Quadro 2.1 Um modelo tridimensional da responsabilidade social das corporações

Filosofia da Sensibilidade
- Empreendedorismo
- Acomodação
- Defesa
- Reação

Categorias de Responsabilidade Social
- Responsabilidades arbitrárias
- Responsabilidades éticas
- Responsabilidades legais
- Responsabilidades econômicas

Questões Sociais Presentes
- Consumismo
- Meio Ambiente
- Discriminação
- Segurança no Trabalho
- Acionistas

Fonte: Adaptado de A. B. Carroll, "A Three-dimensional Conceptual Model of Corporate Performance", *Academy of Management Review* 4 (1979): 497–505.

A atitude em relação à responsabilidade social que a empresa deve adotar em suas operações internacionais é, no entanto, bem mais complexa — varia desde assumir algum grau de responsabilidade pelo desenvolvimento econômico em um país anfitrião de uma subsidiária até adotar um papel de protagonista na identificação e solução de problemas mundiais. A crescente complexidade relacionada à responsabilidade social e ao comportamento ético das companhias além-fronteiras é causada pelos financiadores adicionais das atividades das operações no exterior. Como é mostrado no Quadro 2.2, os executivos precisam não apenas levar em conta os interesses desses financiadores no país anfitrião, mas igualmente a comparação entre os direitos destes e os dos acionistas da empresa no país sede. Muitas decisões administrativas representam uma transação com relação aos direitos desses financiadores — pelo menos a curto prazo. Por exemplo, uma decisão de acabar com a utilização do trabalho de crianças no Paquistão na costura de bolas de futebol significa que a empresa terá de pagar mais pelo trabalho de adultos, reduzindo, assim, a lucratividade para os seus donos. Essa mesma decisão — de render-se às imposições dos direitos humanos conforme as expectativas éticas e sociais no país anfitrião, e igualmente às exigências dos consumidores — poderá significar que essas crianças e suas famílias venham a passar fome ou a enfrentar situações ainda piores do que a anterior em termos de trabalho. Outra decisão de manter os empregos em casa para satisfazer aos funcionários e sindicatos locais poderá significar maiores preços para os consumidores e menores lucros para os acionistas. Mais ainda, se os concorrentes levarem seus empregos para fábricas mais baratas no exterior, a sua própria companhia poderá acabar indo à falência, o que significará o desaparecimento de empregos para os funcionários locais e prejuízos para os donos.

Com a crescente conscientização a respeito da interdependência sócio-econômica mundial, as organizações globais começam a reconhecer a necessidade de chegar a um consenso sobre o que deverá constituir um comportamento moral e ético. Alguns pensam que esse consenso está emergindo em decorrência do desenvolvimento de uma cultura corporativa global — uma integração dos cenários de negócios nos quais as firmas atualmente operam.[9] Essa integração resulta da dissolução gradual de fronteiras tradicionais e das inúmeras e intrincadas interconexões entre as corporações multinacionais, os mercados internacionalmente conectados de ações e das redes de comunicação.[10]

Quadro 2.2 Financiadores das multinacionais

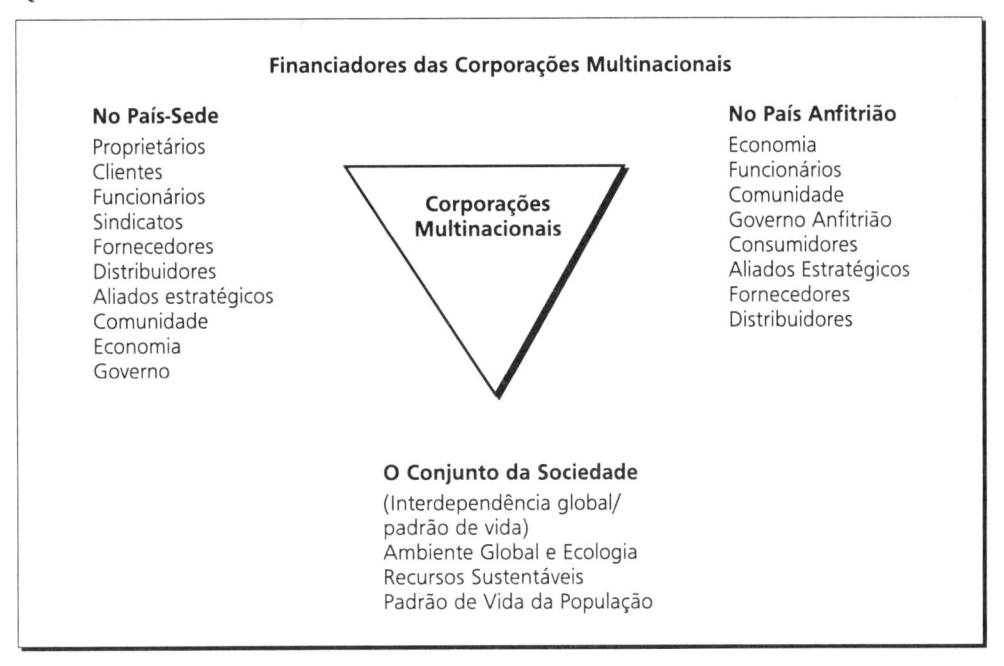

Financiadores das Corporações Multinacionais

No País-Sede
Proprietários
Clientes
Funcionários
Sindicatos
Fornecedores
Distribuidores
Aliados estratégicos
Comunidade
Economia
Governo

Corporações Multinacionais

No País Anfitrião
Economia
Funcionários
Comunidade
Governo Anfitrião
Consumidores
Aliados Estratégicos
Fornecedores
Distribuidores

O Conjunto da Sociedade
(Interdependência global/
padrão de vida)
Ambiente Global e Ecologia
Recursos Sustentáveis
Padrão de Vida da População

Embora seja muito difícil implementar um código geral de moralidade e ética em cada país, essas mesmas diretrizes proporcionam uma base de julgamento em relação a situações específicas. Bowie usa o termo *universalismo moral* para identificar a necessidade de um padrão que seja aceito por todas as culturas.[11] Sustenta que esta maneira de fazer negócios ao longo de culturas diversificadas é largamente preferível em relação a outras, tais como o etnocentrismo ou o relativismo ético. Com uma *abordagem etnocêntrica*, companhia aplica a moralidade utilizada em seu país-sede, seja qual for o sistema de ética do país anfitrião.

A empresa que adota o *relativismo ético*, por outro lado, simplesmente adota o código moral local em qualquer país no qual estiver operando. Com esta modalidade, as companhias entram em conflito de valores como, por exemplo, continuar operando na China apesar das objeções do país sede da multinacional às contínuas violações dos direitos humanos por parte do governo chinês. Além disso, de qualquer modo, a pressão do público no país sede muitas vezes força as corporações multinacionais a agir de acordo com sistemas de valores etnocêntricos. Em um caso, o clamor público nos Estados Unidos e na maior parte do mundo fez que com as maiores corporações (IBM, General Motors, Coca-Cola e Eastman Kodak) vendessem ou desativassem suas operações na África do Sul durante a década de protestos (1980) contra a política do *apartheid* então imperante nesse país. Mais recentemente, a FDA vem pressionando os fabricantes norte-americanos de implantes mamários à base de silicone (proibidos nos Estados Unidos em cirurgias cosméticas por causa de problemas que causam à saúde) a adotar uma moratória nas exportações. Embora a Dow Corning tenha encerrado suas vendas no exterior — alegando sua responsabilidade de empregar em suas operações internacionais os mesmos padrões que é obrigada a seguir no plano nacional — os outros três grandes produtores continuam a exportar os implantes, muitas vezes a partir de suas fábricas em outros países.

A dificuldade, mesmo para a adoção de uma posição de moral universal, reside em saber perfeitamente onde traçar a linha divisória. Que tipos de conflitos de valores, pergunta Wicks, são "destruidores de discursos" ou "inimigos da cooperação"? Os executivos, cada um a sua maneira, precisam decidir em algum momento, baseados em sua própria moralidade, quando uma situação se torna intolerável e por isso mesmo é preciso encerrar a sua participação.

Existem limitações práticas a nossa capacidade de agir no mundo moderno,... mas a regra comum é que a violação sistemática dos direitos individuais básicos constitui, em geral, uma base para o encerramento de uma parceria. Violações menos flagrantes, ou práticas que não chegam a constituir ofensa aos nossos valores básicos, são tratadas como questões que podem ser negociadas.[12]

A responsabilidade das multinacionais em relação aos direitos humanos

A maioria das questões relativas à moralidade da presença ou das atividades das corporações multinacionais em um determinado país é transparente; há, porém, situações que não o são, especialmente quando lidam com problemas que envolvem os direitos humanos. O papel das multinacionais ao se retirarem da África do Sul na década de 1980 como parte do movimento contra o Apartheid já provocou os efeitos desejados, e muitas delas agora retornam cautelosamente ao país transformado em uma democracia multirracial. Em várias outras áreas do mundo, a questão referente ao papel que as multinacionais deveriam desempenhar em relação aos direitos humanos continua em primeiro plano. Foram tais as proporções que atingiu o clamor contra os produtos originários de fábricas com trabalho escravo no exterior que o presidente Bill Clinton criou o Código de Conduta contra Trabalho Escravo, que inclui a proibição do trabalho escravo, abusos e discriminações, e exige que as companhias proporcionem um ambiente de trabalho saudável e seguro e paguem também o salário mínimo local, entre outras exigências. Nomeou-se um grupo de trabalho para vigiar o cumprimento dessas disposições; essa vigilância, claro, é difícil, mas a publicidade a respeito seguramente ajuda! O Departamento (ministério federal) do Trabalho publica os nomes das companhias que cumprem as disposições do código, entre elas a Nike, Reebok, Liz Claiborne, Wal-Mart e Phillips-Van Heusen.[13] Essas empresas podem ser identificadas no *site* do Departamento do Trabalho na Internet (http://www.gov.nosweat.htm). Mesmo assim, um estudo encomendado pela Nike em 2000 para acompanhar as atividades referente a pessoal pertencente ao quadro de seus fornecedores na Indonésia constatou que

...56% dos 4.004 trabalhadores disseram aos pesquisadores que testemunharam abusos verbais, sexuais ou físicos cometidos por supervisores contra outros funcionários.

WALL STREET JOURNAL, 22 de fevereiro de 2001

O estudo, realizado pela organização não-governamental Global Alliance, concluiu que os trabalhadores nas fábricas indonésias contratadas pela Nike tinham acesso limitado à assistência médica, estavam sujeitos a abusos sexuais por parte dos executivos, e eram muitas vezes forçados a trabalhar mais do que as horas contratuais.[14]

O conceito de "direitos humanos" fica sujeito a distorções em decorrência das percepções e prioridades de povos dos mais diferentes países. Enquanto os Estados Unidos normalmente assumem a liderança na condenação daquilo que consideram violações dos direitos humanos no mundo inteiro, outros países não se cansam de apontar o alto número de pessoas sem-teto e os elevados índices de criminalidade existentes nos EUA como violações desses mesmos direitos. A discussão sobre o tema dos direitos humanos centraliza-se repetidamente na Ásia, porque muitos dos seus produtos consumidos e apreciados no Ocidente são dali importados por empresas ocidentais que fazem farto uso de instalações de manufatura instaladas na região.[15] É algo amplamente aceito no Ocidente que a melhor oportunidade de ganhar terreno em questões relativas aos direitos humanos estaria na adoção, pelas multinacionais e pelos governos, de uma posição unificada; muitos atores do cenário mundial questionam a moralidade de negociar bens produzidos mediante trabalho forçado ou trabalho infantil. Embora as leis dos Estados Unidos proíbam as importações de produtos do trabalho escravo, contratos duvidosos entre os produtores e companhias que agem como intermediárias tornam muito difícil determinar a origem de inúmeros produtos — e facilitam, para companhias ansiosas por acesso a produtos ou materiais baratos, o não-cumprimento da lei. Contudo, sob pressão de seus sindicatos (e, quem sabe, até mesmo de suas consciências), várias grandes companhias que se preocupam com a questão da imagem estabeleceram códigos corporativos de conduta para seus compradores, fornecedores e terceirizados, instituindo rígidos procedimentos para a auditoria de suas importações.[16] A Reebok promoveu uma auditoria em todos os seus fornecedores na Ásia. A Levi Strauss foi um passo além. Depois de enviar equipes de investigadores para todas as partes do mundo, anunciou uma nova política corporativa: "Não devemos iniciar nem renovar relações contratuais em países nos quais venham a ser comprovadas maciças violações dos direitos humanos básicos."[17] Na verdade, depois desse estudo, a corporação anulou os contratos que mantinha na China e na Birmânia, alegando a prática, nesses países, de generalizadas violações dos direitos humanos e de injustiças para com os trabalhadores. Claro que a empresa também estava preocupada com o prejuízo que a sua marca poderia sofrer e com a possibilidade de os clientes passarem a se negar a comprar uma camisa feita por crianças em Bangladesh ou por trabalho forçado na China. Os principais executivos da Levi Strauss concluíram que decisões focadas exclusivamente em fatores de custos acabam prejudicando os interesses a longo prazo da companhia. É do entendimento deles que novos benefícios podem surgir a partir de uma abordagem ética, que inclua fatores como a lealdade entre os funcionários, sócios, fornecedores e clientes. A empresa igualmente adotou severas diretrizes para os seus contratados no exterior, tais como:

- Os fornecedores devem proporcionar condições de segurança e saúde no trabalho que cumpram rigorosamente os padrões da Levi Strauss.
- Os fornecedores devem pagar aos seus empregados não menos do que os padrões salariais locais.
- Inspetores da companhia continuarão fazendo visitas de surpresa aos contratados para verificar o cumprimento dessas normas.[18]

Códigos de conduta

É considerável o número de organizações que desenvolvem códigos de conduta próprios; algumas delas inclusive foram além disso, aliando-se com outras em vários países para estabelecer padrões destinados a melhorar a qualidade de vida dos trabalhadores em todo o mundo. Companhias como a Avon, a Sainsbury Plc., a Toys 'R' US e a Otto Versand fizeram parceria com o Conselho de Prioridades Econômicas (Council on Economic Priorities, em inglês) para estabelecer o SA8000 (Responsabilidade Social 8000, na linha do padrão de qualidade industrial ISO9000). Os padrões globais de trabalho por eles propostos seriam monitorados por organizações independentes para certificar que as fábricas estão realmente cumprindo esses padrões, entre os quais figuram:

- Não utilizar trabalho forçado, nem de crianças.
- Proporcionar um ambiente de trabalho seguro.
- Respeitar o direito dos empregados à sindicalização.
- Não exigir regularmente semanas de trabalho de mais de 48 horas.
- Pagar salários suficientes para satisfazer às necessidades básicas dos trabalhadores.[19]

Existem, além disso, quatro códigos internacionais de conduta que proporcionam algumas diretrizes consistentes para a atuação das empresas multinacionais. Os códigos foram desenvolvidos pela Câmara de Comércio Internacional, Organização para a Cooperação e o Desenvolvimento Econômicos, Organização Internacional do Trabalho e Comissão sobre Corporações Transnacionais da Organização das Nações Unidas. Kathleen A. Getz integrou esses quatro códigos e organizou os princípios comuns a todos eles, assim estabelecendo o comportamento das multinacionais em relação aos governos, públicos e indivíduos, como apresentado no Quadro 2.3 (p. 54 e 55) (as instituições originárias estão entre parênteses). Ela conclui: "À medida que organizações e instituições internacionais (entre elas as próprias multinacionais) continuarem a refinar os códigos, as questões morais subjacentes serão identificadas de maneira cada vez mais transparente, e o comportamento adequado das multinacionais poderá ter maior visibilidade."[20]

A ÉTICA NA GESTÃO GLOBAL

> O computador está na doca de descarga, está chovendo, e para poder retirá-lo você terá de pagar (uma "gorjeta" de) 100 dólares.
>
> WM. C. NORRIS, CONTROL DATA CORP.

A globalização multiplicou os problemas éticos enfrentados pelas organizações. Mesmo assim, a ética dos negócios ainda não se globalizou. Embora as empresas norte-americanas possam utilizar-se de diretrizes gerais para o comportamento adequado baseadas em leis federais e na estrutura de valores enraizada no legado judaico-cristão do país, essas diretrizes não contam com a possibilidade de uma aplicação consistente no exterior. As atitudes em relação à ética baseiam-se em cultura e práticas de negócios. As empresas norte-americanas têm um elevado índice de éticas institucionais como códigos de ética e isenções de impostos para um comportamento socialmente responsável. Swee Hoon Ang, por exemplo, constatou que, embora os cidadãos do Leste da Ásia tendessem a ser menos éticos do que seus

Quadro 2.3 Códigos internacionais de conduta para as empresas multinacionais

---

AS MULTINACIONAIS E OS GOVERNOS ANFITRIÕES

POLÍTICAS ECONÔMICAS E DE DESENVOLVIMENTO

- As empresas multinacionais devem consultar autoridades governamentais e organizações nacionais de empresários e trabalhadores para garantir que seus investimentos estejam de acordo com as políticas econômicas e de desenvolvimento social do país anfitrião. (CCI; OCED; OIT; ONU/CCM)
- As multinacionais não devem agir em prejuízo do balanço de pagamentos e da taxa de câmbio da moeda dos países em que operam. Quaisquer dificuldades que enfrentarem nesses dois setores devem ser resolvidas, sempre que possível, em consulta com os governos locais. (CCI; OCED: ONU/CCM)
- As multinacionais devem cooperar com as políticas governamentais relativas à participação acionária local em suas empresas. (CCI; ONU/CCM)
- As multinacionais não devem dominar os mercados de capitais dos países nos quais operam. (CCI; ONU/CCM)
- As multinacionais devem fornecer às autoridades dos governos locais as informações necessárias para que sejam calculados corretamente os impostos a serem pagos. (CCI; OCED)
- As multinacionais não devem empreender políticas de transferência de preços que possam modificar a base de impostos pela qual suas entidades são avaliadas. (OCDE; ONU/CCM)
- As multinacionais devem dar preferência a fontes locais em componentes e matérias-primas se os preços e a qualidade forem competitivos. (CCI; OIT)
- As multinacionais devem reinvestir parte dos lucros nos países em que operam. (CCI)

LEIS E REGULAMENTAÇÕES

- As multinacionais estão sujeitas às leis, regulamentações e à jurisdição dos países nos quais operam. (CCI; OCDE; ONU/CCM)
- As multinacionais devem respeitar o direito de cada país de exercer controle sobre os respectivos recursos naturais e de regulamentar as atividades das entidades que operam no âmbito de seus territórios. (CCI; OCDE;ONU/CCM)
- As multinacionais devem usar os mecanismos adequados para a solução de divergências, entre os quais a arbitragem, para resolver conflitos com os governos dos países nos quais operam. (CCI; OCDE)
- As multinacionais não devem pedir a intervenção dos governos dos países em que têm suas sedes em disputas com governos anfitriões. (ONU/CCM)
- As multinacionais devem resolver todas as divergências decorrentes de expropriações pelo governo anfitrião de acordo com as leis desse mesmo país. (ONU/CCM)

ENVOLVIMENTO POLÍTICO

- As multinacionais devem se abster de envolvimento impróprio ou ilegal nas atividades políticas locais. (OCDE; ONU/CCM)
- As multinacionais não devem pagar comissões nem oferecer benefícios impróprios a qualquer funcionário público. (OCDE; ONU/CCM)
- As multinacionais não devem interferir nas relações entre os governos. (ONU/CCM)

AS MULTINACIONAIS E O PÚBLICO

TRANSFERÊNCIA DE TECNOLOGIA

- As multinacionais devem cooperar com as autoridades governamentais na avaliação do impacto de transferências de tecnologias para países em desenvolvimento e, da mesma forma, aperfeiçoar as capacidades tecnológicas desses países. (OCDE; ONU/CCM)
- As multinacionais devem desenvolver e adaptar tecnologias às necessidades e características dos países nos quais operam. (CCI; OCDE; OIT)
- As multinacionais devem realizar atividades de pesquisa e desenvolvimento nos países em desenvolvimento, usando recursos e pessoal locais o máximo possível. (CCI; ONU/CCM)
- Quando da concessão de licenças para a utilização de direitos de propriedade industrial, as multinacionais deverão fazê-lo sempre em termos e condições razoáveis. (CCI; OCDE)
- As multinacionais não devem exigir pagamento pela utilização de tecnologias que não tenham valor real para o empreendimento. (CCI)

PROTEÇÃO AO MEIO AMBIENTE

- As multinacionais devem respeitar as leis e os regulamentos referentes à proteção ambiental dos países nos quais operam. (OCDE; ONU/CCM)
- As multinacionais devem colaborar com os governos anfitriões e com as organizações internacionais no desenvolvimento de padrões nacionais e internacionais de proteção ambiental. (CCI; ONU/CCM)
- As multinacionais devem fornecer às autoridades responsáveis dos países anfitriões as informações referentes ao impacto ambiental dos produtos e processos de suas entidades. (CCI; ONU/CCM)

AS MULTINACIONAIS E OS INDIVÍDUOS

PROTEÇÃO DO CONSUMIDOR

- As multinacionais devem respeitar as leis e os regulamentos dos países em que operam no que diz

respeito à proteção ao consumidor. (OCDE; ONU/CCM)
- As multinacionais devem preservar a segurança e a saúde dos consumidores mediante a revelação de informações adequadas e pela prática de rotular adequadamente seus produtos e de anunciá-los com exatidão. (ONU/CCM)

PRÁTICAS DE EMPREGO

- As multinacionais devem cooperar com os esforços dos governos anfitriões para a criação de oportunidades de emprego em localidades específicas. (CCI)
- As multinacionais devem apoiar organizações representativas dos funcionários. (CCI; OIT)
- As multinacionais devem tentar aumentar as oportunidades e os padrões de emprego nos países em que operam. (OIT)
- As multinacionais devem proporcionar empregos estáveis para os seus funcionários. (OIT)
- As multinacionais devem estabelecer políticas de emprego não-discriminatórias e promover oportunidades de igualdade no emprego. (OCDE; OIT)
- As multinacionais devem dar prioridade ao emprego e à promoção de cidadãos dos países em que operam. (OIT)
- As multinacionais devem garantir que todos os funcionários recebam treinamento adequado. (OIT)
- As multinacionais devem contribuir para o treinamento de cidadãos dos países em que operam em funções técnicas e administrativas e contratar cidadãos desses mesmos países, devidamente capacitados, para essas funções técnicas e administrativas. (CCI; OCDE; ONU/CCM)
- As multinacionais devem respeitar o direito dos funcionários de se organizar com o objetivo de se fortalecer para a negociação coletiva. (OCDE; OIT)
- As multinacionais devem fornecer aos representantes dos funcionários as informações necessárias para que possam desenvolver adequadamente as condições estabelecidas nos acordos coletivos. (OCDE; OIT)
- As multinacionais devem consultar os representantes dos trabalhadores em todas as questões diretamente ligadas aos interesses dos funcionários. (CIC)
- As multinacionais, no contexto de negociações com os representantes dos trabalhadores, não devem ameaçar transferir qualquer unidade operacional para outro país. (OCDE; OIT)
- As multinacionais devem dar informação antecipada aos trabalhadores sobre o fechamento de qualquer instalação e colaborar para amenizar os efeitos adversos resultantes. (CCI; OCDE; OIT)
- As multinacionais devem cooperar com os governos no sentido de proporcionar proteção de renda a trabalhadores cujos empregos tiverem eliminado. (OIT)
- As multinacionais devem proporcionar padrões de emprego iguais ou melhores que aqueles desfrutados por detentores de funções comparáveis nos países em que operam. (CCI; OCDE; OIT)
- As multinacionais devem pagar, no mínimo, salários suficientes para cobrir as necessidades básicas dos trabalhadores. (OIT)
- As multinacionais devem manter os melhores padrões de segurança e saúde e proporcionar informações adequadas relativas aos problemas derivados das condições de trabalho. (OIT)

DIREITOS HUMANOS

- As multinacionais devem respeitar os direitos humanos e as liberdades fundamentais nos países em que operam. (ONU/CCM)
- As multinacionais não devem praticar a discriminação baseada em raça, cor, sexo, religião, idioma, origem social, nacional e étnica, nem em relação a opiniões políticas ou quaisquer outras. (ONU/CCM)
- As multinacionais devem respeitar os objetivos, os valores e as tradições sociais e culturais dos países em que operam. (ONU/CCM)

Fontes e respectivas agências internacionais:
OCDE: Diretrizes para Empreendimentos Multinacionais da Organização para a Cooperação e o Desenvolvimento Econômicos.
OIT: Declarações e Princípios Tripartites Relacionados às Multinacionais e à Política Social, da Organização Internacional do Trabalho.
CCI: Diretrizes para Investimentos Internacionais da Câmara de Comércio Internacional.
ONU/CCM: A Declaração Universal dos Direitos Humanos e o Código de Conduta das Multinacionais da Organização das Nações Unidas.

colegas expatriados dos Estados Unidos e Grã-Bretanha, tratava-se de um comportamento baseado no fato de considerarem qualquer tipo de fraude amoral, mas aceitável quando pudesse apresentar um efeito positivo em relações a assuntos de tamanha importância como a companhia, a família em geral, ou o Estado.[21] Para uma multinacional, tornava-se extremamente difícil conciliar um comportamento consistente e válido no mundo inteiro com os padrões vigentes em cada país. Uma grande dúvida, na verdade, era se deveriam ser algum dia conciliáveis; parece que os Estados Unidos constituem a força propulsora na condução de práticas aceitáveis de negócios no exterior.[22]

O termo *ética internacional de negócios* se refere à conduta ou moral de negócios das multinacionais nas suas relações com indivíduos e entidades.[23] Esse comportamento depende em grande parte do sistema de valores culturais e das práticas comerciais comumente aceitas em cada país ou sociedade, como vemos discutindo no decorrer deste livro. Essas normas, por sua vez, baseiam-se em diretrizes amplamente aceitas de religião, filosofia, das profissões e do sistema legal. Deste modo, os executivos das subsidiárias das multinacionais deveriam basear seus padrões éticos nos do país anfitrião ou nos do país sede — e ou, quem sabe, esses padrões possam ser conciliados? Qual é a responsabilidade moral dos expatriados em relação ao comportamento ético, e de que maneira essas questões afetam as metas empresariais? De que forma os expatriados conseguirão simultaneamente equilibrar suas responsabilidades em relação aos vários interessados na empresa: proprietários, credores, consumidores, funcionários, fornecedores, governos e sociedade? Os objetivos muitas vezes conflitantes dos países anfitriões e dos países em que as empresas têm suas sedes precisam ser igualmente levados em consideração.[24]

A abordagem desses dilemas varia bastante entre as multinacionais de diversos países. Enquanto a modalidade norte-americana é a de tratar a todos de forma igual mediante julgamento moral baseado em regras gerais, os executivos no Japão e na Europa tendem a tomar tais decisões com base em valores compartilhados, em laços e naquilo que vêem como sua obrigação.[25] De acordo com inúmeros executivos norte-americanos, existe pouca diferença nas práticas éticas entre os Estados Unidos, o Canadá e o Norte da Europa. Na verdade, na avaliação de Bruce Smart, ex-subsecretário de Comércio para Transações Internacionais do governo federal dos EUA, os mais altos padrões éticos são, aparentemente, aqueles postos em prática pelos canadenses, britânicos, australianos e alemães. Sustenta que "ainda existe uma espécie de *noblesse oblige* entre as classes empresariais nesses países", ao contrário da atitude predominante entre tantos executivos norte-americanos que ainda fecham os olhos para a prática de atingir os objetivos, sejam quais forem os meios utilizados.[26] Outro participante desse jogo empresarial que poucos problemas experimentou com as práticas éticas imperantes na Europa é Donald Petersen, ex-CEO da Ford Motor Company; ele, porém, adverte sobre o que ocorre nos países subdesenvolvidos, especialmente naqueles que estiveram sob regime ditatorial, em que o suborno é uma prática quase corriqueira. E no Japão, diz Petersen, a noção de "me consiga o negócio que eu vou recompensá-lo" é simplesmente uma parte aceita da cultura nacional.[27]

O maior problema individual para as multinacionais na sua tentativa de definir uma postura ética corporativa é a grande variedade de padrões de ética ao redor do mundo. Muitas práticas tidas como antiéticas ou até mesmo ilegais em alguns países são meios aceitos de fazer negócios em outros. Mais recentemente, este dilema assumiu novas formas devido aos variados entendimentos da utilização ética da tecnologia no mundo, como é ilustrado no *E-Biz Box* a seguir.

As corporações norte-americanas são muitas vezes apanhadas no fogo cruzado entre a possibilidade de ficarem em situação desvantajosa ao se recusarem a cumprir as práticas aceitas em determinados países, como a do suborno, ou ficarem sujeitas a críticas, no país sede, pela utilização de táticas "aéticas" para conseguir seus objetivos. Grandes empresas que se recusaram a compactuar com tais práticas abriram o caminho para a adoção de uma posição moral em decorrência de sua visibilidade, seu potencial de impacto sobre a economia local e, acima de tudo, sua capacidade de sustentar semelhante posição.[28]

Levando-se em conta que o patamar dos padrões éticos em atividades internacionais é estabelecido com base nas práticas de determinadas companhias líderes em seus respectivos setores — ou, mais realisticamente, pelos valores morais dos seus principais executivos —, torna-se mais difícil estabelecer os limites inferiores desses padrões. Laczniak e Naor assim explicam:

> A legislação dos países economicamente desenvolvidos geralmente define o mínimo denominador comum do comportamento aceitável para operações nesses mercados nacionais. Em um país subdesenvolvido ou em desenvolvimento, na prática, seria o real *índice de cumprimento* da lei o fator determinante do limite inferior de comportamento admitido (destaque em itálico por conta da autora).[29]

O suborno de funcionários é delito previsto na lei em muitos países, mas ainda assim continua sendo uma prática corriqueira; às vezes, chega a ser a única maneira de conseguir fazer com que alguma coisa se mova no mundo da burocracia. Nesses casos, os executivos das multinacionais precisam decidir qual o padrão de comportamento que irão seguir. E o que dizer daquela "gorjeta" de 100 dólares para conseguir tirar o computador da chuva na doca de desembarque? Conforme William Norris, ele mandou pagar os 100 dólares porque recusar seria levar as coisas a sério demais. De maneira geral, a Control Data não se dobra a pressões como essa, mesmo tendo perdido, segundo afirmações de seus diretores, muitos negócios em função desse padrão de comportamento.[30]

E-BIZ BOX
A União Européia impõe a privacidade de dados eletrônicos interfronteiras

Muita gente nos Estados Unidos tem reclamado da situação atual em relação à disponibilização dos seus dados pessoais, pois gostaria de maior privacidade; é que todo mundo recebe *mailings*, ofertas de negócios e outras informações a seu próprio respeito que faz pensar sobre onde foi mesmo que aquela fonte conseguiu os dados pessoais. Na Europa, a situação é diferente. Na verdade, os europeus estão decididos a não receber *mailings* não-solicitados, seja dos Estados Unidos, seja de que canto do mundo for. Desde 25 de outubro de 1998, quando a Diretriz da União Européia sobre Proteção de Dados entrou em vigor, os comissários da UE, em Bruxelas, resolveram processar companhias e bloquear *sites* que insistirem em não se comportar de acordo com os padrões europeus a respeito de privacidade de dados. A diretriz garante aos cidadãos europeus controle absoluto sobre qualquer dado referente a cada um deles. Uma empresa norte-americana que quiser obter informação pessoal deverá fazê-lo diretamente com a pessoa que é seu alvo, depois de explicar-lhe detalhadamente com qual finalidade essa mesma informação será utilizada; a empresa também deverá dar garantia de que a informação não será usada para qualquer outro objetivo sem o consentimento do interessado. Os cidadãos dos países da União Européia têm direito, de acordo com essa diretriz, de processar qualquer companhia que, na sua opinião, estiver fazendo uso inadequado dos seus dados pessoais.

Proteções como essas parecem, à primeira vista, admiráveis, mas os defensores do livre mercado na Europa preocupam-se com a perspectiva de um continente autorizado a regulamentar os bancos de dados computadorizados e a Internet, que são vitais para a economia da informação. Esses defensores sentem que as regulamentações deveriam ser estabelecidas de comum acordo para um sistema global. Trata-se de uma situação de impasse derivada da proteção da privacidade em contraposição à liberdade de informação, esta última protegida pela Primeira Emenda à Constituição dos Estados Unidos. No coração dessa discórdia impera uma diferença cultural básica: os europeus confiam mais nos seus governos do que nas empresas, enquanto nos Estados Unidos acontece justamente o contrário. Já existem inspetores europeus viajando a Sioux City, no estado norte-americano de Dakota do Sul, onde se localiza o gigantesco centro de processamento de dados do Citigroup, cujos computadores armazenam informações sobre milhões de usuários alemães de cartões de crédito. Os inspetores vão até lá para garantir que o Citigroup está mesmo cumprindo o que determina a lei européia de proteção da privacidade dos dados. O Citigroup aceitou essa supervisão como parte das condições que lhe foram impostas para lançar um cartão de crédito na Alemanha.

Muitas empresas norte-americanas temem que a diretriz da União Européia possa forçá-las a estabelecer redes de dados separadas para a Europa, o que impossibilitaria a realização de negócios normais com os países membros da UE. Essas regras sobre privacidade já fazem sentir seus efeitos — proibindo, por exemplo, que empresas aéreas e hotéis norte-americanos armazenem informação sobre seus clientes, informação essa que, em condições normais, seria utilizada para melhorar os serviços exatamente para esses clientes. Participantes indiretos de transações comerciais — o FedEx ao entregar uma encomenda que atravessa o oceano — podem ser igualmente responsabilizados. É muito grande a preocupação no sentido de que essa diretriz da UE acabe inviabilizando a longo prazo o comércio eletrônico.

A questão que envolve a proteção da exportação de dados privados é apenas uma das complexidades criadas pelo uso da tecnologia no comércio internacional. No momento, apenas um conselho: lembre-se que a informação sobre seus contatos que você armazenou no *laptop* e está trazendo de volta é ilegal e pode dar cadeia!

No ano de 2001, os EUA e a UE chegaram a um acordo sobre os princípios de "porto livre" relacionados à autorização para a transferência de dados. Mesmo assim, ainda é preciso convencer as autoridades de cada país com o qual se faz negócios de que os dados dessas transações foram obtidos legalmente e de que sua empresa tem todas as condições de mantê-los em segurança.

Fontes: H. J. Smith, "Information Privacy and Marketing: What the U.S. Should (and Shouldn't) Learn from Europe", *California Management Review*, Inverno de 2001. v. 43, i2, pág. 8; "Update on Safe Harbor for International Data Transfer", (Diretriz Européia sobre a Proteção de Dados), *Direct Marketing*, agosto de 2000, v. 63, i4, pág. 40. "Europe's Privacy Cops", *Business Week*, 2 de novembro de 1998; "Eurocrats Try to Stop Data at the Border", *Wall Street Journal*, 30 de outubro de 1998.

Pagamentos questionáveis

Uma questão ética específica para os executivos no cenário internacional é a que diz respeito aos *pagamentos questionáveis*. São pagamentos de negócios que despertam dúvidas significativas a respeito de comportamento moral, seja no país anfitrião ou em outras nações. Essas dúvidas surgem a partir das diferenças nas leis, nos costumes e na ética em vários países, sejam tais pagamentos políticos, extorsão, suborno, comissões de vendas ou a tradicional "molhadinha da mão" (dinheiro para apressar a rotina das transações).[31] Outros tipos comuns são os pagamentos para apressar a liberação de produtos nos portos de entrada ou obter os certificados necessários. Essas práticas atendem pelos mais diversos nomes: *tokens of appreciation* (prova de gratidão, nos EUA), *la mordida* (a mordida, no México), *bastarella* (envelopezinho, na Itália), *pot-de-vin* (jarro de vinho, na França), são apenas alguns dos mais conhecidos. Para simplificar o entendimento, caracterizaremos todas essas diferentes formas de pagamentos questionáveis como algum tipo de suborno.

Na Coréia do Sul, por exemplo, o escândalo dos subornos que levou o presidente Roh Tae Woo para a cadeia em 1996 respingou sobre os 30 maiores *chaebols** (que respondiam, em conjunto, por 14% do PIB), entre tantos outros. Quaisquer mudanças decorrentes disso nas relações íntimas entre os políticos e empresários na Coréia do Sul irão reformular a economia nacional, e talvez até mesmo diminuir o seu ritmo. Ainda assim, os executivos desses *chaebols* garantem que continuarão pagando o *Huk Kab*, ou "despesa do bolo de arroz", que chega a milhares de dólares, como "presente de fim de ano" aos ministros do governo como uma autoproteção contra tratamento desfavorável.

O dilema para os norte-americanos que operam no exterior é saber até que ponto devem ficar com seus próprios padrões éticos quando confrontados com os costumes estrangeiros, ou acompanhar os padrões locais para não perder a competitividade. É certo que, em algumas sociedades, a prática de presentear é comum para fortalecer laços sociais e familiares, e que esses presentes acabam representando obrigações. Contudo, os norte-americanos precisam ser capazes de saber a diferença entre o que é prática inofensiva e o que é suborno, entre relacionamentos reais e aqueles usados apenas como cobertura de práticas ilegais. Foi para ajudá-los a fazer essa distinção que surgiu a *Lei de Práticas Corruptas no Exterior* (ou *Foreign Corrupt Practices Act*), de 1997, proibindo que empresas norte-americanas façam pagamentos ilegais ou presentes e contribuições políticas a funcionários de governos estrangeiros com o objetivo de influenciá-los em qualquer aspecto relacionado com transações de negócios. O objetivo da lei era impedir as multinacionais de contribuir para a corrupção de governos estrangeiros e melhorar a imagem dos Estados Unidos e de suas empresas que operam no exterior. As penas para os infratores incluem multas pesadas e, em alguns casos, até mesmo prisão. Muitos executivos entendem que a lei contribuiu para dar-lhes um campo de ação mais equilibrado, e que com ela passaram a se sentir mais dispostos a fazer negócios em determinados países nos quais, anteriormente, parecia impossível negociar sem a intermediação de subornos e propinas. Infelizmente, os subornos continuam, ainda que em uma escala inferior, sempre que podem passar indetectados. Entretanto, o governo dos EUA continua a investigar e a levar à justiça, com pleno vigor, casos de subornos. Mesmo a poderosa subsidiária da IBM na Argentina foi acusada de pagar um suborno de US$ 249 milhões para obter o contrato para a instalação de computadores em todas as filiais do maior banco comercial daquele país, o Banco de la Nación.[32] Companhias norte-americanas reclamam que estão sendo arrastadas para condições desvantajosas em relação à concorrência na América Latina e outras regiões do mundo pelo fato de seus competidores no exterior não enfrentarem as mesmas restrições a elas impostas pelo seu próprio governo em matéria de práticas corruptas.

Se concordarmos com Carson em que "aceitar um suborno envolve a violação de uma promessa ou entendimento, implícitos ou explícitos, inerentes ao cargo ou função de cada um, e que, portanto, aceitar (ou pagar) suborno é sempre errado à primeira vista", nossas decisões como executivos, vendedores ou quaisquer outras serão sempre claras, não importando o lugar em que estivermos trabalhando.[33]

Contudo, se aceitarmos que em alguns casos — em "contextos moralmente corruptos", como Philips os denomina — "não pode haver obrigação à primeira vista de aderir a acordos implícitos no cargo ou posição", passamos a enfrentar uma questão de situação e de julgamento, com escassas diretrizes consistentes para nos nortear.[34] Se a nossa perspectiva, continua Philips, indicar que "a ação comprada do funcionário encarregado não configura uma violação dos deveres desse mesmo agente", então os executivos norte-americanos ou estrangeiros serão na verdade vítimas de extorsão, em lugar de autores de suborno.[35] Esta é a posição adotada por Gene Laczniak, da Marquette Company, para quem faz parte do custo de fazer negócios em muitos países o pagamento de pequenos subornos tão-somente para fazer com que as pessoas cumpram as suas funções; ele é porém contrário a pagar subornos para persuadir pessoas a tomar decisões que, de outra forma, não adotariam.[36]

Sejam quais forem suas crenças teóricas, são muitos os empresários dispostos a aderir à prática de subornos como parte da tarefa diária de atingir seus objetivos. Muitos funcionários de corporações, na verdade, costumam fugir a qualquer questão moral pela simples prática de "fechar um olho" àquilo que acontece nas subsidiárias. Algumas empresas fogem dessas mesmas questões pela prática de contratar um agente local que toma conta da papelada e paga todas as chamadas taxas em troca de um salário ou pagamento de consultoria.[37] Contudo, embora a Lei de Práticas Corruptas no Exterior na prática não coíba os pagamentos do tipo "molhar a mão" feitos no exterior, outros pagamentos proibidos por essa mesma lei são sujeitos a processo judicial mesmo se a empresa garantir que não sabia que seus agentes ou subsidiárias os estivessem fazendo — da cláusula do "motivo de saber".[38, 39]

---

*N. de R.T. *Chaebols* são grandes conglomerados industriais, construídos pelos coreanos, inspirados na estrutura dos *keiretzu* japoneses.

Críticos da Lei de Práticas Corruptas argumentam que ela representa uma tentativa etnocentrista de impor padrões norte-americanos ao resto do mundo e deixa as empresas norte-americanas em desvantagem com relação às concorrentes.[40] Na verdade, os Estados Unidos são o único país que proíbe suas empresas de fazer pagamentos de qualquer natureza para assegurar a obtenção de contratos no exterior.[41] De qualquer forma, as atividades de negócios que não se sujeitam a regras e vigilância quanto ao seu cumprimento, é do entendimento de muitos observadores, são claramente aéticas, corruptas e, a longo prazo, corruptoras.[42] O suborno é algo que não passa em três dos mais importantes testes das ações éticas das corporações: 1) É legal? 2) Dá resultados (a longo prazo)? 3) É algo de que se pode falar abertamente?[43]

Muitas corporações multinacionais decidiram enfrentar as preocupações a respeito de comportamento ético e responsabilidade social mediante o desenvolvimento de práticas universais que representam a posição geral da companhia. Entre essas políticas, vale destacar:

- O desenvolvimento de códigos mundiais de ética.
- A inclusão das questões éticas entre as preocupações da estratégia do desenvolvimento.
- A consideração, quando surgem problemas éticos realmente desproporcionais, insolúveis, do abandono do mercado que origina essa dificuldade.
- O desenvolvimento de proclamações periódicas de "impacto ético".[44]

Boa parte da liderança no desenvolvimento de posturas éticas nas atividades internacionais é exercida pelos Estados Unidos. Embora esta tendência para a observância de princípios éticos e de responsabilidade social esteja se espalhando, tanto nos EUA quanto ao redor do mundo, são inúmeros os problemas que persistem nos mais variados países.

A intensificação da concorrência global incentiva as companhias a obter vantagens por meio de táticas questionáveis. Um estudo de 1995 do Departamento (ministério) de Comércio revelou muitos incidentes impróprios de instigação por empresas e governos em todo o mundo (entre elas a Siemens, da Alemanha, e o consórcio europeu de aviação Airbus Industrie) em prejuízo de companhias norte-americanas. Na verdade, as empresas norte-americanas não estão totalmente limpas nessa história. Em outubro de 1995, o ex-vice-presidente da Lockheed Martin Corporation foi condenado a 18 meses de prisão e a uma multa de US$ 125 mil por ter subornado um integrante do Parlamento egípcio com o objetivo de assegurar para sua empresa uma encomenda de três aviões cargueiros C-130.[45] Além do vexame pessoal de um ex-vice-presidente, o episódio mostrou que, de alguma forma, a Lockheed havia jogado no lixo sua própria determinação de evitar práticas de corrupção, um compromisso formalizado pela empresa 20 anos antes, logo após outro escândalo de que a companhia foi protagonista no Japão.

O Japão também continua a ter sua fatia de problemas nacionais relacionados ao comportamento ético de seus altos funcionários e empresários. Em um escândalo envolvendo a Nippon Telephone and Telegraph Company (NTT), o presidente da junta da diretoria da companhia foi flagrado ao obter ações a preços mais favorecidos de uma subsidiária, imobiliária da Recruit Company, em troca de ajudar essa empresa a conseguir dois supercomputadores nos Estados Unidos. Quando as ações foram lançadas no mercado, o presidente e outros executivos da NTT ganharam muito dinheiro. Todos foram posteriormente presos e acusados de aceitar propinas.[46] Quando as ramificações do escândalo ganharam publicidade, surgiram suspeitas sobre o envolvimento de integrantes do governo, inclusive o primeiro-ministro Noboru Takeshita, que havia recebido US$ 1,4 milhão em doações questionáveis, embora legais, da Recruit Company. Takeshita acabou renunciando ao cargo, da mesma forma que outros altos funcionários do governo, e o incidente ficou conhecido como o Recruitgate, em referência ao escândalo Watergate que forçou o presidente Richard Nixon a renunciar.[47]

Tomar a decisão certa

Qual será o procedimento de um executivo que opera no exterior para verificar qual é a decisão "certa" quando confrontado com circunstâncias questionáveis ou com as quais não esteja familiarizado na prática de negócios? A primeira linha de defesa é a consulta às leis, tanto as do país anfitrião quanto do país sede da empresa, como, por exemplo, a Lei de Práticas Corruptas norte-americana. Se qualquer uma dessas leis estiver sendo violada, então você, o executivo, deve procurar outra maneira de completar a transação ou simplesmente desistir dela. Em segundo lugar, você poderia consultar os Códigos Internacionais de conduta para as multinacionais, que constam no Quadro 2.2. Eles são abrangentes e cobrem várias áreas de responsabilidade social e comportamento ético; contudo, mesmo sendo abrangentes, muitas das questões que abordam estão sujeitas a interpretação.

Se a consulta legal não lhe proporcionar uma resposta clara sobre o que você pode fazer, a solução é consultar o código de ética da própria companhia (se ela tiver um). Você, como executivo, deve se dar conta de que não está sozinho ao tomar esse tipo de decisão; é igualmente de responsabilidade da companhia proporcionar diretrizes para as ações e decisões tomadas por seus funcionários. Além disso, você não terá sido o primeiro, nem será certamente o último, a enfrentar este tipo de situação. Isso também possibilita uma experiência coletiva na companhia sobre quais os tipos de decisões que seus colegas geralmente tomam nas mais variadas circunstâncias. Essas normas ou expectativas (desde que sejam honradas) podem complementar o código de ética ou até mesmo constituir um substitutivo, quando não houver um código formal a respeito. Se a decisão que você estiver planejando for de encontro às normas ou ao código formal, a solução será abandonar o plano baseado nela. Se você continuar, assim mesmo, inseguro sobre o que será melhor fazer, terá o direito e a obrigação de consultar os seus superiores. Infelizmente, muitas vezes a situação não é assim tão clara, ou o seu chefe poderá mandar que você use "seu critério". Às vezes, seus superiores na sede só querem que você complete a transação em benefício da companhia, mas não admitem ser envolvidos em qualquer coisa que você for obrigado a fazer para atingir esse objetivo. É nesse ponto que, se o seu dilema persistir, nada mais lhe restará a não ser recorrer a seu próprio código de moral e ética. Uma maneira de lidar com esse dilema é se perguntar quais são os direitos dos vários financiadores envolvidos (ver Quadro 2.2) e, igualmente, como você deve pesar esses direitos? Em primeiro lugar, a ação proposta (concorrência com contrato fraudado, suborno, etc.) causa prejuízo a alguém? Quais serão as conseqüências da sua decisão, tanto a curto quanto a longo prazo? Quem poderá se beneficiar com a sua decisão pretendida? Quais são os benefícios para alguém em comparação com os potenciais prejuízos para outrem? No caso de uma concorrência com contrato fraudado mediante suborno, por exemplo, há pessoas colocadas em desvantagem, especialmente a longo prazo, com um padrão deste comportamento. Isto porque a concorrência se torna injusta, pois não são apenas os seus competidores que saem perdendo ao serem alijados da concorrência, mas os consumidores dos produtos ou serviços também sofrem prejuízos porque terão de pagar, para ter acesso a eles, mais do que pagariam se a concorrência se desenvolvesse em um sistema eficiente de mercado.

No final das contas, você terá mesmo é de seguir sua própria consciência e decidir até onde pode chegar para operar com integridade — de outra forma, você acabará afundando cada vez mais a cada nova transgressão que certamente se verá obrigado a cometer em conseqüência dessa primeira. Além disso, o que pode começar como um suborno de pequenas proporções ou encobrimento (uma questão de ética pessoal) pode, com o passar do tempo e com o acúmulo de pessoas que a cobertura vai exigir, resultar em uma situação de posição verdadeiramente negligente, ou talvez criminosa, em relação à responsabilidade para com a sociedade, como no caso das investigações sobre o comportamento da indústria do tabaco nos Estados Unidos. Na verdade, os executivos estão sendo cada vez mais responsabilizados, no nível pessoal e criminal, por suas decisões; e isso é fato concreto até mesmo para os integrantes da junta de diretores de qualquer grande empresa.

ADMINISTRAÇÃO DA INTERDEPENDÊNCIA

As corporações multinacionais (e outras organizações, por exemplo, a Cruz Vermelha) representam a interdependência global, e por isso mesmo seus executivos, em todos os níveis, precisam reconhecer e entender que tudo o que fizerem, no conjunto, terá implicações de longo prazo para a interdependência socioeconômica das nações. Descrever simplesmente as questões éticas como sendo parte do ambiente geral não leva em conta o fato de que os executivos precisam controlar suas atividades em todos os níveis — desde as transações mais corriqueiras que envolvem trabalhadores, intermediários ou consumidores locais, até as preocupações globais com respeito à responsabilidade ecológica — para o futuro benefício de todos os envolvidos. Qualquer que seja a situação, os efeitos poderosos da ação (ou inação) das empresas ou dos empreendimentos multinacionais devem ser planejados e controlados e não podem simplesmente ocorrer na condição de parte dos efeitos colaterais dos negócios. A lucratividade de cada empresa depende de uma atitude construtiva e cooperativa em relação à interdependência global.

Subsidiárias estrangeiras nos Estados Unidos

Boa parte da discussão até aqui girou em torno das subsidiárias de empresas norte-americanas espalhadas pelo mundo inteiro. Contudo, para destacar a crescente interdependência e alternância do equilíbrio global do mundo dos negócios, é preciso que consideremos as subsidiárias de empresas estrangeiras em atuação nos Estados Unidos. Como a maior parte das críticas a respeito da falta de responsabilidade dirigiu-se às multinacionais com sede nos Estados Unidos, é preciso pensar também nessas críticas a partir de uma perspectiva estrangeira. O número de subsidiárias de empresas estrangeiras nos Estados Unidos vem crescendo dramaticamente; os investimentos estrangeiros diretos (IED) nos EUA por outros países são, em inúmeros casos, muito superiores aos investimentos norte-americanos nos mesmos países. Os norte-americanos estão, portanto, se tornando mais sensíveis àquilo que percebem como uma inexistência de controle sobre os negócios de seu país.

Sob a perspectiva dos norte-americanos que trabalham em subsidiárias de alguma multinacional estrangeira, no entanto, as coisas são bem diferentes. A interdependência assume um novo significado quando pessoas "do lado de lá" estão ditando as normas em matéria de estratégia, expectativas, produtos e pessoal. Muitas vezes, o ressentimento dos norte-americanos em relação às práticas de negócios de "estrangeiros" nos Estados Unidos inibe a cooperação, a qual está na base da presença dessas companhias no país.

Hoje, os executivos de todos os países precisam aprender novas práticas, e as multinacionais tentam adaptar-se a essa tendência. Sadahei Kusumoto, presidente e CEO da Minolta Corporation, diz que os executivos japoneses que trabalham nos Estados Unidos precisam reconhecer que "não estão mais em Honshu" (a maior ilha japonesa), e que um aspecto realmente diferente da gestão nos EUA é a idéia da responsabilidade social da corporação.[48]

No Japão, a responsabilidade social da corporação tradicionalmente significa que as companhias tomam conta de seus funcionários, enquanto nos Estados Unidos os setores público e privado, conforme a expectativa das comunidades, são obrigados a compartilhar a responsabilidade. Parte da explicação dessa diferença reside em que as empresas norte-americanas ganham isenções de impostos para suas ações de filantropia, possibilidade essa que não está ao alcance das corporações japonesas. Além disso, os executivos japoneses, em geral, não tomam conhecimento das necessidades das comunidades nas quais atuam. Por essas e outras razões, as subsidiárias japonesas nos Estados Unidos não se envolvem em atividades filantrópicas. Contudo, Kusumoto aponta o motivo pelo qual essas subsidiárias precisarão, no futuro, encontrar alguma maneira de adotar essa prática:

> A longo prazo, a resistência ao desempenho de um papel ativo na comunidade fará apenas com que essas empresas sejam rotuladas como estrangeiros irresponsáveis, tornando, ao mesmo tempo, muito escassas as suas perspectivas para o futuro.[49]

Se os motivos de Kusumoto para pensar em uma mudança são humanitários ou simplesmente fazem parte de uma boa lógica empresarial, não importa para a presente discussão. O fundamental é que ele reconhece a interdependência na globalização e procura maneiras de agir de acordo com esse entendimento.

Administração da interdependência subsidiária/país sede

Na gestão da interdependência, os executivos internacionais precisam ir além das questões gerais da responsabilidade social, dando conta das preocupações específicas das relações da subsidiária de uma multinacional com o país anfitrião. Atitudes ultrapassadas de multinacionais que se concentram apenas na lucratividade e autonomia são limitadas e normalmente conseguem concretizar tão-somente a realização dos objetivos de curto prazo; as multinacionais precisam aprender a equilibrar suas necessidades com as de outras organizações e países:

> Interdependência, em vez de independência, cooperação, em vez de confronto, são os pontos centrais desse equilíbrio... a transição da independência para a interdependência, mal administrada, acaba levando à dependência, que é certamente um destino inaceitável.[50]

Boa parte das críticas anteriormente feitas à multinacionais centrava-se em suas atividades nos países menos desenvolvidos. Sua falta de responsabilidade, real ou presumida, concentrava-se no ingresso de tecnologia inadequada, que causava desemprego, e na saída de recursos, financeiros e outros, já escassos, reduzindo assim o capital disponível para o desenvolvimento interno. Em sua defesa, as multinacionais ajudam os países menos desenvolvidos, proporcionando-lhes novas tecnologias e qualificações administrativas, melhorando a infra-estrutura, criando empregos e trazendo capital de investimento de outros países pela exportação de produtos. A infusão de capital externo proporciona ganhos em moeda estrangeira que podem ser utilizados para aumentar ainda mais o desenvolvimento. A atitude do governo anfitrião é rotineiramente qualificada como uma relação de ódio/amor: deseja o crescimento econômico que as multinacionais podem propiciar, mas não admite as incursões sobre a soberania nacional nem a dependência tecnológica que podem resultar dessa relação.[51] Muitas das críticas às atividades das subsidiárias das multinacionais, tanto nos países menos desenvolvidos quanto nos mais adiantados, podem ser resumidas nas seguintes linhas:

1. As multinacionais captam o capital necessário para as suas operações nos mercados locais, contribuindo com isso para um aumento das taxas de juros nos países anfitriões.
2. A maior parte (às vezes até 100%) das ações de muitas subsidiárias é de propriedade das suas matrizes. Logicamente, o público nos países anfitriões não tem quase controle sobre as operações das corporações que agem dentro de suas fronteiras.
3. As multinacionais normalmente reservam as principais funções administrativas e técnicas para expatriados. Como resultado disso, não contribuem para o desenvolvimento profissional de funcionários nacionais do país onde estão instaladas.
4. As multinacionais não adaptam sua tecnologia às condições existentes nos países anfitriões.
5. As multinacionais concentram suas atividades de pesquisa e desenvolvimento no país sede, restringindo a transferência de tecnologia e *know-how* modernos para os países anfitriões.
6. As multinacionais provocam um aumento da demanda de artigos de luxo nos países anfitriões, às custas do desenvolvimento de produtos essenciais para o consumidor.
7. As multinacionais normalmente dão início às operações no exterior com a compra de empresas existentes, em lugar de recorrerem ao desenvolvimento de instalações de produção novas nos países anfitriões.
8. As multinacionais dominam os principais setores industriais, assim contribuindo para a inflação ao estimular a demanda de recursos escassos e ao cobrar preços e tarifas excessivos.
9. As multinacionais não são responsáveis perante as nações anfitriãs, prestando contas tão-somente aos governos do país sede da matriz; elas não têm a menor preocupação com os planos de desenvolvimento dos países anfitriões.[52]

Muitas multinacionais já foram acusadas de evasão de impostos, destruição de sindicatos e interferência na política dos países anfitriões. Naturalmente, elas têm tanto efeitos positivos quanto negativos sobre as mais diversas economias; para cada queixa relativa às atividades dessas corporações (diga ela respeito a mercados de capitais, transferência de tecnologia ou práticas de emprego), podemos identificar potenciais benefícios, como se mostra no Quadro 2.4.

São incontáveis os conflitos que surgem entre as companhias (ou subsidiárias) multinacionais e os governos anfitriões, dizendo respeito principalmente a objetivos (tanto econômicos quanto não-econômicos) e preocupações contraditórias, como as que dizem respeito à segurança dos direitos sobre tecnologias, patentes ou informação. No geral, as transações daí resultantes acabam criando uma relação de interdependência subsidiária/governo sede baseada no poder relativo de barganha de cada uma das partes. A força das multinacionais se baseia em suas economias de larga escala e base mundial, sua flexibilidade estratégica e seu controle sobre tecnologia e locais de produção. Entre as principais armas de barganha dos governos anfitriões, destacam-se o controle sobre as matérias-primas e o acesso ao mercado e seu poder de estabelecer regulamentações sobre o papel das empresas privadas, a operação de empresas estatais e os regulamentos específicos sobre impostos, licenças, etc.[53]

As multinacionais correm sempre o risco de ver seus ativos tomados como reféns pelos governos anfitriões, sob a forma de nacionalismo, protecionismo ou simplesmente governismo. Sob o nacionalismo, por exemplo, a opinião pública é chamada a manifestar-se em favor de objetivos nacionais e contra influências estrangeiras. Sob o protecionismo, o país anfitrião institui um fechamento total ou parcial de fronteiras para impedir a entrada de produtos estrangeiros competitivos, usando barreiras tarifárias ou não-tarifárias. Já sob o governismo, o governo utiliza seu papel de determinador de políticas para favorecer interesses nacionais, em lugar de deixar que atuem as forças do mercado. Um exemplo desse governismo foi a decisão da Grã-Bretanha de privatizar o seu sistema telefônico.[54]

A Ford Motor Company teve de lutar contra vários desses controles quando decidiu fabricar automóveis na Espanha. O governo espanhol estabeleceu restrições específicas quanto aos volumes de vendas e exportações: o volume de vendas foi limitado a 10% do mercado automobilístico total do ano anterior, e o volume das exportações teria de ser pelo menos dois terços da produção total da Espanha. A Ford também precisou concordar em não ampliar suas linhas de modelos sem a autorização prévia do governo.[55] As complicações do relacionamento e o poder relativo de uma subsidiária de multinacional e do governo do país anfitrião estão claramente presentes nesta situação. Logicamente, uma situação assim deveria ser administrada para benefício mútuo; uma relação de longo prazo, construtiva, baseada na posição de responsabilidade social da empresa deveria resultar em sucessos estratégicos progressivos para a multinacional e em progresso econômico para o país anfitrião. A gestão eficiente da interdependência

Quadro 2.4 Benefícios e custos das multinacionais para os países anfitriões

BENEFÍCIOS	CUSTOS
EFEITOS SOBRE OS MERCADOS DE CAPITAIS	
• Acesso ampliado ao capital externo • Ganhos com divisas estrangeiras • Os efeitos da substituição de importações permitem aos governos economizar divisas para projetos prioritários • Compartilhamento dos riscos	• Aumento da concorrência pelo capital local já escasso • Taxas de juros aumentadas em função da redução da disponibilidade local de capitais • Efeitos do serviço do capital sobre o balanço de pagamentos
EFEITOS SOBRE TECNOLOGIA E PROTEÇÃO	
• Acesso a novas tecnologias e práticas de P&D • Desenvolvimento e suporte da infra-estrutura • Diversificação das exportações • A tecnologia nem sempre é a mais apropriada	• As tecnologias nem sempre são adequadas • As fábricas são, em geral, só para montagem e podem ser facilmente transferidas • O investimento dos governo em infra-estrutura é maior que os lucros previstos
EFEITOS SOBRE OS EMPREGOS	
• Criação direta de novos empregos • Oportunidades para o desenvolvimento de administradores locais • Efeito multiplicador da renda sobre as atividades econômicas da comunidade	• Criação e desenvolvimento limitados de capacidades • Concorrência feroz pelas qualificações escassas • Baixa percentagem de postos administrativos para pessoal local • Instabilidade no emprego decorrente da facilidade de transferir livremente as operações de produção a outros países

Fonte: R. H. Mason e R. S. Spich, *Management: An International Perspective* (Homewood II: Irwin, 1987), 202.

subsidiária/país anfitrião precisa ter uma perspectiva de longo prazo. Embora estratégias temporárias destinadas a reduzir a interdependência por meio de controles sobre os fluxos transnacionais pelas empresas (por exemplo, táticas de transferência de preços) ou pelos governos (tais como novas exigências de residência para trabalhadores especializados) sejam, geralmente, bem-sucedidas a curto prazo, acabam tendo como resultado maior prejuízos que precisam ser absorvidos por uma das partes, ou por ambas, com resultados negativos a longo prazo.[56] Em se tratando do estabelecimento e da manutenção das subsidiárias, é boa política para os executivos avaliar cuidadosamente as interconexões de longo prazo entre os planos estratégicos e a gestão operacional. Ao descobrir na prática quais são as mais importantes questões locais e ao entender as fontes de conflitos passados, eles podem aprender com os erros e reconhecer as conseqüências do fracasso na condução de problemas. Mais ainda, os executivos deveriam implementar políticas que refletissem a responsabilidade social corporativa relacionada a questões econômicas locais, bem-estar dos funcionários ou recursos naturais.[57] Quase que invariavelmente o fracasso na gestão efetiva da interdependência acarreta restrições à estratégia. Na pior das hipóteses, terá conseqüências desastrosas para a área local, a subsidiária e a reputação global da companhia.

A natureza interdependente das economias em desenvolvimento e a presença das multinacionais em seu meio assumem especial importância quando da discussão da responsabilidade social, devido à natureza experimental e frágil do progresso econômico nesses países. As multinacionais precisam determinar elevados padrões morais e estabelecer os fundamentos para o futuro desenvolvimento econômico: no mínimo, deveriam garantir que suas ações não causarão qualquer mal ao país anfitrião. Algumas recomendações de De George para as multinacionais que operam nos países em desenvolvimento, ou com eles fazem negócios, são:

1. Não causar intencionalmente qualquer mal. E isso inclui o respeito pela integridade do ecossistema e pela segurança dos consumidores.

2. Produzir maior benefício que prejuízo para o país anfitrião.
3. Contribuir, com suas atividades, para o desenvolvimento do país anfitrião.
4. Respeitar os direitos humanos de seus funcionários.
5. Sempre que a cultura local não violar normas éticas, as multinacionais devem cooperar com ela, em vez de sabotá-la.
6. Pagar os impostos na medida adequada.
7. Cooperar com o governo local no desenvolvimento e em institucionalizações justas de base (infra-estrutura), ou seja, leis, regulamentações governamentais, sindicatos, associações de consumidores, que servem como meios de controle social.[58]

Uma questão que dá bem a medida das preocupações conflitantes em torno da responsabilidade social e da interdependência é o Tratado de Livre Comércio da América do Norte (Nafta), discutido no tópico *Gestão Comparativa em Foco*.

Gestão comparativa em foco

Interdependência: O NAFTA — visto do sul e visto do norte

Já em 2001, cerca de metade de todos os novos empregos criados no México a partir do Nafta terá origem direta nesse acordo, nutrindo uma florescente classe média de consumidores.

FORTUNE INVESTOR'S GUIDE, 18 DE DEZEMBRO DE 2000.

Pode ser prematuro julgar o sucesso de longo prazo do Nafta, mas os primeiros resultados dão força à natureza interdependente do acordo entre as três economias participantes (México, Estados Unidos e Canadá) e ao nível relativo de sucesso alcançado por empresas comerciais, questões ambientais e público em geral. Hoje, vários anos depois da entrada do Nafta em vigor, as fábricas na fronteira mexicana floresceram, com o número de empregos na região crescendo em mais de um milhão. Mais importante ainda, muitos desses novos empregos são no campo da alta tecnologia, proporcionando especialização e um melhor padrão de vida para muitos mexicanos. Na verdade, o presidente Vincente Fox, do México, um ex-executivo da Coca-Cola, estabeleceu metas orçamentárias prevendo crescimento de 4% a 5% do PIB.[59]

Tudo indica que, devido aos custos da mão-de-obra reduzidos para as companhias "estrangeiras", à desvalorização do peso e aos índices reduzidos das tarifas do Nafta, esse tratado conseguiu realmente exercer efeitos de revigoramento sobre a economia do México, em crise.[60] Em um toque de ironia, os problemas da Ásia levaram algumas companhias globais a deslocar suas fábricas de lá para o México. Na verdade, o México superou a China continental na liderança em volume de exportações de têxteis e vestuário para os Estados Unidos. Entretanto, será que os números das transações dizem toda a verdade? Talvez possamos comparar as perspectivas do Sul e Norte da fronteira mediante a observação de alguns exemplos e questões.

Olhando do sul para o norte

Não é mais como dez anos atrás, quando gostaríamos de conversar com os consumidores (nos EUA), mas ninguém nos dava a menor importância. Agora, parece que os grandes clientes (dos EUA) estão sempre ao telefone, querendo falar conosco.

VICTOR ALMEIDA, CEO, INTERCERAMIC[61]

A família Almeida, da Interceramic (Internacional de Ceramica S. A, Chihuahua, México), sempre planejou exportar para os Estados Unidos, mas foi somente a renovação do interesse dos EUA pelo México, ocorrida no contexto do Nafta, que lhe proporcionou a brecha para transformar seu projeto em realidade.

Essa fabricante de pisos vitrificados e azulejos é apenas uma das muitas corporações mexicanas ousadas que conseguiram abrir caminho no mercado norte-americano. Entretanto, de muitas formas, é sempre mais difícil para os executivos mexicanos avançar rumo ao norte do que para os norte-americanos rumo ao sul. Embora ambos enfrentem os mesmos tipos de problemas de gestão intercultural, as empresas mexicanas ficam normalmente em desvantagem competitiva nos Estados Unidos porque não são tão avançadas, em termos de tecnologia e eficiência, quanto as norte-americanas.

A Interceramic, uma tradicional empresa familiar mexicana, precisou aprender da maneira mais difícil que nos Estados Unidos que o estilo de fazer negócios é muito diferente. Victor Almeida, o CEO, descobriu que os contratantes fazem questão de comprar seus azulejos nos Estados Unidos, ao contrário dos proprietários de residências no México, e que os clientes nos Estados Unidos exigem sempre um nível cada vez melhor de serviços.[62] Ele precisou convencer os distribuidores norte-americanos de que a Interceramic tinha produtos de alta qualidade e que a companhia era confiável, e levou bastante tempo até encontrar os executivos norte-americanos capacitados a representar a companhia e a interagir com o público em ambos os lados da fronteira. Ele os incentivou a agir mais como mexicanos, mostrando suas emoções mais abertamente. Além disso, abriu escritórios no Texas para que os executivos de exportações pudessem estar mais próximos dos clientes e, desta forma, conhecer melhor as preferências dos clientes norte-americanos em matéria de desenho dos azulejos. Embora já tenham consumido alguns anos nisso tudo, os esforços do Sr. Almeida começaram a dar bons resultados, o que ele atribuiu tanto ao Nafta quanto ao seu duro trabalho nesse sentido.

A história, porém, é muito diferente para empresas menores, menos eficientes: muitas delas simplesmente não conseguem concorrer com os recursos tecnológicos e o acesso ao capital que as companhias norte-americanas estão trazendo ao México. Supermercados familiares e outras pequenas empresas estão sendo simplesmente varridas do mapa pelos Wal-Marts, Grossmans e Dunkin' Donuts — uma situação competitiva, por sinal, não muito diferente daquela que se verifica em inúmeras cidades dos próprios Estados Unidos. As fábricas mexicanas estão enfrentando enormes dificuldades em concorrer pela manutenção de seus melhores funcionários quando na outra ponta encontram-se conglomerados que oferecem, entre outras vantagens, subsídios para moradia. Contudo, outros negócios, em cidades como Nuevo Laredo, experimentam um grande impulso de progresso como resultado dos serviços que prestam a grandes empresas como a Wal-Mart (ali conhecida como Walmex), a maior rede de lojas de varejo já em 2001.[63]

Olhando do norte para o sul

> Se você não contar com parceiros mexicanos confiáveis, será muito fácil enfrentar grandes dificuldades por aqui; e só um idiota se atreveria a não ter parceiros confiáveis.
>
> R. HECKMANN, CEO, U.S. FILTER[64]

"Em todas as fábricas inauguradas no México (por empresas asiáticas, canadenses, européias ou até mesmo norte-americanas), os EUA ganham as funções de serviços, transporte ou distribuição."[65] Além disso, as empresas norte-americanas que fornecem componentes para essas fábricas estão lucrando com o *boom* registrado ao sul da sua fronteira. Isto ocorre porque componentes primários de produtos como videocassetes precisam ser fabricados na América do Norte para gozar dos benefícios decorrentes do Nafta. Empresas norte-americanas e mexicanas também tiram proveito de pedidos para suprimentos para companhias européias e asiáticas.

Embora sejam inúmeras as companhias canadenses e norte-americanas em expansão no México, tirando proveito do clima de confiança reinante e das novas oportunidades geradas pela aprovação do Nafta, outras tantas enfrentam uma batalha desalentadora por terem feito apostas incorretas com relação às similaridades dos mercados e do sistema de distribuição. Entre os problemas existentes, os principais são a corrupção, a arrogância norte-americana, a burocracia em ambos os lados da fronteira e a dificuldade em entender a cultura mexicana e a melhor maneira de fazer negócios nesse país.

Juntando-se tais problemas àqueles da infra-estrutura, fica fácil entender por que tantas empresas enfrentaram dificuldades para se expandir no México, chegando muitas delas até mesmo a desistir do empreendimento. Embora atualmente seja mais fácil conseguir uma linha telefônica comercial, os sistemas postal e de transportes ainda estão muito aquém das expectativas norte-americanas, e a cobrança de contas muitas vezes precisa ser feita em pessoa devido aos inúmeros problemas com os correios e a documentação necessária. A eletricidade é às vezes cortada sem aviso algum, e o sistema legal é de entendimento tão difícil que os estrangeiros correm o risco de parar na cadeia sem que tenham sido acusados de qualquer crime. A resposta para muitos desses problemas está na sociedade e nas alianças com os mexicanos — como até mesmo gigantes como a Wal-Mart Stores Inc. descobriram ao enfrentar tantos e tamanhos embaraços na área da distribuição que chegaram à decisão de que, a longo prazo, gastariam menos se passassem a utilizar distribuidores locais.

Com tudo isso, por que as companhias norte-americanas se importam com o México? Normalmente, porque elas estão decididas a tirar proveito das oportunidades de um mercado em expansão. Um exemplo disso é a U.S. Filter, uma empresa de purificação de água cuja meta no México é "90 milhões de pessoas que não podem confiar na água que jorra de suas torneiras, e uma infinidade de empresas sob pressão governamental para a despoluição da água por elas utilizada na produção".[66]

Interdependência: Alianças Estratégicas Norte-Sul. Richard Heckmann, o CEO da U.S. Filter, muito cedo se deu conta de que alianças com sócios mexicanos confiáveis seriam a solução para maioria dos problemas e a concretização dos objetivos interdependentes dos dois países e suas empresas. Ele sabia, por exemplo, que a realidade política indicava que funcionários mexicanos apoiariam suas ligações com empresas mexicanas e tudo fariam para facilitar que tais companhias saíssem vencedoras das concorrências públicas. Assim, ele fez contratos com uma empresa mexicana de construção civil, a Plar S.A, com fortes conexões políticas. A Plar S.A tem benefícios nessa parceria ao obter ajuda técnica e financeira da U.S. Filter para aperfeiçoar sua capacidade tecnológica. Da mesma forma, e pretendendo atender a seus clientes de menor potencial, Heckmann formou uma *joint venture* com a empresa Enrique Anhalt, fornecedora de sistemas de purificação de 250 fabricantes e outros clientes com sistemas menores, dando como certo que, quando eles precisarem aperfeiçoar seus sistemas, recorrerão a um fornecedor local.

Os programas de limpeza ambiental no México exibem claramente a interdependência do Nafta e trarão, a longo prazo, benefícios para todos. Financiamentos procedentes dos Estados Unidos estão ajudando a desenvolver projetos como instalações de tratamento de esgotos em 11 cidades mexicanas. Em troca, os negócios disso decorrentes estão ficando com muitas empresas norte-americanas do setor, como a San Diego Gas & Electric Co., que está construindo gasodutos para Mexicali e Tijuana que vão abastecer com combustível limpo — o gás natural — várias fábricas da região.

A indústria automobilística é outro agente de mudanças em massa no México — está construindo uma base industrial ao sul da fronteira que ajudará a fortalecer a economia mexicana. "A indústria automobilística tem a capacidade não muito corriqueira para... dar o salto inicial na criação de uma classe média", segundo David Cole, diretor do departamento de estudos automotivos da Universidade de Michigan.[67] Embora o funcionário médio da Ford em Hermosillo ainda tenha salários consideravelmente menores do que sua contraparte em Wayne, Michigan, esse salário representa um aumento considerável para os trabalhadores mexicanos. Além disso, cada nova montadora automobilística no México treina milhares de pessoas, muitas delas sem qualquer conhecimento anterior da profissão. Embora esses fatores não sirvam de consolação para os trabalhadores que perderam seus empregos nos Estados Unidos por causa dessa transferência, bastam para mostrar que os fabricantes norte-americanos de automóveis podem ser mais competitivos na escala global.

É provável que se estabeleça uma crescente interdependência entre as Américas no futuro, à medida que novos acordos forem abrindo oportunidades de negócios com outros países na América do Sul, entre eles o Chile e o Brasil. Esses países também estão derrubando suas barreiras comerciais internas, em uma onda que poderá eventualmente dar origem a uma zona de livre comércio que irá do Alasca à Terra do Fogo. Os sul-americanos estão começando a entender que poderão acabar ficando inteiramente de lado à medida que a Comunidade Européia e a América do Norte consolidam seus próprios e enormes mercados. Como disse o Sr. Grisetti, um empresário argentino, "se o mundo está sendo dividido em blocos, nós teremos de formar um bloco ou desaparecer... é uma necessidade".

Administração da interdependência ambiental

Os executivos internacionais — como o resto do mundo — não podem mais se permitir o luxo de ignorar o impacto de suas atividades sobre o meio ambiente. Como escrevem Ward e Dubois:

> À medida que a humanidade acelera o processo de completar a colonização do planeta, aprender a administrar esse processo de maneira inteligente é um imperativo inescapável e urgente. Os indivíduos precisam aceitar a responsabilidade pela administração da Terra. Essa administração mundial implica, naturalmente, uma gestão para o benefício de terceiros.... À medida que entramos na fase global da evolução humana, torna-se óbvio que cada um de nós tem dois países, o próprio e o planeta Terra.[68]

Administrar eficientemente a interdependência ambiental exige que sejam levadas em consideração a interdependência ecológica e as implicações econômicas e sociais das atividades dos conglomerados multinacionais. Há, no mundo, uma crescente tomada de consciência e uma preocupação cada vez maior com os efeitos da industrialização global sobre o ambiente natural. Esta preocupação foi posta em evidência na reunião dos líderes mundiais na Cúpula da Terra, no Rio de Janeiro, para discutir a preservação ecológica e decidir sobre as medidas a serem tomadas a respeito. Regulamentadores dos governos e grupos de pressão poderosos exigem responsabilidade ecológica em relação à utilização dos escassos recursos naturais e aos processos de produção que ameaçam o planeta com danos permanentes e irrecuperáveis. As multinacionais precisam saber lidar com as diferentes políticas e técnicas de cada país em matéria de proteção do ambiente e da saúde. Tais variações em relação à abordagem refletem os diferentes níveis de industrialização, o nível de vida, as relações empresas-governos e os níveis de sofisticação das políticas públicas.[69] Para uma multinacional, tirar proveito de regulamentos (e expectativas) menos rígidos constitui não apenas um ato irresponsável, mas também um convite ao desastre, como ficou claro no já referido acidente da Union Carbide em Bhopal.

Nos últimos anos, a exportação de rejeitos perigosos de países desenvolvidos para as nações menos desenvolvidas apresentou considerável aumento. Esse aumento foi simbolizado, entre outros casos, pelo desembarque de mais de oito mil barris de dejetos, muitos deles cheios de bifenilos policlorados (PCBs), um composto altamente tóxico, em Koko, na Nigéria.[70] Embora nem todos esses descarregamentos sejam ilegais, o imenso tráfego internacional de resíduos perigosos (como resultado das crescentes barreiras que cada país impõe internamente a sua guarda) faz surgir perguntas angustiantes com relação à responsabilidade social. Embora o importador dessas cargas deva assumir parte da culpa, é do exportador a responsabilidade maior pela geração e guarda desses resíduos. As companhias escolhidas para depositar resíduos perigosos em países menos desenvolvidos costumam tirar proveito dos regulamentos menos rígidos e dos baixos custos ali encontrados. Até ser encontrado um sistema internacional igualmente rígido para todos em matéria da disposição de resíduos perigosos, as empresas deveriam assumir individualmente a responsabilidade pela monitoração das atividades disso decorrentes, como exigem Singh e Lakhan:

> Exportar esses rejeitos para países que não se beneficiam dos processos industriais que os geram, ou cujos cidadãos não têm estilos de vida que os produzem, é antiético. É de uma flagrante injustiça enviar rejeitos perigosos para países menos desenvolvidos que não dispõem da tecnologia necessária para minimizar os efeitos deletérios dessas substâncias.[71]

A exportação de pesticidas é um problema de proporções semelhantes, sendo os Estados Unidos e a Alemanha os maiores culpados pela sua existência. A cada ano os Estados Unidos exportam cerca de 200 milhões de libras de pesticidas, que são proibidos, de uso restrito, ou não têm licença para utilização em seu território.[72] Uma multinacional, a Monsanto Chemical Corporation, por exemplo, vende DDT para muitos importadores estrangeiros, embora a utilização desse produto nos Estados Unidos tenha sido essencialmente banida. Sem falar da ausência de responsabilidade social para com o povo e o meio ambiente dos países que importam DDT, esta ação é também irresponsável para com os cidadãos norte-americanos, pois muitas das frutas e também dos produtos alimentícios que consomem são importados desses mesmos países.[73]

São atualmente dois os grandes problemas ecológicos que põem em confronto os países e as grandes corporações. De acordo com Graedel e Allenby, o caminho para um desenvolvimento verdadeiramente sustentável está em que as corporações ampliem seu conceito de ecologia industrial:

> O conceito [de ecologia industrial] exige que um sistema industrial seja visto não isoladamente em relação aos sistemas nos quais está inserido, mas em concerto com eles. Trata-se de uma visão de sistemas na qual o que se busca é otimizar o ciclo completo dos materiais de material virgem para material final, daí para componente, depois para produto, para produto obsoleto e para sua eliminação final.[74]

Em essência, essa perspectiva sustenta a idéia de que a cidadania ecológica é necessária para a sobrevivência de uma empresa tanto quanto para um desempenho social responsável.[75]

Torna-se mais do que claro, então, que as multinacionais precisam assumir a liderança no que diz respeito à interdependência ecológica, integrando fatores ambientais em seu planejamento estratégico. Juntamente com a avaliação do investimento, o estudo de viabilidade de um projeto e planos operacionais, esse planejamento deveria incluir uma avaliação do seu impacto ambiental.[76] No mínimo, os executivos das multinacionais precisam tratar a crescente escassez de recursos naturais nas próximas décadas mediante 1) a procura de matérias-primas alternativas, 2) o desenvolvimento de novos métodos de reciclagem ou destruição dos materiais usados, e 3) a expansão do uso de produtos derivados.[77]

As corporações multinacionais já exerceram um impacto considerável em outros países, que continuará a crescer e a produzir reformas permanentes. No momento, as corporações multinacionais norte-americanas representam, sozinhas, cerca de 10% do produto nacional bruto (PNB) mundial. Em decorrência da interdependência tanto no nível local quanto global, não é apenas obrigação moral, mas também do melhor interesse das multinacionais estabelecer uma posição única e muito clara quanto às responsabilidades sociais e éticas no plano mundial e fazer com que essa posição seja realmente implementada. Em um sentido verdadeiro, as empresas estrangeiras entram como convidadas nos países anfitriões e precisam respeitar as políticas, leis, tradições e cultura locais, da mesma forma que as necessidades econômicas e de desenvolvimento desses países.

Conclusão

Quando as constatações de pesquisas e levantamentos e as evidências factuais indicam atitudes diferenciadas em relação ao comportamento ético e à responsabilidade social entre as diversas culturas, as empresas multinacionais devem tomar determinadas medidas. Por exemplo, optar pela cautela quando instalarem um executivo estrangeiro em um país cujos valores forem incompatíveis com os da empresa, pois isso poderá gerar conflitos com administradores locais, entes governamentais, clientes e fornecedores. Como já discutimos anteriormente, os expatriados deveriam ser orientados quanto às ramificações legais e éticas de pagamentos questionáveis no exterior, às diferenças em matéria de regulamentações ambientais e às expectativas locais em matéria de integridade pessoal, precisando igualmente de apoio à medida que procuram fazer a integração entre os comportamentos típicos do país anfitrião com as expectativas da matriz da multinacional.[78]

Responsabilidade social, comportamento ético e interdependência são importantes fatores a serem construídos juntamente com o controle de gestão — não como fatores secundários, mas, sim, como parte do processo de planejamento e controle de operações internacionais em benefício de todos os interessados a longo prazo.

Na Parte 2, concentraremos nossas atenções na influência poderosa e onipresente da cultura no ambiente do país anfitrião no qual o executivo internacional opera. No Capítulo 3, examinaremos a natureza da cultura: quais são as suas variadas dimensões e raízes? De que forma a cultura influi no comportamento e nas expectativas dos funcionários e quais são suas implicações no modo de operar de executivos que trabalham em países que não o da matriz?

RECURSOS NA INTERNET

Visite o *site* de Deresky no endereço http://prenhall.com/Deresky para ter acesso aos recursos de Internet deste capítulo.

PONTOS-CHAVE

1. O conceito de responsabilidade social internacional inclui as expectativas de que as multinacionais se preocupem com os efeitos sociais e econômicos de suas decisões com relação às atividades em outros países.
2. O universalismo moral se refere à necessidade do estabelecimento de um padrão moral que seja aceito por todas as culturas.
3. As preocupações com respeito à responsabilidade social das multinacionais giram em torno de questões relativas aos direitos humanos em outros países, tais como a África do Sul ou a China. Muitas organizações desenvolvem códigos de conduta destinados a guiar sua maneira de fazer negócios no mundo inteiro.
4. A ética internacional dos negócios se refere à conduta das multinacionais em suas relações com todos os indivíduos e entidades com os quais entram em contato. O comportamento ético é julgado e se baseia em grande parte no sistema de valores culturais e nos meios mais aceitá-

veis de fazer negócios em cada país ou sociedade. Os executivos das multinacionais precisam tomar as decisões caso a caso.
5. As multinacionais precisam pesar sua responsabilidade em relação aos vários financiadores, como donos, credores, consumidores, funcionários, fornecedores, governos e sociedades.
6. Pagamentos questionáveis são aqueles que despertam questões relevantes acerca do comportamento moral adequado na nação anfitriã ou nas demais. A Lei sobre Práticas Corruptas no Exterior proíbe a maioria dos pagamentos questionáveis por parte de empresas norte-americanas em suas atividades em outros países.
7. Os executivos devem controlar suas atividades no que se refere às relações interdependentes em todos os níveis, desde as transações mais simples e rotineiras que envolvem trabalhadores locais, intermediários e consumidores, até precauções globais de responsabilidade ambiental.
8. As relações entre as multinacionais e os países anfitriões são, em geral, uma ligação de amor/ódio sob o ponto de vista dos segundos quando esperam o crescimento econômico que as multinacionais podem proporcionar, mas não desejam se submeter à dependência e outros problemas daí resultantes.
9. A impossibilidade de administrar eficientemente a interdependência poderá se traduzir, no mínimo, em restrições à estratégia, até em conseqüências desastrosas para a região, a subsidiária e a reputação da companhia no plano global.
10. A gestão da interdependência ambiental inclui a necessidade de levar em consideração a interdependência ecológica, da mesma forma que as implicações econômicas e sociais das atividades das multinacionais.

PARTE 2
O contexto cultural da gestão global

Capítulo 3

A compreensão da importância da cultura

Panorama
Perfil de abertura: *A vantagem cultural da Telmex diluída pela competição global*
A cultura e seus efeitos nas organizações
E-Biz Box: O choque cultura-Internet na Ásia
Variáveis e dimensões culturais
    Subculturas
    Variáveis culturais
    A tecnologia e seus efeitos sobre a cultura
    Dimensões de valor
    As dimensões de valor de Hofstede
    As descobertas de Trompenaar
    Diferenças importantes de valores operacionais
Elaboração de perfis culturais
    Gestão comparativa em foco: *Perfis em cultura*
Culturas e estilos de gerenciamento no mundo
    Arábia Saudita
    As pequenas empresas chinesas

PERFIL DE ABERTURA:

A VANTAGEM CULTURAL DA TELMEX DILUÍDA PELA COMPETIÇÃO GLOBAL

Falamos com os nossos clientes em uma linguagem e sobre benefícios que eles conseguem entender.

— FRANCISCO CAMACHO, EXECUTIVO DA TELMEX. WALL STREET JOURNAL, 1998

Este é um divisor de águas na história da concorrência no campo das telecomunicações no México.

— ROLAND ZUBIRAN, PRESIDENTE DA ALESTRA. WWW.FT.COM, 2 DE JANEIRO DE 2001

Quando, em 1997, a AT&T e a MCI Communications, os dois gigantescos conglomerados do setor telefônico nos Estados Unidos, lançaram seus negócios no México, receberam uma surpreendente lição sobre competição da Telefonos de Mexico AS (Telmex), o antigo monopólio estatal do setor. Nessa época, a AT&T e a MCI (hoje MCI Worldcom, Inc., como resultado de uma fusão) tinham uma participação combinada de 25% no mercado mexicano.

A Telmex, aparentemente, havia ensinado às duas concorrentes a melhor maneira de fazer negócios no mundo em desenvolvimento, especialmente com o entendimento dos seus mercados e de seus povos. A companhia tirava proveito do fato de entender o modo de vida dos mexicanos, de conhecer a fundo o labirinto dos sistemas legal e burocrático do México, e fazia um *marketing* ao mesmo tempo agressivo e simpático.

Boa parte do sucesso da Telmex, conforme executivos da AT&T e da MCI, se devia a um intrincado entendimento da cultura de um país onde a influência é, muitas vezes, mais importante do que a lei.

Em 2001, contudo, começaram a surgir pedras no caminho da Telmex, que viu o encerramento de vários anos de contendas judiciais destinadas a abrir o mercado mexicano das telecomunicações, estimado em US$ 12 bilhões. A Avantel e a Alestra (de propriedade parcial das norte-americanas Worldcom e AT&T) haviam entrado em juízo acusando a Telmex de operar como um quase-monopólio. Os Estados Unidos haviam apresentado uma queixa a respeito na Organização Mundial de Comércio (OMC). A agência mexicana antitruste declarou que a Telmex era, de fato, dominante em seus serviços, mas ainda assim esta conseguira evitar os esforços judiciais para restringir seu alcance. Contudo, a própria Telmex concordou em prover acesso justo ao mercado. Isto abriu caminho para os esforços do presidente Vicente Fox no sentido de inaugurar uma nova fase de investimentos e desenvolvimento econômico. O México tem 97 milhões de habitantes, mas apenas 11,5 milhões de linhas telefônicas — uma das menores taxas de penetração quando comparada com as de outros grandes países da América Latina. Como parte do acordo anteriormente citado, a Alestra e a Avantel concordaram em pagar US$ 180 milhões à Telmex por tarifas antigas de interconexão.

Em fevereiro de 2001, apesar de tudo isso, a Telefonos de Mexico S.A controlava ainda 98% das linhas locais e 81% dos serviços de longa distância. Parece que sua compreensão cultural constitui uma fortaleza praticamente intransponível por gente vinda de fora.

Fontes: "Mexican Telcos Agree Pact", www.FT.com, 2001; "Pacts May give AT&T, Worldcom, Better Access in Mexico Market", *The Dallas Morning News*, 2001, www.Chicagotribune.com, 2001; "U.S. Phone giants find Telmex can be a Bruising Competitor", *The Wall Street Journal*, 1998.

O *Perfil de Abertura* deste capítulo descreve até que ponto entender a cultura e o ambiente de negócios locais pode dar aos executivos e administradores uma vantagem em indústrias competitivas; as companhias estrangeiras — por maiores que sejam — não podem ignorar impunemente esses aspectos. Essas diferenças na cultura e no modo de vida de outros países obrigam os administradores a desenvolver *expertise* internacional para poderem trabalhar sempre de acordo com as mudanças inerentes ao ambiente do país anfitrião. Fatores poderosos e interdependentes nesses ambientes — fatores políticos, econômicos, legais, tecnológicos e culturais — têm influência sobre a estratégia, as funções e os processos de gestão.

Uma qualificação fundamental para administrar pessoas e processos em outros países é a *compreensão cultural;* trata-se de um conhecimento prático das variáveis culturais capazes de afetar as decisões gerenciais. Muitos têm sido os executivos que subestimam perigosamente o significado dos fatores culturais. De acordo com incontáveis relatos, não são poucas as asneiras cometidas em operações internacionais em decorrência justamente da falta de sensibilidade cultural por parte daqueles que as cometeram.[1] Exemplos é que não faltam. Scott Russell, vice-presidente sênior de recursos humanos da Cendant Mobility, em Danbury, Connecticut, relembra que:

> Uma empresa norte-americana que opera no Japão encarregou o seu executivo de recursos humanos, japonês, de reduzir a força de trabalho existente. O executivo japonês estudou a questão sem conseguir achar uma solução dentro dos parâmetros da cultura local; por isso, quando foi prestar contas da missão aos americanos, reduziu a força de trabalho pedindo demissão — o que não era, evidentemente, o que eles pretendiam.[2]

Sensibilidade cultural, ou *empatia cultural,* é ter consciência e lidar de maneira honesta com a cultura de outro indivíduo. Essa sensibilidade exige a capacidade de entender a perspectiva dos que vivem em outras sociedades, muito diferentes da que conhecemos, e a permanente disposição para se colocar no lugar dos outros, para aprender cada vez mais a respeito dessas diferenças.

Os executivos internacionais podem tirar grande proveito do entendimento da natureza, das dimensões e variáveis de uma cultura específica, e de como tudo isso afeta os processos organizacionais e de trabalho. Esta consciência cultural os capacita a desenvolver as políticas mais adequadas e a determinar a melhor maneira de planejar, organizar, liderar e controlar em um cenário internacional específico. Semelhante processo de adaptação ao ambiente é necessário para a boa implementação de qualquer estratégia. Ele também conduz a uma efetiva interação em uma força de trabalho de crescente diversidade cultural, tanto nos Estados Unidos quanto em outros países.

Relatórios empresariais e estudos gerenciais deixam claro que uma ausência de sensibilidade cultural pode custar caro em termos de dinheiro e oportunidades perdidas. Um estudo de corporações multinacionais norte-americanas constatou que os baixos níveis de qualificação em comunicação intercultural ainda constituem um grande problema gerencial; o conhecimento dos executivos norte-americanos em matéria de outras culturas ainda fica muito atrás do entendimento que têm a respeito de outros processos organizacionais.[3] Em uma síntese da pesquisa sobre o treinamento intercultural, Black e Mendenhall constataram que mais de 40% dos executivos expatriados deixam os postos para os quais foram indicados antes do tempo previsto em decorrência do mau desempenho ou da má adaptação ao ambiente local. Mais ainda, os pesquisadores constataram que as diferenças interculturais são a maior causa dos fracassos registrados em negociações e interações, o que se traduz, para empresas norte-americanas, em prejuízos de mais de US$ 2 bilhões por ano tão-somente em insucessos das missões confiadas a expatriados.[4]

Dispomos também, ao mesmo tempo, de evidências no sentido de que o treinamento intercultural é eficaz no desenvolvimento de qualificações e no aperfeiçoamento da adaptação e do desempenho. Apesar de tais evidências, as empresas norte-americanas pouco fazem no sentido de tirar proveito de tão importante pesquisa e de incorporar essas evidências a seus programas de treinamento, cujo objetivo é ostensivamente preparar os executivos antes de nomeá-los para missões no exterior. É grande demais o número de oportunidades em que a importância desse treinamento para desenvolver a sensibilidade cultural só é percebida quando já é tarde demais, como se pode verificar no relato, a seguir, do casamento fracassado entre a AT&T, norte-americana, e a italiana Olivetti, a tradicional fabricante de equipamentos para escritórios:

> Um executivo de primeiro escalão da AT&T acredita que a maior parte dos problemas nesse empreendimento teve origem exatamente nas diferenças culturais. "Nem nós nem a Olivetti dedicamos o tempo indispensável ao entendimento dos padrões de comportamento", diz Robert Kayner, executivo de grupo da AT&T. "Sabíamos que as culturas eram diferentes, mas nunca chegamos a penetrar uma na outra. Por isso mesmo, nós nos irritávamos, e eles se enfureciam." Kayner diz que as tentativas da AT&T para resolver problemas como atrasos no cumprimento de etapas eram transmitidas em memorandos lacônicos que deixavam o pessoal da Olivetti ofendido. "Eles então assumiam aquele ar de 'quem são vocês para nos dizer o que fazer?'", lembra Kayner. Ou, quando o pessoal da Olivetti recorria aos parceiros americanos em busca de soluções para os seus problemas, os executivos da AT&T simplesmente respondiam "não queremos saber dos seus problemas. Tratem é de resolvê-los". Os executivos da AT&T são os primeiros a admitir, agora, que um dos maiores obstáculos à concretização bem-sucedida de um

empreendimento conjunto é o fato de que os sócios freqüentemente vêem o mundo cada um a sua maneira, muito diferente — e potencialmente divisiva.[5]

Neste capítulo, apresentamos uma estrutura conceitual pela qual as companhias e os executivos se capacitam a avaliar variáveis culturais relevantes e a desenvolver perfis culturais de diferentes países. Em seguida, utilizamos esta estrutura para analisar os prováveis efeitos das diferenças culturais sobre uma organização e suas implicações para a gestão. Para conseguir tudo isso, precisamos examinar o poderoso fator ambiental do contexto cultural. Em primeiro lugar, exploramos a natureza da cultura, suas variáveis e dimensões, e depois tratamos de estudar as diferenças específicas em valores culturais e suas implicações para o comportamento de indivíduos e grupos no trabalho. Debatemos variáveis culturais em geral neste capítulo. O impacto da cultura sobre funções administrativas e processos específicos será debatido em capítulos posteriores.

A CULTURA E SEUS EFEITOS SOBRE AS ORGANIZAÇÕES

Conforme a definição geralmente aceita, *a cultura de uma sociedade* compreende os valores compartilhados, entendimentos, certezas e objetivos que são aprendidos de gerações anteriores, impostos pelos atuais integrantes de uma sociedade e legados às gerações posteriores. Esta perspectiva compartilhada se traduz, em grande parte, em atitudes, códigos de conduta e expectativas comuns que subconscientemente guiam e controlam determinadas normas de comportamento.[6,7,8] O indivíduo nasce *em,* e não *com,* uma determinada cultura, e vai gradualmente incorporando seus efeitos mais refinados por intermédio do processo de socialização. A cultura se transforma em uma base para a existência fundamentada em comunicações, padrões, códigos de conduta e expectativas compartilhados.[9] Um executivo norte-americano transferido para uma subsidiária no exterior, por exemplo, deve estar preparado para encontrar grandes e pequenas diferenças no comportamento de indivíduos e grupos no âmbito dessa organização. Como se detalha no Quadro 3.1, essas diferenças são o resultado das variáveis societárias, ou socioculturais, da cultura, tais como religião e linguagem, somadas às variáveis nacionais imperantes, como fatores econômicos, legais e políticos. Deste modo, variáveis nacionais e socioculturais, provêem o contexto para o desenvolvimento e a perpetuação de variáveis culturais, que, por sua vez, determinam as atitudes básicas

Quadro 3.1 Variáveis ambientais que afetam as funções gerenciais

Variáveis Nacionais	Variáveis Socioculturais
• Sistema econômico • Situação física	• Religião
• Sistema legal • *Know-how* tecnológico	• Educação
• Sistema político	• Idioma

Variáveis Culturais
- Valores
- Normas
- Crenças

Atitudes
- Trabalho   • Individualismo
- Tempo   • Mudança
- Materialismo

Comportamento Individual e Grupo no Trabalho
- Motivação   • Comprometimento
- Produtividade   • Ética

em relação a trabalho, tempo, materialismo, individualismo e mudança. Essas atitudes afetam a motivação e as expectativas do indivíduo com respeito às relações de trabalho e de grupo e acabam afetando os resultados que se podem esperar desse indivíduo.

O modo como esses conjuntos de variáveis podem interagir é ilustrado por uma mudança de política implementada pela KLM Royal Dutch Airlines, em que a cultura organizacional reagiu aos valores culturais nacionais e às práticas aceitas. A cultura da sensibilidade social da Holanda foi incorporada à política empresarial quando essa empresa de aviação comercial revisou sua política de benefícios de viagens para as famílias dos funcionários. Durante algum tempo, muitos comissários de bordo da KLM haviam protestado contra a regra segundo a qual apenas familiares diretos podiam se beneficiar de tarifas reduzidas em vôos da KLM. Eles consideravam discriminatório o fato de que até mesmo pessoas casadas na véspera com funcionários heterossexuais da empresa ficassem habilitadas ao benefício, que era negado a parceiros homossexuais de longa data de outros funcionários. Depois de reconsiderar a questão, a KLM decidiu que qualquer casal registrado como morando junto, o que é uma prática legal na Holanda, estaria habilitado às tarifas reduzidas. Contudo, um(a) novo(a) parceiro(a), só poderia ser registrado um ano depois do rompimento da ligação anterior. Ao mudar sua política, a KLM conseguiu deixar claro seu apoio a relacionamentos responsáveis, em lugar de se preocupar com a situação marital ou a preferência sexual.[10]

No começo de 2001, a McDonald's tinha 58 restaurantes na Rússia. A experiência da rede na implantação de seus negócios no país ao longo de 11 anos, desde a abertura do primeiro restaurante em Moscou, demonstra à perfeição os efeitos combinados das variáveis nacionais e culturais em ação. Os empregados locais precisam de treinamento prolongado até serem capazes de servir "Bolshoi Maks" ao "estilo McDonald's". Infelizmente, os russos em sua maior parte ainda não estão familiarizados com o trabalho sob o sistema capitalista; foram vítimas da inércia gerada pelo antigo sistema de planejamento centralizado durante tanto tempo que a produtividade ainda continua muito baixa. Como resultado disso, os russos têm poucos bens para comprar, e os novos preços de mercado livre são tão proibitivos que não há como motivá-los a trabalhar pelos rublos que pouco ou nada conseguirão comprar.[11] (A experiência da McDonald's em Moscou é apresentada em maiores detalhes no perfil de abertura do Capítulo 8.)

Fica, portanto, claro que as variáveis culturais — crenças, valores e atitudes comuns — podem afetar profundamente os processos organizacionais. Na verdade, um exemplo do modo como a cultura os afeta muitas vezes fica evidente à medida que a utilização de aplicativos tecnológicos nesses processos vai se espalhando pelo mundo. O resultado pode ser um choque entre cultura e tecnologia, como mostra o *E-Biz Box* deste capítulo. Quais são os processos organizacionais mais afetados, e de que maneira o são, é a pergunta central de inúmeros levantamentos e debates em andamento sobre gerenciamento intercultural.[12] Há quem argumente que os efeitos da cultura são mais evidentes no nível individual do comportamento pessoal do que no nível organizacional, como um resultado da convergência.[13] Esta descreve o fenômeno da mobilidade dos estilos individuais de gerenciamento para ficarem cada vez mais parecidos entre si. O argumento da convergência baseia-se na crença de que as exigências da industrialização e da coordenação e competição mundiais tendem a eliminar diferenças nos processos de nível organizacional, como a escolha de tecnologia e estrutura. Em um estudo realizado com empresas japonesas e sul-coreanas no ano 2000, Lee, Roehl e Choe constataram que a globalização e o porte da empresa eram fontes de convergência de estilos de gerenciamento.[14] Esses fatores serão discutidos mais detalhadamente ainda neste capítulo.

Os efeitos da cultura sobre funções específicas de gerenciamento são particularmente aparentes quando tentamos impor nossos valores e sistemas em outra sociedade. O Quadro 3.2 (p. 77) apresenta alguns exemplos dos valores típicos da cultura norte-americana, compara algumas perspectivas comuns mantidas por povos de outros países e mostra quais as funções gerenciais com maiores probabilidades de serem por elas afetadas, demonstrando claramente a necessidade do gerenciamento diferenciado de processos organizacionais. Por exemplo, os executivos norte-americanos planejam atividades, determinam prazos e julgam a pontualidade de sua execução com base na crença de que as pessoas influenciam e controlam o futuro, em lugar de ficarem imaginando que tudo irá ocorrer conforme determinar a vontade de Alá, como os executivos em um país islâmico poderiam acreditar.

Muita gente no mundo entende os outros e se relaciona com estes apenas de acordo com os termos de sua própria cultura. O ponto de referência inconsciente dos valores culturais dos indivíduos é chamado de *critério de auto-referência*.[15] O resultado de uma atitude como essa fica claro na seguinte história:

> Houve uma vez uma grande inundação, e nela se envolveram duas criaturas, um macaco e um peixe. O macaco, por sua agilidade e experiência, conseguiu escalar uma árvore e escapar das águas em fúria. Observando o que acontecia, lá do alto do seu refúgio seguro, ele viu o pobre

E-BIZ BOX
O choque cultura-Internet na Ásia

Inúmeros executivos na Ásia se aferram à prática corporativa padrão de distribuir informações apenas com base na necessidade.

www.businessweek.com, 23 DE OUTUBRO DE 2000.

A Ásia detém a liderança mundial em tecnologia sem fio, comunicações em banda larga e comandos eletrônicos; tem um tremendo potencial como centro do comércio B2B (*business to business*). Apesar de tudo isso, os progressos do comércio eletrônico são contidos por um choque cultura-internet. As áreas a seguir são algumas das que apresentam maiores problemas:

Embora a Ásia seja a pátria de 60% da população mundial — o que cria o potencial para imensos mercados de comércio eletrônico pan-asiáticos — essas multidões falam centenas de idiomas, criando uma rede de Babel. Além disso, a Internet serve para dar aos trabalhadores acesso a informações para que eles possam se movimentar à velocidade da *Net*. Ainda assim, incontáveis executivos na Ásia se aferram à prática corporativa padrão de distribuir informações apenas com base na necessidade.

Outro obstáculo para o comércio eletrônico é a maneira como as companhias asiáticas lidam com seus fornecedores. As cadeias de suprimentos na Ásia normalmente envolvem três ou quatro intermediários — o dobro do normal na Europa. No Japão, por exemplo, os varejistas pagam pelo que recebem e os atacadistas engolem o custo dos itens que faltam. Para se proteger, os atacadistas colocam, então, dezenas de trabalhadores a abrir embalagens, contar o conteúdo e refazer essas mesmas embalagens antes de serem remetidas para o destino final. Os atacadistas, portanto, vêem a Internet como uma ameaça aos seus empregos.

Os custos de conexão com a Internet são elevados, o que também se reflete no *e-commerce*. Em Kong Kong e Seul, uma ligação à Internet ainda é um terço mais cara que nos Estados Unidos, mas no Japão é ainda pior. As linhas de *leasing* custam em Tóquio três vezes mais do que em Nova York e duas vezes mais do que na Alemanha. Enquanto isso, o sistema telefônico é tão sobrecarregado na Índia que a maioria dos negócios mal consegue se conectar à Internet.

Outros problemas são as transações comerciais, que na Ásia ainda são feitas principalmente em dinheiro ou com cartas de crédito, quase sempre exigindo recibos assinados. Além disso, a falta de serviços de crédito abrangentes também significa que cada comprador e vendedor no mercado eletrônico precisa ser penosamente analisado, o que pode levar semanas.

A e-Zaiko, por exemplo, uma associação entre a Mitsui & Co. e a Itochu Corp., duas das maiores redes de varejo do Japão, criou um mercado eletrônico para excessos de estoque que se compara aos vendedores e compradores de roupas, móveis e outros bens. É um empreendimento inédito no Japão, e a e-Zaiko conta com uma imensa lista de clientes potenciais dos seus grupos industriais ou *keiretsus*. Mesmo assim, a companhia precisa encontrar meios de chegar a milhares de pequenas empresas que não têm sequer um computador, o que dirá conexões com a Internet.

Uma companhia que não está esperando pelos clientes para entrar na era da Internet é a Asia-Steel.com. Nos últimos anos, o CEO Justin Chu passou a distribuir computadores de graça só para levar os clientes a se ligar no seu serviço *on-line*. Essa companhia de Hong Kong, que permite a compradores e vendedores a realização de transações eletrônicas no campo da siderurgia, presenteou mais de mil PCs a siderúrgicas na China e treinou os executivos de compras para utilizá-los, o que já deu como resultado a atração de 200 mil toneladas de aço ao seu *site* por mês.

Para superar essa fronteira da Internet, as companhias da Ásia precisam de bolsos cheios, fortes conexões entre seus negócios *on-line* e *off-line* e, o mais importante, de uma tremenda habilidade na transferência para a Web das redes de relacionamentos de negócios que fazem da Ásia, um lugar onde é muito complicado operar.

Fonte: Adaptado de "The Net Is Transforming the West, But Companies in the East Lag Behind", www.businessweek.com, 23 de outubro de 2000.

---

peixe lutando contra a correnteza veloz. Com a melhor das intenções, ele se estendeu todo e ergueu o peixe da água. O resultado foi inevitável.[16]

O macaco achou que a sua própria estrutura de referência se aplicava ao peixe e agiu de acordo com isso. Os executivos internacionais de todos os países devem, pois, entender práticas sociais e comerciais incomuns e a elas se ajustar — especialmente no que se refere às práticas dessa misteriosa e exclusiva nação, os Estados Unidos. Os trabalhadores japoneses de uma fábrica norte-americana aprenderam a deixar a cortesia de lado e a interromper conversas com os americanos quando havia problemas. Os europeus, porém, ficam normalmente confusos com a aparente informalidade dos americanos, o que então arruina todo o processo quando os europeus não conseguem fazer as tarefas da maneira que os americanos esperam.[17]

Como um primeiro passo em direção à sensibilidade cultural, o executivo internacional deveria entender a própria cultura. Esta conscientização ajuda a se precaver contra a adoção de uma atitude paroquial ou etnocêntrica. O *paroquialismo* ocorre quando um francês, por exemplo, espera que todas as pessoas de um país diferente ou que nele residem adotem imediatamente padrões de comportamento que são comuns na

Quadro 3.2 Valores norte-americanos e alternativas possíveis

ASPECTOS DA CULTURA DOS EUA*	ASPECTOS ALTERNATIVOS	EXEMPLOS DE FUNÇÕES GERENCIAIS AFETADAS
O indivíduo pode determinar o futuro (sempre que houver vontade, haverá uma forma de fazer).	A vida segue um rota preordenada, e a ação humana é determinada pela vontade de Deus.	Planejamento e prazos
O indivíduo pode mudar e melhorar o ambiente em que se insere.	As pessoas devem ajustar-se ao ambiente físico e não procurar alterá-lo.	Ambiente, moral e produtividade organizacionais
O indivíduo deve ser realista quanto as suas aspirações.	Deve-se perseguir o ideal, mesmo que esteja muito além do que é "razoável".	Determinação de metas e desenvolvimento de carreira
Devemos trabalhar com obstinação para concretizar nossos objetivos (a ética puritana)	O trabalho duro não é o único pré-requisito do sucesso: este também exige sabedoria, sorte e tempo.	Sistema de motivação e gratificação
Os comprometimentos precisam ser cumpridos (as pessoas farão o que dizem que farão)	Um comprometimento pode ser relegado em favor de uma necessidade com ele conflitante, e um acordo pode significar apenas intenções e ter pouca ou nenhuma relação com a capacidade de desempenhá-lo.	Negociação e acordos
A pessoa deve fazer bom uso do seu tempo (o tempo é dinheiro, que pode ser economizado ou desperdiçado).	Prazos têm importância, mas apenas em relação a outras prioridades.	Planejamento a longo e curto prazos
A obrigação principal de um funcionário é para com a sua organização.	A pessoa empregada precisa pensar em primeiro lugar em sua família e amigos.	Lealdade, dedicação e motivação
Tanto o empregador quanto o funcionário podem encerrar a relação de trabalho.	Um emprego é para a vida inteira.	Motivação e dedicação à empresa
Às pessoas mais qualificadas devem ser atribuídas as funções correspondentes.	Família, amigos e outros fatores deveriam determinar as práticas em relação à empregabilidade.	Emprego, promoções, recrutamento, seleção e recompensa

*Os aspectos aqui se referem a uma crença, valor, posição ou entendimento que seja parte de uma cultura compartilhada por um grande número de integrantes.
Fonte: Extraído de Managing Cultural Differences, Philip R. Harris Robert T. Morand, Copyright © 2000, Gulf Publishing Company, Houston. Utilizado com permissão. Todos os direitos reservados.

França. Já o *etnocentrismo* descreve a atitude daqueles que agem sempre a partir da suposição de que não existe estilo melhor de fazer as coisas que o deles — não importa onde e sob que condições seja aplicado. Empresas de todos os portes têm demonstrado esta escassez de sensibilidade cultural em incontáveis maneiras discretas (ou nem tanto), com resultados desastrosos nos mais diversos graus.

A Procter & Gamble foi uma dessas companhias. Em um antigo comercial japonês de televisão para o sabonete Camay, uma mulher, evidentemente japonesa, está tomando banho quando o marido entra no banheiro. Ela então começa a lhe contar as vantagens do seu novo sabonete de beleza. O marido, tocando no ombro dela, logo dá a entender que está pensando em algo mais que um banho de espuma. O comercial, que havia feito sucesso na Europa, foi um desastre no Japão. É que essa invasão da privacidade da mulher pelo marido "para os japoneses é falta de educação", lembra Edwin L. Artzt, vice-presidente e presidente internacional da Procter & Gamble. "E os japoneses naturalmente não acharam graça no comercial." A P&G aprendeu com os próprios erros e hoje tem nas vendas no exterior cerca de metade dos seus ingressos.[18]

Depois de estudar profundamente a própria cultura, o passo seguinte do executivo que pretende estabelecer relações interculturais efetivas é desenvolver uma sensibilidade cultural. Os executivos não devem apenas ter consciência das variáveis culturais e de seus efeitos no comportamento no local de trabalho, devem também apreciar a diversidade cultural e entender a melhor maneira de estabelecer relações construtivas de trabalho em qualquer parte do mundo. Nas próximas seções, iremos explorar as variáveis e dimensões culturais. Em capítulos posteriores, sugeriremos métodos específicos de abordagem dessas variáveis e dimensões pelos executivos, para ajudá-los a estabelecer relacionamentos construtivos.

VARIÁVEIS E DIMENSÕES CULTURAIS

Dada a enorme variedade de culturas e subculturas no mundo, de que forma um estudioso da gestão intercultural, ou um executivo com a pretensão de se tornar culturalmente sensível, poderá desenvolver um entendimento da natureza específica de um determinado povo? Com semelhante entendimento, como um executivo poderá antecipar os prováveis efeitos de uma cultura com a qual nunca teve familiaridade em um ambiente organizacional e com isso gerenciar os recursos humanos produtivamente e ainda controlar os resultados?

Uma maneira de empreender essa tarefa é desenvolver um perfil cultural para cada país ou região com que a companhia faz ou pretende fazer negócios. Desenvolver um perfil cultural exige uma certa familiaridade com as variáveis culturais que estão presentes universalmente em quase todas as culturas. A partir dessas variáveis universais, os administradores podem identificar as diferenças específicas em cada país ou povo e com isso antecipar suas implicações para o ambiente de trabalho.

Os administradores nunca deveriam presumir que seriam capazes de transplantar com sucesso estilos, práticas, expectativas e processos, sejam norte-americanos, japoneses ou de qualquer outro país. Em vez disso, deveriam pôr em prática um princípio básico da boa administração — a administração de contingência. A gestão de contingência requer que os administradores se adaptem ao ambiente e ao povo dos lugares onde irão trabalhar e viver e administrem de acordo com tal adaptação.

Subculturas

Os administradores precisam, é claro, reconhecer que a generalização dos perfis culturais acaba produzindo uma aproximação, ou estereótipo, do caráter nacional. Muitos países, na verdade, são um conjunto de diversas subculturas cujos elementos constituintes se adaptam ao caráter nacional apenas em graus variáveis. No Canadá, diversas subculturas incluem anglófonos e francófonos (pessoas que falam, respectivamente, inglês e francês) e canadenses nativos. Os Estados Unidos também contam com subculturas variadas. Os norte-americanos no exterior são quase sempre tratados de acordo com o estereótipo americano, mas os próprios norte-americanos reconhecem a existência de inúmeras diferenças internas decorrentes de etnias, geografia e outros cenários subculturais. Eles deveriam estender essa mesma amplitude de visão aos povos de outros países e se mostrar extremamente cautelosos para não generalizar nem simplificar em excesso. Por exemplo, embora muitos norte-americanos tendam a pensar que os chineses são homogêneos em sua cultura, na verdade, são consideráveis as diferenças em função da diversidade regional — que inclui diversos grupos étnicos, cada um com costumes próprios, e uma multiplicidade de dialetos. Um estudo de Ralston e outros autores concluiu que, embora a adesão aos valores tradicionais de Confúcio seja comum a todas as regiões da China, existiam consideráveis diferenças entre regiões em variáveis como o individualismo e a abertura às mudanças (Guangzhou e Xangai ocupam os principais lugares nessa dimensão, seguidas por Pequim e Dalian e, depois, por Chengdu e Lanzhou).[19] Isso significa que os chineses de Guangzhou e Xangai podem parecer um pouco mais "ocidentalizados" e mais dispostos a negociar com os ocidentais.

Acima de tudo, os bons administradores tratam as pessoas como indivíduos e evitam conscientemente qualquer forma de estereotipagem. Contudo, um perfil cultural é um bom ponto de partida para ajudar os executivos a desenvolver algum tipo de expectativa exploratória — um pouco de contexto cultural — como um pano de fundo para administrar em um cenário internacional específico. É, então, muito útil examinar quais as variáveis culturais já estudadas e as implicações que se poderá extrair dos resultados.

Variáveis culturais

Para desenvolver perfis culturais é preciso, em primeiro lugar, familiaridade com aquelas variáveis culturais encontradas na maior parte das sociedades que conformam centros especiais e proporcionam um corte preciso do caráter geral de um grupo determinado. Embora existam incontáveis variáveis individuais, Harris e Moran apresentam um método para a categorização de variáveis interdependentes, e identificaram oito categorias que formam os subsistemas em qualquer sociedade.[20] Esse método de sistemas para entender as varáveis culturais e nacionais — e seus efeitos sobre o comportamento no trabalho — é consistente com o modelo apresentado no Quadro 3.1. As seções a seguir descrevem estas oito categorias e explicam as implicações de cada uma.

Parentesco

Um sistema de parentesco é aquele que uma sociedade adota para orientar os relacionamentos familiares. Embora nos Estados Unidos este sistema englobe principalmente o núcleo familiar (cada vez mais representado por famílias de pais solteiros), em muitas outras partes do mundo, o sistema de parentesco consiste em uma família ampliada com muitos membros e que se estende ao longo de várias gerações. Esta família numerosa, fortemente unida, típica de muitas nações orientais, pode influir nas atividades da corporação em casos nos quais a lealdade familiar é tida como o fator principal — como, por exemplo, quando se concedem contratos ou se contratam funcionários (um membro da família terá sempre a preferência, mesmo em relação a um candidato mais capacitado, mas que não faça parte da família). Nessas sociedades de predominância da família, tais práticas são onipresentes e consideradas com a maior naturalidade. Os executivos estrangeiros, muitas vezes, são excluídos do processo decisório de questões importantes que digam respeito aos interesses da família. Se, no entanto, eles se dedicarem a estudar as expectativas culturais locais em relação às famílias, logo irão perceber padrões previsíveis de comportamento e estarão em melhores condições para lidar com essas situações. Práticas tradicionais como esta são exemplificadas na experiência de um MBA asiático que estudou nos Estados Unidos, ao apresentar um plano de negócios bem mais atualizado do que aquele em prática na empresa de porte médio, na Índia, da qual um tio seu era diretor administrativo:

> O astrólogo da família participou da reunião e vetou o plano apresentado. Mais tarde, o sobrinho insistiu e pediu-lhe para reestudar o seu plano. O astrólogo recomendou várias cerimônias depois das quais os sinais dos astros provavelmente se inclinariam favoravelmente ao plano.[21]

Educação

A educação formal ou informal dos trabalhadores de uma empresa estrangeira, seja qual for a fonte desse aprendizado, sempre influirá intensamente nas expectativas depositadas nesses trabalhadores. Ela também terá influência sobre as escolhas dos executivos com relação às práticas de seleção e recrutamento de pessoal, a programas de treinamento e estilos de liderança. Os programas de treinamento e desenvolvimento, por exemplo, precisam ser coerentes com o nível geral de preparação educacional do país em que se situar a empresa.

Economia

Seja qual for o sistema econômico, os meios de produção e distribuição em uma sociedade (e os seus efeitos sobre indivíduos e grupos) têm poderosa influência sobre processos organizacionais como procura, distribuição, incentivos e repatriação de capital. Nessa época em que os sistemas políticos experimentam mudanças radicais, começa a se tornar aparente que as drásticas diferenças entre os sistemas socialista e capitalista terão menores efeitos sobre as multinacionais do que costumavam ter.

Política

O sistema de governo em uma sociedade, seja ele democrático, comunista ou ditatorial, impõe inúmeras restrições a uma organização e a sua liberdade de operar. É função do executivo entender o sistema político e a maneira como ele influi nos processos organizacionais, negociar posições no interior do sistema e administrar com eficiência as preocupações mútuas do país anfitrião e da empresa hóspede.

Como foi bem demonstrado pelas dificuldades que a McDonald's enfrentou no treinamento dos funcionários russos para o seu restaurante em Moscou (discutidas anteriormente neste capítulo), os subsistemas políticos e econômicos de um país muitas vezes dominam por inteiro outros sistemas culturais.

Religião

As crenças espirituais de uma sociedade podem ser poderosas ao ponto de transcenderem outros aspectos culturais. A religião comumente está na base da normas morais e econômicas. Nos Estados Unidos, os efeitos da religião no local de trabalho são limitadas (a não ser por uma crença generalizada no trabalho duro, que deriva da ética de trabalho protestante), mas existem outros países onde as crenças e práticas religiosas muitas vezes influenciam as transações comerciais diárias e o comportamento de trabalhadores e chefes. Um exemplo disso é a tradição, baseada no Alcorão e nos ensinamentos de Maomé, segundo a qual os árabes consultam sempre os membros mais velhos das famílias dominantes de uma comunidade em relação a decisões de negócios. Hindus, budistas e alguns muçulmanos acreditam no conceito do destino, ou do "está escrito". Em países islâmicos, a idéia do *inshallah*, ou seja, "vontade de Deus", predomina. Em algumas nações ocidentais, organizações religiosas, como a Igreja Católica Romana, desempenham um papel cultural importante por intermédio de sua influência moral e política.

Uma das maneiras como a fé islâmica afeta as operações de empresas internacionais envolve a cobrança de juros:

> O reinado da Arábia Saudita observa a Sharia, que é a lei islâmica baseada tanto no Corão quanto na Hadith — a tradição do profeta Maomé. De acordo com esses códigos, é banida a prática dos juros, e tanto quem ganha quanto quem paga juros são igualmente amaldiçoados. Isto significa que o sistema bancário ocidental moderno é tecnicamente ilegal. Já existe, no entanto, um debate sobre a interpretação do conceito dos juros. Os sábios religiosos do reino, os ulemás, consideram todos os juros, ou *rib'a*, como banidos. Alguns já chegaram a desafiar essa interpretação como rigorosa demais, pedindo uma interpretação mais liberal do conceito. A visão destes é que Maomé se referiu somente a juros excessivos quando condenou a usura. Se alguma coisa nova surgir deste debate, certamente ajudará a estabelecer uma estrutura legal para o enfrentamento dos problemas bancários da Arábia Saudita, como as profundas reduções nos lucros, e também a dar fim ao ostracismo legal do sistema bancário no estilo ocidental no reino.[22]

Associações

Muitos e variados tipos de associações nascem a partir dos grupos formais e informais que compõem uma sociedade. Não importa se essas associações têm bases em filiações religiosas, sociais, profissionais ou comerciais — o fundamental para os executivos é ter conhecimento de sua existência e se familiarizar com o papel que podem vir a desempenhar nas interações de negócios.

Saúde

O sistema de saúde pública de um país influencia a produtividade, as expectativas e atitudes dos funcionários em relação à adequação física e seu papel no local de trabalho. Essas expectativas, por sua vez, irão influir nas decisões gerenciais com relação aos benefícios de saúde, seguros, instalações físicas, dias de licença por motivos de saúde, e assim por diante.

Recreação

Em associação muito próxima com outros fatores culturais, a recreação inclui a forma como as pessoas utilizam seu tempo de lazer, bem como sua atitude em relação ao lazer e à escolha das pessoas com as quais preferem fazer amizade. As atitudes dos trabalhadores em relação à recreação podem afetar seu comportamento no trabalho e sua percepção do papel do trabalho em suas vidas.

A tecnologia e seus efeitos sobre a cultura

É assim que muitos coreanos acabam aprendendo tudo sobre a Internet (nos salões de PCs).

WON JUN YOUNG, EXECUTIVO DA YECA STATION
(UM SALÃO QUE VENDE O USO DE PCs PARA GAMES, TRANSAÇÕES COMERCIAIS,
ESCRITÓRIOS TEMPORÁRIOS). www.businessweek.com, 25 DE SETEMBRO DE 2000

Estaríamos sendo negligentes se deixássemos de reconhecer o fenômeno contemporâneo da utilização cada vez mais difundida da tecnologia na sociedade exatamente quando ela parece entranhar-se na maioria das variáveis sociais em desenvolvimento — especialmente as associações, a educação e a economia. Na Coréia do Sul, por exemplo, onde a tecnologia da informação responde por cerca de 10% de uma economia de US$ 400 bilhões e tem tudo para atingir os 20% já em 2010, existe uma verdadeira obsessão por tudo o que é digital. E isto está mudando as vidas de incontáveis coreanos. Os adolescentes, acostumados a perambular pelos centros comerciais e outros pontos de encontro tradicionais, agora preferem os cerca de 20 mil salões de PCs para assistir a filmes, conferir seus *e-mails* e navegar pela Internet, tudo isso por apenas um dólar. As donas de casa coreanas estão na lista de espera pelas linhas ADSL (Linhas de Assinatura Digital Assimétrica), um projeto governamental de telecomunicações de alta velocidade, no valor de US$ 35 bilhões, que deverá estar pronto até 2005. Nessa época, 95% das unidades domiciliares da Coréia do Sul terão acesso à Internet.[23]

Dimensões de valor

As variáveis culturais são o resultado de conjuntos especiais de valores compartilhados entre diferentes grupos de pessoas. A maioria das variações entre as culturas deriva de sistemas subjacentes de valores, que levam as pessoas a agir de maneira diferenciada em circunstâncias similares. *Valores* são as idéias de uma sociedade sobre o que é bom ou mau, certo ou errado — por exemplo, a crença quase generalizada de que roubar é imoral e injusto. Os valores determinam a maneira como os indivíduos irão provavelmente reagir em qualquer circunstância determinada. Como um poderoso componente da cultura de uma sociedade, os valores são transmitidos ao longo dos oito subsistemas recém descritos e passados de geração a geração. A interação e a pressão entre esses subsistemas (ou, mais recentemente, a partir de culturas externas) podem proporcionar o ímpeto para uma mudança paulatina. A dissolução da União Soviética e a formação da Comunidade de Estados Independentes é um exemplo de uma mudança política radical resultante de pressões econômicas internas e incentivos externos à mudança.

As dimensões de valores de Hofstede

Uma estrutura de grande utilidade para que se entenda de que maneira os valores básicos compõem a base do comportamento organizacional é proposta por Hofstede, como resultado de uma pesquisa realizada com 116 mil pessoas em 50 países. Ele propõe quatro dimensões de valores: 1) distância do poder, 2) rejeição da incerteza, 3) individualismo e 4) masculinidade.[24] É preciso, no entanto, ter muita cautela na interpretação desses resultados, porque os conceitos da pesquisa se baseiam em uma amostragem tirada de uma empresa multinacional, a IBM, e porque não incluem as diferenças nacionais internas em países multiculturais. Embora estejamos apresentando essas dimensões de valores aqui para ajudar no entendimento de diferentes culturas, sua relevância e aplicabilidade às funções de administração serão discutidas em capítulos posteriores.

A primeira dessas dimensões de valores, a *distância do poder,* é o nível de aceitação, por uma sociedade, da distribuição desigual de poder nas instituições. No local de trabalho, as desigualdades no poder são normais, como evidenciam as relações hierárquicas patrão-subordinado. Contudo, o grau de aceitação de um poder desigual é resultado de uma determinação social. Em países cujos povos estão altamente distanciados do poder (como a Malásia, as Filipinas e o México), os funcionários reconhecem a autoridade do patrão pelo simples acatamento da posição formal desse indivíduo na hierarquia e raramente violam a cadeia de comando. Essa reação de respeito tem como resultado previsível uma estrutura centralizada e uma liderança autocrática. Em países onde é menor o distanciamento dos respectivos povos do poder (como a Áustria, a Dinamarca e Israel), superiores e subordinados são capazes de considerar uns aos outros como iguais em termos de poderes, e isso automaticamente produz harmonia e cooperação maiores. É evidente que não existe estilo autocrático de administração com possibilidade de ser bem recebido em países nos quais é menor a distância entre o povo e o poder.

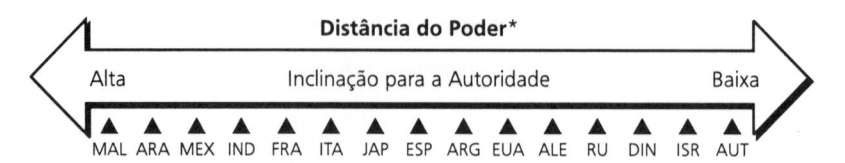

Distância do Poder*

Alta ← Inclinação para a Autoridade → Baixa

MAL ARA MEX IND FRA ITA JAP ESP ARG EUA ALE RU DIN ISR AUT

*Não serve como escala — indica grandeza relativa.
ARA = Países Árabes
AUT = Áustria
Baseado em G. Hofstede, "National Cultures in Four Dimensions", *International Studies of Management and Organization*, Spring-Summer, 1983.

A segunda dimensão de valor, a rejeição da incerteza, diz respeito ao grau em que as pessoas em uma sociedade sentem-se ameaçadas por situações ambíguas. Países com um alto nível de rejeição da incerteza (por exemplo, Japão, Portugal e Grécia) tendem a se reger por rígidas leis e procedimentos aos quais seus povos obedecem cegamente e, da mesma forma, apresentam um forte sentimento de nacionalismo. Em um contexto de negócios, este valor se transforma em regras e procedimentos formais destinados a proporcionar maior segurança e acentuada estabilidade na carreira. Os administradores têm uma propensão por decisões de baixo risco, os funcionários apresentam escassa agressividade, e o emprego durante a vida inteira em um mesmo lugar é mais do que comum. Em países com níveis menores de rejeição da incerteza (como a Dinamarca, a Grã-Bretanha e, até certo ponto, os Estados Unidos), o nacionalismo é menos pronunciado, sendo tolerados protestos e outras atividades afins. Como conseqüência, as atividades nas empresas são menos estruturadas e menos formais, há executivos dispostos a assumir maiores riscos e a mobilidade nos empregos também é grande.

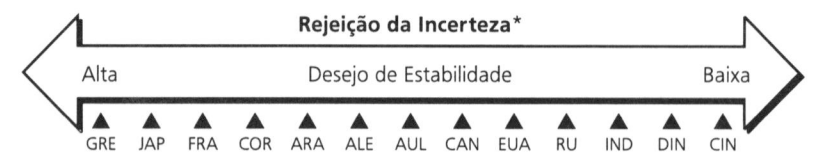

Rejeição da Incerteza*

Alta ← Desejo de Estabilidade → Baixa

GRE JAP FRA COR ARA ALE AUL CAN EUA RU IND DIN CIN

*Não serve como escala — indica grandeza relativa.
AUL = Austrália
CIN = Cingapura
COR = Coréia do Sul
RU = Reino Unido
Baseado em G. Hofstede

A terceira dimensão de valores de Hofstede, o *individualismo,* trata da tendência das pessoas a cuidar apenas de si e de sua família imediata e a negligenciar as necessidades da sociedade. Em países que premiam o individualismo (como os Estados Unidos, a Grã-Bretanha, a Austrália), a democracia, a iniciativa e as conquistas individuais são altamente valorizadas; a relação dos indivíduos com as organizações é de independência no nível emocional, quando não no nível econômico.

Em países como o Paquistão e o Panamá, onde impera o baixo individualismo — ou seja, onde o coletivo predomina — encontram-se estruturas sociais enraizadas, dependência emocional do fato de pertencer "à organização" e uma crença muito forte nas decisões de grupo. Povos de países coletivistas, como o Japão, colocam sempre a vontade do grupo acima da do indivíduo, e seu coletivismo abrangente exerce controle sobre os indivíduos por meio da pressão social e do medo da humilhação. A sociedade valoriza a harmonia e não a humilhação, da mesma forma que as culturas individualistas em geral dão destaque ao auto-respeito, à autonomia e à independência. As práticas de contratação e promoção em sociedades coletivistas baseiam-se mais no paternalismo que na comprovação de capacidades pessoais, permanentemente valorizadas em sociedades individualistas. Outras práticas de gestão (como a utilização dos círculos de qualidade nas fábricas japonesas) refletem a importância dos processos decisórios grupais nas sociedades coletivistas.

As constatações de Hofstede indicam que a maioria dos países com alto escore de individualismo apresentam um produto nacional bruto maior e um sistema político mais livre do que as nações com escores baixos em individualismo; ou seja, existe uma forte relação entre o individualismo, a riqueza e um sistema político com equilíbrio de poderes. Outros estudos constataram que a produtividade de indivíduos que trabalham em um cenário de grupo é muito diferente entre as sociedades individualistas e as coletivistas. Nos Estados Unidos, uma cultura altamente individualista, a ociosidade social* é comum, isto é, as pessoas tendem a produzir menos quando trabalham como parte de um grupo do que quando sozinhas.[25] Em um estudo comparativo entre os Estados Unidos e a República Popular da China (uma sociedade altamente coletivista), Earley constatou que os chineses não apresentaram tanta ociosidade social quanto os norte-americanos.[26] Trata-se de um resultado atribuível aos valores culturais chineses, que subordinam os interesses pessoais ao objetivo maior de ajudar no sucesso do coletivo.

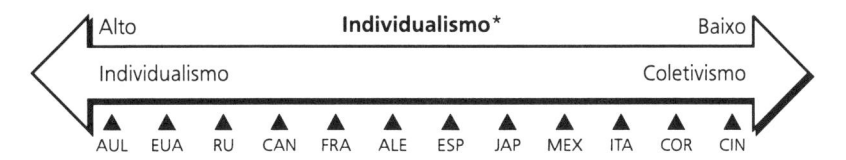

```
    Alto              Individualismo*                 Baixo
    Individualismo                              Coletivismo
    ▲    ▲    ▲    ▲    ▲    ▲    ▲    ▲    ▲    ▲    ▲
   AUL  EUA  RU  CAN  FRA  ALE  ESP  JAP  MEX  ITA  COR  CIN
```
*Não serve como escala — indica grandeza relativa.
Baseado em G. Hofstede.

A quarta dimensão de valor, *masculinidade**, se refere ao grau dos valores tradicionalmente "masculinos" — afirmação/agressividade, materialismo e ausência de preocupação pelos demais — imperante em uma determinada sociedade. Em comparação, a feminilidade destaca os valores "femininos" — preocupação com os outros, com os relacionamentos e a qualidade de vida. Em sociedades altamente masculinas (por exemplo, Japão e Áustria), espera-se que as mulheres fiquem em casa e criem uma família. Nas organizações, é muito alto o índice de estresse no trabalho, e os interesses organizacionais geralmente interferem na vida privada dos funcionários. Em países com baixa masculinidade (por exemplo, Suíça e Nova Zelândia), os conflitos são reduzidos e o estresse no trabalho também menor, encontram-se mais mulheres em empregos de alto nível, além de ser reduzida a necessidade da agressividade/auto-afirmação. Os Estados Unidos situam-se mais ou menos no meio dessa medida, conforme a pesquisa de Hofstede. As norte-americanas são normalmente incentivadas a trabalhar e, em geral, encontram algum tipo de apoio para os cuidados com os filhos na infância (principalmente nas creches e pela licença à maternidade).

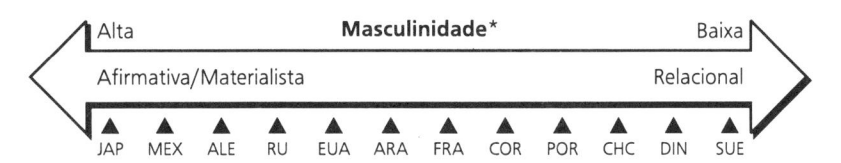

```
    Alta              Masculinidade*                  Baixa
    Afirmativa/Materialista                     Relacional
    ▲    ▲    ▲    ▲    ▲    ▲    ▲    ▲    ▲    ▲    ▲
   JAP  MEX  ALE  RU  EUA  ARA  FRA  COR  POR  CHC  DIN  SUE
```
*Não serve como escala — indica grandeza relativa.
Baseado em G. Hofstede.

As quatro dimensões de valores culturais propostas por Hofstede não funcionam isoladamente; pelo contrário são interdependentes e interativas — e, em decorrência disso, têm efeitos complexos sobre atitudes e comportamentos com relação ao trabalho. Por exemplo, em um estudo realizado em 2000 com empresas de pequeno a médio porte na Austrália, Finlândia, Grécia, Indonésia, México, Noruega e Suécia, com base nas dimensões de Hofstede, Steensma, Marino e Weaver constataram que "os empreendedores de sociedades masculinas e individualistas têm uma inclinação menor para as estratégias cooperativas do que os de sociedades femininas e coletivistas. As culturas masculinas vêem em geral a cooperação como um sinal de fraqueza, e as sociedades individualistas dão grande valor à independência e ao poder de controle".[27] Como se não bastasse, constataram que altos níveis de rejei-

---

*N. de R.T. A "ociosidade social" é explicada, por Welter, Canale, Fiola, Sweeney e L'Armand, da Widener University, no *Psi Chi Journal*, da National Honor Society in Psychology), como "a tendência das pessoas a esforçar-se menos quando trabalham em grupo do que o fariam em atividade individual".
**N. de R.T. A dimensão masculinidade também pode ser entendida como sendo a predominância da disciplina, da rigidez das normas, da busca obstinada pelo resultado em detrimento do relacionamento ou da contemporização das emoções, atributo da feminilidade.

ção da incerteza são um incentivo ao aumento da cooperação, em casos como o desenvolvimento de alianças para o compartilhamento de riscos.

Centros geográficos

Nath e Sadhu resumiram e categorizaram as quatro dimensões de valores de Hofstede, bem como outras dimensões culturais a partir de regiões geográficas e o resultado desse trabalho aparece no Quadro 3.3.

Com base em uma síntese da pesquisa de Hofstede e outros estudos sobre centros, Ronen e Shenkar desenvolveram oito centros de países agrupados de acordo com as semelhanças encontradas nesses estudos nas atitudes dos fucnionários em relação a 1) importância dos objetivos de trabalho, 2) necessidade de realização e de satisfação no emprego, 3) variáveis gerenciais e organizacionais e 4) o papel do trabalho e a orientação interpessoal.[28] Essas concentrações, ou centros, de países são mostradas no Quadro 3.4. Além disso, o produto nacional bruto per capita nessa época (1985) foi utilizado para determinar a posi-

Quadro 3.3 O meio cultural

REGIÃO/PAÍS	AS DIMENSÕES DE HOFSTEDE				OUTRAS DIMENSÕES
	INDIVIDUALISMO/ COLETIVISMO	DISTÂNCIA DO PODER	REJEIÇÃO DA INCERTEZA	MASCULINIDADE/ FEMINILIDADE	
América do Norte (EUA)	Individualismo	Baixa	Média	Masculino	
Japão	Coletivismo	Alta e baixa	Alta	Masculino e feminino	*Amae* (dependência mútua); a autoridade é respeitada, mas o superior deve ser um líder experiente
Europa:					
Anglos	Individualismo	Baixa/média	Baixa/média	Masculino	
Germânicos Eslavos Ocidentais Ugrianos Ocidentais	Individualismo médio	Baixa	Média/alta	Masculino médio/alto	
Oriente Próximo Balcânicos	Coletivismo	Alta	Alta	Masculino médio	
Nórdicos	Individualismo médio/alto	Baixa	Baixa/média	Feminino	
Europa Latina	Individualismo médio/alto	Alta	Alta	Masculino médio	
Eslavos Orientais	Coletivismo	Baixa	Média	Masculino	
China	Coletivismo	Baixa	Baixa	Masculino e feminino	Destaque para a tradição, o marxismo, o leninismo e o pensamento maoísta
África	Coletivismo	Alta	Alta	Feminino	Tradições coloniais, costumes tribais
América Latina	Coletivismo	Alta	Alta	Masculino	Extroversão; preferem costumes e procedimentos ordeiros

Fontes: Raghu Nath Kinal K. Sadhu, "Comparative Analysis, Conclusions and Future Directions", *Comparative Management – A Regional View*, ed. Raghu Nath (Cambridge, MA: Ballinger Publishing Company, 1988): 273. Com base em G. Hofstede, "National Cultures in Four Dimensions", *International Studies of Management and Organization*, 1983.

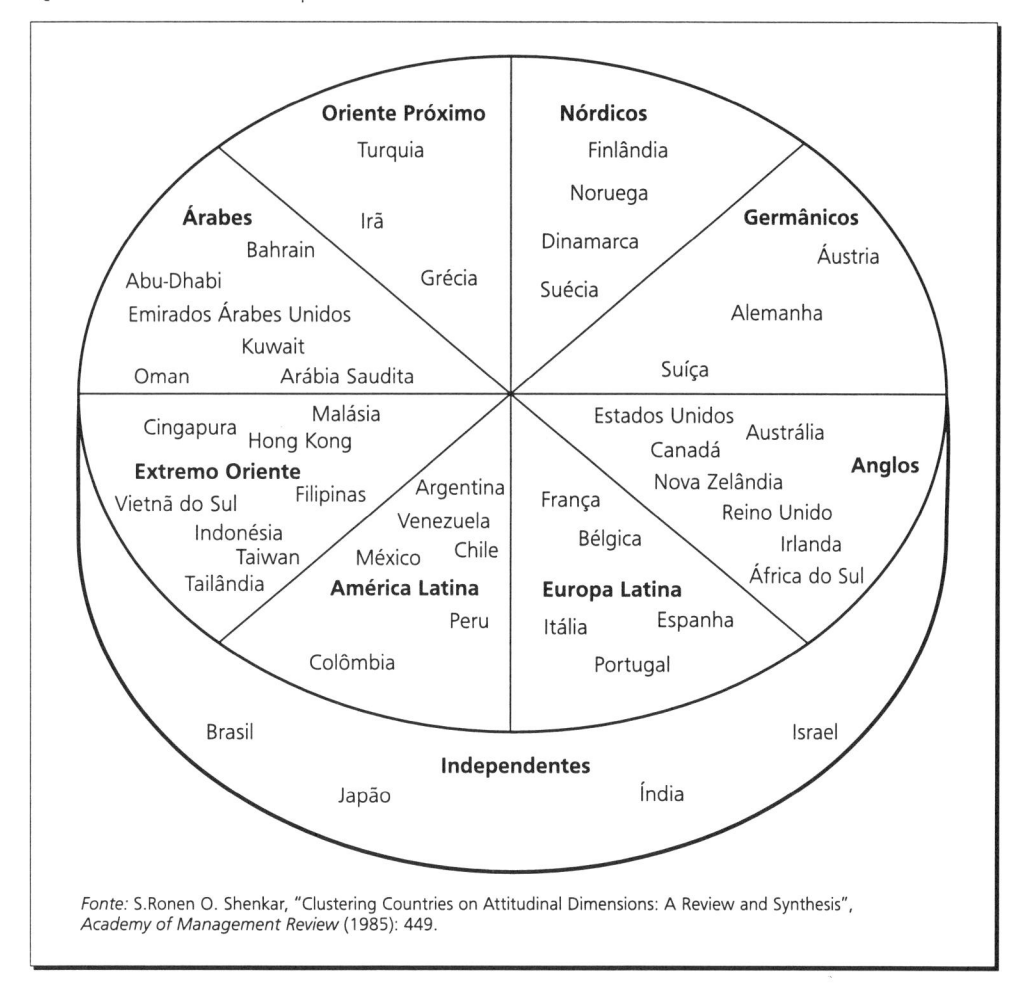

Quadro 3.4 Núcleos de países com base em dimensões de atitudes

```
                    Oriente Próximo        Nórdicos
                        Turquia            Finlândia
                                           Noruega
         Árabes         Irã                                Germânicos
                  Bahrain                  Dinamarca              Áustria
      Abu-Dhabi              Grécia        Suécia
      Emirados Árabes Unidos                         Alemanha
              Kuwait
      Oman    Arábia Saudita                         Suíça
                    Malásia                Estados Unidos    Austrália
      Cingapura Hong Kong                  Canadá
      Extremo Oriente                      Nova Zelândia           Anglos
      Vietnã do Sul  Filipinas  Argentina  França        Reino Unido
              Indonésia         Venezuela  Bélgica       Irlanda
              Taiwan    México   Chile                   África do Sul
      Tailândia    América Latina          Europa Latina
                        Peru               Itália   Espanha
                  Colômbia                 Portugal

         Brasil                                            Israel
                        Independentes
                   Japão              Índia
```

Fonte: S.Ronen O. Shenkar, "Clustering Countries on Attitudinal Dimensions: A Review and Synthesis", *Academy of Management Review* (1985): 449.

ção no quadro, com os países de maior desenvolvimento próximos do centro. Isto pode até indicar alguma relação entre o nível de desenvolvimento de um país e seus valores e atitudes geralmente aceitos, embora as variáveis sejam complexas demais para permitir que se tirem conclusões a respeito de qualquer orientação ou causalidade entre elas.

As descobertas de Trompenaar

Fons Trompenaar foi outro autor a pesquisar as dimensões de valores; seu trabalho desenvolveu-se ao longo de dez anos, com 15.000 executivos de 28 países, os quais representam 47 culturas nacionais.[29] Algumas dimensões que não discutimos em outra parte e que influenciam as atividades rotineiras de negócios são mostradas no Quadro 3.5 (p. 86), juntamente com as descrições e o posicionamento de nove desses países em uma ordem relativa aproximada. Em vista do posicionamento desses países ao longo de uma abrangência que vai do pessoal ao social, com base em cada dimensão, emergem alguns padrões muito interessantes.[30] É possível constatar no quadro que os mesmos países tendem a apresentar posições similares em todas as dimensões, com exceção da orientação emocional.

Examinando-se a dimensão de Trompenaar do *universalismo versus particularismo*, a abordagem universalista aplica objetivamente regras e sistemas, sem levar em conta circunstâncias individuais, enquanto a particularista — mais comum, por exemplo, na Ásia e na Espanha — situa a obrigação com o

Quadro 3.5 As dimensões de valores de Trompenaar

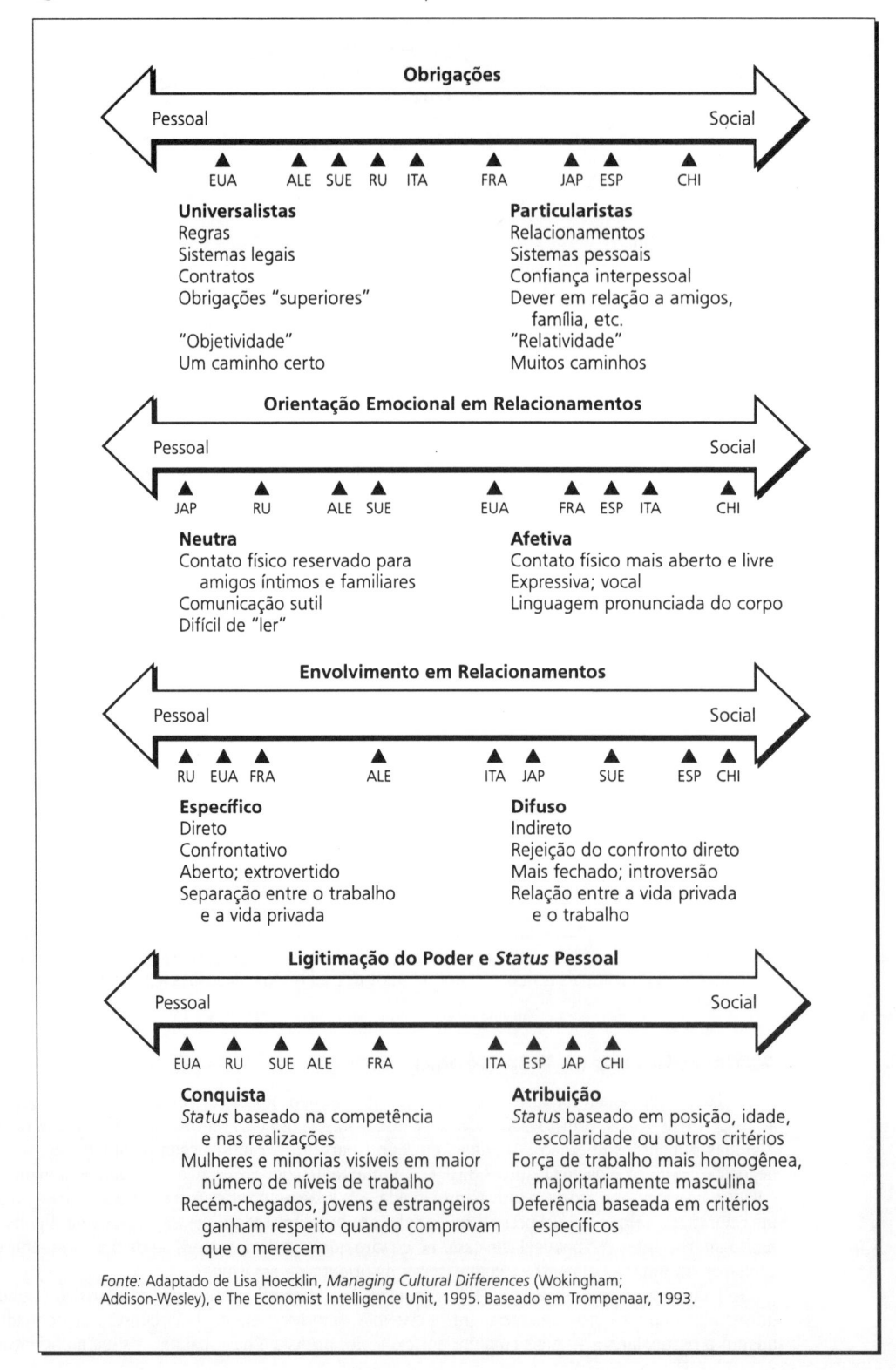

Obrigações

Pessoal ◄─────────────────────────────────────► Social

▲ EUA   ▲ ALE   ▲ SUE   ▲ RU   ▲ ITA   ▲ FRA   ▲ JAP   ▲ ESP   ▲ CHI

Universalistas
Regras
Sistemas legais
Contratos
Obrigações "superiores"

"Objetividade"
Um caminho certo

Particularistas
Relacionamentos
Sistemas pessoais
Confiança interpessoal
Dever em relação a amigos, família, etc.
"Relatividade"
Muitos caminhos

Orientação Emocional em Relacionamentos

Pessoal ◄─────────────────────────────────────► Social

▲ JAP   ▲ RU   ▲ ALE   ▲ SUE   ▲ EUA   ▲ FRA   ▲ ESP   ▲ ITA   ▲ CHI

Neutra
Contato físico reservado para amigos íntimos e familiares
Comunicação sutil
Difícil de "ler"

Afetiva
Contato físico mais aberto e livre
Expressiva; vocal
Linguagem pronunciada do corpo

Envolvimento em Relacionamentos

Pessoal ◄─────────────────────────────────────► Social

▲ RU ▲ EUA ▲ FRA   ▲ ALE   ▲ ITA ▲ JAP   ▲ SUE   ▲ ESP ▲ CHI

Específico
Direto
Confrontativo
Aberto; extrovertido
Separação entre o trabalho e a vida privada

Difuso
Indireto
Rejeição do confronto direto
Mais fechado; introversão
Relação entre a vida privada e o trabalho

Ligitimação do Poder e *Status* Pessoal

Pessoal ◄─────────────────────────────────────► Social

▲ EUA   ▲ RU   ▲ SUE   ▲ ALE   ▲ FRA   ▲ ITA   ▲ ESP   ▲ JAP   ▲ CHI

Conquista
Status baseado na competência e nas realizações
Mulheres e minorias visíveis em maior número de níveis de trabalho
Recém-chegados, jovens e estrangeiros ganham respeito quando comprovam que o merecem

Atribuição
Status baseado em posição, idade, escolaridade ou outros critérios
Força de trabalho mais homogênea, majoritariamente masculina
Deferência baseada em critérios específicos

Fonte: Adaptado de Lisa Hoecklin, *Managing Cultural Differences* (Wokingham; Addison-Wesley), e The Economist Intelligence Unit, 1995. Baseado em Trompenaar, 1993.

relacionamento em primeiro lugar e é mais subjetiva. Trompenaar constatou, por exemplo, que os povos das sociedades particularistas são mais propensos a passar uma informação exclusiva a um amigo do que os das sociedades universalistas.

Na dimensão *neutra versus afetiva,* o foco está na orientação emocional dos relacionamentos. Italianos, mexicanos, chineses, por exemplo, experessariam abertamente suas emoções mesmo em uma situação de negócios, enquanto os britânicos e os japoneses considerariam semelhantes demonstrações algo não-profissional; eles, em compensação, seriam considerados difíceis de "serem lidos".

Quanto ao que diz respeito ao envolvimento em relacionamentos, as pessoas tendem a ser específicas ou difusas (ou algo entre essas duas dimensões). Os executivos em culturas orientadas a específicos — os Estados Unidos, RU, França — separam o trabalho e os assuntos pessoais nos relacionamentos; eles conseguem compartimentalizar seu trabalho e a vida privada e são mais francos e diretos. Em culturas predominantemente difusas — Suécia, China — há uma espécie de continuidade do trabalho para as relações pessoais e vice-versa.

Na dimensão da *conquista versus atribuição,* a questão é qual a fonte do poder e do *status* na sociedade. Em uma sociedade de conquista, a fonte do *status* e da influência tem suas bases nas realizações individuais — com que perfeição alguém desempenha uma missão e qual o grau de educação e experiência esta pessoa tem a oferecer. Por isso mesmo, mulheres, minorias e jovens normalmente têm oportunidades iguais de conquistar posições com base em suas conquistas. Em uma sociedade orientada pela atribuição, o *status* é atribuído às pessoas com base na classe social, idade, gênero e assim por diante; a pessoa influente é provavelmente aquela que nasceu em uma posição de influência. As contratações na Indonésia, por exemplo, muito provavelmente se basearão em quem você é, ao contrário da luta por posições na Alemanha e Austrália.

Fica evidente então, que muito do que acontece no trabalho pode ser explicado pelas diferenças entre os sistemas de valores inatos das pessoas, como é descrito por Hofstede e Trompenaar, com base nas respectivas pesquisas. Ter consciência de tais diferenças e de até que ponto elas influenciam o comportamento no trabalho pode ser muito útil para o pretendente a uma carreira como executivo internacional.

Diferenças importantes nos valores operacionais

Depois de estudar inúmeros resultados de pesquisas a respeito de variáveis culturais, é muito útil identificar algumas variáveis culturais de bases específicas que causam problemas freqüentes para os norte-americanos em gestão internacional. Variáveis importantes são as que envolvem orientações desencontradas em relação a tempo, mudança, fatores materiais e individualismo. Nosso objetivo é entender essas diferenças dentre valores operacionais porque elas exercem uma forte influência nas atitudes e prováveis reações das pessoas em situações de trabalho.

Tempo

Os norte-americanos experimentam seguidamente muitos conflitos e frustrações devido a divergências sobre o conceito de tempo no mundo inteiro — ou seja, as diferenças em valores temporais. Para os americanos, o tempo é um recurso variável e limitado, que precisa ser economizado, programado e empregado com precisão, a não ser que se pretenda desperdiçá-lo. O relógio não pára; tempo é dinheiro. Portanto, os prazos e cronogramas devem ser cumpridos. Quando outros não chegam na hora marcada para reuniões, os americanos podem se sentir insultados; quando as reuniões saem do rumo previsto, ficam impacientes. Atitudes similares em relação ao tempo são encontradas na Europa Ocidental e em outras regiões.

Em muitas regiões do mundo, porém, as pessoas analisam o tempo a partir de perspectivas diferentes e de mais longo prazo, muitas vezes com base em crenças religiosas (como a da reencarnação, na qual o tempo não termina com a morte), em uma crença no destino, ou em atitudes sociais predominantes. Na América Latina, por exemplo, uma atitude muito comum em relação ao tempo é a de *mañana,* a palavra que significa literalmente "amanhã"; ao usar essa palavra, contudo, o latino-americano estará sempre pensando em um tempo indefinido no futuro próximo. Da mesma forma, a palavra *bukra* em arábico tanto pode significar "amanhã" quanto "no futuro". Enquanto os americanos em geral consideram um prazo como um compromisso de honra, os árabes muitas vezes consideram um prazo-limite a eles imposto como um insulto. Para eles, tudo o que é importante leva muito tempo para se concretizar e, portanto, não podem ser apressados; deste modo, pedir a um árabe para que se apresse para alguma coisa, significa que você não atribuiu a ele uma tarefa importante, ou que ele não trataria essa tarefa com respeito. Os executivos internacionais precisam ser cautelosos para não ofender as pessoas — ou perder contratos ou a cooperação dos funcionários — pelo simples fato de não entenderem corretamente a linguagem local do tempo.

Mudança

Fundamentados principalmente em crenças religiosas enraizadas, os valores referentes à aceitação da mudança e do ritmo em que ela ocorre podem ter imensas variações entre as diferentes culturas. Os povos ocidentais em geral acreditam que um indivíduo pode exercer determinado controle sobre o futuro e conduzir os fatos, especialmente em um contexto de negócios, ou seja, os indivíduos sentem que podem ter algum controle interno. Em muitas sociedades não-ocidentais, contudo, o controle é considerado sempre externo; as pessoas acreditam no destino, ou na vontade de Alá, e por isso mesmo adotam uma atitude passiva ou até mesmo de hostilidade em relação àqueles que insistem em introduzir o "mal" que é a mudança. Em sociedades que dão grande importância à tradição (como a China), uma área de mudança, por menor que seja, pode representar ameaça a todo um modo de vida. Webber descreve como é difícil para um asiático, preocupado com as tradições, mudar seus hábitos de trabalho:

> Para o chinês, a introdução da máquina representou jogar na lata do lixo não apenas hábitos de trabalho, mas toda uma ideologia; isso implicava discordância com o modo de vida de seu pai em todos os seus aspectos. Se fosse necessário abandonar o velho tear, no mínimo outras 100 coisas teriam o mesmo destino, pela inexistência de substitutos adequados.[31]

As empresas internacionais são agentes de mudança em todo o mundo. Algumas mudanças, no entanto, são mais populares que outras: os hambúrgueres do McDonald's são aparentemente uma das mudanças que os chineses estão dispostos a aceitar.

Fatores materiais

Os norte-americanos consomem recursos a uma taxa muito maior que a maior parte do resto do mundo. Sua atitude em relação à natureza — de que ela existe para ser usada em seu benefício — é muito diferente da posição dos indianos e coreanos, só para citar alguns, cuja adoração da natureza é parte de sua crença religiosa.[32] Enquanto os norte-americanos em geral valorizam bens materiais e símbolos de *status*, muitos não-ocidentais consideram tudo isso pouco importante; dão valor ao império da estética e do espiritual. Essas diferenças de atitudes têm implicações sobre as funções gerenciais, como os sistemas motivacionais e de recompensa, porque a cenoura proverbial precisa ser apropriada ao sistema de valores dos funcionários.

Individualismo

De um modo geral, os norte-americanos tendem a trabalhar e a conduzir suas vidas privadas de forma independente, valorizando as conquistas individuais, as realizações, as promoções e a riqueza mais do que quaisquer metas de grupo. Em muitos outros países, o individualismo não é valorizado (como vimos anteriormente no contexto do trabalho de Hofstede). Na China, por exemplo, paira acima de tudo a consciência do "nós", sendo o grupo a pedra fundamental do trabalho e da vida social. Para os chineses, o conformismo e a cooperação têm precedência sobre as realizações individuais, destacando-se assim a força da família ou comunidade — a atitude predominante se resume na frase "ou todos progredimos juntos, ou todos caímos juntos".

Os executivos internacionais enfrentam confrontos freqüentes no trabalho como resultado das diferenças nesses quatro valores básicos. Se essas diferenças operacionais de valoração, e suas prováveis conseqüências, forem antecipadas, os executivos poderão ajustar as expectativas, as comunicações, a organização do trabalho, os cronogramas, os sistemas de incentivo, etc., no sentido de proporcionar resultados mais construtivos para a companhia e seus funcionários. Algumas dessas diferenças operacionais entre as culturas japonesa e mexicana, são apresentadas no Quadro 3.6. Observem, em especial, os fatores de tempo, individualismo, mudança (fatalismo) e materialismo (atitudes em relação ao trabalho) expressados no quadro.

Quadro 3.6 Diferenças fundamentais entre as culturas mexicana e japonesa que afetam as organizações

DIMENSÃO	CULTURA JAPONESA	CULTURA MEXICANA
Natureza hierárquica	Rígida em classificação e na maior parte das comunicações; indistinta em autoridade e responsabilidade.	Rígida em todos os aspectos.
Individualismo *versus* coletivismo	Cultura altamente coletiva; predomina a lealdade ao trabalho de grupo; a harmonia do grupo é muito importante.	O coletivo se refere ao grupo familiar; não transfere a lealdade para o grupo de trabalho; individualista longe da família.
Atitudes em relação ao trabalho	O trabalho é um dever sagrado; a aquisição de habilidades, o trabalho duro, a economia, a paciência e a perseverança são virtudes.	O trabalho é um meio de sustentar a pessoa e sua família; o lazer é mais importante que o trabalho.
Orientação do tempo	Perspectiva equilibrada; orientada para o futuro; monocrônica em negociações com o mundo externo.	Orientada para o presente; o tempo é impreciso; compromissos temporais tornam-se objetivos desejáveis.
Abordagem da solução de problemas	Holística; dependente da intuição, pragmática; o consenso é importante.	Dependência da intuição e emoção; abordagem individual.
Fatalismo	O fatalismo leva à preparação.	O fatalismo conduz o planejamento; a disciplina rotineira não é natural.
Visão da natureza humana	Intrinsecamente boa	Misto de bem e mal.

Fonte: J. J. Lawrence Ryh-song Yeh, "The Influence of Mexican Culture on the Use of Japanese Manufacturing Techniques in Mexico", *Management International Review 34*, (1994): 49-66.

ELABORAÇÃO DE PERFIS CULTURAIS

São muitas as fontes nas quais os executivos podem encontrar informações sobre as variáveis culturais: pesquisas em andamento, observação pessoal e conversas com as pessoas estão entre as principais. A partir delas, eles terão condições de elaborar perfis culturais de vários países — verdadeiras fotomontagens de ambientes de trabalho, atitudes das pessoas e normas de comportamento. Como vimos anteriormente, esses perfis são com freqüência altamente generalizados; em um único país, naturalmente podem coexistir muitas subculturas. No entanto, os executivos podem utilizar esses perfis para antecipar diferenças drásticas nos níveis de motivação, comunicação, ética, lealdade, produtividade individual e de grupo que podem ser encontradas em um determinado país. Um pouco mais desse, digamos, "tema de casa" poderia ter ajudado a *joint venture* GM-Daewoo na Coréia do Sul, que chegou ao fim depois de anos de relações tempestuosas. Executivos de ambas as partes reconhecem que "subestimaram gravemente as dificuldades que iriam enfrentar em sua experiência de fabricação de carros em três continentes devido às culturas e aspirações de negócio divergentes, isso para não mencionar as diferenças de linguagem".[33]

É relativamente simples elaborar um perfil descritivo da cultura norte-americana, mesmo que existam diferenças regionais e individuais, porque nos conhecemos e os pesquisadores já examinaram exaustivamente a cultura norte-americana. Os resultados de um desses estudos, o de Harris e Moran, são mostrados no Quadro 3.7 (p. 90), que proporciona uma base de comparação com outras culturas e deste modo sugere as prováveis diferenças de comportamento no trabalho.

Não é assim tão fácil, porém, elaborar perfis descritivos da cultura de povos em outros países, a menos que alguém tenha já vivido lá e mantido um relacionamento próximo com o seu povo. No entanto,

Quadro 3.7 Características dos norte-americanos

1. *Orientados por metas e realizações* — Os norte-americanos pensam que podem realizar quase tudo, uma vez que disponham de tempo, dinheiro e tecnologia suficientes.

2. *Altamente organizados e com mentalidade institucional* — Aludem a uma sociedade que é institucionalmente forte, segura e organizada e bem mantida.

3. *Apreciadores da liberdade e autoconfiantes* — Lutaram numa revolução e em guerras subseqüentes para preservar seu conceito de democracia, e por isso não admitem excesso de controle ou interferência, especialmente por parte de governos e outras forças externas. Acreditam em um ideal de que todas as pessoas são criadas iguais; embora às vezes não consigam viver esse ideal em sua plenitude, patrocinam leis destinadas a promover oportunidades iguais e a contrabalançar seu próprio racismo ou preconceito.
   Também idealizam a pessoa *self-made*, que vence a pobreza e a adversidade, e pensam que podem influir no próprio futuro e até mesmo criá-lo. O controle do destino de alguém é chamado de "faça sua coisa você mesmo". Os americanos pensam, em sua maioria, que, com determinação e iniciativa, todos podem atingir os objetivos autodeterminados e, dessa forma, concretizar a plenitude do potencial individual humano.

4. *Orientados para o trabalho e eficientes* — Têm uma ética poderosa do trabalho, mesmo que estejam aprendendo, na atual geração, a desfrutar construtivamente do seu tempo de lazer. Têm consciência do tempo e são eficientes em tudo o que fazem. Estão sempre lidando com equipamentos eletrônicos e sistemas tecnológicos, buscando sempre formas mais fáceis, melhores e eficientes de realizar tarefas.

5. *Amistosos e informais* — Rejeitam os tradicionais privilégios de classe e realeza, mas respeitam todos os que têm afluência e poder. Embora informais no comportamento pessoal e no vestir, são uma cultura que evita os contatos (por exemplo, não gostam de se abraçar em público) e mantêm um certo distanciamento físico/psicológico em relação aos outros (por exemplo, sempre a uma distância de cerca de 70 centímetros).

6. *Competitivos e agressivos* — Em competições ou negócios, são em geral a isso levados por sua natureza voltada para conquistar e vencer. Isso pode ser em parte devido ao desafio que seus antepassados enfrentaram ao conquistar um mundo hostil e todos os elementos que os enfrentavam nesse ambiente.

7. *Apresentam valores em transição* — Os valores tradicionais dos norte-americanos, de lealdade familiar, respeito e cuidado com os mais velhos, casamento e família nuclear, patriotismo, aquisições materiais, franqueza e outros tantos, estão passando por uma profunda reavaliação à medida que as pessoas buscam novos significados em tudo.

8. *Generosos* — Embora evidentemente dêem importância aos valores materiais, são também um povo solidário, como já ficou demonstrado no Plano Marshall, em tantos programas de assistência externa, assistência a refugiados, e sua disposição, no país e no exterior, de abraçar uma boa causa e de ajudar os vizinhos a enfrentar suas necessidades. Tendem a ser altruístas ou, como alguns diriam, até mesmo ingênuos, enquanto povo.

Fonte: De *Managing Cultural Differences*, por Philip R. Harris e Robert T. Moran, 50ª Ed. Copyright © 2000 pela Gulf Publishing Company, Houston, Texas. Utilizado com permissão. Todos os direitos reservados.

os executivos podem dar a partida em tal sentido utilizando todas as pesquisas e literatura disponíveis a respeito como base de comparação. A seção a seguir proporciona perfis breves e gerais de países com base em uma síntese de pesquisas, especialmente de Hofstede[34] e England[35], bem como em várias outras fontes.[36] Esses perfis demonstram como sintetizar informações e adquirir uma proporção do caráter de uma sociedade a partir do qual inúmeras implicações possam ser tiradas a respeito de como conduzir uma gestão mais eficiente nessa sociedade. Implicações e aplicações mais extensivas relacionadas à função administrativa são examinadas em capítulos posteriores.

Gestão comparativa em foco

Perfis em cultura

Japão

> Agora preciso solidificar minhas bases e pensar de acordo com as minhas convicções. Gostaria de ter descoberto isto bem antes na vida... Fazer a minha vida toda girar em torno da empresa foi um grande erro.
>
> AKIO KUZUOKA, FUNCIONÁRIO DE UMA EMPRESA JAPONESA DURANTE 40 ANOS, entrevistado pelo WALL STREET JOURNAL, 29 de dezembro de 2000.

Em 2002, nas cidades, são inúmeras as evidências de mudanças em curso na cultura de negócios do Japão, como conseqüência da depressão e da concorrência globalizada (o que discutiremos no final desta seção). No entanto, os valores culturais subjacentes ainda são predominantes — pelo menos por enquanto.

Grande parte da cultura japonesa, e a base das relações de trabalho, pode ser explicada pelo princípio do *wa*, "paz e harmonia". Este princípio, entranhado no valor atribuído ao *amae* ("amor indulgente"), provavelmente se originou da religião xintoísta, que focaliza a harmonia espiritual e física. O *amae* resulta no *shinyo*, que diz respeito à confiança mútua, fé e honra necessárias à concretização de relações de negócios bem-sucedidas. O Japão apresenta um alto grau em matéria de pragmatismo, masculinidade e rejeição da incerteza, e relativamente alto quanto à distância do poder. Ao mesmo tempo, dá grande importância à lealdade, à empatia e ao comando dos subordinados. O resultado é um misto de autoritarismo e humanismo no trabalho, semelhante a um sistema familiar. Essas raízes culturais são evidentes em um sistema de valores gerenciais muito homogêneo, com uma forte gerência intermediária, relações sólidas de trabalho, fortes sistemas de antigüidade que dão grande importância ao cargo e também em uma grande proteção dos funcionários de maneira geral. O princípio do *wa* avança no grupo de trabalho — a pedra fundamental dos negócios japoneses. Esse povo se identifica fortemente com seus grupos de trabalho e, portanto, busca sempre cooperar com eles. Dá importância igualmente à gerência participativa, à solução de problemas por consenso e às decisões sob uma perspectiva paciente, a longo prazo. A manifestação aberta de conflitos é desestimulada, sendo igualmente de suprema importância evitar a vergonha de não cumprir a tarefa, ou dever, atribuída a cada pessoa. Esses elementos da cultura de trabalho resultam em uma devoção ao mesmo, responsabilidade coletiva e um alto grau de produtividade por parte dos funcionários.

Se ampliarmos esse perfil cultural para as suas implicações com relação a comportamentos específicos no trabalho, poderemos fazer uma comparação com os comportamentos mais comuns entre os norte-americanos. Como é mostrado no Quadro 3.8 (p. 92), a maior parte desses comportamentos parece ser o contrário daqueles de suas contrapartes; não é de estranhar, portanto, a existência de tantos desentendimentos e conflitos no trabalho entre norte-americanos e japoneses. Por exemplo, a maior parte das atitudes e dos comportamentos de muitos japoneses deriva de um alto grau de coletivismo, enquanto os americanos se caracterizam exatamente por seu alto grau de individualismo. Este contraste é destacado no centro do Quadro 3.8 por "mantêm o grupo", em contraste com "protegem o indivíduo". Além disso, a ordem social rígida dos japoneses se reflete no local de trabalho pela adesão à hierarquia organizacional e aos mais antigos e na lealdade à empresa. Isso contrasta nitidamente com as reações típicas dos americanos quanto aos relacionamentos e deveres organizacionais baseados na igualdade. Mais ainda, o empresário americano normalmente expansivo e conversador ofende a discrição e a sensibilidade do japonês, para quem a paciência é a maior de todas as virtudes, e por isso mesmo leva ao silêncio e ao distanciamento que tanto frustram os norte-americanos.[37] Como conseqüência de tudo isso, os empresários japoneses tendem a considerar que as organizações norte-americanas não têm qualidades espirituais e muito menos lealdade dos funcionários e a pensar nos americanos como agressivos, francos e egoístas. Seus parceiros norte-americanos, em troca, respondem com a impressão de que os empresários japoneses têm pouca experiência e são em geral arredios, arrogantes e circunspectos.[38]

Ao longo do ano de 2002, porém, surgem indicações baseadas em fatos no sentido de que um mínimo de convergência com a cultura de negócios ocidental vai se instalando — resultante principalmente da contração da economia japonesa e das subseqüentes falências ocorridas. O foco no grupo, no emprego vitalício e na aposentadoria são fatores que vão dando lugar a um ambiente mais competitivo, em que não há mais garantia de emprego e em que o salário de cada um vai depender mesmo é do seu desempenho. Isso conduziu os japoneses "salário é o que interessa" a reconhecer a

Quadro 3.8   A divisão cultural entre japoneses e americanos

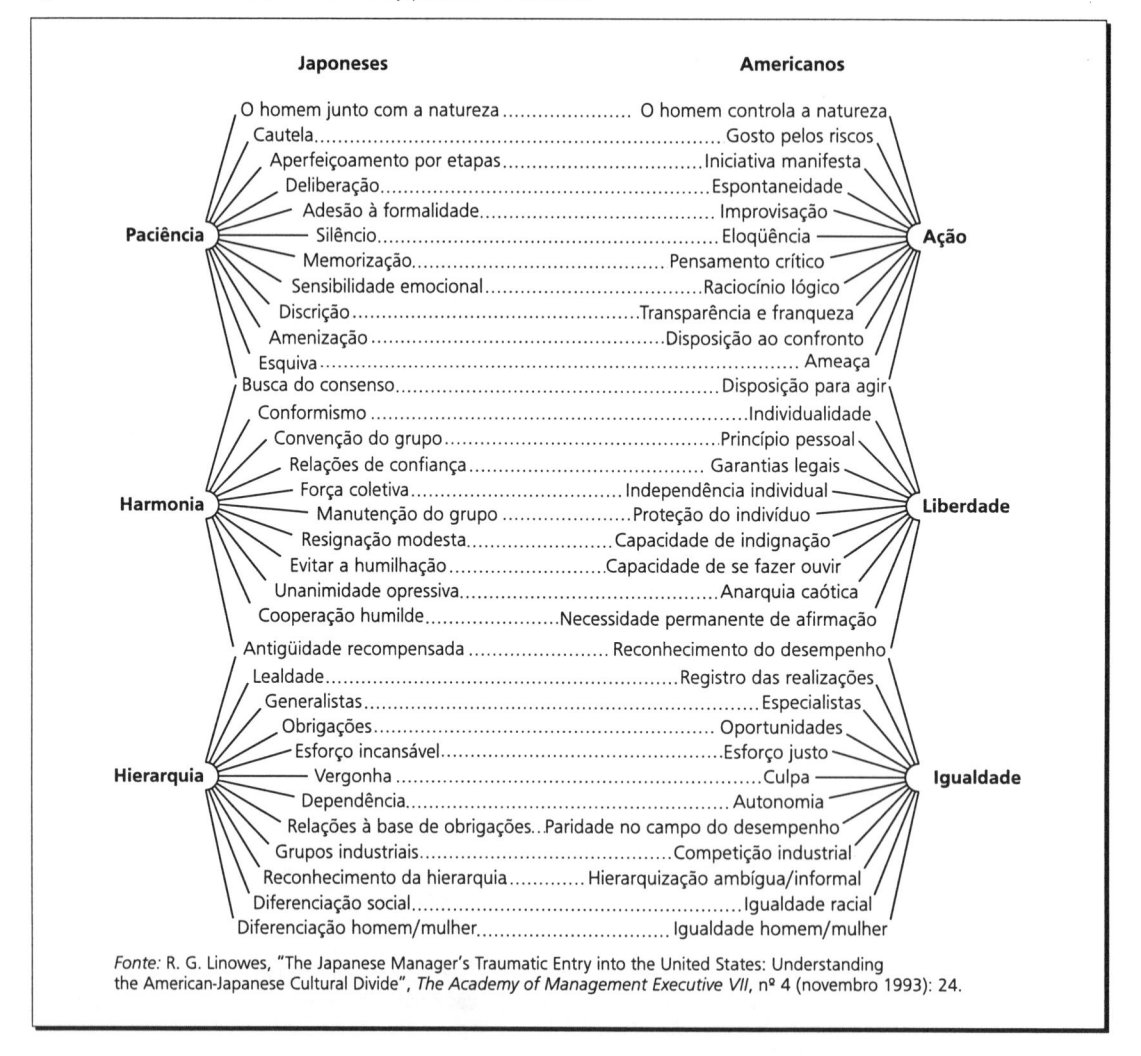

	Japoneses	Americanos	
Paciência	O homem junto com a natureza .... O homem controla a natureza Cautela.. Gosto pelos riscos Aperfeiçoamento por etapas................................Iniciativa manifesta Deliberação...Espontaneidade Adesão à formalidade.. Improvisação Silêncio... Eloqüência Memorização... Pensamento crítico Sensibilidade emocional.....................................Raciocínio lógico Discrição..Transparência e franqueza Amenização ....Disposição ao confronto Esquiva .... Ameaça		**Ação**
Harmonia	Busca do consenso..Disposição para agir Conformismo ....Individualidade Convenção do grupo...Princípio pessoal Relações de confiança.. Garantias legais Força coletiva....................................Independência individual Manutenção do grupo ....Proteção do indivíduo Resignação modesta........................Capacidade de indignação Evitar a humilhação..........................Capacidade de se fazer ouvir Unanimidade opressiva..Anarquia caótica Cooperação humilde.................Necessidade permanente de afirmação		**Liberdade**
Hierarquia	Antigüidade recompensada .... Reconhecimento do desempenho Lealdade...Registro das realizações Generalistas... Especialistas Obrigações... Oportunidades Esforço incansável..Esforço justo Vergonha ....Culpa Dependência... Autonomia Relações à base de obrigações.. Paridade no campo do desempenho Grupos industriais...Competição industrial Reconhecimento da hierarquia............. Hierarquização ambígua/informal Diferenciação social...Igualdade racial Diferenciação homem/mulher..................................Igualdade homem/mulher		**Igualdade**

Fonte: R. G. Linowes, "The Japanese Manager's Traumatic Entry into the United States: Understanding the American-Japanese Cultural Divide", *The Academy of Management Executive VII*, nº 4 (novembro 1993): 24.

necessidade de maior responsabilidade pessoal tanto no emprego quanto no aspecto da vida pessoal de cada um. Embora há poucos anos o destaque fosse dado inteiramente ao grupo, a depressão econômica japonesa prolongada e incessante parece estar provocando uma determinada reestruturação cultural no nível individual. O Japão corporativo vem mudando de uma cultura do consenso e do pensamento de grupo para lentamente flertar com a necessidade de uma "era de responsabilidade pessoal" como a solução capaz de revitalizar sua posição competitiva no mercado globalizado.[39]

> Para dizer a verdade, é difícil pensar por conta própria, diz o Sr. Kuzuoka, [mas, se você não o fizer]...nesta era de competição desenfreada, só lhe restará morrer afogado.[40]

Alemanha.   A Alemanha reunificada naturalmente é um país de culturas diversificadas, pois faz fronteira com inúmeras nações. Em geral, os alemães ocupam posições de destaque na dimensão de individualismo de Hofstede, apesar de um comportamento aparentemente menos individualista do que o dos norte-americanos. Eles têm notas altas na rejeição da incerteza e em masculinidade e demonstram uma necessidade relativamente pequena de distância do poder. Essas normas culturais se manifestam na preferência dos alemães por serem pessoas em geral presentes na família e nas situações; da mesma forma, isso transparece em sua propensão a avaliar detalhadamente todos os seus negócios antes de formalizá-los.

O cristianismo está na base de grande parte da cultura germânica – mais de 96% dos alemães são católicos ou protestantes. Isso pode explicar por que eles tendem a gostar de autoridade e ordem em suas vidas, e por que há uma expectativa pública evidente em relação ao que é certo e errado nos procedimentos normais. A farta sinalização em toda a Alemanha indica o que é permitido e o que é *verboten* (proibido). Os alemães são rigorosos com a utilização do tempo, seja em negócios ou em lazer, fechando a cara para qualquer ineficiência ou atraso. Nos negócios, tendem a ser afirmativos, mas não chegam à agressividade. As decisões não são centralizadas como tudo o que se disse até aqui poderia levar a crer, a ponto de os processos hierárquicos muitas vezes abrirem caminho para as decisões pelo consenso. Contudo, nas organizações, impera uma rígida departamentalização, com a autoridade centralizada e final no nível de executivo de departamento. Hall e Hall descrevem a preferência alemã pelas portas fechadas e pelo espaço privado como evidências da afinidade com a compartimentalização nas organizações e até mesmo na vida particular. Eles também preferem mais espaço físico ao seu redor em conversações do que a maioria dos outros europeus, e a privacidade em distância auricular. Na verdade, a lei alemã proíbe ruídos excessivos em áreas públicas nas tardes de domingos e feriados. Os alemães são conservadores, valorizando em extremo a privacidade, a cortesia e a formalidade; usam normalmente os sobrenomes e títulos para todos com quem se relacionam, com exceção aos mais íntimos.

Em negociações, exigem sempre informações detalhadas antes e durante as discussões, que podem se tornar substanciais. Fatores como voz e controle da fala são extremamente importantes. Entretanto, como a Alemanha é uma sociedade de baixo contexto, a comunicação é explícita, e os norte-americanos acabam descobrindo que as negociações se tornam de fácil entendimento.[41]

Coréia do Sul. Os sul-coreanos têm um escore alto em coletivismo e pragmatismo, muito baixo em masculinidade, médio em distância do poder e elevadíssimo na rejeição da incerteza. Embora fortemente influenciados pela cultura americana, continuam se orientando pelos tradicionais ensinamentos de Confúcio sobre o espiritualismo e o coletivismo. A Coréia e seu povo passaram por grande mudança, mas o respeito pela família, autoridade, formalidade, classe e posição permanece forte. Os coreanos são muito agressivos e trabalhadores, expansivos, amistosos e hospitaleiros. Na maior parte, não aderem ao gerenciamento participativo. A família e os relacionamentos pessoais são importantes, e as conduções são vitais para apresentações e transações nos negócios, os quais se baseiam na honra e na confiança; inúmeros contratos são orais. Embora as conquistas e a competência sejam importantes para eles, uma força muito importante nos seus relacionamentos é a prioridade em se preservar a reputação social e profissional de ambas as partes. Assim, o elogio predomina, sendo rara a crítica honesta.

Uma boa visão das diferenças entre as culturas norte-americana e sul-coreana pode ser obtida a partir dos seguintes trechos de uma carta do professor Jin K. Kim, de Plattsburgh, Nova York, a seu amigo de colégio MK, na Coréia do Sul, que recém voltava de uma visita aos Estados Unidos. MK, com quem o Dr. Kim não havia se encontrado nos últimos 20 anos, estava planejando emigrar para os Estados Unidos, e o Dr. Kim pretendia prepará-lo para enfrentar o choque cultural abordando aspectos da cultura norte-americana sob o ponto de vista coreano.

> Prezado MK
>
> Espero, sinceramente, que a última parte da sua viagem de volta ao lar, depois da visita de cinco semanas aos Estados Unidos, tenha sido agradável e informativa. Embora eu possa ter deixado de manifestar adequadamente minha imensa alegria com a sua visita em função das rústicas acomodações de hospedagem e das refeições "de bárbaros" que lhes proporcionamos, foi, pode acreditar, alegria pura o fato de passar quatro semanas com você e Kyung-Ok. (Por favor, contenha sua vontade de me agredir. O fato de eu usar o nome de sua encantadora esposa, em lugar da expressão coreana "sua esposa" ou a "sua dona de casa" não indica qualquer intenção amorosa em relação a ela, como qualquer coreano de sangue quente poderia suspeitar. É que, como você está pretendendo imigrar para este país em breve, pensei que poderia ir se acostumando com a idéia de que aqui a sua esposa certamente irá exercer a individualidade dela. Melhor ainda, pensei que poderia adverti-lo de que, no momento em que o seu avião tocar o solo americano, você estará perdendo seu *status* como o centro do universo de sua família.) De qualquer forma, fique certo de que durante sua

estada, meu coração se alegrou com as recordações de nossos três anos juntos no colégio, quando éramos jovens em Pusan.

Durante a sua visita, você me chamou, várias vezes, de americano. O que o levou a fazer tal ilação ultrapassa minha capacidade de entendimento. Foram as minhas expressões coreanas enferrujadas? A minha mente calculista? Foi, pelo menos quando visto pela sua lente cultural, o meu papel subserviente indecoroso na vida de minha família? Ou foram, por acaso, minha familiaridade com algumas facetas do panorama cultural americano? O que vou dizer a seguir pode parecer espantoso para você, mas a verdade absoluta é que ao longo de todos esses anos de vivência neste país, nunca consegui me sentir verdadeiramente como um americano. Na verdade, na superfície, a nossa família acompanha de perto muitas rotinas rituais da cultura americana: *shopping centers*, jantar fora, PTA*, Little League**, piqueniques, viagens para *camping*, investidas nos *shoppings* para comprar com cartão de crédito, cachorros-quentes, etc. Mentalmente, no entanto, teimo em continuar na periferia. Nada mais natural, pois, que minhas atitudes culturais subjetivas tenham teimado em continuar coreanas. Jamais as camadas mais íntimas da minha psique coreana se renderam às características americanas invasivas, pensava eu. Por isso, quando você me rotulou de americano pela primeira vez, não pude deixar de sentir uma pontada de culpa.

Alguns anos atrás, um velho amigo meu, coreano, que se estabeleceu nos Estados Unidos mais ou menos na mesma época que eu, fez sua primeira visita à Coréia em 15 anos. Quando foi visitar seu melhor amigo dos tempos de escola de primeiro grau, então casado e com dois filhos, a esposa do seu amigo fez a cama para o visitante e para o seu marido no quarto principal da casa, declarando que passaria a noite com as crianças. Não foi necessariamente a conotação sexual do episódio que fez meu amigo corar; ele ficou sem jeito pelo fato de estar protagonizando uma intromissão que chegava ao ponto de violar a privacidade do casal. Para o amigo e a esposa, não houve a menor dúvida de era seu dever abdicar de sua privacidade em favor de uma amizade de tantos anos. MK, é claro que você tenderia muito facilmente a concordar com o pensamento desse casal. Entretanto, você incorreria em um grande erro se fosse algum dia imaginar a possibilidade de, na cultura de adoção, um gesto de amizade vir a quebrar a barreira da privacidade. Guardando com todo o cuidado a sua privacidade acima de tudo, os americanos são maravilhosamente adeptos de se traçar a linha onde a amizade — aquele inescrutável sentimento do "nós" — termina porque ali começa a privacidade...

Na verdade, uma das maiores dificuldades que você, como "estrangeiro", enfrentará é como estabelecer aquele delicado equilíbrio entre a sua individualidade (por exemplo, a privacidade) e a sua identidade coletiva (como por exemplo, amizade ou participação em entidades sociais).

A privacidade não é a única questão que deriva deste *continuum* individualidade-coletividade. A honestidade nas relações interpessoais é outro ponto que poderá fazer você quebrar a cabeça. Os americanos são quase brutalmente honestos e francos em relação a questões de domínio público; não têm o menor receio de discutir um assunto embaraçoso nos seus menores detalhes, desde que se trate realmente de uma matéria de interesse público. Gestos igualmente francos e honestos são adotados quando eles discutem sua vida pessoal, desde que os potenciais benefícios desses gestos sejam determinados e superem os riscos envolvidos. Da mesma forma, não é nada estranho encontrar amigos que se disponham a lhe passar informações embaraçosas e até mesmo vergonhosas, só para evitar que você fique a par delas por intermédio de outras fontes. Os americanos seriam igualmente diretos e francos em matéria de fazer críticas diretas aos seus amigos? Não muito. Seu sentido de outra forma aguda de honestidade fica significativamente imobilizado quando enfrentam a tarefa que nunca é agradável de se mostrar negativos em relação a amigos. O temor de um confronto carregado de emocionalidade e a virtude de serem polidos os impele, então, a recorrer ao uso de qualquer espécie de fachada, ou máscara.

---

*N. de T. PTA é a sigla de Parent-Teacher Association, Associação de Pais e Mestres, que faz a ligação entre escola e comunidade.
**N. de T. Little League é o centro do beisebol (um dos esportes nacionais dos EUA) infantil em cada comunidade.

O comportamento social plenamente aceitável de contar "pequenas mentiras" é um bom exemplo. As virtudes sociais e pessoais de aceitar tais mentiras baseiam-se na crença de que o dano que pode ser causado por se dizer diretamente a um amigo a verdade que dói é muito maior que o benefício que esse amigo poderia ganhar com essa franqueza. Em lugar de contar a verdade que dói diretamente, os americanos utilizam-se de vários canais de comunicação indiretos aos quais o amigo normalmente está também ligado. Em outras palavras, eles difundem a informação na forma de boato, ou de recriminação pelas costas, até que seja transformada em uma espécie de crítica coletiva ao indivíduo alvo. Assim objetivada e coletivizada, a "verdade" chega finalmente aos seus endereços com um mínimo de desconforto social para a parte que a originou.

Essa tática de comunicação não é de modo algum vil ou insidiosa, uma vez que está profundamente enraizada na preocupação com a manutenção da convivência social entre as duas partes.

Essa prática inócua, no entanto, pode ser percebida como um ato de desonestidade vergonhosa por uma pessoa profundamente imersa na cultura coreana. No contexto cultural coreano, uma relação pessoal confiável proíbe tal comunicação pública antes de uma crítica direta, "honesta", à pessoa envolvida, seja qual for o custo que isso venha a ter para a relação social entre as partes da questão. Na verdade, como você sabe muito bem, MK, esse costume de criticar e até mesmo recriminar diretamente, na nossa Coréia, é na maioria dos casos apreciado como uma comprovação do maior amor e preocupação para com a pessoa atingida. Por mais estressante e emocionalmente desgastante que seja, essa franqueza de expressão procede do sentimento do "nós". Amigos muito francos no dizer as coisas não gostariam de me ver repetindo ações indesejáveis na frente de outras pessoas, pois isso ou danificaria a "nossa reputação" ou conspiraria contra os interesses da "nossa identidade coletiva". Na Coréia, o foco é a autodisciplina que estabelece a base para a integridade do "nosso grupo". Nos Estados Unidos, por sua vez, o foco está nos sentimentos de dois indivíduos. Sob o ponto de vista de quem vai contar, a preocupação maior é como manter a discrição social, enquanto sob o ponto de vista de quem está sendo criticado, a preocupação maior é como manter a auto-estima. Na verdade, essas duas molduras de referência diametralmente opostas – autodisciplina e auto-estima – é que identificam uma cultura como coletiva e a outra como individualista.

Chega a ser espantoso que, mesmo com todos os erros que devo ter cometido nos últimos 20 anos, apenas um amigo americano, não-coreano, tenha chegado a mim com uma crítica "honesta". Em um certo sentido, esta preocupação com a polidez interpessoal disfarçou, durante algum tempo, a desaprovação deles em relação aos meus costumes mais indesejáveis e, mais a longo prazo, contribuiu para o reajuste, ou a adaptação, das minhas atitudes, pois é natural que leve algum tempo até o julgamento coletivo chegar a mim pelos canais "difundidos" de comunicação. Por isso são tantos os imigrantes coreanos que manifestam sua indignação quanto a seus colegas americanos que sorriem para eles, mas estão sempre criticando-os pelas costas. Se você alguma vez chegar a ser vítima desse tratamento, MK, por favor, tenha certeza de que você não é o único que sente essa dor.

MK, a última faceta do *continuum* individualismo-coletivismo capaz de provocar muita dissonância cognitiva no processo de sua assimilação do modo de vida americano é o grau no qual você precisa assegurar a sua individualidade para outras pessoas. Você provavelmente não terá dificuldade de lembrar do diretor da nossa escola secundária, K. W. Park, por quem tínhamos um complexo de respeito-desprezo. Ele costumava nos doutrinar, quase diariamente nas reuniões da manhã sobre a virtude de ser modesto. Do modo como ele a ensinava, era de uma forma da virtude da autonegação de Confúcio. Nossa existência ou presença entre outras pessoas, contava-nos o diretor, não deveria ser sentida em excesso por meio de mensagens comunicadas (não importava se essas mensagens fossem orais ou escritas). A existência de alguém, passávamos o tempo todo ouvindo dele, não deveria chegar ao conhecimento de outros na forma de nossos atos e conduta. A pessoa é obrigada a prover oportunidades para que os outros experimentem a sua presença por meio daquilo que ela mesma faz. O esforço próprio em busca de reconhecimento ou elogio público seria a conduta mais vergonhosa possível para uma pessoa virtuosa.

Trata-se de uma idéia interessante e nobre enquanto postura filosófica, mas, se posta em prática nos Estados Unidos, na maior parte das vezes não levará a pessoa que quiser por ela se conduzir a lugar algum. A falta de auto-afirmação é traduzida diretamente em timidez e falta de autoconfiança. Esta é uma cultura em que se necessita exercer a individualidade a um ponto que faria o diretor da nossa escola se remexer no túmulo de puro desgosto e vergonha. Culpe-se por isso o tamanho do território ou da população deste país. É até mesmo possível atribuir tudo à rapidez estonteante do ritmo de vida ou à mobilidade social que faz com que as pessoas estejam sempre trocando de lugar. Qualquer que seja o motivo, a verdade é que os americanos não esperam o tempo suficiente para saber realmente quem você é ou o que os seus costumes podem significar. O que eles querem é uma versão "autenticada" a seu respeito, uma versão que possa ser eloqüentemente resumida, condecorada e garantida. E a verdade é que eles não estão procurando sua versão mais pura, com todas aquelas texturas ricas possíveis, o que eles querem mesmo é aquela pessoa processada, convenientemente embalada e entregue na hora adequada. A autopromoção é incentivada até mesmo em níveis de exagero, de pretensão. Anos atrás, em Syracuse, tive a oportunidade de apresentar um monge acadêmico, coreano, a uma reunião na qual as pessoas pretendiam ouvir alguma coisa sobre a filosofia oriental. Depois de se curvar elegantemente perante a platéia, aquele monge humilde declarou: "Meu nome é... Por favor, estou aqui para aprender alguma coisa, pois na verdade eu nada sei." Foi realmente uma dificuldade imensa para nós insistir com o monge, depois disso, até que ele nos dissesse algumas coisinhas nos intervalos do seu sorriso enigmático. Em contraste, eu lembro de um colega meu, americano, que, na ânsia de conseguir uma promoção, literalmente jogou sobre os responsáveis dois armários cheios de evidências documentadas sobre as suas realizações acadêmicas.

A curiosa jornada para o fim do *continuum* individualismo-coletivismo americano será inevitável, isto eu posso assegurar a você. A questão mais importante, porém, é se isso levará uma geração, se ocorrerá na geração dos seus filhos, ou dos filhos de seus filhos. Quando quer que aconteça, posso assegurar-lhe que será a mais doce das vinganças para mim, pois só então você poderá avaliar o que se sente ao ser chamado de americano pelo seu melhor colega de escola.

Fonte: Extraída de uma carta do Dr. Jin K. Kim, da State University of New York, em Plattsburgh. Copyright © 2001 by Dr. Jin K. Kim. Utilizada com permissão do Dr. Kim.

CULTURA E ESTILOS DE GERENCIAMENTO NO MUNDO

Na condição de administrador internacional, logo que você tiver pesquisado a fundo a cultura do país no qual poderá vir a trabalhar ou com ele fazer negócios, elaborando assim um perfil cultural adequado, será muito útil aplicar toda essa informação para desenvolver e entender o que se espera dos estilos de gerenciamento e das maneiras de fazer negócios que predominam nessa região, ou no âmbito dessa área de estabelecimento de negócios. A seguir, temos dois exemplos neste sentido, relacionados à Arábia Saudita e aos negócios familiares de pequeno porte na China.

Arábia Saudita

Entender de que forma se fazem negócios no moderno Oriente Médio exige que se entenda bastante a respeito da cultura árabe, uma vez que os povos árabes são maioria ali, e predominantemente muçulmanos. A cultura árabe é gêmea da influência predominante do Islã. Embora nem todos os povos do Oriente Médio sejam árabes, a cultura árabe e seu estilo de administração predominam na região do Golfo. Cultura, religião e idioma compartilhados são a base das semelhanças de comportamento ao longo do mundo árabe. O Islã "permeia a vida saudita — Alá é onipresente, controla tudo, e é citação quase permanente em todas as conversações".[42] Os funcionários podem levar cerca de duas horas por dia em orações, o que é parte dos padrões de vida que entrelaçam o trabalho com a religião, a política e a vida social.

A história e a cultura árabes são baseadas no tribalismo, com suas normas de troca de favores, apoios, obrigações e identidade passadas à unidade familiar, que é o principal modelo estrutural. A vida em família se baseia em laços pessoais mais próximos que no Ocidente. Os árabes dão grande valor às relações pessoais, à honra e a evitar a humilhação de todos os componentes de um determinado círculo; tais valores têm precedência em relação ao trabalho a ser feito ou à exatidão verbal. Os "de fora" precisam se dar conta de que estabelecer um relacionamento confiável e de respeito para com as normas árabes é algo que precisa vir antes do início de qualquer tentativa de fazer negócios. Honra, orgulho e dignidade estão no centro das sociedades baseadas na não-humilhação, como as árabes são. Desta forma, orgulho e preconceito constituem a base do controle social e da motivação. As circunstâncias determinam o que é certo ou errado e o que constitui um comportamento aceitável.[43]

A admissão franca de um erro é evitada a qualquer custo pelos árabes, porque a fraqueza (*muruwwa*) é indigna de um homem. É muitas vezes difícil para os ocidentais chegar à verdade devido à necessidade dos árabes de evitar demonstrar qualquer fraqueza; em lugar disso, estes costumam pintar sempre ou uma situação desejada, ou idealizada. A vergonha cai também sobre aquele que se recusa a satisfazer a um pedido, ou um favor; por isso mesmo, qualquer acordo de negócios é deixado em aberto sempre que exista ainda algum item a ser completado.

O estilo de comunicação das sociedades do Oriente Médio é de alto contexto (isto é, implícito e indireto), e elas utilizam o tempo de forma policrônica* — muitas coisas podem estar em andamento ao mesmo tempo as interrupções constantes são aceitáveis e a pontualidade não tem importância. A imposição de prazos é considerada indelicada, e os organogramas de negócios ficam em segundo plano em relação à perspectiva de que os fatos previstos ocorram "no seu devido tempo", quando for a vontade de Alá (*bukra insha Allah*). Os árabes valorizam em primeiro lugar a hospitalidade; são cordiais em relação aos parceiros de negócios e fazem questão de tratá-los com todo o luxo possível, oferecendo-lhes café preto forte (que não deve ser recusado) e banquetes antes mesmo de se começar a estudar qualquer transação comercial. Os ocidentais precisam ter em mente a importância dos contatos pessoais, individuais ou coletivos, e se dedicar a consolidar relacionamentos de confiança, nunca esquecendo de treinar sua paciência em relação a prazos e procurando sempre fazer negócios pessoalmente. O Quadro 3.9 apresenta alguns atos escolhidos e comportamentos não-verbais que são capazes de ofender os árabes. A relação entre valores culturais e normas na Arábia Saudita e o comportamento gerencial é apresentado no Quadro 3.10 (p. 98).

Quadro 3.9 Atitudes que podem ofender os árabes sauditas

- Fazer uma proposta de negócio antes de conhecer o anfitrião é considerado indelicadeza.
- Fazer qualquer comentário sobre a esposa ou filha (de mais de 12 anos) de qualquer homem.
- Fazer uma pergunta coloquial que, no seu país, seria comum, mas, na Arábia Saudita, tida como uma invasão de privacidade.
- Utilizar palavras depreciativas, ou palavrões, e contar piadas de humor negro ou obsceno.
- Entabular conversações sobre religião, política ou Israel.
- Dar presentes constantes de bebidas alcoólicas, ou com qualquer conteúdo de álcool, que é proibido na Arábia Saudita.
- Pedir favores a pessoas em posições de autoridade ou amizade, pois para os árabes é considerado indelicado dizer "não".
- Apertos de mão muito firmes ou expansivos — cumprimentos mais discretos são preferidos.
- Apontar o dedo para alguém ou mostrar as solas dos pés quando sentado.

Fonte: P. R. Harris e R. T. Moran, *Managing Cultural Differences*, 5a Ed. (Houston: Gulf Publishing, 2000.)

---

*N. de T. A palavra "policrônica" não está nos principais dicionários de inglês e de português. Ela começou a ser utilizada na década de 1990, nas publicações técnicas em inglês, para caracterizar o estresse experimentado pelos funcionários burocráticos que enfrentavam inúmeras tarefas que precisava ser realizadas ao mesmo tempo, exatamente o sentido aqui utilizado pela autora. Um exemplo a mais: a pessoa dotada de personalidade policrônica trabalha com vários projetos simultaneamente, sendo ainda dotada da capacidade de alterar planos a qualquer momento sem sofrimento adicional e sem se preocupar com os prazos.

Quadro 3.10 A relação entre cultura e comportamentos gerenciais na Arábia Saudita

VALORES CULTURAIS	COMPORTAMENTOS GERENCIAIS
Lealdade familiar e tribal	Lealdade no trabalho de grupo Sociabilidade paterna Emprego estável e um sentido de propriedade Um ambiente de trabalho agradável Seleção cuidadosa dos funcionários Nepotismo
Idiomas árabes	Negócio como uma atividade intelectual Acesso aos funcionários e colegas Gerenciamento pela presença constante Conversação como lazer
Relações francas e próximas	Orientação mais para a pessoa do que para tarefa e ganho Gerenciamento da Teoria Y Opiniões definitivas são evitadas
Islã	Sensibilidade com relação às virtudes islâmicas Obediência e cumprimento do Qur'an e da Sharia O trabalho como forma de crescimento pessoal ou espiritual
Majlis	Administração de consultoria Apresentação plena e justa do caso Obediência às normas
Honra e vergonha	Diretrizes claras e prevenção do conflito Determinação positiva Deveres definidos para treinamento e emprego Correção dos erros em privado Competição é evitada
Uma personalidade idealizada	Processo decisório centralizado Assumir a responsabilidade adequada ao cargo Empatia e respeito para com a auto-imagem do próximo
Uso policrônico do tempo	Facilidade para uso dos hemisférios direito e esquerdo do cérebro Uma inclinação pela ação Paciência e flexibilidade
Independência	Sensibilidade em relação ao controle Interesse pelo indivíduo
Domínio masculino	Separação de sexos Abertura no trabalho; restrições na vida familiar

Fonte: P. R. Harris e R. T. Moran, *Managing Cultural Differences*, 4ª Ed.(Houston: Gulf Publishing, 1996.)

As pequenas empresas chinesas

O predomínio das pequenas empresas na China e região realça ainda mais a necessidade, para os administradores procedentes de outras partes do mundo, de chegar a um entendimento a respeito da maneira como esses empreendimentos operam. Muitas pequenas empresas — a maior parte delas negócios familiares ou empresas familiares ampliadas — se tornam parte da cadeia de valores (provedores, compradores, varejistas etc.) no âmbito de setores industriais nos quais as empresas "estrangeiras" podem vir a competir.

O Quadro 3.11 apresenta uma estrutura geral para a comparação das culturas ocidental e chinesa; são mostradas as diferenças resultantes nas atitudes e no comportamento chineses junto com as respecti-

Quadro 3.11 Um resumo das diferenças culturais entre o Ocidente e a China e suas implicações para a gestão

Comparando questões pertinentes da história do Ocidente com as da China, é possível chegar às seguintes distinções:

O OCIDENTE	A CHINA
Direitos individuais	Dever individual e obrigações coletivas
Domínio da lei	Governo da personalidade e autoridade imperial
Direito coletivo de conceder, questionar e rejeitar a autoridade política	Submissão inquestionável à autoridade hereditária sustentada pela força
Pluralismo político e étnico Interação cultural	Poder e homogeneidade monolíticos Isolamento cultural
Recursos suficientes para sustentar uma urbanização antecipada, especialização do trabalho e comércio em larga escala	Uma economia agrária de subsistência e intermináveis dificuldades, tanto naturais quanto impostas
Orientação para o exterior	Uma orientação para o interior
Mobilidade física e social	Permanência em um único local
Dependência da razão e do método científico	Dependência da precedência, intuição e sabedoria
Uma abordagem agressiva, ativa em relação à natureza, à tecnologia e ao progresso	Submissão passiva e fatalista

As diferenças disso resultantes em matéria de valores, atitudes e comportamento chineses, com as respectivas implicações para a gestão, são:

1. Maior distância do poder — uma disposição maior para aceitar a autoridade de outros
2. Coletivismo
   a. A satisfação se origina menos da concretização da tarefa e da realização e mais de um sentimento de contribuição para o esforço do grupo
   b. Maior valor atribuído ao conforto e à disponibilidade de apoio mútuo e participação em um grupo do que à independência, à autoconfiança, à privacidade e ao espaço pessoal
   c. Mais cooperação e menos competição como indivíduos
   d. Harmonia e humildade, em lugar de agressividade
   e. Comunicação de alto conteúdo em lugar de franqueza e comunicação direta
   f. Reconhecimento do desempenho do grupo, e não do indivíduo
   g. Padrões éticos mais relativistas e particularistas
3. Um centro externo de controle
4. Maior dependência da sabedoria acumulada do que da razão e objetividade
5. Pensamento holístico e síntese em lugar de pensamento linear e análise

Fonte: J. Scarborough, "Comparing Chinese and Western Cultural Roots: Why East is East and...", *Business Horizons*, novembro/dezembro 1998, 15-24.

vas implicações para os administradores. Uma discussão ampliada da cultura chinesa aparecerá no Capítulo 5, no contexto da negociação. Destacamos aqui alguns pontos específicos do estilo e das práticas chinesas de gestão, em especial da forma como se aplicam às pequenas empresas. É importante destacar — seja qual for o porte da empresa, mas especialmente nas pequenas — a onipresença e utilização do *guanxi*, que mantém em funcionamento o pequeno motor vermelho das transações comerciais na China. *Guanxi* significa "conexões" — a rede de relacionamentos que os chineses cultivam por intermédio da amizade e do afeto; ela cobre a troca de favores e presentes para que se crie a obrigação de retribuir favores. Existe um código não-escrito entre aqueles que compartilham uma rede de *guanxi*.[44] A filosofia e estrutura dos negócios chineses compreendem paternalismo, dívidas mútuas, responsabilidade, hierarquia, laços de família, personalismo e conexões.[45] A liderança autocrática é a norma, com o proprietário fazendo uso de seu poder, mas também com um cuidado em relação a outras pessoas que possam vir a predominar quanto à eficiência.[46]

Conforme Lee, a maior diferença entre os estilos de gestão chinês e ocidental reside na centralização no fator humano e na família, na centralização do poder e no pequeno porte.[47] A gestão centrada no fator humano dá mais importância às pessoas que a uma relas que a uma relação de negde especialmente da amizade, lealdade e confiabilidade.[48] A família é extremamente importante na cultura chinesa, e as pequenas empresas tendem a ser dirigidas como se fossem famílias.

A estrutura centralizada de poder nas organizações chinesas, ao contrário da imperante no Ocidente, reparte-se, porém, em dois níveis — no patamar superior, estão o patrão e alguns poucos membros da família, e no inferior ficam os funcionários, não havendo distinção entre eles.[49]

À medida que as empresas chinesas em muitas das regiões mais modernas da Bacia do Pacífico procuram se modernizar e competir local e globalmente, se estabelece um cabo-de-guerra entre o velho e o novo — as práticas chinesas tradicionais de gestão e os estilos ocidentais de administração cada vez mais "importados". Como Lee debate, essa luta pode ser resumida nas perspectivas diferenciadas de gestão das gerações mais velhas e mais novas, como se resume no Quadro 3.12. Um estudo de duas gerações de

Quadro 3.12 Filosofias chinesas de gestão: a velha e a nova

A VELHA GERAÇÃO	A NOVA GERAÇÃO
Exalta sempre a sua maior experiência.	Acredita ter uma educação mais adequada que a da antiga geração.
Entende que faz parte de sua função interceder pelos trabalhadores e ajudá-los.	Entende como sua função contratar trabalhadores competentes e espera que correspondam à expectativa.
Entende que resolver problemas é responsabilidade do chefe.	Acredita ser responsabilidade do indivíduo a solução de problemas.
Destaca que o chefe tem a obrigação de cuidar dos funcionários.	Enfatiza que os trabalhadores precisam executar adequadamente as suas funções.
Apregoa que os indivíduos devem se sujeitar à vontade da maioria.	Afirma que os indivíduos deveriam maximizar seus talentos e potenciais.
Acredita não ser possível uma divisão clara do trabalho e gosta de se envolver em tudo.	Acredita que o chefe precisa se dedicar a sua função, deixando que os trabalhadores cumpram o papel a eles destinado.
Considera o trabalho mais importante que a atribuição de funções e a estrutura organizacional.	Considera a atribuição de funções e a estrutura organizacional importantes para que os objetivos venham a ser concretizados.
Crê que os executivos deveriam ajudar os trabalhadores na solução dos problemas.	Acredita que os executivos devem estabelecer objetivos e cumpri-los.
Diz que a geração jovem gosta de usar métodos de gestão complicados demais.	Queixa-se de que a velha geração faz tudo de improviso.
Percebe que os jovens gostam de mudar e esperam resultados imediatos disso.	Considera a velha geração estática e resistente à mudança.
Preocupa-se com o que qualifica de inexperiência dos jovens na administração.	Fica frustrada com o fato de os idosos ainda continuarem firmes no poder.
Destaca que os jovens precisam cuidar dos mais velhos à medida que as empresas crescem.	Destaca que os jovens precisam ser aceitos em condições de igualdade pelos seus colegas mais idosos.
Ressalta a importância da ética nos negócios.	Considera a estratégia fundamental para os negócios.
Prevê que os jovens enfrentarão grandes dificuldades se adotarem conceitos ocidentais de administração.	Fica frustrada pelos mais velhos a impedirem de praticar seus conceitos de administração.
Acredita que a capacidade de qualquer pessoa tem limites e cada indivíduo deve contentar-se com que tem.	Acredita na existência de infinitas oportunidades de realização e crescimento.

Fonte: Dr. Jean Lee, "Culture and Management — A Study of Small Chinese Family Business in Singapore", *Journal of Small Business Management* (julho de 1996).

administradores chineses, feito por Raltson *et al.*, também constatou mudanças em valores de trabalho na China. Os autores concluíram que a nova geração de administradores é mais individualista, independente e disposta a assumir riscos na busca de benefícios. Contudo, verificaram igualmente que a nova geração continua atrelada aos valores de Confúcio, e concluem que esta poderia ser vista na situação de "contrabalançar suas influências orientais e ocidentais, no meio do caminho rumo à modernização".[50]

Conclusão

Examinamos, ao longo do capítulo, incontáveis valores culturais e as maneiras como os executivos podem entendê-los com a ajuda de perfis culturais. Agora voltaremos nossa atenção para as aplicações desse conhecimento cultural à administração em um ambiente internacional (ou, alternativamente, em um ambiente doméstico multicultural) — especialmente enquanto relevantes à comunicação intercultural (Capítulo 4), à negociação e ao processo decisório (Capítulo 5), e motivação e liderança (Capítulo 10). A cultura e a comunicação são essencialmente sinônimas; o que acontece quando pessoas de culturas diferentes se comunicam e como o executivo internacional pode entender o processo subjacente e adaptar adequadamente seu estilo e suas expectativas? As respostas a essas perguntas estão no próximo capítulo.

RECURSOS NA INTERNET

Visite o *site* de Deresky no endereço http://prenhall.com/Deresky para ter acesso aos recursos de Internet deste capítulo.

PONTOS-CHAVE

1. A cultura de uma sociedade é composta pelos valores, entendimentos, opiniões e objetivos compartilhados que são transmitidos ao longo das gerações e impostos pelos membros dessa sociedade.
2. As diferenças culturais e nacionais exercem grande influência sobre as atitudes e expectativas e, por isso mesmo, sobre o comportamento de indivíduos e grupos no local de trabalho.
3. Os administradores devem desenvolver uma sensibilidade à cultura para que possam antecipar e acomodar diferenças de comportamento em sociedades diferentes.
4. Os administradores devem evitar o paroquialismo, a atitude pela qual uma pessoa dá a entender que suas técnicas de administração são as melhores em qualquer situação ou lugar e que as demais pessoas deveriam sempre seguir os padrões de comportamento por ela determinados.
5. Haris e Moran adotam uma abordagem de sistemas para o entendimento das variáveis culturais e nacionais e seus efeitos no comportamento no trabalho. Identificam, assim, oito subsistemas ou variáveis: afinidade, educação, economia, política, religião, associação, saúde e lazer.
6. A partir de suas pesquisas em 50 países, Hofstede propõe quatro dimensões básicas de valores que ajudam a identificar e descrever o perfil cultural de uma nação, além de influenciar os processos organizacionais. Essas dimensões são a distância do poder, a rejeição da incerteza, o individualismo e a masculinidade. Pelas pesquisas de Hofstede e de outros, podemos reunir conjuntos de países com bases em similaridades interculturais.
7. Os administradores podem utilizar os resultados de pesquisas e outras observações pessoais a fim de desenvolver um esboço de caráter, ou perfil cultural, de um país. Esse perfil pode ajudá-los a antecipar a melhor maneira de motivar pessoas e de coordenar processos de trabalho em um determinado contexto internacional.

Capítulo 4

A comunicação intercultural

Panorama
Perfil de abertura: *Cara oriental de jogador de pôquer:*
   O Oriente esquivo ou o Ocidente indecifrável?
O processo da comunicação
O ruído cultural no processo de comunicação
   Variáveis culturais no processo de comunicação
   Contexto
      Gestão comparativa em foco: *Comunicação com os árabes*
   Canais de comunicação
Tecnologia da informação — cobertura global e ação local
E-Biz Box: *O sistema de anúncios localizados B2B da Manheim*
   Auctions Inc. para as suas operações globais
Gestão da comunicação intercultural
   Desenvolvimento da sensibilidade cultural
   Codificação cautelosa
   Transmissão seletiva
   Decodificação cautelosa do *feedback*
   Ações de continuidade

PERFIL DE ABERTURA:

CARA ORIENTAL DE JOGADOR DE PÔQUER: O ORIENTE ESQUIVO OU O OCIDENTE INDECIFRÁVEL?

Entre as muitas expressões inglesas capazes de ofender aqueles que, como eu, têm suas origens no Extremo Oriente, duas podem ser consideradas entre as mais ameaçadoras: *oriental poker face* (ou "cara oriental de jogador de pôquer") e *idiotic Asian smile* (ou "sorriso asiático idiota"). A primeira se refere à natureza supostamente inescrutável de uma expressão facial que aparentemente não reflete estado de espírito algum, enquanto a última faz pouco caso do rosto no qual parece sempre colado um sorrido amistoso. A perplexidade dos ocidentais, quando se deparam com qualquer um dos dois, tem origem na impressão de que essas duas estratégias diametralmente opostas de disfarce impedem que extraiam qualquer informação útil — o tipo de informação que pelo menos pudessem processar com uma medida de confiança razoável — a respeito dos sentimentos da pessoa a sua frente. Um rosto asiático que não projeta qualquer sinal de emoção, então, parece à maioria dos ocidentais nada mais do que uma fachada. Não interessa que esse rosto demonstre um sobrolho carregado ou um raio brilhante; uma expressão facial que eles não sejam capazes de interpretar representa sempre uma ameaça concreta.

Por mais compreensivo e simpático à sua perplexidade que eu possa ser, também me sinto insultado pela insensibilidade ocidental aos papéis significativos que sinais sutis desempenham nas culturas asiáticas. Cada cultura tem seu estilo exclusivo de *modus operandi* para a comunicação. A cultura ocidental, por exemplo, aparentemente salienta a importância da comunicação direta. Não bastasse serem os comunicadores ensinados a se olhar diretamente quando enviassem uma mensagem, eles são também incentivados a ir diretamente ao ponto da mensagem. Fazer declarações ostentosas ou perguntas diretas em uma maneira bem menos do que diplomática (por exemplo, "isso foi realmente uma estupidez da sua parte!", ou "você está mesmo interessado em mim?") raramente é considerado grossura ou indiscrição. Até mesmo perguntas diretas e mais do que embaraçosas como "Senador Hart, o senhor alguma vez teve relações sexuais com outra pessoa que não a sua mulher?" são toleradas na maior parte do tempo. Os asiáticos, por outro lado, consideram este estilo direto de comunicação mais do que indesejável. Em muitas situações de interação social, evitam olhar diretamente nos olhos do interlocutor. Eles "vêem" um ao outro sem necessariamente precisar olhar de modo direto um ao outro e reúnem informações a respeito do estado de espírito interior sem precisar fazer mesmo as perguntas mais discretas ou sutis. Muitas vezes, conversam em círculos sobre o assunto principal e, ainda assim, conseguem muito bem entender a posição um do outro. (Pelo menos, acreditam que desenvolveram um entendimento razoavelmente claro dessas posições.)

Até certo ponto, a comunicação asiática é centrada em ouvir: a capacidade de ouvir (e um talento especial para detectar as várias sugestões comunicativas) é considerada em pé de igualdade em importância, se não for ainda mais importante, com a capacidade de falar. Isso contrasta claramente com o estilo americano de comunicação, que dá o maior dos destaques à expressão verbal; o orador fica com a maior parte do peso da responsabilidade de fazer com que todos entendam a sua mensagem. Um asiático atento, no entanto, é capaz de se culpar se não chegar a entender por inteiro as poucas palavras e gestos do orador. Com esta maior parte do peso depositada no ouvinte, o orador asiático não se sente obrigado a espalhar várias sugestões claramente discerníveis de mensagem (pelo menos não tantas quanto é obrigado a fazer nos contextos culturais americanos). Não se sentindo obrigados a se expressar sem interrupção, os asiáticos usam os silêncios como uma ferramenta na comunicação. O silêncio, conforme a maior parte das convenções ocidentais, representa uma interrupção das comunicações e cria um sentimento de desconforto e ansiedade. No Oriente, contudo, o silêncio é não apenas confortavelmente tolerado, como é considerado uma forma desejável de expressão. Longe de ser um sinal de desprazer ou animosidade, o silêncio serve como parte integral do processo de comunicação, sendo usado para refletir a respeito das mensagens anteriormente intercambiadas e para uma organização cuidadosa dos pensamentos antes de sua verbalização.

Portant, não é totalmente estranho que os asiáticos considerem os americanos como conversadores em excesso e deficientes em questão da simples capacidade de ouvir. Para o asiático, é o americano que projeta uma máscara de confiança ao se mostrar exageradamente expressivo tanto verbal quanto não-verbalmente. Como o estilo americano de comunicação dá menos importância ao ato de ouvir que ao de falar, os asiáticos suspeitam que seus parceiros americanos não conseguem captar os sinais astutos e sinais de comunicação presentes em uma conversação. Para um panorama cultural que não estiver treinado na leitura desses sinais, um rosto indecifrável não passará de uma máscara ameaçadora e de disfarce.

Fonte: Dr. Jin Kim, State University of New York – Plattsburgh. Copyright © 1995 by Dr. Jin Kim. Reproduzido com permissão do autor.

> As comunicações culturais são mais profundas e mais complexas que as mensagens faladas ou escritas. A essência da comunicação intercultural eficiente tem mais a ver com dar as respostas certas que com enviar as mensagens "corretas".
>
> HALL E HALL[1]

> A estratégia multilocal *on-line...* diz respeito a concretizar metas globais de negócios por meio da conexão com as dinâmicas culturais dos mercados locais.
>
> WILMOTT[2]

Como indica o perfil de abertura, a comunicação é um fator crítico nas questões da gestão intercultural discutidas neste livro, especialmente aquelas de natureza interpessoal e que envolvem motivação, liderança, interações grupais e negociação. A cultura é concentrada e perpetuada por intermédio da comunicação, em qualquer de suas formas. A cultura e a comunicação são tão fortemente entremeadas que acabam se tornando em essência sinônimas.[3] Ao entender essa relação, os administradores adquirem condições de avançar uma gestão intercultural verdadeiramente construtiva.

A comunicação, seja em forma de escrita, conversa, audição ou pela Internet, é uma parte inerente da função do administrador e toma a maior parte do seu tempo de trabalho. Estudos de Mintzberg demonstram a importância da comunicação oral; ele constatou que a maioria dos executivos utiliza entre 50 e 90% do seu tempo falando com as pessoas.[4] A capacidade do administrador de se comunicar com eficiência através das fronteiras culturais será em grande parte o fator a determinar o sucesso das transações internacionais de negócios ou a produção de uma força de trabalho culturalmente diversificada. Torna-se, então, extremamente útil decodificar os elementos que fazem parte do processo da comunicação, tanto para entender as questões interculturais que estão em jogo quanto para maximizar o processo.

O PROCESSO DA COMUNICAÇÃO

A palavra *comunicação* descreve o processo de compartilhamento de significados pela transmissão de mensagens por meios como palavras, comportamento e artefatos materiais. Os gestores comunicam para coordenar atividades, disseminar informação, motivar pessoas e negociar futuros planos. É, por isso mesmo, de vital importância que o significado de uma determinada comunicação seja interpretado pelo receptor da forma pretendida pelo emissor. Infelizmente, o processo de comunicação, como mostra o Quadro 4.1 (p. 106), envolve estágios ao longo dos quais o significado pode ser distorcido. Qualquer coisa que sirva para distorcer a comunicação do significado pretendido é chamada de *ruído*.

A causa principal dos ruídos deriva do fato de que o emissor e o receptor existem em um mundo exclusivo, privado, ou o seu espaço vital. O contexto desse mundo privado, baseado principalmente na cultura, na experiência, nas relações, nos valores, etc., determina a interpretação do sentido na comunicação. As pessoas filtram, ou entendem seletivamente, as mensagens de acordo com o que faz sentido em relação às suas expectativas e percepções da realidade e seus valores e normas de comportamento. Quanto mais heterogêneas as culturas dos envolvidos no processo, maior a possibilidade de ruídos nessa comunicação. Desta forma, como Samovar, Porter e Jain estabelecem, os fatores culturais permeiam o processo da comunicação:

> A cultura não apenas dita quem fala com quem, sobre o quê, e como se realiza essa comunicação, mas também determina a forma pela qual as pessoas codificam as mensagens, os

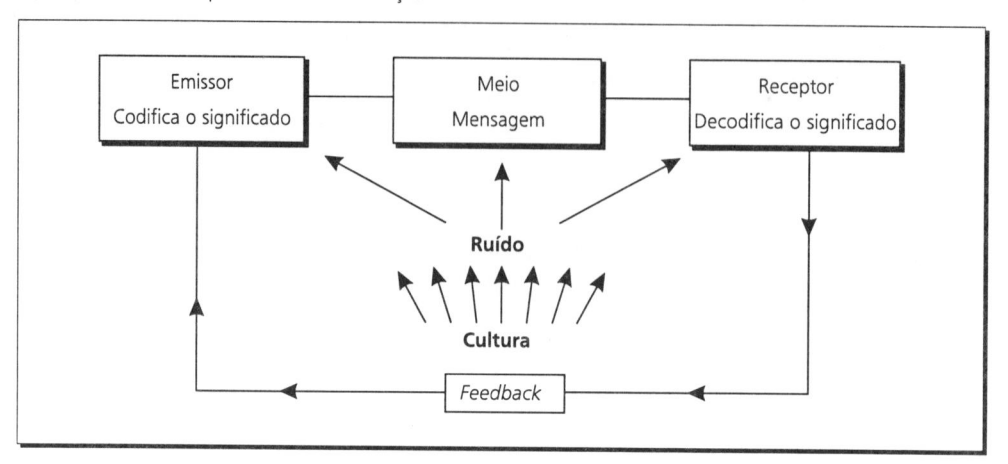

Quadro 4.1 O processo da comunicação

```
┌─────────────────┐      ┌──────────┐      ┌──────────────────────┐
│    Emissor      │─────▶│   Meio   │─────▶│      Receptor        │
│Codifica o       │      │ Mensagem │      │ Decodifica o         │
│significado      │      │          │      │ significado          │
└─────────────────┘      └──────────┘      └──────────────────────┘
         ▲                    ▲                      │
         │                    │                      │
         │                  Ruído                    │
         │                 ↑↑↑↑↑↑                    │
         │                 Cultura                   │
         │              ┌──────────┐                 │
         └──────────────│ Feedback │◀────────────────┘
                        └──────────┘
```

significados que elas têm para as mensagens, e as condições e circunstâncias sob as quais várias mensagens podem, ou não, ser enviadas, noticiadas ou interpretadas. Na verdade, todo o nosso repertório de procedimentos de comunicação depende em grande parte da cultura na qual fomos criados. A cultura, por isso mesmo, é o fundamento da comunicação. E, quando as culturas divergem, da mesma forma variam as práticas da comunicação.[5]

A comunicação é, portanto, um processo extremamente complexo de conectar ou compartilhar os campos perpétuos do emissor e recepetor; o emissor atento constrói uma ponte para o espaço vital do receptor.[6] Este, depois de decifrar a mensagem, de receber e elaborar uma conclusão a respeito do seu provável significado, na maioria dos casos acaba codificando e encaminhando uma resposta, o que torna então a comunicação um processo de ida e volta.

O processo da comunicação, no entanto, está sofrendo rápidas modificações, como resultado dos desenvolvimentos da tecnologia, que levam adiante os negócios mundiais em uma taxa de crescimento fenomenal. Todas essas mudanças serão discutidas mais adiante neste capítulo.

O RUÍDO CULTURAL NO PROCESSO DE COMUNICAÇÃO

Como o nosso foco aqui é a comunicação intercultural eficiente, precisamos entender quais variáveis culturais causam ruídos no processo de comunicação. O conhecimento do *ruído cultural* nos habilitará a adotar medidas para minimizá-lo e, dessa forma, a aperfeiçoar a comunicação.

Quando um membro de uma cultura envia uma mensagem a um integrante de outra, ocorre a *comunicação intercultural*. A mensagem contém o significado pretendido pelo codificador. Ao atingir o receptor, contudo, ela passa por uma transformação na qual a influência da cultura do decodificador se torna parte do significado.[7] Examinemos, um exemplo (Quadro 4.2) de comunicação intercultural em que o significado se transforma em uma confusão generalizada. Note-se que a imputação de comportamento difere de acordo com cada participante. A *imputação* é o processo no qual as pessoas procuram a explicação do comportamento de terceiros. Quando se dão conta de que não os entendem, tendem, segundo Hall e Hall, a imputar, ou atribuir as próprias confusões à "estupidez, falsidade ou excentricidade"[8] dos outros.

Na situação explicitada no Quadro 4.2, um funcionário grego fica frustrado e acaba pedindo demissão depois de enfrentar problemas de comunicação com seu chefe norte-americano. De que maneira esse desfecho poderia ter sido evitado? Não temos muitas informações sobre as pessoas envolvidas no contexto da situação, mas mesmo assim podemos prestar atenção em algumas das variáveis presentes e utilizá-las como base para a nossa análise.

Quadro 4.2 Ruído cultural na comunicação internacional

COMPORTAMENTO		IMPUTAÇÃO	
Norte-americano:	"Quanto tempo você levará para concluir este relatório?"	*Norte-americano:*	Eu pedi maior interesse dele.
		Grego:	Não faz sentido ele me consultar. Ele é o chefe. Por que ele simplesmente não estabelece um prazo?
Grego:	"Não sei. Quanto tempo deveria levar?"	*Norte-americano:*	Ele se recusa a assumir responsabilidades.
		Grego:	Eu pedi que ele desse uma ordem.
Norte-americano:	"Você é que tem as melhores condições de analisar o tempo necessário."	*Norte-americano:*	Eu o pressionei a assumir responsabilidade por suas ações.
		Grego:	Que loucura: melhor seria eu ter dado uma resposta qualquer.
Grego:	"Dez dias."	*Norte-americano:*	Ele não tem a capacidade de determinar prazos; a sua estimativa de tempo é completamente inadequada.
Norte-americano:	"Leve 15 dias. Está bem assim? Você pode concluir o trabalho em 15 dias?"	*Norte-americano:*	Eu ofereci a ele um contrato.
		Grego:	Então, essas são as minhas ordens: 15 dias.

Na verdade, o relatório precisaria ser feito em 30 dias de trabalho normal. Com o prazo determinado, o grego trabalhou dia e noite, mas, no final do 15º dia, ainda precisava de um dia adicional.

Norte-americano:	"Onde está o relatório?"	*Norte-americano:*	Vou fazer com que ele cumpra esse contrato.
		Grego:	Ele está me pressionando por causa do relatório.
Grego:	"Estará pronto sem falta amanhã."		(Ambos pressupõem que o relatório ainda não está pronto.)
Norte-americano:	"Mas o combinado era que estivesse pronto hoje."	*Norte-americano:*	Preciso ensiná-lo a cumprir um compromisso.
		Grego:	Esse chefe estúpido, incompetente! Não bastasse ter me dado a ordem errada, não consegue sequer valorizar o fato de eu ter completado em 16 dias uma tarefa que normalmente levaria um mês.
O grego pede demissão.		O norte-americano demonstra surpresa.	
		Grego:	Não posso trabalhar para um sujeito desses.

Fonte: Adaptado de H. C. Triandis, *Interpersonal Behavior* (Monterey, CA: Brooks/Cole, 1977): 248; relatado em Simcha Ronen, *Comparative and Multinational Management* (New York: John Wiley and Sons, 1986): 101-102.

Variáveis culturais no processo de comunicação

As variáveis culturais capazes de afetar o processo de comunicação por sua influência sobre as percepções de uma pessoa foram identificadas por Samovar e Porter e debatidas por Harris e Moran, Ronen, e outros.[9,10,11] Estas variáveis são: atitudes, organização social, padrões de pensamento, funções, linguagem (falada ou escrita), comunicação não-verbal (inclusive o comportamento cinético, a proxêmica, a paralinguagem e a linguagem dos objetos) e o tempo. Embora discutamos essas variáveis em separado, seus efeitos são interdependentes e inseparáveis, ou, como Hecth, Andersen e Ribeau estabelecem: "Os codificadores e decodificadores processam pistas não-verbais como uma *gestalt conceptual* de múltiplos canais".[12]

Atitudes

Sabemos que nossas atitudes fundamentam a maneira como nos comportamos e comunicamos e como interpretamos as mensagens de outras pessoas. Atitudes etnocêntricas são uma fonte muito importante de ruído na comunicação intercultural. No incidente descrito no Quadro 4.2, tanto o americano quanto o grego nitidamente interpretam e extraem significados a partir das próprias experiências nesse tipo de transação. O americano provavelmente é culpado de estereotipar o funcionário grego ao saltar rapidamente para a conclusão de que ele não está disposto a assumir responsabilidade pela tarefa e pelo prazo determinado.

Este problema, a *estereotipagem,* ocorre quando a pessoa entende que todos os membros de uma sociedade ou subcultura têm as mesmas características ou indícios. A estereotipagem é uma causa muito comum de desentendimento em comunicação intercultural. Trata-se de uma forma arbitrária, preguiçosa e muitas vezes destrutiva de aprender sobre outras pessoas. Deve-se distinguir um estereótipo de um *socíótipo:* uma maneira de descrever acuradamente os membros de um grupo por suas tendências, ou inclinações, o que é útil para proporcionar uma base inicial de entendimento de pessoas em um novo encontro.[13] Executivos atilados têm consciência dos perigos da estereotipagem cultural e por isso tratam cada pessoa como um indivíduo com o qual poderão vir a estabelecer um relacionamento especial.

Organização social

Nossas percepções podem ser influenciadas por diferenças em valores, abordagem ou prioridades relativas ao tipo de organizações sociais das quais fazemos parte. Essas organizações podem ter como base tanto a nação, tribo ou seita religiosa de cada pessoa, ou então consistir nos membros de uma determinada profissão. Exemplos destas organizações são a Academy of Management (Academia de Gestão) e o UAW (United Auto Workers, sindicato dos trabalhadores da indústria automotiva nos Estados Unidos).[14]

Padrões de pensamento

A progressão lógica do raciocínio varia amplamente no mundo e afeta bastante o processo de comunicação. Os administradores não podem exigir que todos os outros utilizem os seus próprios processos de raciocínio, como ilustra a experiência de um expatriado canadense na Tailândia:

> Quando estava na Tailândia, um canadense expatriado teve o seu carro atingido por um motorista local que atravessou a faixa dupla ao ultrapassar outro veículo. Não tendo conseguido estabelecer que a culpa era do motorista tailandês, o canadense chamou um policial. Depois de vários minutos de discussão aparentemente inútil, o canadense apontou para a faixa dupla no meio da estrada e perguntou diretamente ao policial: "O que significam essas faixas?" O policial respondeu: "Elas indicam o meio da estrada e estão ali para que eu possa determinar a distância entre elas e o ponto do acidente". O canadense não falou mais nada. Nunca lhe havia ocorrido que a faixa dupla pudesse ter outro significado senão aquele que ele conhecia, indicando "ultrapassagem proibida".[15]

No cenário do Quadro 4.2, talvez o americano não tenha se dado conta de que o funcionário grego utilizava um raciocínio diferente para a sua estimativa do tempo necessário para aquela tarefa. Como o grego não estava acostumado a calcular prazos, simplesmente deu um palpite por se sentir forçado a isso.

Funções

As sociedades têm percepções consideravelmente divergentes sobre o que vem a ser a função de um gestor. Boa parte dessas diferenças pode ser atribuída à percepção de cada uma sobre quem deve tomar as decisões e sobre quem tem responsabilidade por algo específico. Em nosso exemplo, o americano entende que o seu papel como administrador envolve delegar responsabilidade, incentivar a autonomia e colocar em prática a gestão participativa. Ele está prescrevendo o papel do funcionário sem considerar se ele irá ou não entender essa função. Já o quadro de referência do grego o leva a pensar que o administrador é o patrão e deveria, por isso, dar a ordem sobre quando o trabalho precisa ser concluído. Ele interpreta o comportamento do americano como algo que foge desse quadro e, por isso mesmo, sente que o padrão é "estúpido e incompetente" ao lhe transmitir a ordem errada e por não reconhecer nem dar a devida apreciação ao que ele, funcionário, concretizou. O executivo deveria ter analisado os comportamentos que os trabalhadores gregos tenderiam a esperar dele e, então, ou desempenhar esse papel ou promover uma discussão cuidadosa do evento, em forma de treinamento.

Linguagem

A linguagem falada ou escrita é, naturalmente, uma causa mais do que freqüente de falhas na comunicação, o que vai desde a incapacidade de uma pessoa de falar corretamente o idioma local, uma tradução literal demais, ou de má qualidade, a incapacidade do intérprete na explicação dos idiomas, até o fato de a pessoa não entender o significado contido na linguagem corporal ou em determinados símbolos. Mesmo entre países que compartilham o mesmo idioma, ocorrem dificuldades em decorrência das sutilezas ou nuanças inerentes ao uso da linguagem, como deixou muito claro George Bernard Shaw: "A Grã-Bretanha e os Estados Unidos são duas nações separadas pelo mesmo idioma". Os problemas podem surgir inclusive em um país com muitas subculturas ou subgrupos.[16]

São muitos os executivos internacionais que têm histórias a contar sobre negócios fracassados ou vendas perdidas em conseqüência de asneiras em matéria de comunicação.

Só depois de lançar, na Alemanha, o *slogan* "Come Alive with Pepsi" é que a empresa aprendeu que a tradução literal de "come alive" para o alemão era "sair do túmulo".

Uma empresa aérea norte-americana estranhou a baixa demanda dos *rendezvous lounges* nos seus Boeings 747. Saindo em busca de uma explicação, acabou descobrindo que, em português, o termo *rendezvous* é comumente associado a um local que se aluga para a prática da prostituição.[17]

Mais do que simplesmente transmitir informação objetiva, a linguagem também transmite entendimentos culturais e sociais de uma geração para a seguinte.[18] Exemplos da maneira como o idioma reflete o que tem importância em uma sociedade incluem as seis mil palavras arábicas diferentes usadas para descrever camelos e suas partes e as 50, ou mais, classificações para a neve que são comuns entre os esquimós inuítes.

Da mesma forma que a linguagem transmite cultura, tecnologia e prioridades, também serve para separar e perpetuar subculturas. Na Índia, usam-se 14 idiomas oficiais e outros tantos extra-oficiais, enquanto, no continente africano, existem mais de 800 idiomas diferentes.

Devido à crescente diversidade da força de trabalho mundial, o executivo internacional de negócios precisa saber lidar com uma diversidade de idiomas cada vez maior. Por exemplo, os trabalhadores da linha de montagem da fábrica da Ford em Colônia, na Alemanha, falam turco e espanhol, além do alemão. Na Malásia, Indonésia e Tailândia, muitos compradores e vendedores são chineses. Nem todos os árabes se expressam em arábico: na Tunísia e no Líbano, por exemplo, o francês é o idioma comum dos negócios.[19]

Os executivos internacionais precisam dispor de um razoável domínio do idioma local ou de intérpretes competentes. A tarefa de traduzir com a competência suficiente para estabelecer pontes entre as brechas culturais é prenhe de dificuldades, como Schermerhorn constatou no estudo que realizou com 153 chineses bilíngües de Hong Kong; nesse estudo, ele descobriu uma considerável diferença na interpretação e resposta conforme a utilização do chinês ou do inglês, mesmo depois do envolvimento de vários *experts* no processo de tradução.[20]

Nem mesmo a tradução direta de palavras específicas é garantia da exatidão do seu significado, como ocorre com a utilização da palavra *yes* por asiáticos, que normalmente significa apenas que eles ouviram o que você disse e, muitas vezes, que são educados demais para discordar diretamente. Os chineses, por exemplo, ao longo dos muitos anos de controle político, introduziram na sua cultura de comunicação uma posição cautelosa contra qualquer eventual perseguição pelo hábito de manifestar sua concordância com as opiniões, quaisquer que fossem, da pessoa que os estivesse questionando.[21]

A polidez e a disposição a responder apenas o que o ouvinte estaria disposto a saber também criam ruído no processo de comunicação em grande parte do mundo. Muitas vezes, nem mesmo uma tradução corretíssima ajuda a pessoa a entender o que significa o original pelo fato de o processo de codificação ter obscurecido o significado real da mensagem. Na poética linguagem árabe — repleta de exageros, elaborações e repetições — atribui-se um significado bem maior à maneira como se diz alguma coisa do que àquilo realmente sendo dito.

Na situação anteriormente citada entre o supervisor americano e o funcionário grego, é altamente provável que o americano possa ter extraído, da linguagem corporal do funcionário, pistas que acabaram representando problemas na interpretação do significado. Examinemos, então, as formas como a linguagem corporal pode ter criado ruído de comunicação nesse episódio.

Comunicação não-verbal

O comportamento que comunica sem palavras (embora seja muitas vezes acompanhado por palavras) é chamado de *comunicação não-verbal*. As pessoas normalmente acreditam mais no que vêem do que naquilo que ouvem — daí a expressão "uma foto que vale por mil palavras". Estudos demonstram que essas mensagens sutis são responsáveis por entre 65% e 93% das comunicações interpretadas.[22] Até mesmo pequenas variações na linguagem corporal, ritmos da fala e pontuação, por exemplo, às vezes provocam desconfiança e equívocos de interpretação da situação entre partes de países diferentes.[23] Os meios para essas comunicações não-verbais podem ser categorizados em quatro tipos: 1) comportamento cinésico, 2) proxêmica, 3) paralinguagem e 4) linguagem dos objetos.

O termo *comportamento cinésico* se refere aos movimentos corporais — postura, gesticulação, expressões faciais e contato visual. Embora essas ações possam ser universais, seu significado muitas vezes não o é. Como os sistemas cinésicos de significado são culturalmente especificados e ensinados, não podem ser generalizados entre as culturas. A maior parte dos indivíduos no Ocidente não interpretaria corretamente muitas expressões faciais dos chineses: mostrar a língua manifesta surpresa, um arregalar dos olhos demonstra raiva e arranhar as orelhas e as faces indica contentamento.[24] Pesquisas realizadas durante um bom tempo conseguiram demonstrar, porém, que a maior parte dos povos consegue reconhecer demonstrações das emoções básicas de raiva, desgosto, medo, alegria, tristeza, surpresa e desdém.[25,26]

Inúmeros empresários e visitantes reagem negativamente ao que entendem como expressões faciais inapropriadas, sem entender o significado cultural que está por trás delas. Em seus estudos sobre negociações interculturais, Graham observou que os japoneses se sentem incômodos quando enfrentam a típica posição americana do olho-no-olho. É que desde a infância eles são ensinados a inclinar a cabeça em sinal de humildade, ou respeito, enquanto a reação automática dos americanos é do tipo "olhe para mim quando estou falando com você!"[27]

Diferenças sutis no comportamento do olhar (o impacto visual) podem encaminhar muito mal uma comunicação se não forem entendidas adequadamente. O comportamento do olho inclui diferenças não apenas no contato visual, mas também na utilização dos olhos para resumir outras mensagens, envolvendo ou não a visualização mútua. Edward T. Hall, autor do clássico *The Silent Language*, explica as diferenças no contato visual entre os britânicos e os americanos. No decorrer da fala, os americanos costumam olhar diretamente para as pessoas, enquanto os britânicos prendem a atenção exatamente pelo fato de olharem para o outro lado. Por isso, olham para o interlocutor quando terminaram de falar, o que significa que é hora da resposta. O raciocínio implícito nisto é que não se deve interromper uma pessoa quando ela não estiver olhando diretamente para o interlocutor.[28]

É útil para os executivos americanos ter consciência das inúmeras expectativas culturais relativas à postura e à maneira como podem ser interpretadas. Na Europa ou Ásia, uma posição muito à vontade em reuniões de negócios pode ser considerada inadequada ou o resultado de um passado nada recomendável. Na Coréia, espera-se que todos estejam sentados com os ombros eretos, com os pés corretamente no chão, e falem lentamente, mostrando uma mistura de corpo e espírito.

Os executivos podem igualmente familiarizar-se com as inúmeras interpretações diferentes dos sinais de mãos e dedos, muitas das quais representam gestos obscenos. Claro que não se pode esperar a mudança de todo o nosso comportamento cinésico natural, herdado, mas o que é possível e desejável é ter consciência do que ele pode significar para outros povos. E é possível aprender a entender o comportamento cinésico dos outros e o papel que desempenha em sua sociedade, além do modo como ele pode afetar transações comerciais. Interpretar equivocadamente os significados dos movimentos corporais — o que seria uma atitude etnocêntrica em relação ao comportamento "adequado" — pode ter repercussões negativas, como fica bem claro no perfil de abertura deste capítulo.

A *proxêmica* estuda a influência da proximidade e do espaço na comunicação — o espaço pessoal e o espaço de trabalho, ou o *layout* do local de trabalho. Os americanos esperam que o *layout* do escritório dê a cada pessoa um espaço reservado, normalmente um espaço cada vez maior e mais privado à medida que se ascende na escala hierárquica. Em grande parte da Ásia, o costume é ter um espaço de trabalho aberto, com as pessoas de todos os níveis trabalhando e falando muito perto umas das outras. O espaço transmite a idéia de poder tanto na Alemanha quanto nos Estados Unidos, o que se torna evidente pelo sonho de ter um escritório de esquina ou no andar mais elevado. A importância dos funcionários franceses, contudo, é demonstrada por seu posicionamento no meio dos subordinados, o que comunica que eles têm uma posição central em uma rede de informação, a partir da qual podem permanecer sempre bem informados e no controle da situação.[29]

Algumas vezes você se sente vagamente incomodado e começa lentamente a recuar quando alguém lhe dirige a palavra? Isto acontece porque a pessoa está invadindo a sua "bolha" — o seu espaço pessoal. O espaço pessoal é padronizado culturalmente, e as pistas espaciais estrangeiras são uma fonte muito comum de interpretações equivocadas. Quando alguém parece isolado ou sem rumo, demonstra em geral que está operando sob regras de espaço incomodamente diferentes.

Hall e Hall sugerem que as diferenças culturais afetam a programação dos sentidos e que o espaço, percebido por todos os sentidos, é considerado uma forma de território a ser protegido.[30] Os sul-americanos, europeus do sul e do leste, indonésios e árabes pertencem a *culturas de alto contato*: preferem a proximidade física, gostam de se tocarem fisicamente e experimentam um envolvimento sensorial sempre "próximo". Por outro lado, os norte-americanos, asiáticos e europeus do norte pertencem a *culturas de baixo contato*: preferem envolvimento sensorial muito menor, permanecendo afastados e sempre avessos ao contato físico. Eles têm um estilo "distante" de linguagem corporal.[31]

Deve-se destacar o fato de as culturas de alto contato ficarem principalmente em climas mais temperados e as de baixo contato, em regiões de clima mais frio. Os americanos são relativamente avessos ao contato físico, situando automaticamente à distância tal que um braço estendido consiga tocar apenas a orelha do próximo.[32] Chegar mais perto do que isso é considerado invasão do espaço íntimo. Contudo, os americanos e canadenses certamente contam sempre com um caloroso aperto de mãos e até mesmo um tapinha nas costas, dependendo do grau de intimidade, e jamais chegam ao caloroso cumprimento dos espanhóis (que costumam segurar com a mão esquerda o cotovelo da pessoa que estão cumprimentando). Os japoneses, consideravelmente menos hápticos (sensíveis ao toque), não costumam apertar mãos; uma saudação inicial entre um empresário japonês e um espanhol seria desagradável para ambos se não fossem bem treinados em cultura háptica.

Ao estudarmos as culturas de alto e baixo contatos, poderemos traçar uma correlação entre as variáveis do individualismo e coletivismo de Hofstede e os tipos de comportamentos cinésicos e proxêmicos das pessoas. Em geral, os individualistas são mais remotos e distantes, enquanto os coletivistas se mostram interdependentes — eles tendem a trabalhar, jogar, viver e dormir em maior proximidade.[33]

O termo *paralinguagem* indica mais a maneira pela qual se diz alguma coisa do que propriamente sobre o conteúdo do que é dito — o índice da fala, o tom e a inflexão da voz, outros ruídos, sorrisos ou até mesmo bocejos. O executivo consciente da importância da cultura aprende a interpretar as diferenças sutis em paralinguagem, inclusive o silêncio, o qual é um poderoso comunicador. Pode ser uma forma de dizer não, de se mostrar ofendido, ou de esperar por informações suplementares antes de tomar uma decisão. Existe uma variação considerável no uso do silêncio durante as reuniões. Enquanto os americanos começam a manifestar desconforto depois de 10 ou 15 segundos de silêncio, os chineses preferem pensar sobre a situação por mais de 30 segundos antes de começar a falar. Por isso mesmo, o cenário mais provável entre americanos e chineses, mostra o americano ficando impaciente, dizendo alguma coisa só para quebrar o silêncio e ofendendo o chinês ao interromper sua cadeia de pensamento e nível de conforto com o assunto em pauta.[34] Graham, pesquisador de negociações internacionais, gravou uma sessão de barganha realizada na sede da Toyota nos EUA, na Califórnia. O executivo americano havia apresentado uma proposta para abrir uma nova planta de produção no Brasil e estava esperando uma resposta dos três executivos japoneses, sentados com os olhos baixos e as mãos cruzadas sobre a mesa. Depois de cerca de 30 segundos — uma eternidade para os americanos, acostumados com um tempo de resposta em conversação de poucos décimos de segundo —, o americano foi logo dizendo que daquela maneira não iriam a lugar algum, e a reunião terminou em um impasse. Uma maior sensibilidade em relação às diferenças culturais em matéria de comunicação poderia ter levado o americano a esperar um pouco mais, ou talvez a provocar uma resposta mediante a apresentação de outra pergunta bem-educada.[35]

O termo *linguagem objeto,* ou *cultura material,* se refere ao modo como nos comunicamos via artefatos materiais, sejam eles arquitetura, projetos e móveis de escritório, roupas, carros ou cosméticos. A cultura material comunica o que as pessoas consideram mais importante. No México, o executivo internacional visitante, ou encarregado de vendas, é aconselhado a fazer um bom passeio antes de se empenhar em negociações sérias, assim demonstrando sua admiração pela arquitetura local, sempre um motivo de orgulho para os mexicanos.

Tempo

Outra variável que comunica cultura é a maneira como as pessoas levam em consideração e utilizam o tempo (assunto discutido no Capítulo 3). Para os brasileiros, uma pontualidade relativa comunica a importância dos envolvidos em determinada questão. Já no Oriente Médio, o tempo é algo controlado pela vontade de Alá.

Para dar início a eficientes interações interculturais de negócios, os executivos deveriam ter pleno conhecimento da diferença entre *sistemas monocrônicos de tempo* e *sistemas policrônicos de tempo,* e de como eles afetam as comunicações. Hall e Hall explicam que em culturas monocrônicas (Suíça, Alemanha e Estados Unidos), o tempo é uma experiência em sentido linear, com passado, presente e futuro e é tratado como a ser gasto, economizado, utilizado ou desperdiçado. Classificado e compartimentalizado, o tempo serve para dar ordem à vida. Esta atitude é uma parte bem aprendida da cultura ocidental, que provavelmente começou com a Revolução Industrial. Povos monocrônicos, encontrados em culturas individualistas, em geral se concentram em uma coisa de cada vez, respeitam os compromissos relativos ao tempo e são acostumados a relacionamentos de curto prazo.

Em contraste, os sistemas policrônicos toleram muitas coisas ocorrendo simultaneamente e destacam o envolvimento com as pessoas. Dois amigos latinos, por exemplo, darão preferência a uma conversa importante, mesmo em relação à pontualidade em uma reunião de negócios, dessa forma comunicando a prioridade que dão aos relacionamentos no que se refere aos sistemas materiais. Povos policrônicos — latino-americanos, árabes e todos os das culturas coletivistas — podem concentrar-se em várias coisas ao mesmo tempo, tornar-se altamente dispersivos e mudar de planos continuamente.[36]

A relação entre tempo e espaço também afeta a comunicação. Os povos policrônicos, por exemplo, são propensos a reuniões abertas, movimentando-se à vontade no ambiente e conduzindo negociações com os vários participantes, em lugar de compartimentalizar os tópicos das reuniões, como é comum entre os povos monocrônicos.

Poderíamos discutir incontáveis nuanças e distinções referentes às diferenças culturais em comunicação não-verbal relacionadas no Quadro 4.3. Os executivos interculturais inteligentes sempre levarão em grande consideração o papel que tais diferenças podem vir a exercer.

Que aspectos da comunicação não-verbal poderiam ter criado ruído nas interações entre o supervisor americano e o funcionário grego no Quadro 4.2? Indubitavelmente, surgiram algumas pistas no comportamento cinésico de cada pessoa que poderiam ser colhidas. Era responsabilidade do executivo, em especial, tomar nota de quaisquer indícios partidos do grego que pudessem levá-lo a alterar seu padrão ou suposições de comunicação. A comunicação direta permite ao emissor da mensagem a obtenção de *feedback* imediato, verbal e não-verbal, e assim lhe dá condições de ter alguma idéia sobre o modo como a mensagem está sendo recebida, e especialmente se precisa complementá-la com informações adicionais. Quais aspectos do comportamento cinésico, ou paralinguagem, do funcionário grego você acha que poderiam ter ficado evidentes para um executivo com maior sensibilidade cultural? Será que a noção de tempo de ambas as partes afetou o processo de comunicação?

Quadro 4.3 Formas de comunicação não-verbal

- Expressões faciais
- Postura do corpo
- Gesticulação das mãos, braços, cabeça, etc.
- Distanciamento interpessoal (proxêmica)
- Toque, contato físico
- Contato visual
- Roupas, cosméticos, penteados, jóias
- Paralinguagem (volume e inflexões da voz, velocidade da fala e silêncio)
- Simbolismo das cores
- Atitude em relação ao tempo e à utilização deste em interações sociais e profissionais
- Simbolismo dos alimentos e uso social das refeições

Contexto

Um grande fator de diferenciação que é sempre uma das causas principais do ruído no processo da comunicação é, sem dúvida, o *contexto,* que, como se verá a seguir, na verdade incorpora muitas das variáveis recém debatidas. O contexto no qual se desenvolve a comunicação afeta o sentido e a interpretação da interação. As culturas são sempre de alto ou baixo contexto, com uma escala intermediária relativa.[37] Nas *culturas de alto contexto* (Ásia, Oriente Médio, África e Mediterrâneo), os sentimentos e pensamentos não são manifestados explicitamente; pelo contrário, é sempre necessário ler nas entrelinhas e interpretar o significado de um entendimento generalizado. Acabamos de descrever duas dessas culturas de alto contexto — a da Coréia do Sul e a dos árabes. Nessas culturas, as informações fundamentais estão ocultas no contexto, em vez de serem explicitadas. As pessoas tentam interpretar o significado da mensagem por meio de seu conhecimento da pessoa ou do ambiente em que vive. Nessas culturas, grande parte da comunicação ocorre em um contexto de redes abrangentes de informação que resultam desses relacionamentos pessoais mais próximos. Em *culturas de baixo contexto* (Alemanha, Suíça, Escandinávia e América do Norte), nas quais as relações pessoais e profissionais são mais separadas, os meios de comunicação precisam ser mais explícitos. Os sentimentos e pensamentos são manifestados em palavras, e a informação está sempre mais disponível.

Na comunicação intercultural entre povos de alto e baixo contextos, uma ausência de entendimento pode impedir que se chegue a uma solução, o que às vezes acarreta conflitos. Os alemães, por exemplo, sempre esperam informações detalhadas antes de tomar uma decisão sobre negócios, enquanto os árabes terão como base de sua decisão especialmente o conhecimento das pessoas participantes — a informação continua presente, mas sempre implícita.

As pessoas de culturas de alto contexto esperam sempre que os outros venham a entender estados de espírito inarticulados, gestos sutis e pistas sobre o ambiente que os indivíduos de culturas de baixo contexto simplesmente não são capazes de processar. Disso freqüentemente surgem a interpretação equivocada e o desentendimento.[38] Povos de culturas de alto contexto consideram aqueles de baixo contexto loquazes ao ponto do exagero, por demais óbvios e redundantes. Já os das culturas de baixo contexto vêem os outros como fechados em si mesmos, arredios e misteriosos.[39] Há pesquisas, por exemplo, que indicam que os americanos consideram pessoas loquazes mais atraentes, ao passo que os coreanos, de alto contexto, pensam exatamente o contrário dos americanos nesse aspecto. Encontrar o equilíbrio adequado entre a comunicação de alto e baixo contexto pode ser extremamente complicado, como destacam Hall e Hall: "A informação em excesso leva as pessoas a entender que estão sendo ludibriadas: a informação escassa pode mistificá-las ou levá-las a se sentir excluídas."[40] O Quadro 4.4 mostra o índice relativo de contexto em vários países.

Quadro 4.4 O contexto cultural e seus efeitos na comunicação

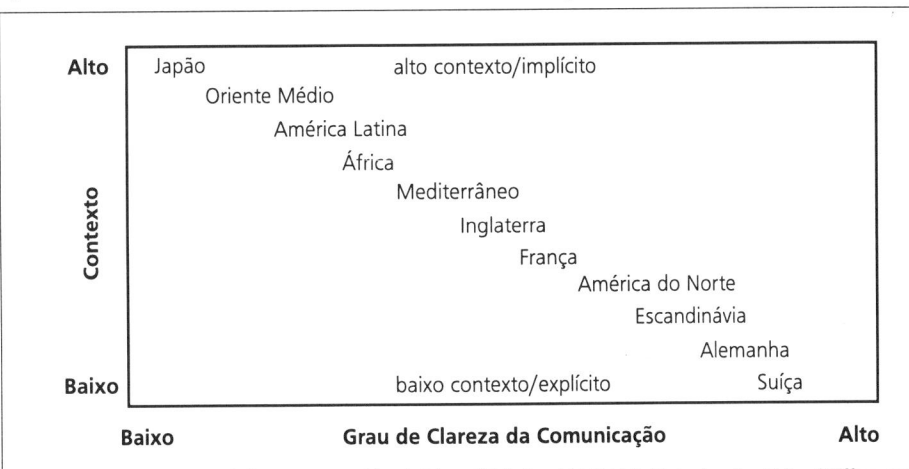

Contexto		
Alto	Japão	alto contexto/implícito
	Oriente Médio	
	América Latina	
	África	
	Mediterrâneo	
	Inglaterra	
	França	
		América do Norte
		Escandinávia
		Alemanha
Baixo	baixo contexto/explícito	Suíça
	Baixo — Grau de Clareza da Comunicação — Alto	

Fonte: Baseado em informações extraídas de Edward T. Hall and M. R. Hall, *Understanding Cultural Differences* (Yarmouth, ME: Intercultural Press, 1990), e Martin Rosch, "Communications: Focal Point of Culture", *Management Review,* 27, nº 4 (1987): 60.

A importância de entender o papel do contexto na linguagem não-verbal para evitar uma interpretação equivocada é ilustrada na seção a seguir, que descreve a comunicação entre árabes e norte-americanos.

Gestão comparativa em foco

Comunicação com os árabes

No Oriente Médio, o significado de uma comunicação é implícito e emaranhado, o que, naturalmente, se torna de compreensão bem mais difícil para os americanos, acostumados com os significados explícitos e especificados.

Os árabes são calorosos, emotivos e facilmente irritáveis: "falar alto" é considerado uma válvula de escape.[41] Na verdade, a linguagem arábica comunica com competência essa cultura, que é plena de extremos emocionais. A linguagem contém os meios para os excessos de expressão, muitos adjetivos, palavras que abrem espaço para o exagero e metáforas com as quais é possível destacar determinada posição. Nem sempre aquilo que se diz é tão importante quanto a maneira como é dito.[42] A eloquência e a fala cheia de rodeios são admiradas por seus próprios méritos, sem muita consideração pelo conteúdo. Falar alto é um recurso utilizado para dramatizar aquilo que se quer comunicar.

No centro da cultura do Oriente Médio, estão a amizade, a honra, a religião e a tradicional hospitalidade. Família, amigos e conexões, por demais importantes em todos os níveis no Oriente Médio, terão precedência sobre as transações de negócios. Os árabes fazem negócios com pessoas, jamais com empresas, e assumem compromissos com indivíduos, não fazem contratos. Um telefonema para a pessoa certa pode ajudar a superar obstáculos inteiramente intransponíveis à primeira vista. O árabe sempre espera a lealdade dos seus amigos, e fica subtendido que fazer e receber favores é parte inerente ao relacionamento; ninguém diz não a um favor pedido. Qualquer atraso no cumprimento do que foi prometido é logo entendido como o surgimento de um obstáculo insuperável no caminho da pessoa que se comprometera a fazer o favor.[43]

Por ser a hospitalidade um modo de vida e pelo seu alto simbolismo, o visitante deve ter em mente que jamais poderá rejeitar qualquer gentileza oferecida à chegada, tipo um refrigerante, nem insistir em que se iniciem logo as discussões comerciais. Parte dessa hospitalidade é o complicado sistema de saudações e o longo período de aclimatação, que talvez venha a ocupar toda uma primeira reunião. Embora o aperto de mãos possa parecer flácido, descortês, o restante da saudação certamente não é assim. O beijo no rosto é comum entre os homens, da mesma forma que amigos ficarem de mãos dadas. Contudo, qualquer demonstração pública de intimidade entre homens e mulheres é rigidamente proibido pelos códigos sociais árabes.

As mulheres, na verdade, pouco ou quase nada podem fazer no mundo dos negócios e do entretenimento; o Oriente Médio é uma sociedade dominada pelos homens, e qualquer pergunta sobre uma determinada mulher será considerada uma enorme falta de tato, no mínimo. Outros tabus, não-verbais, incluem mostrar a sola dos próprios pés e usar a mão esquerda (considerada impura) para comer ou alcançar alguma coisa a alguém. Nas discussões, esparramar-se em um assento ou inclinar-se contra uma parede são sinais evidentes de falta de respeito.

A sociedade árabe também dá grande valor à honradez. Harris e Moran explicam: "Honra, prestígio social e um lugar seguro na sociedade estão assegurados quando se conquista a aceitação geral. Se alguém não se adequar aos padrões gerais, será logo considerado amaldiçoado, o que leva a uma vergonha."[44] A vergonha não resulta simplesmente de fazer algo errado, mas do fato de que terceiros fiquem sabendo desse passo errado. Estabelecer um clima de honestidade e confiança é parte do senso de honra; por isso mesmo, precisa-se de um tato considerável para evitar a possibilidade de abrir caminho ao surgimento de qualquer preocupação ou dúvida. Os árabes se inclinam a uma introversão considerável até que se possa criar um clima de confiança mútua, o que pode levar muito tempo.[45]

Na sua comunicação não-verbal, a maioria dos países árabes tem culturas de alto contexto. Os árabes se postam ou sentam perto uns dos outros e admitem o contato físico, o toque entre pessoas do mesmo sexo muito mais do que os ocidentais. Eles não têm o mesmo conceito de espaço "público" e "privado", ou, como Hall define a questão: "Não é apenas o alarido da saudação muito mais alto, mas o olhar brilhante, o toque das mãos e o banho mútuo na respiração quente uns dos outros que representam a alimentação elevada dos sentidos em um nível que a maioria dos europeus considera insuportavelmente intenso".[46] Por outro lado, aquele distanciamento comum entre os norte-americanos pode deixar um árabe com suspeita das intenções do interlocutor simplesmente pela ausência do contato do olfato.[47]

A expressão muçulmana *bukra insha Allah* ("amanhã, se for a vontade de Alá") explica muito a respeito da cultura árabe e de sua maneira de conduzir transações comerciais. Um choque cultural normalmente ocorre quando um americano tenta impor prazos a um árabe. "'Vou a Damasco amanhã de manhã, mas preciso que o carro esteja pronto à noite' é a melhor maneira de fazer com que o mecânico pare de trabalhar", explica Hall, "porque impor um prazo a outra pessoa nesta parte do mundo é ser rude, mal-educado e exigente".[48] Em tais instâncias, a atitude em relação ao tempo comunica com a mesma intensidade que as palavras.

Na interação verbal, os executivos precisam se dar conta de diferentes padrões de pensamento e comunicação árabes. Comparados com o estilo direto, linear de comunicação dos americanos, os árabes tendem a ser sinuosos: começam com uma conversa social, discutem negócios durante algum tempo, voltam para os assuntos sociais e gerais, novamente aos negócios, e assim por diante.[49] A impaciência e insistência dos americanos em se manter no assunto só servirá para "cortar seus meandros", desencadeando com isso confusão e mau funcionamento do processo.

O Quadro 4.5 ilustra algumas das fontes de ruído capazes de interferir no processo de comunicação entre americanos e árabes. Para quem quiser negociar no Oriente Médio, apresentamos algumas diretrizes muito úteis para uma comunicação mais eficiente:

- Seja paciente. Reconheça a atitude árabe quanto ao tempo e à hospitalidade – aproveite a oportunidade para desenvolver amizade e confiança, pois ambas são pré-requisitos para quaisquer contatos sociais ou transações de negócios.
- Reconheça que as pessoas e seus relacionamentos são, para os árabes, mais importantes que o emprego, a empresa ou o contrato – faça seus negócios pessoalmente, não por correspondência ou telefone.
- Evite manifestar dúvidas ou críticas na presença de terceiros – reconheça a importância da honra e da dignidade para os árabes.
- Adapte-se às normas da linguagem corporal, da fala requintada e dos padrões verbais cheios de circunlóquios do Oriente Médio, e não se mostre impaciente para "chegar logo ao centro da questão".
- Esteja preparado para inúmeras interrupções em reuniões, atrasos em cronogramas e mudanças de planos.[50]

Quadro 4.5 Problemas na comunicação entre americanos e árabes, causados pelo ruído intercultural

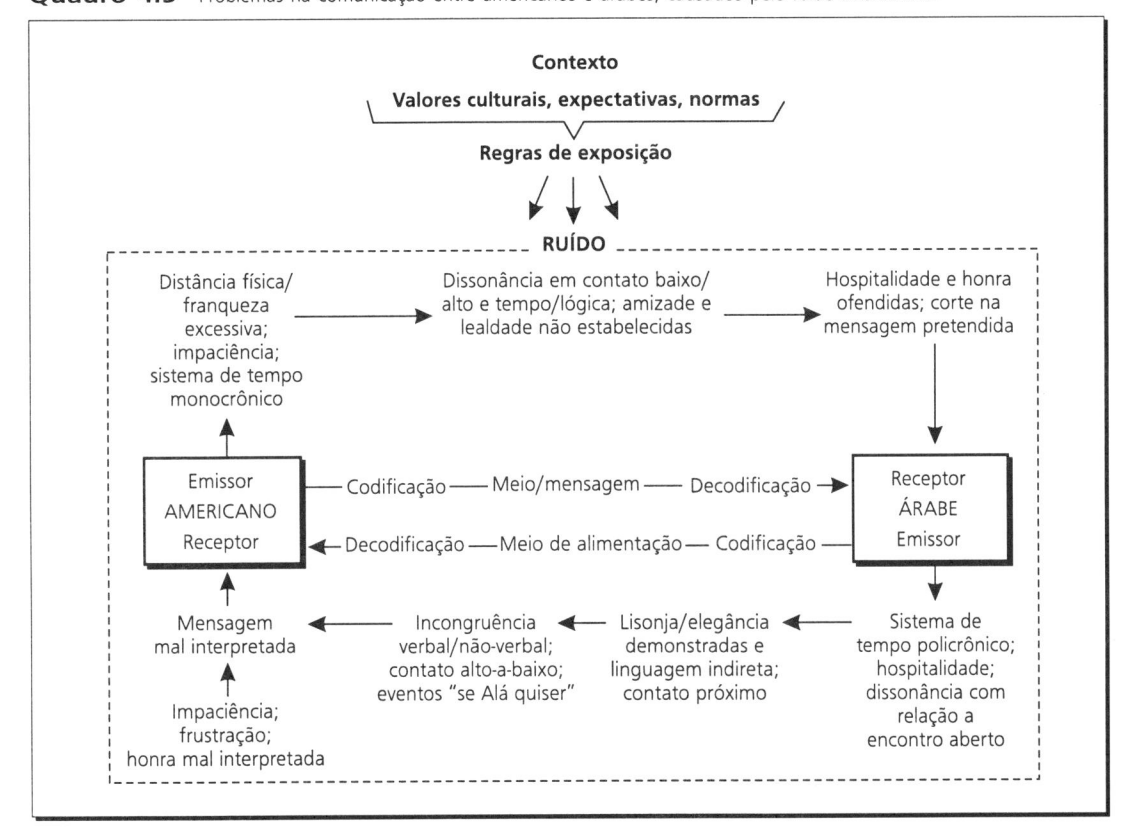

Canais de comunicação

Em acréscimo às variáveis relacionadas ao emissor e ao receptor de uma mensagem, devem ser levadas em consideração também as variáveis ligadas ao próprio canal e ao contexto. Entre essas variáveis, figuram fluxos rápidos ou lentos de mensagens e informações e os diversos tipos de meios.

Sistemas de informação

A comunicação varia, nas organizações, conforme o local e a forma em que se origina, os canais e a velocidade com que flui, se é formal ou informal, entre outros fatores. O tipo de estrutura organizacional, as políticas de pessoal e o estilo de liderança também terão influência sobre a natureza do sistema de informação de qualquer organização.

Na condição de executivo internacional, sempre é válido conhecer onde e de que maneira se origina a informação e a velocidade com que ela flui, interna e externamente. Em estruturas organizacionais centralizadas, como na América do Sul, a maior parte da informação procede da administração superior. Os funcionários assumem menor compromisso em manter os executivos bem informados do que em uma empresa típica nos Estados Unidos, onde a delegação faz com que a informação flua do pessoal para os executivos. Em um sistema de decisões que envolve muitas pessoas, como o sistema *ringi* (um sistema de consulta e aprovação de baixo para cima) no Japão, há um padrão sistemático de fluxo da informação o qual o expatriado precisa entender.[51]

O contexto também age sobre o fluxo da informação. Em culturas de alto contexto (como no Oriente Médio), a informação se dissemina com rapidez e liberdade em função do constante contato próximo e aos laços implícitos entre pessoas e organizações. O fluxo da informação é quase sempre informal. Em culturas de baixo contexto (como a Alemanha e os Estados Unidos), a informação é controlada e concentrada, e por isso não circula com a mesma liberdade.[52] As funções compartimentadas e o *layout* dos locais de trabalho sufocam os canais de informação, e as fontes de informação tendem a ser mais formais.

É fundamental para um executivo expatriado descobrir a melhor maneira de se inserir nas fontes informais de informação da empresa. No Japão, os funcionários normalmente se reúnem, no caminho do trabalho para casa, a fim de beber alguma coisa, ocasião essa que acaba se transformando em um canal essencial de informação. Contudo, é preciso notar que essas redes de comunicação se baseiam em relacionamentos em geral antigos no Japão (e em outras culturas de alto contexto). Assim, uma informação ao alcance dessa rede pode não estar facilmente disponível para os "estranhos". Há, no Japão, uma barreira considerável que separa os estrangeiros dos amigos da família, uma situação que, evidentemente, funciona como entrave à melhoria na comunicação.

Os americanos são mais abertos e falam livremente sobre quase tudo, em contraste com os japoneses, que dificilmente revelam muita coisa sobre seus pensamentos mais íntimos ou assuntos particulares. Os americanos se dispõem a expor uma "entidade pública" ampla, revelando verbal e fisicamente suas reações mais íntimas. Os japoneses, pelo contrário, preferem manter suas respostas principalmente para a sua "entidade privada". Eles expõem apenas uma ínfima porção de seus pensamentos; reduzem, conforme Barnlund, "a imprevisibilidade e a intensidade emocional de encontros pessoais".[53] Barnlund faz um diagrama dessa diferença, como mostra o Quadro 4.6, ilustrando o choque cultural entre os entes público e privado na comunicação intercultural americanos/japoneses. Os sinais de mais e menos no diagrama indicam as áreas de concordância ou desacordo (respectivamente) resultantes quando cada parte força suas normas de comunicação cultural sobre a outra. No estilo americano, as normas culturais americanas de comunicação explícita são impostas aos japoneses pela invasão da privacidade da pessoa. O estilo japonês de comunicação implícita causa uma reação negativa por parte dos americanos em função de tudo o que estes percebem como excesso de formalismo e ambigüidade, o que acarreta perda de tempo.[54]

As variáveis culturais nos sistemas e contextos de informação dão forma às inúmeras diferenças de estilo de comunicação entre japoneses e americanos. O Quadro 4.7 (p. 118) mostra algumas dessas diferenças específicas. O estilo japonês *ningsei* ("humanista") de comunicação se relaciona à sua preferência pela humanidade, reciprocidade, a uma orientação de receptor e uma desconfiança inata em relação às palavras e à lógica analítica.[55] Os japoneses crêem que as verdadeiras intenções não se revelam adequadamente em palavras ou contratos, sendo, na verdade, por eles mascarados. Em contraste com a agilidade e clareza verbais características dos americanos, as comunicações e o comportamento dos japoneses destinam-se a defender e a dar um rosto a todos os envolvidos; para tanto, evitam a qualquer custo manifestar desacordo em público. Em negociações interculturais, este último ponto é essencial.

Quadro 4.6 Conflitos da comunicação intercultural entre americanos e japoneses

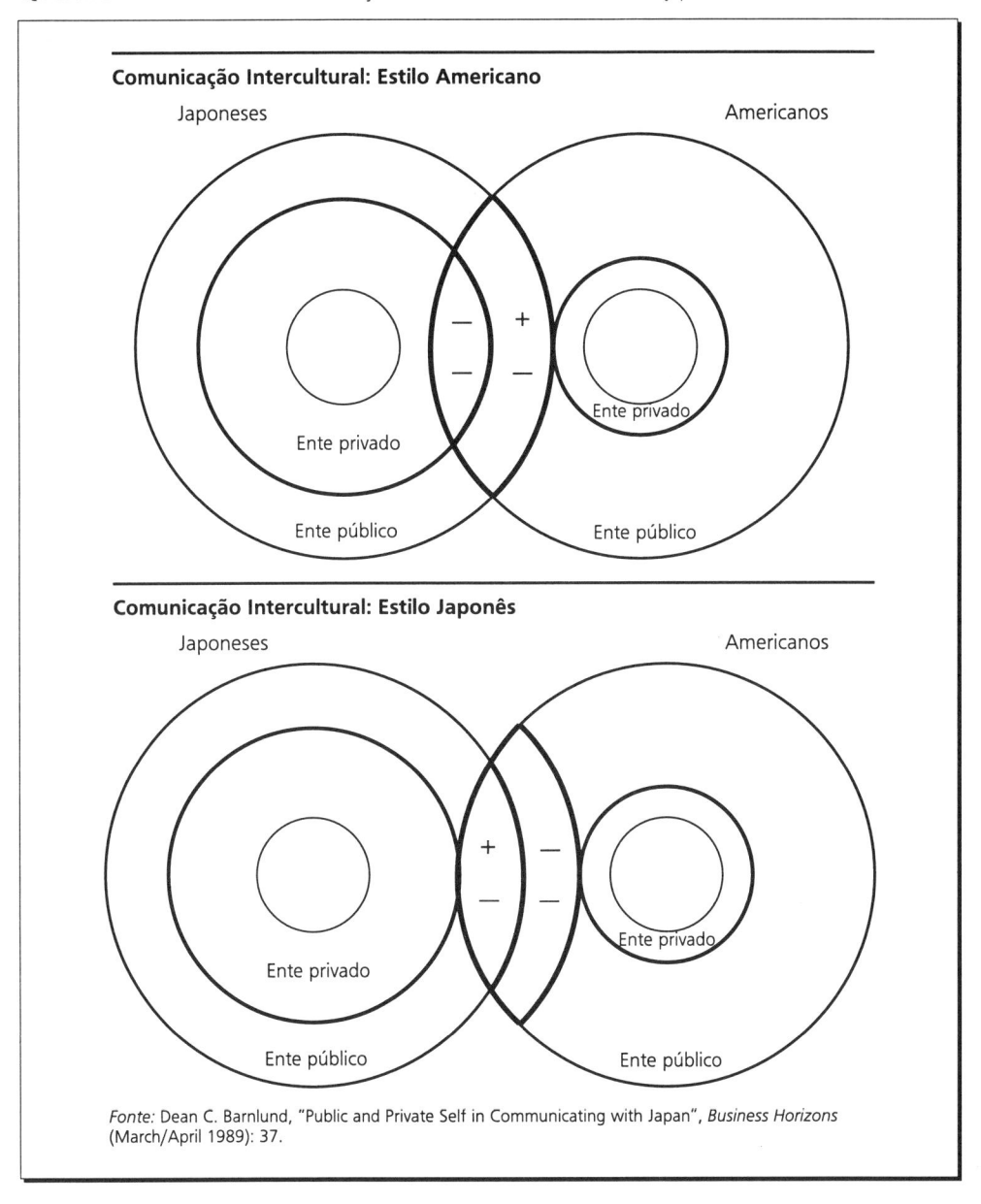

Comunicação Intercultural: Estilo Americano

Japoneses — Americanos

Ente privado / Ente público

Comunicação Intercultural: Estilo Japonês

Japoneses — Americanos

Ente privado / Ente público

Fonte: Dean C. Barnlund, "Public and Private Self in Communicating with Japan", *Business Horizons* (March/April 1989): 37.

A rapidez com que tentamos usar sistemas de informação é outra variável decisiva que merece redobrada atenção a fim de não causar interpretação equivocada e conflitos. A expectativa dos americanos é, em geral, dar e receber informações com muita rapidez e transparência, avançando em meio aos detalhes e estágios de maneira linear até a conclusão. Eles normalmente usam vários meios para mensagens rápidas — cartas que detalham todos os planos e os antecipam, faxes e relações familiares. Em contraste, os franceses, por exemplo, usam os canais de mensagem menos apressados das relações aprofundadas, da cultura e às vezes de intermediários para a troca de informações. Uma comunicação francesa escrita será exploratória, com cartas subseqüentes até se chegar a uma nova proposta. Na verdade, a preferência francesa pela comunicação escrita, mesmo em interações informais, é um reflexo da formali-

Quadro 4.7 Diferenças entre os estilos de comunicação japonês e americano

O ESTILO JAPONÊS *NINGENSEI*	O ESTILO AMERICANO CONCORRENTE
1. Comunicação indireta verbal e não-verbal	1. Comunicação verbal e não-verbal mais direta
2. Comunicação baseada em relacionamento	2. Comunicação centrada no trabalho
3. Não incentiva as estratégias de confronto	3. Preferência pelas estratégias de confronto
4. Comunicação estrategicamente ambígua	4. Preferência pela comunicação mais direta a ponto
5. *Feeback* demorado	5. *Feedback* mais imediato
6. Negociadores pacientes, de longo prazo	6. Negociadores de curto prazo
7. Utiliza poucas palavras	7. Dá preferência à verborragia
8. Não confia em comunicadores verborrágicos	8. Exalta a eloqüência verbal
9. Orientação de grupo	9. Orientação mais individualista
10. Cauteloso, explorador	10. Mais afirmativo, autoconfiante
11. Comunicadores que se complementam	11. Comunicadores mais propensos a críticas em público
12. Lógica mais humana, com os pés no chão	12. Preferência pela lógica mais pesada e analítica
13. Utilização simpática, empática e complexa do *pathos*	13. Prefere o logocentrismo, o raciocínio
14. Expressa e decodifica complexas estratégias relacionais e nuanças	14. Manifesta e decodifica nuanças cognitivas e logocêntricas complexas
15. Evita tomar decisões em público	15. Toma decisões em público freqüentemente
16. Adota decisões em ambientes privados, longe do olhar público	16. Toma decisões públicas à mesa de negociações freqüentemente
17. Decide por meio de *ringi* e *nemawashi* (processos de consenso integral)	17. Decisões pela vontade da maioria e compromisso público são mais comuns
18. Utiliza intermediários para as decisões	18. Uso mais extensivo da interação pessoa-a-pessoa, parceiro-a-parceiro para as decisões
19. Significado oculto e hesitação na comunicação verbal e não-verbal	19. Consegue falar publicamente em superlativos, exageros, projeção não-verbal
20. Usa qualificadores, exploradores e humildade como comunicadores	20. Inclina-se por menor número de qualificadores, mais ego-centrado
21. Centralizado em receptividade/escuta	21. Mais centrado no orador e na mensagem
22. Significados inferidos, vê além das palavras buscando as nuanças, comunicação não-verbal	22. Mais significado do valor de face, mais denotativo
23. Comunicadores tímidos, reservados	23. Maior capacidade de auto-afirmação em público
24. Não preza transações puramente comerciais	24. Prefere o estilo "ir direto aos negócios", ou "ao âmago da questão"
25. Mistura comunicação comercial e social	25. Tende a manter a negociação comercial mais separada da comunicação social
26. Utiliza *matomari*, ou "palpites", para conseguir adaptação do grupo e evitar fracassos humilhantes na negociação	26. Verbaliza mais diretamente a preferência da diretoria às mesas de negociações
27. Pratica *haragei* ou lógica dos instintos e da comunicação	27. Pratica uma lógica analítica mais linear, discursiva; prefere o cognitivo ao afetivo

Fonte: A. Goldman, "The Centrality of 'Ningensei to Japanese Negotiating and Interpersonal Relationships: Implications for U.S. Japanese Communication", *International Journal of Intercultural Relations* 18, nº 1 (Winter 1994).

dade de seus relacionamentos — e tem como resultado uma moderação da rapidez da comunicação que muitas vezes parece desnecessária para os americanos. Jean-Louis Reynal, executivo de uma fábrica da Citroen, explica que "não seria exagero dizer que, enquanto não estão escritas, enquanto não forem visíveis em um quadro negro, em uma agenda ou até mesmo em uma carta, as idéias não são reais para o executivo francês. É possível garantir que escrever é, para nós, uma ajuda indispensável para o 'ser'".[56]

Em resumo, cabe aos americanos entender que, como a maior parte do mundo faz o intercâmbio de informação com meios menos acelerados de mensagem, é aconselhável programar mais tempo para as transações, desenvolver um sentido de paciência e aprender a conseguir a informação necessária de maneiras menos ostensivas — depois de estabelecer uma aproximação e levar um bom tempo observando o sistema local que comanda o intercâmbio de informação.

Já vimos que a interpretação inadequada entre culturas pode resultar do ruído na transmissão da mensagem — a escolha ou rapidez do meio. Interpretar o significado de uma mensagem pode, portanto, ser uma função do canal (ou meio) de transmissão tanto quanto o exame da própria mensagem o é.

TECNOLOGIA DA INFORMAÇÃO — COBERTURA GLOBAL E AÇÃO LOCAL

Toda informação é local; os sistemas de TI conseguem conectar cada canto do globo, mas os executivos da TI estão aprendendo que é indispensável prestar atenção às diferenças regionais.[57]

COMPUTERWORLD, 10 DE ABRIL DE 2000

Organizar (globalmente) a tecnologia do *e-commerce* B2B... torna-se exponencialmente mais difícil pelo fato de os sistemas precisarem levar em conta preocupações que não são do alcance de redes domésticas, como a tradução de idiomas, a conversão de moedas e até mesmo as diferenças culturais.[58]

INTERNET WEEK, 09 DE OUTUBRO DE 2000

A utilização da Internet como um meio global para a comunicação capacitou empresas de todos os portes a desenvolver com rapidez e eficiência uma presença em muitos mercados mundiais; na verdade, essa utilização abriu-lhes as portas da "cobertura global". Contudo, esse mesmo alcance global não se transforma, por si, em negócios globais. Essas empresas estão aprendendo que precisam adaptar seu comércio eletrônico e seus aplicativos de planejamento de recursos (ERPs) às idiossincrasias regionais muito além da tradução ou do conteúdo de questões de gerenciamento: até mesmo a simples solicitação de um nome ou de um *e-mail* pode enfrentar resistência em muitos países cujo povos não gostam de passar adiante informações pessoais.[59] Embora a comunicação por meio da Internet evidentemente não seja tão pessoal quanto a comunicação intercultural face-a-face, essas transações ainda devem ser regionalizadas e personalizadas para que se ajustem às diferenças de linguagem, cultura, leis regionais e modelos de negócios, da mesma forma que a diferenças nos níveis de desenvolvimento da infra-estrutura local de comunicação. E, ainda assim, mesmo sendo a Internet um meio global para a comunicação, por que tantas empresas dos Estados Unidos a tratam como se fosse um fenômeno exclusivamente americanocêntrico? Dar preferência a algumas regiões geográficas, idiomas e culturas é "uma decisão empresarial de visão curta que irá resultar na redução da lucratividade das marcas, de fatias do mercado, lucros e liderança global".[60] Na verdade, com uma previsão de crescimento anual de 70% dos *sites* de língua não-inglesa e de sua utilização, isso situaria os *sites* em inglês em minoria entre 2002 e 2003.[61]

Parece, então, essencial que uma estratégia global *on-line* seja também multilocal. A natureza interpessoal da Internet precisa ser de alguma forma adaptada às culturas locais a fim de que se estabeleçam relações e se crie a lealdade do cliente. Uma comunicação tecnológica eficiente exige sensibilidade cultural ainda maior do que a comunicação face-a-face, devido à impossibilidade de avaliar reações e reunir *feedback*, ou mesmo, em muitos casos, de manter contato. Afinal de contas, ainda são as pessoas que reagem e interagem com outras pessoas por intermédio da Internet, e essas pessoas interpretam e reagem de acordo com seus próprios idiomas e culturas, e também com as práticas e expectativas locais de negócios. Na Europa, por exemplo, são significativas as diferenças em matéria de culturas de negócios e tecnologia de *e-commerce*, o que tem sido um dos motivos da lentidão do progresso do comércio eletrônico na região. Contudo, algumas companhias estão conseguindo avançar em matéria de serviços de integração intereuropéia, por exemplo, *leEurope*, que se propõe a ultrapassar as barreiras idiomáticas, monetárias e culturais ali existentes. A companhia *leEurope* faz isso por meio da construção de um elenco de serviços destinado a "ajudar as empresas a interligar seus sistemas de *e-business* ao longo das fronteiras européias mediante uma série de fusões que envolvem integradores regionais de *e-business* em mais de uma dúzia de países".[62]

Uma companhia global que tem sido bem-sucedida no esforço de somar uma estratégia multilocal *on-line* as suas antigas instalações solidamente construídas é a Manheim Auctions Inc., mostrada no *E-Biz Box* que acompanha esta seção.

E-BIZ BOX
O sistema de anúncios localizados B2B da Manheim Auctions Inc, para as suas operações globais

Quadro 4.8 Mapa dos locais da Manheimauctions.com

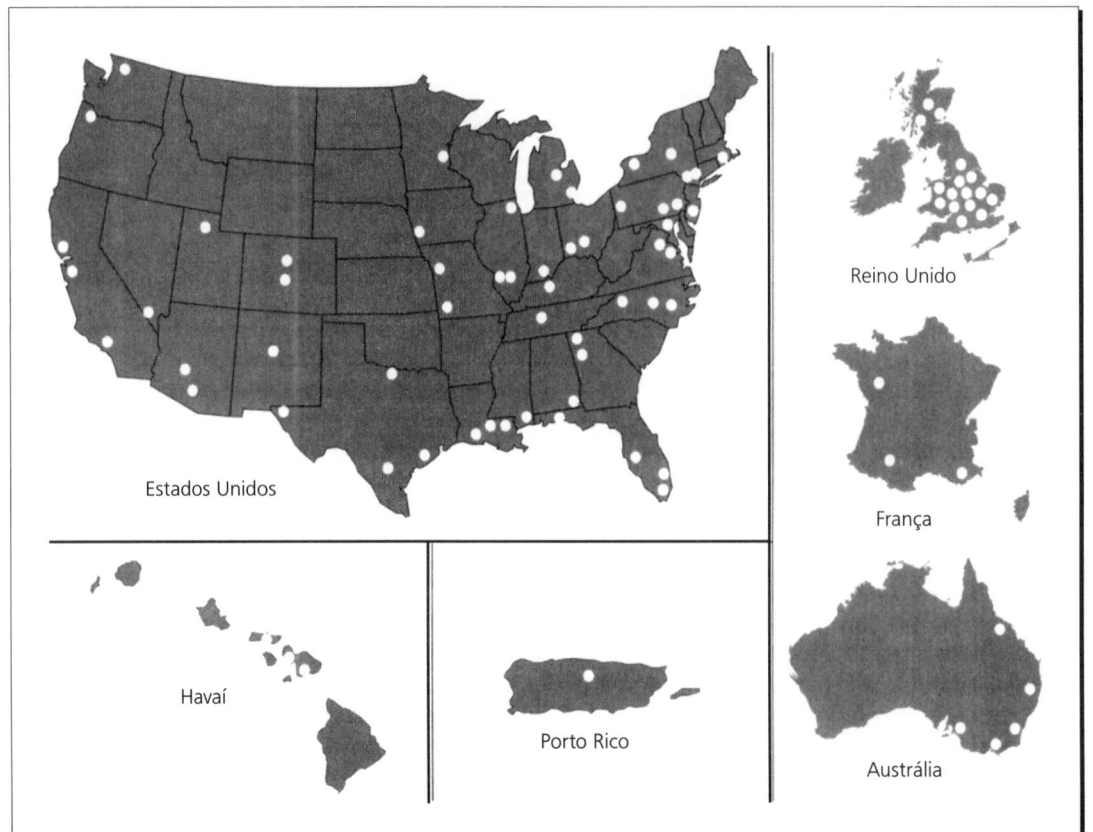

Estados Unidos

Reino Unido

França

Havaí

Porto Rico

Austrália

Com mais de 115 pontos espalhados pelo mundo, a rede mundial da Manheim compartilha um banco de dados geral com informações sobre veículos, que inclui preços, históricos e fotos digitais.

Fonte: www.manheimauctions.com/HTML/history.html

Com sede em Atlanta, Georgia, a Manheim Auctions é a maior companhia, e também a de maior volume de leilões de atacado de automóveis no mundo. A companhia opera mais de 115 pontos de leilão no mundo e emprega mais de 30 mil pessoas. A Manheim revende automóveis para consignatários atacadistas. Estes incluem vendedores de automóveis, fabricantes, operadoras de aluguel de veículos, companhias de frete e *leasing* de veículos e franquias licenciadas e igualmente vendedores independentes. Milhares de vendedores fazem negócios utilizando-se da rede mundial da Manheim, que compartilha um imenso banco de dados com informações sobre veículos, inclusive preços, históricos e fotos digitais que podem ser acessados em www.Manheimauctions.com e www.Autotrader.com, bem como em outros endereços especializados.[63]

A Manheim enfrentou inúmeros desafios em seu esforço para localizar os *cyberlots* e, ao mesmo tempo, expandir-se globalmente. Novos sócios no Reino Unido e na Austrália, por exemplo, sem que a Manheim deles tivesse conhecimento, tinham linhas de negócios com as quais o *site on-line* da Manheim não trabalhava. A empresa precisou também fazer ajustes a inúmeros padrões diferentes de medida, como quilômetros, e à terminologia diferente para partes de automóveis, como o porta-malas, que, para os britânicos, é *boot* e, para os americanos, *trunk*.[64] Além disso, com *feedback* do seu sócio australiano, a Manheim fez alterações no seu logo corporativo, mostrado no Quadro 4.8. Esse sócio "lá do fim do mundo" naturalmente se sentiu deixado de lado quando viu que o logo original mostrava apenas as Américas do Norte e do Sul.[65]

GESTÃO DA COMUNICAÇÃO INTERCULTURAL

Entre as medidas indispensáveis a uma comunicação intercultural eficiente, figuram o desenvolvimento de uma sensibilidade cultural, a codificação cautelosa, a transmissão seletiva, a decodificação cuidadosa e ações adequadas de consolidação.

Desenvolvimento da sensibilidade cultural

Na condição de emissor, o executivo precisa se comprometer a conhecer adequadamente o receptor e a codificar a mensagem de modo a ter quase certeza de que ela será entendida da maneira exposta no original. Da parte do executivo, isto exige a consciência da própria bagagem cultural e de como ela afeta o processo da comunicação. Em outras palavras, que tipos de mensagens estão implícitos nessa mensagem e como serão percebidos pelo receptor? A melhor maneira de antecipar o significado mais provável que o receptor dará à mensagem é internalizar uma empatia cultural honesta com essa pessoa. Qual é o cenário cultural — o contexto de sociedade, economia e organização — no qual essa comunicação deve se desenvolver? Quais são as expectativas da pessoa quanto a essa situação, quais as posições relativas das duas partes e o que essa comunicação poderá produzir? Com que tipos de transações e comportamentos a pessoa está acostumada? A sensibilidade cultural (discutida no Capítulo 3) é, na verdade, exatamente uma questão de entender a outra pessoa, o contexto e a maneira como a pessoa reagirá nesse contexto.

Codificação cautelosa

Ao traduzir o significado pretendido em símbolos destinados à comunicação intercultural, o emissor deve sempre utilizar palavras, imagens ou gestos que façam sentido e se adéqüem à estrutura de referência do receptor. É claro que o treinamento em linguagem não tem preço, mas os emissores devem sempre evitar o uso de idiomatismos ou regionalismos em uma tradução, ou mesmo no inglês ao falar com estrangeiros pouco versados no idioma (estes certamente não entenderiam alguém que os aconselhasse, em uma conversa normal, a *go fly a kite* — soltar papagaio, ou pandorga — ou a *foot the bill* — literalmente, 'dar pé a', no sentido de pagar, ou garantir a conta...)

A tradução literal é, pois, uma resposta limitada às diferenças idiomáticas. Mesmo entre países de língua inglesa, muitas palavras podem ter significados muito diferentes — como comprovou, certa vez, um banqueiro americano na Austrália, depois de um animado jantar de negócios. Para manifestar sua satisfação, ele disse estar *full* (pleno), o que, para os locais, significava bêbado. Sentindo o silêncio que dominava os demais participantes, ele logo tentou se corrigir, dizendo que, na verdade, estava *stuffed* (saciado). Em vez de melhorar, piorou, pois essa palavra, na Austrália, só é usada em um contexto sexual.[66] A melhor maneira de evitar constrangimentos como esses é falar lenta e claramente, evitar frases longas e expressões coloquiais e explicar as coisas de várias maneiras e, se possível, por vários meios.[67] Contudo, mesmo sendo o inglês um idioma de uso comum no mundo inteiro em transações comerciais, os esforços do executivo para falar o idioma local certamente serão de grande ajuda para melhorar o seu ambiente. Muitas vezes, pessoas de outras culturas se ressentem com o fato de executivos anglo-americanos darem a entender que é obrigação do resto do mundo saber falar a língua deles.

A tradução de idiomas é apenas parte do processo de codificação; a mensagem também é expressa em linguagem não-verbal. No processo de codificação, o emissor precisa garantir a congruência entre a mensagem verbal e a não-verbal. Ao codificar uma mensagem, por isso mesmo, vale a pena ser tão objetivo quanto possível e não depender de interpretações pessoais. Para tornar cada vez mais claras as suas mensagens, os executivos podem antecipar sumários escritos de suas apresentações verbais e fazer uso de auxílios visuais — gráficos ou imagens. Uma boa orientação geral é andar devagar, esperar e saber colher todas as pistas possíveis a partir das reações dos receptores.

Transmissão seletiva

O tipo de meio escolhido para a transmissão depende da natureza da mensagem, do seu nível de importância, do contexto e das expectativas do receptor, da atualidade e da necessidade de interação pessoal, entre outros fatores. Entre os meios mais comuns, encontram-se o *e-mail*, cartas ou memorandos, relatórios, reuniões, telefonemas, teleconferências, videoconferências ou conversas frente a frente. O segredo é descobrir como a comunicação é transmitida na organização local — até que ponto é de cima para baixo ou vice-versa, até que ponto é vertical ou horizontal, de que maneira funciona a usina de boatos, etc. Além disso, as variáveis culturais discutidas anteriormente precisam ser consideradas: se o receptor é de uma cultura de alto ou baixo contexto, se é acostumado à comunicação implícita ou explícita e que direcionamento tornará as mensagens mais eficazes.

Na maioria dos casos, a melhor escolha é a utilização da interação face a face para a consolidação de relações ou demais transações de importância, especialmente nas comunicações interculturais, devido à falta de familiaridade entre as partes. Interações pessoais dão ao executivo a oportunidade de acesso a um *feedback* verbal e visual imediato e de fazer ajustes rápidos no processo de comunicação.

Os negócios internacionais são muitas vezes feitos a distância, o que naturalmente, limita oportunidades de comunicação face a face. Contudo, essa aproximação pessoal pode ser estabelecida ou melhorada mesmo mediante telefonemas ou videoconferências, ou pela utilização de contatos de confiança. Os meios eletrônicos modernos podem ser usados para quebrar as barreiras à comunicação ao reduzir os períodos de espera pela informação, esclarecer logo as questões pendentes e permitir a consulta instantânea. As telecomunicações globais e as redes de computadores estão mudando a face da comunicação intercultural por meio da disseminação cada vez mais rápida de informações no âmbito da organização receptora. A Ford da Europa usa o método da videoconferência para que seus engenheiros na Alemanha e Grã-Bretanha se consultem e assessorem em matéria de problemas de qualidade. Pela tela da televisão, eles examinam os diagramas de projetos de motores uns dos outros e normalmente encontram uma solução que coloca a fábrica novamente em movimento dentro de pouco tempo depois da constatação do problema.[68]

Decodificação cautelosa do *feedback*

Canais atualizados e eficientes de *feedback* podem ser igualmente criados para dar a uma empresa a comunicação geral sobre o andamento de seus negócios e dos seus princípios gerais de gestão. A melhor maneira de conseguir o *feedback* mais acurado ainda é a interação face a face, pois é ela que permite ao executivo ouvir, ver e sentir instantaneamente de que forma a determinada mensagem está sendo interpretada. Quando não for possível o *feedback* visual em relação a questões importantes, nem adequado, a melhor maneira de substituí-lo será a utilização de vários meios simultâneos, especialmente por intermédio de terceiros.

A decodificação é o processo de traduzir os símbolos recebidos para a mensagem interpretada. As principais causas de incongruência são 1) o receptor interpreta a mensagem ao contrário, 2) o receptor codifica a sua mensagem de retorno incorretamente, ou 3) o emissor interpreta erradamente o *feedback*. É, por isso, essencial dispor de uma comunicação de duas vias em questões decisivas, de maneira que seja possível fazer esforços sucessivos até alcançar o pleno entendimento. Solicitar a outros colegas ajuda na interpretação do que está acontecendo é muitas vezes uma boa forma de quebrar um ciclo de comunicação com ruído.

É possível que o meio mais importante de evitar equívoco na comunicação seja a prática de uma decodificação cautelosa, que se concretiza no aperfeiçoamento das habilidades de ouvir e observar. Um bom ouvinte pratica a oitiva projetiva, ou oitiva empática — que é ouvir sem interrupção ou avaliação a mensagem inteira do orador, tentando, isto sim, reconhecer o sentimento por trás das palavras e pistas não-verbais, e a partir daí entender melhor a perspectiva do orador.

No nível das corporações multinacionais, é possível manter verdadeiras avenidas de comunicação e *feedback* entre a matriz e as subsidiárias de cada conglomerado por intermédio de telefonemas, reuniões e visitas regulares e planos — tudo isso contribui para facilitar e incentivar a cooperação, o controle do desempenho e a manutenção da companhia no caminho certo. A comunicação entre operações por demais distantes entre si pode ter sua gestão melhorada mediante a criação de sistemas de *feedback* e pessoas encarregadas da ligação entre todas elas. Os funcionários da sede devem demonstrar flexibilidade considerável na cooperação com os executivos das filiais e permitir que eles desenvolvam, sem interferir, o relacionamento com o contexto local da maneira que considerarem mais apropriada.

Ações de continuidade

Os executivos comunicam tanto pela ação quanto pela inação. Portanto, para manter abertas as linhas de comunicação, *feedback* e confiança, precisam colocar em prática ações que tenham sido debatidas e aprovadas pelo conjunto — tipicamente um contrato, que é provavelmente a mais importante comunicação formal de negócio. Infelizmente, a questão do contrato de continuidade é uma das que maiores sensibilidades despertam no plano intercultural, exatamente por causa das diferentes interpretações relativas ao que constitui realmente um contrato (talvez um aperto de mãos, talvez um documento legal com todo o detalhamento imaginável) e a quais ações devem dele resultar. Confiança, comunicações futuras e futuros negócios baseiam-se em tais interpretações, e cabe ao executivo entendê-las em sua plenitude e conseguir implantá-las e dar-lhes continuidade.

A gestão da comunicação intercultural depende em grande parte das capacidades pessoais e do modo de agir (comportamento) do executivo. Os comportamentos considerados pelos pesquisadores como os mais importantes para a *comunicação intercultural eficiente* (ICE, na sigla em inglês) são a seguir relacionadas, de acordo com a revisão delas feita por Ruben:

1. Respeito (demonstrado por meio do contato visual, da posição corporal, do tom e da altura da voz)
2. Posição interativa (a capacidade de reagir aos atos dos outros de uma maneira descritiva, acrítica e não-avaliadora)
3. Orientação pelo conhecimento (reconhecer que o conhecimento, a percepção e as crenças são válidos apenas para a própria pessoa, não implicando obrigação para qualquer outra)
4. Empatia
5. Gestão pela interação
6. Tolerância à ambigüidade
7. Comportamento regido pela função orientada para os demais (a capacidade de ser flexível e de adotar diferentes funções para benefício da maior coesão e melhor comunicação do grupo)[69]

Seja no próprio país ou no exterior, determinadas capacidades pessoais facilitam uma comunicação intercultural eficiente; essas capacidades podem ajudar o expatriado a adaptar-se ao país hospedeiro e proporcionar que venha a desenvolver, a longo prazo, relações de trabalho produtivas. Pesquisadores determinaram a existência de uma relação entre traços de personalidade e comportamentos e a capacidade de adaptar-se ao ambiente cultural do país anfitrião.[70] O que sempre se destaca, no entanto, é que a comunicação é o fator de mediação entre aqueles comportamentos e o nível relativo de adaptação que o expatriado atinge. O processo de comunicação facilita a adaptação intercultural — por meio deste processo, os expatriados aprendem os padrões dominantes de comunicação da sociedade que os recebe. Portanto, podemos ligar esses fatores de personalidade apontados pelas pesquisas como facilitadores da adaptação aos fatores necessários para uma comunicação intercultural eficiente.

Kim consolidou as constatações das pesquisas sobre essas características em duas grandes categorias: 1) *abertura* — traços como receptividade, tolerância à ambigüidade e extroversão; 2) *elasticidade* — traços como um ponto forte de controle interno, persistência, tolerância à ambigüidade e desenvoltura.[71] Esses fatores de personalidade, em conjunto com a identidade cultural e racial do expatriado e o nível de sua preparação para mudanças, compõem o potencial de uma pessoa para a adaptação. O executivo pode melhorar o nível de sua preparação antes de ser indicado para um determinado país pela acumulação de informações sobre os padrões verbais e não-verbais de comunicação e as normas de comportamento vigentes no país anfitrião. Kim incorpora esses fatores em um modelo de comunicação para a adaptação intercultural. O Quadro 4.9 (p. 124) apresenta as principais variáveis relacionadas ao nível da competência em comunicação atingida entre o anfitrião e o expatriado. Essas são a predisposição do expatriado à adaptação e as condições de receptividade e adequação às pressões no ambiente que o receberá. Esses fatores afetam o processo da comunicação pessoal e social e, em resumo, o resultado da adaptação. Como Kim explica: "Três aspectos da mudança com tendência à adaptação dos estrangeiros — capacidade funcional crescente, saúde psicológica e identificação intercultural — têm sido identificados como conseqüências diretas de experiências prolongadas de comunicação-adaptação no país hospedeiro."[72] No Capítulo 10, detalharemos áreas nas quais a empresa é responsável pelo aperfeiçoamento da capacidade de adaptação tanto dos executivos quanto dos funcionários.

Ao identificarmos qualidades pessoais e comportamentais que facilitam a comunicação intercultural eficiente (ICE), contudo, não podemos perder de vista o quadro geral da situação. É preciso lembrar o princípio básico da gestão de contingência, isto é, os executivos operam em um sistema de muitas variáveis que interagem em um contexto dinâmico. Estudos mostram que os fatores situacionais — ambiente físico, restrições de tempo, grau de estruturação, sentimentos de apatia ou sobrecarga de trabalho, ou de sentir-se perdido em uma multidão — são influências fortes sobre a competência em matéria de comunicação intercultural.[73]

É exatamente esta interdependência de muitas variáveis que torna mais difícil para os pesquisadores interculturais isolar e identificar fatores de sucesso. Embora os executivos tentem entender e controlar o mais

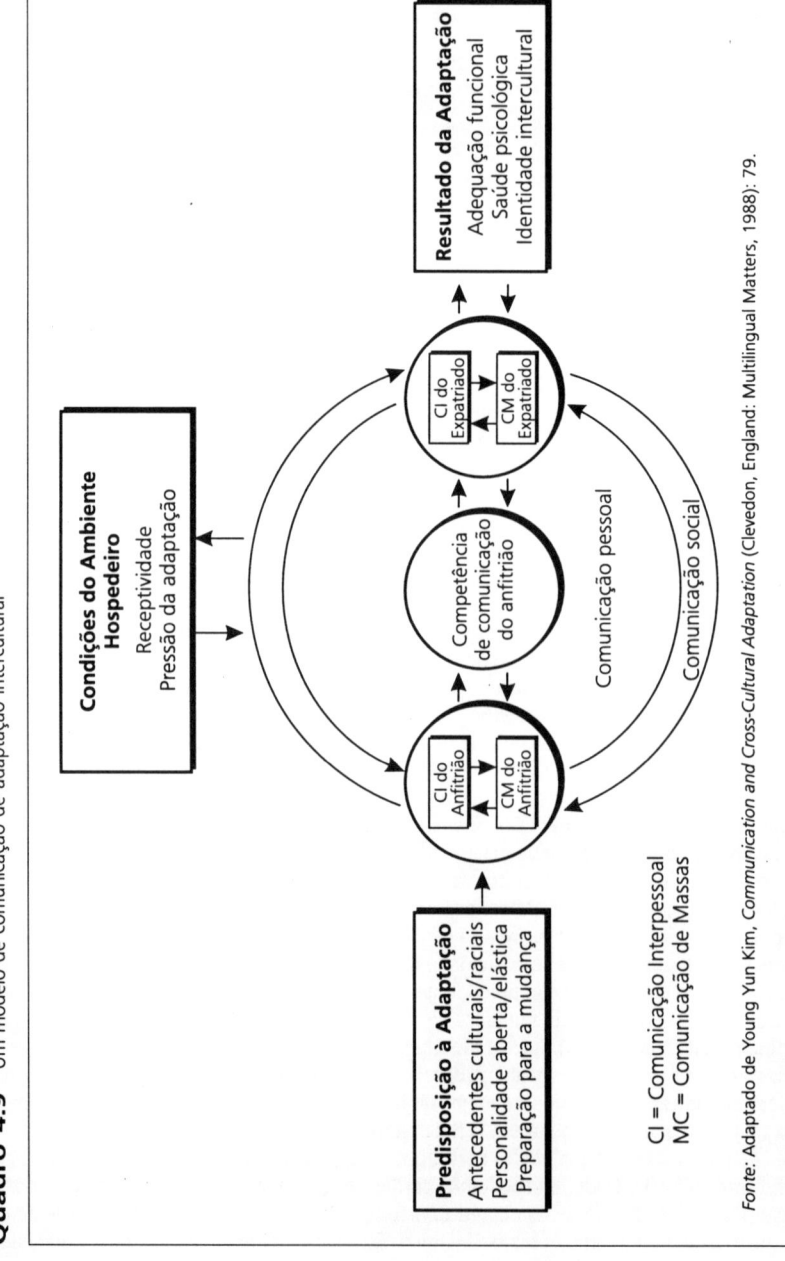

Quadro 4.9 Um modelo de comunicação de adaptação intercultural

Condições do Ambiente Hospedeiro
Receptividade
Pressão da adaptação

Resultado da Adaptação
Adequação funcional
Saúde psicológica
Identidade intercultural

CI do Expatriado
CM do Expatriado

Competência de comunicação do anfitrião

CI do Anfitrião
CM do Anfitrião

Comunicação pessoal
Comunicação social

Predisposição à Adaptação
Antecedentes culturais/raciais
Personalidade aberta/elástica
Preparação para a mudança

CI = Comunicação Interpessoal
MC = Comunicação de Massas

Fonte: Adaptado de Young Yun Kim, *Communication and Cross-Cultural Adaptation* (Clevedon, England: Multilingual Matters, 1988): 79.

rapidamente possível o maior número de fatores capazes de proporcionar a eficiência da administração, muitas vezes acabarão descobrindo o que dá ou não resultados a partir das próprias decisões.

Conclusão

A comunicação cultural eficiente é uma ferramenta vital para os executivos internacionais e executivos nacionais de forças de trabalho multiculturais. Por termos aprendido que o ruído na comunicação tende muito mais a ocorrer entre pessoas de diferentes países ou raças do que entre aquelas com experiências e antecedentes similares, tentamos estar sempre em alerta em relação à maneira como a cultura se reflete na comunicação — de maneira especial pelo desenvolvimento da sensibilidade cultural e de uma percepção das fontes potenciais de ruído cultural no processo de comunicação. Um executivo internacional bem-sucedido é, desta forma, aquele que está sempre atento a essas variáveis e mostra flexibilidade o bastante para ajustar seu estilo de comunicação aos anseios dos receptores que procura impressionar: em outras palavras, é o executivo que procura agir "à maneira deles".

As variáveis culturais e o estilo de comunicar a cultura constituem as bases dos processos de negociação e decisão. De que maneira as pessoas negociam em todo o mundo — quais são suas expectativas e com que atitude encaram negociações? Qual é a importância de entender os processos de negociação e decisão em outros países? O Capítulo 5 abordará essas questões e apresentará ao executivo global sugestões sobre a melhor maneira de desenvolver essas tarefas fundamentais.

RECURSOS NA INTERNET

Visite o *site* de Deresky no endereço http://prenhall.com/Deresky para ter acesso aos recursos de Internet deste capítulo.

PONTOS-CHAVE

1. A comunicação é parte inerente da função do executivo, que a ela dedica a maior parte do seu tempo. A comunicação intercultural eficiente determina em grande parte o sucesso das transações internacionais ou o resultado de uma força de trabalho culturalmente diversificada.
2. A cultura é o fundamento da comunicação, e a comunicação transmite cultura. As variáveis culturais que podem afetar o processo da comunicação pela influência exercida sobre as percepções pessoais incluem atitudes, organizações sociais, padrões de pensamento, funções, idiomas, linguagem não-verbal e tempo.
3. O idioma transfere entendimentos culturais e normas sociais de geração em geração. A linguagem corporal, ou comunicação não-verbal, é o comportamento que se comunica sem palavras. É responsável por entre 65 e 93% da comunicação interpretada.
4. Os tipos de comunicação não-verbal incluem o comportamento cinésico, a proxêmica, a paralinguagem e a linguagem dos objetos.
5. A comunicação intercultural eficiente precisa prestar atenção ao sistema de tempo do país do receptor, a fim de saber se é monocrônico ou policrônico.
6. As variáveis relacionadas aos canais de comunicação incluem culturas de alto e baixo contextos, fluxo rápido ou lento de mensagens e informações, e vários tipos de meios.
7. Nas culturas de alto contexto, os sentimentos e mensagens são implícitos e devem ser acessados por meio de um entendimento da pessoa e do sistema. Nas culturas de baixo contexto, sentimentos e pensamentos são manifestados abertamente, e a informação é mais acessível.
8. A gestão eficiente da comunicação intercultural necessita do desenvolvimento da sensibilidade cultural, da codificação cautelosa, da transmissão seletiva, da decodificação cautelosa e de ações de continuidade.
9. Capacidades e comportamentos pessoais específicos facilitam a adaptação ao país anfitrião por intermédio de uma habilidosa comunicação intercultural.
10. A comunicação pela Internet ainda precisa ser localizada para se ajustar às diferenças de linguagem, cultura, legislação e modelos de negócios.

Capítulo 5

Negociação e processo decisório interculturais

Panorama
Perfil de abertura: *Raios sobre a usina da Enron na Índia*
Negociação
O processo da negociação
    Primeiro estágio: preparação
    Segundo estágio: construção do relacionamento
    Terceiro estágio: intercâmbio de informações relacionadas à tarefa
    Quarto estágio: persuasão
    Quinto estágio: concessões e acordo
Compreensão dos estilos de negociação
    Negociadores eficientes no mundo
Gestão da negociação
    Uso da Internet para dar suporte às negociações
        Gestão comparativa em foco: *Negociação com os chineses*
    Gerenciamento da resolução de conflitos
E-Biz Box: Mercados B2B — Negociações e transações aceleradas
A tomada de decisões
    A influência da cultura na tomada de decisões
    Abordagens ao processo decisório
        Gestão comparativa em foco: *O processo decisório nas companhias japonesas*

PERFIL DE ABERTURA:

RAIOS SOBRE A USINA DA ENRON NA ÍNDIA

Enfrentamos uma multidão de negativistas ao longo de todo o transcorrer do processo e também pessoas que entendiam que o melhor para nós seria desistir de tudo.

— REBECCA MARK, PRESIDENTE DA DIVISÃO INTERNACIONAL DA ENRON
WALL STREET JOURNAL, FEVEREIRO DE 1999.

No dia 2 de abril de 2001, a Enron emitiu, tendo como destinatária a Maharashtra State Electricity Board (MSEB), uma notificação de "força maior política", uma cláusula contratual padrão de que lançam mão as partes prejudicadas como primeiro passo para um possível abandono do negócio. As empresas emitem essa notificação quando acreditam que as circunstâncias do trabalho estão acabando com um contrato.

— A ENRON AMEAÇA RETIRAR-SE DA ÍNDIA,
FINANCIAL TIMES, 10 DE ABRIL DE 2001

Foram necessários três anos, até fevereiro de 1999, para que Rebecca Mark e sua equipe na Divisão Internacional da Enron conseguissem recolocar em funcionamento sua usina de energia de Dabhol. Em 1996, o governo indiano havia cancelado a usina, então parcialmente construída, rendendo-se às pressões dos ambientalistas e ao fracasso de um programa de reforma da economia sob cujo abrigo a usina de Dabhol fora transformada no primeiro projeto energético de propriedade estrangeira. Ambas as partes aprenderam com os próprios erros, e as negociações pacientes e competentes da Sra. Mark conseguiram, enfim, estabelecer um consenso em torno da retomada da reforma econômica e da continuação da usina de Dabhol. A Enron apresentou, em 1997, seus projetos para construir entre cinco e sete usinas na Índia. A primeira etapa, exatamente a usina de Dabhol, foi completada em dezembro de 1998.

A Sra. Mark havia trabalhado no relacionamento entre a Enron International e a Índia, um processo de constantes avanços e recuos, desde o começo da década de 1990, quando o governo indiano passou a se mostrar mais aberto aos investimentos estrangeiros. Antes disso, a filosofia do *swadeshi* — auto-sustentação — de Gandhi havia perpetuado o protecionismo para as indústrias nacionais. A Sra. Mark tinha um plano ambicioso para a construção de uma planta energética em Dabhol, no estado de Maharashtra. E o negociou extensivamente com o governo estadual e com incontáveis integrantes dos serviços públicos indianos. Ela precisou de 170 diferentes licenças estaduais e federais, juntamente com camadas sobre camadas de documentos burocráticos e fiscais. Seu comentário a respeito desse processo:

Parece que tomei chá com cada burocrata existente na Índia. Ninguém entende como se consegue fazer alguma coisa nesse país. Os políticos têm planos para tudo, e os estão sempre apresentando, mas isto não tem nada a ver com a realidade, que é preciso trabalhar com o sistema.

C. HILL, INSTITUTIONAL INVESTOR, JANEIRO DE 1998.

Hoje (abril de 2001), a usina de 2.364 megawatts da Enron em Dabhol é o maior investimento estrangeiro na Índia. Contudo, funcionários da Enron, a empresa com sede em Houston, Texas, anunciaram em 9 de abril de 2001 que haviam perdido a confiança na companhia estatal, contratualmente obrigada a comprar a produção de sua usina de Maharashtra. O problema é que a energia vendida pela Enron a empresas locais custava quatro vezes mais que a taxa costumeira. Embora houvesse um acordo com funcionários de Maharashtra para o pagamento parcial em dólares, ninguém foi capaz de prever o declínio da rúpia nem o aumento dos preços do petróleo. A conta disso tudo chegou a 2,25 bilhões de rúpias (o equivalente a 33 milhões de libras inglesas), e um pedido do governo de Maharashtra ao governo federal para que servisse de fiador do Estado caiu em ouvidos moucos. A Enron Dabhol sentiu-se, então, submetida às conveniências políticas tanto do governo estadual quanto do federal, o que teve efeitos negativos sobre a capacidade da empresa de cumprir as obrigações impostas pelo Acordo de Compra de Energia. Essa situação resultou na emissão da notificação de "força maior política" ao Departamento de Energia Elétrica do Estado. Trata-se de uma cláusula contratual padrão na qual a empresa pode avisar que está se retirando ao sentir que seu contrato foi sabotado, neste caso por estar condicionado a uma disputa em torno de pagamentos. Enquanto o Ministro da Energia da Índia, Suresh Prabhu, afirma que a conta será paga, surgem inúmeras ramificações a partir deste episódio para investidores estrangeiros e a própria Índia. Mesmo tendo transcorrido dez anos desde que a Índia começou a desmontar sua economia socialista e a tentar atrair, mediante incentivos, investimentos estrangeiros, apenas alguns dos mais de 20 investidores na área de energia continuam no país.

Parece que as incansáveis negociações da Sra. Mark não bastaram para dobrar a volatilidade política e a burocracia indianas. A Enron decidiu não construir novas usinas no país, optando, como parte de sua estratégia mundial, pela propriedade de ativos na comercialização de energia como uma *commodity*.

Fontes: "India: 'Force Majeure' Clause Invoked in Enron Power Case", relato da Indian New Agency PTI, BBC Monitoring Service, U.K., April 9, 2001; "Enron Threat to Withdraw from India", www.FT.com, April 10, 2001; "Who Benefited from 'Sweetheart' Deal With Enron?", *Hindustan Times*, Índia, January 22, 2001; "A Power Play India Can't Afford to Lose", www.businessweek.com, January 31, 2001; *BusinessWeek*, January 8, 2001; "Enron's Plant in India was Dead; This Month, It Will Go on Stream", *Wall Street Journal*, February 5, 1999; C. Hill, "How Rebecca Mark Solved India", *Institutional Investor*, January 1998.

Executivos globais têm como missão negociar com representantes de outros países a concretização de planos específicos para estratégias (exportação, *joint ventures*, etc.) e dar continuidade às operações. Como se as complexidades da negociação intercultural entre várias empresas do mundo não fossem um desafio suficientemente grande, os executivos muitas vezes enfrentam, além dela, o processo de negociar com departamentos governamentais dos mais variados; essa é a situação ilustrada no perfil de abertura da usina Dabhol, da Enron, em que os negociadores precisaram enfrentar agendas políticas cambiantes no decorrer do processo, com conflitos políticos internos entre governos estaduais e nacional e com múltiplas camadas de obstáculos burocráticos. As negociações políticas de alto nível entre os Estados Unidos e a China para a devolução da tripulação de um avião militar norte-americano forçado a pousar em território chinês em abril de 2001 constituem outro exemplo de situação complexa, plena tanto de componentes políticos quanto de nuanças culturais, como a necessidade dos chineses de manter as aparências com a exigência da apresentação de um pedido oficial de desculpas por parte de Washington.

Os executivos devem preparar-se para negociações estratégicas; em seguida precisarão ser negociados os detalhes operacionais — a ocupação de posições-chave, a disponibilidade de matérias-primas ou partes componentes, a repatriação dos lucros, para ficar apenas em alguns desses detalhes. À medida que o globalismo vai florescendo, a capacidade de conduzir negociações interculturais jamais é um atributo dispensável. Qualquer fracasso no sentido de negociar de modo produtivo levará automaticamente à perda de alianças potenciais e de grandes negócios, na pior das hipóteses; na melhor das situações, resultará em confusão e atrasos na concretização de metas e prazo.

Durante o processo da negociação — antes, durante ou depois das reuniões que são o seu centro — acabam sendo tomadas decisões de todos os tipos, tanto explícitas quanto implícitas. Uma análise acurada de negociações interculturais deve, portanto, incluir os processos decisórios e as múltiplas variações que assumem em todo o mundo. Não há como conduzir um processo negociador sem que sejam tomadas decisões.

Este capítulo examina os processos de negociação e de decisões conforme se aplicam aos contextos interculturais, em plano nacional e internacional. Nosso objetivo é uma melhor compreensão dos fatores que colaboram para o sucesso na gestão.

NEGOCIAÇÃO

A concretização da estratégia é algo que depende da capacidade do executivo de negociar produtivamente, qualificação que figura entre as mais importantes no campo dos negócios internacionais. No cenário global, as diferenças culturais são responsáveis por grandes dificuldades no processo da negociação. Na verdade, a ignorância dos rituais de barganha nacionais, mais do que qualquer outro fator isoladamente, contribui para que os norte-americanos apresentem resultados longe de impressionantes em suas tentativas de vender aos japoneses, entre outros povos.[1] Entre as principais diferenças no processo de negociação de país para país, podemos incluir: 1) a intensidade e o tipo de preparação para uma negociação; 2) a importância maior que se dá à tarefa do que às relações interpessoais; 3) o destaque maior a princípios gerais em detrimento de questões específicas; 4) o número de pessoas presentes e até onde vai sua influência.[2] Em todas as instâncias, é essencial que os executivos se familiarizem com a origem cultural e as motivações subjacentes dos negociadores — e com as táticas e procedimentos por eles utilizados — para controlar o processo, fazer com que avance e, desta forma, maximizar os objetivos da companhia.

A palavra *negociação* define o processo de discussão entre duas ou mais partes com o objetivo de alcançar um acordo mutuamente aceitável. Para viabilizar o estabelecimento de relações positivas de longo prazo, o objetivo precisa ser a instauração de uma *situação de ganho geral (win-win)*, isto é, chegar a um entendimento que contemple os interesses de todas as partes envolvidas. Este processo, que já é difícil quando se desenvolve entre pessoas de origens semelhantes, torna-se ainda mais complicado em negociações internacionais, devido às diferenciações nos valores culturais, nos estilos de vida, nas expectativas, na linguagem verbal e não-verbal, na conduta com referência a procedimentos formais e técnicas de soluções para divergências. A complexidade chega ao ponto máximo quando as negociações ultrapassam fronteiras, devido ao aumento do número de interessados diretos. Esses interessados diretos são mostrados no Quadro 5.1. Na preparação para as negociações, é decisivo evitar a similaridade da cognição projetiva — ou seja, o pressuposto de que os outros percebem, julgam, pensam e raciocinam da mesma forma quando, na verdade, é bem ao contrário, devido às diferenciações entre influências e práticas culturais. Em lugar disso, o negociador arguto penetra com empatia no mundo privado ou espaço cultural de suas contrapartes, ao mesmo tempo em que voluntariamente se dispõe a compartilhar a própria visão da situação.[3]

Quadro 5.1 Interessados diretos nas negociações interculturais

Funcionários da sede
Fornecedores
Governo do país sede da empresa

Investidores
Sócios no empreendimento
Contratantes

Governo anfitrião
Distribuidores
Funcionários expatriados

País da matriz

Negociadores da empresa

País anfitrião

Clientes no país da matriz

Todos os cidadãos
Grupos de pressão

Funcionários nacionais
Consumidores nacionais

O PROCESSO DA NEGOCIAÇÃO

O processo da negociação compreende cinco estágios, podendo a ordem de importância de cada um deles variar de acordo com as normas culturais. Para a maioria das pessoas, a construção de um relacionamento faz parte de um processo contínuo de preparação para qualquer evento: 1) preparação; 2) consolidação do relacionamento; 3) intercâmbio de informações relacionadas ao empreendimento; 4) persuasão; 5) concessões e acordo.[4,5,6] Na verdade, esses são estágios raramente diferenciados, pois de maneira geral tendem a uma superposição; os negociadores podem também reverter temporariamente a um estágio anterior. Mantendo isso em mente, vale a pena decompor o processo da negociação em estágios para estudar as questões relevantes a cada um deles e o que os executivos internacionais podem deles esperar, a fim de conseguir conduzir esse processo com maior sucesso. Esses estágios são mostrados no Quadro 5.2 e discutidos nas seções a seguir.

Quadro 5.2 O processo da negociação

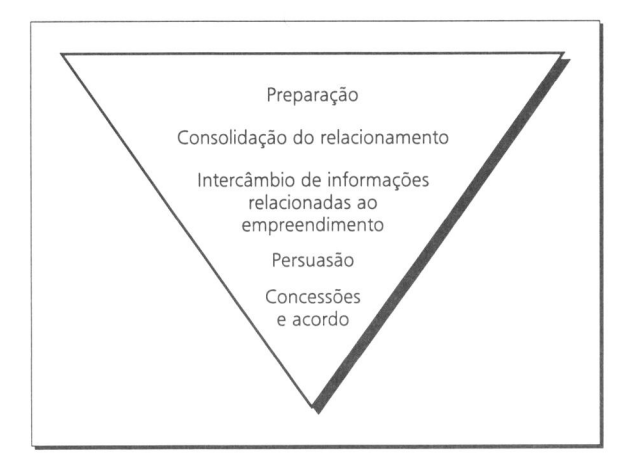

```
Preparação
Consolidação do relacionamento
Intercâmbio de informações
relacionadas ao
empreendimento
Persuasão
Concessões
e acordo
```

Primeiro estágio: preparação

Por mais cuidadosa que seja a preparação com vistas a negociações interculturais, jamais poderá ser considerada excessiva. Pelo contrário, quanto mais tempo nela empregarem, maiores condições para o sucesso os negociadores irão adquirindo, mediante sua familiarização com o contexto e os antecedentes de suas contrapartes (não importa aqui o local de realização dos encontros), além, é claro, do conhecimento dos pontos específicos a serem negociados. Como a maior parte dos problemas nas negociações é causada por diferenças de cultura, idioma e ambiente, será muito provável que se desperdicem horas e dias de preparação tática para as negociações se os fatores anteriormente citados não tiverem sido cuidadosamente levados em consideração.[7]

A fim de compreender as diferenças culturais nos estilos de negociação, os executivos precisam, em primeiro lugar, entender seus próprios estilos, e só então determinar de que maneira eles diferem daquilo que é norma em outros países. A melhor maneira de chegarem a tanto será fazer uma comparação dos perfis dos personagens renomados em outros países por sua capacidade de negociar com sucesso. Tais perfis refletem o sistema de valores, atitudes e expectativas de comportamento inerentes a uma determinada sociedade. Seções posteriores deste capítulo descrevem e comparam estilos de negociação em todo o mundo.

Variáveis no processo da negociação

Negociadores experientes fazem pesquisas para desenvolver um perfil de suas contrapartes, capacitando-se desta forma a iniciar o processo sabendo, na maior parte das vezes, o que esperar, como se preparar para a negociação e como reagir. O Quadro 5.3 (p. 132) mostra 12 variáveis a serem consideradas durante o processo de preparação para a negociação. São variáveis capazes de ajudar muito os executivos a compreender as motivações culturais e nacionais mais enraizadas e os processos tradicionais que comandam as negociações com pessoas de outras nacionalidades.

Depois de desenvolver perfis bem pensados da parte, ou partes, contrária(s), os executivos podem se dedicar por inteiro às reuniões de negociação. Antes das reuniões, precisam descobrir tudo o que for possível sobre, entre outros aspectos: 1) as exigências mais prováveis da outra parte; 2) a composição da equipe "adversária"; 3) a autoridade relativa dos integrantes dessa equipe. Depois disso, os executivos podem adequar sua estratégia de negociação especificamente à empresa do outro lado, determinar as funções dos diferentes integrantes da própria equipe, decidir sobre concessões possíveis e preparar um plano alternativo de ação a ser posto em prática quando não houver possibilidade de chegar a uma solução negociada.[8]

Em algumas situações, contudo, a totalidade do processo de negociação é algo que as pessoas precisam aprender a partir do nada. Depois do desmembramento da União Soviética em 15 repúblicas independentes, executivos da Newmont Mining Corporation, de Denver, Colorado, que pretendiam for-

Quadro 5.3 Variáveis no processo da negociação

1. *Concepção básica do processo de negociação:* Trata-se de um processo competitivo ou de uma modalidade de solução de problemas?
2. *Critério de seleção do negociador:* A seleção baseia-se em experiência, *status*, especialização, atributos pessoais ou outra característica qualquer?
3. *Importância do tipo das questões:* Serão tratadas questões específicas, como o preço, ou o foco está nos relacionamentos ou no formato das conversações?
4. *Preocupação com o protocolo:* Qual a importância dos procedimentos, comportamentos sociais, etc., no processo da negociação?
5. *Complexidade do contexto comunicativo:* Qual o grau de dependência em relação às pistas não-verbais para a interpretação da informação?
6. *Natureza dos argumentos de persuasão:* De que maneira as partes procuram se impor ao longo do processo? Baseiam-se em argumentação racional, na força da tradição ou nas emoções?
7. *Função das aspirações individuais:* As motivações principais refletem objetivos individuais, da empresa ou da comunidade?
8. *Bases da confiança:* A confiança decorre principalmente de experiências anteriores, da intuição ou das regras estabelecidas?
9. *Tendência a assumir riscos:* Até que ponto as partes tendem a evitar a incerteza ao negociar informações ou chegar a um contrato?
10. *Valorização do tempo:* Qual a atitude de cada uma das partes em relação ao tempo? Qual a rapidez que pretendem imprimir às negociações e qual o grau de flexibilidade em relação às regras estabelecidas?
11. *Sistema decisório:* De que maneira cada uma das partes costuma chegar às respectivas decisões — por determinação individual, opinião da maioria, ou consenso do grupo?
12. *Forma satisfatória de acordo:* O acordo é decorrência da confiança (talvez um simples aperto de mãos), da credibilidade das partes, do comprometimento, ou de um contrato com todas as suas implicações legais?

Fonte: Adaptado de S. E. Weiss and W. Stripp, *Negotiation with Foreign Business Persons: An Introduction for Americans with Propositions on Six Cultures* (New York University Faculty of Business Administration, February 1985).

---

mar uma *joint venture* para a refinação de depósitos de ouro no Uzbequistão, ficaram em uma situação praticamente sem saída. Os funcionários do governo do Uzbequistão nunca haviam negociado um contrato e não dispunham de assessoria alguma capaz de aconselhá-los quanto às medidas a serem tomadas em tal processo.[9]

Depois do estágio de preparação e planejamento, normalmente feito na sede da empresa, o centro do processo real de negociação desenvolve-se em algum ponto do exterior (ou até mesmo na matriz do executivo, se a outra parte entender ser melhor viajar até esta). Há casos em que um compromisso quanto ao local das negociações pode sinalizar uma estratégia de cooperação, que Weiss chama de "Improvise uma Abordagem — Efeito Sinfonia" — uma estratégia viável para negociadores familiarizados com as respectivas culturas e dispostos a colocar todo o processo de negociação em pé de igualdade.[10] Weiss dá o seguinte exemplo desta estratégia de negociação:

> Em suas negociações para a construção do túnel sob o Canal da Mancha, representantes britânicos e franceses concordaram em dividir as conversações, que seriam feitas alternadamente em Paris e Londres. Em cada uma das sedes, os negociadores deveriam utilizar as práticas locais, estabelecidas, inclusive o idioma... desta forma caracterizando as abordagens por tempo e espaço.

Assim, cada uma das partes foi colocada no contexto e no roteiro da cultura da outra durante a metade do tempo das negociações.

O estágio seguinte das negociações — ao qual muitas vezes os ocidentais não atribuem a devida importância — é o da construção/solidificação do relacionamento; esse estágio, na verdade, normalmente já foi feito ou se desenvolve paralelamente com outros preparativos em muitas partes do mundo.

Segundo estágio: construção do relacionamento

Praticamente o mundo inteiro dá ao processo de construção do relacionamento uma importância muito grande, bem ao contrário do que ocorre nos Estados Unidos. Os negociadores americanos são, de maneira geral, objetivos quanto ao assunto em discussão e normalmente não se dispõem a gastar tempo, preferindo ir diretamente ao assunto e progredir rumo a uma definição. Esta abordagem, bem entendida e apreciada nos Estados Unidos, pode se transformar em um desastre quando negociadores de outras nacionalidades se dispõem a estabelecer a confiança e o respeito mútuos como fundamentos para a negociação de contratos. Nesses casos, a eficiência americana acaba interferindo no inevitavelmente demorado e paciencioso desenvolvimento de uma relação de confiança mútua, que constitui a pedra fundamental dos acordos de negócios asiáticos.[11]

Em países como o México e a China, os compromissos pessoais com indivíduos, e não o sistema legal, constituem os fundamentos do cumprimento dos contratos. Negociadores eficientes reservam bons espaços em suas agendas para a consolidação desse relacionamento com parceiros de negociações; é um processo que normalmente assume a forma de eventos sociais, passeios e cerimônias, juntamente com conversas mais leves, ou nada recreativas, enquanto ambas as partes tratam de estabelecer um conhecimento mútuo. Nessas culturas, é melhor esperar pacientemente que a outra parte dê início às conversações realmente de negócios, consciente de que a construção de um relacionamento é, na verdade, a primeira fase das negociações.[12] É normalmente recomendável que os executivos sem experiência em semelhantes cenários recorram a um intermediário — de preferência alguém que desfrute da confiança e do respeito dos executivos estrangeiros e assim esteja em condições de agir como uma "ponte de relacionamento". É notável entre empresários do Oriente Médio a preferência pela negociação que passe por um intermediário de confiança; nessa região as reuniões iniciais têm o objetivo exclusivo de estabelecer uma boa relação. Os árabes fazem negócios com a pessoa, não com a empresa, e por isso mesmo é indispensável o estabelecimento de uma confiança mútua.

No seu best-seller Getting to Yes, sobre negociação, Fischer e Ury destacam os riscos implícitos para quem não dá a devida importância a uma preparação adequada para as negociações:

> No idioma persa, a palavra "acordo" não tem o mesmo significado que no inglês, de uma solução intermediária que ambas as partes possam aceitar, mas apenas o significado negativo de alguém que abdica dos seus princípios. Da mesma forma, um "mediador" é um intrometido, alguém cuja presença não foi solicitada. Em 1980, o secretário-geral das Nações Unidas, Kurt Waldheim, viajou ao Irã para tentar resolver a crise dos reféns.* A rádio e televisão do Irã transmitiram em persa um comentário que ele teria feito ao desembarcar em Teerã: "Vim como um mediador para tentar chegar a um acordo". Menos de uma hora depois, o carro do secretário-geral da ONU foi apedrejado por iranianos enfurecidos.[13]

Como uma ponte na travessia para estágios mais formais de negociações, essa construção de relacionamento é seguida pela definição de posições — a discussão geral que estabelece o tom para as reuniões. Esta fase deve ter como resultado um espírito de cooperação; para ajudar a chegar a esse resultado, os negociadores precisam usar palavras como respeito e benefício mútuo, em lugar de qualquer linguagem capaz de sugerir arrogância, superioridade ou urgência.[14]

Terceiro estágio: intercâmbio de informações relacionadas à tarefa

No estágio seguinte, do intercâmbio de informações relacionadas à tarefa, cada um dos participantes costuma fazer uma apresentação e fixar sua posição; segue-se quase sempre uma sessão de perguntas e respostas, passando-se então a discutir as alternativas. Sob a perspectiva dos norte-americanos, este seria um estágio direto, objetivo, eficiente e muito claro. Contudo, Copeland e Griggs destacam que os negociadores de outros países continuam a adotar uma abordagem mais indireta neste estágio. Os negociadores mexicanos são normalmente desconfiados e indiretos, apresentando pouco material concreto e

---

*N. de T. A "crise dos reféns" começou em novembro de 1979, quando um grupo de militantes islâmicos invadiu e ocupou a embaixada dos EUA em Teerã, tomando 64 norte-americanos como reféns e fazendo inúmeras exigências para libertá-los, com o apoio declarado dos aiatolás que haviam tomado o poder e proclamado uma república islâmica no Irã. Depois de inúmeros episódios, inclusive uma tentativa fracassada de resgate dos reféns por comandos norte-americanos aerotransportados e o congelamento de todos os ativos iranianos nos EUA, a crise foi superada em janeiro de 1981, com a libertação dos reféns pelo Irã e o descongelamento desses ativos pelos Estados Unidos.

muita conversa secundária. Os negociadores franceses gostam de debate e conflito e estão sempre prontos a interromper uma apresentação para discutir uma questão que pode não ter a menor importância para o tópico que está sendo decidido. Os chineses também fazem muitas perguntas às contrapartes e insistem em argumentações detalhistas e repetitivas; já as apresentações feitas pelos chineses contêm apenas material vago e ambíguo. Em um caso desses, depois que cerca de 20 altos funcionários da Boeing passaram seis semanas apresentando volumes e mais volumes de literatura e fazendo demonstrações técnicas, os chineses lhes disseram, simplesmente: "Muito obrigado pela introdução. Agora, passemos aos detalhes."[15]

Os russos também costumam entrar em negociações muito bem preparados e sempre a par dos mínimos detalhes da questão em jogo. Para responder às perguntas deles (ou de qualquer outra parte), é sempre uma boa idéia estar acompanhado por alguém habilitado a dar respostas para as dificuldades técnicas mais complexas. Os russos também dão muita ênfase ao protocolo e esperam sempre negociar apenas com executivos de primeira linha.

Adler sugere que os negociadores deveriam se concentrar não apenas em apresentar sua situação e suas necessidades, mas também em mostrar uma compreensão do ponto de vista de seus oponentes. Concentrar-se no todo da situação que cada uma das partes enfrenta incentiva os negociadores a levar em conta um conjunto mais amplo de alternativas para a resolução, em vez de limitar-se a posições preconcebidas, estáticas. Ela sugere que, para ser mais eficientes, os negociadores deveriam treinar para as reuniões fazendo o papel do oponente na vida real.[16]

Quarto estágio: persuasão

É na etapa seguinte das negociações, a da persuasão, que começa realmente a fase mais dura do processo de barganha. Normalmente, cada uma das partes tenta persuadir o lado contrário a aceitar seus argumentos e a fazer concessões maiores em relação às posições até então sustentadas. Muitas vezes, já houve algo em termos de persuasão, no transcorrer de eventos sociais e nos contatos pessoais paralelos. No Extremo Oriente, é provável que se cuide dos detalhes antes do tempo pela abordagem da porta dos fundos (*houmani*). De maneira geral, no entanto, grande parte da persuasão se dá ao longo de uma ou mais sessões de negociação. Os executivos internacionais normalmente consideram este processo de barganhas e concessões eivado de dificuldades em conseqüência das diferentes utilizações e interpretações dos comportamentos verbais e não-verbais. Embora as variações nesses comportamentos sejam naturalmente importantes e influentes em cada um dos estágios do processo da negociação, podem vir a desempenhar um papel ainda mais poderoso na persuasão, especialmente se a parte sobre a qual forem aplicadas não as tiver antecipado.

Estudos do comportamento de negociação revelaram o uso de determinadas *táticas* identificáveis, que os negociadores experientes normalmente reconhecem e utilizam. O Quadro 5.4 apresenta os resultados de um estudo que compara a utilização de várias táticas (promessas, ameaças, etc.) entre os japoneses, americanos e brasileiros. Os resultados indicam que japoneses e americanos tendem a ser mais parecidos na utilização desses comportamentos, enquanto os japoneses e brasileiros são menos parecidos. Por exemplo, os brasileiros usam menos promessas e compromissos que os japoneses ou os americanos (apenas cerca da metade do que cada um dos demais faz), mas tendem a usar o comando com maior freqüência. Os japoneses e os americanos usam ameaças 50% a mais que os brasileiros e utilizam o comando 50% menos que os brasileiros. Brasileiros e japoneses raramente apresentam comportamentos similares.

Táticas bem menos edificantes são às vezes usadas em negociações internacionais. Chamadas em geral de *truques sujos,* incluem, de acordo com Fisher e Ury, esforços deliberados no sentido de induzir os "oponentes" a erros.[17] Alguns negociadores podem fornecer informação errada ou factualmente distorcida, ou usar a desculpa de ambigüidade de autoridade — dando impressões conflitantes sobre quem realmente está habilitado, no seu grupo, a assumir compromissos. Em meio a uma árdua discussão, o executivo internacional prudente tratará de identificar as informações possivelmente incorretas antes de se dispor a agir com base apenas na confiança.

Outras táticas pesadas destinam-se a colocar os oponentes em situação física ou psicologicamente estressante e, como tal, mais inclinados a ceder. Essas táticas incluem a temperatura inadequada do ambiente, uma iluminação brilhante demais, descortesia, interrupções freqüentes e outras práticas com potencial para criar irritação. Como pressões típicas de quem quer barganhar, podemos citar exigências exageradas ou em crescente escalada, ameaças de acabar com as negociações, atrasos calculados e o clássico ultimato do "tudo ou nada". Em um estudo sobre 18 empresas americano-coreanas, os executivos americanos relataram que o comportamento dos coreanos ao longo das negociações foi muitas vezes "abusivo", resultando inclusive em "gritaria, batidas na mesa e socos no peito".[18]

Quadro 5.4 Diferenças entre japoneses, americanos e brasileiros no comportamento verbal em negociações

	COMPORTAMENTOS E DEFINIÇÃO DE BARGANHA		
FREQÜÊNCIA POR MEIA HORA DE SESSÃO DE BARGANHA	JAPONESES	AMERICANOS	BRASILEIROS
Promessa. Uma declaração em que a fonte indica sua intenção de fornecer ao alvo uma conseqüência garantida que o alvo avaliará como agradável, positiva ou compensadora.	7	8	3
Ameaça. A mesma coisa que promessa, exceto que as conseqüências garantidas serão nocivas, desagradáveis ou penalizadoras.	4	4	2
Recomendação. Uma declaração em que a fonte prevê que uma conseqüência ambientalmente agradável surgirá para o alvo. Sua ocorrência não está sob o controle da fonte.	7	4	5
Advertência. A mesma coisa que recomendação, exceto que as conseqüências previstas são desagradáveis.	2	1	1
Recompensa. Uma declaração da fonte tida como criadora de conseqüências agradáveis para o alvo.	1	2	2
Punição. A mesma coisa que recompensa, exceto que as conseqüências previstas são desagradáveis.	1	3	3
Solicitação normativa positiva. Uma declaração em que a fonte indica que o comportamento passado, presente ou futuro do alvo esteve ou estará de acordo com as normas sociais.	1	1	0
Solicitação normativa negativa. A mesma coisa que solicitação normativa positiva, exceto que o comportamento do alvo constitui violação das normas sociais.	3	1	1
Compromisso. Uma declaração da fonte no sentido de que suas futuras investidas não ficarão acima nem abaixo de um determinado nível.	15	13	8
Auto-informação. Uma declaração na qual a fonte revela informações a seu respeito.	34	36	39
Questionamento. Uma declaração em que a fonte pede ao alvo para revelar informações a respeito deste.	20	20	22
Comando. Uma declaração em que a fonte sugere que o alvo tenha um determinado comportamento.	8	6	14

Fonte: De John L. Graham, "The Influence of Culture on the Process of Business Negotiations in an Exploratory Study", *Journal of International Business Studies* (Spring 1985): 88.

Os negociadores internacionais não devem, porém, perder de vista que aquilo que pode parecer truque sujo para os americanos é simplesmente a maneira como outras culturas conduzem negociações. Em alguns países sul-americanos, é comum começar negociações com informações distorcidas ou falsas.

Os comportamentos mais sutis no processo de negociação, não por acaso aqueles contra os quais é mais difícil prevalecer, tomam forma nas mensagens não-verbais — o uso do tom de voz, de expressões faciais ou corporais, o contato visual, a vestimenta e o *timing* das discussões. *Comportamentos não-verbais* são aspectos culturais enraizados do cotidiano das pessoas, não chegando sequer a sofrer modificações especificamente para sua utilização em negociações. Em um estudo comparativo dos comportamentos não-verbais de negociação dos japoneses, americanos e brasileiros, Graham verificou a freqüência relativa do uso de períodos de silêncio, conversas superpostas, expressão facial (olhar fixamente para o rosto das pessoas) e toque. Constatou que os brasileiros interromperam suas conversações quase duas vezes mais que os japoneses e americanos e usaram muito mais o toque e a expressão facial; nem é preciso dizer que pontuaram muito mal quanto aos períodos de silêncio. Os japoneses tenderam a uma maior utilização dos períodos de silêncio e interrupções que os americanos e a depender menos das expressões faciais. Os japoneses e os americanos não evidenciaram qualquer inclinação ao toque físico, exceto o aperto de mãos, durante um período de 30 minutos.[19]

Embora tenhamos discutido a persuasão como se ela tivesse sido sempre um estágio distinto, trata-se na verdade do principal entre os objetivos que embasam todos os estágios do processo de negociação. A persuasão é claramente parte do processo de fazer concessões e chegar a um entendimento.

Quinto estágio: concessões e acordo

No último estágio da negociação, o das concessões e do acordo, as táticas variam intensamente conforme as respectivas culturas. Negociadores bem preparados conhecem a importância das várias estratégias de concessão e normalmente vão para uma negociação sabendo antecipadamente a estratégia de concessão a ser utilizada. Familiarizados com as posições iniciais características das diversas partes, sabem que os russos e os chineses geralmente começam a barganhar a partir de posições extremadas, pedindo muito mais do que esperam obter, ao contrário dos suecos, que partem sempre exatamente daquilo que estão preparados para aceitar.

Pesquisas realizadas nos Estados Unidos indicam que posições iniciais extremadas tendem a conduzir a resultados finais mais favoráveis. Com esta abordagem, o processo de chegar a um acordo envolve o cuidadoso *timing* da revelação de informações e de uma concessão. A maioria dos estudiosos das negociações acredita que os negociadores deveriam revelar exclusivamente o mínimo de informações necessárias em um determinado ponto das negociações e, ao mesmo tempo, procurar obter informações peça por peça para chegar gradualmente a um quadro geral, sem a necessidade de abandonar seus objetivos ou a estratégia de concessão. Essas diretrizes nem sempre dão os resultados esperados em negociações interculturais porque o processo americano de abordar as questões uma por uma, em um estilo linear, não é comum a outros países ou culturas. Os negociadores do Extremo Oriente, por exemplo, abordam as questões de maneira holística, decidindo sobre o conjunto do acordo no final, em lugar de ir fazendo concessões incrementais.

Mais uma vez, no estágio final do acordo e contrato, os valores culturais determinam de que maneira esses acordos serão honrados e cumpridos. Enquanto os americanos consideram os contratos algo a ser levado a sério, os russos costumam renegar os seus. Já os japoneses consideram um contrato formal uma espécie de insulto e perda de tempo e dinheiro em custos legais, uma vez que preferem trabalhar com base no entendimento e na confiança social.[20]

COMPREENSÃO DOS ESTILOS DE NEGOCIAÇÃO

Os executivos globais têm muito a ganhar com o estudo das diferenças de comportamentos em negociação (e da sua razão de ser), algo que pode ajudá-los a reconhecer o que ocorre durante um processo de negociação. O Quadro 5.5 mostra alguns exemplos das diferenças existentes entre os estilos norte-americano, japonês e latino-americano. Os brasileiros têm em geral um estilo espontâneo, ardoroso e dinâmico. São extremamente loquazes e tendem a usar a palavra "não" de maneira extensiva — na verdade, mais de 40 vezes a cada meia hora, contra 4,7 vezes dos americanos e apenas 1,9 vez dos japoneses. Outra grande diferença entre eles e os americanos e japoneses transparece no uso extensivo do contato físico.[21]

Os japoneses são tipicamente negociadores astutos. Dedicam muito mais tempo e esforço ao estudo da cultura e das práticas de negócios dos americanos do que estes à tentativa de se acostumar com os mesmos traços dos nipônicos. Um exemplo típico deste contraste esteve presente em uma negociação ocorrida em 1994 entre os dois países. Charlene Barshefsky — uma advogada internacional renomada por seu estilo duro — nunca havia visitado o Japão antes de ser enviada a esse país como negociadora comercial, e admitia serem escassos seus conhecimentos a respeito dos novos adversários. Do outro lado, o Sr. Okamatsu, como a maioria dos negociadores japoneses, sabia quase tudo sobre os Estados Unidos. Vivera durante três anos em Nova York com a sua família, tendo também passado vários anos cuidando de disputas comerciais bilaterais entre os dois países. Os estilos diferentes do Sr. Okamatsu e da Sra. Barshefsky ficaram evidentes nas negociações. A Sra. Barshefsky queria estabelecer metas específicas de importação. O Sr. Okamatsu queria conversar mais a respeito das causas dos problemas comerciais entre os dois países em vez de estabelecer metas específicas, considerando essa análise das causas uma típica "abordagem de cooperação". A Sra. Barshefsky retrucou que tal abordagem seria inútil, servindo apenas para "analisar o passado até a morte, sem ligação alguma com qualquer mudança futura".[22] Tamanhas diferenças em

Quadro 5.5 Comparação dos estilos de negociação — japonês, norte-americano e latino-americano

JAPONÊS	NORTE-AMERICANO	LATINO-AMERICANO
Percepção emocional altamente valorizada	Percepção emocional em segundo plano	Percepção emocional valorizada
Ocultação das emoções	Negociação de maneira direta ou impessoal	Alto envolvimento emocional
Sutileza nas manobras; estilo conciliador	Mais conciliação que disputa	Grande propensão às manobras; uso das fraquezas
Lealdade ao empregador, o qual toma conta dos funcionários	Ausência de compromisso com o empregador; admite-se que qualquer uma das partes rompa as ligações quando necessário	Lealdade ao empregador (que é muitas vezes da própria família)
Indispensável manter as aparências; muitas decisões tomadas apenas para evitar que alguém perca prestígio	Decisões tomadas com base na relação custo/benefício; a manutenção das aparências nem sempre é o que mais importa	A manutenção das aparências é crucial no processo decisório para a preservação da honra e dignidade
Os encarregados das decisões são abertamente influenciados por interesses especiais	Os responsáveis pelas decisões são influenciados por interesses especiais, mas às vezes considerados não-éticos	A execução de interesses especiais de decisão é esperada, apoiada
Indisposição para a argumentação; silêncio quando se está no caminho certo	Predisposição para a argumentação, estando certo ou errado, sempre de maneira impessoal	Predisposição para a argumentação, estando certo ou errado; emocional
O que está escrito precisa ser correto, válido	A documentação é sempre tida como a prova mais importante	Impaciência com a documentação, considerada um obstáculo ao entendimento de princípios gerais
Abordagem passo a passo rumo à decisão final	Processo decisório metodicamente organizado	Decisões impulsivas, espontâneas
O bem do grupo é o objetivo maior	O objetivo maior é o lucro ou qualquer outro benefício para o indivíduo	O que é bom para o grupo é bom para o indivíduo
Preparo de um bom ambiente sócio-emocional para a hora de decidir; trata de conhecer os encarregados das decisões	Decisões tomadas em estilo impessoal; evita envolvimentos e conflito de interesses	Personalismo indispensável à adoção da decisão certa

Fonte: De Pierre Casse, *Training for the Multicultural Manager: A Practical and Cross-Cultural Approach to the Management of People* (Washington, D.C.: Society for Intercultural Education, Training, and Research, 1982).

filosofia e estilo entre os dois países refletem dez anos de ira e sentimentos de traição em negociações comerciais. John Graham, um professor californiano voltado para o estudo dos estilos de negociação internacional, afirma que as diferenças entre os estilos americano e japonês podem ser perfeitamente resumidas em dois provérbios: o americano acredita que "a roda que range é logo lubrificada", mas o japonês garante que "o faisão não seria morto se não gritasse".[23] Os japoneses são negociadores calmos, quietos, pacientes; estão acostumados a sessões de negociação arrastadas, detalhadas. Enquanto os americanos se mostram ansiosos para abordar logo o ponto principal das negociações, os japoneses sempre se dispõem a desenvolver relações personalizadas, de longo prazo. Os japoneses gostam de saber quem realmente está do outro lado e não se importam de levar um bom tempo com *desinteresse aparente* — uma boa conversa, muito bem-educada, e uma comunicação informal antes das reuniões (*nemawashi*).

Em negociação, a cultura japonesa da polidez e da ocultação das emoções pode ser desconcertante para os americanos quando estes não conseguem exercer a sua prática do contato visual direto, ou quando os japoneses mantêm um sorriso no rosto por mais séria que se apresente uma situação. É importante que os americanos compreendam o que é de bom tom e o que é ofensivo para os japoneses (e vice-versa). Os americanos precisam evitar qualquer coisa que possa parecer ostentação de qualidades, pois os japoneses valorizam demais a modéstia, e devem igualmente evitar qualquer tipo de contato ou toque físico.[24] Em consonância com o seu valor cultural da manutenção da harmonia, os japoneses são propensos a se mostrar evasivos, ou mesmo a deixar a sala logo após a emissão de uma resposta negativa direta.[25,26] A preocupação com o bem-estar do grupo é fundamental na cultura japonesa; qualquer coisa que afete um dos membros ou parte da sociedade afeta todos os demais. Assim, os japoneses vêem as decisões com extremo cuidado em termos de conseqüências a longo prazo; usam padrões de pensamento objetivos, analíticos e sempre pensam muito antes de tomar decisões.[27]

Um entendimento mais aprofundado dos estilos de negociação em outras partes do mundo pode ser obtido mediante a comparação entre os estilos norte-americano, árabe e russo. Como mostra o Quadro 5.6, os valores culturais muitas vezes esclarecem a maneira como a informação é apresentada, quando e como serão feitas concessões, e a natureza geral e a duração do relacionamento.

Para os norte-americanos, negociações são negócios; seus *apelos factuais* baseiam-se no que consideram ser informação objetiva, apresentada com o pressuposto de que é entendida pelo outro lado com base lógica. Os árabes usam *apelos afetivos* baseados em emoções e sentimentos subjetivos; já os russos empregam *apelos axiomáticos* — isto é, seus apelos baseiam-se nos ideais mais amplamente aceitos em sua sociedade. Os russos são negociadores duros; levam todo o tempo indispensável para enervar os negociadores ocidentais, regateando e atrasando até quando for possível. Grande parte disto se baseia na concepção diferente que os russos têm do tempo: como não compartilham da crença ocidental de que "tempo é dinheiro", são negociadores mais pacientes, mais determinados, mais teimosos. Seus sorrisos e outras expressões de emoção são mantidos sempre no mínimo, para demonstrar calma exterior.[28]

Quadro 5.6 Comparação dos estilos de negociação — norte-americanos, árabes e russos

	AMERICANOS	ÁRABES	RUSSOS
Estilo e processos principais de negociação	Factual: apela sempre à lógica	Afetivo: recorre às emoções	Axiomático: recorre a ideais
Conflito: os argumentos do oponente são respondidos com...	Fatos objetivos	Sentimentos subjetivos	Ideais estabelecidos
Tipo de concessões	Pequenas concessões feitas no início para estabelecer um relacionamento	Concessões feitas no decorrer do processo como parte da barganha	Fazem poucas concessões, quando as fazem
Reação às concessões do oponente	Normalmente retribuem as concessões do oponente	Quase sempre retribuem as concessões do oponente	Vêem as concessões do oponente como sinais de fraqueza e quase nunca retribuem
Relacionamento	Curto prazo	Longo prazo	Não há relação continuada
Autoridade	Ampla	Ampla	Limitada
Posição inicial	Moderada	Extremada	Extremada
Prazo final	Muito importante	Depende da situação	Ignorado

Fonte: Adaptado de E. S. Glenn, D. Witmeyer and K. A. Stevenson, "Cultural Styles of Persuasion", International Journal of Intercultural Relations 1 (1984).

Em contraste com os russos, os árabes têm maior interesse pelo relacionamento de longo prazo, e por isso são mais abertos a fazer concessões. Comparados com os ocidentais, os árabes não dão tanta importância à questão dos prazos e normalmente não têm autoridade para concluir um negócio.[29]

Negociadores eficientes no mundo

A seguir, apresentamos perfis selecionados das qualidades necessárias a um negociador eficiente, de acordo com a visão de pessoas dos respectivos países. São perfis de negociadores americanos, indianos, árabes, suecos e italianos, de acordo com Pierre Casse, e proporcionam alguns indícios sobre o que devemos esperar de negociadores diferentes e sobre o que eles esperam dos outros.[30]

Negociadores americanos

De acordo com Casse, um negociador americano de sucesso procede da seguinte forma:

1. Sabe quando é chegada a hora de assumir um compromisso.
2. Assume uma posição firme no começo da negociação.
3. Recusa-se a fazer concessões de antemão.
4. Mantém suas cartas sempre fora do alcance do oponente.
5. Aceita acordos apenas quando a negociação chega a um impasse.
6. Estabelece os princípios gerais e delega o trabalho secundário aos seus companheiros.
7. Mantém um máximo de opções abertas antes da negociação.
8. Procede sempre de boa-fé.
9. Respeita os "oponentes".
10. Estabelece sua posição da maneira mais clara possível.
11. Sabe quando precisa que a negociação progrida.
12. Está sempre informado da totalidade dos detalhes das questões negociadas.
13. Tem um bom sentido de prazos e é coerente.
14. Consegue fazer a outra parte revelar sua posição e mantém suas próprias cartas escondidas pelo maior tempo possível.
15. Deixa o outro negociador dar o primeiro passo e busca sempre o melhor acordo.

Negociadores indianos

Os indianos, afirma Casse, normalmente seguem o estilo de Gandhi em negociação, ou o que ele chamava de *satyagraha,* "firmeza em uma justa causa". Esta abordagem combina firmeza com devoção à verdade. O negociador indiano bem-sucedido age, então, desta forma:

1. Busca e pratica a verdade.
2. Não teme dizer o que sente nem as conseqüências disso.
3. Pratica o autocontrole. ("As armas da *satyagraha* estão no seu íntimo.")
4. Busca soluções satisfatórias para todas as partes envolvidas. ("O objetivo da *satyagraha* é exaltar ambos os lados.")
5. Respeita a outra parte. ("O oponente deve ser afastado do erro pela paciência e simpatia. Afastado, não esmagado; convertido, não aniquilado.")
6. Não utiliza violência nem insultos.
7. Está disposto a mudar de idéia e divergir da opinião anterior, mesmo correndo o risco de ser visto como inconsistente ou imprevisível.
8. Tem facilidade de colocar tudo na justa perspectiva e distingue facilmente entre a situação particular e o quadro geral.
9. É humilde e tem confiança no oponente.
10. É capaz de se retrair, usar o silêncio e aprender com o mais íntimo do seu ser.
11. É autoconfiante e pode depender apenas de seus próprios recursos e forças.
12. Apela à identidade espiritual da outra parte. ("Para comunicar, o Ocidente se movimenta ou fala. O Oriente senta, fica contemplativo, sofre.")
13. É tenaz, paciente e persistente.
14. Aprende com o oponente e evita a utilização de segredos.
15. Vai além do raciocínio lógico e confia tanto em seus instintos quanto em sua fé.

Negociadores árabes

Muitos negociadores árabes, seguindo a tradição islâmica, recorrem a mediadores/intermediários para acertar disputas. Um mediador árabe eficiente age da seguinte forma:

1. Zela pela honra, auto-respeito e dignidade de todas as partes.
2. Evita o confronto direto entre os oponentes.
3. É respeitado e tem a confiança de todos.
4. Não coloca as partes em situação na qual possam se ver forçadas a demonstrar fraqueza ou a admitir a derrota.
5. Tem o prestígio necessário para ser ouvido.
6. É suficientemente criativo para encontrar soluções honrosas para todas as partes.
7. É imparcial e pode compreender as posições das várias partes sem se inclinar por qualquer uma delas.
8. Pode resistir a qualquer espécie de pressão que os oponentes pretendam aplicar sobre ele.
9. Usa referências a pessoas altamente respeitadas pelos oponentes para conseguir persuadi-los a mudar de idéia em determinadas questões. ("Faça isso em memória do seu pai.")
10. É capaz de guardar segredos e com isso conquista a confiança das partes negociadoras.
11. Controla seu temperamento e emoções (ou perde esse controle onde e quando isto se mostrar necessário).
12. Pode usar conferências como instrumentos de mediação.
13. Tem consciência de que os oponentes enfrentarão problemas para fazer cumprir as decisões tomadas ao longo da negociação.
14. Tem a capacidade de lidar com a maneira árabe de desconsiderar o fator tempo.
15. Entende o impacto do Islã sobre os oponentes que acreditam que estão de posse da verdade, seguem a Verdadeira Fé e estão predestinados a "vencer" por estarem com a justa causa.

Negociadores suecos

Os negociadores suecos, de acordo com Casse, têm as seguintes características:

1. Sempre quietos e pensativos.
2. Pontuais (preocupados com o fator tempo).
3. Extremamente polidos.
4. Diretos (vão diretamente ao ponto em negociação).
5. Ansiosos por serem produtivos e eficientes.
6. Difíceis de convencer.
7. Prudentes e extremamente cautelosos.
8. Tendem à flexibilidade.
9. Capazes de (e muito bons em) conter emoções e sentimentos.
10. Lentos na reação a novas (inesperadas) propostas.
11. Informais e familiares.
12. De conceitos firmes.
13. Perfeccionistas.
14. Temerosos de confrontações.
15. Muito reservados.

Negociadores italianos

Os italianos, segundo Casse, valorizam um negociador que age da seguinte forma:

1. Tem um sentido do drama (representar é parte importante da sua cultura).
2. Não esconde suas emoções (que são parcialmente sinceras e em parte fingidas).
3. Consegue ler muito bem expressões faciais e gestos.
4. Tem um senso de História.
5. Não acredita em todo mundo.
6. Preocupa-se com a *bella figura*, ou a "boa impressão", que pode criar entre aqueles que testemunham seu comportamento.
7. Acredita na iniciativa individual, mais do que no trabalho em equipe.

8. Sente-se bem ao se mostrar obsequioso e simpático o tempo inteiro.
9. Está sempre no *qui vive*, ou na espreita.
10. Nunca se compromete com opiniões definitivas.
11. Consegue sempre descobrir maneiras novas de imobilizar e eventualmente destruir seus oponentes.
12. Enfrenta disputas pelo poder com sutileza e tato.
13. Tem gosto pela intriga.
14. Sabe utilizar a lisonja.
15. Consegue envolver outros negociadores em combinações complicadas.

Fazer a comparação de tais perfis é sempre útil; os negociadores indianos, por exemplo, são humildes, pacientes, respeitam as outras partes e estão sempre dispostos a chegar a compromissos*, ao contrário dos americanos, que são mais firmes em relação à adoção de posições. Uma importante diferença entre os negociadores árabes e os da maioria dos outros países é que os negociadores são intermediários, e não as partes; assim, o confronto direto com eles se torna impossível. Os negociadores suecos eficientes são conservadores e cuidadosos, usando sempre informação factual e detalhada. Este perfil contrasta com o dos negociadores italianos, que são expressivos e exuberantes, mas bem menos diretos que os seus colegas suecos.

GESTÃO DA NEGOCIAÇÃO

Executivos globais experientes se preocupam com inúmeros fatores quando se encontram na condição de *gestores da negociação*. Devem compreender a posição das outras partes em relação aos seus objetivos — sejam estes nacionais ou corporativos — e também se esses objetivos são representados por princípios ou detalhes específicos. Precisam contar com a capacidade de reconhecer a importância relativa que se atribui à concretização da tarefa em relação ao desenvolvimento de relacionamentos interpessoais. Os executivos também precisam aprender a conhecer a composição das equipes participantes, a autoridade atribuída a cada um de seus membros e o grau de preparo dessa equipe. E não é só isso: cabe-lhes igualmente dominar o significado da confiança pessoal em um relacionamento. Como já se disse anteriormente, a cultura das partes da negociação afeta seus estilos e comportamentos negociadores e, com isso, o processo inteiro de negociação. Contudo, qualquer que seja a cultura, os conflitos relacionados a questões pessoais, conforme pesquisa realizada por Tse, Francis e Walls, tendem a "provocar reações negativas, derivadas mais das relações que da informação", o que os levou a concluir que:

> O software *da negociação* — isto é, a natureza e a aparência do relacionamento entre pessoas que perseguem objetivos comuns — precisa ser cuidadosamente levado em conta no processo da negociação.[31]

Isto se comprova especialmente quando representantes de culturas focadas no indivíduo (como a dos americanos) e de culturas focadas no grupo (como a dos chineses) estão à mesa em lados opostos. Muitas dessas diferenças de base cultural em negociações na verdade vieram à luz em um estudo de Husted sobre as percepções dos negociadores mexicanos em relação às razões do fracasso de suas negociações com equipes norte-americanas. O resumo das constatações é mostrado no Quadro 5.7 (p. 142). Contudo, Husted interpreta que "muitas das diferenças percebidas se relacionam com as diferenças típicas encontradas entre culturas de alto e de baixo contexto".[32] Ou seja, as interpretações pelos executivos mexicanos foram afetadas por sua cultura de alto contexto, com as características de uma abordagem indireta, paciência na discussão de idéias e manutenção da dignidade. Do outro lado, os americanos, de baixo contexto, apresentaram sempre um estilo de comunicação impaciente, frio e brusco. Para manter a aparência de dignidade de seus oponentes mexicanos, os americanos precisam abordar as negociações com eles com paciência e tolerância sem se dedicar a atacar idéias, pois esses ataques podem ser entendidos como pessoais.

As relações entre os fatores da negociação intercultural que discutimos neste capítulo são apresentadas no Quadro 5.8 (p. 143).

---

*N. de R.T. Os indianos são considerados negociadores insistentes e pouco humildes entre todos os países do terceiro mundo. Apenas demonstram subvenciência, quando há interesse econômico, com relação a países da OCDE. O próprio processo de independência político indiano em relação à dominação inglesa, encabeçado por Gandhi, confirma o quanto os indianos são persistentes quando seus interesses são desrespeitados. Do ponto de vista comercial, em toda a Ásia, os indianos são tidos como *snobiches*, convictos de que são dotados de uma inteligência acima da média.

Quadro 5.7 Barganha com os gringos
Percepções de executivos mexicanos sobre as causas do fracasso de negociações com os norte-americanos

	MUITO IMPORTANTE (%)	IMPORTANTE (%)	MODERADAMENTE IMPORTANTE (%)	TOTAL (%)
Problemas com a equipe americana				
Equipe americana sem autoridade para tomar decisões	37,0	20,0	15,0	72,0
Equipe americana incapaz de resolver dúvidas da equipe mexicana	34,0	26,0	14,0	74,0
Falta de sinceridade da equipe americana	41,0	20,0	9,0	70,0
Eigenvalor: 2,9009/Percentual de variância: 26,4/Cum.var.: 26,4				
Processo de negociação				
Diferenças entre os estilos de negociação	26,5	28,4	22,5	77,4
Equipe americana determina preços irreais	52,5	17,8	8,9	79,2
Mexicanos não têm conhecimento do sistema de entrega	42,0	19,0	11,0	72,0
Falta de preparação dos mexicanos	40,6	21,8	9,9	72,3
Eingenvalor: 2,3577/Percentual de variância: 21,4/ Cum.var.: 47,8				
Barreiras culturais				
Diferenças nas práticas comerciais	24,5	29,4	22,5	76,4
Barreiras de comunicação	37,3	17,6	12,7	67,6
Eigenvalor: 1,7976/Percentual de variância: 16,3/Cum.var.: 64,1				
Problemas de idioma	41,2	21,6	5,9	68,7
Eigenvalor: 1,0763/Percentual de variância: 9,8/Cum.var.: 73,9				
Restrições de preços				
Equipe mexicana impossibilitada de reduzir o preço	32,0	22,0	18,0	72,0
Eigenvalor: 1,0433/Percentual de variância: 9,5/ Cum.var.: 83,4				

Fonte: Bryan W. Husted, "Bargaining with the Gringos: An Exploratory Study of Negotiations between Mexican and U.S. Firms", *International Executive* 36(5) (September-October 1994): 625-644.

A gestão eficiente das negociações interculturais exige que o executivo vá além da compreensão generalizada das questões e variáveis presentes e em jogo. Ele precisa necessariamente: 1) estabelecer um conhecimento específico dos participantes das reuniões que farão parte do processo, 2) se preparar de modo adequado para se ajustar à situação e a controlar, e 3) se mostrar inovador.[33]

Existem pesquisas que comprovam que a abordagem de solução de problemas é essencial para o sucesso de negociações interculturais, sejam elas realizadas no exterior ou na matriz da empresa interessada, embora essa abordagem funcione de maneiras diferentes em diferentes países.[34] Ela exige que o negociador trate todos com respeito, evite provocar desconforto entre qualquer das partes e não se disponha a criticar ou culpar outras partes de uma maneira pessoal que possa levar alguém a sentir vergonha — isto é, a questão da manutenção das aparências.

Pesquisas realizadas pelo Huthwaite Research Group revelam a maneira como os negociadores competentes, em contraste com os medianos, conduzem o processo de planejamento e seu comportamento face a face com as demais partes. O grupo constatou que, no decorrer do processo de planejamento, os negociadores competentes estudam um amplo leque de opções e dedicam atenção renovada às áreas consideradas de interesse mais comum, generalizado. Os negociadores competentes inclinam-se igualmente a fazer o

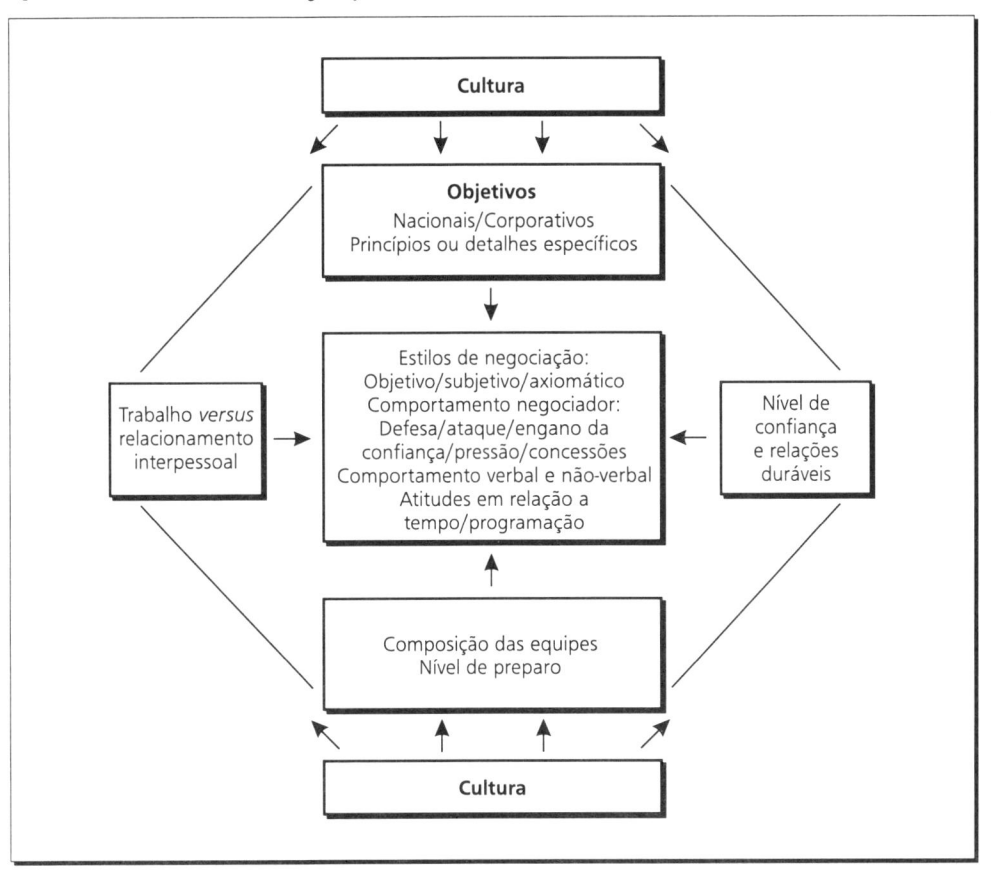

Quadro 5.8 Variáveis da negociação intercultural

```
                        ┌──────────────┐
                        │   Cultura    │
                        └──────────────┘
                    ↙    ↓    ↓    ↘
                    ┌─────────────────────┐
                    │     Objetivos       │
                    │ Nacionais/Corporativos│
                    │Princípios ou detalhes específicos│
                    └─────────────────────┘
                              ↓
  ┌──────────────┐   ┌─────────────────────────┐   ┌──────────────┐
  │  Trabalho    │   │ Estilos de negociação:  │   │   Nível de   │
  │   versus     │→  │ Objetivo/subjetivo/axiomático│ ←│  confiança   │
  │relacionamento│   │ Comportamento negociador:│   │  e relações  │
  │ interpessoal │   │ Defesa/ataque/engano da │   │   duráveis   │
  └──────────────┘   │ confiança/pressão/concessões│└──────────────┘
                    │ Comportamento verbal e não-verbal│
                    │ Atitudes em relação a   │
                    │   tempo/programação     │
                    └─────────────────────────┘
                              ↑
                    ┌─────────────────────┐
                    │ Composição das equipes│
                    │   Nível de preparo  │
                    └─────────────────────┘
                    ↖    ↑    ↑    ↗
                        ┌──────────────┐
                        │   Cultura    │
                        └──────────────┘
```

dobro de comentários relativos a questões de longo prazo e são mais propensos a estabelecer limites máximos e mínimos relativos a pontos específicos. No seu comportamento face a face, os negociadores competentes evitam fazer comentários irritantes — do tipo "esta nossa oferta é generosa demais" —, apresentam contrapropostas com menor freqüência e abusam menos dos detalhes para apoiar sua argumentação. Além disso, os negociadores competentes são ouvintes muito ativos — com isso, podem fazer perguntas, esclarecer seu entendimento das questões em debate e estabelecer um sumário mais exato dos temas em negociação.[35]

Uso da Internet para dar suporte às negociações

A tecnologia moderna pode servir de suporte ao processo de negociação, embora não possa, em muitas instâncias, substituir o ingrediente ainda essencial do contato face a face. Um componente cada vez mais utilizado no comércio eletrônico são os aplicativos para dar suporte à negociação de contratos e solução de divergências. À medida que as aplicações da Internet se desenvolverem, tais aplicativos poderão dar suporte para inúmeras fases e dimensões, como, por exemplo:

> Transações do tipo compra e venda, que envolvem múltiplas questões e múltiplas partes, resolução de disputas internacionais (questões comerciais, questões políticas), comunicações e negociações internas das empresas, entre outras.[36]

Os *Sistemas de Suporte de Negociação* (SSN, ou NSS, em inglês) poderão proporcionar suporte ao processo de negociação mediante:

- O incremento da perspectiva de alcançar um acordo quando existir área para entendimento (soluções que ambas as partes aceitariam).

- A diminuição dos custos diretos e indiretos das negociações, como aqueles causados por fatores de tempo (greves, violência), e de custos advocatícios, entre outros.
- A maximização da possibilidade de se alcançarem ótimos resultados.[37]

Um sistema de suporte com base na Internet, desenvolvido na Carleton University, de Ottawa, Canadá — chamado INSPIRE —, provê aplicativos para a preparação e realização de negociações e voltados à renegociação de opções depois do estabelecimento de acordos. Os usuários podem especificar preferências e avaliar as ofertas; o *site* também apresenta *displays* gráficos do processo de negociação.[38]

Gestão comparativa em foco

Negociação com os chineses

O modo chinês de tomar decisões começa com a socialização e o início de *guanxi* (amizades) pessoais, em vez de discussões de negócios. O foco não está na pesquisa de mercado, na análise estatística, em fatos, apresentações de pontos de força, ou discussões diretas de negócios. O meu foco precisa estar em incentivar o *guanxi*.

SUNNY ZHOU, DIRETOR GERAL DA LIDA PRODUTOS DE MADEIRA E BAMBU, DE KUNMING.[39]

Sempre que os ocidentais tentam empreender negociações com representantes da República Popular da China, surgem barreiras culturais que as partes precisam se empenhar em superar. O processo de negociação usado pelos chineses — mesmo sem ignorar as variações existentes entre os estilos característicos das regiões de Cantão, Xangai e do norte da China — é dramaticamente diferente da maneira de agir dos americanos. Os chineses, por exemplo, dão muito maior destaque e importância que os americanos ao respeito e à amizade, à manutenção das aparências e aos objetivos de grupo. Os objetivos de longo prazo são mais importantes para os chineses do que os objetivos específicos mais imediatos, característicos dos negociadores ocidentais.[40,41]

Vários empresários dão conta da existência de duas grandes áreas de conflito no âmbito das negociações com os chineses — a montanha de detalhes que os chineses exigem sobre as características dos produtos e sua aparente insinceridade quanto à consecução de acordos. Além disso, os negociadores chineses muitas vezes não têm autoridade decisória, frustrando com isso os americanos que contam com esse poder e se mostram prontos e ansiosos para a concretização de um acordo.[42] Trata-se de uma situação derivada do fato de que as empresas chinesas são dependentes das corporações de negócios existentes no âmbito governamental, sempre envolvidas nas negociações e que, na maioria das vezes, têm pelo menos um representante na equipe de negociadores. Os objetivos dos negociadores chineses continuam ainda no âmbito da estrutura de planejamento estatal e dos ideais políticos. Embora a China tenda a se tornar mais orientada pelos lucros, a maior parte dos seus acordos ainda é negociada nos limites da alocação contida no orçamento estatal para um determinado projeto, em lugar de se guiar conforme a avaliação de possível lucratividade ou valor. Torna-se, pois, crucial descobrir quais autoridades — nacionais, provinciais, locais — têm efetivamente o poder de firmar, e garantir, um acordo comercial. De acordo com James Broering, da Arthur Andersen, que faz muitos negócios na China, "há empresas que negociaram com funcionários do governo durante longos meses tão-somente para acabar descobrindo que estavam negociando com as pessoas erradas".[43]

Pesquisas mostram que, para os chineses, o processo de negociação é grandemente influenciado por três normas culturais: sua enraizada polidez e contenção emocional, a importância que dão às obrigações sociais, e sua crença na interconexão entre trabalho, família e amizade. Devido à preferência chinesa pela contenção emocional e pela necessidade de manter as aparências, tentativas mais agressivas ou emocionais de persuasão durante negociações geralmente estão destinadas ao fracasso. Pelo contrário, a tendência dos chineses a evitar conflitos abertos levará mais provavelmente a estratégias negativas, como a desativação ou simplesmente sua retirada da negociação.[44] No centro desta espécie de resposta, figura o conceito da *aparência* — um conceito tão importante que é essencial para os estrangeiros compreendê-lo se quiserem algum dia reconhecer o papel que o comportamento de imagem desempenha nas negociações. Existem dois componentes da aparência: *lien* e *mien-tzu*. O primeiro se refere ao caráter moral das pessoas, na verdade é o componente mais importante da definição do que é uma pessoa, e sem o qual ela não pode funcionar na sociedade. Esse caráter só pode ser conquistado pelo cumprimento de obrigações para com os outros. Já o *mien-tzu* se refere à reputação ou prestígio dos outros, conquistados mediante realizações, poder burocrático ou político.[45] Conceder a outros o próprio tempo, presentes ou elogios contribui para melhorar a imagem de quem faz tais agrados. Em negociações, é vital que não se ostente uma "vitória", pois isso significará que a outra parte "perdeu" e terá sua aparência/imagem arruinada. Para evitar que isso aconteça, devem ser feitas concessões aparentes e outras tentativas de demonstrar respeito, e a modéstia e o autocontrole precisam ser mantidos, pois de outra forma qualquer pessoa que se sentir com a imagem abalada poderá jamais querer negociar outra vez com o seu vencedor da ocasião. Os chineses sempre ignorarão no futuro quaisquer negociações ou incidentes responsáveis pela perda de aparência, mantendo o comportamento social polido que emana da consciência social e da preocupação em relação aos outros. Quando confrontados com uma situação embaraçosa, eles normalmente sorrirão ou darão risadas, na tentativa de manter as aparências, uma reação certamente capaz de criar muita perplexidade entre os negociadores ocidentais.[46]

A importância que os chineses dão às obrigações sociais ressalta sua forte orientação para os objetivos coletivos. Assim, pois, apelos a integrantes isolados de alguma equipe negociadora chinesa, em lugar de apelos ao interesse do grupo como um todo, certamente serão contraproducentes.[47] A exaltação confuciana do sistema de parentesco e hierarquia no trabalho, família e amizades explica a preferência dos chineses por fazer negócios com pessoas conhecidas ou de confiança e com empresas igualmente confiáveis. Por isso, os negociadores "estrangeiros", deveriam concentrar-se sempre no estabelecimento de relacionamentos de longo prazo, confiáveis, mesmo se isto tiver de ser feito às custas da perda de alguns lucros imediatos.

Profundamente enraizado na cultura chinesa está o conceito da harmonia como o motor do funcionamento sincronizado da sociedade. A harmonia se baseia principalmente em relacionamentos pessoais, confiança e rituais. Depois que os chineses estabelecem uma relação cordial com os negociadores estrangeiros, usam esse relacionamento como base para o toma-lá-dá-cá das discussões de negócios. Esta norma cultural implícita é conhecida como *guanxi*, que se refere à intrincada e onipresente rede de relacionamentos pessoais que cada chinês cultiva com o maior cuidado; afinal de contas, trata-se do principal meio de conseguir resultados e de progredir.[48] Entre outras coisas, o *guanxi* estabelece a obrigação de trocar favores em futuras atividades de negócios.[49] Mesmo no âmbito da burocracia chinesa, o *guanxi* paira acima das interpretações legais. Embora a formação de redes seja importante para a realização de negócios em qualquer parte do mundo, a diferença na China é que "as redes de *guanxi* não são apenas comerciais, mas também sociais, envolvendo o intercâmbio tanto de favores quanto de preferências".[50] Empresas que dispõem de conexões especiais *guanxi* e dão tratamento preferencial umas às outras são conhecidas como integrantes de uma rede *guanxihu*.[51] Segundo Sunny Zhou, diretor geral da Lida Produtos de Madeira e Bambu, de Kunming, quando ele está comprando, "o preço da madeira pode variar de maneira drástica, dependendo especialmente da força dos laços *guanxi* dos nossos compradores com os administradores locais".[52]

Os executivos ocidentais deveriam, pois, tratar sempre de organizar visitas preliminares (estabelecimento de relações e conhecimentos), nas quais os chineses esperam aprender mais a respeito de seus potenciais parceiros de negócios, principalmente sobre sua integridade e caráter. Os chineses também fazem uso desta oportunidade para transmitir seus princípios mais arraigados. Um desses, de grande importância, manda que um relacionamento produza benefícios mútuos.[53] Os chineses esperam que as empresas ocidentais se disponham a sacrificar objetivos corporativos e as perspectivas de lucros acima da média em proveito dos objetivos nacionais e princípios dos chineses, entre os quais a consolidação de amizades, o desenvolvimento nacional e o crescimento e aperfeiçoamento do povo chinês. Mal-entendidos costumam ocorrer quando os americanos demonstram uma aceitação polida desses princípios gerais sem, porém, conseguir entender o seu significado, uma vez que eles não têm qualquer relação óbvia com as metas das corporações americanas, principalmente a do lucro. E também porque esses princípios não parecem relevantes no que se refere às decisões práticas nas fábricas, às práticas dos funcionários ou ao abastecimento.[54]

Os americanos em geral passam por dois estágios na negociação com os chineses — o técnico e o comercial. Durante o prolongado estágio técnico, os chineses tentam extrair todos os detalhes, por menores que sejam, das especificações e da tecnologia do produto proposto. Quando participam duas equipes de negociadores, poderão passar-se vários dias até a equipe comercial ser verdadeiramente chamada para abordar os aspectos da produção, *marketing*, fixação dos preços, etc. Mesmo assim, a equipe comercial é obrigada a se fazer presente no primeiro estágio a fim de familiarizar-se com o estilo chinês de negociação.[55] A equipe chinesa de negociação normalmente tem o dobro de integrantes da delegação ocidental; leva-se cerca de um terço do tempo discutindo especificações técnicas e um terço em negociações sobre preços.[56]

Os chineses figuram indubitavelmente entre os negociadores mais calejados do mundo. Quando em contato com eles, os executivos americanos devem estar preparados para enfrentar uma imensa variedade de táticas, entre elas suas técnicas de procrastinação e de evitar respostas diretas, específicas: ambas são expedientes utilizados para explorar justamente a conhecida impaciência dos americanos. Os chineses procuram freqüentemente pressionar os americanos por "envergonhá-los", o que significa implicar que os americanos estão tentando renegar a amizade — a base do contrato implícito. Enquanto os ocidentais chegam às negociações com objetivos específicos e segmentados e, por isso mesmo, têm facilidade de estabelecer compromissos, os chineses sempre relutam em negociar detalhes; para eles é difícil se comprometer e negociar porque sempre entram nas negociações com uma visão mais ampla, que é a de alargar as perspectivas de desenvolvimento para a China, e se mostram ofendidos quando os ocidentais não demonstram receptividade a essas metas desenvolvimentistas.[57] Sob tais circunstâncias, os chineses passam a apresentar uma posição rígida, e nenhum acordo ou contrato poderá ser dado como definitivo enquanto não forem completadas e esgotadas todas as instâncias e atividades negociadas.

Paciência, respeito e experiência são pré-requisitos indispensáveis a qualquer pessoa que se dispuser a negociar com os chineses. Se, além disso, se estiver visando resultados práticos e efetivos, é bom lembrar que os chineses têm mais apreço, em negociações interculturais, por pessoas mais idosas, mais experientes. Sempre será maior a oportunidade de sucesso quando estiverem negociando diretamente com o executivo sênior de uma companhia norte-americana, por entenderem que ele indubitavelmente chegou a essa posição no topo da hierarquia utilizando uma grande rede de relacionamentos pessoais e de confiança com colegas e pessoas igualmente importantes de fora da própria organização. As práticas das delegações ocidentais são desconhecidas para os chineses, que sempre relutam a chegar a qualquer acordo quando o principal negociador estrangeiro não estiver presente.[58] Sob o ponto de vista ocidental, jurisdições complicadas nos ministérios do governo chinês atravancam a tomada de decisões nas negociações.[59] Os americanos tendem a enviar pessoal técnico especializado com experiência no assunto que está sendo debatido; por isso mesmo, precisam tomar o cuidado de escolher os negociadores mais apropriados. Além disso, equipes de negociadores visitantes devem levar em consideração que os chineses estão provavelmente negociando com outras equipes estrangeiras, muitas vezes em caráter simultâneo, e não vacilarão em utilizar esse cenário para jogar as propostas de uma companhia na mesa para obter melhores condições da outra. Em um nível interpessoal, os negociadores ocidentais precisam igualmente se dar conta de que, embora um aperto de mãos seja um ato de polidez, o contato físico não é aceito nas práticas sociais chinesas; e também não se discutem assuntos como a família de qualquer dos negociadores. Contudo, faz parte do negócio aceitar pequenos presentes como sinal de amizade. Pye oferece as sugestões adicionais a seguir para o ocidental que estiver pretendendo negociar com os chineses e se preparando para isso:[60]

- Pratique a paciência.
- Admita períodos prolongados de impasse.
- Contenha expectativas exageradas e dê o devido desconto aos exageros da retórica chinesa com respeito às perspectivas para o futuro.
- Esteja preparado para as tentativas chinesas de manipulação pela prática de criar vergonha/culpa.
- Resista à tentação de acreditar logo que as dificuldades ocorridas tenham sido causadas pelos seus próprios erros.
- Tente compreender as peculiaridades da cultura chinesa, sem perder de vista que nenhum ocidental poderá jamais colocá-las em prática melhor do que os próprios chineses.

Gerenciamento da resolução de conflitos

Boa parte do processo da negociação é sempre eivada de conflitos — explícitos ou implícitos — que podem levar a um impasse ou a uma situação de perda total. Isto é lamentável, não apenas pela situação em causa, mas porque provavelmente irá abortar oportunidades futuras de negócios entre as partes — grande parte das causas deste conflito tem origem em diferenças culturais entre as partes, no que se refere a expectativas, comportamentos e, particularmente, estilos de comunicação.

Como discutimos no Capítulo 4, boa parte das diferenças entre os diversos estilos de comunicação pode decorrer do fato de fazerem parte de uma cultura de alto ou de baixo contexto (ou de algo intermediário), como mostrado no Quadro 4.4. Em culturas de baixo contexto, como a dos Estados Unidos, o conflito é administrado direta e explicitamente. É também considerado algo separado da pessoa do negociador — ou seja, os negociadores traçam uma linha de distinção entre os indivíduos que participam do processo e a informação ou as opiniões que representam. Tendem igualmente a trabalhar com base em informações factuais e análise lógica. Esta abordagem dos conflitos é chamada de *instrumentalmente orientada*.[61] Em culturas de alto contexto, como as existentes no Oriente Médio, a abordagem dos conflitos é chamada de *expressivamente orientada* — isto é, a situação deve ser conduzida indireta e implicitamente, e as pessoas encarregadas não têm uma delineação nítida da situação. Esses negociadores não querem entrar em uma situação de confronto por se tratar de algo considerado ofensivo e que causaria uma perda de "aparência"; por isso tendem a utilizar a evasão e a omissão quando não conseguem chegar a um entendimento por meio de apelos emocionais. Essa evasão e omissão entram em conflito com as expectativas dos negociadores de baixo contexto, que estão ansiosos para ver a continuidade das tratativas e para que se chegue logo a uma solução.

As diferenças entre culturas de alto e baixo contextos que normalmente induzem a situações de conflito são resumidas no Quadro 5.9. A maioria dessas variáveis foi debatida neste capítulo ou no Capítulo 4, sobre comunicação. O motivo da superposição é que os indivíduos, a cultura e a comunicação são realmente inseparáveis, e sempre surgem divergências em negociação e situações de conflito a partir de variáveis em cultura e comunicação.

O importante aqui é como um executivo da França, do Japão ou do Brasil por exemplo, pode conduzir situações de conflito? A solução, como discutido anteriormente, reside principalmente na capacidade do executivo de conhecer e entender as pessoas e as situações com as quais irá lidar. Ele deve se preparar para tanto pelo desenvolvimento e conhecimento do contexto cultural em que estará operando. Quais as expectativas das pessoas com as quais irá negociar? Que tipos de estilos de comunicação e táticas de negociação deverá esperar, e até que ponto serão diferentes dos seus? É muito importante ter em mente as próprias expectativas e estilo de negociação e, além disso, estar consciente das expectativas da outra parte em relação ao seu comportamento. É aconselhável analisar antecipadamente o que será necessário para chegar a uma situação em que todos ganham (ganha-ganha). Poderão ser úteis os serviços de um assessor ou mediador do país anfitrião que esteja em condições de ajudar a amenizar, no início, uma situação de conflito.

Uma ferramenta contemporânea de negociação e decisão que pode ajudar a evitar circunstâncias de conflito é o mercado B2B: intercâmbios nos quais compradores e vendedores negociam preços, aceleram os processos de transação e decisão, como se descreve no *E-Biz Box* a seguir.

Quadro 5.9 Fontes de conflitos entre culturas de baixo e de alto contexto

PRINCIPAIS PERGUNTAS	CONFLITOS DE BAIXO CONTEXTO	CONFLITOS DE ALTO CONTEXTO
Por que	Analíticos, lógica linear; instrumentalmente orientados; dicotomia entre o conflito e suas partes	Lógica sintética, espiral; expressivamente orientados; integração entre o conflito e suas partes
Quando	Individualisticamente orientados; baixas expectativas normativas e coletivas; violações das expectativas individuais criam potencial para conflitos	Grupalmente orientados; altas expectativas normativas e coletivas; violações das expectativas coletivas criam potencial para conflitos
O que	Revelação; atitude confrontacional direta; orientado para ação e solução	Ocultação; atitude indireta, não-confrontacional; orientados para a "aparência" e os relacionamentos
Como	Códigos explícitos de comunicação; estilo lógico linear: retórica factual-racional; estratégias francas e diretas	Códigos de comunicação implícitos; estilo lógico pontual: retórica eficientemente intuitiva; estratégias ambíguas, indiretas

Fonte: W. Gudykunst, L. Stewart and S. Ting-Toomey, *Communication, Culture, and Organizational Processes*. Copyright © 1985 by Sage Publications, Inc. Reproduzido com autorização da Sage Publications, Inc.

E-BIZ BOX
Mercados B2B — Negociações e transações aceleradas

Mais de 80% dos *downloads on-line* são transações entre empresas (B2B). O comércio eletrônico B2B, no qual as transações entre empresas são feitas *on-line*, proporciona grande número de vantagens inerentes em relação ao comércio tradicional. Em primeiro lugar, é muito menor o custo de processar os aspectos práticos das transações — ordens de compra, propostas, faturamento, procurações, transferências de fundos — quando os clientes podem se auto-abastecer *on-line*. Da mesma forma, grandes compradores, como os fabricantes, podem encontrar preços mais favoráveis quando estabelecem sistemas de pedidos cruzados na Internet, pelos quais os fornecedores negociam uns com os outros.

Para os vendedores que participam desses mercados, o nível de segurança em relação ao cliente é menor, mas, em compensação, são maiores as oportunidades para uma fixação de preços mais flexível — pelo menos em teoria. E a Internet ajuda todo o mundo a fazer contato com um número maior de potenciais parceiros de negócios.

A Internet acrescenta uma nova dinâmica ao tradicional modelo de um a um para as transações comerciais. Muitos vendedores negociam diretamente a partir de seus *sites* (praticamente todas as empresas da área da informática oferecem atualmente uma loja virtual *on-line*), mas os mercados virtuais mais sofisticados buscam reunir compradores e vendedores em um lugar único. Com isto, esperam melhorar a eficiência em relação aos preços. Alguns mercados B2B são orientados verticalmente, procurando captar uma fatia maior das transações de uma única indústria. Outros são horizontais, oferecendo, por exemplo, lugares nos quais pequenas empresas podem comprar serviços telefônicos, equipamentos de escritório e seguros.

Esses mercados *on-line* em que compradores e vendedores negociam preços são chamados *"exchanges"*. Eles normalmente usam algum tipo de sistema de pedidos ou pedidos cruzados, e os preços flutuam com base na demanda. Esses tipos de *"exchanges"* funcionam melhor com bens do tipo *commodity* que são facilmente identificáveis. Outros *sites* B2B possibilitam as compras por comparação mediante a agregação de catálogos de mais de um vendedor.

Os *sites* típicos B2B são financiados por associação, assinatura ou comissões por transação, juntamente com os rendimentos provenientes da publicidade. Da mesma forma que os mercados de ações, os mercados B2B *on-line* buscam atrair volume aos seus *sites* para criar liquidez e, com isso, uma precificação eficiente.

Fonte: Adaptado de A. Palazzo, B2B Markets Basics, www.business.com e www.FT.com, 28 de janeiro de 2001.

A TOMADA DE DECISÕES

A negociação na verdade representa o resultado de uma série de decisões de pequeno e grande portes e incluem as decisões tomadas antes do começo real da negociação — determinando, por exemplo, a posição da empresa e quais propostas de recuo terá condições de apresentar ou aceitar. Incluem também decisões incrementais, tomadas durante o processo da negociação, sobre como reagir e agir, quando fazer concessões e em que concordar ou discordar. A negociação pode, assim, ser vista como uma série de decisões explícitas e implícitas, e os temas da negociação e a tomada de decisões se tornam interdependentes.

Por exemplo, muitas vezes, a maneira de tomar uma decisão durante o processo de negociação pode ter uma profunda influência sobre o resultado, como demonstra o episódio relatado a seguir:

> Na primeira vez que negociou um empréstimo, um banqueiro que não conhecia o Japão se encontrou com sete dos principais banqueiros japoneses que precisavam de muito dinheiro. Depois de ouvir a apresentação do caso feita por eles, o americano concordou na mesma hora. Os sete japoneses então conversaram reservadamente e em seguida disseram ao americano que voltariam a ele dentro de alguns dias para comunicar se aceitariam ou não a sua proposta. O banqueiro americano aprendeu ali uma lição da qual jamais iria se esquecer.[62]

Os banqueiros japoneses esperavam que o americano se dispusesse a negociar, a pedir tempo para analisar a questão e consultar seus colegas antes de tomar a decisão final. Foi a decisão tomada que os deixou desconfiados, e por isso resolveram reconsiderar o negócio todo.

Não há dúvida de que a velocidade e a maneira de tomar uma decisão afetam o processo da negociação. Além disso, a boa implantação dos acordos negociados dependerá da rapidez e da forma da adoção de decisão. A este respeito, fica claro que o uso efetivo da tecnologia desempenha um papel importante, especialmente quando se trata de complexos acordos interfronteiras nos quais os responsáveis pelas decisões — que muitas vezes chegam a centenas de responsáveis — estão separados no tempo e no espaço.

O papel da tomada de decisões na gestão, contudo, vai muito além das ocasiões finitas das negociações. Faz parte da rotina diária do executivo — desde as decisões de nível operacional, programadas e que exigem um mínimo de tempo e esforço até as não-programadas de alcance e importância consideravelmente maiores, como a de entrar em uma *joint venture* em um país estrangeiro.

A influência da cultura na tomada de decisões

É crucial que os executivos internacionais compreendam a influência da cultura sobre os estilos e processos decisórios. A cultura afeta as decisões tanto ao longo do contexto maior da cultura institucional de uma nação, que produz padrões decisórios coletivos, quanto ao longo dos sistemas de valor baseados em cultura que afetam a percepção ou interpretação de uma situação por parte de cada indivíduo responsável pelas decisões.[63]

Varia de acordo com cada país o grau da influência da cultura sobre o processo decisório. Por exemplo, Hitt, Tyler e Park constataram "maior influência culturalmente homogeneizante nos modelos cognitivos dos executivos coreanos" que nos dos executivos americanos, cujas tendências personalistas conduzem a padrões diferenciados de decisão.[64] As formas como a cultura influencia as decisões de um executivo podem ser estudadas pela observação das variáveis presentes em cada estágio do *processo de tomada de decisões* racional. Esses estágios são: 1) definição do problema; 2) coleta e análise de dados relevantes; 3) estudo de alternativas de solução; 4) decisão quanto à melhor solução; 5) implantação do que foi decidido.

Uma das principais variáveis que afetam a tomada de decisões é a que manda saber se o país se guia por uma *abordagem objetiva* ou por uma *abordagem subjetiva*. Embora a abordagem ocidental seja baseada na racionalidade (os executivos interpretam a situação e analisam as alternativas com base em informações objetivas), não se trata de uma abordagem comum no resto do mundo. Os latino-americanos, entre outros, são mais subjetivos, tomando decisões com base em emoções.

Outra variável cultural que influencia muito o processo de decisão é a *tolerância do risco* entre os responsáveis pelas decisões. Pesquisas mostram que belgas, alemães e austríacos ostentam uma tolerância pelo risco consideravelmente menor do que japoneses e holandeses, enquanto os executivos americanos são os que apresentam o maior índice de tolerância do risco.[65]

Uma variável importante em tal processo é a percepção pelo executivo do *locus do controle* quanto aos resultados — isto é, se este local é interno ou externo. Há executivos que acreditam que podem planejar determinados resultados pelo fato de estarem no controle dos fatos que decidirão o futuro conforme o rumo por eles desejado. Em contraste, outros executivos crêem que tais decisões não têm valor porque lhes resta escasso controle sobre o futuro, que está nas mãos de forças externas, como o destino, Deus ou a natureza. Os executivos americanos acreditam fortemente na autodeterminação e percebem as situações de crise como algo que podem controlar e que devem modificar. Contudo, executivos em muitos outros países, entre os quais a Indonésia e Malásia, se resignam perante situações de crise e não se sentem em condições de intervir para modificá-las. Obviamente, esses sistemas diferenciados de valor irão se traduzir em enormes diferenças nos estágios de estudo de ações alternativas e escolha de soluções, muitas vezes pelo fato de, acima de tudo, determinadas situações serem ou não entendidas como problemas.

Outra variável que afeta a consideração de soluções alternativas é o sentimento dos executivos a respeito de continuar com soluções conhecidas ou apelar para métodos novos. Muitos executivos, principalmente na Europa, valorizam as soluções baseadas em experiência passada e se inclinam em especial pela qualidade. Os americanos, por outro lado, são mais orientados para o futuro e estão sempre em busca de novas idéias capazes de conduzi-los nesse rumo.

Abordagens ao processo decisório

Além de afetar os diferentes estágios do processo decisório, os sistemas de valor têm influência sobre o comportamento geral dos responsáveis por decisões conforme as respectivas culturas. O nível relativo de *utilitarismo* em contraposição ao idealismo moral em qualquer sociedade afeta seu comportamento geral em relação aos problemas. Em termos gerais, o utilitarismo é o fator principal a orientar comportamentos no mundo ocidental. Na verdade, pesquisas mostram que os executivos canadenses são mais sujeitos, em matéria de decisões, a um comportamento do tipo curto prazo, custo-benefício do que seus colegas de Hong Kong. Os executivos canadenses são consideravelmente mais utilitaristas que os dirigentes da República Popular da China, que abordam os problemas a partir de uma perspectiva de idealismo moral; eles analisam os problemas, as alternativas e soluções pensando em um ponto de vista de longo prazo e no interesse da sociedade, em lugar de o fazerem a partir de uma perspectiva individual.[66]

Outra variável importante na maneira de agir das companhias em relação à tomada de decisões é a que contrapõe autoritarismo e liderança participativa. Em outras palavras, quem tem a autoridade para tomar que tipo de decisão? A orientação nacional — seja ela *individualista* ou *coletivista* (como discutido no Capítulo 3) — influi na definição do nível em que se tomam as decisões. Em muitos países com culturas hierarquizadas — Alemanha, Turquia, Índia, entre outros — a autorização para a ação precisa ser passada de baixo para cima ao longo dos diversos níveis administrativos antes que a decisão venha a ser tomada. Muitos funcionários nesses países simplesmente esperam que seja o autocrata, o patrão, em última análise, o encarregado da maior parte das decisões, e não se sentiriam confortáveis de outra maneira. Mesmo na China, uma sociedade altamente coletivista, os funcionários esperam uma *liderança autocrática* porque seu sistema de valores pressupõe que o superior deve ser automaticamente o mais sábio. Em contraste, na Suécia, a autoridade da cadeia de decisões é muito descentralizada. Os americanos falam demais sobre a conveniência dessa *liderança participativa,* mas na prática estão provavelmente a meio caminho entre os estilos de gestão autocrático e participativo.

Os gestores árabes têm antigas tradições de processo decisório consultivo, com suporte no Alcorão e nas determinações de Maomé. Contudo, essas consultas ocorrem mais no nível interpessoal do que com base em reuniões de grupo, o que contribui para tornar difusa a possibilidade de oposição.[67] Embora a tendência no Oriente Médio seja no sentido de negócios feitos de maneira altamente personalizada, as decisões finais são adotadas pelos líderes principais, que sentem que precisam impor sua vontade para que a companhia possa ter sucesso em seus objetivos. Em comparação, em culturas como a do Japão, que destacam a harmonia coletiva, predomina o processo decisório participativo ou de grupo, e o consenso é mais do que importante. O exemplo mais conhecido é o processo decisório de baixo para cima (em vez do contrário) adotado na maioria das companhias japonesas, descrito com maiores detalhes na "Gestão Comparativa em Foco" deste capítulo.

Uma última área de freqüente incongruência é a que diz respeito à rapidez relativa ao processo decisório. A cultura de um país determina a velocidade das decisões que pode estar intimamente ligada ao nível de delegação, como recém discutimos, mas nem sempre. O ritmo da tomada das decisões pode ser extremamente desconcertante para estrangeiros não acostumados com o país em que elas são tomadas. Os norte-americanos e europeus orgulham-se de serem decisivos; os executivos no Oriente Médio, com um sentido muito diferente da premência do tempo, associam a importância da questão em jogo com o tempo necessário para tomar uma decisão. Se não conhecer nem entender essa nuança cultural, um americano impaciente poderá se transformar em um insulto para um egípcio; uma decisão apressada, para o egípcio, significaria um apreço muito baixo tanto pelo relacionamento quanto pelo negócio em andamento.

Como resumo, o Quadro 5.10 ilustra até que ponto todas as variáveis recém discutidas podem afetar os estágios do processo da adoção de decisões.

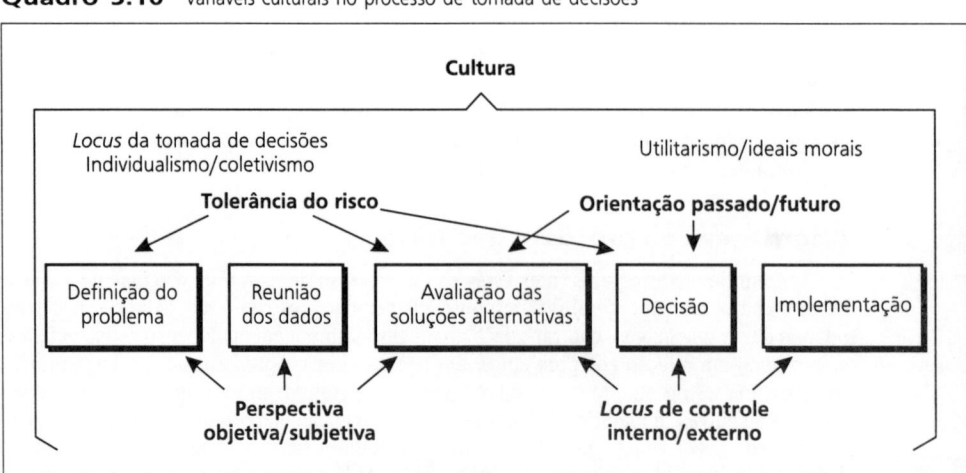

Quadro 5.10 Variáveis culturais no processo de tomada de decisões

Gestão comparativa em foco

O processo decisório nas companhias japonesas

Companhias japonesas participam de *joint ventures* no mundo inteiro, especialmente como sócias de conglomerados norte-americanos. O processo do acordo que criou a GM-Toyota foi o resultado de mais de dois anos de negociação e decisões. Nesta e em outras novas companhias, americanos e japoneses participam do processo decisório das questões do dia-a-dia em todos os níveis. O método japonês é em grande parte diferente não apenas do processo americano de tomar decisões, mas também dos processos predominantes em muitos outros países — especialmente nos níveis superiores das organizações.

Uma compreensão do processo decisório japonês, e na verdade de muitas de suas práticas de gestão, exige que se entenda um pouco de sua cultura nacional. Como já foi anteriormente discutido, grande parte da cultura japonesa, e, portanto, a base das relações de trabalho japonesas, pode ser explicada pelo princípio do *wa*, que significa "paz e harmonia". Esse princípio é um aspecto do valor que eles atribuem ao *amae*, ou "amor tolerante", um conceito provavelmente originado na religião xintoísta, focada na harmonia espiritual e física. O *amae* se traduz no *shinyo*, relativo à confiança mútua, fé e honra indispensáveis à concretização de relações de negócio bem-sucedidas. O princípio do *wa* tem influência sobre o grupo de trabalho, a pedra fundamental da construção do trabalho e da gestão no Japão. Os japoneses se identificam fortemente com seus grupos de trabalho, donde o destaque emprestado à cooperação, à gestão participava, à resolução de problemas pelo consenso e ao processo decisório baseado em uma perspectiva de paciência e longo prazo. A manifestação aberta de qualquer conflito é desaconselhada, sendo da maior importância evitar qualquer embaraço ou motivo de vergonha — perder as aparências — como resultado do não-cumprimento das obrigações a cada um atribuídas. Esses elementos da cultura do trabalho, em geral, se traduzem na devoção, na responsabilidade coletiva pelas decisões e ações e em um alto grau de produtividade dos funcionários. É essa cultura do coletivismo e da responsabilidade compartilhada que constitui a base do sistema *ringi* de adoção de decisões.

No sistema *ringi*, o processo funciona de baixo para cima. Os americanos estão habituados a um sistema centralizado, no qual as grandes decisões ficam por conta dos executivos situados no topo da pirâmide hierárquica, em uma abordagem de cima para baixo, característica das sociedades individualistas. O processo japonês, contudo, é mais de dispersão ao longo da organização e, por isso, dependente do consenso do grupo.

O processo *ringi* consiste em conquistar a aprovação para uma proposta fazendo circular documentos a seu respeito entre todos os integrantes da companhia interessados pela idéia. O processo geralmente tem quatro etapas: proposta, circulação, aprovação e formalização.[68] Como regra geral, a essa altura a pessoa que apresenta a proposta original, chamada de *ringi-sho*, já trabalhou durante algum tempo para ganhar o consenso informal e todo o apoio necessário à iniciativa no âmbito da seção e a seguir com o chefe do departamento.[69] O passo seguinte consiste em chegar a um consenso na companhia, começando por aqueles que deverão participar da implantação da proposta. Neste ponto, realizam-se reuniões departamentais e, se necessário, busca-se a opinião de especialistas. Se ainda assim se fizerem indispensáveis mais informações, a proposta retornará ao seu originador, que deverá pesquisar os dados solicitados e acrescentá-los ao original. Desta forma, a proposta ganhará atenção e esforços redobrados dos interessados diretos, além da contribuição de outras pessoas, antes de sua formalização.[70,71]

Até esse ponto, tratava-se de um processo informal em andamento em busca do consenso, sendo chamado por isso de processo *nemawashi*. A partir daí, começa o procedimento mais formal de autorização, o chamado processo *ringi*. O *ringi-sho* é filtrado por camadas sucessivas de executivos durante a busca da aprovação — que acaba sendo oficializada por carimbos. No final, muitos desses carimbos de aprovação são reunidos, garantindo assim a concordância e a responsabilidade coletivas e dando à proposta uma possibilidade maior de vir a ser finalmente aprovada pelo presidente da organização. O processo no seu todo é detalhado no Quadro 5.11 (p. 152).

O sistema *ringi* é enfadonho e por demais demorado até chegar ao estágio da implantação, embora essa implantação venha a ser facilitada justamente devido ao amplo reconhecimento então já conquistado pelo projeto e pela circunstância de contar com o apoio, amplamente divulgado, de todas as esferas da organização. Seu avanço demorado, no entanto, torna-se fonte de problemas quando as decisões a respeito dependem muito da rapidez. Este processo é exatamente o oposto das decisões de cima para baixo tomadas pelos americanos com extrema rapidez e sem consulta, mas que podem sofrer retardos na etapa da implantação exatamente em conseqüência do não raro surgimento de problemas práticos ou de suporte.

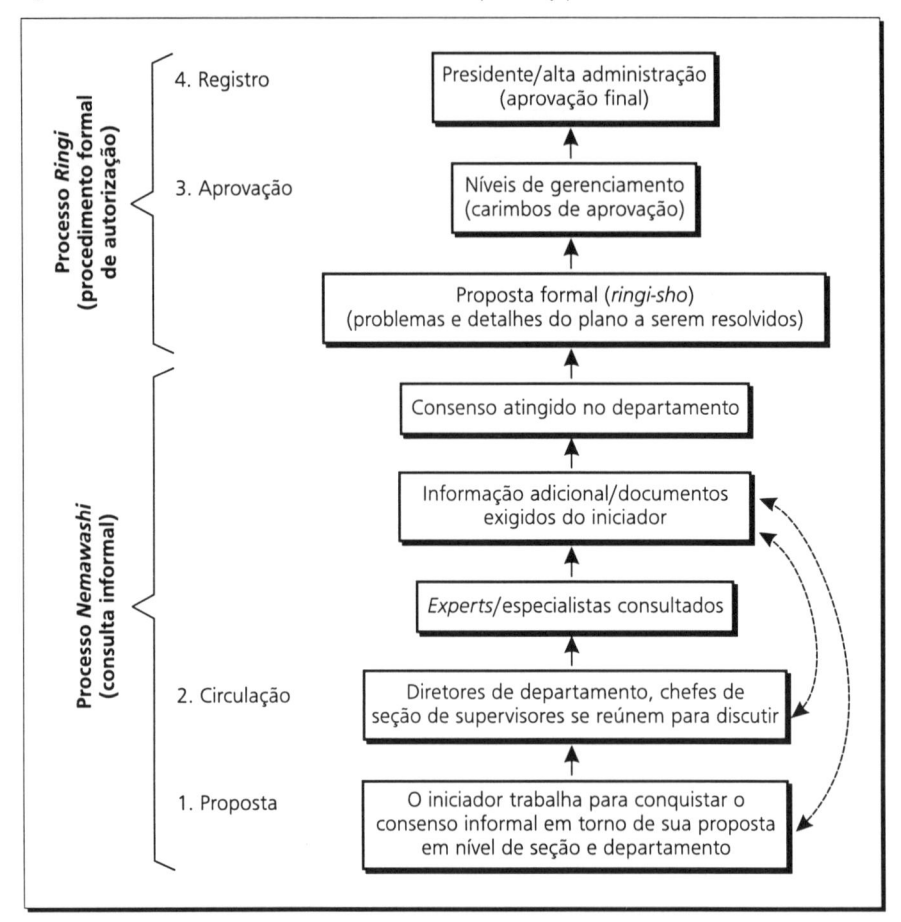

Quadro 5.11 Procedimento decisório nas companhias japonesas

```
                                    ┌─────────────────────────────┐
                    4. Registro     │ Presidente/alta administração│
                                    │      (aprovação final)       │
Processo Ringi                      └─────────────────────────────┘
(procedimento formal                            ▲
de autorização)                     ┌─────────────────────────────┐
                    3. Aprovação    │    Níveis de gerenciamento   │
                                    │    (carimbos de aprovação)   │
                                    └─────────────────────────────┘
                                                ▲
                                    ┌─────────────────────────────────────┐
                                    │      Proposta formal (ringi-sho)    │
                                    │ (problemas e detalhes do plano a    │
                                    │         serem resolvidos)           │
                                    └─────────────────────────────────────┘
                                                ▲
                                    ┌─────────────────────────────┐
                                    │ Consenso atingido no departamento │
                                    └─────────────────────────────┘
                                                ▲
                                    ┌─────────────────────────────┐
                                    │ Informação adicional/documentos │
Processo Nemawashi                  │      exigidos do iniciador       │◀╌╌╮
(consulta informal)                 └─────────────────────────────┘      ╎
                                                ▲                         ╎
                                    ┌─────────────────────────────┐      ╎
                                    │ Experts/especialistas consultados │  ╎
                                    └─────────────────────────────┘      ╎
                                                ▲                         ╎
                    2. Circulação   ┌─────────────────────────────────────┐
                                    │ Diretores de departamento, chefes de │◀╌┤
                                    │ seção de supervisores se reúnem para │  ╎
                                    │              discutir                │  ╎
                                    └─────────────────────────────────────┘  ╎
                                                ▲                             ╎
                    1. Proposta     ┌─────────────────────────────────────┐  ╎
                                    │  O iniciador trabalha para conquistar│◀╌╯
                                    │  o consenso informal em torno de sua │
                                    │  proposta em nível de seção e        │
                                    │  departamento                        │
                                    └─────────────────────────────────────┘
```

Outra comparação interessante é feita com relação ao horizonte do planejamento (visto em termos de metas de curto ou longo prazo) da adoção de decisões conforme os sistemas americano e japonês. Os japoneses empregam todo o tempo possível nos estágios primários do processo definindo a questão, analisando a fundo em que consiste, e determinando se existe verdadeiramente a necessidade de uma decisão a respeito. São mais inclinados que os americanos a analisar uma questão em relação aos objetivos e à estratégia gerais da companhia. Desta forma, observam cuidadosamente o "quadro geral" e buscam soluções alternativas, em vez de sair correndo em busca de decisões rápidas para soluções imediatas, como os americanos tendem a fazer.[72]

Naturalmente, em um cenário em rápida mutação, as decisões rápidas são muitas vezes indispensáveis — para reagir às decisões dos concorrentes, a uma situação imprevista de agitação política, etc. — e é em tais circunstâncias que o sistema *ringi* às vezes deixa de atingir seus objetivos, devido ao seu baixo índice de reação. O sistema é, na verdade, projetado para gerir a continuidade e evitar a instabilidade, sempre considerada uma grande ameaça à coesão do grupo.[73]

Conclusão

É evidente que um posicionamento competitivo e operações bem-sucedidas a longo prazo em um mercado global exigem um conhecimento prático dos processos de negociação e decisão dos executivos dos mais diversos países. São, afinal, processos complexos e freqüentemente interdependentes. Embora os executivos possam vir a tomar decisões que não envolvam negociação, não podem negociar sem tomar decisões, mesmo que pequenas, pois, se não o fizerem, não estarão negociando. Além disso, os executivos precisam entender os aspectos comportamentais desses processos para poder trabalhar eficientemente com cidadãos em outros países ou com uma força cultural diversificada na sua própria nação.

Tendo a compreensão do cenário e do contexto cultural da gestão internacional como pano de fundo, avançaremos, na Parte 3, para o planejamento e a implementação da estratégia para operações internacionais.

RECURSOS NA INTERNET

Visite o *site* de Deresky no endereço http://prenhall.com/Deresky para ter acesso aos recursos de Internet deste capítulo.

PONTOS-CHAVE

1. Saber negociar com eficiência é um dos mais importantes atributos na área dos negócios internacionais. Os executivos precisam preparar-se para determinadas variáveis culturais que têm influência sobre as negociações, inclusive a da importância relativa da missão em confronto com os relacionamentos interpessoais, a utilização de princípios gerais em confronto com detalhes específicos, o número de participantes e a extensão de sua influência.
2. O processo de negociação normalmente avança ao longo dos estágios da preparação, construção do relacionamento, intercâmbio de informações relativas à missão, persuasão, concessões e acordo. O processo da construção de relações de confiança é um pré-requisito da concretização de negócios em muitas regiões do mundo.
3. Diferenças baseadas em cultura no comportamento da negociação verbal e não-verbal exercem influência sobre cada um dos estágios do processo de negociação. Essas táticas e ações incluem promessas, ameaças, concessões iniciais, períodos de silêncio, interrupções, olhar fixo e a questão do toque; há muitos participantes que recorrem a uma variedade de truques sujos.
4. A gestão eficiente da negociação implica um conhecimento das perspectivas, dos valores e da agenda das partes contrárias e a utilização da abordagem voltada para a solução de problemas.
5. A tomada de decisões é uma parte importante do processo da negociação e também uma parte da rotina diária do executivo. A cultura influi no processo decisório por meio das instituições de uma sociedade e da disposição do indivíduo à tolerância do risco, sua perspectiva objetiva em comparação com a subjetiva, sua percepção do *locus* de controle e sua orientação passado *versus* futuro.
6. A Internet passa a ser utilizada cada vez mais como suporte da negociação de contratos e solução de disputas. Os *sites* que proporcionam leilões abertos eliminam os aspectos pessoais das negociações, embora esses aspectos continuem sendo essenciais em muitas instâncias.

PARTE 3 Formulação e implementação de estratégias para operações globais e internacionais

Capítulo 6

Formulação de estratégias

Panorama
Perfil de abertura: *A FedEx na China — como tornar-se global pelas parcerias locais*
Razões para entrar na área internacional
  Razões reativas
  Razões proativas
O processo da formulação estratégica
Etapas do desenvolvimento de estratégias internacionais e globais
  Missão e objetivos
  Análises ambientais
  Análises internas
  Análises competitivas
  Alternativas estratégicas globais e internacionais
  Abordagens dos mercados mundiais
  Estratégias globais de integração
  A utilização do *e-business* para o salto global
  Alternativas de estratégias de entrada
E-Biz Box: A Siemens AG lança uma e-company *global*
      Gestão comparativa em foco: *Planejamento estratégico para o mercado da UE*
  Opção estratégica

PERFIL DE ABERTURA:

A FedEx na China — Como tornar-se global pelas parcerias locais

A Federal Express Corporation (FedEx), que já é a maior empresa de transportes do planeta, colocou a sua expansão global em ritmo acelerado com uma *joint venture* em Pequim. A Da Tian W. Air Service Corporation, com sede em Tianjin, aliou-se à FedEx para a criação da Federal Express-DTW Co. Ltd., provedora de serviços internacionais de transporte rápido para clientes necessitados de um meio de enviar e/ou receber encomendas da China.

David Cunningham, presidente da FedEx Asia Pacific, reconhece a importância das conexões locais para a concretização de negócios na China. Isto ficou evidente nos planos que ele e Wang Shusheng, presidente da Da Tian, anunciaram ao formar a nova companhia:

"Com a permanente assistência e suporte do Ministério de Comércio Exterior e Cooperação Econômica (MCECE), da Administração Estatal para a Indústria e Comércio (AEIC), da Administração Geral da Alfândega e da Administração da Aviação Civil da China (AACC), a nova companhia em *joint venture* planeja estabelecer escritórios e sucursais em Xangai, Guangzhou e Shenshen até o final do ano 2000 e abrir escritórios em mais 100 cidades por todo o país até 2005."[1]

Eddy Chan, vice-presidente regional da FedEx China and Mid-Pacific, considera tudo isto como apenas uma etapa a mais na consolidação dos investimentos da FedEx e destaca que "as empresas estão operando cada vez mais em nível internacional e, por isso, o transporte expresso aéreo internacional é fundamental para que mantenham a competitividade".[2]

A FedEx iniciou seus vôos diretos entre a China e o Japão em 1998, transportando as encomendas chinesas nos seus vôos diretos entre Osaka, no Japão, e o centro de operações da companhia em Memphis, Tennessee. "Nosso foco é a construção de uma rede", disse Fred Smith, fundador e CEO da FedEx. "Uma vez estabelecida essa rede, e estando correta a suposição, as perspectivas de crescimento são imensas, e nós felizmente estaremos na vanguarda desse processo".[3]

Enquanto isso, a UPS tenta entrar na briga com a FedEx. Essa companhia começou pela conquista da licença para operar seis vôos semanais entre os Estados Unidos e a China a partir de abril de 2001. A UPS fez um grande favor às autoridades chinesas ao transportar gratuitamente dois ursos pandas do Zoológico de Pequim para o Zoológico de Atlanta, Geórgia, como parte de seus incansáveis esforços no sentido de estabelecer boas conexões.[4]

Como demonstra o *Perfil de Abertura* sobre a FedEx, empresas do mundo inteiro investem cada vez mais dinheiro e tempo na busca de novos mercados lucrativos, aquisições e parcerias — muitas vezes gastando esses recursos em estratégias inteiramente diferentes. Os especialistas assinalam que as empresas com perspectivas de negócios nos grandes mercados internacionais (América do Norte, Europa e Ásia) têm possibilidades de progredir e prosperar no século 21 muito maiores que as que não estão olhando nessa direção.[5] Sendo essas novas oportunidades internacionais muito mais complexas que as apresentadas nos respectivos planos nacionais, os executivos precisam planejar cuidadosamente — ou seja, estrategicamente — para que possam tirar proveito delas.

O processo pelo qual os executivos de uma empresa avaliam as perspectivas futuras e decidem quais serão as melhores estratégias para concretizar os objetivos de longo prazo é chamado de *planejamento estratégico*. Os meios básicos pelos quais a companhia compete — sua opção de negócios, ou os negócios nos quais vai operar e as maneiras como se diferencia dos concorrentes — constituem a sua *estratégia*. Quase todas as companhias de sucesso se dedicam ao planejamento estratégico de longo prazo, e aquelas com uma orientação global se posicionam adequadamente de maneira a poderem tirar proveito integral das tendências e oportunidades mundiais. As empresas multinacionais, nesse aspecto, relatam que o planejamento estratégico é essencial para que tenham condições de enfrentar a concorrência global crescente e coordenar suas extensas operações.

A verdade, no entanto, é que o planejamento estratégico racional é muitas vezes contido, ou modificado a uma determinada altura, por um processo mais incremental, às vezes confuso, de adoção de decisões estratégicas por alguns executivos. Quando se contrata um novo CEO, por exemplo, é quase certo que este venha a determinar mudanças radicais na estratégia até então seguida. Decorre daí a necessidade de ter-se extremo cuidado na seleção de novos líderes, com base naquilo que se espera que venham a fazer. Assim, enquanto discutimos aqui o processo racional de planejamento estratégico, por se tratar normalmente do método ideal e inclusivo da determinação de planos de longo prazo, não podemos nos esquecer de que, em todo o seu desenrolar, existem pessoas tomando decisões, nem de que os respectivos julgamentos pessoais, experiências e motivações acabarão dando forma ao rumo estratégico definitivo.

RAZÕES PARA ENTRAR NA ÁREA INTERNACIONAL

As companhias se tornam internacionais pelas mais diferentes razões, algumas delas reativas (ou defensivas), outras, proativas (ou agressivas). A ameaça de ver decair sua competitividade é a razão principal que leva a maioria das grandes empresas a adotar uma estratégia de globalização agressiva. A fim de continuar competitivas, essas companhias tentam agir rapidamente de modo a estabelecer sólidas posições em mercados mundiais fundamentais com produtos talhados para suprir as necessidades de 650 milhões de consumidores na Europa, América Latina e Japão.[6] Construindo sobre os alicerces de sucessos do passado, companhias como a IBM e a Digital Equipment estão reaplicando os dividendos de tais operações em operações no exterior. A Europa atrai atualmente enorme capital de investimento tanto pela gradual consolidação da União Européia (UE) quanto em razão da abertura de imensos novos mercados na Europa Oriental.

Razões reativas

A globalização dos concorrentes

Uma das mais comuns entre as razões reativas que levam uma empresa a se instalar no exterior é a concorrência global. Se não forem enfrentados, os concorrentes que já dispõem de operações externas ou investimentos podem ficar tão enraizados nos mercados externos que qualquer concorrente que neles quiser mais tarde se aventurar poderá encontrar dificuldades extremamente agravadas. Além disso, os baixos custos e poder de mercado disponíveis para as companhias que operam globalmente podem acabar contribuindo no sentido da concretização de vantagens no seu próprio mercado interno.

Barreiras comerciais

Barreiras comerciais restritivas são outra das razões que levam as companhias a passar de exportadoras para produtoras no exterior. Barreiras como tarifas, quotas, políticas de "compre nacional" e outras práticas comerciais restritivas podem tornar as exportações para mercados externos caras e complicadas demais para continuarem competitivas. Muitas empresas sonham com a conquista de uma base na Europa — passando assim a ser consideradas como locais — que lhes dê as condições de reagir a barreiras e restrições comerciais impostas a empresas de fora da UE (assunto a ser discutido mais amplamente na Gestão Comparativa em Foco, ao final deste capítulo). Em parte, esse temor da "Fortaleza Europa" é causado por ações como o bloqueio de isenções imposto pela UE à indústria das franquias. Este bloqueio proíbe que um franqueador — digamos, a McDonald's — faça contrato de exclusividade com uma companhia — digamos, a Coca-Cola — para o abastecimento de todos os seus franqueados, como ela faz nos Estados Unidos.

Regulamentações e restrições

Da mesma forma, os regulamentos e restrições impostos pelo governo do país sede podem se tornar tão caros que às companhias só restará buscarem cenários operacionais menos restritivos no exterior. Foi justamente o desejo de fugir a essas regulamentações o fator maior que impulsionou as empresas farmacêuticas SmithKline, norte-americana, e a britânica Beecham para o caminho da fusão. Com isso, as duas garantiram a possibilidade de fugir às dificuldades de licenciamento e regulamentação existentes em seus maiores mercados — Europa Ocidental e Estados Unidos. A companhia resultante dessa fusão é agora "local" tanto na Europa quanto nos Estados Unidos.[71]

Exigências do consumidor

Operações no exterior muitas vezes têm início como resultado de uma reação às exigências do consumidor, ou como solução de problemas logísticos. Determinados consumidores estrangeiros, por exemplo, podem exigir que a companhia fornecedora de energia opere na sua região e que eles tenham melhor controle sobre seus suprimentos, forçando o abastecedor a adaptar-se às exigências, sob pena de acabar perdendo o negócio. A McDonald's é uma empresa que sugere aos seus fornecedores nacionais que a acompanhem nas operações no exterior. A OSI Industries, fornecedora de carne, costuma fazer isso, e já tem *joint ventures* em 17 países, inclusive na Baviera, Alemanha, a fim de poder trabalhar com empresas locais na preparação dos hambúrgueres McDonald's.[8]

Razões proativas

Das florestas tropicais até as remotas aldeias chinesas, a rainha dos cosméticos (Avon) está maquiando o mundo.[9]

Economias de escala

Um planejamento estratégico de longo prazo incentiva as empresas a se lançarem em empreendimentos internacionais por razões proativas. Destas, uma das que mais pressionam as grandes empresas a se expandir no exterior é a busca de economias de escala — isto é, conseguir volume em escala mundial para fazer o mais completo uso do equipamento moderno de manufatura, que é o capital-intensivo, e amortizar os custos de pesquisa e desenvolvimento, que chegam a ser exagerados quando comparados com os breves ciclos de vida dos produtos.[10] A Otis Elevator, por exemplo, desenvolveu seu Elevonic 411 utilizando seis centros de pesquisas em cinco países; esta cooperação internacional traduziu-se em uma economia de mais de US$ 10 milhões em custos de projeto e na redução do ciclo de desenvolvimento de quatro para apenas dois anos. As economias de escala em produção são concretizadas quando os maiores níveis de produção dividem os custos fixos ao longo de um maior número de unidades, reduzindo desta forma o custo por unidade. Gerrit Jellof, do Philips Group, da Holanda, garante que "só mesmo operando no mercado global uma companhia consegue pagar os enormes custos de desenvolvimento indispensáveis para se manter atualizada com a tecnologia em constante avanço".[11]

Oportunidades de crescimento

Companhias atuantes em mercados maduros de países desenvolvidos sentem como um imperativo do crescimento procurar novas oportunidades em mercados emergentes. Quando as oportunidades de expansão tornam-se limitadas em casa, empresas como a McDonald's são levadas a buscar expansão em novos mercados internacionais. Um produto ou serviço maduro com crescimento limitado em seu mercado doméstico muitas vezes ganha "nova vida" em países nos quais estiver em um estágio primário de seu ciclo de vida. A Avon Products Inc., por exemplo, enfrentou uma acentuada redução de seu mercado nos EUA desde que a sua tradicional estratégia de *marketing* e vendas do "Avon chama" (vendas de porta em porta) começou a bater em portas fechadas, uma decorrência do número cada vez maior de mulheres que trabalham fora do domicílio. Para compensar esta perda, a Avon buscou o exterior, instalando-se em 26 mercados emergentes, entre os quais os do México, Polônia, China, Índia, África do Sul e Vietnã. No Brasil, por exemplo, Josina Reis Teixeira carrega seu *kit* de amostras para os casebres de madeira da pequena Registro, na Grande São Paulo. Em alguns mercados, a Avon se adapta a influências culturais, como na China, onde os consumidores sempre suspeitam de vendedores de porta em porta. Lá, a Avon instala *show-rooms* nos escritórios de suas sucursais nas grandes cidades, para que as mulheres possam consultar os cosmetólogos e examinar amostras de produtos.[13]

Além disso, novos mercados no exterior são oportunidades de reinvestir excedentes de lucros e também aproveitar recursos que estiverem sendo subutilizados em gestão, tecnologia e maquinaria. Quando se abrem novos mercados inteiros, como na Europa Oriental, tanto empresas experientes quanto as iniciantes na competição internacional normalmente se apressam em tirar vantagem das oportunidades que esta abertura significa. Foi exatamente esse o caso da posição proativa adotada pela Unisys ao se preparar especificamente para essa empreitada e, em seguida, se lançar plenamente sobre as novíssimas oportunidades de mercado abertas no Vietnã.

Acesso aos recursos e economia de custos

O acesso aos recursos e a economia de custos são fatores com potencial para influenciar as empresas a operar a partir de bases no exterior. A farta disponibilidade de matérias-primas e de outros recursos proporciona simultaneamente maior controle sobre os insumos e menores custos de transporte. Os reduzidos custos do trabalho (para produção, serviços e técnicos), outro importante fator nesta equação, garantem a diminuição dos custos unitários, e já ficou comprovado que constituem um ingrediente vital da competitividade para inúmeras companhias.

Não é incomum o fato de a simples perspectiva da transferência da produção para o exterior melhorar a competitividade na sede. Quando a Xerox Corporation começou a transferir suas operações de recuperação de copiadoras para o México, o sindicato concordou com a necessidade de mudanças no estilo de trabalho e na produtividade para manter aqueles empregos na sede.[14] Custos operacionais reduzidos em outras áreas — energia, transporte e financiamento — também são incentivos para uma mudança. Trinidad, por exemplo, oferece energia abundante e barata, uma força de trabalho capacitada que cobra cerca de 25% em relação aos níveis norte-americanos e incentivos governamentais para empreendimentos voltados às exportações, geradores de divisas estrangeiras.[15]

Incentivos

Governos de países como a Polônia, que precisam de novas infusões de capital, tecnologia e *know-how*, costumam proporcionar incentivos: isenções de impostos, incentivos fiscais, subsídios, empréstimos e o uso da propriedade.[16] Pelo fato de diminuírem os riscos e aumentarem os lucros simultaneamente, esses incentivos são sempre interessantes para atrair empresas estrangeiras. Um estudo foi realizado junto a 103 executivos experientes para sondar quais seriam os mais atraentes entre os vários incentivos para expansão na região do Caribe (abrangendo México, Venezuela, Colômbia, República Dominicana e Guatemala). Os resultados indicam quais desses incentivos são os mais importantes na opinião dos executivos; contudo, o *mix* mais atraente vai sempre depender da natureza de cada companhia e de suas operações. As duas primeiras questões refletem a preocupação com a redução dos riscos representados pela limitação do intercâmbio de divisas, uma área na qual as restrições muitas vezes são alteradas da noite para o dia e impõem limites à repatriação de lucros. Outras preocupações destacam a instabilidade política em países como o Haiti e a Nicarágua, a possibilidade de expropriações, e todas as modalidades possíveis de concessões fiscais.[17]

O PROCESSO DA FORMULAÇÃO ESTRATÉGICA

Normalmente, o processo da formulação estratégica é necessário tanto na sede da corporação como em cada uma de suas subsidiárias. Um estudo revelou que 70% de 56 subsidiárias de corporações multinacionais norte-americanas na América Latina e no Extremo Oriente operavam de acordo com ciclos de planejamento de cinco anos, ou mais.[18]

O processo da formulação estratégica global, como parte da gestão estratégica geral da corporação, equivale ao processo seguido em companhias nacionais. Contudo, as variáveis, e, portanto, o próprio processo, são muito mais complexas em decorrência das maiores dificuldades de conseguir informação acurada e atualizada, da diversidade das localizações geográficas e das diferenças em processos políticos, legais, culturais, mercadológicos e financeiros. São fatores que introduzem um maior nível de risco nas decisões estratégicas. Contudo, para empresas ainda não envolvidas em operações internacionais (e também para aquelas que já o são), um processo de formulação estratégica em andamento com uma orientação global identifica oportunidades potenciais para: 1) expansão adequada de mercado, 2) lucratividade aumentada e 3) novos empreendimentos nos quais a empresa poderá explorar suas vantagens estratégicas. Mesmo diante da inexistência de oportunidades imediatas, monitorar o cenário global em busca de tendências e concorrências é importante para o planejamento nacional.

O processo da formulação estratégica faz parte do processo de gestão estratégica no qual muitas empresas se empenham, formal ou informalmente. Os modos de planejamento variam de um formato proativo, de longo prazo, a um método reativo, mais intuitivo, pelo qual as decisões do dia-a-dia dos principais executivos, em especial os donos ou diretores, vão se acumulando até um ponto em que podem ser vistas retroativamente como sendo o novo rumo estratégico.[19] Os estágios do processo de gestão estratégica descritos aqui são expostos no Quadro 6.1 (p. 160). Na verdade, esses estágios raramente seguem um formato tão linear quanto este. Pelo contrário, o processo é ininterrupto e entrelaçado, e nele os dados e resultados de estágios anteriores fornecem a informação para o estágio seguinte.

A primeira fase do processo de gestão estratégica — a etapa do planejamento — começa quando a companhia estabelece (ou esclarece) sua missão e objetivos gerais. Os dois passos a seguir compreendem

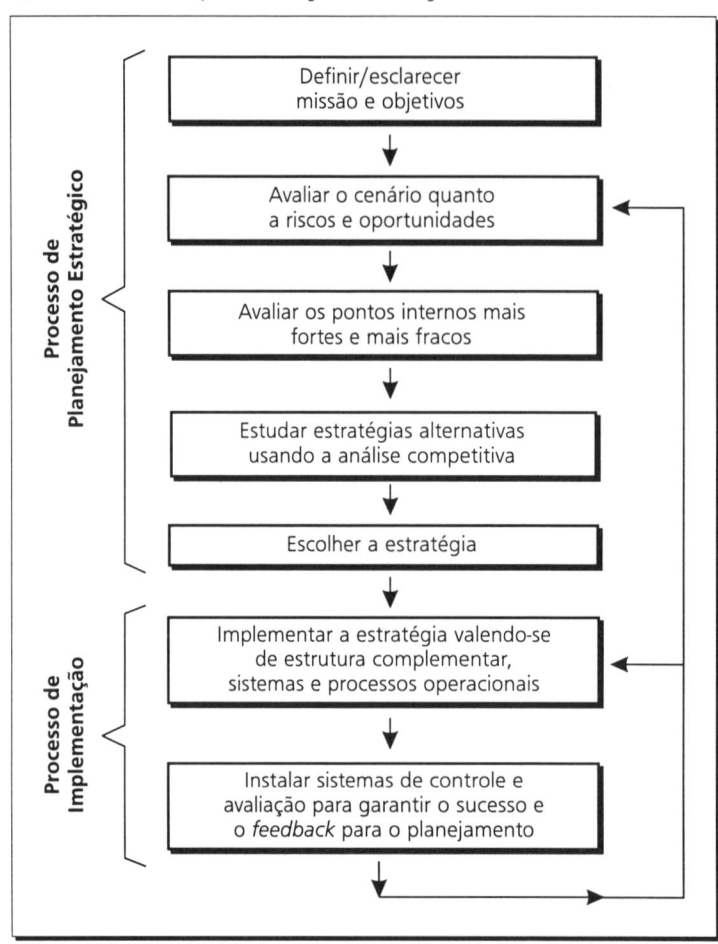

Quadro 6.1 O processo de gestão estratégica

```
Processo de Planejamento Estratégico:
  → Definir/esclarecer missão e objetivos
  → Avaliar o cenário quanto a riscos e oportunidades
  → Avaliar os pontos internos mais fortes e mais fracos
  → Estudar estratégias alternativas usando a análise competitiva
  → Escolher a estratégia

Processo de Implementação:
  → Implementar a estratégia valendo-se de estrutura complementar, sistemas e processos operacionais
  → Instalar sistemas de controle e avaliação para garantir o sucesso e o feedback para o planejamento
```

uma avaliação do cenário externo que a firma enfrentará no futuro e uma análise das capacidades relativas da empresa para atuar com sucesso nesse mesmo cenário. Alternativas estratégicas são então estudadas, juntamente com a definição de planos baseados na escolha estratégica. Estes cinco passos constituem a fase de planejamento, que será estudada mais detalhadamente no decorrer deste capítulo.

A segunda parte do processo de gestão estratégica é a fase da implementação. Uma implementação bem-sucedida depende do estabelecimento da estrutura, de sistemas e processos adequados para fazer com que essa estratégia dê resultados. Essas variáveis, bem como as estratégias de nível funcional, serão exploradas detalhadamente nos capítulos restantes sobre organização, liderança e controle. A esta altura, contudo, deve-se destacar que o processo de planejamento estratégico não muda, por si, a postura da firma enquanto os planos não estiverem implementados. Além disso, o *feedback* dos resultados interinos e de longo prazo de tal implementação, em conjunto com a monitoração contínua do cenário, escoa diretamente de volta ao processo de planejamento.

ETAPAS DO DESENVOLVIMENTO DE ESTRATÉGIAS INTERNACIONAIS E GLOBAIS

Missão e objetivos

A missão de uma organização é o conjunto de sua razão de ser, ou a função que desempenha na sociedade. Esta missão define os rumos da companhia e estabelece uma base para a estratégia do seu processo decisório.

Os objetivos gerais da companhia derivam de sua missão, e ambos orientam a formulação da estratégia corporativa internacional. Como estamos focando questões de estratégia internacional, vamos supor que um dos objetivos gerais da corporação seja alguma forma de operação (ou expansão) internacional. Os objetivos das filiais internacionais da companhia deveriam fazer igualmente parte dos objetivos gerais da corporação. Esses objetivos gerais normalmente se enquadram nas áreas de *marketing*, lucratividade, finanças, produção e pesquisa & desenvolvimento, entre outras, como se mostra no Quadro 6.2. Os objetivos em matéria de volume de mercado e lucratividade normalmente são maiores nas operações internacionais que nas internas devido ao risco maior que representam. Além disso, os objetivos financeiros em nível global precisam levar em conta as diferentes regulamentações em matéria de impostos em vários países e também a melhor forma de minimizar perdas gerais decorrentes das flutuações das taxas de câmbio.

Análises ambientais

Depois de ficarem claros os objetivos e a missão corporativos, o primeiro grande passo na gradação das opções estratégicas internacionais é a análise ambiental, a avaliação do cenário em que se pretenda passar a operar. Um dos pontos principais dessa avaliação é o esquadrinhamento desse ambiente e seu

Quadro 6.2 Objetivos globais da corporação

Marketing
Fatia de mercado total da companhia — mundial, regional, nacional
Percentagem anual do crescimento das vendas
Percentagem anual do crescimento da fatia de mercado
Coordenação dos mercados regionais para economias de escala

Produção
Volume relativo da produção interna × internacional
Economias de escala pela integração da produção global
Controle de qualidade e de custos
Introdução de métodos de produção custo-eficientes

Finanças
Financiamento eficiente de subsidiárias ou aliadas no exterior
Taxação — minimização da carga de impostos globalmente
Estrutura de capital ótima
Gestão de divisas estrangeiras

Lucratividade
Crescimento dos lucros a longo prazo
Retorno em investimentos, ações e ativos
Taxa anual de crescimento dos lucros

Pesquisa & Desenvolvimento
Desenvolvimento de novos produtos com patentes globais
Desenvolvimento de tecnologias de produção com marca registrada
Laboratórios de pesquisa e desenvolvimento espalhados pelo mundo

permanente monitoramento para que a empresa interessada possa se manter a par das variáveis mundiais com ela relacionadas e também do potencial para formatar seu futuro a partir do surgimento de novas oportunidades (ou ameaças). Para sobreviver, as companhias precisam adaptar-se ao cenário de sua atuação. É precisamente essa adaptação o foco do planejamento estratégico.

O processo de coleta de informações e da previsão de tendências fundamentais, ações competitivas e circunstâncias capazes de afetar as operações em áreas geográficas de interesse potencial é chamado de *escaneamento do cenário*. Ele deve ser conduzido em três níveis — multinacional, regional e nacional —, discutidos detalhadamente mais adiante neste capítulo. O escaneamento precisa focar os futuros interesses da empresa e, em termos ideais, cobrir as seguintes grandes variáveis (como discutidas por Phatak e outros autores).[20]

- *Instabilidade política.* Representa um risco volátil e incontrolável para as corporações multinacionais, como tem sido exaustivamente comprovado pela agitação dominante no Oriente Médio nos últimos anos. As empresas multinacionais precisam avaliar com o máximo cuidado este risco, que pode resultar na perda da lucratividade e até mesmo da propriedade.[21,22]
- *Instabilidade da moeda.* Representa um risco adicional; a inflação e as flutuações das taxas de câmbio podem afetar drasticamente a lucratividade das operações no exterior. No início de 1995, empresas estrangeiras e nacionais tiveram uma penosa comprovação simultânea desse risco quando o México desvalorizou a sua moeda, o peso, o que se repetiu em 1998 no colapso da moeda da Indonésia, que forçou o presidente Suharto a renunciar.
- *Nacionalismo.* Esta variável, ao apresentar os objetivos internos dos governos em termos exclusivamente de progresso e autonomia econômica, muitas vezes age sobre as companhias estrangeiras. O governo nacional pode impor políticas restritivas — controles de importação, exigências de igualdade, exigências de conteúdo local, limites à repatriação de lucros etc. Outras formas de nacionalismo podem ser exercidas pelos seguintes meios: 1) pressão dos governos nacionais — exemplificadas com a ação dos Estados Unidos ao pressionarem o Japão a reduzir a concorrência desleal; 2) legislação ambígua de proteção de patentes e marcas registradas, como a praticada na China nos últimos anos, que vai minando os direitos de uma empresa sobre determinada tecnologia justamente em vista da proteção insuficiente; 3) a adequação da infra-estrutura — estradas e telecomunicações — aos interesses dos investidores estrangeiros.
- *Concorrência internacional.* A realização de uma análise da concorrência global é talvez a tarefa mais importante na avaliação do cenário e formulação da estratégia. O primeiro passo na análise da concorrência é avaliar as estruturas relevantes da indústria com respeito à influência que exercem sobre o cenário competitivo em um determinado país (ou região) que se está levando em consideração. Por exemplo, a infra-estrutura será capaz de dar suporte a novas companhias nessa indústria? Haverá espaço para concorrentes nacionais? Qual é a oferta e a demanda relativa dos produtos ou serviços propostos? O potencial final de lucros na indústria nesta localização será determinado exatamente por esses tipos de fatores.[23]
- *Escaneamento do cenário.* Os executivos precisam avaliar especificamente seus atuais concorrentes — globais e locais — em relação ao mercado proposto. Entre outras, devem fazer as seguintes perguntas: Quais são as posições dos nossos concorrentes, seus objetivos e estratégias, seus pontos fortes e fracos, em relação à nossa empresa? Quais serão as reações mais prováveis da concorrência aos nossos movimentos estratégicos? Seria extremamente valioso que os executivos se dedicassem a uma comparação de suas empresas com a concorrência internacional; na verdade, é de grande utilidade a elaboração de uma matriz da posição competitiva de cada mercado internacional em potencial. Por exemplo, o Quadro 6.3 analisa o perfil competitivo de uma empresa norte-americana de frutos do mar na Malásia.[24]

A empresa norte-americana no Quadro 6.3 tem vantagens em capacidade financeira, crescimento futuro de recursos e sustentabilidade, mas está em desvantagem no quesito da agilidade. Mostra-se também atrasada em relação à multinacional coreana concorrente em fatores importantes como capacidade de gerenciamento, flexibilidade e adaptabilidade. Como as outras empresas dão a impressão de terem pouca vantagem comparativa, ao que tudo indica o grande concorrente será a companhia coreana. A essa altura, então, a empresa norte-americana pode concentrar-se mais detalhadamente na avaliação relativa dos pontos fortes e fracos da rival coreana.

A empresa pode igualmente escolher níveis variáveis de escaneamento de cenário. Para reduzir o risco e o investimento, muitas companhias adotam o papel do "seguidor", ou seja, não se limitam a suas

Quadro 6.3 Análise da concorrência global: comparação entre uma empresa dos EUA e seus concorrentes internacionais no mercado da Malásia

CRITÉRIOS DE COMPARAÇÃO	A (CMN EUA)	B (CMN COREANA)	C (EMPRESA LOCAL MALAIA)	D (CMN JAPÃO)	E (EMPRESA LOCAL MALAIA)
Capacidade de comercialização	0	0	0	0	–
Capacidade de produção	0	+	0	0	0
Capacidade de P&D	0	0	0	–	0
Capacidade de gestão de recursos humanos	0	0	0	0	0
Capacidade financeira	+	–	0	0	–
Crescimento futuro dos recursos	+	0	–	0	–
Agilidade	–	0	+	–	0
Flexibilidade/adaptabilidade	0	+	+	0	0
Capacidade de sustentação	+	0	0	0	–

Legenda:
+ = empresa em melhor situação que a concorrência
0 = empresa no mesmo plano da concorrência
– = empresa em pior situação que a concorrência

Fonte: Diane J. Garsombke, "International Competitor Analysis", Planning Review, 17, nº 3 (May/June 1989): 42-47.

investigações próprias; pelo contrário, elas simplesmente observam os movimentos da concorrência e seguem o mesmo rumo, dando como certo que os competidores fizeram o tema de casa. Outras empresas levam suas preocupações a um nível consideravelmente mais elevado, no sentido de coletar dados cuidadosamente e de examinar as opções existentes no cenário global.

Em um plano ideal, a empresa deveria realizar uma análise do cenário em três diferentes níveis: o multinacional, o regional e o nacional. A análise em nível multinacional proporciona uma ampla avaliação das tendências de importância mundial — por meio de atividades de identificação, previsão e monitoramento. Essas tendências incluiriam os acontecimentos políticos e econômicos nas nações do mundo inteiro, bem como o progresso tecnológico global. A partir dessa informação, os executivos podem escolher as regiões do mundo mais adequadas para futuras perspectivas de investimentos.

Em seguida, no nível regional, a análise focaliza fatores mais detalhados e críticos do cenário para identificar oportunidades (e riscos) para a comercialização dos produtos da companhia, bem como serviços e/ou tecnologias. Por exemplo, uma das regiões que merecem pesquisas de qualquer firma à procura de novos mercados é, sem dúvida, a União Européia.

Uma vez concentrada em uma ou mais regiões, a empresa deve, como próximo passo, fazer a análise no nível nacional. Essa análise explora em profundidade determinados países na região visada em busca de fatores econômicos, legais, políticos e culturais que sejam significativos para a companhia. A análise poderia, por exemplo, centrar-se no tamanho e na natureza do mercado, juntamente com quaisquer problemas operacionais ali existentes, a fim de determinar qual a melhor maneira de entrar nesse mercado. Na verdade, em países muito voláteis, o monitoramento contínuo de tais fatores ambientais é uma parte vital do planejamento estratégico em andamento. No Peru, em 1988, a inflação havia explodido até chegar a 2000%, e terroristas de esquerda estavam seqüestrando e assassinando dirigentes empresariais. Enquanto muitos executivos importantes fugiam do país e muitas empresas multinacionais encerravam ali suas atividades, a Procter & Gamble resolveu permanecer para tirar proveito de uma fatia de mercado consideravelmente aumentada justamente pela retirada dos concorrentes. "Todo mundo deveria estar morrendo de vontade de vir para cá", disse Susana Elesperu de Freitas, 34 anos, diretora da subsidiária peruana da Procter & Gamble, que não dava um passo sem a companhia de guarda-costas fortemente armados.[25] Desde então, a Procter & Gamble, uma companhia produtora de produtos de consumo, passou por uma expansão considerável e é hoje uma das principais forças do Peru.

Este processo de escaneamento do cenário, desde o nível geral global até as especificações locais do planejamento de entrada, é ilustrado no Quadro 6.4 (p. 165). A primeira grande avaliação de todos os potenciais mercados mundiais dá à empresa que a realiza a capacidade de eliminar de sua lista de interesses os mercados que estão fechados ou são insignificantes, ou que não têm condições razoáveis de entrada. O segundo escaneamento das regiões remanescentes, e então dos países, é feito com maior detalhamento — talvez até mesmo eliminando alguns deles em função, entre outros fatores, da instabilidade política. Os países remanescentes são nessa fase classificados em termos de poder de competição, adequação dos produtos etc. Esta análise leva ao planejamento muito sério de entrada em países selecionados; os executivos começam a trabalhar em planos operacionais, como negociações e acordos legais.

Fontes de informação sobre o cenário

O sucesso do escaneamento do cenário/ambiente depende da capacidade dos executivos de adotar uma perspectiva global e de garantir que suas fontes de informação e inteligência dos negócios sejam globais. Há uma grande variedade de recursos disponíveis para a provisão de informações. Só nos Estados Unidos, mais de dois mil serviços de informação sobre negócios estão disponíveis em bases de dados computadorizadas, divididas de acordo com as indústrias e as regiões; entre outros recursos, há os serviços corporativos de *clipping* e pacotes de informação. Contudo, as fontes internas de informação são em geral preferíveis — especialmente pessoal de campo de sobreaviso que, com observações de primeira mão, pode abastecer as empresas com informação atualizada e relevante para o seu campo de ação. Utilizando recursos próprios de maneira extensiva, a Mitsubishi Trading Company emprega mais de 60 mil analistas de mercado em todo o mundo, com a missão de coletar, analisar e repassar informações sobre o mercado para a sede da empresa.[26] As fontes internas de informação ajudam a eliminar informações duvidosas provenientes de fontes secundárias, especialmente nos países em desenvolvimento. Como destaca o autor Garsombke, os dados "oficiais" desses países podem ser enganadores: "Dados dos censos podem ser maquiados por funcionários dos governos com objetivos propagandísticos, ou podem ser censurados... Na Coréia do Sul, por exemplo, até mesmo os dados oficiais podem ser conflitantes, dependendo da fonte que os tiver fornecido."[27]

Análises internas

Logo após a avaliação do cenário, o segundo principal estágio no processo de pesar as opções estratégicas internacionais é a análise interna. Esta análise determina quais áreas das operações da empresa representam pontos fortes ou fracos (no presente ou potencialmente) em comparação com os concorrentes, possibilitando que a companhia venha a utilizar essa informação como vantagem estratégica.

A análise interna tem seu foco nos recursos e operações da companhia e nas sinergias globais. Os pontos fortes e fracos da especialização financeira e administrativa e das capacidades funcionais da empresa são avaliados para que se determine quais são os fatores principais de sucesso (FPSs) e de que maneira poderão ajudar a companhia a explorar as oportunidades internacionais. Esses fatores envolvem cada vez mais a capacidade tecnológica superior (como ocorre com a Microsoft e a Intel); incluem igualmente outras vantagens estratégicas, como canais de distribuição eficientes (os da Wal-Mart), melhor capacidade de promoção (Disney), posições de abastecimento e produção de baixo custo, canal de informação sobre patentes superiores e novos produtos (Merck) etc.

A utilização de semelhantes forças operacionais em benefício do empreendimento é bem ilustrada pelo setor automobilístico japonês: foram sua qualidade e eficiência de produção os fatores que o catapultaram aos mercados mundiais. Quanto à sua estratégia global, tendo reconhecido que suas funções de vendas e *marketing* demonstraram uma fraqueza competitiva nas guerras automobilísticas da Europa, os japoneses passaram a trabalhar para resolver este problema. Os principais fabricantes japoneses de automóveis — Toyota, Honda, Mazda etc. — estão tentando acompanhar a Ford e a GM no esforço pela sofisticação de suas operações de venda no mercado europeu.[28]

Todas as companhias ostentam pontos fortes e pontos fracos. O desafio para os executivos é identificar os dois extremos e optar pelas ações mais adequadas em função dessa situação. Muitas ferramentas de diagnóstico estão hoje disponíveis para a condução de uma auditoria de recursos internos. Análises financeiras podem revelar uma utilização deficiente dos ativos que, por sua vez, restringe a lucratividade; uma análise da força de vendas pode revelar que esta é uma área de competência diferenciada para a companhia. Quando uma empresa realiza uma auditoria para optar entre iniciar empreendimentos internacionais ou melhorar as operações internacionais já em andamento, determinadas questões operacionais

CAPÍTULO 6 FORMULAÇÃO DE ESTRATÉGIAS   **165**

Quadro 6.4 Processo de escaneamento do cenário global

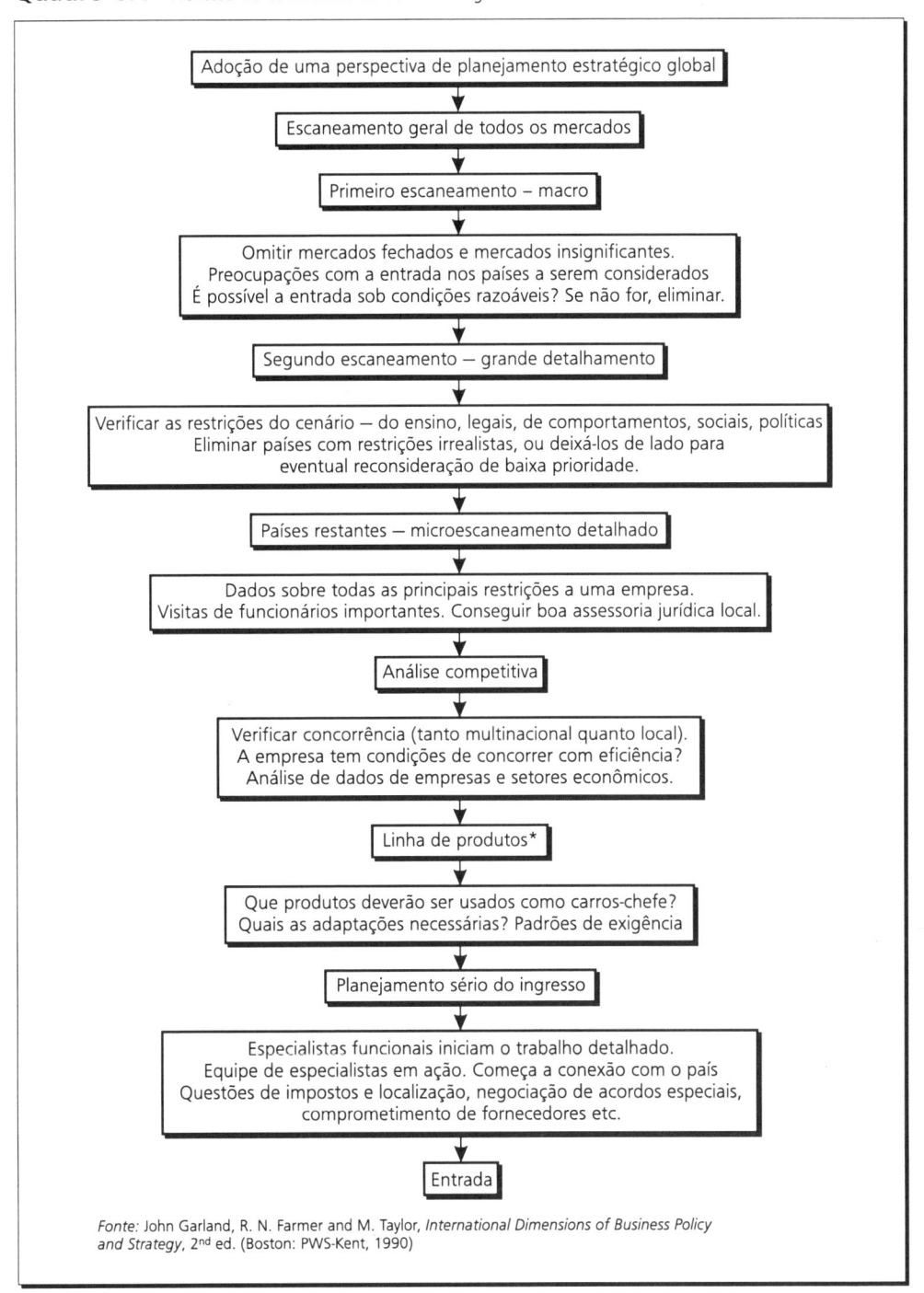

```
           ┌─────────────────────────────────────────────────────────┐
           │ Adoção de uma perspectiva de planejamento estratégico global │
           └─────────────────────────────────────────────────────────┘
                                   ▼
              ┌──────────────────────────────────────────┐
              │ Escaneamento geral de todos os mercados  │
              └──────────────────────────────────────────┘
                                   ▼
                   ┌──────────────────────────────┐
                   │ Primeiro escaneamento – macro │
                   └──────────────────────────────┘
                                   ▼
```

Omitir mercados fechados e mercados insignificantes.
Preocupações com a entrada nos países a serem considerados
É possível a entrada sob condições razoáveis? Se não for, eliminar.

Segundo escaneamento — grande detalhamento

Verificar as restrições do cenário — do ensino, legais, de comportamentos, sociais, políticas
Eliminar países com restrições irrealistas, ou deixá-los de lado para
eventual reconsideração de baixa prioridade.

Países restantes — microescaneamento detalhado

Dados sobre todas as principais restrições a uma empresa.
Visitas de funcionários importantes. Conseguir boa assessoria jurídica local.

Análise competitiva

Verificar concorrência (tanto multinacional quanto local).
A empresa tem condições de concorrer com eficiência?
Análise de dados de empresas e setores econômicos.

Linha de produtos*

Que produtos deverão ser usados como carros-chefe?
Quais as adaptações necessárias? Padrões de exigência

Planejamento sério do ingresso

Especialistas funcionais iniciam o trabalho detalhado.
Equipe de especialistas em ação. Começa a conexão com o país
Questões de impostos e localização, negociação de acordos especiais,
comprometimento de fornecedores etc.

Entrada

Fonte: John Garland, R. N. Farmer and M. Taylor, *International Dimensions of Business Policy and Strategy*, 2nd ed. (Boston: PWS-Kent, 1990).

---

*N. de R.T. Na verdade, a análise competitiva efetuada com vistas à entrada em um novo mercado deve, obrigatoriamente, abranger todos os compostos de *marketing*, ou seja, o preço, a comunicação e a distribuição e o produto ou serviço. Limitar-se à análise apenas do produto pode significar uma miopia mercadológica com conseqüências estratégicas de cunho negativo.

precisam ser levadas em consideração. São elas, respectivamente: 1) a dificuldade de obter informações de *marketing* em muitos países; 2) mercados financeiros normalmente mal desenvolvidos e 3) as complexidades das taxas de câmbio e dos controles governamentais.

Análises competitivas

A essa altura, os executivos avaliam a capacidade e os principais fatores de sucesso da companhia, comparando-os com os mesmos itens dos principais concorrentes. Devem então julgar a posição competitiva relativa, atual e potencial das empresas que atuam naquele mercado e naquela localização — trate-se de uma posição global ou da relacionada a um determinado país ou região. Como em um jogo de xadrez, os executivos da empresa precisam também levar em consideração a intenção estratégica dos concorrentes e quais poderão ser, portanto, seus futuros movimentos (estratégias). Este processo habilita os planejadores estratégicos a determinar em que áreas a empresa tem competências realmente capazes de lhe proporcionar uma vantagem estratégica, bem como o rumo que a empresa deve tomar para atingir uma vantagem competitiva sustentável — ou seja, uma vantagem que não venha a ser imediatamente abalada por meio da emulação. O resultado deste processo irá também ajudar a identificar problemas potenciais que podem ser corrigidos ou que podem ser importantes a ponto de determinar a eliminação de pretensões posteriores a respeito de determinadas estratégias.[29]

O estágio da formulação estratégica é freqüentemente chamado de Análise *SWOT* (um acrônimo, em inglês, para *Strengths* {Pontos Fortes}, *Weaknesses* {Pontos Fracos}, *Opportunities* {Oportunidades} e *Threats* {Ameaças}), na qual as capacidades da empresa em relação aos seus concorrentes são calculadas em concomitância com as oportunidades e ameaças existentes no cenário para essas firmas. Por exemplo, a Philip Morris (PM) analisou sua entrada na Comunidade de Estados Independentes (CEI, antiga União Soviética), no início da década de 1990. O fator mais atraente era, evidentemente, o mercado recém-aberto de 290 milhões de consumidores. Desses, 70 milhões eram fumantes e constituiriam um mercado certo para as várias marcas de cigarros da Philip Morris. Além disso, todos esses 290 milhões constituiriam um imenso mercado potencial para a Kraft e a General Foods, ambas subsidiárias da PM. O próximo passo seria uma avaliação em profundidade dos concorrentes locais e estrangeiros na região, entre os quais a RJR Nabisco.

Concluída sua análise, a Philip Morris entendeu que a comunidade russa representava uma oportunidade atraente, especialmente se a corporação pudesse consolidar uma cabeça de ponte nesse mercado antes da RJR Nabisco. Como se percebeu posteriormente, no entanto, a Philip Morris deveria ter aprofundado esse trabalho de análise e avaliação, acrescentando outras ameaças a esta matriz. A companhia instalou quiosques para vender pacotes de Marlboro nas ruas de São Petersburgo em 1992, e se surpreendeu quando eles foram destruídos da noite para o dia — um sinal muito claro de que os distribuidores russos de cigarros não queriam saber da presença de concorrentes estrangeiros na "praia" deles. A Philip Morris acabou saindo do ramo da distribuição. Vale a pena lembrar também que, em setembro de 1998, a RJR cancelou todas as suas operações na Rússia em decorrência dos problemas econômicos então enfrentados por esse país, depois de ter ali investido cerca de US$ 520 milhões. A companhia foi uma das muitas que tiveram grandes prejuízos com o colapso da economia russa em 1998, quando o índice de inflação chegou a 84,3%, no final de 1999.[30]

Muitas companhias planejam sua estratégia centrada nos principais pontos fortes, ou competências centrais. Estas representam importantes recursos corporativos porque, como explicam Prahalad e Hamel, constituem o "aprendizado coletivo na organização, especialmente como coordenar diversas capacidades de produção e integrar múltiplas correntes de tecnologias".[31] As competências centrais — como a capacidade de miniaturização da Sony e a especialização da Philips em meios ópticos — são normalmente de difícil imitação pelos concorrentes e representam um foco principal do desenvolvimento estratégico no nível corporativo.[32] A Canon usou sua competência central em óptica para alavancar uma vantagem competitiva ao longo de suas atividades e negócios diversificados — câmeras, copiadoras e equipamento litográfico semicondutor.

Os executivos precisam identificar também os pontos fracos da empresa. Uma companhia que já estiver financeiramente em terreno não muito firme não terá condições de pensar em uma estratégia baseada em aquisições, e talvez nem queira pensar em qualquer estratégia de crescimento. Naturalmente, as percepções subjetivas, motivações, capacidades e objetivos dos executivos envolvidos em semelhantes diagnósticos muitas vezes conseguem obscurecer o processo decisório. O resultado é que as companhias às vezes se lançam ao desenvolvimento de estratégias contra-indicadas por informações objetivas em conseqüência do diagnóstico malfeito dos seus principais representantes.

Alternativas estratégicas globais e internacionais

O quarto dos principais grandes passos no processo do planejamento estratégico é o estudo das vantagens (e desvantagens) das várias alternativas estratégicas à luz da análise competitiva. Durante a avaliação das alternativas, os executivos precisam levar em conta os objetivos da companhia e também o *status* competitivo de outras empresas do mesmo setor econômico.

Dependendo do porte da empresa, existem dois níveis de alternativas estratégicas a serem por ela considerados. O primeiro deles — alternativas estratégicas globais (aplicáveis principalmente às multinacionais) — determina a abordagem geral do mercado global que a empresa pretende adotar. Já o segundo nível — alternativas de estratégias de entrada — aplica-se a empresas de qualquer porte e determina qual dessas estratégias melhor se aplica ao país no qual a empresa pretende operar. Alternativas de estratégias de entrada serão discutidas mais adiante. Passamos a nos dedicar agora às duas principais abordagens estratégicas globais dos mercados mundiais — a globalização e a regionalização.

Abordagens dos mercados mundiais

Globalização

Na última década, a intensificação das pressões competitivas forçou empresas e setores econômicos inteiros a uma reconsideração de suas estratégias globais — a tratar o mundo como um mercado único, sem distinções maiores entre componentes. Essas estratégias são hoje aleatoriamente mencionadas como a *globalização* — termo que se refere ao estabelecimento de operações mundiais e ao desenvolvimento e de produtos e *marketing* padronizados. Muitos analistas, como Porter, insistem que a globalização é um imperativo da competição para empresas inseridas em setores globais: "Em um setor econômico global, a empresa precisa de alguma forma integrar suas atividades em base mundial para poder captar as conexões entre os países. Isto implica, apesar de não ser a única exigência para tanto, a transferência de ativos intangíveis entre países".[33] A causa maior do impulso por trás da globalização é a necessidade de competir mediante o estabelecimento de economias de escala de alcance mundial, produção no exterior e fluxos de caixa internacionais. O termo globalização, portanto, é aplicável tanto à estrutura organizacional quanto à estratégia. (A estrutura organizacional é discutida com maiores detalhes no Capítulo 8.)

Entre as pressões para globalizar, figuram: 1) a influência competitiva crescente resultante da criação dos blocos regionais de comércio; 2) tarifas declinantes, que incentivam o comércio interfronteiras e abrem novos mercados; 3) a explosão da tecnologia da informação, que torna a coordenação de operações em recantos remotos do mundo mais fácil e igualmente aumenta a semelhança entre as preferências dos consumidores.[34] O uso de *sites* na Internet capacitou os empreendedores, e também as companhias estabelecidas, a se tornarem globais de maneira quase instantânea por intermédio do comércio eletrônico — o B2B ou o B2C.*[35] Exemplos não faltam, incluindo Yahoo!, Land's End e a malfadada E-Toys, que faliu em 2001. Além disso, as companhias japonesas com estratégia global definiram o padrão global em muitos setores — principalmente na indústria automobilística. Outras companhias, entre elas a Caterpillar, ICI e Sony, também têm tido sucesso com suas estratégias globais.

Uma das formas mais rápidas e baratas de desenvolver uma estratégia global é a que inclui as alianças estratégias. Muitas empresas tentam se tornar globais com maior rapidez pela formação de alianças com rivais, fornecedores e clientes. Na verdade, as tecnologias de informação em constante expansão estão transformando as alianças empresariais internações de corporações virtuais de curto prazo em parcerias estratégicas de longo prazo.[36] (As alianças estratégicas são discutidas em maior profundidade no Capítulo 7.)

Entretanto, a globalização é inerentemente mais vulnerável ao risco local, que uma estratégia de regionalização. É obviamente muito mais difícil a gestão de organizações globais, por exigirem a coordenação de culturas nacionais amplamente divergentes. Elas também significam, segundo Morrison, Ricks e Roth, que as empresas devem perder parte de sua identidade original — precisam "desnacionalizar as operações e trocar lealdades nacionais por um sistema de valores e lealdades corporativos comuns".[37] Em outros termos, a estratégia da globalização trata necessariamente todas as nações de maneira similar, quaisquer que sejam as diferenças entre elas em culturas e sistemas. Muitas vezes, surgem problemas a partir disso, como a inexistência de flexibilidade e capacidade de reação locais e a desconsideração quanto

---

*N. de T. O B2B, como já explicado anteriormente, é o *business t(w)o business*, ou negócio a negócio/ empresa a empresa; o B2C é *business t(w)o consummer* — do negócio ao consumidor, ou da empresa ao consumidor.

à necessidade da oferta de produtos diferenciados. Em algumas pesquisas feitas recentemente sobre a maneira como as empresas dos EUA competem, Morrison e outros constataram que muitas empresas estão descobrindo que "globalização não é nenhuma panacéia e, na verdade, os imperativos globais estão sendo eclipsados por um ressurgimento das pressões de caráter local".[38] Esses pesquisadores afirmam que muitas empresas entendem atualmente ser a regionalização uma abordagem mais administrável e menos arriscada, uma opção que lhes permite capitalizar as competências locais, desde que a empresa matriz e cada subsidiária apresentem um grau de flexibilidade nas respectivas relações.

Regionalização

Para as empresas pertencentes a setores multidomésticos — aqueles em que a competitividade é determinada país por país, em vez de globalmente —, as estratégias regionalizantes são mais apropriadas que a globalização.[39] A estratégia da regionalização (ou multilocal) é aquela em que os mercados locais são interligados com uma região, o que proporciona maior reação e especialização. Os executivos de primeiro escalão de cada região decidem a localização dos investimentos, as combinações de produtos e o posicionamento competitivo; em resumo, comandam suas subsidiárias praticamente como se fossem organizações independentes.

Da mesma forma que são reais as pressões pela globalização — como a necessidade de economias de escala para que seja possível competir em matéria de custos — são igualmente reais as pressões em sentido contrário, pela regionalização, especialmente em relação às Economias de Recente Desenvolvimento (ERD) e às nações menos desenvolvidas. Essas pressões de localização incluem preferências especiais dos consumidores resultantes de diferenças culturais ou nacionais (algo talvez tão simples como os carros de direção na mão direita para o Japão), subsídios nacionais e novas tecnologias de produção que facilitam a variação de produtos para custos menores do que antes.[40] Ao "agir localmente", as empresas podem focar individualmente as necessidades locais de mercado em cada país ou região em matéria de características de produtos ou serviços, distribuição, suporte ao consumidor etc.

Quanto a qualquer função de gestão, a opção estratégica de uma empresa relativa à importância de posicionar-se ao longo do *continuum* globalização-regionalização é contingente à natureza do setor, ao tipo, aos objetivos, aos pontos fortes (ou fracos) da companhia e à natureza de suas subsidiárias, entre tantos fatores. Além disso, a abordagem estratégica de cada empresa deveria ser exclusiva na adaptação a seu próprio cenário. Muitas empresas podem procurar "tornar-se global, mas agir como local" para negociar as melhores vantagens de cada estratégia. A Matsushita é uma companhia com imensa especialidade em se mostrar *glocal* (global + local). Ela tem mais de 150 bases de produção e pesquisa & desenvolvimento em 38 países. Na Malásia, onde a empresa tem 23.500 funcionários em suas 13 subsidiárias, segue diligentemente sua política de conservar reduzido o contingente de expatriados e de treinar executivos locais; apenas 230 funcionários lá são japoneses. Destacam-se, entre outras políticas localistas da Matsushita, investir em P&D para adaptar os produtos aos mercados, deixar que as fábricas estabeleçam as próprias regras e procurar ser e parecer uma corporação cidadã, envolvida sempre nos melhores interesses da sociedade, em todos os países nos quais atua.[41]

Estratégias globais de integração

Muitas das corporações multinacionais desenvolveram suas operações globais a tal ponto que se tornaram totalmente integradas — na maioria das vezes, tanto vertical quanto horizontalmente, incluindo fornecedores, instalações de produção, pontos de venda e distribuição e contratados no mundo inteiro. A Dell, por exemplo, é uma companhia globalmente integrada, com abastecedores pelo mundo e um sistema plenamente integrado de produção e *marketing*. Tem fábricas na Irlanda, na Malásia e no Texas e um sistema de montagem e entrega de 47 locais espalhados pelo mundo. Ao mesmo tempo, apresenta extrema flexibilidade; como a Dell fabrica computadores conforme cada pedido, tem escassa necessidade de manutenção de estoques e, por isso mesmo, pode alterar suas operações em muito curto prazo.

Embora algumas companhias tendam com grande agilidade para o estágio da integração global — até mesmo pelas fusões ou aquisições — outras tantas se transformam em corporações multinacionais pela concretização das estratégias de entrada em estágios, com intervalos variados entre cada um desses estágios. Normalmente, uma companhia começa com simples exportações, avança para as exportações em larga escala com filiais de vendas no exterior (ou talvez dando início aos licenciamentos), expande-se para a montagem no exterior (por sua própria conta ou mediante produtores contratados) e finalmente evolui para a produção total no exterior, com subsidiárias próprias. Por fim, a multinacional irá buscar a integração global de suas subsidiárias no exterior, estabelecendo atividades cooperativas entre elas para a concretização de economias de escala. A essa altura, a multinacional normalmente já terá adotado uma orientação geocêntrica, vendo as oportunidades e estratégias de entrada no contexto de um mercado global inter-relacionado, em lugar de mercados regionais ou nacionais. Desta forma, as estratégias alternativas de entrada são vistas com base em um *portfolio* geral para que seja possível extrair o máximo de vantagens das sinergias e alavancagens potenciais decorrentes da realização de operações em mercados multinacionais.[42]

O Quadro 6.5 ilustra as estratégias integradas e concomitantes usadas na rede global da Divisão de Helicópteros da Societé Nationale Industrielle Aerospatîale, da França. A corporação emprega um complexo padrão de estratégias de entradas e alianças entre fábricas em todo o mundo, envolvendo exportação, licenciamentos, *joint ventures*, importação e instalações de submontagem e manutenção.[43] Por exemplo, a empresa tem *joint ventures* com o Brasil e Cingapura e também exporta partes para esses países para montagem de produtos; licencia determinados modelos para a Índia e a Iugoslávia e igualmente os exporta; e exporta rotores e fuselagens para os Estados Unidos, que, por sua vez, vendem diretamente para o Canadá e México e mantêm instalações de peças de reposição e manutenção para operações nesses países.

Quadro 6.5 Rede de estratégias de entrada e alianças da divisão de helicópteros da Societé Nationale Industrielle Aerospatîale

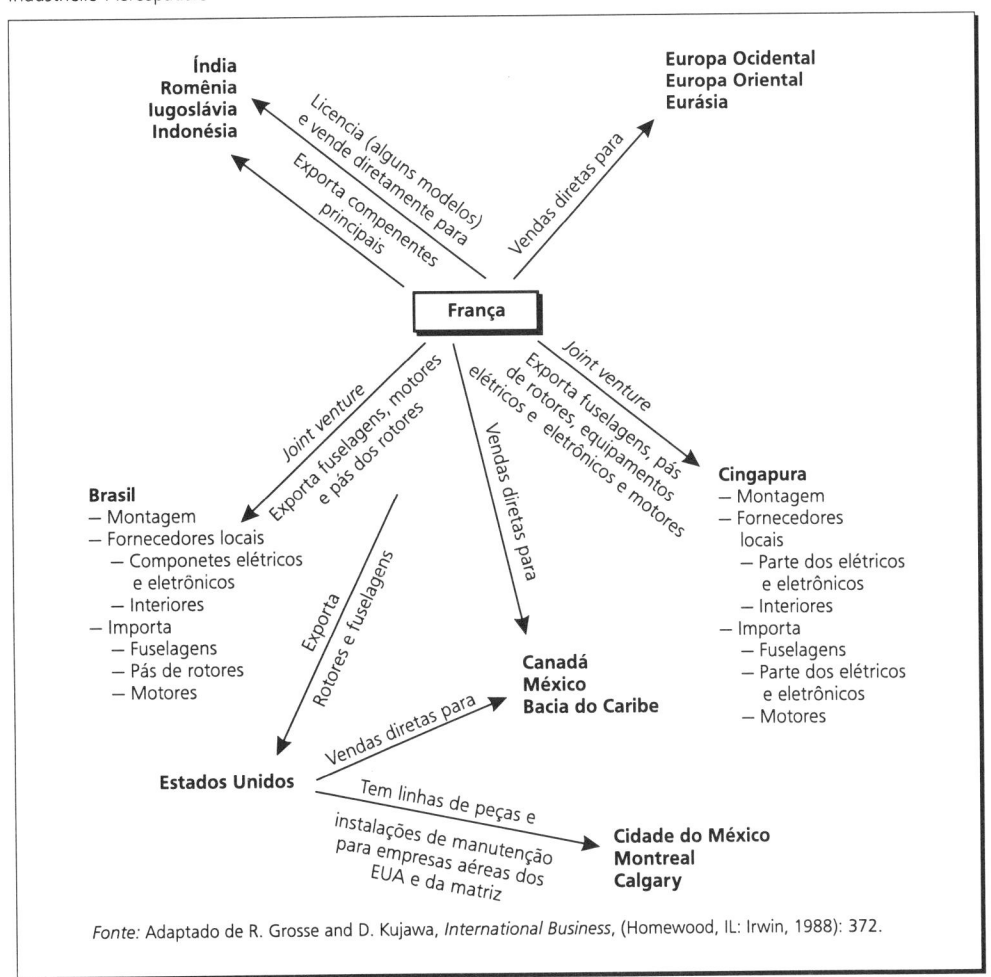

Fonte: Adaptado de R. Grosse and D. Kujawa, *International Business*, (Homewood, IL: Irwin, 1988): 372.

A utilização do *e-business* para o salto global

Empresas de todos os portes estão cada vez mais dirigindo suas atenções para a Internet como um meio de expandir suas operações globais. Contudo, a Internet não trata tão-somente de comércio eletrônico:

> A parte mais importante da história é o profundo impacto que este meio terá sobre os modelos de estratégia, organização e negócios das corporações. Nossas pesquisas revelam que a Internet está comandando a transformação global do mercado e a mudança de paradigmas pelos quais as companhias realizam seus projetos, como competem e como servem aos seus clientes.
>
> www.IBM.com

Embora sejam inúmeros os benefícios do B2B, entre eles a entrada rápida em novos mercados geográficos, como é mostrado no Quadro 6.6, são menos exaltados os inúmeros desafios inerentes a uma estratégia de B2B global. Entre eles, podemos citar as diferenças culturais e os variados modelos de negociar, disputas entre governos e conflitos de fronteiras, especialmente na questão de qual país tem jurisdição e responsabilidade sobre disputas que envolvem transações eletrônicas interfronteiras.[44] Áreas problemáticas potenciais que os executivos precisam avaliar em suas análises globais de cenários incluem as normas conflitantes de proteção ao consumidor, direitos autorais e leis sobre impostos, isolacionismo crescente mesmo entre democracias, barreiras idiomáticas e um número mundial ainda reduzido de parlamentares familiarizados com as peculiaridades e necessidades das novas tecnologias.[45]

Os executivos globais familiarizados com as potencialidades tecnológicas logo se dão conta que *o e-business* não pode ser considerado como apenas uma extensão da maneira convencional de fazer negócios. Trata-se de um setor inteiramente novo, completo, com um elenco diferente de competidores e questões inteiramente novas relativas aos cenários em que se desenvolve. Uma reavaliação das forças ambientais na configuração desse novo setor, utilizando-se o modelo analítico das cinco forças de Michael Porter, deveria levar em conta as mudanças no poder de barganha relativo de compradores e fornecedores, o nível da ameaça de novos competidores, os substitutos existentes e potenciais, bem como uma análise dos competidores atuais e previstos.[46]

Quadro 6.6

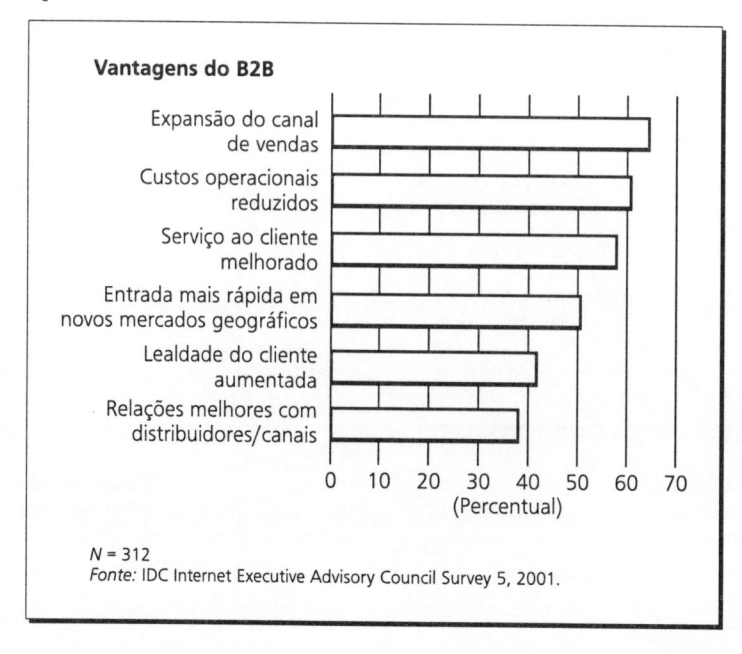

Vantagens do B2B

Vantagem	Percentual
Expansão do canal de vendas	~65
Custos operacionais reduzidos	~60
Serviço ao cliente melhorado	~55
Entrada mais rápida em novos mercados geográficos	~50
Lealdade do cliente aumentada	~40
Relações melhores com distribuidores/canais	~38

N = 312
Fonte: IDC Internet Executive Advisory Council Survey 5, 2001.

Já é muito claro que uma estratégia global competitiva de B2B precisa oferecer uma solução tecnológica que vá além da transação básica ou das capacidades de serviços de endereços.[47] Para determinar o potencial de capacidade competitiva da empresa, os executivos devem fazer-se as seguintes perguntas:

- A mudança proporciona uma solução tecnológica que realmente ajuda os sócios de negócios no setor a trabalhar com maior eficácia?
- Essa mudança figura comprovadamente entre as três e as cinco melhores existentes no respectivo setor de negócios?
- A mudança oferece tecnologia e especialidade específicas do setor que proporcionam vantagens sobre promotores de mudanças genéricas?[48]

Não resta dúvida de que o cenário competitivo do B2B global é cheio de desafios, tanto estratégicos quanto tecnológicos. No entanto, inúmeras empresas pelo mundo inteiro fazem suas apostas, sentindo que, se não as fizerem, podem ser deixadas para trás nesse mercado eletrônico em acelerado crescimento global. Uma delas é a Fuji Xerox, que constituiu um novo mercado eletrônico com a NEC e outros protagonistas de peso do *e-business*, entre os quais a Sumitomo Corporation, a Hewlett-Packard Japan Ltd., a Sumisho Computer Systems, e a empresa norte-americana de *software* Ariba, Inc. O *site* desse grupo, PLEOMART (do inglês *plenty of markets*, ou fartura de mercados), é um mercado de B2B para companhias que compram e vendem equipamentos de escritório, partes e soluções de serviço, como consultoria, finanças e serviços logísticos na Internet.[49] Em Melbourne, Austrália, a Broken Hill Proprietary Company, Ltd. (BHP), especializada em recursos naturais e aciaria regional para o mercado global, lançou seu *e-marketplace* global de uma via. O *site* proporciona logística, amostras de produtos e abastecimento para mercados de produtores via *e-business*. A BHP realizou, logo no início das atividades desse *e-marketplace*, uma série de leilões "revertidos" via Internet, nos quais os fornecedores determinavam um preço de partida e passavam a fazer lances uns contra os outros para reduzir os preços de ligas ferrosas. Francis Egan, vice-presidente de suprimentos globais da BHP, informa que a empresa gasta já cerca de 10 bilhões de dólares australianos em bens e serviços *on-line*; segundo ele, "leilões *on-line* nos dão maior agilidade, poder de compra agregado e também alavancam imensas economias em preços. Além disso, proporcionam economias de escala e promovem maior eficácia da função de abastecimento propriamente dita".[50]

Longe de Melbourne, mas em um mundo que a Internet tornou bem menor, a Siemens AG, da Alemanha, também se lançou em uma estratégia eletrônica global, como se descreve no próximo *E-Biz Box*.

Alternativas de estratégias de entrada

Para uma corporação multinacional (ou empresa que tenha entre seus planos imediatos a entrada no cenário internacional), um conjunto mais específico de alternativas de entrada, variando de acordo com as condições reinantes no país visado, foca os diferentes meios de entrar em um mercado internacional. Cabe aos executivos descobrir qual a melhor maneira de suas empresas poderem servir a esses novos mercados levando em consideração os riscos e os fatores ambientais críticos ligados às estratégias de entrada. As seções a seguir examinam as várias alternativas de entrada e propriedade disponíveis para as empresas, entre as quais exportação, licenciamento, franquia, produção por contrato, operações prontas (*turnkey*), contratos de gestão, *joint ventures* e subsidiárias instaladas inteiramente pela companhia. Não se trata, em absoluto, de alternativas mutuamente excludentes; várias delas podem ser empregadas no mesmo espaço e ao mesmo tempo. São, a seguir, analisadas em ordem de risco ascendente.

Exportação

Exportar é uma maneira com risco relativamente baixo de começar uma expansão internacional ou de testar na prática um mercado estrangeiro. Exige pouco investimento, e uma saída rápida, quando se impõe, vem a ser relativamente fácil. Pequenas empresas raramente passam desse estágio, e as de grande porte usam esta avenida para muitos dos seus produtos. Devido às exigências relativamente baixas em matéria de recursos de capital e de conhecimento do mercado, a exportação é a principal estratégia de entrada utilizada pelas empresas de pequeno porte para competir em nível internacional. A Jordan Toothbrush, empresa pequena com apenas uma fábrica na Noruega e recursos limitados, depende de bons distribuidores; à medida que aumenta suas exportações por boa parte do mundo, a Jordan dá cada vez maior valor à manutenção de boas relações com os distribuidores. Uma pesquisa da Dunn and Bradstreet mostrou que mais da metade das empresas de pequeno e médio portes tem a expectativa de aumentar suas vendas internacionais nos próximos anos.[51]

E-BIZ BOX
A Siemens AG lança uma *e-company* global

A Siemens AG, a gigante dos eletrônicos e da engenharia elétrica com sede em Munique, na Alemanha, anunciou em outubro de 2000 uma mudança radical que conduziria a sua transformação em uma companhia com toda a cadeia de valor caracterizada pelo *e-business*. Todos os aspectos da cadeia global de valores da Siemens — desde compras, vendas e serviços pós-vendas até processos de produção e negócios internos, da pesquisa & desenvolvimento ao treinamento, e a gestão global de conhecimento e especializações — passariam a estar em rede e a ser comandados eletronicamente. Em resumo, com isso, a Siemens se transformaria "em um dos maiores *sites* de construção do *e-business*". Foi desta forma que o presidente e CEO Heinrich von Pierer descreveu o processo quando da inauguração, em 10 de outubro de 2000, do primeiro Centro de E-Excelência. O objetivo desses centros é coordenar e controlar a transformação da Siemens em uma *e-company*. O primeiro deles foi lançado nas proximidades do aeroporto de Munique, devendo ser seguido por outros nos Estados Unidos (em Atlanta) e na Ásia (Cingapura). Na sua fala inaugural, von Pierer proclamou que "o *e-business* transformará a Siemens em uma nova companhia. Todos os nossos negócios terão novas fundações, o que mudará todos os processos, tanto internos quanto externos". Acrescentou que um investimento inicial de 1 bilhão de euros foi destinado para tal objetivo. Ele será a alavanca para consideráveis aumentos de produtividade e um correspondente aumento da posição de custo da Siemens.

A Siemens e a IBM anunciaram que a primeira utilizará a WebSphere Commerce Suite, da segunda, com particularidades como suporte para modelos dinâmicos de varejo — como catálogos *on-line*, gestão de conteúdo e modernas tecnologias de usinas de pesquisa. Vendedores e compradores poderão manter controle sobre a espécie de transação que envolve bens ou serviços. Ferramentas de personalização e análise de negócios ajudarão na criação de perfis individuais de clientes. Os aplicativos de *e-business* global da Siemens serão desenvolvidos e implantados em conjunto por uma aliança entre a Siemens Business Services (SBS), a i2 Technologies, a CommerceOne e a IBM. Entre os resultados positivos esperados dessa ampla transformação estão o desenvolvimento mais rápido de novos mercados, relações mais próximas com os clientes e uma significativa redução dos custos operacionais.

O programa da Siemens tem concretização prevista no prazo de dois a três anos. Baseia-se no conceito de uma "e-comunidade" global que envolverá 447 mil funcionários da companhia, bem como todos os clientes da Siemens.

Fontes: www.cyberlabsresearch.com/profile/Siemens.html, 10 de outubro de 2000; www.ibm.com.press, 26 de janeiro de 2000.

A empresa com maior experiência pode sentir-se inclinada a colocar no comando de suas funções de exportação um executivo para tanto nomeado, ou a criar um departamento de exportações. Como alternativa, pode contratar uma companhia de gestão de exportações para encarregar-se de parte ou de todas as funções de exportação, inclusive as que incluem tratar com as regulamentações do país anfitrião, tarifas, taxas, documentação, cartas de crédito, conversão de divisas etc. Muitas vezes, vale a pena contratar de um especialista para lidar com um determinado país destinatário das exportações.

Algumas decisões precisam de cuidados especiais quando os executivos estão estabelecendo um sistema de exportações, em especial a escolha do distribuidor. Muitos países têm regulamentos que tornam extremamente difícil destituir um distribuidor local que tenha deixado de servir aos interesses do exportador. Entre outros fatores importantes de cenário, figuram as tarifas de importação-exportação e as quotas, o custo do frete e a distância entre o país fornecedor e o país de destino das exportações.

Licenciamento

Um acordo internacional de licenciamento garante a uma empresa do país anfitrião os direitos de produzir ou vender — ou ambos — determinado produto. Implica a transferência de direitos de patentes, marcas registradas ou tecnologia por um determinado período, em troca do pagamento de uma taxa pelo licenciado. A Anheuser-Busch, por exemplo, licenciou a produção e comercialização da cerveja Budweiser na Inglaterra, no Japão, na Austrália e em Israel, entre outros países. Multinacionais produtoras de alimentos licenciam seus produtos no exterior, muitas vezes em nome de empresas locais, e produtos como os da Nike e Disney, encontrados no mundo inteiro, são fabricados por empresas locais, sob os mais variados acordos de licenciamento. Como a exportação, o licenciamento é também uma estratégia de baixo risco relativo, pois exige pouco investimento e pode ser uma opção muito oportuna em países onde a entrada no mercado é dificultada pela ampla variedade de regulamentos e restrições à remessa de lucros.

O licenciamento é especialmente adequado para a etapa da maturidade no ciclo de vida de um produto, quando a concorrência é intensa, as margens de lucro declinam e a produção se torna relativamente padronizada.⁵² Mostra-se igualmente proveitoso para as empresas com tecnologias em acelerada transformação, para as que têm muitas linhas de produtos e para as empresas de pequeno porte e poucos recursos financeiros e de gestão para investimentos diretos no exterior. Uma evidente vantagem do licenciamento é o fato de ele fugir às tarifas e quotas normalmente impostas às exportações. A desvantagem mais comum é o escasso controle que o licenciador pode exercer sobre as atividades e o desempenho do licenciado.

Entre os fatores ambientais críticos a considerar no licenciamento, figuram a verificação da existência de garantia adequada para a patente e marca registrada no país anfitrião, os antecedentes e a qualidade do licenciado, o risco de o licenciado desenvolver a capacidade de se tornar um concorrente direto, o território do mercado do licenciado e os limites legais sobre a estrutura das taxas de *royalties* no país anfitrião.⁵³

Franquia

Da mesma forma que o licenciamento, a franquia é uma prática de risco relativamente baixo. O franqueador licencia sua marca registrada, produtos e serviços, bem como os princípios operacionais, para o franqueado, cobrando uma taxa inicial e *royalties* posteriores. As franquias estão solidamente presentes no setor de *fast-food*; a McDonald's, por exemplo, opera majoritariamente com esta modalidade. Pagando uma gorda taxa inicial e *royalties* consideráveis, o franqueado tem as vantagens da reputação, clientela, experiência de vendas e *expertise* em gestão da McDonald's. O "Big M" é internacionalmente reconhecido, como o são também outras franquias de *fast-food* e hotéis, como Holiday Inn. Uma condição fundamental para a gestão do franqueado é o controle de qualidade, que se torna mais difícil com uma dispersão geográfica crescente.

A franquia pode ser a estratégia ideal para empresas pequenas, cujas lojas exigem pouco investimento em capital ou recursos humanos. Na verdade, com a franquia o empreendedor pode utilizar os recursos dos franqueados para se expandir; a maior parte das grandes franquias atuais começou a partir desta estratégia. O empreendedor pode igualmente utilizar os franqueados para entrar em novas áreas. Os altos custos em taxas de entrada e os *royalties* são compensados pelo baixo risco de um produto conhecido, marca registrada e base de consumidores, bem como pelas vantagens da experiência e das técnicas do franqueador.⁵⁴

Contrato de produção

Uma modalidade muito comum da mão-de-obra mais barata no exterior é a da produção por contrato, na qual se encomenda a produção de bens acabados ou de componentes. Esses bens ou componentes são então importados para o país da sede, ou outros, a fim de serem montados ou vendidos. Existe ainda a alternativa de serem vendidos no próprio país do contratante. Desde que os executivos tenham condições de garantir a confiabilidade e qualidade do contratante e de providenciar os meios adequados para a repatriação do capital, trata-se de uma estratégia aconselhável para a entrada rápida em um país, com baixo investimento de capital e sem qualquer problema relacionado à propriedade local. Empresas como a Nike lançam mão da produção por contrato no mundo inteiro.

Operações prontas (turnkey)

Nas chamadas operações prontas (*turnkey*), a companhia projeta e constrói instalações no exterior (represa, fábrica de produtos químicos etc.), faz o treinamento de pessoal local e então entrega a chave *(turnkey)* à administradora local — mediante pagamento, é claro. Foi o que a Fiat italiana fez ao construir, na antiga União Soviética, uma fábrica de automóveis em uma operação *turnkey*. São fatores fundamentais para o sucesso de tal operação a disponibilidade local de materiais e mão-de-obra, uma infra-estrutura confiável e meios aceitáveis de repatriação de lucros. Pode também surgir uma exposição exagerada ao risco quando o contrato *turnkey* é feito com o governo local, o que ocorre na maioria das vezes. É uma situação que expõe a companhia a riscos do tipo anulação do contrato e rescisão das garantias bancárias.

Contratos de gestão

O contrato de gestão dá a uma empresa estrangeira o direito de administrar as operações diárias de um empreendimento, mas não o de tomar decisões com relação à propriedade, ao financiamento ou a mudanças de política e estratégia.[55] Normalmente, os contratos de gestão são empreendidos em combinação com outros acordos, como *joint ventures*. Pela própria natureza, o contrato de gestão é uma estratégia de entrada de risco relativamente baixo que tende, porém, a ser de curto prazo e a proporcionar rendimentos limitados, a menos que sirva como conduto para outra posição mais permanente no mercado pretendido.[56]

Joint ventures *internacionais*

Em um patamar bem mais elevado de investimento e risco (embora normalmente menos arriscado que uma fábrica própria), as *joint ventures* representam consideráveis oportunidades que outras estratégias não conseguem concretizar. A *joint venture* envolve um acordo entre duas ou mais companhias para a produção conjunta de bens ou serviços. Em uma JVI, a propriedade é compartilhada, normalmente entre a multinacional e um sócio local, em proporções previamente estabelecidas do total das ações. Essa estratégia facilita a entrada rápida de uma multinacional em novos mercados, utilizando um sócio já estabelecido localmente e que tem, portanto, contatos e familiaridade com todos os aspectos das operações locais. As JVIs são uma estratégia comum do crescimento corporativo no mundo inteiro; constituem igualmente uma maneira de superar barreiras comerciais, concretizar significativas economias de escala para o desenvolvimento de uma sólida posição competitiva, de assegurar o acesso a matérias-primas adicionais, de alavancar qualificações tecnológicas e gerenciais e de disseminar os riscos inerente à operação em cenários estrangeiros.[57] Nenhuma surpresa, portanto, no fato de as grandes empresas se mostrarem dispostas a adquirir proporções cada vez maiores da composição acionária das JVIs, podendo assim participar de setores econômicos globais e ao mesmo tempo ficar menos expostas às condições de risco no país anfitrião.[58] As *joint ventures* reduzem os riscos de expropriação e assédio pelo país anfitrião; na verdade, podem constituir até mesmo a única forma de entrar em determinados países, entre eles México e Japão, que estipulam proporções de propriedade e participação locais.

Nos últimos anos, as JVIs representaram mais de 20% dos investimentos diretos das multinacionais em outros países, incluindo-se na relação de tais negócios um empreendimento em robótica entre a Fujitsu e a General Electric e outro de fibras ópticas entre a Siemens AG e a Corning Glass Works. Muitas companhias estabeleceram *joint ventures* com empresas européias a fim de conquistar o *status* de "locais" no Mercado Comum Europeu. A maioria dessas alianças representa não apenas ferramentas convenientes, sendo, isto sim, meios importantes — talvez mesmo fundamentais — de competir no cenário global.[59] Para poder competir globalmente, as empresas precisam empreender, e pagar, imensos custos fixos, e também necessitam de sócios para ajudá-las neste empreendimento.[60]

Às vezes são os próprios países que sentem a necessidade de semelhantes alianças para melhorar as condições de suas economias: a Comunidade dos Estados Independentes (CEI) abriu suas portas às *joint ventures*, buscando nelas uma infusão de capital e capacidade gerencial. A Philip Morris, discutida anteriormente, fez uma *joint venture* com a Artovaz, fabricante de automóveis da Rússia, para produzir cigarros Marlboro em uma fábrica convertida de Samara.

Joint ventures internacionais são uma das muitas formas de alianças estratégicas globais que iremos discutir mais detalhadamente no próximo capítulo.

Em uma *joint venture*, o nível relativo de propriedade e contribuições específicas deve ser bem elaborado pelos sócios. Estes precisam compartilhar a gestão e o processo decisório em benefício do sucesso da aliança. A companhia interessada em um empreendimento desse tipo deve, contudo, manter um determinado grau de controle, porque, sem um controle adequado, os executivos da companhia podem ficar sem condições de implantar as estratégias desejadas. A escolha inicial do sócio e o desenvolvimento de um acordo operacional satisfatório para ambas as partes são, portanto, essenciais para o sucesso de uma *joint venture*. Além disso, os executivos precisam tomar todas as providências possíveis para que não venha a faltar o "ajuste fino" indispensável entre os objetivos, as estratégias e os recursos — financeiros, humanos e tecnológicos — dos sócios para fazer o empreendimento dar certo. Infelizmente, não é raro que essa necessidade de preparação e cooperação fique em segundo plano, o que leva inúmeros desses casamentos de negócios ao divórcio. Na verdade, cerca de 60% das JVIs fracassam, normalmente em conseqüência de decisões ineficientes de gestão relacionadas ao tipo da JVI, seu escopo, duração e administração, e também em razão da escolha inadequada do sócio.[61] A lista de decepções interculturais vai aumentando — Chrysler-Mitsubishi e Fiat-Nissan produziram, segundo a Business Week, "tanto rancor quanto recompensas".[62] Depois de vários anos de discussões infrutíferas, a GM retirou-se das operações com a Daewoo Motors da Coréia, alegando que esta não teve os devidos cuidados com a aliança entre as duas corporações.

Subsidiárias de propriedade integral

Nos países que permitem a existência de subsidiárias de propriedade integral da empresa matriz, uma multinacional que pretenda dispor de controle total sobre suas operações pode começar seu empreendimento com produtos e serviços a partir do zero, ou então adquirir uma empresa existente no país anfitrião. A Philip Morris adquiriu a empresa suíça de alimentos Jacobs Suchard para abrir caminhos próprios no Mercado Comum Europeu e continuar sua diversificação afastada do ramo combatido em que é amplamente conhecida, o dos cigarros. Com esse movimento, a Philip Morris transformou-se no segundo conglomerado norte-americano, depois da Mars (responsável, entre tantos produtos, por várias marcas de especialidades para animais), a assegurar uma posição independente no setor de produção de alimentos na Europa.[63] São essas aquisições que permitem às multinacionais um rápido acesso a mercados com produtos e redes de distribuição consolidados, garantindo-lhes também um índice de aceitação que uma empresa "estrangeira" pouco provavelmente conquistaria. Essas vantagens compensam de alguma forma o índice aumentado de risco decorrente dos grandes investimentos de capital, em comparação com outras estratégias de acesso a novos mercados.

No nível máximo da escala de risco, encontra-se a estratégia de começar um negócio inteiramente novo no país anfitrião — ou seja, estabelecer uma nova companhia, ou subsidiária, de produção ou serviços de propriedade inteiramente estrangeira, com vistas ao mercado local ou destinados à exportação. Os fabricantes japoneses de automóveis — Honda, Nissan, Toyota — utilizaram essa estratégia nos Estados Unidos com sucesso para não serem enquadrados nas quotas americanas relativas às importações.

É uma estratégia que expõe a empresa à gama total de riscos, nas mesmas proporções do seu investimento total no país anfitrião. Como já evidenciaram fatos ocorridos na África do Sul e na China, a instabilidade política pode ser devastadora para uma subsidiária de capital total estrangeiro. Acrescente-se a isso um sem-número de outros fatores ambientais críticos — atitudes locais em relação à propriedade estrangeira, estabilidade e repatriação de divisas, a ameaça de expatriação e nacionalismo etc. — e já se tem uma estratégia de acesso de alto risco que deve ser muito bem avaliada e monitorada. É, porém, uma estratégia que não deixa de ter suas vantagens, como o controle pleno sobre o processo decisório e a avaliação de eficiência, bem como a capacidade de integrar as operações com a estratégia geral da companhia.

O Quadro 6.7 (p. 176) resume as vantagens e os fatores críticos de sucesso dessas estratégias de acesso que devem ser levados em consideração quando da escolha de uma estratégia ou de uma combinação de várias delas dependendo do local, de fatores ambientais e da análise competitiva aqui discutidos, e da estratégia geral com que a companhia costuma abordar os mercados mundiais.

O executivo internacional tem complexos fatores situacionais pela frente quando passa a estudar abordagens estratégicas dos mercados internacionais, ao mesmo tempo em que precisa analisar quais estratégias de entrada seriam mais apropriadas. Isso tudo é ilustrado na seção *Gestão comparativa em foco*, a seguir.

Gestão comparativa em foco

Planejamento estratégico para o mercado da União Européia[64]

> As unidades de negócios [na Europa] ainda tendem a focar país por país, e as práticas de gestão ainda seguem padrões nacionais muito arraigados.
>
> FRANCESCO CAIO, CEO DA MERLONI ELETTRODOMESTICI, FABRIANO, ITÁLIA.[65]

Para as empresas européias, o euro elimina o risco da variação cambial, e com isso "o pensamento pan-europeu se torna não apenas viável, mas essencial".[66] O sucesso dessas companhias européias passa, então, a depender de sua eficiência na modernização e consolidação de seus processos e da integração de planos de produção e comercialização em toda a Europa. O desafio maior é equilibrar as visões nacional e continental, uma vez que a moeda comum não traz, sozinha, a unidade cultural ou idiomática.[67]

Fica evidente que as companhias, tanto européias quanto não-européias, precisarão reconsiderar suas estratégias européias, para não dizer globais, agora que a União Européia se tornou realidade, concretizada pela moeda comum, o euro. Os executivos "estrangeiros" precisam desenvolver um programa de ação para garantir que seus produtos tenham acesso continuado aos mercados da União e para adaptar seus programas de comercialização a fim de que englobem o todo da União Européia. Entretanto, a última tarefa é a mais difícil, se não impossível, pois o tão falado

Quadro 6.7 Estratégias de entrada internacional: vantagens e fatores críticos para o sucesso

ESTRATÉGIAS	VANTAGENS	FATORES CRÍTICOS DE SUCESSO
Exportação	Baixo risco Nenhum ativo de longo prazo Acesso e saída fáceis do mercado	Escolha do distribuidor Custos do transporte Tarifas e quotas
Licenciamento	Nenhum risco de propriedade de ativos Rápido acesso ao mercado Evita regulamentos e tarifas	Qualidade e confiabilidade do licenciado Apropriação da propriedade intelectual Limitações de *royalties* pelo país anfitrião
Franquia	Pouco investimento ou risco Rápido acesso ao mercado Expansão de pequenas empresas	Controle de qualidade da franquia e das suas operações
Fabricação sob contrato	Custo e risco limitados Comprometimento de curto prazo	Dependência e qualidade do contratante local Controle operacional e questões sobre direitos humanos
Operações prontas (*turnkey*)	Lucros derivados da capacitação e tecnologia em regiões que restringem investimento estrangeiro direto	Infra-estrutura confiável Abastecimentos e profissionais locais suficientes Lucros repatriáveis Confiabilidade de qualquer sócio-governamental
Contratos de gestão	Acesso de baixo risco a novas estratégias	Oportunidade de ganhar posição de longo prazo
Joint ventures	Acesso interno aos mercados Compartilhamento de custos e riscos Alavanca a base tecnológica e de capacitação do sócio, e os contatos locais	Adequação estratégica e complementaridade do sócio, mercados, produtos Capacidade de proteger a tecnologia Vantagem competitiva Capacidade de partilhar o controle Adaptabilidade cultural dos sócios
Subsidiárias de propriedade integral	Fica com todos os lucros e o controle Economias globais de escala Coordenação estratégica Protege a tecnologia e a base de capacitação A aquisição proporciona entrada rápida em mercados estabelecidos	Capacidade de avaliar e controlar os riscos econômicos, políticos e monetários Capacidade de conquistar aceitação local Repatriação dos lucros

"cidadão da Europa" não passa de um mito; culturas e hábitos nacionais não podem ser homogeneizados. Com inúmeros idiomas diferentes e costumes e culturas nacionais igualmente diferenciados, as companhias que pretenderem vender na Europa precisarão trilhar seu caminho por um labirinto de preferências nacionais variáveis. Este e outros desafios estão à espera dos pretendentes a uma participação, juntamente com numerosas oportunidades.

A UPS é uma das muitas companhias que testam essa faca de dois gumes. Seus executivos sabem muito bem que a Europa é ainda um território inexplorado para empresas de serviços, e com isso estimam que os ganhos ali possam aumentar ao ritmo de 15% ao ano. Contudo, a empresa tem enfrentado muitos conflitos, tanto de natureza prática quanto cultural. Algumas das surpresas que o "Big Brown" enfrentou ao colocar seus uniformes marrons em 25 mil europeus e espalhar seus 10 mil caminhões de entrega pintados de branco pela Europa foram:

Indignação na França, quando os motoristas foram advertidos de que não poderiam beber vinho no almoço; protestos na Grã-Bretanha, onde os cachorros dos motoristas foram banidos dos caminhões de entrega; espanto na Espanha, quando se constatou que os caminhões marrons da UPS eram muito parecidos com os carros fúnebres locais; e choque na Alemanha, quando aumentou, pela primeira vez desde 1945, a demanda de camisas pardas.[68]

Enquanto isso, empresários europeus mais arrojados abrem asas sobre países vizinhos à medida que vão se dando conta de que mercados abertos podem oferecer tanto crescimento e lucratividade quanto o protecionismo — talvez até mais. A British Airways tomou o mercado alemão sob suas asas ao comprar 49% de uma empresa aérea local e passar a usar um novo "euronome", Deutsche BA. E, em uma das maiores fusões já registradas na Europa, o Zeneca Group P.L.C, da Grã-Bretanha, adquiriu a Astra A. B., da Suécia. O gigantesco complexo farmacêutico daí surgido foi considerado necessário para financiar pesquisas de novos medicamentos e concorrer em um mercado dominado por corporações norte-americanas. Fusões anteriores na Europa foram quase sempre dominadas por empresas britânicas. Entretanto, agora que as companhias continentais européias terão suas ações avaliadas em euros, é provável que surjam mais negócios interfronteiras entre esses países pelo fato de que passarão a estar livres dos problemas decorrentes da variação da cotação de diferentes moedas.[69]

As companhias no âmbito da UE estão levando grandes vantagens pelo fato de competirem em um mercado de escala continental e com isso poderem evitar a duplicidade de procedimentos administrativos, produção, comercialização e distribuição. O Beneton Group SPA, da Itália, é uma dessas corporações — compete pelo fato de ser tecnologicamente eficiente. Para os locais, um mercado interno europeu unificado significa aumento de eficiência e maior crescimento econômico por intermédio das economias de escala e da remoção das barreiras, com a conseqüente redução dos custos por unidade.

O acirramento da concorrência, no entanto, já se faz notar tanto no âmbito do mercado comum como fora dele, levando várias empresas a enfrentar turbulências; certamente ocorrerão fusões e aquisições em maior número para que as grandes empresas possam ser ainda maiores e fortes o suficiente para sobreviver. Os 12 países da "Eurolândia" já representam em conjunto 19% do comércio mundial, contra 17% dos Estados Unidos e 8% do Japão, e todas as previsões apontam para um sólido crescimento desses indicadores.

As companhias com sede fora da UE desfrutam das mesmas vantagens quando têm uma subsidiária em pelo menos um dos estados membros do bloco. Entretanto, sentem-se às vezes discriminadas simplesmente porque ficarão de fora daquilo que para os estados membros é um mercado doméstico. Em outros termos, a UE poderá vir a erguer um muro de protecionismo — de tarifas, quotas e táticas competitivas — para manter os Estados Unidos e o Japão ao largo. Contudo, a União Européia também criará oportunidades para os não-membros — um mercado com um poder potencial de compras de US$ 2,5 trilhões, por exemplo. Muitas empresas, em especial as multinacionais, poderão começar a partir de uma posição mais favorável que algumas das empresas com base no interior da comunidade por causa de: 1) sua superioridade em matéria de competitividade e P&D; 2) uma base já estabelecida no mercado; 3) despesas operacionais reduzidas (uma subsidiária para toda a União Européia, em lugar de várias). No entanto, os padrões europeus harmonizados, embora busquem eliminar barreiras comerciais no interior da Europa, servem também para limitar o acesso a mercados da União por empresas de fora mediante as especificações padronizadas de produtos com venda permitida na Europa. As leis de harmonização estabelecem padrões mínimos para exportações e importações na Europa. No entanto, esses padrões também impedem as companhias européias de conseguir acesso a fontes de matérias-primas ou componentes de companhias "estrangeiras". As opiniões sobre o impacto que isso terá a longo prazo sobre as companhias nos Estados Unidos são divergentes: a União Européia poderia unificar seus mercados, prejudicando com isso algumas companhias dos EUA; o acesso ao mercado poderia ver-se reduzido e exigências de igualdade de oportunidades de acesso poderão surgir rapidamente a partir dos Estados Unidos.

Outros entendem que o novo mercado comum pouco ameaça os americanos e, pelo contrário, pode proporcionar-lhes consideráveis oportunidades. Muitas companhias norte-americanas (prevenindo-se contra o protecionismo) investiram na Europa a partir do começo do Mercado Comum, em 1958, e sentem-se hoje satisfeitas com a posição que ostentam nesse mercado. Realmente, companhias norte-americanas (GM, Dow, 3M, Hewlett-Packard, entre outras) que já dispõem de presença consolidada na Europa são hoje beneficiadas pelo mesmo livre fluxo de bens, serviços, capital e pessoas que tanta satisfação dá aos próprios europeus.

Quanto às companhias norte-americanas ainda não estabelecidas na Europa, é bom que comecem a examinar o mercado interno da União para decidir qual seria a sua "estratégia européia" com maiores probabilidades de êxito. Muitas empresas estão preferindo *joint ventures* com sócios europeus, sacrificando sua costumeira preferência pela propriedade total (ou ao menos o controle da maioria das ações) em benefício da extensão de suas operações pelo continente; é uma estratégia que também abre portas para mercados dominados por iniciativas públicas, como acontece com a sociedade entre a AT&E e a Philips para produzir equipamentos de telecomunicação. No entanto, para um bom número de empresas — tanto européias quanto estrangeiras — operar na Europa já está se tornando extorsivamente caro. O europeu ocidental médio ganha mais, trabalha menos, tem férias mais prolongadas e mais proteção social e garantia de emprego que os asiáticos e os norte-americanos. As multinacionais européias têm os maiores custos em salários e impostos entre as nações da TRÍADE.[70] A Siemens AG, da Alemanha, por exemplo, transferiu quase todas as operações de montagem de semicondutores de suas fábricas na Alemanha — onde não podia operar 24 horas por dia nem nos fins de semana — para uma fábrica em Cingapura, onde funciona 24 horas por dia, 365 dias por ano e paga US$ 4,40/hora aos seus funcionários.[71]

A Suzuki, a Toyota, a Nissan e outras companhias japonesas também enfrentam o dilema de ter de operar na Europa. Elas relutam em derramar livremente ienes na Europa, embora sintam a necessidade de conservar uma base nesse mercado. A Suzuki descobriu que em sua fábrica na Espanha a produção de um carro Samurai utiliza cinco vezes mais trabalhadores e custa 46% mais que no próprio Japão.

Opção estratégica

A opção estratégica por uma ou mais das estratégias de entrada irá depender 1) de uma avaliação crítica das vantagens (e desvantagens) e de cada uma delas em relação às capacidades da empresa, 2) de fatores ambientais críticos e 3) da contribuição que cada uma dessas opções significaria em termos de missão e objetivos gerais da companhia. O Quadro 6.7 resume as vantagens e os fatores críticos de sucesso de cada uma das estratégias de entrada discutidas. No entanto, quando tudo se resume a uma opção de estratégia, ou estratégias, de entrada para uma determinada companhia, surgem fatores mais específicos relacionados à situação daquela empresa, ao setor econômico em que opera, a fatores de localização e fatores específicos do empreendimento, como resumidos no Quadro 6.8.

Quadro 6.8 Fatores que influenciam a opção pela modalidade de entrada em mercados globais

DIMENSÕES	VARIÁVEIS
Fatores da empresa	Porte e experiência global da empresa Competências centrais Capacidades centrais Metas estratégicas globais
Fatores do setor econômico	Globalização do setor Taxa de crescimento do setor Intensidade técnica
Fatores de localização	Risco-país Distância cultural Conhecimento do mercado Potencial do mercado local Concorrência local e global
Fatores específicos do empreendimento	Valor dos ativos da empresa Grau de informalidade (fator tácito) do *know-how* exigido Risco contratual com sócios locais Porte do empreendimento Intenção de desenvolver P&D com sócios locais

Fonte: Extraído e adaptado de *International Management — Concepts and Cases*, por A. V. Phatak. Copyright© 1997 South-Western College Publishing, Cincinnati, Ohio, uma divisão da International Thomson Publishing Inc, pp. 270-275.

Depois da detida avaliação, por parte da empresa, dos fatores constantes do Quadro 6.8, bem como daquilo que está disponível e é legal no local preferido, algumas estratégias de entrada serão inevitavelmente excluídas da zona da viabilidade. Com as opções restantes, então, os planejadores de estratégia terão de decidir quais são os fatores mais importantes para a própria empresa e para as demais. Um dos métodos para tanto é desenvolver uma avaliação equilibrada a fim de comparar o impacto completo de fatores como os presentes no Quadro 6.7, relativamente ao setor econômico, à localização e ao empreendimento específico em cada estratégia de entrada. Classificações específicas de avaliação, é claro, iriam depender das condições do país em uma determinada época, da natureza do setor econômico e do foco da companhia.

Com base em um estudo de mais de 10 mil ações estrangeiras de entrada na China entre 1979 e 1998, Pan e Tse concluíram que os executivos tendem a seguir uma hierarquia de seqüência de decisões ao escolherem uma modalidade de entrada. Como é detalhado no Quadro 6.9, os executivos decidem em primeiro lugar entre empreendimentos à base de ações e não baseados em ações. A seguir, as modalidades acionárias são repartidas em operações de propriedade total e *joint ventures* por ações (JVAs); já as modalidades não-acionárias são divididas em acordos contratuais e exportação. Pan e Tse constataram que a opção pelo local — especificamente o índice do risco-país — foi o principal fator de influência no nível de decisão entre modalidades acionárias e não-acionárias. Incentivos do país anfitrião também influíram na escolha da modalidade acionária.[72]

Gupta e Govindarajan também propõem uma hierarquização de fatores de decisão, mas levam em consideração dois níveis iniciais de escolha. O primeiro é até que ponto a empresa irá exportar ou produzir no local; o segundo é até que ponto se estenderá o controle de propriedade sobre atividades que se desenvolverão localmente no mercado alvo.[73] Como se apresenta no Quadro 6.10 (p. 180), há uma variedade de combinações de opções no âmbito dessas duas dimensões. Gupta e Govindarajan destacam que, entre os muitos fatores a serem levados em conta, as modalidades de entrada com base em alianças são mais apropriadas sob as seguintes condições:

- A distância física, cultural e idiomática entre os países sede e anfitrião é grande.
- A subsidiária teria uma baixa integração operacional com as demais operações multinacionais.

Quadro 6.9 Um modelo hierárquico de modalidades de opção de entrada

```
                        Modalidades de Opção de Entrada
                        /                              \
            Modalidades                              Modalidades
           não-acionárias                             acionárias
           /          \                              /          \
    Exportação    Acordos                      Joint         Subsidiárias de
                contratuais                   ventures        propriedade
                                             acionárias          total
    ├ Exportação direta    ├ Licenciamento    ├ JCAs minoritárias    ├ Campo inexplorado
    ├ Exportação indireta  ├ Contratos de P&D ├ JVAs compartilhadas  ├ Aquisições
    └ Outros               ├ Alianças         └ JVAs majoritárias    └ Outras
                           └ Outros
```

Fonte: Yigang Pan e David K. Tse, "The Hierarchical Model of Market Entry Modes", *Journal of International Business Studies*, 31, nº 4 (4th Quarter 2000): 535–554.

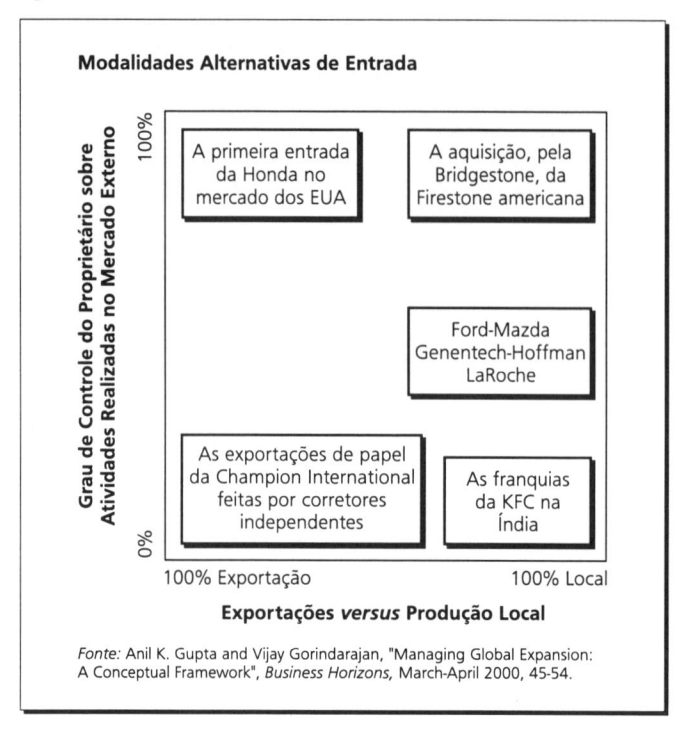

Quadro 6.10 Modalidades alternativas de entrada

```
Modalidades Alternativas de Entrada

100% ┬─────────────────────────────────────────
     │  ┌─────────────────┐    ┌─────────────────┐
     │  │ A primeira      │    │ A aquisição,    │
     │  │ entrada da      │    │ pela            │
     │  │ Honda no        │    │ Bridgestone, da │
     │  │ mercado dos EUA │    │ Firestone       │
     │  │                 │    │ americana       │
     │  └─────────────────┘    └─────────────────┘
     │
     │                         ┌─────────────────┐
     │                         │ Ford-Mazda      │
     │                         │ Genentech-      │
     │                         │ Hoffman LaRoche │
     │                         └─────────────────┘
     │
     │  ┌─────────────────┐    ┌─────────────────┐
     │  │ As exportações  │    │ As franquias    │
     │  │ de papel da     │    │ da KFC na       │
     │  │ Champion Int.   │    │ Índia           │
     │  │ feitas por      │    │                 │
     │  │ corretores      │    │                 │
     │  │ independentes   │    │                 │
     │  └─────────────────┘    └─────────────────┘
  0% └─────────────────────────────────────────
     100% Exportação              100% Local
     Exportações versus Produção Local
```

(Eixo vertical: Grau de Controle do Proprietário sobre Atividades Realizadas no Mercado Externo)

Fonte: Anil K. Gupta and Vijay Gorindarajan, "Managing Global Expansion: A Conceptual Framework", *Business Horizons,* March-April 2000, 45-54.

- O risco de aprendizado assimétrico pelo sócio é baixo.
- A companhia enfrenta escassez de capital.
- Regulamentos governamentais exigem participação acionária local.[74]

A opção da estratégia de entrada da McDonald's, por exemplo, varia de acordo com as condições imperantes em cada país. Com suas 4.700 lojas no exterior, a McDonald's, segundo a revista Fortune, "é virtualmente o mapa para fazer uma organização de serviços se tornar global". O CEO Mike Quinlan destaca que, na Europa, a companhia prefere subsidiárias de propriedade total, uma vez que os mercados europeus são similares aos dos Estados Unidos e podem ser administrados de maneira similar. As subsidiárias nos Estados Unidos tanto operam lojas de propriedade da companhia quanto fazem o licenciamento de franquias. Cerca de 70% das lojas da McDonald's no mundo inteiro são franqueadas. Na Ásia, as *joint ventures* são a modalidade preferida para tirar vantagens dos contatos dos sócios e das capacidades locais para negociar com burocracias como a do governo da China. Presidida pelo bilionário Den Fujita, a McDonald's tem mais de mil lojas no Japão; na China, tinha 23 lojas em 1994 e planejava muitas mais, apesar dos conflitos com o governo chinês, como aquele surgido quando a rede foi forçada a se mudar de seu restaurante licenciado na Praça Tiananmen (da Paz Celestial), em Pequim. Em outros mercados, como o da Arábia Saudita, a McDonald's prefere limitar seu risco acionário mediante o licenciamento da marca — impondo rígidas normas de qualidade — com a opção para compra posterior. Algumas das políticas de implementação da McDonald's são explicadas no próximo capítulo.[76]

Programação da entrada e projeção das expansões

Como bem demonstra a McDonald's, a formulação da estratégia internacional exige uma perspectiva de longo prazo. As estratégias de entrada, por isso mesmo, devem ser concebidas como parte de um plano bem articulado e abrangente. No passado, não foram poucas as companhias que, tendo optado por um determinado meio de entrada que, na ocasião, tinha todas as aparências ideais, em seguida enfrentaram a triste constatação de um equívoco. Por exemplo, se uma empresa inicialmente opta por licenciar determinado produto para uma firma do país anfitrião, e mais tarde constata que o mercado é grande o suficiente para abrigar uma planta de produção sua, também descobre que essa nova estratégia não é mais viável, pois a companhia local já detém os direitos sobre aquele produto.[77]

A influência da cultura na opção estratégica

Opções estratégicas em vários níveis estão sujeitas à influência de fatores culturais, como a escolha entre curto e longo prazos. Hofstede constatou que muitas pessoas em países como a China e o Japão têm de maneira geral um horizonte de mais longo prazo que os canadenses ou norte-americanos.[78] Enquanto os americanos, por isso mesmo, possam vir a fazer opções estratégicas com uma forte inclinação para o peso dos lucros de curto prazo, os japoneses são conhecidos pela paciência com que se dispõem a sacrificar resultados de curto prazo em troca de construir para o futuro, com investimento, pesquisa e desenvolvimento e compartilhamento do mercado.

A inclinação pelo risco também foi constatada por Pan e Tse como o fator que explicaria a opção entre modalidades acionárias e não-acionárias.[79] A inclinação pelo risco relaciona-se com a dimensão de afastamento da incerteza de Hofstede.[80] Empresas de países nos quais, de modo geral, as pessoas tendem a evitar a incerteza (por exemplo, nações da América Latina e da África) inclinam-se pelas modalidades de entrada não-acionária a fim de minimizar a exposição ao risco. Executivos de empresas de países onde predomina o afastamento da incerteza mostram-se mais dispostos a assumir riscos e, portanto, irão provavelmente adotar modalidades de entrada acionárias.[81]

A opção pela modalidade acionária em contraposição à não-acionária também se relaciona ao nível de distância do poder. Conforme Hofstede, um país de alto distanciamento do poder (como as nações árabes e o Japão) é aquele no qual as pessoas cultuam a desigualdade interpessoal e a hierarquia.[82] Pan e Tse constataram que empresas de países com tendência a maior distanciamento do poder são mais inclinadas a usar as modalidades de entrada acionárias no exterior.[83]

São raros os exemplos de inter-relacionamento entre cultura e as opções feitas no planejamento estratégico e na fase de implantação. Eles servem para lembrar-nos de que existem pessoas que tomam essas decisões e de que as maneiras como os indivíduos pensam, sentem e agem se baseiam nos traços arraigados da cultura de sua sociedade. As pessoas transpõem esse contexto para o trabalho e ele influencia sua propensão a favor ou contra determinados tipos de decisão.

Conclusão

O processo da formulação de estratégias para a concorrência global é uma tarefa gigantesca no volátil cenário internacional, e se torna ainda mais complicado pela dificuldade da coleta e consolidação de informação confiável e atualizada. Contudo, um conhecimento razoável e antecipado daquilo que vai pelo mundo proporciona uma vantagem expressiva a qualquer empresa que pretenda se posicionar em busca de futuro sucesso.

Ao optar por uma estratégia de entrada, o executivo internacional precisa estar sempre focado na transformação de planos estratégicos em operações concretas. Isso muitas vezes só pode ser feito por intermédio de alianças estratégicas e sempre envolve um alto nível funcional de atividades para a implementação estratégica. São temas que abordaremos nos próximos capítulos.

RECURSOS NA INTERNET

Visite o *site* de Deresky no endereço http://prenhall.com/Deresky para ter acesso aos recursos de Internet deste capítulo.

PONTOS-CHAVE

1. As companhias se tornam internacionais por muitas razões, entre as quais as reativas, como a competição internacional, as barreiras comerciais e as exigências alfandegárias. As razões proativas incluem a busca de economias de escala, novos mercados internacionais, acesso aos recursos, reduções de custos e incentivos locais.

2. A expansão internacional e a concretização da estratégia das empresas são os resultados tanto de racionalidade no planejamento quanto da reação às oportunidades emergentes.
3. As etapas no processo de planejamento racional para o desenvolvimento de uma estratégia corporativa internacional compreendem a definição da missão e dos objetivos da empresa, o escaneamento do cenário em busca de ameaças e oportunidades, a avaliação dos pontos fortes e fracos no plano interno da empresa, o estudo de estratégias alternativas de entrada internacional e a decisão sobre a estratégia. O processo de gestão estratégico é completado quando se põem em prática os planos operacionais necessários para implantar a estratégia e, então, determinar os procedimentos de controle e avaliação.
4. A análise competitiva é a avaliação da maneira como os pontos fortes e fracos de uma empresa, em confronto com os de seus competidores, podem afetar as oportunidades e ameaças no cenário internacional. Semelhante avaliação permite à empresa determinar em que pontos ela tem competências capazes de fazer a diferença que lhe dará uma vantagem estratégica, ou em que pontos se localizam as áreas com problemas.
5. As abordagens estratégicas da competitividade internacional em nível corporativo são principalmente a globalização e a regionalização. Muitas multinacionais desenvolveram-se até chegar ao ponto de usar uma estratégia global integradora. Estratégias de entrada e propriedade são exportação, licenciamento, franquias, contratos de gestão, *joint ventures* e subsidiárias de propriedade total. Fatores ambientais e operacionais críticos para a implementação devem ser levados em alta consideração.
6. Companhias de todas as dimensões estão cada vez mais se voltando para a Internet como um meio de expandir suas operações globais. Contudo, localizar operações na Internet é algo extremamente complexo.

Capítulo 7

Alianças globais e a estratégia de implementação

Panorama
Perfil de abertura: *O motor estourou! A aliança global Daimler-Chrysler AG pisa no freio*
Alianças estratégicas
    Alianças globais e interfronteiras: motivações e lucros
***E-Biz Box:* Covisint, LLC**
    Desafios à implementação de alianças globais
    Normas para o sucesso das alianças
        Gestão comparativa em foco: Joint ventures *na Comunidade de Estados Independentes (ex-URSS)*
Implementação estratégica
    Gestão do desempenho nas *joint ventures* internacionais
    Influências governamentais na implementação estratégica
    Influências culturais na implementação estratégica
    Impacto do *e-commerce* na implementação da estratégia

PERFIL DE ABERTURA:

O motor estourou!
A aliança global Daimler-Chrysler AG pisa no freio

Um plano financeiro de grande retorno lançado pela Daimler-Chrysler no começo deste ano parece enfrentar grandes dificuldades à medida que os prejuízos vão se acelerando. Os prejuízos da Chrysler para 2001 são estimados em três bilhões de euros ((US$ 2,74 bilhões).

WALL STREET JOURNAL, 11 DE OUTUBRO DE 2001.

Juergen Schrempp, o presidente e CEO alemão da Daimler-Chrysler, pretendia amealhar alguns bilhões de dólares em redução de custos e sinergias com a fusão da Daimler-Benz e da Chrysler, em 1998. Schrempp garantiu que a aliança teria o potencial e os ganhos necessários para superar todos os concorrentes e transformar-se na companhia automobilística mais lucrativa do mundo. Hoje, porém, a empresa toma medidas extremas para fazer com que a Chrysler volte a apresentar lucros, resultado que só se concretizará dentro de dois a quatro anos, em conseqüência da pobreza das vendas e dos custos em ascensão. Os prejuízos da Chrysler no quarto trimestre, por exemplo, chegaram a US$ 1,3 bilhão.

O que não deu certo? Grande parte do problema parece derivar do choque de culturas, em particular da atitude de Schrempp em relação à fusão, à Chrysler e aos americanos.

Embora em 1998 Schrempp exaltasse a aliança como uma fusão entre iguais, no ano 2000 ele já estava dizendo que nunca havia pretendido uma parceria em termos de igualdade com a Chrysler, e que suas declarações anteriores tiveram apenas o propósito de conquistar a aprovação dos acionistas. Entretanto, a Daimler-Chrysler é hoje essencialmente uma companhia *holding* gerida a partir de Stuttgart que cuida de unidades separadas de negócios, que compartilham poucos produtos. Desde o começo, tratava-se de um casamento destinado não ao paraíso previsto por Schrempp, pois, bem mais cedo do que se esperava, ficou evidente que o CEO não via a Chrysler em pé de igualdade e que os executivos americanos em Stuttgart gozariam, como privilégio, pouco mais do que poder usar o banheiro masculino. O moral entre os americanos foi baixo desde o começo, com os alemães deixando muito claro que se tratava de uma compra completa, jamais uma fusão, e fazendo reuniões apenas na Alemanha, mesmo sabendo que os executivos da Chrysler jamais iriam entender este fato.

Parte do problema foi também que as sinergias esperadas a partir da aliança se mostraram ilusórias. As forças macroeconômicas que levaram à aliança — intensa concorrência, excesso global de produção da indústria automobilística e altas exigências de capital — se mostraram pesadas demais para a aliança. Enquanto a Daimler necessitava da Chrysler para expandir seus investimentos em P&D a partir de uma base maior de vendas, ficava clara a decadência das vendas da Chrysler. Aí os americanos passaram a queixar-se de que os alemães não permitiam que a Chrysler seguisse sua estratégia conhecida de produzir carros a custos baixos e vendê-los com grande lucro. Por isso Schrempp, admitindo que a implantação da aliança mostrava-se mais difícil que a própria concretização da fusão, reestruturou-a para dar maior autonomia à Chrysler. Infelizmente para a Chrysler, ela encontrou uma concorrência maior que a esperada e foi forçada a oferecer incentivos maciços para livrar-se de estoques, o que acabou influindo negativamente sobre os lucros.

Dieter Zetsche, um executivo veterano da Daimler, foi transformado no novo presidente e CEO da Chrysler (o sucessor de Robert Eaton); ele pretende desativar seis fábricas nos próximos dois anos, acabando assim com 26 mil empregos nos Estados Unidos — cerca de um quinto da força de trabalho. Wolfgang Bernhard foi indicado como diretor encarregado das operações. Os outros cinco dos sete membros da equipe de resgate são americanos. Assim, com os prejuízos da Chrysler em 2001 estimados em cerca de US$ 1,9 bilhão, talvez a primeira equipe cooperativa teuto-americana, surgida por força das necessidades, venha a representar para a Chrysler sua melhor oportunidade de recuperação. Apesar das queixas de vários executivos da Chrysler contra a presença dos executivos alemães, todos reconheceram ser indispensável um esforço de equipe para salvar a companhia. Zetsche e Bernhard estão tentando abrir caminhos para a integração de culturas com iniciativas como almoçar no restaurante dos funcionários em vez de no dos executivos e confraternizar com os planejadores da Chrysler para discutir e aprender tudo sobre idéias para novos produtos.

Nesse ínterim, Schrempp admite que o valor real da aliança não será concretizado enquanto não houver realmente produção conjunta de carros pela Daimler e pela Chrysler, algo que, conforme o panorama existente, só dentro de alguns anos poderá se concretizar. Enquanto isso, os problemas da Daimler-Chrysler serviram, no mínimo, para tornar companhias no mundo inteiro mais cautelosas a respeito de megafusões globais.

Fontes: www.charlotte.com/observer, 30 de janeiro de 2001; www.businessweek.com, 15 de janeiro de 2001; *Wall Street Journal*, 8 de novembro de 2000; *Wall Street Journal*, 27 de outubro de 2000; www.FT.com (*Financial Times*, 2 de novembro de 2000); *Wall Street Journal*, 20 de setembro de 2000.

ALIANÇAS ESTRATÉGICAS

Não estamos mais em uma era em que uma companhia consegue isoladamente dominar qualquer tecnologia ou setor econômico. A tecnologia se tornou tão avançada, e os mercados tão complexos, que simplesmente não se pode mais esperar ser o melhor em um processo inteiro.

FUMIO SATO, CEO, TOSHIBA ELECTRONICS CO.[1]

As *alianças estratégicas* são sociedades entre duas ou mais companhias que chegam à conclusão de que a melhor maneira de atingir seus objetivos mútuos é pela combinação de seus recursos — financeiros, gerenciais e tecnológicos — e também das suas vantagens competitivas mais características. As alianças, muitas vezes chamadas de estratégias de cooperação, são mecanismos de transição que impulsionam a estratégia dos sócios em meio a um ambiente de turbulências com rapidez bem maior do que seria possível a cada companhia isoladamente.[2] As alianças geralmente se incluem em três categorias:[3]

- *Joint ventures* — quando duas ou mais companhias criam uma empresa independente; por exemplo, a corporação Nuumi, criada como uma *joint venture* entre a Toyota e a General Motors, e que deu à GM acesso à *expertise* da Toyota em manufatura, enquanto proporcionou à Toyota uma base de fabricação nos Estados Unidos.
- *Alianças acionárias estratégicas* — nas quais dois ou mais sócios têm fatias diferentes de propriedade relativa (percentagens de ações) no novo empreendimento. Como ocorre com a maior parte das indústrias globais, a Toyota tem alianças com fornecedores, submontadores e distribuidores; a maior parte destes integra sua rede de laços financeiros e familiares internos.
- *Alianças estratégicas não-acionárias* — quando se fecham acordos mediante contrato em vez de compartilhamento acionário. Tais contratos são em geral com os fornecedores, distribuidores ou produtores de uma companhia, ou podem ser feitos com objetivos de compartilhamento de mercado e informações, como ocorre com muitas parcerias no setor do transporte aéreo.

Alianças estratégicas acionárias são parcerias de trabalho entre companhias (normalmente mais de duas) de diferentes países e cada vez mais de diferentes setores econômicos. Um olhar sobre o setor global do transporte aéreo, por exemplo, mostra-nos que as alianças globais se tornaram um dos principais suportes da estratégia competitiva:

Não existem mais empresas aéreas competindo sozinhas; todas as maiores companhias norte-americanas do setor estabeleceram laços estratégicos com empresas não americanas. A Delta está associada à Swissair, Sabena e Austrian; a American, com a British Airways, U.S. Airways, JAL e Qantas; a Northwest com a Continental, KLM e Alitalia; e a United, com a SAS, Lufthansa, Air Canada, Thai, South African Airways, Varig, Singapore, Air New Zealand e Ansett Australia.[4]

Formam-se igualmente alianças entre uma companhia privada e um governo estrangeiro, ou entre companhias privadas e governos. O consórcio europeu Airbus Industrie é composto pela Aerospatiale, da França, e pela Daimler-Benz Aerospace, da Alemanha, cada uma delas com 37,95% das ações; pela Aerospace, da Grã-Bretanha, com 20%, e pela espanhola Construcciones Aeronauticas, com 4,2% do capital.

As alianças podem consistir em sociedades globais plenas, freqüentemente *joint ventures*, nas quais duas ou mais companhias, mesmo conservando suas respectivas identidades nacionais, desenvolvem uma estratégia comum de longo prazo destinada à conquista da liderança mundial. O objetivo da sociedade global Daimler-Chrysler era exatamente esse, mas, em função de uma série de dificuldades, em 2001, enfrentou obstáculos quase intransponíveis (ver o Perfil de Abertura). Embora tais alianças sempre tenham uma agenda muito ampla, outras são formadas para uma função menos ambiciosa e definida, como produção, comercialização, pesquisa e desenvolvimento e financiamento. Mais recentemente, esse tipo passou a incluir as alianças eletrônicas, como a Covisint, que está inclusive redefinindo por inteiro o sistema de produção e distribuição de automóveis por intermédio de um mercado eletrônico comum (veja o *E-Biz Box* a seguir).

Alianças globais e interfronteiras: motivações e lucros

1. *Contornar as barreiras de importação, exigências para o licenciamento e outras leis protecionistas.* Os fabricantes de automóveis japoneses utilizam alianças, como a da GM-Toyota, ou subsidiárias, para produzir carros nos Estados Unidos sem a necessidade de submeter-se às quotas de importação.
2. *Compartilhar os riscos e custos da pesquisa e desenvolvimento de novos produtos e processos.* Na indústria dos semicondutores, em que o desenvolvimento de cada nova geração de *chips* de memória custa mais de US$ 1 bilhão, todos esses custos e a rápida evolução tecnológica mostram claramente a exigência do envolvimento dos recursos de mais de uma, ou mesmo de várias, companhias. A Intel tem alianças com a Samsung e NMB Semiconductor para o desenvolvimento da tecnologia DRAM; a Sun Microsystems tem parcerias para a sua tecnologia RISC, inclusive com a N. V. Philips, a Fujitsu e a Texas Instruments. A Toshiba, que ocupa o terceiro lugar entre as maiores companhias japonesas de eletrônica, tem mais de 20 grandes *joint ventures* e alianças estratégicas espalhadas pelo mundo, nas quais se incluem sócios como Olivetti, Rhone-Poulenc e a GEC Alstholm na Europa, a LSI Logic, no Canadá, e a Samsung na Coréia. Fumio Sato, o CEO da Toshiba, reconheceu há bastante tempo que uma estratégia global para uma companhia de eletrônicos de alta tecnologia como a sua não pode dispensar *joint ventures* e alianças estratégicas.
3. *Conquistar acesso a mercados específicos,* como o da União Européia, cujas regulamentações favorecem as companhias domésticas, o que foi exatamente um dos motivos que levaram a Chrysler a se aliar à Daimler-Benz. Empresas do mundo inteiro passaram a formar alianças estratégicas e a conquistar acesso a mercados na Europa Oriental que tentam se abrir para o mundo dos negócios. Chun Joo Bum, presidente da Divisão de Eletrônicos da Daewoo, reconhece que sua busca de sócios na Europa tem duas razões principais: 1) prover o capital extremamente necessário (um problema em meio às agruras econômicas da Ásia); 2) conquistar ajuda para desbravar os mercados europeus ainda descolados uns dos outros, o que ele acentua ao proclamar: "Preciso localizar nossos executivos. Não estamos tratando de um mercado único."[7] A entrada no mercado em alguns países continua sendo possível somente por intermédio de alianças — principalmente as *joint ventures*. A Coréia do Sul, por exemplo, limita a 18% a participação dos investimentos estrangeiros nas empresas nacionais.
4. *Reduzir os riscos políticos e ao mesmo tempo abrir caminho em novos mercados.* A Maytag Corporation, decidida a continuar na via certa das restrições características do governo chinês e ao mesmo tempo conquistar acesso ao mercado, formou uma *joint venture* com a RSD, o fabricante chinês de utensílios gerais, para produzir e comercializar máquinas de lavar e geladeiras. A Maytag também investiu pesadamente em fábricas conjuntas de produtos de refrigeração para ajudar a RSD a entrar nesse mercado. A Coca-Cola — um protagonista do cenário global com alianças de larga escala — não fica muito atrás, utilizando alianças de pequeno porte para se mostrar "politicamente correta" na China. A companhia utiliza os serviços dos cidadãos mais idosos dos comitês de bairro do Partido Comunista para vender seu refrigerante por todos os lados.
5. *Conquistar entrada rápida em um setor industrial novo ou em consolidação e tirar proveito das sinergias.* A tecnologia vem rapidamente proporcionando os meios para a superposição e a fusão de setores tradicionais, como os dos espetáculos, computadores e telecomunicações em novos sistemas digitalizados, criando uma super via expressa da informação. Como se comprova em alianças como a caracterizada pela fusão MCI-WorldCom em agosto de 1998, todo esse desenvolvimento torna necessárias novas alianças estratégicas entre as empresas dos vários setores econômicos para proporcionar às companhias uma rápida entrada em áreas nas quais não dispõem de *know-how* nem de capacidade de produção; a competição é tão ferrenha que elas não podem se permitir esperar até estarem em condições de produzir esses recursos

E-BIZ BOX
COVISINT, LLC

A Covisint é um intercâmbio de *e-business* desenvolvido pela DaimlerChrysler AG, Ford, General Motors, Nissan e Renault para suprir as necessidades da indústria automobilística. Trata-se de uma *joint venture* de múltiplos integrantes entre essas companhias, sendo a Commerce One e a Oracle igualmente membros. A Covisint proporciona aos fabricantes de equipamentos originais e aos fornecedores a capacidade de reduzir custos e aumentar a eficiência de suas operações. A Covisint tem sedes em Amsterdã, Tóquio e Southfield, Michigan.

A Covisint tem mais de 250 clientes em dois continentes, engajados em atividades que incluem catálogos, leilões, gestão de quotas e colaboração em projetos. Sua atual oferta de produtos e serviços centraliza-se principalmente em soluções para aquisição, cadeia de suprimentos e desenvolvimento de produtos. O objetivo da Covisint é aproveitar o potencial tecnológico da Internet para criar visibilidade no âmbito da cadeia de suprimentos de uma companhia — transformando a cadeia linear em um modelo muito mais produtivo e eficiente em rede. Além disso, a companhia oferece capacidade de produção por pedido com tecnologias comprovadas, escaláveis e seguras para reforçar a competitividade isolada de cada um de seus clientes. A tecnologia da Internet acelera o fluxo de material na cadeia de suprimentos, melhora a reação à demanda do consumidor e coloca novos produtos no mercado com maior rapidez que em qualquer outra época. Uma visão geral da estrutura é apresentada no diagrama que acompanha esta descrição.

Quatro fabricantes japoneses de automóveis — Toyota, Mazda, Honda e Mitsubishi Motors — planejam aderir ao intercâmbio global *on-line* da Covisint, mas as companhias européias têm se mostrado mais relutantes em participar. Mesmo assim, a PSA Peugeot já aderiu à Covisint.[51] Este empreendimento espera gerar US$ 300 bilhões em vendas de automóveis, economizando US$ 263 por automóvel produzido, já no ano de 2005, bem como reduzir os períodos de entrega e dar aos compradores a oportunidade de fazer pedidos de automóveis personalizados.[6]

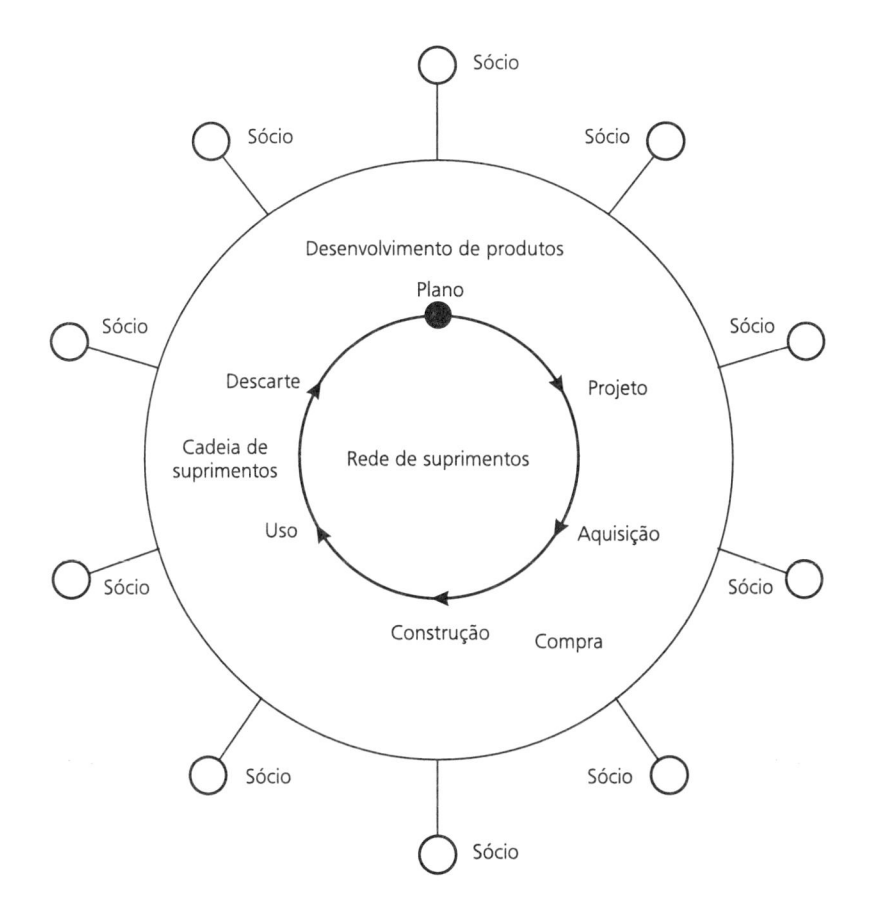

Fonte: www.covisint.com, 28 de setembro de 2001.

com meios próprios. Muitos desses objetivos, como o acesso a nova tecnologia e a novos mercados, estão muito claros na rede de alianças da AT&T pelo mundo inteiro, como se mostra no Quatro 7.1. Acordos com a NEC do Japão dão à AT&T acesso a novas tecnologias de semicondutores e fabricação de *chips*, a fim de aprender a melhor maneira de integrar os computadores com as comunicações. Outra *joint venture* com a Zenith Electronics também permite à AT&T a participação no desenvolvimento da nova geração da televisão de alta definição (HDTV).[8]

Quadro 7.1 Alianças estratégicas da AT&T

SÓCIO	TECNOLOGIA	OBJETIVOS
NEC	*Chips* personalizados, ferramentas de projeto de computadores Telefones móveis	Conhecer novas tecnologias centrais da NEC; posição de vendas no Japão Penetrar nos mercados de telefones celulares; padrões compatíveis
Mitsubishi	*Chips* de gálio-arsênio e SRAM	Aumentar as vendas no Japão; conhecer novas tecnologias de semicondutores
Italtel	Telecomunicações	Expandir a cabeça-de-praia na Europa
N. V. Philips	Placas de circuitos	Acesso ao mercado e tecnologia; comprado em 1990
Lucky-Gold Star	Fibras ópticas, telecomunicações, circuitos	Entrada nos mercados asiáticos; acordo para o compartilhamento de tecnologia
Telefonics	Telecomunicações e circuitos integrados	Expandir a produção e comercialização européias
Zenith Technology	Televisão de alta definição	Aplicar e aprender compressão digital
Intel	Redes de computadores pessoais e integrados (circuitos)	Compartilhar tecnologia e capacidade de produção Desenvolver um sistema operacional de computador UNIX para redes de áreas locais
Hoya	Fotomáscaras e equipamento semicondutor	Desenvolver máscaras de raios de íons e *software* de projeto de máscaras no Japão e nos Estados Unidos
Mannesmann	Aparelhagem de rádio microondas e tecnologia de telefone celular	Servir como fornecedor de OEM para empresa alemã
Go Corp.	Computadores com base em canetas e redes sem fio	Estabelecer padrões industriais para potência e alcance das telecomunicações
Olivetti	Computadores pessoais	Fracassou em 1988
Eo Corp.	Instrumentos de comunicadores pessoais	Criar novos computadores portáteis
Matsushita	Microprocessadores	Incentivar novos padrões de tecnologia para sistemas com base Hobbit
NEC & Toshiba McCaw Cellular	Telefones celulares	Assegurar o mercado primário nos Estados Unidos

Fonte: D. Lei, "Offensive and Defensive Use of Alliances", em *Strategic Management in a Global Economy*, 3ª Ed., Heidi Vernon-Wortzel e L. H. Wortzel, editores (NewYork: John Wiley & Sons, 1997).

Desafios à implementação de alianças globais

Alianças globais realmente eficientes podem ser de uma lentidão tediosa na sua concretização, mas podem igualmente figurar entre os melhores mecanismos de estratégias de implementação em mercados globais. Em um cenário altamente competitivo, as alianças representam um caminho mais rápido e menos pleno de riscos para a globalização. É, no entanto, extremamente complexo moldar tais conexões, especialmente quando estão presentes muitos sistemas de interconexão, formando redes intrincadas. Muitas alianças acabam fracassando ou se transformando em uma aquisição hostil na qual um sócio engole o outro. A McKinsey & Company, uma empresa de consultoria, pesquisou 150 companhias que se envolveram em alianças e constatou que 75% haviam sido absorvidas pelos sócios japoneses.[9] Problemas com a propriedade compartilhada, a integração de estruturas e sistemas enormemente diferentes entre si, a distribuição do poder entre as companhias participantes e conflitos no seu principal *locus* de tomada de decisões e controle são apenas algumas das questões organizacionais que precisam ser atentamente trabalhadas. No entanto, os problemas econômicos registrados na Ásia contribuíram para alguma forma de virada de mesa, com as companhias ocidentais sendo obrigadas a absorver seus sócios em crise econômica a fim de garantir a sobrevivência do empreendimento.

Muitas vezes, a forma de comando escolhida para as alianças multinacionais de empresas exerce enorme influência sobre seu sucesso, especialmente em áreas de uso intensivo de tecnologia — farmacêuticos, computadores e semicondutores. Em um estudo de 153 novas alianças, pesquisadores constataram que a escolha da forma de comando — um acordo contratual ou uma *joint venture* — dependia da intenção de controlar informações sobre tecnologia com patente registrada.[10] Assim, as joint ventures são muitas vezes a maneira escolhida para essas alianças pelo fato de proporcionarem maior controle e coordenação em indústrias de alta tecnologia.

Sociedades interfronteiras, em especial, muitas vezes se tornam uma "corrida para aprender" — na qual quem aprende mais rapidamente acaba dominando a aliança e reformulando os seus termos. Em um sentido real, uma aliança se transforma em uma nova forma de competição. De acordo com o pesquisador David Lei,

> O maior impedimento isolado que os executivos enfrentam quando buscam aprender ou renovar recursos de vantagem competitiva talvez seja constatar que a cooperação pode representar outra forma de competição não desejada, especialmente para modelar e aplicar novas capacidades a futuros produtos e negócios.[11]

Não são poucas as alianças interfronteiras que enfrentam dificuldades quando se trata de colaborar efetivamente, em especial quando trabalham em áreas delicadas em matéria de competitividade, criando desconfiança e segredos, o que acaba minando o objetivo principal dessa aliança. A dificuldade maior que essas alianças enfrentam é a duplicidade que faz parte da natureza das alianças estratégicas — benefícios da cooperação contra os perigos de dar entrada a novos concorrentes ao compartilhar conhecimento e capacidades tecnológicas mútuos sobre determinado produto ou processo de fabricação. Os executivos podem temer a possibilidade de virem a perder a vantagem competitiva da tecnologia exclusiva da empresa ou das qualificações específicas e exclusivas de seu pessoal. O aprendizado cumulativo que um sócio consegue mediante a aliança tem uma aplicabilidade potencial a outros produtos ou mesmo outros setores fora do escopo da aliança, e que por isso mesmo não representariam benefício algum para aquele sócio detentor do conhecimento original.[12] Como foi observado por Lei, os japoneses (e também os coreanos) até agora têm apreendido muito mais com seus aliados norte-americanos no desenvolvimento e aplicação de novas tecnologias a outros propósitos. Há vários exemplos disso no setor de equipamento energético (Westinghouse-Mitsubishi), de equipamentos para escritório (Kodak-Canon) e na indústria de produtos eletrônicos de uso geral (General Electric-Samsung). Alguns dos resultados da duplicidade dos empreendimentos interfronteiras são mostrados no Quadro 7.2 (p. 190).

Os benefícios tentadores das alianças interfronteiras muitas vezes conseguem esconder seus prejuízos. Além do potencial de perda de tecnologia e conhecimento ou da base de qualificação, outras áreas de incompatibilidade costumam surgir, entre elas o estabelecimento de metas e objetivos estratégicos conflitantes, choques culturais e confrontos em relação aos sistemas de gestão e controle. É comum que tais problemas não se evidenciem claramente logo no começo da aliança, especialmente quando se tiver realizado uma cuidadosa análise dessas possibilidades nas reuniões entre as duas partes para definir os detalhes da implementação. A aliança entre a KLM Royal Dutch Airlines e a Northwest Airlines, que conectam seus centros de operações em Amsterdã e Detroit, transformou-se em uma amarga disputa entre os principais executivos de ambas as companhias a respeito dos melhores métodos de dirigir os negócios

Quadro 7.2 A dupla função das alianças estratégicas

COOPERAÇÃO	COMPETIÇÃO
Economias de escala em ativos físicos (por exemplo, instalações e equipamentos)	Oportuniza o aprendizado de qualificações novas e intangíveis do sócio, sejam elas tácitas ou enraizadas na organização.
Divisão eqüitativa do trabalho entre os sócios com relação aos pontos extremos da cadeia de produção	Acelera a difusão de padrões industriais e novas tecnologias para instalar barreiras à entrada.
Preenche a linha de produtos com componentes ou produtos acabados fornecidos pelo provedor	Bloqueia a iniciativa tecnológica e de aprendizado do parceiro pela terceirização e acordos de suprimento de longo prazo.
Limita o risco do investimento quando da entrada em novos mercados, ou em campos tecnológicos ainda indefinidos, mediante o compartilhamento dos recursos	Enquadra os competidores existentes e previne o surgimento de novos concorrentes com aliança de parceiros em "guerras delegadas" para controlar o acesso ao mercado, a distribuição e o acesso a novas tecnologias.
Cria uma "massa crítica" para aprender e desenvolver novas tecnologias para proteger indústrias estratégicas nacionais	Forma centros de aprendizado entre os fornecedores e empresas relacionadas para evitar ou reduzir a dependência do exterior em insumos e qualificações essenciais.
Colabora na reestruturação de curto prazo das corporações ao reduzir as barreiras de saída em setores maduros ou em declínio	As alianças servem como plataformas experimentais para "desmaturar" e transformar indústrias maduras existentes mediante novos componentes, tecnologias ou qualificações para aperfeiçoar o valor das futuras opções de crescimento.

Fonte: David Lei, "Offensive and Defensive Uses of Alliances", em *Strategic Management in Global Economy*, 3ª Edição, Heidi Vernon-Wortzel e L. H. Wortzel (editores), (New York: John Wiley & Sons, 1997).

de uma companhia de aviação comercial — ao estilo europeu ou ao estilo americano? — e sobre diferenças culturais entre as companhias, além de uma disputa pelo poder entre as respectivas cúpulas, para determinar quem, afinal, seria realmente o detentor da autoridade máxima no empreendimento.[13]

Normas para o sucesso das alianças

Não resta dúvida de que inúmeros obstáculos surgirão no caminho das alianças interfronteiras ao longo do processo indispensável para fundir as culturas tanto corporativas quanto nacionais das partes, na superação das barreiras de idioma e de comunicação e na construção da confiança entre os sócios com respeito à melhor maneira de compartilhar os direitos de propriedade industrial e os processos de gestão. Algumas diretrizes básicas, descritas a seguir, certamente poderão minimizar tais problemas. Nada, porém, é tão importante quanto manter um longo "noivado" com o potencial parceiro a fim de estabelecer a compatibilidade estratégica e interpessoal e estabelecer, com esse mesmo pretendente, um plano "pré-nupcial". Até mesmo a realização de programas piloto de curto prazo para algumas das atividades conjuntas planejadas poderá ajudar a identificar as áreas com perspectivas de problemas.

1. Escolha um sócio com metas estratégicas e objetivos compatíveis e especialmente um parceiro com quem uma aliança possa resultar em sinergias derivadas da combinação adequada de mercados, tecnologias e pessoal administrativo.
2. Procure alianças das quais venham a resultar complementaridade em qualificações, produtos e mercados. Se cada um dos parceiros trouxer ao empreendimento capacidades e ativos qualificados e diferenciados, será reduzido o potencial de competição direta em produtos acaba-

dos e mercados; além disso, cada um dos parceiros estará começando a aliança em uma relação equilibrada.[14]
3. Trabalhe exaustivamente com o sócio a maneira como cada parte irá abordar tecnologia exclusiva ou informação delicada em questão de competitividade — o que será compartilhado e o que não será, e de que maneira a tecnologia compartilhada será gerenciada. A confiança é um ingrediente essencial de qualquer aliança, especialmente nessas áreas; ela, porém, só se consolidará se tiver o suporte de acordos contratuais.
4. Reconheça que a maior parte das alianças dura apenas alguns anos e irá provavelmente desabar no momento em que um dos sócios entender que incorporou as qualificações e informações de que necessita para poder empreender uma carreira solo. Tendo isso em mente, será preciso "aprender com consistência e rapidez acerca da gestão e tecnologia do sócio: fazer a transposição rápida de idéias e práticas valiosas para uma nova operação a ser montada".[15]

Algumas das oportunidades e complexidades das alianças interfronteiras serão ilustradas na próxima seção sobre *joint ventures* na Comunidade de Estados Independentes (CEI, a antiga União Soviética). Essas alianças são ainda mais complicadas pelas diferenças entre os antecedentes históricos dos sistemas econômicos das duas partes e também entre as práticas de negócios delas resultantes.

Gestão comparativa em foco

Joint ventures *na Comunidade de Estados Independentes (ex-URSS)*

Invista logo e entre em ação o quanto antes.... Tire proveito dos preços de liquidação no maior mercado do mundo.

Eu já vi inúmeros ocidentais caindo no conto da "nossa licença vai chegar a qualquer momento", o que normalmente quer dizer "nunca".

VLADIMIR KVINT[16]

Esses comentários refletem tanto as oportunidades quanto as ameaças presentes nas *joint ventures* internacionais (JVIs) na CEI (antiga URSS). As oportunidades incluem recursos naturais abundantes e terras baratas, uma força de trabalho com alto nível de educação e de baixo custo, com capacidades básicas de pesquisa altamente qualificadas e um mercado imenso e relativamente intocado de gente que teve pouca oportunidade anterior de acesso a produtos de consumo de qualidade. Entre os que tiram vantagens dessas oportunidades incluem-se 35 mil companhias ocidentais que se estabeleceram tão-somente em Moscou, e mais de 20 mil *joint ventures* na Rússia. Dessas JVIs, 2.800 são russo-americanas. Entre elas estão a Caterpillar, IBM, GE, Ford, Hewlett-Packard, Pepsi-Co, Eastman Kodak e a AT&T, além de milhares JVIs menores — principalmente em *software*, hotéis e indústria pesada. Muitas, como a Bell Labs, envolveram-se em pesquisa e desenvolvimento, tirando proveito do alto nível de educação e da capacidade técnica dos russos.

São, no entanto, incontáveis os obstáculos ao sucesso das JVIs na CEI. A maior preocupação em 2002 — quando este livro está sendo concluído — continua a ser a possibilidade de uma repetição do colapso econômico de 1998, com a desvalorização do rublo, a inexistência de capital para ativos e dívidas e a inconversibilidade da moeda. Na verdade, o sistema de escambo havia se implantado, com indivíduos, companhias e governos trocando serviços e mercados, sem que dinheiro algum trocasse de mãos. Os professores russos eram pagos até mesmo com vodca. Muitas companhias estrangeiras estavam perdendo imensas quantidades de dinheiro, e algumas delas, como a RJR Nabisco, chegaram mesmo a encerrar totalmente suas operações no país. Inúmeras novas alianças possíveis foram congeladas pelas companhias ocidentais. Como resultado dos problemas econômicos, muitas companhias russas na verdade foram beneficiadas ao reforçar suas posições de mercado, com alguns dos participantes locais mais fortes ganhando uma base sólida, como a Will-Bill-Dann, produtora de lácteos, vegetais enlatados e sucos.[17]

As companhias ocidentais tiveram reações das mais diversas às dificuldades econômicas. A Pizza Hut e a KFC (cujos produtos eram um luxo na época) abandonaram Moscou, sentindo que o mercado não sustentaria sua permanência. A Pizza Hut estabelecera uma *joint venture* com a Prefeitura de Moscou, que tinha 51% do capital. Quando as vendas despencaram e, ao mesmo tempo, a prefeitura, às vésperas do fim do prazo do acordo firmado com a companhia, insistiu em aumentos extorsivos de aluguéis, a Pizza Hut optou por deixar o país.[18] Contudo, as grandes companhias globais — acostumadas com as turbulências econômicas na Rússia — mantiveram, em sua maioria, os planos de longo prazo.[19] A Gillette, por exemplo, que tinha uma *joint venture* com a Leninets, formando a Petersburg Products International (PPI) desde 1990, permaneceu e mantém todos os compromissos ali assumidos. O que não quer dizer que não tenha enfrentado problemas durante o período difícil de 1998/99. Os sistemas de distribuição eficientes que ela havia laboriosamente estabelecido entraram em colapso, pois os atacadistas e varejistas ficaram sem dinheiro e suspenderam os pedidos.

> Da noite para o dia, a capacidade de faturar e receber pagamentos simplesmente desapareceu. Assim, a Gillette precisou reconstruir seu sistema de distribuição e desenvolver suporte financeiro para os seus fornecedores, oferecendo-lhes créditos para serem pagos com os pedidos posteriores.[20]

A Gillette tem atualmente cerca de 500 funcionários em toda a Rússia e construiu outra fábrica de lâminas de barbear, que custou US$ 40 milhões, perto de São Petersburgo. Outras companhias ocidentais estão tentando ingressar em um esquema de produção mais local a fim de reduzir as despesas de uma equipe constituída em grande parte por expatriados:

> Danone, o grupo francês de produtos lácteos, inaugurou sua segunda fábrica na Rússia em 2000; Merloni, o fabricante italiano de refrigeradores, comprou a Stinol, um concorrente nacional com o qual já havia estabelecido outras relações; e, em 2001, a Chippita, com sede na Grécia, comprou uma padaria em São Petersburgo.[21]

Apesar do progresso econômico contínuo registrado desde então, alguns problemas que sempre existiram persistem, entre eles a inexistência de uma clara proteção legal a investimentos, contratos ou direitos a recursos naturais, e a ausência de infra-estrutura eficiente para as matérias-primas, comunicação, transporte e moradia para estrangeiros. Problemas que envolvem o crime organizado — muitas vezes citado na mídia como "a Máfia" e chamado pelos russos de "a gangue" — aumentam consideravelmente os custos da operação de negócios como hotéis. Quando as multinacionais se recusam a pagar pela "proteção", em geral acabam tendo sustos e prejuízos, como ocorreu com um ataque com bazuca contra a engarrafadora que a Coca-Cola construía na época em Moscou.

Ao longo de 2001 e 2002, a taxa de inflação continuou a declinar na Rússia e a demanda dos consumidores passou a crescer novamente, especialmente em relação a produtos ocidentais. O presidente Vladimir Putin continua a apoiar os mecanismos de livre-comércio, e o mercado de ações russo tem apresentado bons resultados.[22] Apesar da incerteza política continuada e do risco econômico, *joint ventures* na CEI oferecem grandes oportunidades para ambos os sócios. As companhias ocidentais dispostas a enfrentar os riscos podem conseguir ativos a um custo muito baixo, devido à necessidade que a Rússia tem de moeda forte, capital, nova tecnologia e capacidades de gestão.[23] Os estrangeiros podem ser agora proprietários de 100% de um empreendimento, apesar de que, para conseguir espaços para escritórios, suprimentos e outros artigos essenciais, muitas vezes seja indispensável que o sócio local seja dono de pelo menos a metade do negócio. Todos os cidadãos registrados podem agora ser donos e operar qualquer negócio, e os governos em quase todas as partes da CEI estão incentivando a privatização dos negócios, a fim de possibilitar a rápida evolução para uma economia de mercado — e para prevenir a possibilidade de um desastre econômico.

O Quadro 7.3 mostra o relacionamento de *joint venture* entre uma empresa dos EUA e outra da CEI, os diferentes objetivos que elas combinam no empreendimento e as barreiras provocadas por seus cenários operacionais diversos.[24]

O sucesso depende da existência de objetivos claramente definidos, e qualquer proposta deve necessariamente conter soluções para os problemas sistêmicos, tais como o estabelecimento de canais de suprimento eficientes e a repatriação de lucros em moeda forte. Muitos executivos na CEI não têm experiência na solução de problemas comerciais com base em uma economia de mercado capitalista, como o das fontes de insumos e financiamento. Os executivos ocidentais ainda precisam ensinar aos seus sócios nas *joint ventures* muita coisa sobre concorrência, publicidade, redes de distribuição e responsabilidade.

A seguir, algumas sugestões para as empresas estrangeiras para a minização dos riscos de uma *joint venture* internacional na CEI:

Escolha o sócio certo. A principal razão que leva uma *joint ventures* ao fracasso é a desigualdade extremada entre os sócios — desigualdade essa em termos de compatibilização de objetivos ou estratégia, por ser a companhia sócia na CEI inconfiável, ou por não contar com as licenças necessárias para produção ou exportação, ou por estar participando do desenvolvimento de recursos naturais. Confira com as repartições dos governos regionais se o sócio em potencial tem as licenças, registros e contas e histórico bancários adequados; verifique igualmente o *status* dos futuros direitos

Quadro 7.3 Joint ventures EUA-CEI

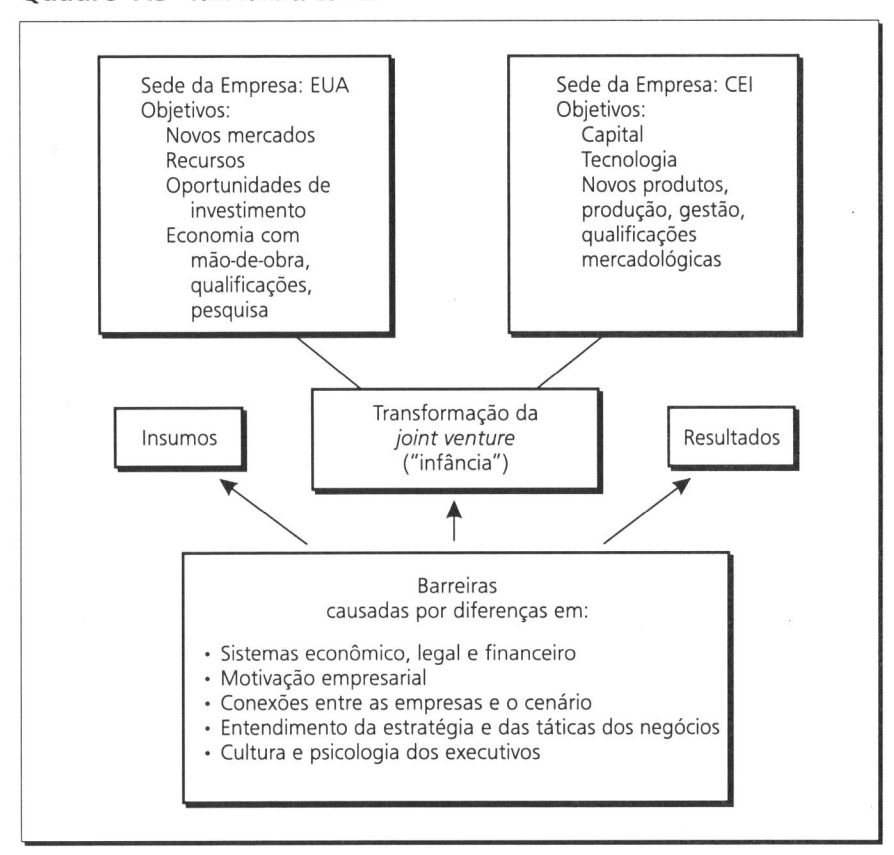

```
┌─────────────────────────────────┬─────────────────────────────────┐
│ Sede da Empresa: EUA            │ Sede da Empresa: CEI            │
│ Objetivos:                      │ Objetivos:                      │
│   Novos mercados                │   Capital                       │
│   Recursos                      │   Tecnologia                    │
│   Oportunidades de              │   Novos produtos,               │
│     investimento                │     produção, gestão,           │
│   Economia com                  │     qualificações               │
│     mão-de-obra,                │     mercadológicas              │
│     qualificações,              │                                 │
│     pesquisa                    │                                 │
└─────────────────────────────────┴─────────────────────────────────┘
                             │
          ┌──────────┐   ┌─────────────────┐   ┌───────────┐
          │ Insumos  │ ← │ Transformação da│ → │ Resultados│
          │          │   │  joint venture  │   │           │
          │          │   │   ("infância")  │   │           │
          └──────────┘   └─────────────────┘   └───────────┘
                                ↑
          ┌──────────────────────────────────────────────┐
          │ Barreiras                                    │
          │ causadas por diferenças em:                  │
          │                                              │
          │ • Sistemas econômico, legal e financeiro     │
          │ • Motivação empresarial                      │
          │ • Conexões entre as empresas e o cenário     │
          │ • Entendimento da estratégia e das táticas dos negócios │
          │ • Cultura e psicologia dos executivos        │
          └──────────────────────────────────────────────┘
```

sobre ativos que estiveram anteriormente sob o controle do estado, como os de propriedade, direitos naturais, ou uma reserva de acionistas para futuros planos de privatização.

A escolha de um sócio russo pode alavancar ou levar à falência qualquer empreendimento. Um sócio local pode significar riscos: você pode acabar herdando o *krysha* ou lavagem de dinheiro dele (*krysha* é a palavra russa que define o pagamento de "proteção").[25]

Os empresários precisam entender que existem procedimentos estabelecidos para a solução de confrontos com os sócios e que tais procedimentos ocorrem fora da órbita do sistema judicial. Na Rússia, um aperto de mãos é compromisso mais sério que um um contrato registrado de 100 páginas, por isso qualquer disputa é resolvida muito mais efetivamente em silêncio — "muitas vezes pela mediação dos *kryshas*". Paul Tatum, um empreendedor no ramo hoteleiro, ignorou esses procedimentos em prejuízo próprio. Quando resolveu levar ao sistema legal sua luta pelo controle do Radisson Slavyanskaya Hotel, em 1997, acabou sendo metralhado e morto em frente a seus dois guarda-costas.

Descubra um diretor local capacitado. Em um levantamento junto a 33 *joint ventures* bem-sucedidas, Lawrence e Vlachoutsicos constataram que delegar autoridade ao executivo russo (ou ucraniano etc.) certo é o segredo do sucesso de uma *joint venture* internacional, porque esse executivo certamente está à vontade com as redes e ministérios locais, os fornecedores e mercados, e o labirinto de questões de regulamentação que é preciso enfrentar. Além disso, os executivos locais são parte da cultura do *mir*, ou coletivo, russo; isto representa laços diretos de lealdade entre executivos e funcionários, práticas de gerenciamento efetivas e ampla consulta, com escasso processo decisório de cima para baixo.

Escolha o lugar certo. O risco político dos investimentos na Rússia diminui do sul para o norte e do oeste para o leste, segundo o consultor Vladimir Kvint. Como a maioria do povo da Sibéria sempre esteve muito afastada do comunismo e dos centros do poder e da agitação política nas partes européias da Rússia, investimentos ali e na costa do Pacífico são extremamente confiáveis. Essas áreas apresentam igualmente grande disponibilidade de recursos naturais. Agora que os líderes regionais ostentam maior grau de autonomia, tendo alguns deles até mesmo estabelecido zonas econômicas com privilégios em relação a impostos, Kvint recomenda que as *joint ventures* internacionais se desenvolvam longe de Moscou, nas áreas anteriormente citadas e em direção ao Extremo Oriente russo, justamente onde muitas *joint ventures* internacionais dos japoneses já se estabeleceram.

Controle a JVI. A fim de garantir a disponibilidade de fluxo de caixa de moeda forte, o melhor é acertar para que a JVI proporcione uma auto-suficiência operacional maior que a normalmente usufruída pelos executivos ocidentais. Isso serviria, entre outros objetivos, para afastar fornecedores mundiais que exigem moeda forte e fornecedores ou distribuidores locais que se caracterizam pela baixa qualidade de produtos ou serviços. A melhor possibilidade de sucesso do empreendimento está no fato de ser integrado verticalmente para manter o controle dos suprimentos e o acesso aos clientes. Isso não apenas evita alguns problemas de conversão de moedas, como também controla as grandes possibilidades da ocorrência de escassez de materiais e suprimentos críticos. A McDonald's, por exemplo, conseguiu controlar esses elementos e também a qualidade dos insumos para seus restaurantes na Rússia ao estabelecer suas próprias plantações de batatas e criação de gado de corte. Outras maneiras de enfrentar o problema da moeda forte são: 1) vender produtos a outros empreendimentos estrangeiros na Comunidade que trabalham com moedas fortes; 2) usar os rublos da JVI para comprar matérias-primas ou outros produtos negociáveis no Ocidente — e pelos quais se paga em moeda forte (como ocorreu com a PepsiCo ao comprar vodca e navios); 3) exportar produtos. Das 33 *joint ventures* estudadas por Lawrence e Vlachoutsicos, a maioria ainda não havia conseguido remeter lucros para o Ocidente.

Não restam dúvidas de que a CEI precisa de mais leis para controlar o novo ambiente de negócios; uma área menos óbvia dessa necessidade de atenção é a das diferenças culturais e a maneira como elas afetam as operações.

Embora continuemos a nos referir às novas repúblicas por seu nome único — a Comunidade dos Estados Independentes — é fácil esquecer que se trata de repúblicas separadas, cada uma delas com sua própria identidade, cultura, idioma dominante, tradições étnicas e religiosas, e histórias econômica e de trabalho. Vários termos são usados para diferenciar os russos nativos (Grande Rússia) dos vizinhos ucranianos (Pequena Rússia) e da Bielorrússia (russos brancos). Os estrangeiros precisam aprender a conhecer o povo de cada região na qual pretendam estabelecer seus empreendimentos. Os ocidentais deveriam empregar mais tempo na tarefa de conhecer os russos socialmente. De acordo com Kvint, "muitos negócios são esboçados nas saunas, em meio a conversas sobre família e filosofia". Seria um erro muito grande tratar os russos com arrogância; eles são um povo de maneira geral com educação superior e grandes conhecimentos em questões de alta tecnologia, sendo muito sensíveis a qualquer sinal de superioridade aparente e ostentação de riqueza dos americanos.

Joint ventures na CEI exigem um comprometimento financeiro e comercial de longo prazo do parceiro estrangeiro, o que inclui o suporte de pessoal ocidental instalado no local. É bom não precisar contar com a remessa dos lucros gerados pelo empreendimento nos seus primeiros anos de existência.[26] (Ver o Quadro 7.4 para maiores informações.)

IMPLEMENTAÇÃO ESTRATÉGICA

IMPLEMENTAÇÃO AO ESTILO McDONALD'S

- Firmar acordos fora dos padrões normais, favoráveis para os fornecedores locais.
- Conhecer a cultura do país antes de nele "desembarcar".
- Contratar funcionários locais sempre que possível.
- Maximizar a autonomia.
- Variar o menu padrão apenas de acordo com o mínimo indispensável de lugar para lugar.
- Manter os preços baixos para conquistar sua fatia do mercado. Os lucros virão quando as economias de escala se fizerem sentir.[27]

Quadro 7.4 Possíveis problemas e soluções das JVIs entre EUA e CEI

PROBLEMAS	SOLUÇÕES
Infra-estrutura financeira: fluxo de caixa de moeda forte e rapatriação; disponibilidade de capital	Reinvestir; integração vertical; evitar negócios em moeda forte; conseguir garantias bancárias locais
Crime organizado	Relações locais
Acesso a materiais e suprimentos; baixa qualidade	Integração vertical, produção ou fornecimento próprio
Infra-estrutura: transportes, comunicações, serviços bancários	Criar a auto-suficiência operacional onde isto for possível
Acesso aos mercados e distribuição	Estabelecer alianças; ter sistemas próprios onde isto for possível
Licenças operacionais; direitos aos ativos e recursos; responsabilidades sob o antigo sistema	Legalizar todo o empreendimento com as autoridades central e locais antes de começar a operá-lo
Risco político	Minimizar pela instalação longe de Moscou ou no Extremo Oriente russo
Conflitos de estratégia e confiabilidade	Explorar a compatibilidade e o passado do sócio
Conflitos operacionais e relativos a pessoal	Contratar executivos e executivo geral locais
Motivação; compensação	Demonstrar respeito; fornecer bens e serviços não-disponíveis para os funcionários

Decisões relacionadas com as alianças globais e as estratégias de entrada precisam então ser postas em andamento no estágio seguinte do planejamento — a implementação estratégica. Planos de implementação são detalhados e permeiam a organização inteira porque deles dependem o estabelecimento de políticas gerais, as responsabilidades administrativas e os cronogramas para colocar em prática a estratégia escolhida e fazer com que dê resultados. No caso de uma fusão ou de uma JVI, este processo requer o comprometimento e a acomodação de procedimentos entre duas ou mais companhias e se torna extremamente complexo. A importância da fase de implementação no processo da gestão estratégica nunca será suficientemente destacada. Enquanto não forem colocados em prática, os planos estratégicos não passarão de idéias abstratas — propostas verbais ou escritas sem efeito algum sobre a organização.

Para ser bem-sucedida, a implementação exige a orquestração de inúmeras variáveis em um sistema de coesão que complemente a estratégia desejada — ou seja, um sistema de ajustes capaz de viabilizar a parte prática do plano estratégico. Desta forma, a estrutura, sistemas e processos na companhia são coordenados e postos em andamento por um sistema de gestão por objetivos (*MBO = management by objectives*), em que o objetivo principal é a viabilização da estratégia. Cabe aos executivos rever a estrutura organizacional e, se necessário, alterá-la a fim de facilitar a gestão da estratégia e coordenar atividades em um determinado local com a matriz (como discutiremos mais detalhadamente no Capítulo 8). Além de garantir o ajustamento entre a estratégia e a estrutura, os executivos precisam alocar recursos para fazer com que a estratégia funcione: orçar verbas, instalações, equipamento, pessoal e outros apoios. Cada vez mais esse suporte precisa de uma infra-estrutura tecnológica unificada que possibilite coordenar empreendimentos diversos em várias partes do mundo e preencher a necessidade de informação atual e confiável. Uma infra-estrutura tecnológica eficiente pode proporcionar vantagem estratégica no cenário competitivo global. Jack Welch, enquanto CEO da General Electric (ele deixou o cargo no final de 2001), costumava referir-se à iniciativa de *e-commerce* por ele empreendida nestes termos:

> Ela irá mudar as relações com os fornecedores. Dentro de 18 meses, todos os nossos fornecedores estarão nos abastecendo via Internet, ou não farão mais negócios conosco.

JACK WELCH, CEO DA GENERAL ELECTRIC, *REVISTA FORTUNE*, 1999.

Um fator dominante com influência sobre todas as outras variáveis indispensáveis ao sucesso da implementação é o da liderança; afinal, são as pessoas que transformam planos em realidade. As lideranças da companhia devem guiar atiladamente os funcionários e processos na direção desejada. Executivos com diversificadas combinações de experiência, educação, qualificações e personalidade são, em geral, os mais indicados para a implementação de estratégias específicas.[28] Em uma aliança de divisão do controle acionário, definir quais executivos seniores de cada companhia ocuparão determinadas posições é uma das questões mais delicadas. Quem em qual companhia será o CEO é uma questão que normalmente ocupa o centro das discussões já na largada dos entendimentos. Atualmente, há uma tendência a tentar resolver esse problema com a indicação de dois CEOs, um de cada empresa. Instalar sistemas de monitoramento para controlar as atividades e garantir o sucesso completa, mas não encerra, o processo de gestão estratégica. Trata-se de um processo continuado, usando *feedback* para reavaliar a estratégia em busca das modificações necessárias e para planos de atualização e reciclagem. Nesse ponto, é especialmente importante destacar tudo aquilo que depende da gestão eficiente de *joint ventures* internacionais, uma vez que, mesmo sendo uma forma comum de aliança global, elas estão sempre enfrentando imensos desafios à sua implantação.

Gestão do desempenho nas *joint ventures* internacionais

Boa parte das atividades econômicas mundiais envolve atualmente JVIs, nas quais pelo menos uma das companhias participantes tem matriz fora do país em que o empreendimento opera. As JVIs precisam de controles especiais; ignorá-los significa limitar a capacidade da companhia matriz para usar seus recursos de maneira eficiente, coordenar suas atividades e implantar sua estratégia.[29]

O controle da JVI pode ser definido, conforme Schann, como "o processo pelo qual uma companhia matriz garante que a maneira de administrar uma *joint venture* é mais adequada a seus interesses".[30] Os objetivos de uma empresa podem ser atingidos, na quase totalidade, quando se presta atenção primordial, já na origem de uma *joint venture*, às questões de controle: a escolha do sócio, o estabelecimento de um ajustamento estratégico e o projeto da organização da JVI.

Isoladamente, o fator mais importante na determinação do sucesso ou fracasso de uma JVI é a escolha do sócio. A maioria dos problemas nas JVIs corre por conta do sócio local, especialmente nos países de menor desenvolvimento. Apesar desta realidade, muitas empresas apressam o processo da escolha do sócio devido à urgência de se fazerem presentes em um mercado atraente.[31] Neste processo, é vital determinar se as metas estratégicas desse sócio são compatíveis com as da companhia que vai participar da JVI (tema discutido no capítulo anterior). O contexto estratégico e o cenário competitivo da JVI proposta e da companhia matriz determinarão a importância relativa dos critérios utilizados para a escolha de um sócio.[32] O desempenho da JVI é também uma função do ajuste geral entre as estratégias internacionais das matrizes, a estratégia da JVI e as metas específicas de desempenho adotadas pelas matrizes.[33] Pesquisas comprovaram que, para facilitar esse ajuste, o processo da escolha do sócio deve determinar as qualificações específicas relativas às tarefas e os recursos que o sócio precisa ter, bem como a prioridade relativa dessas necessidades.[34] Para garantir que isso seja feito, cabe aos executivos analisar as próprias empresas e selecionar quaisquer áreas de fraqueza relativa em qualificações referentes às tarefas e recursos que possam ser compensadas com a ajuda do sócio na JVI.

O projeto organizacional é outro dos principais mecanismos que concorrem para um resultado em um meio de controle quando se inicia uma JVI. Beamish *et al.* discutem a questão fundamental da liberdade de estratégia de uma JVI. Esta diz respeito ao grau relativo de poder decisório que uma *joint venture* terá, comparada com as matrizes, ao escolher fornecedores, linhas de produtos, clientes etc.[35] Outro fator que também vale estabelecer de antemão é o que diz respeito às funções de gestão que cada matriz desempenhará na JVI, pois essas decisões resultam em níveis variáveis de controle para diferentes partes. A gestão de uma JVI em geral torna-se mais fácil quando uma das matrizes tem um papel dominante e maior poder de decisão que a outra em matéria de operações diárias; em contrapartida, a gestão de uma JVI torna-se mais fácil quando o diretor geral local conta verdadeiramente com o controle gerencial, podendo até mesmo ignorar ambas as matrizes nas operações diuturnas.[36]

As *joint ventures* internacionais são como um casamento — quanto mais questões puderem ser definidas antes da fusão, menor será o risco de um rompimento. O controle sobre a estabilidade e o sucesso da JVI pode ser amplamente estabelecido no acordo inicial entre os sócios. O contrato pode especificar quem exerce quais responsabilidades e direitos em diversas circunstâncias, como os laços contratuais da JVI com as matrizes, a capitalização e os direitos e obrigações relativos à propriedade intelectual. O Quadro 7.5 relaciona algumas das principais áreas de alocação de responsabilidades que podem

Quadro 7.5 Elementos de controle em um contrato de JVI

- Definições
- Escopo das operações
- Gestão
    - Acionistas e junta supervisora
    - Junta executiva
    - Acertos quanto a um eventual impasse
    - Gestão operacional
- Arbitragem
- Representação e garantias de cada um dos sócios
- Organização e capitalização
- Acertos financeiros
- Laços contratuais com as matrizes
- Direitos e obrigações relacionados à propriedade intelectual
- Acordos para extinção do empreendimento
- Força maior
- Cláusulas

Fonte: "Teaming Up for the Nineties — A Guide to International Joint Ventures and Strategic Alliances," Doorley and Collins, 1991, p. 230.

ser delineadas no acordo de *joint venture* com a finalidade de diminuir as possibilidades de disputas posteriores.

Naturalmente, não devemos dar como certa a igualdade de quotas entre os sócios na propriedade das JVIs; sempre que essa proporção não for igual, os sócios exigirão controle e condução da escolha do pessoal proporcionais a seu controle acionário. A escolha do diretor geral da JVI, em especial, terá influência decisiva sobre a alocação relativa do controle, pois essa será a pessoa responsável pelo funcionamento da JVI e pela coordenação das relações com cada uma das matrizes.[37]

Quando a propriedade é dividida entre vários sócios, as matrizes tendem a delegar as operações rotineiras da JVI a executivos locais — uma decisão que pode acabar com muitas disputas potenciais. Além disso, a JVI com maior autonomia tende a reduzir muitos dos problemas que são comuns em matéria de recursos humanos: atritos entre os quadros, comunicação bloqueada e cultura organizacional indefinida, para ficar em apenas alguns que, em conjunto, derivam das diferenças em matéria de objetivos e práticas de trabalho entre as empresas matrizes.[38] Seja qual for o número de matrizes, uma maneira de evitar situações potencialmente problemáticas como as citadas consiste em proporcionar treinamento especial aos executivos com relação às especificidades da natureza e dos problemas das JVIs.[39]

Diversos estudos revelam três dimensões complementares e interdependentes do controle das JVIs: 1) o foco do controle da JVI — o escopo das atividades sobre as quais as matrizes exercem controle; 2) a extensão, ou grau, do controle da JVI estabelecido pelas matrizes; 3) os mecanismos de controle da JVI utilizados pelas matrizes.[40]

Podemos concluir a partir de dois estudos de pesquisas — o estudo de Geringer sobre JVIs em 90 países desenvolvidos e o estudo de Schaan e Beamish sobre 10 JVIs no México — que as empresas matrizes tendem a concentrar seus esforços em um conjunto selecionado de atividades para monitorar todas as atividades.[41,42] Schaan também constatou a existência de um considerável leque de mecanismos de controle usados pelas matrizes em seu estudo (detalhado no Quadro 7.6, p. 196), inclusive os indiretos, como a estrutura organizacional e hierárquica das matrizes, políticas de pessoal e íntima coordenação com o diretor geral da JVI. O monitoramento do diretor geral inclui meios indiretos, entre os quais gratificações e oportunidades de ascensão na empresa, e mecanismos diretos, como a necessidade de solicitar a aprovação do comitê executivo para decisões e orçamentos específicos. Esses estudos mostram a existência de diversos mecanismos com os quais as matrizes podem monitorar e dirigir o desempenho da JVI.

O grau de controle exercido sobre uma JVI por suas matrizes parece principalmente determinado pela autonomia decisória que as matrizes delegam aos diretores da JVI — que depende em grande parte das escolhas de pessoal para os principais postos da JVI e, em consequência, do nível de confiança dos sócios nesses executivos. Além disso, se os principais executivos da JVI procederem das matrizes de cada

Quadro 7.6 Mecanismos de controle em *joint ventures* internacionais

Capacidade de adotar decisões específicas Capacidade de projetar: 1. Processos de planejamento 2. Requisição de verbas Políticas e procedimentos Capacidade de estabelecer objetivos para a gestão da JVI Contratos: 1. Gestão 2. Transferência de tecnologia 3. Comercialização 4. Fornecedor Participação no processo de planejamento ou de orçamento Estrutura de organização da matriz Estrutura de responsabilidade (hierárquica) Pessoal Programas de treinamento Serviços de pessoal Gratificações para gestão das JVIs ligadas aos resultados da matriz	Capacidade de decidir sobre promoção futura de executivos da JVI (e de outros executivos) *Feedback*; estratégia e planos orçamentários; requisição de verbas Participação do executivo da JVI nas reuniões mundiais da matriz Relações com o executivo da JVI; telefonemas, reuniões, visitas Instalar na matriz pessoal com experiência em gestão de JVI Nível das multinacionais no México Reuniões informais com outras matrizes Diretoria Comitê executivo Necessidade de autorização para: 1. Decisões específicas 2. Planos, orçamentos 3. Requisições de verbas 4. Indicação de diretor geral da JVI Exame/sem objeção da matriz antes da discussão de idéias ou projetos com a outra matriz

Fonte: J. L. Schaan, "Parent Control and Joint Venture Success: The Case of Mexico, 249", (tese de doutorado, University of Western Ontario, 1983), reproduzido em J. Michael Geringer e Louis Herbert, "Control and Performance of International Joint Ventures" no *Journal of International Business Studies 20*, nº 2 (Summer, 1989).

um dos sócios, quanto maior a semelhança entre suas respectivas culturas nacionais, mais compatíveis serão os seus executivos. Isso acontece porque são muitas as áreas de controle de decisão nas quais um acordo será mais provável entre executivos com heranças culturais semelhantes.[43]

As inúmeras atividades e questões envolvidas em uma implementação estratégica — negociação, organização, escolha de pessoal, liderança, comunicação, controle etc. — são os temas de outros capítulos deste livro. Também incluímos em outras partes discussões das muitas variáveis envolvidas na implementação estratégica que são específicas de um determinado país ou região, como objetivos, infra-estrutura, leis, tecnologia, maneiras de fazer negócios, povo e cultura. Aqui, fazemos um exame de três influências onipresentes sobre a implementação estratégica: a política do governo, a cultura e a Internet.

Influências governamentais na implementação estratégica

São inúmeras as áreas de influência dos governos anfitriões na opção e implementação estratégicas de empresas estrangeiras. A lucratividade dessas companhias sofre grande influência, por exemplo, do nível da carga tributária vigente no país anfitrião e das restrições impostas à repatriação dos lucros. Outras influências importantes são as políticas do governo em relação aos direitos de propriedade por empresas estrangeiras, regras sindicais, práticas de emprego e remuneração, proteção de patentes e *copyright* etc. Quando os executivos realizam da melhor maneira a sua tarefa de prospecção, todos esses fatores já são conhecidos antes da implementação e inclusive se tornam parte das decisões sobre a localização e a estratégia de entrada. O que realmente causa problemas para os executivos é se estabelecer em determinado país e começar a enfrentar grandes mudanças econômicas e de políticas governamentais depois de ter ali concretizado um investimento considerável.

A imprevisibilidade das mudanças nas regulamentações governamentais pode ser uma sentença de morte para empresas com operações no exterior. Embora esse problema ocorra em muitos países, a China é uma das nações que têm constituído fonte de permanente preocupação para muitas empresas. Em um levantamento sobre investimentos europeus na China, 54% das companhias questionadas consideraram seu desempenho ali bem pior que o previsto. A Caterpillar Inc., foi uma das companhias beneficiadas pelo rápido crescimento do mercado de produção de motores a diesel na China no começo da década de 1990 — a construção experimentava um *boom*, e os investimentos estrangeiros jorravam no país. No entanto, em 1993, a China, temendo que os investimentos estrangeiros estivessem causando inflação, revogou isenções fiscais e restringiu os investimentos externos. O mundo desabou sobre a Caterpillar depois disso, pois não restou demanda doméstica suficiente para os seus produtos.[44] Além disso, como relatado no *Wall Street Journal*, "a indústria automobilística mundial fez uma aposta errada na China".[45] É claro que o potencial de mercado existe — somente um de cada 110 chineses possui um automóvel — mas as empresas do setor que fizeram grandes investimentos no país começaram a se retirar da China. A Peugeot-Citroen AS, da França, abandonou sua fábrica na China, e a Daimler-Benz AG, da Alemanha, retirou-se antes mesmo de dar início ao empreendimento previsto. O governo de Pequim passou a preocupar até mesmo a GM, que investiu milhões na China, inclusive em 21 *joint ventures* e em outros projetos. Com base na preocupação de que a China não tem condições de suportar um grande aumento do número de automóveis com suas estradas inadequadas, pouco espaço para estacionamento e postos de serviços escassos, o governo interrompeu seu programa de empréstimos para a compra de automóveis, e muitas cidades deixaram de licenciar carros particulares. Para coroar esse rosário de dificuldades, o governo chinês proibiu que os funcionários oficiais abaixo do nível de ministro comprem carros grandes.[46]

A mudança política, por si mesma, pode ao natural produzir mudanças abruptas na implementação estratégica de alianças de companhias estrangeiras com projetos dos países anfitriões. Isso ficou evidente em maio de 1998, quando o presidente Suharto, da Indonésia, foi deposto depois de uma onda de problemas econômicos e de uma série de desvalorizações da moeda nacional. O novo governo instalou-se com a preocupação de revisar e cancelar alguns dos acordos comerciais que envolviam a família de Suharto, o que incluiu o cancelamento de dois projetos de privatização de abastecimento de água com empresas estrangeiras — a Thames Water PLC, britânica, e a Suez Lyonnaise des Eaux AS, francesa. A família Suharto havia amealhado uma imensa fortuna a partir das comissões que cobrava para liberar projetos, dos monopólios, dos "contratos" governamentais e igualmente das comissões que cobrava como "proteção" contra impostos.[47] Aliar-se à família era, muitas vezes, a única maneira de companhias estrangeiras conseguirem entrar no país.

Influências culturais na implementação estratégica

A cultura é uma variável quase sempre deixada de lado no âmbito das decisões sobre alianças e estratégias de entrada, especialmente quando se entende ser o país alvo muito parecido com o nosso e quase sem segredos a serem explorados. Contudo, as diferenças culturais podem ter efeitos sutis e muitas vezes negativos.

À medida que muitas das maiores multinacionais européias — Nestlé, Electrolux, Grand Metropolitan, Rhone-Poulenc — vêem crescer a proporção de seus rendimentos que é gerada nos Estados Unidos, a ponto de elas hoje darem emprego a 2,9 milhões de norte-americanos, decidem também transferir as sedes de algumas linhas de produtos para lá. No decorrer desse processo, porém, aumentam as evidências de que a gestão nos EUA não é tão fácil quanto imaginavam em decorrência do que pensavam ser seu entranhamento na cultural local. Rosenzweig documenta algumas reflexões de executivos europeus sobre suas experiências na direção de filiais nos EUA. Em geral, ele constatou que os executivos europeus apreciam o fato de os americanos serem francos, diretos e inovadores. Contudo, dizem também que a tendência dos americanos para a informalidade e o individualismo significa que sua necessidade de independência e autonomia no trabalho causa problemas em seu relacionamento com os chefes europeus; os americanos simplesmente não conseguem aceitar de bom grado as ordens da matriz que fica no exterior. Rosenzweig apresenta, a seguir, alguns comentários de executivos franceses sobre esta questão.[48]

EXECUTIVOS FRANCESES COMENTAM SUAS EXPERIÊNCIAS NOS EUA

- "Os americanos se consideram o maior país do mundo, e não é fácil aceitarem a existência de um chefe europeu."
- "É difícil para os americanos desenvolver uma perspectiva mundial. É duro para eles enxergar que aquilo que pode otimizar a posição mundial pode não otimizar as atividades dos Estados Unidos."
- "O horizonte dos americanos muitas vezes não vai além das suas fronteiras. Como resultado, eles não dão muita importância ao consumidor mundial. Se um cliente internacional tem alguma necessidade especial, a reação deles costuma ser: 'Se funciona aqui, por que eles precisariam de algo diferente?'"

- "Pode-se dizer que os americanos formam o menos internacional de todos os povos, até porque o mercado nacional deles é imenso."

Outras empresas européias tiveram uma implementação estratégica de maior sucesso nas suas fábricas nos EUA simplesmente por se adaptarem à cultura e aos estilos de gestão locais. Quando a Mercedes-Benz da Alemanha instalou sua fábrica em Tuscaloosa, no estado do Alabama, os trabalhadores americanos e os "treinadores" alemães estavam cheios de dúvidas. Lynn Snow, que trabalha na linha de portas da fábrica do Alabama, não acreditava que os alemães e os americanos chegassem algum dia a se entrosar. Agora, no entanto, garante orgulhosamente que trabalham em conjunto para produzir veículos de qualidade. Segundo Jurgen Schrempp, CEO da matriz da Mercedes, a Daimler-Benz, "tivemos de mudar o *made in Germany* para *made by Mercedes*, deixando de lado o lugar onde os carros são montados".[49]

Os instrutores alemães reconheceram a necessidade de ensinar o conceito integral de produção de um carro da qualidade Mercedes aos trabalhadores americanos de uma forma que para eles fosse atraente. Por isso, abandonaram a hierarquização típica da Alemanha, projetando uma fábrica em que qualquer funcionário poderia paralisar a linha de montagem para corrigir problemas detectados. Além disso, utilizando a experiência de seus rivais japoneses, organizaram os trabalhadores em equipes que se reuniam diariamente com os instrutores para sessões de solução de problemas. Acabaram também com os escritórios e uniformes formais, passando a usar, em lugar disso, camisas comuns com o primeiro nome de cada um bem à vista no bolso. Para aumentar ainda mais o clima de informalidade, tornaram-se comuns os encontros para uma cerveja depois do trabalho. "O mais importante é fazer com que as duas culturas possam se combinar", assegura Andreas Renschler, o condutor do programa do carro Classe M desde sua implementação em 1993. "É preciso gerar um sentimento de propriedade da fábrica."[50] A comunidade local também aderiu aos objetivos comuns, fazendo festas da cerveja freqüentes e incluindo canais com programas em língua alemã na TV a cabo local.

O impacto das diferenças culturais no estilo e nas expectativas de gestão torna-se mais visível e importante no setor de serviços, devido às inúmeras variáveis acrescidas, especialmente o contato direto com o consumidor. A Wal-Mart, por exemplo, não ficou isenta da ocorrência dos problemas comuns à implementação no exterior, especialmente aqueles resultantes das diferenças entre culturas e estilos de vida, e também das questões resultantes da infra-estrutura. Com seu programa de expansão global, que a levava velozmente à Indonésia, China e América do Sul, a Wal-Mart já constatou que não pode insistir em fazer tudo exatamente "à maneira Wal-Mart". Em São Paulo, por exemplo, os congestionamentos de trânsito impedem uma entrega pontual das mercadorias. Como, além disso, a Wal-Mart não tem ali um serviço de distribuição próprio, perde sua importantíssima vantagem logística. Muitas vezes, as lojas no Brasil processam 300 chegadas de mercadorias por dia, contra sete por dia nos Estados Unidos.[51] Acrescentando-se aos problemas de infra-estrutura a utilização de um sistema de contabilidade que não levou em conta o complicado sistema fiscal brasileiro, o fato de não reconhecer nos cheques pré-datados uma das principais fontes de crédito, em decorrência dos problemas de disponibilidade de moeda, e erros em mercadorias, ao ignorar que bola de futebol no país não é a de futebol americano, mas daquilo que os americanos conhecem como *soccer*, já se tem um plano de implementação fracassou ao não levar em conta, cultura e os costumes locais.[52]

Na China, da mesma forma, a implementação estratégica precisa de um entendimento da prática cultural onipresente do *guanxi* em qualquer tipo de negócio. Discutidos em capítulos anteriores, o *guanxi* se refere às redes de relacionamentos que "prendem milhões de firmas chinesas em teias sociais e comerciais locais, sendo um dos principais fatores de seu sucesso".[53] Inserir-se neste sistema de obrigações sociais recíprocas é essencial para obter licenças, informação, ajuda para conseguir acesso a materiais e recursos financeiros e resolver questões de impostos. Nada pode ser feito sem a influência dessas conexões diretas ou indiretas. Na verdade, surgiu inclusive um novo termo — *guanxihu* —, referente a um compromisso entre empresas com conexões especiais que gera tratamento preferencial para integrantes da rede. Sem *guanxi*, até mesmo implementar uma estratégia de retirada torna-se difícil. Dissolver uma *joint venture* pode ser tão difícil e tão amargo quanto uma situação de divórcio litigioso. Entre os problemas mais comuns nessa situação, figuram o confisco de ativos e a impossibilidade de voltar a ter acesso ao mercado mediante futuras *joint ventures* com outros sócios — como já comprovaram, entre outras empresas, a Audi, a Chrysler e a Daimler-Benz. Por exemplo:

> A decisão da Audi de abandonar sua *joint venture* levou seu sócio chinês, First Automobile Works, a expropriar o projeto do carro e os processos de fabricação. O resultado foi o surgimento de um clone do Audi que teve enorme sucesso de vendas, com um motor Chrysler e a marca da First Automobile Works.[54]

O impacto do *e-commerce* na implementação da estratégia

Com subsidiárias, fornecedores, distribuidores, fábricas, transportadores, representantes e clientes espalhados pelo mundo, o comércio global é complicado e fragmentado. Cargas atravessam fronteiras nacionais milhares de vezes ao dia. Será que estão dentro das mais recentes regulamentações do comércio internacional? Será que foram adequadamente classificadas em cada país que cruzam? Será que a sua empresa está capacitada a dar a compradores, clientes e provedores de serviços as informações mais atualizadas dentro dos respectivos campos de interesse?

www.Nextlink.com 9.10.2001.

Como está claro na citação acima, o comércio global é algo extremamente complicado. Decidir sobre uma estratégia global é uma coisa; implementá-la por intermédio de todas as partes e intermediários de sua cadeia mundial é um nível inteiramente novo de complexidade. É exatamente em razão dessa complexidade que muitas companhias decidem implementar sua estratégia de *e-commerce* pela terceirização das tarefas que isso implica a companhias que se especializam em prover a tecnologia necessária para organizar transações e acompanhar todas as exigências em matéria de regulamentações. Esses especialistas são os facilitadores do *e-commerce*; sua função é ajudar as empresas a se orientarem em meio ao labirinto de diferentes impostos, alfândegas, traduções de documentos etc. específicos de cada país. Tais serviços dão às empresas de pequeno e médio portes a possibilidade de se tornarem globais sem precisar contar com as capacidades e instrumentos internos inerentes ao desempenho das funções do *e-commerce* global.

Conclusão

Alianças estratégicas interfronteiras tornam-se cada vez mais comuns à medida que companhias inovadoras tentam penetrar e estabelecer-se em mercados estrangeiros e, ao mesmo tempo, procuram reduzir os riscos implícitos quando se tenta essa penetração em cenários complexos sem acompanhamento algum. As companhias que têm sucesso nesse empreendimento são as que se preparam antecipadamente para essa tarefa e escolhem, para a sua concretização, sócios com estratégias que complementam as suas. Ainda é, porém, muito grande o número das alianças que acabam em "divórcio" simplesmente porque o demônio se esconde nos detalhes e aparece sempre que "um casamento indissolúvel" passa a colidir com obstáculos cuja existência ninguém poderia imaginar antes de dar início à etapa concreta da implementação estratégica.

RECURSOS NA INTERNET

Visite o *site* de Deresky no endereço http://prenhall.com/Deresky para ter acesso aos recursos de Internet deste capítulo.

PONTOS-CHAVE

1. Alianças estratégicas são sociedades com outras companhias para fins determinados. Alianças estratégicas globais, ou interfronteiras, são sociedades de trabalho entre companhias (muitas vezes, mais de duas) de países diferentes e, cada vez mais, entre setores econômicos inteiros.
2. Alianças interfronteiras são formadas pelos mais diversos motivos, sendo os principais a expansão de mercados, o compartilhamento de custos e tecnologias, a possibilidade de evitar legislações protecionistas e o aproveitamento das sinergias.
3. Avanços tecnológicos e a resultante complementação entre vários setores, como os das telecomunicações e do entretenimento, são fatores que induzem à formação de alianças intersetoriais.
4. As alianças podem ser de curto ou longo prazo; tanto podem consistir em uma parceria global geral quanto ser relativas a funções mais reduzidas e específicas, por exemplo, o compartilhamento de desenvolvimento e pesquisa.

5. É comum as alianças enfrentarem dificuldades na etapa da implementação estratégica. Entre os problemas possíveis, incluem-se a perda de tecnologia e base de conhecimento para o outro sócio, objetivos e metas estrategicamente conflitantes, choques culturais e disputas em torno de sistemas de gestão e de controle.
6. O sucesso das alianças depende da participação de sócios compatíveis, com qualificações, produtos e mercados complementares. Precisa-se de alongada preparação para que seja possível determinar de que maneira serão levados o controle da gestão e da tecnologia e para possibilitar o entendimento de cada uma das respectivas culturas.
7. A implementação estratégica — também chamada de estratégias de níveis funcionais — exige o estabelecimento de políticas gerais, responsabilidades administrativas e organogramas em toda a organização. Uma implementação coroada de êxito decorre do estabelecimento da estrutura, de sistemas e processos da companhia, bem como das atividades funcionais capazes de criar um "sistema de ajustamentos" com a estratégia pretendida.
8. Diferentes culturas nacionais e mudanças no cenário político ou nas regulamentações dos governos podem ter efeitos nunca previstos na implementação estratégica.
9. A implementação estratégica do comércio global vem sendo cada vez mais simplificada pelos facilitadores do *e-commerce* — companhias que se especializam em prover *software* e tecnologia de Internet necessários ao cumprimento de regulamentos, impostos, logísticas de embarque, traduções etc. em cada país com os quais se pretenda fazer negócios.

Capítulo 8

Organização da estrutura, dos sistemas de controle e das relações trabalhistas

Panorama
Perfil de abertura: *McDonald's em Moscou — uma década de desafio aos controles*
Estrutura da organização
Evolução e mudança nas estruturas organizacionais das multinacionais
    Estruturas globais integradas
Organização para a globalização
        Gestão comparativa em foco: *A rede global dos chineses expatriados*
    Organização para "ser global, agir como local"
Formas estruturais emergentes
    Redes interorganizacionais
    A estrutura em rede da corporação transnacional
Escolha da forma organizacional
    Mudança organizacional e variáveis de projetos
Sistemas de controle para operações globais
    Sistemas de monitoramento
    Mecanismos de coordenação direta
    Mecanismos de coordenação indireta
E-Biz Box: FedEx: soluções de e-commerce na Ásia
Gestão de sistemas eficientes de monitoramento
    A adequação dos sistemas de monitoramento e relatórios
    A função dos sistemas de informação
    Variáveis de avaliação conforme os países
Interação com os sistemas locais de relações trabalhistas
    O movimento sindical no mundo
    Convergência *versus* divergência nos sistemas trabalhistas
O Nafta e as relações trabalhistas no México
        Gestão comparativa em foco: *As relações trabalhistas na Alemanha*

PERFIL DE ABERTURA:

McDonald's em Moscou — uma década de desafio aos controles

É com orgulho que proclamamos já ter servido a milhões de consumidores e que estamos ansiosos para começar a trabalhar com as equipes de executivos e funcionários a fim de expandir nossa operação e assim servir um número cada vez maior de comunidades em toda a Rússia.

KHAMZAT KHASBULATOV, PRESIDENTE, McDONALD'S RÚSSIA
www.Mcdonalds.com, 20 DE FEVEREIRO DE 2001.

Já no início de 2001, a McDonald's contava com 58 restaurantes na região de Moscou, São Petersburgo, Nizhny Novgorod, Yaroslavl, Samara e Kazan. Os restaurantes servem mais de 150 mil consumidores por dia e, desde a abertura do primeiro deles, em 31 de janeiro de 1990, serviram mais de 250 milhões de consumidores, vendendo-lhes, entre outros itens, mais de 52 milhões de sanduíches Big Mac.

Tudo começou em um encontro casual de George Cohon, presidente sênior da McDonald's do Canadá, com uma delegação olímpica soviética durante as Olimpíadas de Montreal, em 1976. Esse encontro desencadeou 14 anos de negociações que culminaram com a inauguração do primeiro restaurante McDonald's na Rússia.

Quando esse restaurante finalmente abriu as portas na movimentada Praça Pushkin de Moscou, em janeiro de 1990, o maior acordo entre a antiga União Soviética e uma companhia de serviços na área da alimentação se tornou realidade. O restaurante de 900 lugares bateu vários dos recordes anteriores da própria McDonald's — 30 mil pessoas foram servidas no dia da inauguração, e, até março seguinte, o total dos clientes já havia superado seu primeiro milhão. Foram necessários 12 anos de negociações sob o comando de George A. Cohon, presidente e fundador da McDonald's Restaurants of Canada, para abrir as portas na Praça Pushkin. A McDonald's tem 49% das ações da *joint venture* com o Departamento de Serviços Alimentares do Governo de Moscou. No total, a McDonald's of Canada investiu US$ 50 milhões em construção e treinamento de pessoal para a planta de processamento e o restaurante. A companhia aceitou reinvestir todos os seus lucros em Moscou para a formação de uma cadeia de 20 restaurantes.

O maior problema da McDonald's em relação aos controles foi exatamente o do controle da qualidade de seus produtos alimentícios. Ao contrário do que normalmente faz com outros parceiros ocidentais, esta JVI precisou adotar uma estratégia de integração vertical para a sua busca de matérias-primas. A fim de controlar a qualidade, distribuição e confiabilidade dos seus ingredientes, a McDonald's construiu uma instalação de produção de 3.600 metros quadrados, que lhe custou US$ 40 milhões, em um subúrbio de Moscou, para processar os bifes, o leite, os pães, os vegetais, os molhos e as batatas característicos de sanduíches. A instalação conta igualmente com laboratórios para testar a continuidade da manutenção dos padrões de qualidade e consistência. Peter Frings, um agrônomo da McCain Foods Limited, foi contratado para ensinar os agricultores russos a trabalhar com a batata Russet Burbank, utilizada para fazer as famosas fritas McDonald's. Frings e outros especialistas passaram vários meses trabalhando em fazendas locais, dando assessoria aos agricultores em aspectos como o aumento da produtividade da área plantada e a melhoria geral da qualidade.

O controle operacional foi um problema considerável para a McDonald's nesta *joint venture* histórica, especificamente em relação às questões de controle da qualidade dos alimentos e dos serviços. O primeiro desafio foi a contratação e treinamento de funcionários locais. Craig Sopkowicz, especialista em controle de qualidade, era o encarregado dessa operação. "Buscávamos candidatos a emprego que vivessem perto do restaurante, entre outras coisas para controlar a pontualidade dos funcionários", explica Sopkowicz. A maioria dos novos contratados tinha entre 18 e 27 anos de idade; em geral, era o primeiro emprego deles: na Rússia, os jovens raramente trabalham, por causa das leis que impedem a existência de conflito entre trabalho e escola. Depois de selecionar a equipe de 630 integrantes, começou a etapa fundamental do treinamento visando a interação com os clientes.

Para fins de flexibilidade quando da mudança de funções, a nova equipe foi treinada em todos os aspectos das funções do restaurante. Mais de 15 mil horas de treinamento foram cumpridas pela equipe para garantir uma interação igual à imperante nas operações ocidentais da cadeia. Além disso, Roy Ellis, o especialista em pessoal, continuava preocupado com a pontualidade dos funcionários e decidiu construir uma lavanderia no local. "É mais prático e significa que podemos garantir nossos padrões", explica Ellis. Os quatro executivos russos (Khamzat Khazbulatov, Vladimir Zhuravkovskij, Mikhail Sheleznov e Georgij Smoleevskj) passaram pelo mesmo treinamento rigoroso a que são submetidos todos os executivos McDonald's, sendo declarados aptos a comandar qualquer uma das 11 mil unidades da McDonald's no mundo. Freqüentaram o McDonald's Institute of Hamburgerology em Toronto, Canadá, durante cinco meses — um programa de mil horas de treinamento; dali, foram para a Hamburger University, em Oakbrook, Illinois, para um programa de treinamento de duas semanas com 235 executivos do mundo inteiro. A filosofia operacional do treinamento pode ser resumida na sigla QSH&V — qualidade, serviço, higiene & valor.

Procedimentos inovadores de controle ocorrem em frente ao balcão na unidade de Moscou e também por trás das caixas registradoras. Para controlar a pontualidade do serviço, a McDonald's tentou reduzir as longas filas de espera contratando pessoal privado de segurança destinado a manter a ordem e a ensinar os clientes a formularem seus pedidos mediante sistemas de som. Além de instruções verbais, os clientes recebem cardápios ilustrados para simplificar o processo do pedido. O cardápio russo foi igualmente modernizado para ajudar a apressar o serviço e o processo de decisão. A McDonald's vem combatendo o crescente problema do mercado negro com a instalação da política da porta única. Isso conseguiu eliminar os furtos em larga escala, que normalmente ocorrem pela porta dos fundos. Um limite de 10 Big Macs por cliente ajuda a conter a venda no mercado negro a consumidores famintos que esperam ansiosamente nas imensas filas da loja da Praça Pushkin.

A alta administração da McDonald's antecipou todas as possíveis dificuldades com a instalação e as operações diárias dessa JVI e, na verdade, trabalhou durante 13 anos com os olhos voltados para o dia da inauguração. Mediante um cuidadoso planejamento para o controle de fatores operacionais cruciais, foi possível resolver os problemas de abastecimento, distribuição e empregos, característicos da antiga União Soviética.

Pouco mais de uma década depois da inauguração, em 2001, a McDonald's Rússia ainda importa frangos da França e queijo, peixe e segmentos de maçãs da Polônia, bem como batatas — cortadas e congeladas — da Holanda. Atualmente com uma "cadeia" de 58 restaurantes na Rússia, a McDonald's afirma que supre 75% de sua demanda de produtos no próprio país, mas que, para garantir a continuidade de seu controle de qualidade, já inaugurou sua fazenda "McComplex", destinada a abastecer seus restaurantes.

Fontes: Atualizações pela autora a partir de www.Mcdonalds.com, 20 de fevereiro de 2001; A. Jack, "Russians wake up to consumer capitalism", www.FT.com. (*Financial Times*), 30 de janeiro de 2001; material anterior adaptado pela autora de um ensaio escrito por Gil George e Karsten Fetten, estudantes da State University of New York–Plattsburgh (dezembro de 1990). Copyright © 1993 por Helen Deresky.

P lanos estratégicos são conjuntos abstratos de decisões que não podem afetar a posição competitiva ou o balanço de lucros e perdas de uma empresa enquanto não estiverem implementados. Uma vez que tenham decidido o rumo estratégico da companhia, os executivos internacionais precisam considerar três das principais variáveis para a implementação da estratégia — a estrutura organizacional, os mecanismos de controle e coordenação e os sistemas de relações de trabalho. A necessidade de sistemas de controle cuidadoso para capacitar a implementação da estratégia é ilustrado no Perfil de Abertura sobre a "McDonald's em Moscou".

> Não existe um diagrama organizacional permanente para o mundo... É, portanto, extremamente importante estar sempre pronto para tirar proveito das novas oportunidades que se apresentam.
>
> ROBERTO C. GOIZUETA, EX-PRESIDENTE E CEO, COCA-COLA COMPANY.

ESTRUTURA DA ORGANIZAÇÃO

As estruturas organizacionais precisam mudar para acomodar a evolução da internacionalização de uma companhia em reação à competição mundial. Inúmeras pesquisas têm demonstrado que a estrutura de uma companhia deve ser de caráter indutivo à implementação de sua estratégia.[1] Em outras palavras, a estrutura precisa "ajustar-se" à estratégia, sob pena de não funcionar. Deste modo, os executivos têm, pela frente o desafio de encontrar a melhor maneira de atingir esse ajuste na organização dos sistemas e tarefas da companhia.

O projeto de uma organização, como ocorre com qualquer outra função gerencial, deveria basear-se sempre na incerteza, levando em conta as variáveis desse determinado sistema em um momento específico no tempo. As principais variáveis incluem a estratégia, o porte e a adequação tecnológica da empresa, bem como o cenário mundial em que ela opera. Dada a crescente complexidade das variáveis presentes no contexto internacional, não é fácil projetar a estrutura e os subsistemas organizacionais mais adequados. Na verdade, pesquisas demostram que a maioria dos executivos internacionais considera mais fácil determinar o que fazer no sentido de concorrer globalmente (estratégia) do que decidir como desenvolver a capacidade organizacional (estrutura) para isso.[2] Variáveis adicionais que influem nas alternativas estruturais — dispersão geográfica e também diferenças em tempo, idioma, atitudes culturais e práticas de negócios — acrescentam níveis extras de complicação. Estaremos mostrando de que maneira as estruturas organizacionais precisam — e normalmente conseguem — mudar para acomodar estratégias de crescente internacionalização.

EVOLUÇÃO E MUDANÇA NAS ESTRUTURAS ORGANIZACIONAIS DAS MULTINACIONAIS

Historicamente, uma empresa reorganiza-se à medida que se internacionaliza para acomodar novas estratégias. A estrutura continua, normalmente, a mudar ao longo do tempo com o crescimento e os níveis crescentes de investimento ou diversificação e como resultado dos tipos de estratégia de entrada escolhidos. A internacionalização é o processo pelo qual uma empresa gradualmente se modifica em função da competição internacional, da saturação dos mercados domésticos e da necessidade de expansão, novos mercados e diversificação. Como discutimos no Capítulo 6, os executivos precisam pesar as alternativas e escolher as estratégias de entrada mais adequadas. A empresa pode começar exportando ou agindo como licenciadora ou licenciada e, então, com o passar do tempo, evoluir no sentido da internacionalização ao participar de *joint ventures* ou estabelecer instalações de serviços, produção ou montagem, ou alianças no exterior, deste modo evoluindo, para uma estratégia global. Em cada um desses estágios, os executivos redefinem a estrutura organizacional da empresa para otimizar as possibilidades de sucesso da estratégia, fazendo as devidas alterações nas tarefas e relacionamentos da empresa e determinando autoridade, responsabilidade, linhas de comunicação, dispersão geográfica das unidades etc. Este modelo de *evolução estrutural* passou a ser conhecido como o *modelo de estágios,* resultante do estudo realizado por Stopford e Wells em 187 corporações multinacionais dos Estados Unidos.[2a] É claro que muitas empresas não seguem o modelo de estágios pelo simples fato de começarem sua internacionalização em um nível maior de envolvimento — talvez uma *joint venture* global desenvolvida sem jamais, por exemplo, terem feito sequer uma exportação.

Até mesmo uma corporação multinacional experimentada deve efetuar mudanças estruturais periódicas para facilitar as mudanças na estratégia — mesmo que seja uma mudança na estratégia de globalização para a da regionalização (como discutimos no Capítulo 6) ou, então, um programa para melhorar a eficiência ou eficácia. A reorganização da Aluminum Company of America (Alcoa), por exemplo, dividiu a companhia em unidades menores, dotadas de maior autonomia. Essa reorganização é focada em setores em crescimento, como produtos automotivos, em que o mercado para o alumínio é muito forte. E também capacita a Alcoa a interligar empreendimentos com funções similares, mas geograficamente divididas — ou seja, melhorar as comunicações até então insuficientes entre as operações de alumínio do grupo no Brasil e suas contrapartes na Austrália.[3]

As formas mais comuns pelas quais as empresas organizam suas atividades internacionais são mostradas na lista a seguir. As companhias de maior porte normalmente usam várias destas estruturas em diferentes regiões ou partes de sua organização. Depois de discutir algumas destas formas estruturais, apresentaremos novos arranjos organizacionais de transição.

- Estrutura doméstica mais departamento de exportação
- Estrutura doméstica mais subsidiária estrangeira
- Divisão internacional
- Estrutura funcional global
- Estrutura global de produtos

Como já foi dito, muitas empresas — principalmente as de menor porte — dão início a seus empreendimentos internacionais pelas exportações. Para isso, tudo o que elas precisam é usar os serviços de uma companhia de gestão de exportações ou, se reorganizar simplesmente nos moldes de uma *estrutura doméstica mais o departamento de exportação.*

Para facilitar o acesso a determinados mercados estrangeiros e seu desenvolvimento, a empresa pode dar um passo adiante em direção a operações mundiais reorganizando-se nos moldes de uma *estrutura doméstica mais a subsidiária estrangeira* em um ou mais países (como está no Quadro 8.1). Os executivos dessas subsidiárias só poderão ser eficientes se contarem com um alto grau de autonomia e a capacidade de se adaptar e reagir rapidamente à necessidade de bem servir os mercados locais. Essa estrutura funcionará adequadamente para a companhia que contar com uma ou mais subsidiárias localizadas relativamente perto da matriz.

Com os seus mercados em expansão, a companhia pode optar por especializar-se, o que ocorre mediante a criação de uma *divisão internacional,* organizada de acordo com linhas de funções, produtos ou posições geográficas. Com essa estrutura, as várias subsidiárias estrangeiras ficam subordinadas à divisão internacional, e os executivos das subsidiárias têm como superior imediato o seu diretor, normalmente chamado de vice-presidente da divisão internacional, que, por sua vez, tem ligação direta com o CEO da corporação. A criação de uma divisão internacional simplifica o lançamento de uma estratégia global. Permite aos executivos unificar a alocação e coordenação de recursos para atividades internacionais, melhorando com isso a capacidade da empresa de responder, tanto de forma reativa quanto proativa, às oportunidades de mercado. Alguns conflitos sempre podem surgir entre as divisões da empresa à medida que cada vez mais recursos e atenção da direção são canalizados para a divisão internacional em comparação com as divisões domésticas e também em conseqüência das diferenças de orientação entre os vários executivos de divisões.[4] Companhias como a IBM, PepsiCo e Gillette têm divisões internacionais, chamadas, respectivamente, de IBM World Trade, PepsiCola International e Gillette International.

Estruturas globais integradas

Para reagir à crescente diversificação de produtos e maximizar os lucros de suas operações tanto domésticas quanto internacionais, a companhia pode também tomar a decisão de substituir sua divisão internacional por uma estrutura global integrada. Essa estrutura pode ser organizada de acordo com linhas funcionais, de produtos, geografia ou de matrizes.[5]

A *estrutura global funcional* é projetada com base nas funções da companhia — produção, *marketing,* finanças etc. Operações internacionais são integradas nas atividades e responsabilidades de cada departamento com o objetivo de ganhar especialização funcional e economias de escala. Esta forma de organização é usada principalmente por empresas menores com sistemas altamente centralizados. É especialmente apropriada para linhas de produtos que utilizam tecnologias similares e para empresas com um espectro mais fechado de consumidores. Esta estrutura tem como resultado fábricas altamente integradas com os produtos e que servem mercados únicos ou similares.[6]

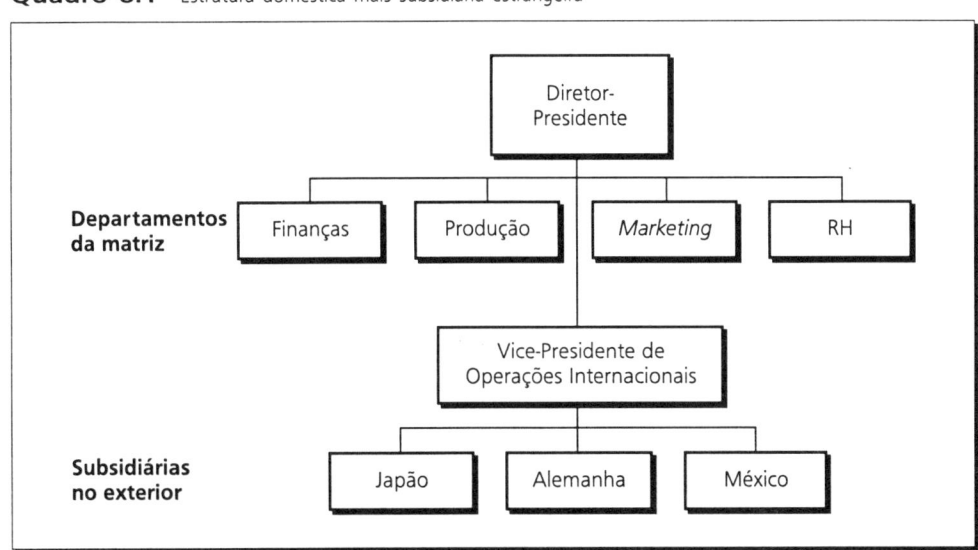

Quadro 8.1 Estrutura doméstica mais subsidiária estrangeira

Boa parte das vantagens resultantes das economias de escala e especialização funcional pode ser perdida quando, e se, os executivos e os sistemas de trabalho se tornam excessivamente rígidos, a ponto de não contarem com a flexibilidade necessária para reagir a ambientes locais diferenciados. Uma estrutura alternativa pode basear-se em linhas de produtos.

Para empresas com linhas diversificadas de produtos (ou serviços), com várias bases tecnológicas e destinadas a atender a mercados dissimilares ou dispersos, uma *estrutura global de produtos (divisional)* pode apresentar mais vantagens estratégicas que uma estrutura funcional. Nessa estrutura, um produto (ou linha de produto) isolado é representado por uma divisão separada. Cada divisão tem diretor geral próprio, responsável por suas respectivas funções de produção e vendas. Normalmente, cada divisão é uma *unidade estratégica de negócios* (UEN) — uma empresa dentro da outra, com departamento funcional e sistemas de responsabilidade próprios. As vantagens desta forma de organização são a concentração de mercado, inovação e capacidade de reagir a novas oportunidades em um determinado cenário. Ela também facilita a diversificação e o crescimento mais rápido, às vezes em prejuízo das economias de escala e da especialização funcional. Ao assumir, em abril de 1998, como CEO da H. J. Heinz Company, William R. Johnson anunciou que a companhia passaria por uma reestruturação com vistas à implementação de uma estratégia global. Trocou o foco da companhia, de uma estratégia internacional multidoméstica, que usava a estrutura de área geográfica global, por uma estratégia global, que usava a estrutura global de produtos (divisional). Com isso, ele pretendia acelerar o crescimento no exterior mediante a consolidação das operações internacionais; essa estrutura também incorporou prontamente a nova divisão de especialidades para cães mascotes, a fim de vender esses produtos no mundo inteiro.[7] Especialmente indicada em um cenário dinâmico e diversificado, a estrutura global de produtos é ilustrada no Quadro 8.2.

Com a agregação dos produtos globais (divisionais), porém, dificuldades que já estiverem latentes na coordenação de operações dispersas em exagero poderão se manifestar na prática. Uma boa resposta a isso, especialmente nas grandes multinacionais, é reorganizar em forma de estrutura global geográfica.

Na *estrutura global (por área) geográfica* — a maneira mais comum de organizar operações no exterior —, criam-se divisões para cobrir regiões geográficas (ver o Quadro 8.3). Cada executivo regional passa a ser o responsável pelas operações e pelo desempenho dos países integrantes de cada região. Desta

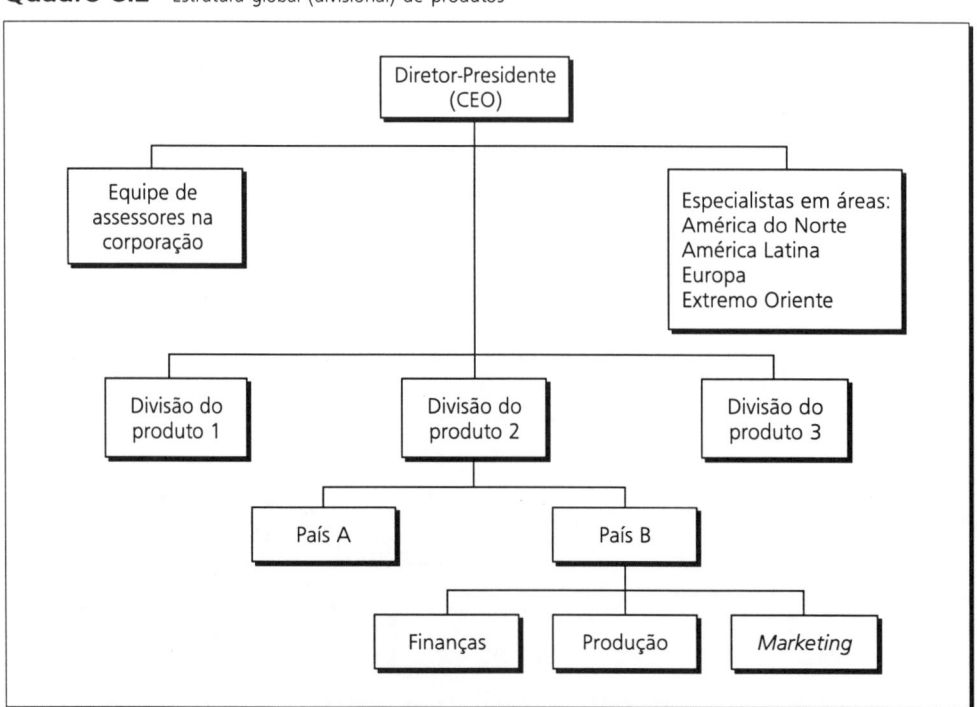

Quadro 8.2 Estrutura global (divisional) de produtos

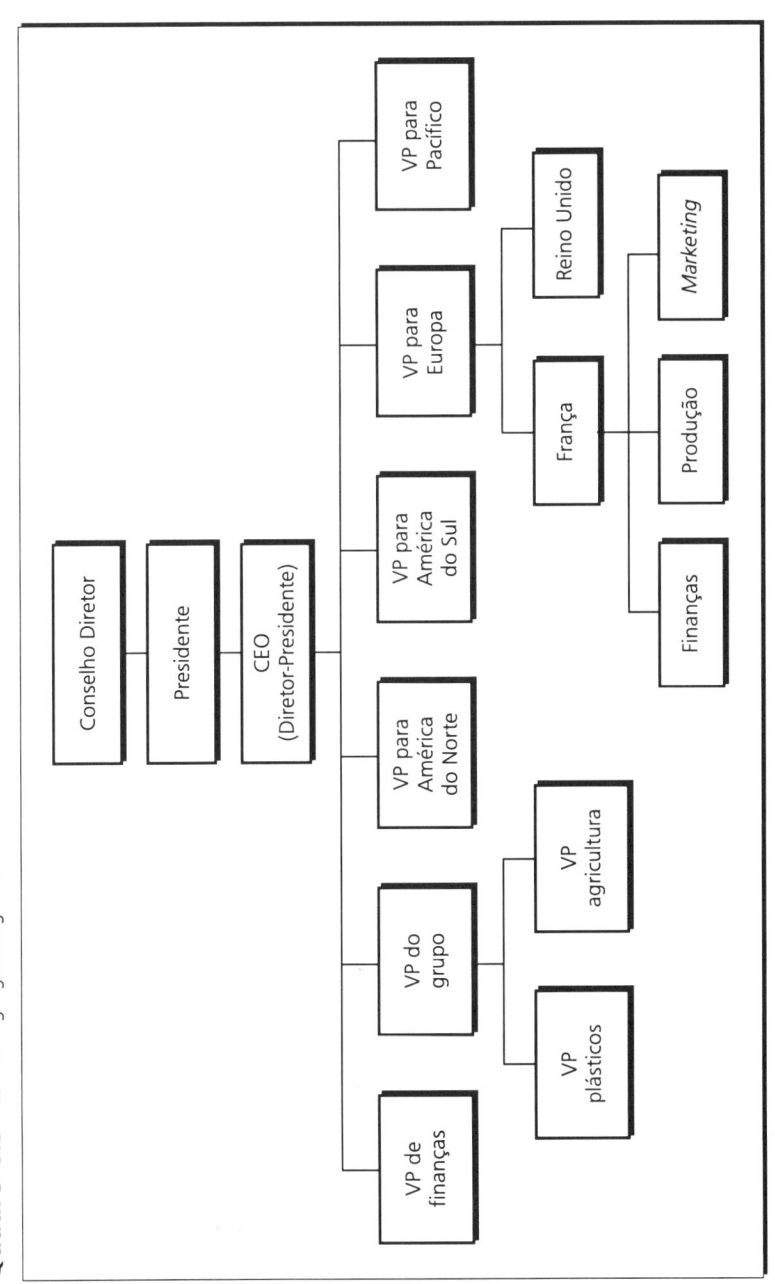

CAPÍTULO 8 ORGANIZAÇÃO DA ESTRUTURA, DOS SISTEMAS DE CONTROLE E DAS RELAÇÕES... 209

Quadro 8.3 Estrutura geográfica global

```
                          Conselho Diretor
                                 |
                            Presidente
                                 |
                               CEO
                         (Diretor-Presidente)
   ┌──────────┬──────────────┼──────────────┬──────────────┐
VP de      VP do        VP para         VP para        VP para      VP para
finanças   grupo      América         América        Europa       Pacífico
                      do Norte        do Sul
           ┌────┴────┐                          ┌──────┴──────┐
          VP        VP                        França      Reino Unido
       plásticos agricultura                    │
                                    ┌───────────┼───────────┐
                                Finanças    Produção    Marketing
```

forma, as necessidades nacionais e regionais e o conhecimento relativo do mercado são mais importantes que a especialização em produtos. Os executivos locais conhecem o ambiente cultural, as regulamentações legais e estão familiarizados com as grandes transações comerciais. Além disso, sua identidade idiomática e seus contatos locais facilitam as transações diárias e a rapidez na reação às imposições do mercado e às necessidades dos consumidores. Embora esta seja uma boa estrutura para a consolidação da especialização regional, não está isenta do surgimento de problemas de coordenação entre as regiões. Com a estrutura geográfica, o foco é concentrado no *marketing*, uma vez que os produtos podem ser adaptados às exigências locais. Por isso, companhias orientadas ao *marketing*, como a Nestlé e a Unilever, que produzem uma gama de produtos que podem ser vendidos por intermédio de canais similares (ou comuns) de distribuição para consumidores também parecidos, normalmente optarão por essa estrutura. A Nestlé S. A, por exemplo, usa essa estrutura descentralizada, que é mais típica de companhias européias, porque:

> Não é política da Nestlé gerar a maior parte de suas vendas na Suíça, complementadas por algumas subsidiárias satélites no exterior. A Nestlé está sempre batalhando por ser uma empresa local em cada país em que atua, jamais uma companhia estrangeira.
>
> www.Nestle.com, 7 DE DEZEMBRO DE 2000.

Agrupar um determinado número de países sob uma região nem sempre dá bons resultados, como a Ford pôde sentir com o seu European Group; muito cedo, a empresa constatou a existência de atritos e tensões entre as suas unidades na Alemanha, Grã-Bretanha e França, resultantes das diferenças entre seus sistemas e culturas e, em especial, dos estilos de gestão. Mesmo assim, a companhia insistiu na sua consolidação em cinco centros globais regionalizados para projetar, construir e comercializar 70 linhas de automóveis no mundo inteiro.[8] Em 2001, sob a direção do CEO Jacques Nasser — nascido no Líbano e criado na Austrália —, a Ford estava presente em mais de 200 países, com 140 instalações de produção.[9]

Uma *estrutura de matriz* — uma organização híbrida com superposição de responsabilidades — é usada por algumas empresas, embora tenha em geral caído em desuso nos últimos anos.

ORGANIZAÇÃO PARA A GLOBALIZAÇÃO

> Quando você avalia equivocadamente o mercado (ao globalizar), está errando em 15 países, em vez de em apenas um.
>
> EXECUTIVO DA FORD EUROPÉIA.[10]

Seja qual for o estágio de sua internacionalização, as escolhas estruturais de uma empresa envolvem sempre duas forças que se contrapõem: a necessidade da *diferenciação* (focar e especializar-se em mercados específicos) e a necessidade de *integração* (coordenar esses mesmos mercados). A maneira como a empresa se organiza ao longo do *continuum* diferenciação-integração é que determina a qualidade da implementação — ao longo de um *continuum* localização-globalização — das estratégias. É por isso que os imperativos estruturais das várias estratégias, como a globalização, devem ser compreendidos para que se organizem sistemas e conexões mundiais apropriados.

Como já se discutiu anteriormente, as tendências globais e as forças competitivas têm exercido crescente pressão sobre as corporações multinacionais para que adotem uma estratégia de *globalização* — uma estratégia específica que trata o mundo como se fosse um mercado único pela utilização de uma abordagem padronizada de produtos e mercados. Exemplos recentes de companhias que se reorganizaram a fim de se adaptar à globalização são: [11]

- *IBM.* A Big Blue, como é chamada nos Estados Unidos, decidiu distanciar-se de sua tradicional estrutura geográfica para uma estrutura global com base em seus 14 grupos industriais mundiais, como banco, varejo e seguros, transferindo o poder dos executivos em cada país para equipes centralizadas de *experts* em setores econômicos. A IBM espera que a reestruturação ajude a corporação a tirar proveito dos mercados globais e a romper barreiras internas.
- *Bristol-Meyers Squibb.* A companhia internacional de produtos farmacêuticos anunciou a formação de novas unidades mundiais para negócios de clientes de produtos médicos, como a Bufferin, e para os seus produtos Clairol e de cuidados com os cabelos.

Organizar como forma de facilitar uma estratégia de globalização normalmente exige racionalização e o desenvolvimento de alianças estratégicas. Para concretizar a racionalização, os executivos escolhem o local de fabricação de cada produto avaliando onde poderá ser atingida a melhor combinação de custo, qualidade e tecnologia. Isso muitas vezes requer a fabricação de diferentes produtos ou partes em países diferentes; em geral, significa também que os programas de projeto e *marketing* dos produtos serão essencialmente os mesmos para todos os mercados finais mundiais — a fim de se conseguir atingir ótimas economias de escala. A parte fraca desta estratégia é a ausência de diferenciação e especialização para mercados locais.

Organizar para a padronização do produto global exige uma íntima coordenação entre os vários países envolvidos. E requer igualmente a responsabilidade centralizada pela produção global (um executivo na matriz é responsável por um determinado produto em todo o mundo), uma tarefa especialmente difícil para companhias de multiprodutos. Henzler e Rall sugerem que soluções estruturais para este problema podem ser encontradas quando as companhias se dedicam a repensar as funções de suas matrizes e subsidiárias nacionais. Os executivos devem centralizar o controle geral dos negócios na matriz e, ao mesmo tempo, tratar as subsidiárias nacionais como parceiras na condução dos negócios — talvez na condição de companhias *holding* responsáveis pela administração e coordenação de atividades interdivisionais.[12]

Um problema que muitas empresas enfrentarão no futuro será o fato de que suas redes globais estruturalmente sofisticadas, projetadas para garantir vantagens em matéria de custo, irão deixá-las expostas aos riscos da volatilidade dos cenários em todos os recantos do mundo. Essas companhias precisam reestruturar suas operações globais a fim de reduzir o risco ambiental resultante da dependência das fontes de abastecimento multinacionais e das redes de suprimentos.[13] Em outras palavras, quanto mais elos uma cadeia tiver, maiores serão as possibilidades de seu rompimento.

Gestão comparativa em foco

A rede global dos chineses expatriados

> Todos os chineses que saíram de sua pátria precisaram lutar, e isto se tornou como uma segunda cultura nacional. Como não temos qualquer rede de previdência, o costume dos chineses expatriados é economizar bastante e fazer muitas amizades.
>
> LEE SHAU KEE, 65 ANOS, CONSTRUÇÃO CIVIL, HONG KONG (ATIVOS LÍQUIDOS: US$ 6 BILHÕES)[14]

Comparada com as *keiretsu* japonesas, a comunidade chinesa emergente é um sistema aberto, interconectado — um novo mecanismo de mercado para a realização de negócios globais.[15] Está se tornando claro para muitos líderes empresariais que finalmente se deram conta da importância das *keiretsu* japonesas que eles "agora já precisam aprender a entender um modelo chinês diferenciado, em que magnatas fecham meganegócios em um piscar de olhos e chefes de Estado trabalham pela concretização de interesses próprios como autênticos CEOs".[16]

A "comunidade chinesa" é uma forma de rede global que já faz muitas multinacionais. Trata-se de uma rede de relações empresariais espalhada pelos vários continentes, embora com mais força na Ásia. A verdadeira potência constituída pelo cada vez mais citado "grande dragão da Grande China" inclui os 1,3 bilhão de cidadãos da China continental e mais outros 55 milhões de chineses no exterior — a maior parte deles em Taiwan, na Indonésia, em Hong Kong e na Tailândia. Estima-se que os chineses expatriados detenham o controle de US$ 2 trilhões em ativos líquidos e suprem cerca de 80% das necessidades de capital da República Popular da China; se os chineses expatriados vivessem em um único país, seu produto nacional bruto seria maior que o da China continental.[17] Além disso, essa "rede de bambu", que transcende fronteiras nacionais, contribui com aproximadamente 70% do setor privado na Malásia, na Tailândia, na Indonésia e nas Filipinas.[18] A maioria dos observadores acredita que essa economia informal de base chinesa seja atualmente a força líder em matéria de crescimento econômico, expansão industrial e exportações. Ela compreende principalmente empresas de médio porte, familiares, ligadas por uma teia de canais transnacionais. "Esses canais para a movimentação de informação, finanças, bens e capital ajudam a explicar a flexibilidade relativa e eficiente dos numerosos acordos e transações informais que interligam as várias partes da área de negócios de base chinesa."[19] As redes de alianças interligam-se e se alimentam do manancial de capital substancial financeiro e de recursos disponível na região — o que inclui serviços de empreendedores em Hong Kong, capacidades de produção e tecnologia em Taiwan, moderníssimas comunicações em Cingapura e as imensas disponibilidades de terras, recursos e mão-de-obra na China continental.[20]

Os chineses expatriados, novos modelos de empreendedorismo, financiamento e modernização para o mundo e especialmente para Pequim, são refugiados da pobreza, da desordem e do comunismo da China. Os negócios se tornaram a chave da sobrevivência para esses emigrantes chineses ao se depararem com a incerteza, as dificuldades e a falta de aceitação nas novas terras para as quais se dirigiram. As incertezas, uma mentalidade de sobrevivência e a base cultural da tradição confuciana de autoridade patriarcal levaram a uma nova forma de fazer negócios que é largamente confinada aos limites da família e dos amigos de confiança. Esta mentalidade empresarial e estilo de vida foi a origem de muitos dos bilionários surgidos, pelo próprio esforço, entre os chineses expatriados. Entre eles, figura Y. C. Wang, o rei dos plásticos de Taiwan, que precisou abandonar a escola depois da sexta série, mas conseguiu aprender por suas próprias forças tudo o que era necessário para desenvolver uma nova indústria. Aos 77 anos, ele ainda nunca tira férias e vê no consumo pessoal uma extravagância inaceitável. A esposa de Wang tira, escondida, os ternos mais usados do armário e os manda ao alfaiate para que faça outros exatamente iguais, que ela contrabandeia de volta para o armário.[21] A teia de alianças dos chineses étnicos baseia-se em *guanxi* — relações pessoais — entre famílias, amigos de negócios e associados políticos, a maioria deles com raízes nos mais tradicionais clãs. Imensas somas de interinvestimentos e negócios são restritas principalmente às famílias e a parceiros de longa data, inclusive muitos que continuam nas províncias da República Popular das quais os chineses expatriados e seus antepassados tiveram de emigrar. Como exemplos, as ligações chinesas em Hong Kong foram responsáveis por cerca de 90% dos investimentos feitos na adjacente Guangcong; e as ligações telefônicas da zona econômica especial de Xiamen, na República Popular, para Taiwan, representam atualmente uma média de 60 mil por mês, contra insignificantes dez ligações por mês oito anos atrás.[22] A teia dessas conexões criou uma rede de influências que constitui a coluna vertebral da economia da Ásia do Leste.

A história, a cultura e a abordagem pessoal e cuidadosa dos negócios pelos chineses expatriados acabaram criando outros valores enraizados, os quais Kao chama de "valores de barco salva-vidas", que deram forma a uma cultura empresarial totalmente diferente. Entre eles, figuram a frugalidade e um índice muito alto de poupança, sejam quais forem as necessidades, trabalho realmente duro, confiança na família acima de tudo, obediência cega à autoridade patriarcal, investimentos com base estritamente em amizades e relacionamentos, preferência pelos investimentos em bens tangíveis e uma posição de permanente alerta em relação à vida.[23] Foi a teia compartilhada de contatos que espalhou uma rede intensamente comercial e empreendedora de capitalistas e um poder dominante na Ásia. Duas vantagens de semelhante cultura de negócios são a rapidez e a paciência. Devido a seus conhecimentos e à confiança em seus contatos, os chineses expatriados podem "farejar" lucros muito antes que quaisquer outros o façam e, por isso, tomam as decisões necessárias para concretizá-los com rapidez muito maior; um negócio para comprar um hotel na Ásia pode ser completado em questão de dias, contra os meses que a mesma negociação normalmente consome nos Estados Unidos.[24] A paciência para investir no longo prazo é um resultado da propriedade e administração conjuntas, quase sempre em uma mesma família, sem que acionistas externos fiquem pressionando e exigindo lucros de curto prazo. Não há dúvida de que o compartilhamento do idioma e de valores culturais é um "lubrificante" vital para os negócios, especialmente para o povo da China, onde são poucas as firmas de advocacia das quais os empresários correm o risco de ficar dependentes.[25]

Organização para "ser global, agir como local"

Na ansiedade de não perder o expresso da globalização, inúmeras empresas sacrificaram sua capacidade de reagir a estruturas de mercado e preferências de consumidores no plano local. Os executivos agora estão chegando à conclusão de que — dependendo do tipo de produtos, mercados etc. — é preciso chegar a uma acomodação no contínuo globalização-regionalização, passando para tanto a fazer experiências com várias configurações estruturais para "ser global, agir como local". A estrutura da organização da Colgate-Palmolive é um bom exemplo dessa acomodação. Como Rosenzweig descreve e está ilustrado no Quadro 8.4, a primeira estrutura operacional é geográfica, ou seja, localizada. Os presidentes das quatro maiores regiões — América do Norte, Europa, América Latina e Ásia/Pacífico — estão diretamente subor-

Quadro 8.4 A estrutura organizacional "glocal" da Colgate-Palmolive

- Diretor Executivo/Tecnologia
- Diretor Executivo/Finanças
- Diretor Executivo/Operações e *Marketing* de Especialidades
- Vice-presidente Sênior/Presidente do Conselho e Diretor Secretário Corporativo
- Vice-presidente Sênior/Recursos Humanos Globais
- Vice-presidente/Relações com Investidores

Presidente e CEO — Reuben Mark
Presidente e COO

- Diretor de Operações/Desenvolvimento de Comércio Internacional
- Presidente para EUA, Canadá e Porto Rico
- Presidente/Colgate Europa
- Presidente/América Latina
- Presidente/Ásia/Pacífico
- Vice-presidente Sênior/Desenvolvimento de Negócios Globais
- Vice-presidente/Vendas Mundiais e Efetividade do *Marketing*
- Vice-presidente/Desenvolvimento Corporativo

Fonte: P. M. Rosenzweig, "Colgate-Palmolive: Managing International Careers", Estudo de Caso, por C. A. Barlett e S. Ghoshal, em *Transnational Management*, 2ª ed. (Boston, Irwin Publishing Co., 1995).

dinados ao diretor-presidente de operações, enquanto outras regiões em desenvolvimento, como a África, a Europa Oriental e o Oriente Médio, dependem do diretor de operações de desenvolvimento de comércio internacional. Essas pessoas, por sua vez, se dirigem ao CEO da Colgate-Palmolive, que supervisiona a coordenação centralizada das operações (isto é, os aspectos "globalizados") em relação a tecnologia, finanças, *marketing*, gestão de recursos humanos etc.

A estrutura da Colgate-Palmolive evoluiu até esse ponto para complementar sua estratégia em permanente evolução. Como descreve Rosenzweig, no começo, a Colgate-Palmolive estruturou suas operações internacionais país por país, com o que cada uma das subsidiárias estrangeiras dependia diretamente da matriz. Com a expansão ocorrida na década de 1950, essa estrutura foi modificada, ou melhor, regionalizada, com presidentes regionais supervisionando as subsidiárias. No entanto, nas décadas de 1970 e 1980, a concorrência global em termos de bens de consumo chegou a picos até então inimagináveis, o que levou a Colgate-Palmolive a se preocupar mais com a coordenação global do que com a descentralização geográfica. Com esse objetivo, a companhia desencadeou uma reorganização em 1981, estabelecendo uma unidade global de desenvolvimento de negócios para supervisionar e coordenar algumas operações mundiais e lançar novos produtos. E, por volta de 1994, a estrutura ilustrada já era híbrida, a fim de buscar as vantagens da coordenação global e, ao mesmo tempo, manter a capacidade de reagir às necessidades locais.[26]

A Levi Strauss constitui outro exemplo de uma companhia que procura maximizar as vantagens de configurações estruturais diversificadas. No começo, tratou de estabelecer sua capacidade de responder às exigências locais de uma maneira diferente, permitindo a ação independente dos seus executivos. O sucesso disso acentua a capacidade da Levi de desenhar uma estratégia global que não desdenha da iniciativa local. Trata-se de um ato de equilibrismo arriscado, pois exige muitas vezes dar aos executivos estrangeiros a liberdade de ajustar suas táticas para se adaptar às mudanças nos gostos dos respectivos mercados.[27] Em segundo lugar, a Levi mantém o controle centralizado de alguns aspectos de seus negócios, mas descentraliza o controle de suas operações no exterior, organizadas como subsidiárias. Essas subsidiárias são abastecidas por uma rede global de produção de fábricas da Levi e de produtores por contrato. É uma modalidade que permite a coordenação local e a flexibilidade indispensável para reagir às modas e tendências em permanente mutação e preferências passageiras que caracterizam o setor dos *jeans*.[28]

O plano de outra companhia para se tornar global agindo como local não envolve uma mudança da estrutura básica. A Fujitsu, conglomerado japonês de alta tecnologia que produz computadores, equipamento de telecomunicações e semicondutores, encontrou uma forma de se internacionalizar por procuração. O conglomerado tem consideráveis investimentos em duas empresas estrangeiras que representam quase a metade de suas receitas no exterior. São a Amdahl, uma companhia do Vale do Silício que produz *mainframes* compatíveis com IBM, e a International Computers Ltd. (ICL), a maior companhia de computadores da Grã-Bretanha. São empresas comandadas por ocidentais, que têm autonomia completa de gestão, o que inclui até mesmo concorrência entre as duas empresas. O plano está dando resultados tão favoráveis que a Fujitsu já procura negócios semelhantes na Europa. Como explica Takuma Yamamoto, o presidente da Fujitsu: "Fazemos negócios em uma economia sem fronteiras, mas em que ao mesmo tempo surge uma crescente onda de nacionalismos, e o mais importante então se torna encontrar fórmulas para evitar conflitos. Esta é uma das principais razões pelas quais damos autonomia aos nossos sócios."[29]

Embora seja a estratégia o meio principal para a liderança competitiva de qualquer empresa, o peso da consolidação dessa vantagem fica com a estrutura e o projeto da companhia. Em razão das dificuldades experimentadas por empresas que tentaram ser "glocais" (globais e locais ao mesmo tempo), há pesquisadores que sugerem projetos organizacionais mais flexíveis, incluindo redes interorganizacionais e projeto transnacional.

FORMAS ESTRUTURAIS EMERGENTES

Redes interorganizacionais

As conexões transnacionais em contínua expansão de uma corporação multinacional podem ser compostas por companhias diferentes, subsidiárias, fornecedores ou indivíduos, mas mesmo assim elas se transformam em redes de relações. São redes que podem adotar estruturas muito diferentes da original, pois operam em diferentes contextos locais, no âmbito de seus próprios ambientes nacionais.[30] Se considerarmos a estrutura geral da multinacional como uma rede de relações interconectadas, poderemos estudar com mais realismo seus imperativos de projeto organizacional nos níveis global e local. O Quadro 8.5 mostra a estrutura da rede da N. V. Philips, uma multinacional com sede na Holanda e unidades operacionais em 60 países. Essas unidades vão desde grandes subsidiárias, que podem até mesmo figurar entre as maiores empresas de um país, até operações de pequeno porte e função única, como as divisões de pesquisa e desenvolvimento ou *marketing* de um dos ramos da Philips. Algumas das empresas têm seu controle centralizado na matriz; outras são quase inteiramente autônomas.

A rede de intercâmbio de relacionamentos mostrada no Quatro 8.5, segundo Ghoshal e Bartlett, é tão representativa de qualquer multinacional quanto da Philips. A estrutura em rede deixa claro que as unidades operacionais da empresa interligam contextos ambientais e operacionais imensamente diferentes baseados nos mais variados ambientes econômicos, sociais e culturais. Essa complicada interconexão deixa clara a complexidade da tarefa de uma multinacional gigantesca para racionalizar e coordenar suas atividades globalmente a fim de atingir uma posição vantajosa em termos de custos e, ao mesmo tempo, adaptar-se às condições dos mercados locais (a fim de obter dividendos da diferenciação).[31] Na verdade, a N. V. Philips ficou recentemente em grande desvantagem em matéria de produtividade em relação aos seus competidores japoneses devido à sua organização burocrática desengonçada, que ela precisa simplificar e descentralizar.[32]

Quadro 8.5 A estrutura em rede da N. V. Philips

Fonte: S. Ghoshal e C. A. Barlett, "The Multinational Corporation as an Interorganizational Network", *Academy of Mangement Review 15*, nº 4 (1990): 630–625.

A estrutura em rede da corporação transnacional

Para encaminhar adequadamente a contradição globalização-localização, companhias que evoluíram pela forma multinacional e da empresa global concentram-se atualmente na procura das vantagens da organização horizontal ao perseguirem a capacitação transnacional — ou seja, a possibilidade de transitar entre fronteiras nacionais conservando a flexibilidade local e ao mesmo tempo concretizando a integração global.[33] Isso exige que interliguem suas operações internacionais de uma maneira flexível para cada uma delas e para a matriz, alavancando assim suas possibilidades locais e centrais.[34] A ABB (Asea Brown Boveri) é um exemplo da organização horizontal descentralizada. A ABB opera em 140 países com mil companhias e com apenas um nível de direção separando as unidades de negócios da cúpula administrativa. A ABB se orgulha de ser uma companhia verdadeiramente global, com os 11 integrantes do seu conselho de direção representando sete nacionalidades. Desta forma, essa estrutura é menos uma questão de boxes em um mapa organizacional e mais uma questão de rede das unidades da companhia e de seu sistema de comunicação horizontal. Isso significa comunicação lateral entre as redes de unidades e alianças mais do que ao longo de uma hierarquia. O sistema exige a dispersão de responsabilidade e do poder decisório entre as subsidiárias locais e alianças. A eficácia dessa gestão localizada depende muito da capacidade e da disposição de compartilhar conhecimentos e tecnologias novos e sempre atualizados ao longo da rede de unidades.

Quaisquer que sejam as denominações dadas às formas organizacionais que vão surgindo para enfrentar as questões da concorrência e logística globais, o fato é que a estrutura organizacional das corporações nacionais, da maneira como a conhecemos hoje, com sua pirâmide hierárquica, subsidiárias e matrizes mundiais, evolui gradualmente para uma formatação mais fluida a fim de adaptar-se aos imperativos estratégicos e competitivos. Facilita esta mudança, comenta Kilman, a explosão da tecnologia da informação, movida a computadores, máquinas de fax, teleconferências, Internet etc.:

> As companhias competitivas no futuro serão sofisticadas redes de pessoas e informações, e cada uma delas exercerá determinada influência sobre a outra. [Tais redes compreenderão] um pequeno centro de pessoal interligado pela proximidade física e conectado eletronicamente aos associados mundiais que ajudarão a controlar ativos e a negociar acordos para ampliar a influência da companhia no mundo dos negócios.[35]

Nessa nova rede mundial, a localização da matriz da companhia não terá importância. Ela poderá ser simplesmente, segundo Reich, "um conjunto de salas em um edifício de estacionamentos perto de um aeroporto — um centro de comunicações onde a maior parte dos fios da teia se interligará".[36] A teia é entrelaçada por decisões adotadas por executivos de todas as partes do mundo, tanto no âmbito da companhia quanto no das demais empresas da rede. Inúmeras alianças mantêm unidades e subunidades conectadas nessa teia. A Corning Glass, por exemplo, já mudou da organização anterior em forma de pirâmide nacional para uma rede global, o que lhe deu a capacidade de produzir cabos ópticos com a sua sócia européia, a Siemens AG, e equipamentos médicos com a Ciba-Geigy.[37]

ESCOLHA DA FORMA ORGANIZACIONAL

Duas das principais variáveis na escolha da estrutura e do projeto de uma organização são as oportunidades e necessidades derivadas da globalização e localização. O Quadro 8.6 apresenta alternativas de formas estruturais apropriadas para cada uma dessas variáveis e para as escolhas estratégicas relativas ao nível e tipo de participação internacional pretendida pela empresa. Este quadro atualiza, assim, o modelo de estágios evolucionários a fim de refletir as respostas organizacionais alternativas a cenários mais recentes e aos cenários competitivos previstos para o futuro. O modelo atualizado mostra que, à medida que a empresa evolui do âmbito nacional para o internacional — depois talvez para o multinacional até chegar, enfim, ao estágio de companhia global — seus executivos se adaptam à estrutura organizacional a fim de adequar seu foco estratégico relativo em globalização *versus* localização, optando por uma estrutura de produtos globais, uma estrutura de área geográfica, ou, ainda, uma forma de matriz. O modelo propõe que, à medida que a companhia se torna maior, mais complexa e mais sofisticada em sua abordagem dos mercados mundiais (não importa a rota estrutural que tiver adotado), terá condições de evoluir para uma *corporação transnacional* (CTN). A estratégia da transnacional é maximizar as oportunidades tanto da eficiência quanto da reação local mediante a adoção de uma estrutura transnacional que utiliza alianças, redes e formatos de projetos horizontais. A relação entre a escolha da estratégia global e as variações estruturais adequadas para implementar cada escolha estratégica é ilustrada no Quadro 8.7 (p. 218).

Mudança organizacional e variáveis de projetos

No momento em que uma companhia determina mudanças radicais em seus objetivos, estratégia ou escopo de operações, torna-se igualmente claro que é indispensável uma mudança na estrutura organizacional. Contudo, outros indícios, menos óbvios, de ineficácia organizacional também apontam para a necessidade de mudanças estruturais: divisões de negócios e subsidiárias que disputam territórios ou clientes, atritos entre unidades no exterior e pessoal da matriz, queixas quanto aos serviços a clientes no exterior e a superposição de responsabilidades constituem alguns desses sinais de alerta. O Quadro 8.8 (p. 219) relaciona indícios da necessidade de mudanças no projeto organizacional.

Confrontada com indícios persistentes de trabalho ineficaz, a empresa deve de imediato analisar seu projeto organizacional, sistemas e fluxo de trabalho a fim de localizar as possíveis causas desses

Quadro 8.6 Alternativas e desenvolvimento organizacionais para a competição global

[Eixo vertical: Oportunidades e Necessidades de Globalização]
[Eixo horizontal: Oportunidades e Necessidades de Localização]

Elementos do diagrama:
- Estrutura de produtos globais
- CTN → Organização horizontal, alianças e redes
- Companhia global
- Estrutura transnacional
- CMN — Estrutura de Matriz
- Companhia internacional
- Funcionalidade nacional com divisão internacional
- Estrutura de área geográfica

Fonte: Baseado em modelos de R. E. White e T. A. Poynter, "Organizing for Worldwide Advantage", *Business Quarterly 54* (Summer 1989); John M. Stopford e Louis T. Wells, Jr., *Managing the Multinational Enterprise* (New York, Basic Books, 1972); e C. A. Barlett, "Organizing and Controlling MNCs", *Harvard Business School Case Study*, nº 9 (March 1987): 365, 375.

problemas. A natureza e extensão de quaisquer mudanças de projeto devem refletir a magnitude do problema. Ao escolher um novo projeto organizacional ou modificar uma estrutura existente, os executivos precisam estabelecer um sistema de comunicação e controle capaz de embasar decisões eficientes. É nessas oportunidades que cabe aos executivos a tarefa de localizar o processo decisório e integrar operações globais amplamente dispersas e incompatíveis.

Além de determinar o comportamento da organização em um nível macro (em termos das responsabilidades específicas de todas as divisões, subsidiárias, departamentos e unidades), o projeto organizacional precisa igualmente determinar o comportamento em nível micro. Por exemplo, o projeto organizacional se reflete no nível em que determinados tipos de decisões serão adotadas. Determinar quantas e quais tipos de decisões podem ser tomadas, e por quem, é algo que pode ter conseqüências dramáticas; tanto o *locus* quanto o escopo da autoridade devem ser cuidadosamente avaliados. Esta variável centralização-descentralização representa, na verdade, um *continuum*. No mundo real, as companhias não são nem totalmente centralizadas nem totalmente descentralizadas: O índice de centralização imposto é uma questão de gradação. O Quadro 8.9 (p. 220) exibe o *continuum centralização-descentralização* e as diferentes formas em que a tomada de decisões pode ser compartilhada entre a matriz e as subsidiárias ou unidades locais. Em geral, o processo decisório centralizado é comum para algumas funções (finanças e pesquisa & desenvolvimento) que são organizadas para o conjunto da corporação, enquanto outras funções (produção, *marketing* e vendas) são mais apropriadamente descentralizadas. Dois pontos essenciais são a presteza com que as decisões precisam ser tomadas e o seu alcance — isto é, se dizem respeito principalmente a uma determinada subsidiária ou se afetam com a mesma intensidade outras partes da companhia.

Cultura, como já se verificou, é outro fator que complica decisões sobre a extensão da centralização e sobre como organizar o fluxo do trabalho e os vários níveis de relacionamentos de autoridade e responsabilidade. Na Parte 4, debateremos com maiores detalhes a maneira como as variáveis culturais influem

Quadro 8.7 Relações entre estrutura e estratégias globais

	ESTRATÉGIA MULTIDOMÉSTICA	ESTRATÉGIA INTERNACIONAL	ESTRATÉGIA DE GLOBALIZAÇÃO	ESTRATÉGIA TRANSNACIONAL
	Baixa ←——————→	Necessidade de coordenação	←——————→	Alta
	Reduzidos ←——————→	Custos burocráticos	←——————→	Altos
Centralização da autoridade	Descentralizada para unidade nacional	Competências principais centralizadas; outras, descentralizadas para as unidades nacionais	Centralizada na localização global ótima	Simultaneamente centralizada e descentralizada
Diferenciação horizontal	Estrutura de área global	Estrutura de divisão internacional	Estrutura de grupo de produto global	Estrutura de matriz global "Com a Matriz na Cabeça"
Necessidade de mecanismos de integração complexos	Baixa	Média	Alta	Muito alta
Cultura organizacional	Não importante	Relativamente importante	Importante	Muito importante

Fonte: C. W. L. Hill e E.R. Jones, *Strategic Management*, 5th ed. (Boston: Houghton Mifflin, 2001): 462.

nas atitudes individuais a respeito de relações de trabalho e sobre quem deve mandar em quem. Aqui, porém, basta tomar nota de que as variáveis culturais devem ser levadas em conta ao projetar uma organização. Delegar um alto índice de autoridade aos funcionários em um país onde os trabalhadores normalmente consideram "o patrão" como a pessoa certa para tomar todas as decisões é conduta que não tende a funcionar a contento. Fica claro que os executivos devem pensar de acordo com as interações das questões organizacionais, pessoais e culturais antes de adotar decisões finais.

Em resumo, não existe forma de organizar que se possa considerar a melhor. A teoria da incerteza se aplica ao projeto organizacional tanto quanto a qualquer outro aspecto da gestão. A melhor estrutura organizacional é a que facilita a concretização dos objetivos da empresa e é adequada ao setor em que atua, seu porte, tecnologia e cenário competitivo. A estrutura deve ser fluida e dinâmica e altamente adaptável às necessidades cambiantes da companhia. E não é indicado permitir que a estrutura se perca no *legado administrativo* da organização (isto é, "a maneira como fazemos as coisas aqui", ou "sempre fizemos desta forma") a ponto de corroer os processos que capacitarão a empresa a tirar proveito de novas oportunidades.

É, no entanto, mais provável que o futuro da estrutura das multinacionais esteja em uma teia global de companhias em rede. O ideal seria a empresa procurar organizar-se de uma forma que venha a permitir a concretização de seus objetivos estratégicos e então contratar pessoal capacitado a adaptar-se àqueles objetivos estratégicos e à fórmula na qual a estrutura organizacional foi estabelecida. Na verdade, contudo, os fatores estruturais existentes muitas vezes influenciam decisões estratégicas, de maneira que o resultado final pode ser um compromisso entre a estratégia desejada e as limitações existentes. O mesmo ocorre em relação a pessoal: planos "ideais" de criação de equipes precisam ser ajustados para refletir as realidades da indicação de executivos de várias fontes e das regulamentações locais ou variáveis culturais que tornam algumas decisões em relação a organização e equipes mais viáveis que outras.

Quadro 8.8 A hora da mudança

A mudança é indispensável quando ocorre, ou um dos seguintes indícios é constatado:
- Alteração no porte da corporação — seja ela decorrente de crescimento, consolidação ou redução.
- Troca de pessoas-chave — capaz de alterar objetivos administrativos, interesses e capacidades.
- Incapacidade de cumprir metas, aproveitar oportunidades ou inovar.
- Fracasso na concretização dos objetivos dentro dos prazos estabelecidos.
- Direção constantemente sobrecarregada, que passa um número exagerado de horas no trabalho.
- Convicção de que os custos são inconsistentes ou de que os orçamentos não estão sendo cumpridos.
- Problemas com o moral.
- Hierarquias preguiçosas que inibem o exercício do controle estratégico.
- Planejamento cada vez mais voltado para o pessoal e por isso mesmo divorciado da gestão de linha de produção.
- Inovação inibida por excesso de burocracia e monitoramento de detalhes.
- Soluções uniformes aplicadas a situações desiguais. O extremo oposto desta condição — quando situações que poderiam ou deveriam funcionar de maneira rotineira não funcionam — também deve ser entendido como sinal de alerta. Em resumo, quando a gestão por exceção substitui os procedimentos operacionais padronizados.

A seguir, são listados alguns indícios específicos de problemas organizacionais *internacionais*:
- Alteração no rumo do escopo operacional — que muda, por exemplo, de atividades de exportação para o controle de unidades internacionais de produção e *marketing*, alteração no porte das operações em um país, uma região ou no mundo, ou a inexistência do crescimento das operações internacionais de acordo com o planejamento e as expectativas.
- Choques entre divisões, subsidiárias ou mesmo indivíduos pelo controle de territórios ou clientes em uma determinada área.
- Conflitos geradores de divisões entre pessoal de unidades estrangeiras ou divisões nacionais, ou entre pessoal da corporação.
- Circunstâncias em que a centralização leva a uma torrente de dados detalhados que não chegam a ser inteiramente usados nem adequadamente aproveitados pela matriz.
- Duplicação de pessoal administrativo e de serviços.
- Subutilização de instalações internacionais de produção ou distribuição.
- Duplicação de escritórios de vendas e executivos de contas especiais.
- Proliferação de entidades legais relativamente pequenas ou de unidades operacionais em um mesmo país ou área geográfica.
- Aumento das reclamações relativas aos serviços a clientes no exterior.
- Problemas nas comunicações internas e entre as organizações.
- Linhas não claramente definidas de responsabilização e relações interrompidas, e responsabilidades executivas inadequadamente determinadas.

Fonte: Business International Corporation, *New Directions in Multinational Corporate Organization* (New York: Business International Corporation, 1981).

O que a princípio poderia parecer um processo de gestão linear em matéria de estratégia, depois em estrutura, e a seguir em relação às equipes, é na verdade um conjunto interdependente de fatores que precisa ser levado em conta e trabalhado como um conjunto de decisões. No próximo capítulo, exploraremos até que ponto as decisões sobre pessoal são — ou deveriam ser — intrincadamente ligadas a outras decisões relativas à estratégia, estrutura etc. Na verdade, um conjunto exclusivo de gestores e técnicos em um determinado lugar pode ser uma vantagem competitiva pela própria natureza, e por isso poderia ser um passo hábil construir as decisões estratégicas e organizacionais em torno desse recurso, em lugar de correr o risco de perder essa vantagem. Em primeiro lugar, porém, examinemos outros processos que fazem parte da implantação da estratégia e que estão interligados com a coordenação das funções mediante a estrutura organizacional.

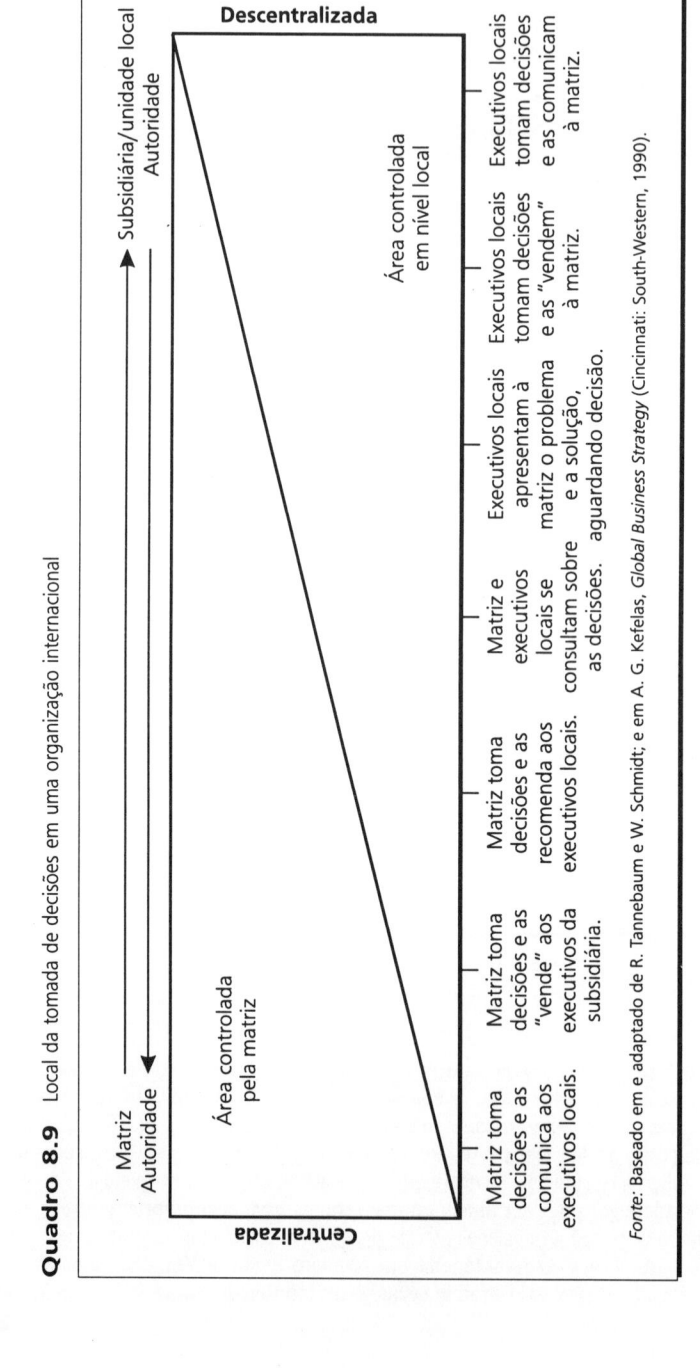

Quadro 8.9 Local da tomada de decisões em uma organização internacional

	Centralizada					Descentralizada	
Matriz Autoridade ⟷ Subsidiária/unidade local Autoridade							

Área controlada pela matriz — Área controlada em nível local

- Matriz toma decisões e as comunica aos executivos locais.
- Matriz toma decisões e as "vende" aos executivos da subsidiária.
- Matriz toma decisões e as recomenda aos executivos locais.
- Matriz e executivos locais se consultam sobre as decisões.
- Executivos locais apresentam à matriz o problema e a solução, aguardando decisão.
- Executivos locais tomam decisões e as "vendem" à matriz.
- Executivos locais tomam decisões e as comunicam à matriz.

Fonte: Baseado em e adaptado de R. Tannebaum e W. Schmidt; e em A. G. Kefelas, *Global Business Strategy* (Cincinnati: South-Western, 1990).

SISTEMAS DE CONTROLE PARA OPERAÇÕES GLOBAIS

> A criação de uma moeda única possibilita, pela primeira vez na história, o estabelecimento de sistemas compartilhados de administração e contabilidade centralizadas.
>
> FRANCESCO CAIO, CEO DA MERLONI ELETRODOMESTICI, FABRIANO, ITÁLIA.
> HARVARD BUSINESS REVIEW, 1999.

Para complementar a estrutura da organização, o executivo internacional deve projetar sistemas eficientes de coordenação e responsabilização, com isso garantindo que o desempenho real se ajuste aos padrões e objetivos organizacionais previstos. O desafio é coordenar operações muito distantes em cenários completamente diferentes e com vários processos e regras de trabalho, bem como diversas normas econômicas, políticas, legais e culturais. O *feedback* do processo de controle e dos sistemas de informação deveria identificar qualquer necessidade de mudança na estratégia, estrutura e operações a tempo de poder ser concretizada. Muitas vezes, a estratégia ou os processos de coordenação, ou ambos simultaneamente, precisam ser alterados para refletirem as condições existentes em outros países.

Sistemas de monitoramento

O projeto e a aplicação de sistemas de coordenação e responsabilização para subsidiárias e atividades no exterior podem assumir qualquer forma desejada pela administração. As multinacionais normalmente empregam vários mecanismos diretos e indiretos de coordenação e controle adaptáveis à sua estrutura organizacional. Alguns dos métodos mais comumente usados para as principais estruturas organizacionais discutidas aqui são mostrados no Quadro 8.10. Eles se auto-explicam. Por exemplo, na estrutura de

Quadro 8.10 Mecanismos de controle em estruturas organizacionais multinacionais

ESTRUTURAS MULTINACIONAIS	CONTROLE DOS RESULTADOS	CONTROLE BUROCRÁTICO	CONTROLE DO PROCESSO DECISÓRIO	CONTROLE DA ORGANIZAÇÃO
Estrutura de divisão internacional	Controle dos lucros é mais comum	Deve cumprir as políticas da companhia	Centralização admitida até certo ponto	Tratada da mesma forma que outras divisões
Estrutura geográfica global	Centro de lucros é mais comum	Necessidade de alguns procedimentos e políticas	Unidades locais têm autonomia	Cultura da subsidiária local é geralmente mais importante
Estrutura por produto global	Resultados da unidade por suprimento; volume de vendas para vendas	Rígidos controles de processos para a qualidade e consistência do produto	Centralizado na divisão de produtos da matriz	Possível para algumas companhias mas nem sempre necessária
Estrutura de rede transnacional	Usada para unidades de produção e alguns centros de lucro independentes	Menos importante	Poucas decisões centralizadas na matriz; mais decisões centralizadas em nódulos de redes principais	A cultura organizacional transcende as culturas nacionais; dá suporte ao aprendizado e ao compartilhamento; o mais importante mecanismo de controle

Fonte: Adaptado de John B. Cullen, Multinational Management (Cincinnati: South-Western 2 ed., 2002): 288.

rede transnacional, o controle do processo decisório é descentralizado em nódulos principais em rede, deste modo reduzindo muito a importância do controle burocrático. O controle dos resultados no quadro a seguir se refere à avaliação de uma subsidiária ou unidade baseada apenas nos resultados atingidos. Outros mecanismos específicos são resumidos a seguir.

Mecanismos de coordenação direta

São mecanismos de coordenação direta, que proporcionam a base geral da orientação e gestão das operações internacionais, o projeto de estruturas apropriadas (discutidas anteriormente neste capítulo) e o uso de práticas eficazes de preenchimento de postos (que será debatido no Capítulo 9). Semelhantes decisões estabelecem proativamente o cenário para que as operações possam concretizar as metas, em vez de se ocupar em localizar e corrigir desvios e problemas depois de sua ocorrência. O perfil de abertura descreve a maneira como a McDonald's Corp. estabeleceu, com sucesso, sistemas de controle direto antes de sua entrada no mercado de Moscou.

Outros mecanismos diretos incluem visitas de executivos e pessoal da matriz e reuniões regulares. Os executivos seniores da matriz podem fazer uso de visitas periódicas às subsidiárias para verificar como andam o desempenho, a localização e a correção de problemas e ajudar a prever problemas. A International Telephone and Telegraph Corporation (ITT) promove reuniões mensais dos executivos em sua matriz em Nova York. Dados sobre o desempenho são apresentados por todos os diretores-gerais das subsidiárias da ITT no mundo, fazendo-se a partir deles uma análise conjunta de problemas e soluções.[38] As reuniões permitem que cada diretor-geral se mantenha em contato com seus associados, com a missão e estratégia gerais da organização, e com os dados comparativos de desempenho e novas técnicas para a solução de problemas. Cada vez mais, as ferramentas da tecnologia estão sendo aplicadas como mecanismos diretos para garantir abertamente que as operações venham a ser desenvolvidas tal como foram planejadas, especialmente nos países em que processos como uma infra-estrutura eficiente e a entrega dos bens na data aprazada não sejam ainda totalmente confiáveis. Um exemplo disso é o sistema de monitoramento da logística estabelecido pela Air Express International na América Latina a fim de minimizar os muitos problemas que enfrenta na região.[39] Como um exemplo de controle de processos de cadeia de produção (B2B) e de auxílio aos clientes no controle de seus negócios, a FedEx lançou um conjunto de soluções de *e-business* para a Ásia (descrito no "E-Biz Box" deste capítulo).

Mecanismos de coordenação indireta

Entre os mecanismos de coordenação indireta, destacam-se as quotas de vendas, orçamentos e outras ferramentas financeiras e também relatórios de *feedback*, que proporcionam informação a respeito das vendas e do desempenho financeiro da subsidiária no decorrer do último trimestre ou ano.

As empresas nacionais invariavelmente dependem de orçamentos e análises de apresentações financeiras, mas, para as subsidiárias estrangeiras, as apresentações financeiras e avaliações de desenvolvimento são complicadas pelas *variáveis financeiras nos relatórios das multinacionais*, entre elas as taxas de câmbio, os índices de inflação, os preços de transferência e os padrões de contabilidade.

A fim de conciliar as apresentações de contabilidade, as multinacionais normalmente exigem três diferentes conjuntos de declarações financeiras das subsidiárias. Um desses conjuntos deve seguir os padrões e procedimentos nacionais de contabilidade definidos em lei nos países anfitriões — este conjunto também auxilia a administração na comparação entre subsidiárias localizadas em um mesmo país. Um segundo conjunto deve ser preparado de acordo com os princípios e padrões de contabilidade exigidos pelo país em que a empresa tem sede. É um conjunto que permite alguma comparação com outras subsidiárias de multinacionais. O terceiro conjunto de declarações converte o segundo (com determinados ajustes) para a moeda do país sede para fins de consolidação, conforme determina o Regulamento Número 52, de 1982, da Financial Accounting Standards Board (FASB).* As declarações financeiras de uma subsidiária no exterior devem ser comparadas coluna a coluna com as da empresa matriz, em conformidade com o Padrão Internacional de Contabilidade Número 3, adotado nos Estados Unidos.[40]

---

*N. de T. A FASB é, desde 1973, o organismo responsável pelo estabelecimento de padrões de contabilidade financeira e seu relato no setor privado dos EUA. Tais padrões normatizam a preparação de relatórios financeiros.

Muitos pesquisadores têm registrado diferenças comparativas entre o uso de controles indiretos e/ou diretos entre companhias com sedes em diferentes países. Um desses estudos, de autoria de Egelhoff, examinou as práticas de 50 multinacionais dos EUA, Reino Unido e outros países da Europa em relação às suas subsidiárias estrangeiras. O estudo comparou a utilização de dois mecanismos — a nomeação de executivos da matriz para subsidiárias estrangeiras e a utilização de sistemas de relatório de desempenho (ou seja, comparar mecanismos de comportamento com sistemas de relatórios de resultados).[41] Os resultados desse estudo indicam a existência de grandes diferenças entre práticas conforme as nacionalidades das multinacionais. Por exemplo, diz Egelhoff, as multinacionais dos EUA monitoram os resultados das subsidiárias e dependem mais de relatos freqüentes de dados de desempenho que as multinacionais européias. Estas últimas tendem a indicar mais cidadãos de países das respectivas matrizes para posições-chave nas subsidiárias estrangeiras e podem contar com um nível mais elevado de controle de comportamento que as suas concorrentes norte-americanas.[42]

Essas constatações significam que o sistema norte-americano, que faz a mensuração de aspectos mais quantificáveis de uma subsidiária estrangeira, proporciona os meios para comparar o desempenho entre as subsidiárias. O sistema europeu, por outro lado, mede mais aspectos qualitativos de uma subsidiária e de seu cenário, que variam entre subsidiárias, permitindo um foco na situação especial da subsidiária, mas dificultando a comparação do desempenho desta com o de outras.[43]

E-BIZ BOX
FedEx: soluções de *e-commerce* na Ásia

Hong Kong, 16 de dezembro de 1999 — A Federal Express Corporation ("FedEx"), a maior companhia mundial de transportes expressos, anunciou hoje o lançamento de uma gama de novos serviços de *e-commerce*. Estes proporcionam aos clientes na Ásia soluções personalizadas de comércio eletrônico pela Internet que aumentam a modernização de seus sistemas de cadeia de suprimentos e distribuição.

"Acreditamos que este novo elenco de soluções personalizadas proporcionará aos clientes da FedEx na Ásia a oportunidade de desencadear o enorme potencial do comércio eletrônico. Essas soluções inovadoras de tecnologia da informação serão um tremendo alento ao nosso *portfolio* de *e-commerce*, facilitando as transações *business-to-business* e *business-to-consumer* pela Internet", disse Rajesh Subramaniam, vice-presidente de Comércio Eletrônico e Serviços ao Consumidor, *Marketing* e Comunicações, da FedEx Ásia-Pacífico.

O conjunto de novos serviços de *e-commerce* da FedEx oferece soluções para as diversas necessidades dos clientes que fazem negócios *on-line*, desde a compra e entrega virtuais até administração e provisão de estoques.

- *Virtual Order Plus*®. Uma solução de comércio eletrônico que possibilita a um varejista instalar facilmente uma loja eletrônica *on-line* e oferecer aos seus clientes um mostruário dos seus artigos, ofertas de ocasião e promoções. Os clientes podem escolher os bens e fazer os pagamentos em diversas modalidades mediante um *link* seguro e acertar a entrega *on-line*.
- *GIVSship*®. Uma solução de comércio eletrônico que possibilita aos comerciantes utilizar o número de seu pedido para embarcar e acompanhar a localização de encomendas diretamente sem precisar deixar o *site* do vendedor.
- *Global Inventory Visibility System*®. Um sistema eletrônico de gestão de estoque pelo qual as companhias, utilizando-se dos serviços logísticos dos armazéns da FedEx, têm acesso eficiente, via Internet, a informações atualizadas sobre os estoques localizados quase em qualquer parte do mundo. As companhias têm também a possibilidade de fazer pedidos *on-line* para remeter mercadorias dos armazéns da FedEx para os clientes.
- *FullView*®. Uma solução de comércio eletrônico que oferece a compradores e comerciantes uma plataforma de transações *on-line* que compreende logística integrada, transporte e outros serviços de valor agregado e proporciona a flexibilidade da loja direta para a gestão da cadeia de suprimentos *on-line*.

A FedEx é um provedor de soluções totais que oferece uma rede mundial de transporte sem paralelo, em conjunto com uma abrangente rede de armazenagem e tecnologia de informação. Este conjunto de serviços de valor agregado, aperfeiçoado pela Internet e por nova tecnologia, serve para fortalecer ainda mais a capacidade de integração da FedEx.

"No cenário cada vez mais competitivo do mundo moderno, as empresas estão permanentemente em busca de mais e melhores meios de fazer negócios. Cada vez mais, reconhece a importância da gestão de cadeia de suprimentos combinada com o *e-commerce* como arma estratégica. O novo conjunto eletrônico de serviços da FedEx, com nossa incomparável confiabilidade e a inimitável rede AsiaOne, satisfaz às necessidades das empresas de pequeno e médio portes e também das grandes corporações, dando-lhes poderosas ferramentas para conquistar uma vantagem competitiva", completou o vice-presidente Subramaniam.

Fonte: www.fedex.com, 6 de dezembro de 1999. Copyright 1995–2001, Federal Express Corporation.

GESTÃO DE SISTEMAS EFICIENTES DE MONITORAMENTO

Práticas de gestão, restrições locais e expectativas com relação a autoridade, tempo e comunicação são apenas algumas das muitas variáveis com potencial para influir sobre a *adequação dos sistemas de monitoramento*. O grau de viabilidade da aplicação de práticas e objetivos da matriz em terceiros países dependerá provavelmente da origem dos executivos principais — se da própria matriz, do país anfitrião ou de um terceiro país. Além disso, os sistemas de informação e as variáveis de avaliação também devem ser considerados ao decidir quais os sistemas mais apropriados.

A adequação dos sistemas de monitoramento e relatórios

Um exemplo das diferenças existentes em relação às práticas de monitoramento e, em conseqüência, da necessidade de sistemas de coordenação, é proporcionado por um estudo que envolve empresas japonesas e americanas. O Quadro 8.11 mostra a resposta média de executivos americanos e japoneses em relação às práticas de controle de orçamento em suas companhias. Ueno e Sekaran afirmam que, segundo sua pesquisa, "as companhias americanas, comparadas com as japonesas, tendem a utilizar comunicação e coordenação mais extensivamente, a construir um maior índice de folga no orçamento e a usar avaliações de desempenho de longo prazo com menor intensidade".[44] Além disso, Ueno e Sekaran concluem que essas diferenças nos sistemas de relatórios derivam da variável cultural do individualismo na sociedade americana, em comparação com o coletivismo da japonesa. Os executivos americanos são, por exemplo, mais propensos a usar processos formais de comunicação e de coordenação, e os japoneses, pelo contrário, empregam processos informais e implícitos. Além disso, os executivos americanos, que são avaliados em relação ao desempenho individual, são mais propensos que os japoneses a criar uma folga nos cálculos orçamentários visando uma rede de proteção, isso porque os japoneses são avaliados em termos de desempenho de grupo. As implicações desse estudo são no sentido de que os executivos internacionais que entenderem as bases culturais para as diferenças nas práticas de controle serão mais flexíveis ao trabalhar com tais sistemas em outros países.

A função dos sistemas de informação

Sistemas de relatórios, como os descritos neste capítulo, necessitam de sofisticados sistemas de informação para um funcionamento adequado — não apenas para propósitos competitivos, mas também para propósitos de avaliação de desempenho. O alto escalão administrativo precisa receber informações acuradas e atualizadas referentes a vendas, produção e resultados financeiros para ter condições de comparar o desempenho real com os objetivos e adotar as medidas corretivas, quando necessárias. A maioria dos sistemas internacionais de relatórios exige *feedback* de informações em um ou outro nível para variáveis financeiras, de pessoal, produção e *marketing*.

Quadro 8.11 Respostas médias de executivos americanos e japoneses em relação às suas práticas de controle de orçamentos

VARIÁVEIS	MÉDIA AMERICANA	MÉDIA JAPONESA
Comunicação e coordenação	4,03	3,70
Planejamento de perspectivas de prazos	3,51	3,52
Estruturação dos processos orçamentários	2,95	2,90
Folga no orçamento	3,08	2,89
Controle dos orçamentos	3,42	3,17
Avaliação de perspectivas de prazos de desempenho orçamentário	2,80	3,11

Escala de resposta: 1 — discorda totalmente; 2 — discorda; 3 — neutra; 4 — concorda; 5 — concorda plenamente

Fonte: Susumo Ueno e Uma Sekaran, "The Influence of Culture on Budget Control Practices in the U.S.A. and Japan: An Empirical Study", *Journal of International Business Studies* 23 (Winter 1992): 659-674.

Os tipos específicos de relatórios funcionais, sua freqüência e a quantidade de detalhes que as matrizes exigem das subsidiárias irão sempre variar. Negandhi e Wedge fizeram um levantamento dos tipos de relatórios funcionais apresentados por 117 multinacionais na Alemanha, no Japão e nos Estados Unidos. Constataram que as multinacionais dos EUA normalmente apresentam cerca do dobro do número de relatórios em relação às corporações da Alemanha e do Japão, com exceção das revisões de desempenho. As multinacionais alemãs apresentam um número de relatórios um pouco superior ao das corporações japonesas. As americanas, desta forma, aparentam monitorar muito mais por meio de relatórios funcionais do que as companhias alemãs e japonesas. As japonesas dão bem menor destaque às revisões de desempenho pessoal que as americanas e alemãs — uma constatação coerente com sua cultura de processo decisório em grupo, consenso e responsabilidade.

Infelizmente, a exatidão e a atualidade dos sistemas de informação são, muitas vezes, bem menos que perfeitas. Isto ocorre especialmente nos países menos desenvolvidos, nos quais os executivos normalmente trabalham sob condições de extrema incerteza. As informações governamentais, por exemplo, são quase sempre expurgadas ou falseadas; outras fontes de dados importantes para os processos decisórios são em geral limitadas. Os funcionários não estão familiarizados com os métodos sofisticados de geração de informação, análise e relatório comuns nos países desenvolvidos. Suas normas de trabalho e sentimento de necessidade e urgência podem também confundir a questão. Além disso, a tecnologia de *hardware* e a capacidade de manipular e transmitir dados são, em geral, limitadas. A *adequação dos sistemas de informação sobre gestão* nas filiais estrangeiras é um problema angustiante para a administração das matrizes quando esta tenta manter uma coordenação eficiente das atividades e da consolidação dos resultados. Outro problema é a incomparabilidade dos dados sobre desempenho entre países, o que retarda o processo de avaliação.

O uso da Internet naturalmente fez com que a disponibilização e a utilização da informação se tornassem instantâneas. Muitas companhias começam a fornecer MIS¹ pela Internet para cadeias de suprimentos. Os sócios europeus Nestlé S.A e Danone Group, líderes mundiais na indústria de alimentos, estabeleceram o primeiro mercado na Internet para *e-procurement* no setor de bens de consumo, chamado CPGmarket.com, afirmando:

> O CPGmarket.com aperfeiçoará a eficiência da logística e ao mesmo reduzirá os custos de aquisição para o setor de produção, distribuição e venda de bens de consumo. O CPG (baseado na plataforma de *e-commerce* mySAP.com) proporciona às empresas não apenas compra e venda, mas também o acesso a informações sobre o setor... Os participantes poderão beneficiar-se com um mercado mais eficiente, reduzindo os custos mediante maior eficiência e processamento simplificado das transações.
>
> www.Nestle.com, PRESS RELEASE, 21 DE MARÇO DE 2000.

Variáveis de avaliação conforme os países

Um dos principais problemas na avaliação do desempenho de filiais estrangeiras é a tendência dos executivos da matriz a julgar os executivos das subsidiárias como se todos os dados que embasam a avaliação fossem comparáveis no conjunto desses países. Infelizmente, são muitas as variáveis que podem tornar as informações sobre a avaliação em um país substancialmente diferentes em relação a outro, devido a circunstâncias que fogem ao controle do executivo da subsidiária. Um país pode, por exemplo, enfrentar índices de inflação consideráveis, flutuações significativas nos preços das matérias-primas, agitação política ou ações governamentais. São fatores que fogem ao controle do executivo e tendem sempre a ter efeito depressivo sobre a lucratividade. E, mesmo assim, aquele executivo pode, na verdade, ter maximizado a oportunidade de estabilidade e lucratividade a longo prazo, em contraste com o executivo de outra subsidiária que não passou pelas mesmas circunstâncias adversas. Outras variáveis que influenciam os padrões de lucratividade são os preços de transferência, a desvalorização da moeda, as flutuações da taxa de câmbio, os impostos e as expectativas de contribuição para as economias locais.

Fica claro que uma maneira de assegurar mensurações de desempenho mais significativas é ajustar as declarações financeiras de maneira a refletirem as variáveis incontroláveis peculiares de cada país em que a subsidiária opera. Essa modalidade assegura uma base para uma avaliação mais real do retorno sobre o investimento (RSI, ou ROI, em inglês) comparativo, que é uma mensuração de controle abrangente. Outra maneira de proporcionar padrões significativos, de desempenho a longo prazo, é levar em conta outras mensurações não-financeiras. Entre elas, figuram a fatia de mercado, a produtividade, as vendas, as relações com o governo do país anfitrião, a imagem pública, a motivação dos funcionários, as relações com os sindicatos e o envolvimento com a comunidade.[45]

INTERAÇÃO COM OS SISTEMAS LOCAIS DE RELAÇÕES TRABALHISTAS

> Se você precisar fechar uma fábrica na Itália, França, Espanha, ou Alemanha, será obrigado a discutir essa possibilidade com o Estado, as comunidades locais, os sindicatos; todo mundo se considera autorizado a intervir... até mesmo a Igreja.
>
> JACOB VITORELLI, EX-VICE-PRESIDENTE DA PIRELLI.

Uma variável importante na organização do trabalho, no controle e no planejamento estratégico é o ambiente e o sistema de relações trabalhistas em que os executivos de uma multinacional terão de operar em um país estrangeiro. Diferenças nos sistemas econômico, político e legal se traduzem em variações consideráveis nos sistemas de relações com a força de trabalho em cada país. Empresas pan-européias, por exemplo, ainda estão tentando ajustar os sistemas social e de trabalho nacionais, enquanto os dirigentes da Comunidade Européia brigam pela concretização da meta da harmonização dos respectivos sistemas trabalhistas.[46] Como se não bastasse, as empresas européias continuam a ser prejudicadas pelo seu mau relacionamento com os trabalhadores e pelas regulamentações trabalhistas inflexíveis. O resultado disso é que muitas empresas se vêem forçadas a transferir empregos para outros países a fim de reduzir seus custos, em decorrência da recusa dos sindicatos em concordar com qualquer redução na rede de garantias e benefícios para os trabalhadores mesmo quando isto se torna necessário como forma de preservar mais empregos no próprio país.[47] Paralelamente, empresas não-européias pretendentes a se instalar na Europa precisam pesar cuidadosamente os sistemas de leis trabalhistas e seu efeito potencial sobre decisões operacionais e estratégicas.

O termo *relações trabalhistas* designa o processo pelo qual os executivos e os trabalhadores determinam suas relações no âmbito do emprego.[48] Este processo pode ocorrer mediante acordo verbal e descrições de emprego, ou mediante contratos mediados pelos respectivos sindicatos e aos quais se chegou por meio de negociação em processo coletivo que envolve trabalhadores e empresas. O contrato de trabalho determina os direitos dos trabalhadores: salários, benefícios, funções, procedimentos demissionais, aposentadoria, licenças etc.

Para o executivo internacional, a importância do sistema de relações trabalhistas vigente em cada país é que este restringe as opções estratégicas e atividades operacionais da empresa. As três principais dimensões do relacionamento chefia-funcionários que o executivo precisa analisar são: 1) a participação dos funcionários nas questões da empresa, especialmente naquelas capazes de influir no desempenho e bem-estar; 2) a função e o impacto dos sindicatos no relacionamento; 3) políticas específicas de recursos humanos em termos de recrutamento, treinamento e pagamento.[49] As restrições assumem a forma de: 1) índices salariais que são estabelecidos pelos sindicatos nos contratos e deixam à empresa pouca flexibilidade para ser globalmente competitiva; 2) limitações à possibilidade de a empresa estrangeira reduzir ou aumentar o número de funcionários quando disso tiver necessidade; 3) limitações à integração global das operações da empresa estrangeira em função da incompatibilidade e do potencial para um conflito industrial.[50]

O movimento sindical no mundo

O Quadro 8.12 mostra a percentagem sindicalizada da força de trabalho em países industrializados. É claramente perceptível uma tendência à redução da filiação dos funcionários aos sindicatos, tendência essa atribuída aos mais variados fatores, entre eles um aumento na proporção de trabalhadores administrativos e de serviços em relação aos trabalhadores da produção, uma crescente proporção de trabalhadores temporários e de meio expediente e uma redução na confiança das gerações mais jovens nos sindicatos.[51] Mesmo assim, os números não mostram a natureza do sistema em cada país. Na maioria deles, um sistema único e dominante de relações industriais se aplica a quase todos os trabalhadores. As exceções mais importantes são o Canadá e os Estados Unidos, onde coexistem dois sistemas — um para os trabalhadores sindicalizados e outro para os não-sindicalizados. Cada um deles, segundo Adams, tem "diferentes direitos e deveres das partes, prazos e condições de emprego, estruturas e processos de tomada de decisões". Basicamente, na América do Norte, um agente representa os trabalhadores sindicalizados, enquanto os não sindicalizados só podem barganhar individualmente, quase sempre com poucas possibilidades de influir nas grandes decisões ou políticas estratégicas, bem como nas condições de emprego.[52]

A estrutura tradicional dos sindicatos nas sociedades industrializadas do Ocidente se fez presente nas seguintes categorias: sindicatos setoriais, que representam todas as categorias de funcionários de um

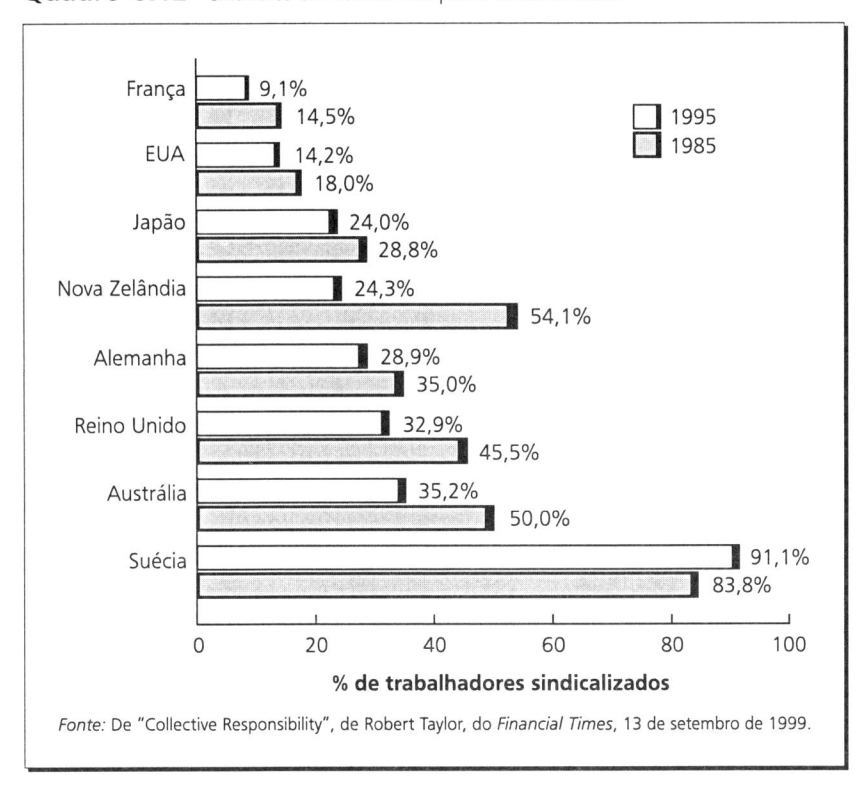

Quadro 8.12 Sindicatos em declínio nos países industrializados

País	1995	1985
França	9,1%	14,5%
EUA	14,2%	18,0%
Japão	24,0%	28,8%
Nova Zelândia	24,3%	54,1%
Alemanha	28,9%	35,0%
Reino Unido	32,9%	45,5%
Austrália	35,2%	50,0%
Suécia	91,1%	83,8%

% de trabalhadores sindicalizados

Fonte: De "Collective Responsibility", de Robert Taylor, do *Financial Times*, 13 de setembro de 1999.

determinado setor econômico, e sindicatos profissionais, que reúnem os funcionários de categorias específicas. Mais recentemente, a estrutura tem sido a de aglomerados sindicais, que representam trabalhadores de vários setores, como os sindicatos de metalúrgicos na Europa, que contam com associados em inúmeros setores, e sindicatos gerais, abertos a grande parte dos funcionários no âmbito de um país.[53] Nos Estados Unidos, existem muitos sindicatos nacionais, que representam categorias específicas de trabalhadores — entre as quais dos motoristas de caminhões e pilotos de aviões de passageiros — e, dessa forma, uma companhia pode ter de negociar com vários sindicatos nacionais diferentes. Cada empresa norte-americana, e não uma associação de empresas que representa uma categoria de trabalhadores, faz sua própria negociação e acordos.[54] No Japão, porém, é comum que um único sindicato represente todos os trabalhadores de uma empresa. Nos últimos anos, os sindicatos das companhias vêm intensificando a coordenação de suas atividades, dando origem a greves prolongadas.

Os sistemas de relações trabalhistas das várias nações só podem ser entendidos no contexto das variáveis de seus cenários e das fontes de origem dos sindicatos; essas incluem a regulamentação dos sindicatos pelos governos, fatores econômicos e de emprego/desemprego, questões tecnológicas e a influência de organizações religiosas.[55] Qualquer um dos vários processos ou conceitos básicos dos sindicatos, portanto, pode variar de país para país, dependendo de onde e como as partes têm seu poder e atingem seus objetivos — por exemplo, pela ação parlamentar na Suécia. A negociação coletiva nos Estados Unidos e no Canadá diz respeito às negociações entre um sindicato local e a direção da empresa; na Europa, porém, a negociação coletiva é o processo que ocorre entre a federação das empresas e um sindicato que representa um setor econômico.[56] Esta diferença significa que os acordos coletivos norte-americanos descentralizados e em nível de empresa são mais detalhados que os europeus para todo um setor, devido à complexidade da negociação de uma miríade de detalhes em um cenário que envolve múltiplos empregadores. Na Alemanha e Áustria, tais detalhes são delegados a conselhos de trabalho por mandado legal.[57]

Os acordos resultantes das negociações também variam em todo o mundo. Um acordo escrito, legalmente válido para um determinado período, comum na Europa setentrional e América do Norte, pode não ser válido na Europa meridional e Grã-Bretanha. Na Grã-Bretanha, França e Itália, a negociação é freqüentemente informal e tem como resultado um acordo verbal válido somente até que uma das partes manifeste a vontade de renegociá-lo.[58]

Outras variáveis do processo coletivo de negociação são seus objetivos e a aplicação dos acordos coletivos. Devido a essas diferenças, os executivos nas multinacionais no exterior sabem que precisam adaptar suas políticas de regulamentação de emprego às condições e aos regulamentos locais. Também devem sempre ter em mente que, embora nos EUA o número de trabalhadores sindicalizados tenha sofrido uma redução de 50% nos últimos 20 anos, na Europa, o total de funcionários sindicalizados continua elevado; os sindicatos europeus também vêm sofrendo redução de filiados, mas a partir de bases percentuais consideravelmente maiores em relação ao total de trabalhadores em cada país.

A maior parte dos trabalhadores europeus tem a cobertura de acordos coletivos, ao contrário da maioria dos americanos. Os sindicatos na Europa fazem parte de uma cultura nacional cooperativa entre governo, sindicatos e administrações de empresas e detêm maior fatia de poderes que nos Estados Unidos. Em junho de 1998, milhares de funcionários da Air France, empresa estatal, fizeram protestos nos aeroportos de Paris contra projetos de redução de vagas e de salários, forçando o governo a recuar de tal propósito.[59]

A crescente privatização acabará deixando os governos menos vulneráveis a essa espécie de pressão. É também interessante destacar a existência de tribunais do trabalho na Europa que tratam de questões de emprego em separado dos sindicatos e conselhos de trabalho. No Japão, a militância dos sindicatos ficou durante muito tempo praticamente sepultada, desde que os sindicatos e as empresas fizeram, 40 anos atrás, um acordo da paz industrial em troca da estabilidade no emprego. Os sindicatos japoneses têm pouca representatividade junto ao governo, especialmente em meio à recessão que continua afetando o país.

Mais ainda, não resta grande coisa a negociar, uma vez que salários, horas de trabalho, garantia no emprego, benefícios de saúde, horas extras, seguro etc., tudo está previsto em lei. As condições locais de trabalho e as questões de emprego são o que resta para negociar. Da mesma forma, os executivos e os representantes dos sindicatos são, normalmente, as mesmas pessoas, o que serve para limitar os confrontos, da mesma forma que o faz a norma cultural da manutenção de relações harmoniosas. No mundo industrializado, a queda das barreiras comerciais é outro fator que contribui para a redução do poder dos sindicatos, porque as competitivas companhias multinacionais têm ampla liberdade para escolher alternativas de locais de produção e suprimento de suas necessidades. A maioria dos novos sindicatos de trabalhadores — cerca de 75% — deve surgir nas nações emergentes, como a China e o México, nas quais os salários são baixos e os sindicatos, quase inexistentes.[60]

Na China, o governo determinou que todas as 47 mil empresas ali instaladas deveriam instituir seus próprios sindicatos até meados de 1996, e que todas as novas empresas estrangeiras que ali se instalassem a partir de então criassem tais sindicatos já no seu primeiro ano de atividades. Isso ocorreu em resposta a um forte aumento das tensões no trabalho, dos protestos contra as condições de trabalho precárias e dos acidentes ocorridos nas mais diversas indústrias. A Federação Geral Chinesa de Sindicatos denunciou que "as empresas estrangeiras muitas vezes forçam os trabalhadores a fazer horas extras sem pagamento, não dão a menor atenção às normas de segurança no trabalho e estão sempre encontrando defeitos no agir dos trabalhadores como desculpa para reduzir seus salários ou aplicar-lhes multas".[61] Grande parte da agitação foi causada por trabalhadores indignados com a perspectiva de perder a sua rede de segurança no trabalho, legado do regime socialista, sob as novas reformas econômicas efetuadas pelo governo. Três fábricas de artigos de consumo da Johnson & Johnson na China já criaram seus sindicatos e com eles mantêm uma relação de mútua cooperação.[62]

Convergência *versus* divergência nos sistemas trabalhistas

> Na África do Sul, a eliminação do Apartheid deu oportunidade ao surgimento de um movimento sindical em constante crescimento. O Congresso Nacional Africano (CNA) apóia os sindicatos, e os sindicatos locais recebem assistência da sucursal da AFL-CIO* em Johannesburgo.[63]

---

*N. de T. O CNA é o partido no poder na África do Sul desde o fim do regime do Apartheid, em 1994, e a AFL-CIO é a maior central sindical dos Estados Unidos.

Embora não se possa distinguir, a essa altura, um rumo perfeitamente claro, as mudanças políticas, as forças competitivas internacionais, o aumento do livre comércio e as freqüentes movimentações das multinacionais pelo mundo inteiro constituem forças que trabalham em favor da convergência entre os sistemas trabalhistas. A *convergência* ocorre quando a migração da gestão e as práticas de trabalho local no mundo contribuem para a redução das disparidades no trabalho entre os diferentes países. Isso ocorre principalmente quando as multinacionais buscam consistência e coordenação entre suas subsidiárias no exterior e quando agem como catalisadoras da mudança pela "exportação" de novas normas de organização do trabalho e práticas de relações industriais.[64] Isso também ocorre à medida que se busca a harmonização, como entre os países da União Européia, e quando pressões competitivas nas zonas de livre comércio, como nos países integrantes do Nafta, finalmente produzem exigências de alguma forma de equiparação de benefícios para os trabalhadores.[65] Pode até parecer que a globalização econômica esteja levando à transnacionalização do trabalho e que acabará produzindo mudanças nos direitos dos trabalhadores e na democracia em todo o mundo.[66] Na Europa Oriental, com suas sociedades em transição para a economia de mercado, vão sendo criados novos sistemas estruturados de relações industriais.[67] As tendências nas relações industriais, como a do enxugamento das organizações e do declínio do poder dos sindicatos, são vistas por muitos analistas como ocorrências globais que apontam para a convergência nos sistemas trabalhistas.[68]

Outras pressões que conduzem à convergência nas práticas internacionais das relações trabalhistas têm origem nas atividades e no monitoramento das condições de trabalho realizados no mundo inteiro por inúmeras organizações. Uma dessas é a Organização Internacional do Trabalho (OIT) — que tem representações dos sindicatos, dos empregadores e dos governos —, cuja missão é garantir a manutenção de condições humanas no trabalho. Outras entidades de sindicatos em inúmeros países incluem vários secretariados internacionais do trabalho, que representam trabalhadores de setores específicos da economia. Entre elas, figuram a Confederação Internacional de Sindicatos Livres (CISL) e a Confederação Mundial do Trabalho (CMT). As atividades e os canais de comunicação dessas associações proporcionam a sindicatos e empresas informações sobre diferenças entre as condições do trabalho no mundo inteiro.[69] Um resultado de seus esforços para despertar consciências e mudar as condições de trabalho foi a pressão que exerceram sobre as multinacionais que operavam na África do Sul, a partir do final da década de 1980, e que levou ao êxodo de empresas estrangeiras e finalmente à rejeição das leis do regime do Apartheid. Hoje existe um movimento sindical em rápido crescimento nesse país, graças ao apoio do Congresso Nacional Africano (CNA). Até mesmo a norte-americana AFL-CIO abriu um escritório em Johannesburgo e presta assistência aos sindicatos sul-africanos.[70]

Mudanças políticas e culturais estão também por trás das novas leis do trabalho na Coréia do Sul, um país que se afasta de um sistema baseado no paternalismo e autoritarismo para se tornar mais liberal.[71]

Apesar da existência de forças que agem pela convergência dos sistemas de relações trabalhistas no mundo inteiro, como se viu anteriormente, a maior parte das multinacionais ainda adapta grande parte de suas práticas às tradições dos sistemas nacionais de relações industriais, e existe uma pressão considerável para que assim o façam. Essas companhias, na verdade, agem mais como empregadores locais, sujeitos às práticas e aos regulamentos regionais e nacionais. Embora as razões para a continuada divergência entre sistemas pareçam poucas, elas são muito fortes; entre as mais importantes, estão a ideologia política e a estrutura social e história das práticas industriais. É altamente improvável que a China, entre outros países, venha a aceitar os métodos ocidentais que ameaçam sua ideologia política. E na União Européia, cujos países membros são instados a manter a paridade nos salários e benefícios de acordo com a Carta Social do Tratado de Maastricht, existem ainda uma poderosa defesa da identidade cultural e de sistemas sociais, e uma resistência considerável dos sindicatos a aquiescer com essas exigências. Os executivos nessas multinacionais reconhecem igualmente a existência de uma ampla brecha entre as leis trabalhistas e a sua implementação — especialmente nos países de menor desenvolvimento. O Quadro 8.13 (p. 228) mostra as principais forças pró e contra a convergência nos sistemas de relações trabalhistas.

O NAFTA E AS RELAÇÕES TRABALHISTAS NO MÉXICO

Cerca de 40% da força de trabalho total do México é sindicalizada, com o detalhe de que, nas organizações industriais com mais de 25 funcionários, a sindicalização é de aproximadamente 80%. O controle governamental sobre as atividades sindicais é, no entanto, muito forte, e embora existam algumas greves, o controle dos sindicatos sobre os seus associados continua, como sempre, deficiente.[72] As corporações multinacionais que operam no país são obrigadas, por determinação do governo, a contratar

Quadro 8.13 Tendências no sistema global de relações trabalhistas

FORÇAS PELA CONVERGÊNCIA GLOBAL → SISTEMA ATUAL → FORÇAS PELA MANUTENÇÃO OU PELO ESTABELECIMENTO DE SISTEMAS DIVERGENTES	
Competitividade global	Tradições e sistemas nacionais de relações trabalhistas
Presença das multinacionais ou iniciativas de consolidação	Sistemas sociais
Mudanças políticas	Regulamentações e práticas locais
Novas economias de mercado	Ideologia política
Zonas de livre comércio: harmonização (UE), forças competitivas (Nafta)	Normas culturais
Padronização tecnológica, TI	
Declínio do poder dos sindicatos	
Agências monitorando práticas mundiais de trabalho	

mexicanos para no mínimo 90% de sua força de trabalho; a preferência é de mexicanos e funcionários dos sindicatos. Entretanto, na verdade, o governo abre muitas exceções em relação a essas normas.

Atualmente, as únicas questões sujeitas a uma revisão formal trinacional nos termos do pacto relativo às relações trabalhistas incluído no Tratado Norte-americano de Livre Comércio (Nafta) dizem respeito aos salários mínimos, ao trabalho infantil e a questões de segurança. No entanto, empresas estrangeiras como a Honeywell, em operação no México, ficam sujeitas às pressões de várias partes diretamente interessadas quando de suas negociações com os sindicatos. Na verdade, no começo de 1998, John Sweeney, presidente da AFL-CIO, viajou ao México a fim de tentar "desenvolver estratégias coordenadas de organização e negociação interfronteiras".[73] Embora não tenha sido fechado acordo na ocasião, se lançaram as sementes na direção de uma ação sindical mais aberta com os conseqüentes benefícios disso decorrentes para os funcionários.

Muitas empresas estrangeiras passam a produzir no México pelo menos em parte devido aos menores salários e custos gerais de operação nesse país — utilizando as vantagens do Nafta — e a verdade é que o governo mexicano se dispõe a continuar atraindo esses investimentos, como fez durante muitos anos antes do Nafta. Os trabalhadores mexicanos, porém, denunciam que algumas das maiores companhias norte-americanas no México violam os direitos trabalhistas básicos e cooperam com dirigentes sindicais submissos ao governo local para sabotar os sindicatos independentes. As multinacionais, segundo os trabalhadores locais, usam rotineiramente listas negras, intimidação física e pressão econômica contra as organizações sindicais e os grupos de trabalhadores independentes que se opõem às políticas governamentais ou à Confederação dos Trabalhadores Mexicanos (CTM), uma central sindical governista. A GE, por exemplo, foi acusada de demitir 11 funcionários de sua fábrica de Juarez pelo fato de organizarem uma campanha pela Frente Autêntica dos Trabalhadores, a única organização sindical independente do país. A companhia foi igualmente acusada de colocar militantes sindicais na lista negra (uma lista de trabalhadores "indesejáveis" que circula entre alguns empregadores). Em fevereiro de 1994, foram apresentadas ao Escritório Administrativo Nacional (NAO) do Departamento do Trabalho do governo de Washington denúncias formais por dois sindicatos igualmente americanos — o dos Teamsters (caminhoneiros) e o United Electrical, Radio and Machine Workers Union (os sindicatos norte-americanos pressionam pelo aumento de salários e benefícios no México como forma de minimizar algumas das razões que levam as companhias americanas a transferir, para o país vizinho, instalações de produção e milhares de empregos americanos). O NAO, estabelecido no âmbito do Nafta para monitorar as políticas trabalhistas nos EUA, México e Canadá, analisou então as denúncias de violação da legislação mexicana pela GE. Mais tarde, concluiu que essas denúncias não tinham fundamento; além disso, estabeleceu que nem o próprio NAO nem sua contraparte mexicana poderiam punir outras nações por deixarem de fazer cumprir os direitos de organização sindical, ficando restritos à possibilidade da apresentação de denúncias formais a respeito.[74]

Esse incidente deixa claras as complexidades existentes nas relações trabalhistas quando uma companhia opera em países estrangeiros — especialmente quando existem conexões e interdependência entre esses países, como ocorre por intermédio do Nafta ou da Comunidade Européia. São de especial interesse as diferenças entre as leis trabalhistas referentes ao setor privado dos países do Nafta; embora o salário mínimo no México seja bem inferior aos vigentes no Canadá ou Estados Unidos, existem vários benefícios obrigatórios para os trabalhadores mexicanos, como a gratificação natalina equivalente a 15 dias do salário e a indenização por demissão equivalente a 90 dias de salário.

Gestão comparativa em foco

As relações trabalhistas na Alemanha

A co-participação já provou ser eficiente, e vários países do norte da Europa adotaram sistemas similares, menos, evidentemente, aqueles contrários à idéia, como a Grã-Bretanha. A conjugação de influências torna o diálogo entre a direção e os trabalhadores um componente natural do processo decisório.

ANDRE LEYSEN, PRESIDENTE DA JUNTA DE DIRETORES, AGLA GEBERT.[75]

A lei alemã da *co-participação* (*mitbestimmung*), que regulamenta a participação dos trabalhadores na administração de uma empresa, determina que os sindicatos e os funcionários autônomos estejam representados na diretoria de todas as grandes empresas e cria "conselhos de trabalho" dos funcionários em cada local de trabalho. Os sindicatos estão bem integrados no processo decisório da administração e podem contribuir positivamente para a competitividade e reestruturação das empresas; isto parece diferente das relações tradicionalmente conflitantes entre sindicatos e administração de empresas nos Estados Unidos.[76] Contudo, o fato é que as empresas, na condição de filiais das companhias, precisam enfrentar duras negociações com poderosos sindicatos representantes de setores econômicos inteiros. As condições de emprego que seriam negociadas em privado nos Estados Unidos, na Alemanha estão sujeitas a regras federais — um modelo único na Europa.

A filiação aos sindicatos é voluntária, havendo normalmente um sindicato por setor econômico, e sendo considerável o poder dos sindicatos. Os contratos negociados com empresas pelas federações de empregadores podem ser aceitos pelas empresas que são membros das federações, ou usados como modelo para outras companhias; esses contratos, dessa forma, acabam determinando a escala de salários para cerca de 90% dos trabalhadores alemães.[77]

Os conselhos de trabalho dos sindicatos têm voz ativa na contratação, na demissão, no treinamento e na recolocação em épocas de redistribuição e mudança.[78] Devido à profundidade da penetração dos conselhos de trabalho nos assuntos pessoais e da organização do trabalho, como exigido por lei, sua função passou a ser chamada de "co-direção do mercado interno de trabalho".[79] Esta situação tem implicações consideráveis para a maneira de agir dos executivos de multinacionais na Alemanha. O IG Metall, o maior sindicato do setor metalúrgico, com 2,6 milhões de associados, negocia diretrizes referentes a pagamento, horário e condições de trabalho em cada região do país. A seguir, os conselhos de trabalho se baseiam nessas diretrizes para o estabelecimento dos contratos locais. A função proativa do IG Metall na mudança ilustra a evolução do papel dos sindicatos ao se anteciparem ao pensamento gerencial em vez de reagir a ele. Mais ainda, a administração e os trabalhadores tendem a agir em conjunto devido à estrutura dos sindicatos. Na verdade, Adams sugere que semelhante acordo institucional é um poderoso fator para a mudança de tendências culturais profundamente arraigadas.

A co-participação evidentemente ajudou a modificar o estilo de gestão alemão, que passou do autoritarismo para algo mais humanitário, sem por isso — e é bom que se diga — alterar sua eficiência e eficácia tradicionais.[80] É um sistema que contrasta firmemente com a inexistência de integração e de função decisória dos sindicatos na indústria automobilística dos EUA, por exemplo, condições essas que limitam as oportunidades de mudança.

A Daimer-Chrysler, a companhia teuto-americana com matriz na Alemanha, inclui um conselho de trabalhadores no seu processo decisório, como exige a lei alemã. Isso significa que os representantes dos funcionários da companhia prestam grande atenção às atitudes norte-americanas capazes de conduzir mudanças no tom dos processos de negociação coletiva. O sistema de direção composto por uma junta diretora e uma diretoria executiva vai ser mantido. É provável que a companhia venha a exercer pressão para reduzir os altos custos do trabalho e dos impostos alemães, usando a ameaça de transferir suas fábricas para outros países onde possa continuar globalmente competitiva. Com a DaimlerChrysler que responde por cerca de 13% do Índice DAX das 30 ações alemãs *blue-chip*, os acionistas americanos e executivos na companhia sem dúvida vão conservar algum poder de decisão, mesmo que seja apenas o suficiente para concretizar mudanças e reduzir os custos operacionais do empreendimento — e talvez do país. Os salários dos trabalhadores alemães da produção estão entre os mais altos do mundo, cerca de 50% superiores aos dos Estados Unidos, e cerca de dez vezes mais que os dos mexicanos. Os trabalhadores alemães também são os que têm maior número de dias de férias pagas e estão sempre pressionando pela redução da jornada de trabalho. Lojas e outros estabelecimentos comerciais funcionam pouco nos finais de tarde e fins de semana. Os custos das demissões são igualmente muito altos (incluem o pagamento de indenização, custos do retreinamento, prazo para achar outro emprego etc.), isto quando se concretiza alguma demissão, algo também muito difícil em toda a Europa. Essa questão afetou em cheio a Colgate-Palmolive quando decidiu fechar sua fábrica em Hamburgo, em 1996. A companhia ofereceu aos 500 funcionários indenização média de US$ 40 mil, para cada um, mas o sindicato não concordou, e a Colgate teve, afinal, de pagar uma soma bem maior (cujo montante nenhuma das partes admitiu revelar).

  O modelo alemão, conforme Rudiger Soltwedel, do Instituto para a Economia Mundial, de Kiel, sustenta que a concorrência deve se basear em outros fatores que não os custos.[81] Assim, o alto índice dos salários é compensado pelos produtos de alto valor, como carros de luxo e máquinas de alta qualidade que têm sido uma espécie de marca registrada de tudo o que o país produz. Ocorre que, tendo estabelecido os padrões de produção baseados em altos salários, alta qualidade e maior valor agregado, os sindicatos e as empresas alemãs também ficaram como se dependessem da continuação desse padrão.[82] Reconhecendo a existência dessa dependência, as empresas automobilísticas alemãs entraram em um processo de reformulação interna tendo como base o modelo japonês — reduzindo insumos e cortando custos a fim de poderem competir em escala global. Contudo, este contrato social, que foi uma das molas mestras do sucesso alemão como potência industrial, vem sendo abalado pelo enfraquecimento geral da economia decorrente de custos, como os US$ 100 bilhões investidos na absorção da antiga Alemanha Oriental e das pressões competitivas dos próprios parceiros dos alemães na União Européia.[83]

Conclusão

  Os processos de estrutura, controle e coordenação são sempre os mesmos, não importando se ocorrem em uma companhia nacional, em uma corporação multinacional com uma rede de filiais no exterior, ou em uma determinada *joint venture* internacional. As companhias globais precisam de um maior grau de coordenação devido à incerteza que afeta os cenários mundiais e os sistemas de informação e devido à variedade dos centros decisórios. Complexidades adicionais que podem ser atribuídas aos inúmeros sistemas de relações trabalhistas contribuem para aumentar o desafio da organização e do controle. Essas condições dinâmicas podem confundir a tarefa de integrar e controlar uma rede mundial de subsidiárias, *joint ventures* e relações contratuais. Os executivos das matrizes precisam, assim, projetar sistemas apropriados a levar em consideração todas essas variáveis e que sejam competentes para a avaliação de desempenho.

RECURSOS NA INTERNET

Visite o *site* de Deresky no endereço http://prenhall.com/Deresky para ter acesso aos recursos de Internet deste capítulo.

PONTOS-CHAVE

1. Toda organização deve ser projetada com vistas a facilitar a implementação dos objetivos estratégicos. Outras variáveis a serem consideradas ao projetar a estrutura de uma organização incluem as condições do ambiente em que atuará, o porte da organização e a tecnologia a

ela apropriada. A dispersão geográfica das operações, bem como as diferenças de tempo, idioma e cultura, afeta a estrutura em um contexto internacional.
2. O projeto da estrutura de uma empresa reflete sua estratégia de entrada internacional e tende a mudar ao longo do tempo com o crescimento e a intensificação de seus investimentos e sua diversidade, ou ambos.
3. Tendências globais exercem pressão cada vez maior sobre as multinacionais para que se empenhem em conseguir economias de escala mediante a globalização. Isto exige a racionalização e a coordenação das alianças estratégicas.
4. As multinacionais podem ser consideradas redes interorganizacionais de suas próprias operações dispersas e de outras alianças estratégicas. Semelhantes redes de relacionamento podem adotar estruturas únicas para um determinado cenário, mesmo que continuem exigindo uma coordenação centralizada.
5. A estrutura transnacional permite à companhia "ser global e agir como local" mediante a utilização de redes de unidades descentralizadas com comunicação horizontal; isto possibilita flexibilidade local e, ao mesmo tempo, integração global.
6. Os sinalizadores da necessidade de mudanças estruturais incluem ineficiência, conflitos entre unidades de negócios, comunicação deficiente e superposição de responsabilidades.
7. São necessários sistemas de coordenação e monitoramento para regular as atividades organizacionais de maneira que o desempenho real se coadune com os padrões organizacionais e objetivos esperados. As multinacionais utilizam diversos controles diretos e indiretos.
8. O monitoramento e o controle financeiro das filiais estrangeiras são complicados por variáveis como taxas de câmbio, índices de inflação, preços de transferência e padrões de contabilidade.
9. O projeto dos sistemas apropriados de monitoramento precisa levar em conta restrições locais, práticas e expectativas de gestão, sistemas de informação inconfiáveis e variáveis no processo de avaliação.
10. Dois grandes problemas nos relatórios para as subsidiárias devem ser levados em consideração: l) sistemas de informação gerencial inadequados; 2) incomparabilidade dos dados de desempenho necessários para propósitos de avaliação em nações diferentes.
11. As relações trabalhistas são o processo mediante o qual os executivos e os trabalhadores determinam como se dará a convivência no setor de trabalho. O ambiente, o sistema e os processos das relações trabalhistas variam em todo o mundo e influem sobre a maneira como o executivo internacional deve planejar a estratégia e organizar os sistemas de trabalho e controle.

PARTE 4
Gestão global de recursos humanos

Capítulo 9

Desenvolvimento de um núcleo global de executivos

Panorama
Perfil de abertura: *Oleg e Mark — mesmo trabalho, pagamento desigual*
E-Biz Box: *O SGRH tornam-se globais na British Airways*
Filosofias de formação de equipes em operações globais
Seleção global
    Problemas com a expatriação
Treinamento e aperfeiçoamento
    Treinamento intercultural
    Técnicas de treinamento
    Integração entre treinamento e orientação global
    Treinamento de cidadãos do país anfitrião
Compensação para os expatriados
Compensação para os cidadãos do país anfitrião
Desenvolvimento de um quadro global de executivos
    Preparação, adaptação e repatriação
    O papel do cônjuge do expatriado
    Gestão da carreira do expatriado
    A função da repatriação no desenvolvimento de um quadro de gestão global
    Equipes globais de gestão
    O papel das mulheres na gestão internacional

PERFIL DE ABERTURA:

Oleg e Mark — mesmo trabalho, pagamento desigual

Oleg e Mark são executivos de projeto na subsidiária de Moscou de uma companhia internacional multibilionária. Oleg é russo e Mark, um norte-americano expatriado. Embora nascidos e criados em países totalmente diferentes, eles têm muita coisa em comum. Ambos têm 30 anos de idade, formaram-se em economia em universidades conceituadas dos respectivos países, trabalharam para organizações renomadas, voltaram à academia para completar a graduação e agora trabalham lado a lado no ambiente excitante da emergente economia de mercado da Rússia. Trabalham muitas horas por dia, têm cronogramas imprevisíveis, gerenciam complicadas relações com vendedores e agências do governo e, para completar, enfrentam os altos e baixos das atitudes da matriz em relação ao mercado russo. Trabalham quase sempre juntos, comparecem às mesmas reuniões, enfrentam problemas similares e enviam incontáveis faxes e *e-mails* à matriz da corporação, na América do Norte. Seu relacionamento mútuo é excelente, e seguidamente ajudam um ao outro. Gostam do que fazem e, segundo as respectivas chefias, seu futuro é brilhante.

Quando o dia de trabalho chega ao fim, no entanto, todas essas semelhanças também se encerram abruptamente. Mark, ao volante de um Volvo 760, vai para um elegante apartamento de quatro quartos em um bairro de elite do sudeste de Moscou, enquanto Oleg pega o metrô para voltar ao apartamento sombrio em um edifício decrépito no centro que compartilha com outros quatro russos. Nos fins de semana, Mark gosta de jantar no Savoy, um restaurante da moda onde uma boa refeição não fica abaixo de US$ 200, enquanto Oleg se contenta com algumas cervejas no apartamento de um amigo. Três vezes por ano Mark viaja, em férias, pela Europa Ocidental, o Caribe ou os Estados Unidos; uma vez por ano, Oleg vai à Sibéria para visitar seus pais. Nem o carro, nem o apartamento e muito menos as férias custam sequer um dólar a Mark. Tudo faz parte do "pacote de risco" que ele recebe, junto com o salário de US$ 6 mil mensais, como compensação por viver em Moscou. Para Oleg, como cidadão russo, não cabe compensação alguma por dificuldade, e seu salário não passa de US$ 200 por mês.

Oleg diz: "Gosto do que faço e das pessoas com quem trabalho. Acho que temos uma grande organização aqui em Moscou. A maior parte dos expatriados é muito franca e sabe o que faz. Acho que aprendemos bastante uns com os outros e que a companhia se beneficia com a existência desta equipe multinacional.

"A minha compensação? Bem, é um tanto frustrante saber que os seus colegas, que trabalham tanto quanto você e a quem você às vezes precisa ajudar, especialmente porque a maioria não fala russo, ganha 30 vezes mais. No verão passado, tivemos um estagiário de uma escola de administração norte-americana, que trabalhou sob minhas ordens. Ele gostava de me levar para almoçar em restaurantes que só aceitam moeda forte e pagava de cada vez quase o que eu ganho em um mês! Era um cara decente, mas nossas relações não eram lá muito normais, pois eu jamais conseguia pagar uma garrafa de vinho que fosse nesses almoços, e ele sabia disso.

"Entretanto, no trabalho, não fico pensando nisso. Até porque nem sobra tempo para pensar em outra coisa que não seja o trabalho. Às vezes, no fim da noite, é claro que tenho algumas idéias meio malucas tipo: 'Pô, alguma coisa deve estar errada — eles tratam você como cidadão de segunda classe, mão-de-obra barata, eles exploraram você'... Contudo, na manhã seguinte, lá estou eu, pronto para o trabalho, e todas essas idéias se evaporam. Até quando minha paciência vai durar? Isso é algo que eu certamente não sei."

Agora diz o diretor executivo da companhia na Rússia: "Alguns dos nossos executivos russos, como o Oleg, são tão, ou mais, qualificados quanto qualquer expatriado. Eles entendem perfeitamente o nosso empreendimento e são verdadeiramente bilíngües, enquanto a maioria dos nossos expatriados mal consegue falar russo. É muita sorte nossa contar com essas pessoas — dificilmente se poderia superestimar a contribuição delas ao nosso sucesso. A compensação? Pagamos a eles o que o mercado determina aqui em Moscou. Realmente, são salários extremamente baixos em relação aos padrões ocidentais, mas por que eu deveria pagar a um executivo US$ 5 mil por mês quando posso contratá-lo por US$ 200? Quanto a eles, será que estão revoltados com essa injustiça? Acho que não. Até agora, não ouvi queixa alguma a respeito e entendo que temos um relacionamento muito bom na empresa entre os russos e os expatriados."

Os comentários de Mark: "O Oleg é um grande cara. Nós nos damos bem, ele me ajuda bastante, especialmente com o idioma. Se eu tenho pena dele? Nada disso, penso apenas que ele tem um belo futuro. Um dia, ele certamente estará dirigindo esta subsidiária. Quanto ao tema do dinheiro, vivemos em uma economia de mercado. Fui contratado nos Estados Unidos, e o que eu recebo é que o mercado paga lá. Na Rússia é diferente, por isso Oleg tem outras formas de compensação. E mesmo assim acredito que esteja ganhando mais do que seus companheiros que trabalham para organizações russas. Além disso, uma das razões pelas quais a nossa empresa está presente aqui é exatamente a existência de mão-de-obra qualificada e barata, algo que certamente não iremos tão cedo deixar de aproveitar."

Fonte: Sheila M. Puffer e Stanislav V. Shekshnia, "Compensating Nationals in Post Communist Russia; The Fit Between Culture and Compensation Systems" (Conferência apresentada na Annual Academy of International Business Conference, Boston, 1994). Utilizado com permissão.

> [No novo milênio], o gabarito das pessoas será a única fonte de vantagem competitiva.
>
> ALLAN HALCROW, EDITOR DO PERSONNEL JOURNAL, FEVEREIRO DE 1996.

> Das 100 principais empresas do Reino Unido consultadas pela Cendant International Assignment Services, 63 admitiram fracassos em empreendimentos no exterior.
>
> www.expat.FT.com, 5 de março de 2001.

O *Perfil de Abertura* deste capítulo descreve um problema contemporâneo de diferenças salariais entre expatriados e os seus equivalentes no país anfitrião. São inúmeros os desafios que se apresentam à função da gestão de recursos humanos em qualquer organização, nacional ou internacional. Contudo, dada a maior complexidade das operações internacionais de gestão, a necessidade de assegurar gestão de alta qualidade é ainda mais importante que nas operações nacionais.

Um componente vital da estratégia global de implementação é a *gestão internacional de recursos humanos (GIRH)*. Por isso mesmo, esta função vem sendo progressivamente reconhecida como um dos principais determinantes do sucesso ou fracasso dos empreendimentos internacionais. Na verdade, em uma economia global altamente competitiva, em que outros fatores da produção — capital, tecnologia, matérias-primas e informação — são cada vez mais duplicáveis, o gabarito das pessoas em uma organização será à única fonte de vantagem competitiva sustentável disponível para as empresas dos EUA.[1] As corporações que operam no exterior devem prestar cada vez maior atenção a esse recurso verdadeiramente fundamental, que também proporciona controle sobre outros recursos. Muitas multinacionais norte-americanas subestimam a importância da função de planejamento de recursos humanos na seleção, no treinamento, na aculturação e na avaliação de executivos indicados para postos no exterior. E, assim mesmo, o crescente significado desse recurso fica evidenciado nos números. Existem atualmente em todo o mundo mais de 37 mil corporações multinacionais. Elas controlam mais de 200 mil filiais estrangeiras e têm cerca de 73 milhões de funcionários. Nos Estados Unidos, as multinacionais estrangeiras empregam três milhões de norte-americanos — mais de 10% da força de trabalho nacional no setor de manufatura.[2] Além disso, cerca de 80% das companhias norte-americanas de médio e grande portes enviam executivos para o exterior, e a maioria delas pretende aumentar sempre esse número.[3] O Conselho Nacional de Comércio Exterior (CNCE) estima que 300 mil americanos expatriados estejam em missão no exterior em qualquer momento determinado. Das empresas que participaram do Estudo Internacional das Melhores do Setor da Arthur Andersen...

> Tais empresas geram 43% de seus rendimentos em países que não os de suas sedes; como conseqüência, necessitam de expatriados qualificados para darem suporte à sua expansão mediante um misto de capacidade técnica e entendimento cultural.[4]

Recentes avanços tecnológicos, no entanto, têm capacitado as empresas a utilizar com eficácia e eficiência a função da GIRH e a maximizar a estrutura de gestão global da firma, como se verifica no próximo *E-Biz Box*.

No primeiro estágio de planejamento, é indispensável tomar decisões sobre a política de pessoal mais adequada a um determinado tipo de negócio, sua estratégia global e suas localizações geográficas. As questões principais são as relacionadas à dificuldade de controle em operações geograficamente dispersas, à necessidade da adoção de decisões locais independentes da matriz e à adequação de executivos de fontes alternativas.

A interdependência entre estratégia, estrutura e política de pessoal é especialmente importante e digna de nota. O ideal seria, a estratégia desejada da empresa ditar a estrutura internacional e os métodos de formação de equipes mais eficazes para a implementação dessa estratégia. Na realidade, contudo, o normal é que essas funções sejam consideravelmente interdependentes. As limitações estruturais existentes muitas vezes afetam decisões estratégicas; de igual forma, limitações quanto ao preenchimento de vagas ou exigências de qualificações especiais no gerenciamento entram em jogo em decisões organizacionais e, às vezes, até mesmo estratégicas. Tudo isso reforça a importância de estabelecer um sistema de ajustes entre essas variáveis capaz de facilitar a implementação estratégica.

E-BIZ BOX
Os SGRH tornam-se globais na British Airways

Companhias que operam em vários países devem necessariamente globalizar seus sistemas de gestão de recursos humanos (SGRH). Entre as razões da obrigatoriedade deste processo, se incluem a contagem detalhada e exata da força de trabalho, o monitoramento dos expatriados, o acompanhamento e a análise de benefícios dos funcionários, a avaliação dos modelos de compensação e a organização da folha de pagamento. As multinacionais precisam também acessar dados sobre treinamento e qualificações, fazer com que informações atualizadas sejam de fácil acesso para os executivos principais e estudar modelos de planejamento de carreira e de sucessão. Criar um SGRH não é, porém, fácil. As diferentes leis, culturas, práticas empresariais e limitações tecnológicas dos vários países em que se opera precisam ser levadas em consideração.

Michael P. Corey, diretor de sistemas de RH da British Airways, sabe muito bem como é difícil coordenar um SGRH quando a empresa está presente em 83 países. Se não se dispuser de *hardware* e *software* eficientes e de estratégias de RH para apoiá-los, a via expressa de dados da corporação pode facilmente ficar parecida com uma estrada não pavimentada, de uma via só, daquelas tão comuns em países subdesenvolvidos: caótica, congestionada e cheia de obstáculos. Corey, no entanto, mostra-se inflexível quanto à implementação de um sistema capaz de proporcionar ao RH os instrumentos necessários para um excelente desempenho. "Em uma era de intensa competição e pressões, quando os RH precisam proporcionar valor, é essencial automatizar e modernizar tanto quanto possível", explica o executivo. Com mais de 50 mil funcionários espalhados pelo mundo inteiro, muitos dos quais estão em lugares diferentes a cada dia da semana, realmente não é fácil.

Quando o DRH precisa avisar os funcionários de uma mudança nos benefícios ou procedimentos, por exemplo, muitos deles encontram-se naquele momento a 1.300 metros de altura. Quando surge a necessidade de localizar pessoas do mesmo grupo de trabalho ou atualizar os registros dos funcionários, chega a hora de lidar com 24 fusos horários diferentes e dezenas de idiomas e culturas. E tem mais: os sistemas e as tecnologias que funcionam em determinado local podem, em outros, simplesmente desafiar todos os esforços no sentido de fazer com que dêem algum sinal de vida. Apesar de tudo isso, o sistema automatizado da British Airways cuida de recrutamento de pessoal, benefícios, localização de grupos, manutenção de registros básicos e uma multiplicidade de outras funções — encurtando caminhos entre plataformas tecnológicas e rompendo barreiras idiomáticas. Mais ainda, o sistema, apelidado de ACHORD*, tem *links* com outros 35 sistemas que dependem de dados de pessoal no âmbito da British Airways. E a companhia planeja estender essa conexão para outros 40 sistemas de negócios.

Quando um executivo em Kuala Lumpur, na Malásia, precisa de informações sobre conexões ou sistemas de cooperação da companhia com outras empresas, tem acesso a elas em poucos segundos. Quando um especialista em RH de Nova York precisa de dados sobre aposentadorias ou acordos sobre concessões de passagens, eles se tornam visíveis em um relâmpago. Com uma rede de *mainframes* de computadores IBM conectada a PCs e terminais burros, os dados fluem em cascata entre escritórios e atravessam fronteiras nacionais. Além disso, a rede mundial eliminou quase por inteiro a duplicação do fluxo de dados, da burocracia, de discos e demoras no processamento do trabalho. "Tudo isso se enquadra no conceito da reengenharia e de tornar o DRH confiável e por isso mesmo participante das decisões corporativas", garante Corey. "E nos proporciona um poderoso instrumento de trabalho."

Fonte: Adaptado de S. Greengard, "When HRMS Goes Global: Managing the Data Highway", *Personnel Journal* 74, nº 6 (1995); 90–91.

---

*N. de T. Acrônimo de Airline Corporate Human and Organization Resources Database, ou Base de Dados Corporativa de Recursos Humanos e Organizacionais da Empresa Aérea.

FILOSOFIAS DE FORMAÇÃO DE EQUIPES EM OPERAÇÕES GLOBAIS

> Constatamos que a melhor fórmula é contratar indivíduos no país em que vamos operar e então trazê-los para a nossa sede nos EUA a fim de que se familiarizem com a nossa organização e com ela comecem a interagir.
>
> STUART MATHISON, VICE-PRESIDENTE DE PLANEJAMENTO ESTRATÉGICO DA SPRINT INTERNATIONAL, 1995.

As alternativas de filosofia de formação de equipes de executivos no exterior são conhecidas como as práticas etnocêntrica, policêntrica, regional e global. As empresas que usam a *prática etnocêntrica* são as que contratam para posições-chave da administração indivíduos do país sede — isto é, *cidadãos do país da matriz (CPMs)*. Entre as vantagens desta filosofia, os CPMs têm conhecimento dos objetivos, dos produtos, das tecnologias, das políticas e dos procedimentos da companhia e sabem a melhor maneira de conseguir meios para a concretização das metas recorrendo à sede. Esta política tende a ser utilizada sempre que uma companhia constata a inadequação das qualificações gerenciais locais e determina uma grande necessidade de manter comunicações e coordenação muito íntimas com a sede. É também a opção escolhida quando se trata de uma organização estruturada em torno de uma abordagem centralizada na globalização e que se encontra nas primeiras etapas do estágio de internacionalização da expansão estratégica.

É comum que as empresas empreguem CPMs nas principais funções de direção da subsidiária estrangeira — especialmente o CEO (diretor-presidente) e o diretor-financeiro (CFO) — para que mantenham um controle mais firme da situação. Os CPMs são normalmente preferíveis sempre que for necessário um alto nível de capacitação técnica. São igualmente escolhidos nos casos de novos empreendimentos internacionais que requeiram uma experiência prévia de gestão na matriz e quando existe preocupação quanto a eventuais conflitos de lealdade em relação à companhia e/ou ao país anfitrião; em casos, por exemplo, de utilização extensiva de tecnologia sobre a qual existam direitos exclusivos de propriedade.

As desvantagens da abordagem etnocêntrica incluem: 1) a falta de oportunidades e de desenvolvimento para os executivos locais, o que faz encolher seu ânimo e mesmo sua lealdade à subsidiária e 2) a difícil adaptação e escassa eficiência dos expatriados em terceiros países. A Procter & Gamble era uma empresa que rotineiramente indicava executivos da matriz para os seus empreendimentos no exterior. Depois de várias experiências fracassadas no Japão, a empresa chegou, porém, à conclusão de que essa prática significava ignorar as culturas locais e também implicava a subutilização de um contingente altamente capacitado de potenciais executivos não-americanos.[5] Mais ainda, uma política de recrutamento de pessoal etnocêntrica sonega à companhia os benefícios que esta poderia obter com a utilização de seu contingente global de indivíduos treinados e capacitados a vôos mais altos. Por fim, trata-se de uma prática que se presta a perpetuar determinados processos de seleção de pessoal e outros tipos de decisões exclusivamente pelo fato de serem sempre os mesmos tipos de pessoas que adotam os mesmos tipos de decisões.

Com uma *prática policêntrica de pessoal*, contudo, executivos locais — *cidadãos do país anfitrião (CPAs)* — são contratados para assumir posições em seu próprio país. Trata-se de uma política fadada ao sucesso quando da implementação de uma estratégia multinacional. Quando uma empresa pretende "agir como local", são óbvias as vantagens de formar equipes com CPAs. Os executivos componentes dessas equipes são naturalmente acostumados com a cultura, o idioma e as práticas empresariais locais, dispondo igualmente de uma nutrida rede de contatos. Os CPAs têm maiores possibilidades de aceitação pelo contexto tanto externo quanto interno da subsidiária, e ao mesmo tempo representam exemplos a serem seguidos por outros funcionários que sonhem com uma ascensão na hierarquia da empresa.

Com relação a custos, é normalmente mais vantajoso para a empresa contratar um executivo local do que transferir outro de sua matriz, freqüentemente com a família e muitas vezes com salários e benefícios colaterais muito superiores. Transferir alguém da matriz para a subsidiária torna-se especialmente caro quando fica evidente que o executivo e sua família não se ajustam ao local e precisam ser repatriados antes do tempo previsto. Na verdade, em lugar de construir as próprias instalações, algumas companhias adquirem empresas estrangeiras como forma de conseguir pessoal local altamente qualificado. Os executivos locais também tendem a ser úteis na prevenção ou no enfrentamento efetivo de problemas que afloram no decorrer de crises políticas nacionais. Alguns países têm até mesmo normas legais que impõem um determinado número de cidadãos nacionais entre os executivos de subsidiárias de empresas instaladas localmente.

Uma desvantagem da política policêntrica de pessoal é a dificuldade na coordenação de atividades e metas entre a subsidiária e sua matriz, inclusive o potencial conflito entre lealdades experimentado pelo executivo local. A coordenação deficiente entre as subsidiárias de uma multinacional é fator capaz de limitar as opções estratégicas. Outra dificuldade decorrente desta política é o fato de impedir que os executivos das multinacionais adquiram a experiência no exterior indispensável a qualquer detentor de cargo superior cujo desempenho exija o entendimento e a coordenação das operações de subsidiárias.

Na *prática global de pessoal,* os melhores executivos são recrutados nos próprios quadros ou fora da empresa, independentemente de suas nacionalidades — uma política utilizada durante muito tempo pelas multinacionais européias. Mais recentemente, grandes empresas norte-americanas, em paralelo com a adoção de uma abordagem estratégica global, passaram igualmente a promover estrangeiros aos seus mais altos cargos. A General Motors contratou J. Ignacio Lopez de Arriortua* como vice-presidente mundial de compras, a Xerox contratou Vittorio Cassoni como vice-presidente executivo e a Esprit de Corp assegurou o concurso de Fritz Ammann como seu presidente.[6]

São várias as vantagens importantes dessa prática global. Em primeiro lugar, ela proporciona uma maior disponibilidade de pessoas qualificadas e dispostas a ocupar os melhores postos, o que, com o tempo, acaba desenvolvendo uma rede global de executivos. Um benefício adicional está no fato de que as qualificações e experiências que esses executivos utilizam e transferem ao longo da companhia vão consolidando uma estrutura de aprendizado compartilhado, indispensável para capacitar a companhia a concorrer em nível global. Em segundo lugar, sempre que cidadãos de terceiros países (CTPs) são utilizados como executivos de subsidiárias, normalmente contribuem com flexibilidade e adaptação culturais maiores — além das capacidades bilíngües e multilíngües — a uma situação do que as dos cidadãos do país da matriz, especialmente se os CTPs tiverem origens semelhantes às dos trabalhadores do país anfitrião e estiverem habituados a rodar pelo mundo. Além disso, quando se colocam CTPs em posições-chave, os funcionários vêem nisso um compromisso entre a sede e os dirigentes locais, o que colabora para a redução dos ressentimentos. Em terceiro lugar, podem ter custo menor a transferência e o pagamento de executivos de países em que os padrões de salários e pacotes de benefícios sejam menores. Na verdade, as empresas com uma orientação verdadeiramente voltada para a formação de equipes globais estão desativando por inteiro o conceito etnocêntrico de país sede ou país anfitrião e, como parte desse foco, o termo *transpatriados* vem sendo cada vez mais utilizado em lugar de *expatriados.*[7] Empresas como a Philips, Heinz, Unilever, IBM e ABB empregam uma filosofia de pessoal globalizada, o que as torna altamente visíveis e parece indicar uma tendência generalizada.[8]

De maneira geral, parece comprovar-se que "quanto maior a distância geográfica e cultural entre a subsidiária e a matriz, maior o número de expatriados utilizados em posições de mando, especialmente nos países menos desenvolvidos".[9] Trata-se de uma situação claramente derivada da preocupação com a incerteza e a capacidade de controle da implementação das metas corporativas. Contudo, em função do consenso mais ou menos generalizado de que a formação de equipes, juntamente com a estrutura e os sistemas, deve "se ajustar" à estratégia desejada[10], as empresas com pretensões à ocupação de uma posição verdadeiramente global deveriam adotar uma filosofia global de contratações. Trata-se de algo mais difícil na teoria do que na prática. Como se mostra no Quadro 9.1, essa prática depende das possibilidades da empresa no sentido de superar barreiras como a disponibilidade de executivos altamente qualificados dispostos a serem freqüentemente transferidos para várias partes do mundo, as restrições à duplicação de carreiras, restrições de tempo e custos, exigências contraditórias dos governos anfitriões e políticas ineficazes de gestão de recursos humanos.

Já no que diz respeito a uma *prática regional da formação de equipes,* o recrutamento é feito na região do empreendimento — por exemplo, encontrar alguém na América Latina para ocupar um cargo no Chile. Esta política de pessoal pode resultar em um *mix* específico de CPMs, CPAs e CTPs para se adaptar às necessidades da companhia ou da estratégia de produto.[11]

Quais são os fatores que influenciam a escolha da política de contratações? Entre eles, certamente figuram a estratégia e estrutura organizacional da companhia, bem como os fatores relacionados com uma subsidiária específica (por exemplo, a duração de uma determinada operação estrangeira, os tipos de tecnologia a serem utilizados e as técnicas de produção e *marketing* necessárias). Fatores relacionados com o país

---

*N. de T. Embora emblemática da nova tendência, a relação entre a GM e Lopez de Arriortua foi tudo, menos pacífica: anunciado em maio de 1992 como vice-presidente mundial de compras da GM, o executivo espanhol foi, em maio de 1993, para a Volkswagen AG, sendo em seguida acusado, pela GM, de espionagem industrial e roubo de projetos, com processos na Alemanha e nos EUA, onde o caso só foi encerrado em 2001, depois que a Justiça espanhola se recusou a extraditar o executivo. Para pacificar as relações entre as duas multinacionais, a VW aceitou pagar uma indenização de US$ 100 milhões à GM, comprar US$ 1 bilhão em autopeças de uma subsidiária da GM e romper com Lopez de Arriortua. *Fontes:* Detroit News e Motor Trend.

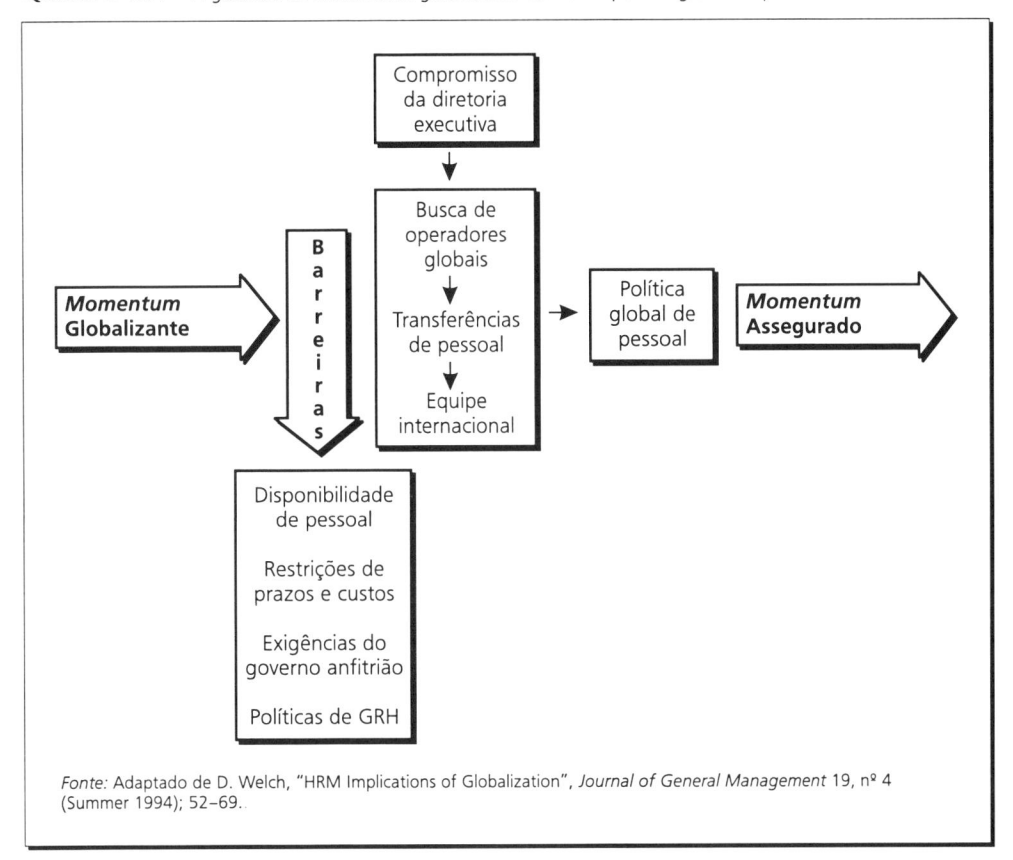

Quadro 9.1 A garantia do *momentum* globalizante com uma política global de pessoal

```
                    Compromisso
                    da diretoria
                     executiva
                          │
                          ▼
                      Busca de
      B              operadores
      a                globais
      r                   │
Momentum  r                   ▼                  Política              Momentum
Globalizante ──▶ e    Transferências  ──▶    global de    ──▶    Assegurado  ──▶
      i              de pessoal               pessoal
      r                   │
      a                   ▼
      s                 Equipe
                     internacional

                    Disponibilidade
                     de pessoal

                     Restrições de
                     prazos e custos

                     Exigências do
                    governo anfitrião

                    Políticas de GRH
```

Fonte: Adaptado de D. Welch, "HRM Implications of Globalization", *Journal of General Management* 19, nº 4 (Summer 1994); 52–69.

anfitrião também têm influência (entre eles, o nível de desenvolvimento econômico e tecnológico, a estabilidade política, as regulamentações relativas à propriedade e à política de pessoal e o ambiente sociocultural).[12] Como questão prática, no entanto, a escolha sempre depende da disponibilidade de executivos qualificados no país anfitrião. Muitas multinacionais usam uma grande proporção de CPMs (ou *expatriados*) nos principais cargos de gestão, preenchendo os cargos de gestão média e inferior com proporções sempre crescentes de CPAs (ou *repatriados*) nos patamares decrescentes da hierarquia organizacional. A escolha da política de preenchimento dos quadros tem influência considerável sobre variáveis organizacionais na subsidiária, entre as quais o *locus* da autoridade detentora do poder decisório, os métodos de comunicação e a perpetuação de práticas de gestão de recursos humanos. Essas variáveis são ilustradas no Quadro 9.2 (p. 242).

As conclusões a que chegaram os pesquisadores algum tempo atrás permanecem válidas. A prática etnocêntrica, por exemplo, normalmente tem como resultado um maior nível de autoridade e poder decisório na matriz, quando comparada com a policêntrica.[13]

Um estudo realizado por Rochelle Kopp constatou que políticas e pessoal etnocêntricos são, em geral, ligados a uma maior incidência de problemas de gestão de recursos humanos internacionais. O Quadro 9.3A (p. 243) mostra a divisão de pessoal entre CPMs, CPAs e CTPs nas 81 empresas japonesas, européias e americanas incluídas no estudo anteriormente citado. Além disso, Kopp constatou que as empresas japonesas foram nitidamente superadas pelas companhias européias e americanas na implementação de políticas como a preparação de cidadãos do país da subsidiária para novos degraus hierárquicos e na manutenção de registros de seus executivos espalhados pelo mundo para fins de desenvolvimento profissional. Como resultado dessas práticas etnocêntricas, as empresas japonesas parecem enfrentar vários problemas de GIRH, como a alta rotatividade de funcionários locais, bem acima da registrada nas empresas européias e americanas, como é mostrado no Quadro 9.3B (p. 243).

Quadro 9.2 Relacionamento entre modalidade estratégica, variáveis organizacionais e orientação do pessoal

ASPECTOS DO EMPREENDIMENTO	ORIENTAÇÃO			
	ETNOCÊNTRICA	POLICÊNTRICA	REGIONALIZADA	GLOBAL
Orientação estratégica principal/Estágio	Internacional	Multidoméstico	Regional	Transnacional
Perpetuação (recrutamento, contratação, treinamento)	Pessoal do país da matriz treinado para ocupar posições de liderança em todo o mundo	Pessoal do país da subsidiária treinado para ocupar posições de liderança nessa nação	Pessoal da região treinado para ocupar posições de liderança em qualquer país da região	Os melhores quadros disponíveis em qualquer lugar do mundo para ocupar posições globais de liderança
Complexidade da organização	Complexa no país sede, simples nas subsidiárias	Variada e independente	Altamente interdependente no plano regional	"Rede Global": alianças/redes mundiais complexas e independentes
Autoridade; poder decisório	Alta na matriz	Relativamente baixa na sede	Alta nas sedes regionais e/ou grande cooperação entre as subsidiárias	Colaboração entre a matriz e as subsidiárias em todo o mundo
Avaliação e controle	Padrões da matriz aplicados ao pessoal e desempenho	Determinados localmente	Determinados regionalmente	Integrados globalmente
Recompensas	Altas na matriz; baixas nas subsidiárias	Ampla variação; podem ser tanto altas quanto baixas, dependendo do desempenho das subsidiárias	Recompensas pela contribuição à concretização das metas regionais	Recompensas aos executivos locais e internacionais pela consecução de metas locais e globais com base nos objetivos gerais da empresa
Comunicação; fluxo da informação	Grande volume de pedidos, determinações e conselhos para as subsidiárias	Escassa tanto para a sede quanto a partir dela; escassa entre subsidiárias	Escassa tanto para a matriz quanto a partir dela, podendo porém ser alta; para e a partir das sedes regionais e entre países	Horizontal; relações em rede
Identificação geográfica	Nacionalidade do proprietário	Nacionalidade do país anfitrião	Companhia regional	Companhia verdadeiramente global, identificando-se, porém, com os interesses nacionais ("glocal")

Fonte: Atualizado e adaptado por H. Deresky em 1998, a partir de trabalho original de D. A. Heenan e H. V. Perlmutter, *Multinational Organization Development* (Reading, MA: Addison Wesley, 1979): 18–19.

Quadro 9.3A Nacionalidade dos principais executivos em operações internacionais

PAÍS DA MATRIZ	% DE CPMS	% DE CPAS	% DE CTPS
Japão (n = 26)	74%	26%	0,2%
Europa (n = 21)	48%	44%	8%
EUA (n =20)	31%	49%	18%

Fonte: R. Kopp, "International Human Resource Policies and Practices in Japanese, European, and United States Multinationals", *Human Resource Management* 33, nº 4 (Winter 1994): 581–599.

Quadro 9.3B Incidência de problemas internacionais de pessoal

	% DE EMPRESAS JAPONESAS COM PROBLEMAS (N = 34)	% DE EMPRESAS EUROPÉIAS COM PROBLEMAS (N = 23)	% DE EMPRESAS DOS EUA COM PROBLEMAS (N = 24)
Relacionados a expatriados			
Escassez de pessoal do país da matriz com as qualificações necessárias de gestão internacional	68%	39%	29%
Escassez de pessoal do país da matriz pronto para trabalhar no exterior	26%	26%	13%
Os expatriados enfrentam dificuldades para sua reintegração (por exemplo, carreira interrompida) no retorno ao país da matriz	24%	39%	42%
Média dos problemas relacionados a expatriados	39%	35%	28%
Relacionados a pessoal do país anfitrião			
Dificuldade de atrair nacionais altamente qualificados para trabalhar na empresa	44%	26%	21%
Alta rotatividade dos funcionários nacionais	32%	9%	4%
Atritos e comunicação difícil entre expatriados da matriz e funcionários nacionais	32%	9%	13%
Os funcionários nacionais queixam-se da falta de oportunidade de progresso na carreira	21%	4%	8%
Recursos de nacionais à justiça em relação às políticas de pessoal da empresa	0	0	8%
Média dos problemas relacionados a pessoal do país anfitrião	26%	10%	11%

Fonte: R. Kopp, "International Human Resource Policies and Practices in Japanese, European, and United States Multinationals", *Human Resource Management* 33, nº 4 (Winter 1994): 581–599.

Sem qualquer exceção, todas as fases da gestão de recursos humanos devem dar suporte à estratégia desejada pela empresa.[14] Na etapa da formação das equipes, contar com as pessoas certas nos lugares certos nos momentos certos é ingrediente fundamental do sucesso em operações internacionais. Um quadro eficiente de executivos pode representar uma vantagem competitiva fundamental. Como fazer as escolhas "certas" constitui o foco da próxima seção.

SELEÇÃO GLOBAL

A etapa inicial do estabelecimento de critérios para a seleção global consiste, pois, como se discutiu anteriormente, em determinar qual(is) a(s) filosofia(s) geral(is) de pessoal com maiores probabilidades de dar suporte integral à estratégia da companhia, como CPAs, para a abordagem estratégica de localização (multilocais) e transpatriados para a globalização. Esses são apenas pontos de partida que utilizam critérios idealizados; na verdade, outros fatores acabam intervindo no processo, como regulamentações do país anfitrião, estágio de internacionalização e — mais freqüentemente — quem ao mesmo tempo é adequado e está disponível para a posição. Outro fator igualmente vital é integrar os objetivos estratégicos de longo prazo no processo de seleção e processo de desenvolvimento, especialmente quando se pretende concretizar uma rápida expansão global. A projeção insuficiente das necessidades de pessoal para as missões globais certamente terá como resultado um estrangulamento das oportunidades estratégicas em virtude da escassez de executivos experientes para o preenchimento dessas posições.

A seleção de pessoal para missões no exterior é um processo complexo. Os critérios para a seleção baseiam-se nos mesmos fatores de sucesso que dominam o cenário nacional, devendo-se, porém, levar em consideração fatores adicionais relacionados com as circunstâncias específicas de cada posição a ser preenchida no exterior. Infelizmente, são muitos os diretores de pessoal que insistem na prática arraigada e imutável de selecionar potenciais expatriados simplesmente com base em seu desempenho nacional e capacidade técnica.[15] Muito freqüentemente, é ignorada a necessidade de avaliar se esses expatriados potenciais têm a consciência intercultural necessária e as qualificações interpessoais que a posição exige. É igualmente importante avaliar se a situação pessoal e familiar do candidato indica que todos os envolvidos na mudança irão se adaptar à cultura do local de destino. Existem cinco categorias de sucesso para executivos expatriados: fatores do trabalho; dimensões de relacionamento, como empatia e flexibilidade culturais; estado motivacional; situação familiar e habilidades idiomáticas. A importância relativa de cada fator depende muito de cada situação e é por isso mesmo difícil de determinar com exatidão.[16]

Esses *fatores de sucesso do expatriado* baseiam-se em estudos feitos com norte-americanos nessa situação. É possível afirmar que as qualificações e os requisitos são iguais para executivos de qualquer país — e em especial para os cidadãos de terceiros países.

Uma abordagem mais flexível da maximização dos talentos gerenciais, qualquer que fosse a fonte, certamente levaria em maior conta se a posição em jogo poderia ou não ser adequadamente preenchida por um cidadão do país anfitrião, de acordo com o estabelecido por Tung em sua pesquisa.[17] Este modelo contingencial de seleção e treinamento depende das variáveis de cada missão, como a extensão da permanência, a similaridade entre a cultura local e a do candidato e o nível de interação com executivos locais na função. Tung conclui que quanto mais rigoroso for o processo de seleção e treinamento, menor será o percentual de fracasso.

O processo de seleção é montado como uma árvore de decisões em que o avanço para o estágio seguinte de seleção ou o tipo de treinamento de orientação dependem da avaliação dos fatores críticos relacionados ao cargo ou ao pretendente em cada ponto de decisão. O processo de seleção mais simples inclui a escolha de um cidadão do país anfitrião, porque assim a necessidade de treinamento é mínima em relação à cultura ou ao estilo local de negócio. Contudo, os executivos locais muitas vezes precisam de treinamento adicional quanto aos processos gerais, à tecnologia e cultura corporativa da multinacional empregadora para serem bem-sucedidos. Quando o cargo não puder ser preenchido por um cidadão do país anfitrião, mas ainda assim a posição exigir um alto nível de interação com a comunidade local, será necessário fazer uma avaliação rigorosa dos candidatos de outros países, além, é claro, de um rigoroso processo de treinamento.

A maioria das multinacionais tende a implementar suas operações em uma determinada região com executivos escolhidos principalmente nos seus próprios quadros. Com o passar do tempo e a crescente internacionalização, elas tendem para uma política predominantemente policêntrica ou regional em função de 1) crescente pressão (explícita ou implícita) dos governos locais para a contratação de nacionais (ou às vezes devido às restrições locais à utilização de expatriados) e 2) custos mais elevados da contratação de expatriados, especialmente quando a empresa precisa pagar impostos para o funcionário da matriz em ambos os países.[18] Além disso, nos últimos anos, as multinacionais têm notado uma melhoria no nível das qualificações gerenciais e técnicas em muitos países, o que elimina aquela que foi, no passado, a razão maior da utilização de uma política preferencialmente policêntrica. O comentário de um pesquisador a respeito representa uma atitude em avanço: "Em sendo todas as demais condições iguais, um cidadão local que fale o idioma, entenda a cultura e o sistema político, além de ser muitas vezes integrante da elite local, tem tudo para ser mais eficiente que um estrangeiro expatriado."[19] Contudo, as preocupações a respeito da necessidade de manter um controle estratégico sobre as subsidiárias e de formar executivos com uma perspectiva global continuam constituindo uma fonte de debate em relação às políticas de preenchimento de quadros entre os profissionais da gestão de recursos humanos.[20] Uma empresa globalmente orientada como a ABB (Asea Brown Boveri), por exemplo, tem 500 expatriados itinerantes que são transferidos a cada dois ou três anos, desenvolvendo-se, desta forma, um nutrido quadro gerencial com experiência global.

Quanto às multinacionais com sede na Europa e Ásia, as políticas de recursos humanos em todos os níveis da organização são fortemente influenciadas pela cultura e pelas práticas do país matriz. Nas subsidiárias japonesas de Cingapura, Malásia e Índia, por exemplo, as promoções internas e as expectativas de lealdade de longo prazo à empresa e desta para com os funcionários são práticas embasadas na cultura e transferíveis às subsidiárias.[21] Na Matsushita, contudo, os critérios de seleção para o preenchimento de cargos assemelham-se aos das empresas ocidentais. Os candidatos são escolhidos a partir de um conjunto de características que a empresa batizou de SMILE:[21] especialização (qualificação e conhecimento indispensáveis), capacidade gerencial (especialmente a de motivar pessoas), flexibilidade internacional (adaptabilidade), facilidade de linguagem e iniciativa (perseverar mesmo perante as maiores dificuldades).[22]

Problemas com a expatriação

> Embora 89% das empresas façam formalmente uma avaliação das qualificações de um candidato antes de indicá-lo para uma missão no exterior, menos da metade delas conduz o mesmo processo em termos de adequação cultural. E é menor ainda o número daquelas que avaliam se a família estará à altura das dificuldades.
>
> www.expat.FT.com, 5 DE MARÇO DE 2001.

Estabelecer uma política de pessoal e escolher os executivos mais adequados são dois primeiros passos lógicos, mas que, isoladamente, não constituem garantia de sucesso. Quando se opta por preencher cargos com expatriados, por exemplo, há várias outras razões, além da escolha inadequada, que podem contribuir para o *fracasso dos expatriados* entre as multinacionais dos Estados Unidos. Grande parte desses fracassos pode ser atribuída a preparação e planejamento inadequados para as transições de entrada e reentrada do executivo e sua família. Uma variável importante, a que em geral não se dá a atenção necessária ao longo das etapas de seleção, preparação e apoio, é a adequação e adaptação do cônjuge. A incapacidade do cônjuge de se adaptar ao novo ambiente foi determinada como um — na verdade, o citado com maior freqüência — fator importante do insucesso de expatriados entre empresas dos EUA e da Europa.[23] Mesmo assim, cerca da metade dos estudos dessas empresas haviam incluído o cônjuge no processo de entrevistas. Mais ainda, embora as pesquisas mostrem que as habilidades para o relacionamento humano são fundamentais em trabalho no exterior (um fato reconhecido pelas companhias no estudo conduzido por Tung), a maioria das empresas pesquisadas nos EUA não havia incluído este fator na sua avaliação dos candidatos.[24,25] A seguir, uma síntese dos fatores mais freqüentemente mencionados por pesquisadores e empresas como as principais causas do insucesso dos expatriados:

- Seleção baseada em critérios da matriz, em vez de nas necessidades da missão
- Preparação, treinamento e orientação pré-nomeação inadequados
- Alienação ou falta de suporte por parte da matriz
- Incapacidade de adaptar-se à cultura local e ao ambiente de trabalho
- Problemas com o cônjuge e os filhos — adaptação inadequada, família descontente
- Compensação e suporte financeiro insuficientes
- Programas insatisfatórios de apoio para repatriação e progresso na carreira

Depois de uma cuidadosa seleção baseada nas características específicas da missão e nos planos de longo prazo, tanto da organização quanto dos candidatos, é preciso que se façam planos para a preparação, o treinamento e o desenvolvimento dos executivos expatriados.

TREINAMENTO E APERFEIÇOAMENTO

> Em levantamentos realizados em 1998, 81% das empresas (do mundo inteiro) admitiram constar de seus planos enviar um número crescente de pessoas para o exterior até o ano 2000.

Isso significa mais gente confusa com culturas e costumes estrangeiros. Qual seria o fator fundamental para enfrentar essa situação? Estar preparado para ela.

www.businessweek.com, 5 de março de 2001.

É evidente a importância da preparação e do treinamento para as interações interculturais. Em discussões anteriores sobre a necessidade de os executivos expatriados serem sensíveis à cultura do país em que vão trabalhar, destacamos os relatórios que indicam que mais de 40% dos executivos expatriados encerram suas missões no exterior antes do prazo previsto, justamente em razão do mau desempenho ou da incapacidade de se ajustar ao ambiente local.[26] Mais ainda, cerca de metade dos que permanecem nos postos acaba revelando um baixo nível de eficiência. Só os custos diretos de uma designação para um posto no exterior que não dá certo são estimados entre US$ 50 mil e US$ 150 mil. Os custos indiretos podem ser ainda maiores, dependendo da posição do expatriado em questão. As relações com o governo e os clientes no país anfitrião podem ser prejudicadas, resultando em uma perda de mercado e em uma difícil recepção para futuros CPMs.

Tanto os problemas da adequação cultural quanto as diferenças práticas na vida normal representam desafios para os expatriados e seus familiares. Exemplos disso são evidentes em um estudo realizado em 1998 entre expatriados, em que eles mesmos deram notas aos países que seriam os mais difíceis para seu trabalho, além de anotarem o que consideraram como as maiores fontes de irritação para estrangeiros constatadas no decorrer dessas experiências:

China — Problema interminável para os expatriados; houve até quem se queixasse amargamente dos pratos principais do banquete de boas-vindas com que foi homenageado: língua de pato e cabeças de pombos.

Brasil — Os expatriados insistem em que é essencial ter telefone celular porque o sistema telefônico convencional não funciona.

Índia — Executivos que de lá retornam se queixam da onipresença da pobreza, sendo os meninos de rua um esmagador indício desse problema.

Indonésia — Lá é preciso sempre antecipar os gastos financeiros, pois os donos das propriedades visadas normalmente exigem o pagamento adiantado de dois ou três anos de aluguéis.

Japão — Os expatriados e suas famílias sofrem com o fato de que, apesar do eficiente serviço médico existente, os médicos japoneses pouco revelam aos pacientes quanto aos seus problemas de saúde.

Depois desses cinco países, os expatriados apontam, pela ordem, Rússia, México, Arábia Saudita, Coréia do Sul e França como igualmente desafiadores.[27]

Embora o treinamento transcultural tenha se mostrado um instrumento realmente eficaz, menos de um terço dos expatriados é atualmente a ele submetido. Em um estudo feito por Harvey, em 1997, com 332 norte-americanos expatriados (casais de carreiras diferenciadas), os participantes disseram que suas multinacionais jamais lhes proporcionaram treinamento ou suporte social suficientes ao longo de suas missões no exterior.[28] Algo que, em grande parte, fundamenta o raciocínio das empresas para não proporcionar tal treinamento é a suposição de que as habilidades e os processos de gestão sejam universais. De uma maneira por demais simplista, a folha de serviços do executivo em seu ambiente natural é usada como um dos principais critérios na sua indicação para uma missão no exterior.

Em muitos países, contudo, o sucesso do expatriado não é deixado somente ao sabor do acaso. Empresas de outros países que não os EUA proporcionam aos seus expatriados preparação e treinamento consideravelmente superiores aos das companhias norte-americanas. Assim, não é difícil entender o motivo pelo qual os japoneses expatriados apresentam um coeficiente bem menor de fracassos que os americanos expatriados, embora isso possa ser também atribuído parcialmente ao fato de ser menor o número de familiares que acompanham os japoneses em missão no exterior. As multinacionais japonesas normalmente têm índices de substituição inferiores a 5%, o que significa que mandam ao exterior executivos mais preparados e mais dispostos a trabalhar e progredir em um ambiente estranho.[29] Embora esse sucesso seja em grande parte atribuído aos programas de treinamento, não deixa de ser igualmente o resultado de um planejamento inteligente do pessoal de gestão de recursos humanos na maioria das corporações japonesas, como é relatado em um estudo realizado por Tung.[30] Este planejamento começa com um processo cuidadoso de seleção para missões no exterior, baseado no conhecimento de longo prazo dos executivos e de suas famílias. Um processo de seleção eficiente, é claro, eliminará de imediato muitos "fracassos" potenciais. Outro fator é a duração prolongada das missões no exterior, em média de quase cinco anos, o que dá ao expatriado japonês mais tempo de inicialmente se ajustar e, depois, passar a trabalhar com o máximo de sua capacidade. Além disso, os expatriados japoneses recebem um considerável suporte da matriz e, às vezes, mesmo de divisões locais criadas para esse propósito específico. Na NEC Corporation, parte da gigantesca estratégia japonesa de globalização é o seu campo de treinamento permanente, com exercícios e treinamentos sofisticados destinados a preparar os executivos expatriados e seus familiares para as "batalhas" que enfrentarão no exterior.[31]

As exigências que pesam sobre os executivos expatriados sempre foram resultado tanto da multiplicidade de relações que precisam desenvolver e manter quanto das diferenças de ambiente no país anfitrião. Essas relações incluem as familiares, internas com o pessoal da corporação, local e globalmente, de modo especial com a matriz, relações externas (fornecedores, distribuidores, aliados, clientes, comunidade local etc.) e relações com o governo anfitrião. É importante localizar e priorizar os problemas potenciais que um executivo expatriado possa vir a enfrentar nesses relacionamentos, para que possam ser convenientemente analisados durante o treinamento pré-designação. O reconhecimento do problema é o primeiro estágio do plano abrangente para o aperfeiçoamento dos expatriados mostrado no Quadro 9.4. As três áreas fundamentais para a preparação são o treinamento cultural, a instrução em linguagem e a familiarização com os assuntos do cotidiano.[32] No modelo mostrado no Quadro 9.4 (p. 248), vários métodos de aperfeiçoamento são usados para avaliar essas áreas no treinamento pré-designação, pós-chegada e pós-retorno. São métodos que permanecem válidos e por isso mesmo são utilizados por muitas organizações. O *feedback* de mão dupla entre o executivo e os responsáveis pelo treinamento em cada um dos estágios ajuda a formatar o nível e os tipos de treinamento de cada executivo em particular. O objetivo disso é a crescente eficiência do expatriado como resultado da familiarização com as condições locais, da imersão na cultura e de uma correta avaliação das necessidades da família do executivo no país anfitrião.

Treinamento intercultural

Enquanto o treinamento em questões idiomáticas e da vida prática é algo simples e direto, não se pode dizer algo parecido sobre o treinamento intercultural; pelo contrário, este é complexo e mexe com comportamentos arraigados. O processo real do treinamento intercultural deveria proporcionar ao expatriado o aprendizado tanto do conteúdo quanto das qualificações capazes de melhorar sua interação com cidadãos do país anfitrião pela redução dos mal-entendidos e comportamentos inapropriados. Black e Mendenhall sugerem aos instrutores que apliquem a este processo a teoria do aprendizado social mediante a utilização das técnicas do incentivo e da repetição da ciência comportamental, até que o treinando consiga incorporar e reproduzir os procedimentos desejados.[33] O resultado é uma condição de ajustamento, representando a capacidade de interagir eficientemente com os cidadãos do país anfitrião.

Choque cultural

Este treinamento tem por objetivo facilitar o ajustamento ao novo ambiente mediante a redução do *choque cultural* — um estado de desorientação e ansiedade resultante de não saber como agir em uma cultura com a qual não se está familiarizado. A causa do choque cultural é o trauma que as pessoas experimentam em culturas novas e diferentes, nas quais perdem os indícios e modelos familiares que até então utilizavam para interagir na vida diária e em que também precisam aprender a se adaptar a um conjunto imenso e inteiramente novo de modelos e expectativas.[34] Os sintomas do choque cultural variam desde uma irritação moderada até uma condição de pânico ou crise psicológica permanentes. A incapacidade de trabalhar produtivamente, o estresse no ambiente familiar e a hostilidade em relação aos nativos do país anfitrião são os resultados disfuncionais mais comuns do choque cultural — que muitas vezes levam o executivo a desistir de tudo e voltar correndo para o seu país.

É extremamente útil saber reconhecer os estágios do choque cultural para entender o que está acontecendo. O choque cultural normalmente avança ao longo de quatro estágios, assim descritos por Oberg: 1) *lua-de-mel*, durante a qual imperam as atitudes e expectativas positivas, o entusiasmo e uma sensação de estar fazendo turismo (tudo isto pode durar várias semanas); 2) *irritação e hostilidade*, o estágio da crise em que as diferenças culturais se transformam em problemas no trabalho, em casa e na vida rotineira. Os expatriados e seus familiares sentem-se saudosos e desorientados, passando a agredir as pessoas ao seu redor das mais variadas formas (muitos deles não conseguem ir além deste estágio); 3) *ajustamento gradual*, um período de recuperação em que o "paciente" vai se tornando gradualmente capaz de entender e prever padrões de comportamento, usar o idioma e enfrentar as atividades rotineiras, e em

Quadro 9.4 Um modelo para o aperfeiçoamento de executivos expatriados

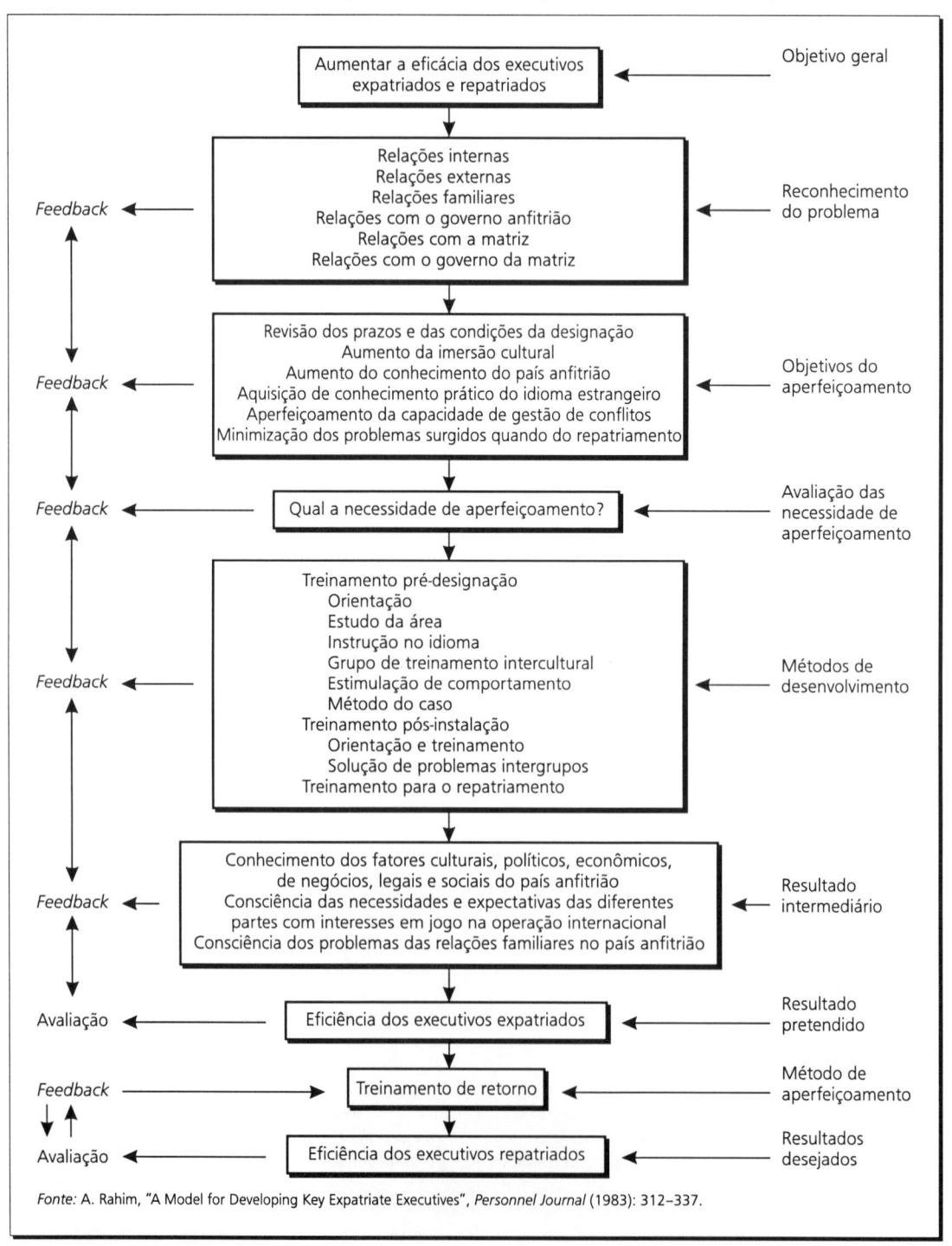

Fluxo	Conteúdo	Categoria
	Aumentar a eficácia dos executivos expatriados e repatriados	Objetivo geral
Feedback ←	Relações internas Relações externas Relações familiares Relações com o governo anfitrião Relações com a matriz Relações com o governo da matriz	Reconhecimento do problema
Feedback ←	Revisão dos prazos e das condições da designação Aumento da imersão cultural Aumento do conhecimento do país anfitrião Aquisição de conhecimento prático do idioma estrangeiro Aperfeiçoamento da capacidade de gestão de conflitos Minimização dos problemas surgidos quando do repatriamento	Objetivos do aperfeiçoamento
Feedback ←	Qual a necessidade de aperfeiçoamento?	Avaliação das necessidade de aperfeiçoamento

Feedback ←	Treinamento pré-designação
	  Orientação
	  Estudo da área
	  Instrução no idioma
	  Grupo de treinamento intercultural
	  Estimulação de comportamento
	  Método do caso
	Treinamento pós-instalação
	  Orientação e treinamento
	  Solução de problemas intergrupos
	  Treinamento para o repatriamento
		Métodos de desenvolvimento

Feedback ←	Conhecimento dos fatores culturais, políticos, econômicos, de negócios, legais e sociais do país anfitrião Consciência das necessidades e expectativas das diferentes partes com interesses em jogo na operação internacional Consciência dos problemas das relações familiares no país anfitrião	Resultado intermediário
Avaliação ←	Eficiência dos executivos expatriados	Resultado pretendido
Feedback ↓ ↑ Avaliação ←	Treinamento de retorno	Método de aperfeiçoamento
	Eficiência dos executivos repatriados	Resultados desejados

Fonte: A. Rahim, "A Model for Developing Key Expatriate Executives", *Personnel Journal* (1983): 312–337.

que a família começa a aceitar a nova vida; 4) *biculturalismo*, o estágio no qual o executivo e seus familiares passam não só a aceitar como a apreciar as pessoas e os costumes locais, se capacitando, assim, a funcionar eficientemente em duas culturas.[35] São muitos os que não conseguem chegar ao quarto estágio — e operam aceitavelmente até o terceiro — mas os que o conseguem sempre consideram essa nova missão positiva e orientada para o crescimento.

O choque subcultural

Similar à do choque cultural, embora normalmente menos radical, é a experiência do choque subcultural. Este ocorre quando um executivo é transferido para outra região do país em que existem diferenças culturais — essencialmente a partir daquilo que se entende como cultura "majoritária" ou "minoritária". O choque procede do fato de sentir-se como um "imigrante" em seu próprio país e de não estar preparado para isso. Por exemplo, alguém que vá de Nova York para o Texas certamente descobrirá enormes diferenças em atitudes e estilos de vida entre os dois estados. São diferenças que existirão mesmo entre áreas do próprio Texas, com culturas que variam entre as características dos intermináveis ranchos (fazendas) e do mundo da alta tecnologia, ou entre as atitudes e leis marcantes do fundamentalismo religioso e das áreas em que prevalece um legado nitidamente mexicano.[36]

Técnicas de treinamento

São inúmeras as técnicas de treinamento disponíveis para amparar as pessoas que vão trabalhar no exterior ao longo do processo de ajustamento. Essas técnicas são classificadas por Tung como 1) estudos de área, ou seja, documentários sobre a geografia, economia e história sociopolítica de um país etc.; 2) assimiladores culturais, que expõem os treinandos às mais variadas situações que poderão enfrentar e que são críticas para garantir interações bem-sucedidas; 3) treinamento no idioma; 4) treinamento de sensibilização; 5) experiências de campo — expor os treinandos a contatos com pessoas de outras culturas ainda no país dos primeiros.[37] Tung recomenda a utilização desses métodos de treinamento em caráter complementar, dando ao treinando níveis crescentes de envolvimento pessoal à medida que vai superando as etapas de cada método. As abordagens documentais e interpessoais são consideradas equivalentes, e o treinamento intercultural mais eficiente ocorre quando os treinandos se mostram verdadeiramente conscientes das diferenças entre a própria cultura e aquela na qual pretendem passar a atuar.[38]

Valorizando também os métodos de treinamento, Ronen sugere técnicas específicas, como *workshops* e treinamento de sensibilização, inclusive a experiência de campo chamada de família adotiva substituta, em que as multinacionais colocam uma família expatriada como hóspede de uma família do país no qual a primeira passará a viver, como parte de um programa de imersão e convívio.[39]

Os programas de treinamento são realizados, em sua maior parte, no país do expatriado, antes de sua partida para o novo empreendimento. Embora seja essa a modalidade mais prática, é também verdade que tais programas têm impacto bem maior quando realizados no país anfitrião, pelo fato de possibilitarem que habilidades essenciais, como a necessária para superar as diferenças culturais existentes nos relacionamentos interculturais, sejam testadas e desenvolvidas no cenário real, em vez de serem simplesmente discutidas durante o treinamento no país de origem do executivo.[40] Até por isso, algumas multinacionais começam a reconhecer que não há o que substitua o treinamento no trabalho (TNT) nos estágios iniciais de carreiras de executivos com potencial para progredir até o nível de executivos globais seniores. A Colgate-Palmolive — cujas vendas no exterior representam dois terços de seus resultados anuais de US$ 6 bilhões — realiza seus programas de desenvolvimento de executivos de acordo com esta perspectiva, ou filosofia. Depois de serem treinados na sede, os funcionários da Colgate se tornam executivos adjuntos de produtos nos Estados Unidos ou em subsidiárias no exterior — e, de acordo com John R. Garrison, diretor de recrutamento e treinamento da empresa, só chegam a isso depois de se mostrarem adequadamente preparados para trabalhar, quando necessário, em um país diferente a cada ano. Na verdade, afirma Garrison, "esta é a definição de executivo global: uma pessoa capaz de ver diversos cenários antes de qualquer outra."[41] O Quadro 9.5 (p. 250) mostra outros programas de desenvolvimento de gerenciamento global para funcionários em início de carreira.

Integração entre treinamento e orientação global

Dando prosseguimento à nossa discussão sobre o "ajustamento estratégico", é importante lembrar que os programas de treinamento, da mesma forma que as filosofias de preenchimento de cargos, devem

Quadro 9.5 Programas corporativos para o desenvolvimento de executivos globais

- A ABB (Asea Brown Boveri) faz o rodízio de cerca de 500 executivos por diversos países a cada dois ou três anos, a fim de desenvolver um quadro de gestão de transpatriados em condições de dar o necessário suporte a sua estratégia global.
- A PepsiCo Inc. tem um programa de orientação para os seus executivos estrangeiros que os leva para estágios de um ano em plantas da divisão de engarrafamento.
- A British Telecom utiliza técnicas de aconselhamento informal para familiarizar os funcionários com os usos e costumes do país em que irão trabalhar; funcionários expatriados fazem palestras para os que estão em treinamento sobre os fatores culturais que por eles esperam nos países em que pretendem se instalar. (www.expat.FT.com)
- A Honda of America Manufacturing Inc. proporciona aos seus supervisores e executivos nos EUA preparação extensiva no idioma, cultura e estilo de vida japoneses, e também os envia a Tóquio para períodos de até três anos de trabalho na matriz da companhia.[42]
- A General Electric gosta que seus engenheiros e executivos tenham uma perspectiva global, estejam ou não destinados a missões no exterior. A companhia proporciona treinamento regular em idiomas e questões interculturais com o objetivo de que todos estejam preparados para a eventualidade de contatos e negociações com pessoas de todas as regiões do mundo. (www.GE.com)

ser sempre projetadas de acordo com a estratégia da companhia. Embora seja provavelmente impraticável dividir esses programas em um sem-número de variantes, é viável pelo menos levar em consideração o nível relativo, ou estágio, de globalização já atingido pela empresa, pois grandes diferenças óbvias seriam apropriadas, por exemplo, a partir do estágio inicial da exportação até o estágio global pleno. O Quadro 9.6 sugere níveis de rigorismo e tipos de conteúdo de treinamento apropriados para os executivos da empresa, bem como para os do país anfitrião, em quatro estágios de globalização — exportação, multidoméstico, multinacional e global. É, por exemplo, digno de nota que o treinamento dos cidadãos do país anfitrião para uma empresa global tenha um nível consideravelmente mais elevado de escopo e rigor que para outros estágios e chegue bem perto dos padrões estabelecidos para os expatriados da própria empresa.

Treinamento de cidadãos do país anfitrião (CPAs)

O treinamento e desenvolvimento permanentes de CPAs e CTPs para posições de gestão são igualmente importantes para o sucesso das corporações multinacionais a longo prazo. Como parte da política de pessoal de longo prazo de uma subsidiária, o desenvolvimento continuado dos CPAs facilitará a transição para uma política de nacionalização. Mais ainda, as multinacionais são favoráveis a contar com executivos bem-treinados, com ampla experiência internacional, disponíveis para assumir o comando em muitos cenários interculturais, seja no seu próprio país ou no exterior. Semelhantes qualificações gerenciais são cada vez mais exigidas nas *joint ventures* EUA-Japão — um bom exemplo disso é a GM-Toyota de Freemont, Califórnia. Lá, executivos e funcionários, tanto dos EUA quanto do Japão, aprendem a trabalhar lado a lado e a ajustar-se a uma cultura unificada tanto de país quanto de empresa. Para os americanos nessa organização, ajudar a aculturar os japoneses não constitui apenas sinal de amizade e boa vontade, pois é ao mesmo tempo uma parte indispensável do processo de garantir o próprio futuro na companhia.

Muitos CPAs estão, naturalmente, recebendo excelente treinamento em matéria de negócios globais e tecnologia de Internet na própria empresa nacional em que trabalham. Kim In Kyung, de 24 anos, por exemplo, tem um cargo que envolve viagens pelo mundo e alta tecnologia na Samsung Electronics, em Seul, Coréia do Sul. Faz parte da estratégia da Samsung promover seu novo foco em Internet, estratégia essa que rendeu a Kim, filha de agricultores, um emprego de US$ 100 mil por ano. A situação dela também é reflexo do impressionante *boom* tecnológico sul-coreano, em que a Tecnologia da Informação representou, em 2001, 11% de sua economia de US$ 400 bilhões, prevendo-se ainda que atinja 20% no ano de 2010.[43]

Em outro cenário comum que igualmente exige a gestão de um misto de executivos e funcionários, multinacionais norte-americanas e européias atualmente empregam asiáticos e árabes em suas fábricas e escritórios na Arábia Saudita, fazendo um amálgama de três culturas: executivos asiáticos com alto índice

Quadro 9.6 Estágio de globalização e questões de projeto de treinamento

ESTÁGIO DA EXPORTAÇÃO	ESTÁGIO DA MULTINACIONAL
Grau de rigor: baixo a moderado *Conteúdo:* destaque para as habilidades interpessoais, a cultura local, os valores culturais e o comportamento empresarial. *Cidadãos do país anfitrião:* treinamento baixo a moderado dos nacionais para entenderem os produtos e políticas do país da matriz.	*Grau de rigor:* moderadamente alto a elevado *Conteúdo:* destaque para as habilidades interpessoais, a transferência de tecnologia nos dois sentidos, a transposição de valores corporativos, a estratégia internacional, a gestão do estresse, a cultura local e as práticas empresariais. *Cidadãos do país anfitrião:* treinamento moderado a elevado dos nacionais em áreas técnicas, sistemas de produtos e serviços e cultura corporativa.
ESTÁGIO DA EMPRESA MULTIDOMÉSTICA	**ESTÁGIO GLOBALIZADO**
Grau de rigor: moderado a elevado *Conteúdo:* destaque para as habilidades interpessoais, a cultura local, a transferência de tecnologia, a gestão do estresse, as leis e os costumes empresariais. *Cidadãos do país anfitrião:* treinamento baixo a moderado dos nacionais, focado principalmente em procedimentos de produção e de serviços.	*Grau de rigor:* elevado *Conteúdo:* destaque para os sistemas e operações corporativos globais, a transferência de cultura corporativa, os clientes, os concorrentes globais e a estratégia internacional. *Cidadãos do país anfitrião:* treinamento intensivo dos nacionais em sistemas globalizados de eficiência e organização da produção, cultura corporativa, sistemas empresariais e políticas globais de conduta.

Fonte: J. S. Black, Mark E. Mendenhall, Hal B. Gregersen e Linda K. Stroh, *Globalizing People Through International Assignments* (Reading, MA: Addison Wesley Longman, 1999).

de preparo técnico e intelectual que vive em uma sociedade altamente tradicional do Oriente Médio e funcionários de uma empresa que é o reflexo da tecnologia e cultura ocidentais. Trata-se de uma situação que envolve a integração de múltiplos conjuntos de valores, expectativas e hábitos de trabalho culturalmente lastreados.

COMPENSAÇÃO PARA OS EXPATRIADOS

Nunca é demais insistir quanto à importância da compensação adequada e de um pacote de benefícios capaz de atrair, manter e motivar os executivos internacionais. A compensação é um elo crucial entre a estratégia e o sucesso de sua implementação; é preciso existir um ajuste entre a compensação e as metas para as quais as empresas pretendem que os executivos se voltem.[44] Para que não venham a se sentir explorados, os funcionários das multinacionais precisam perceber justiça e boa-vontade em sua compensação e benefícios, sejam eles CPMs, CPAs ou CETs. Um retorno prematuro de expatriados ou a indisposição dos executivos para assumir missões no exterior pode muitas vezes ser explicado pelo fato de entenderem que essas destinações lhes é prejudicial em termos financeiros ou de avanços na carreira.

Sob o ponto de vista das empresas, o alto custo da manutenção de pacotes adequados de compensação para expatriados levou muitas delas — entre as quais a Colgate-Palmolive, Chase Manhattan Bank, Digital Equipment, General Motors, General Electric — a reduzir na medida do possível as indicações de CPMs. "Transfira um executivo americano de US$ 100 mil por ano para Londres e de repente ele estará custando US$ 300 mil ao empregador", explica o *Wall Street Journal*. "Remova-o para Estocolmo ou Tóquio, e ele logo se transformará em um executivo de um milhão de dólares."[45]

Projetar e manter um pacote apropriado de compensação é mais complicado que parece, em virtude da necessidade de levar em consideração e fazer o devido ajustamento entre as práticas financeiras, legais e de rotina do país da matriz e as vigentes no país anfitrião. O problema é que, embora as variações entre os salários típicos de executivos no nível de compensação básica possam ser poucas no mundo inteiro, é muito grande a variação da renda líquida disponível. Os executivos americanos podem receber mais que os outros em dinheiro e ações, mas precisam gastar mais com coisas que as empresas de outros países proporcionam, como automóveis, férias e despesas com o lazer. Além disso, o poder de compra dos executivos com essa renda líquida é afetado pelo custo de vida relativo. O custo de vida é bem mais elevado em grande parte da Europa que nos Estados Unidos. Portanto, ao projetar pacotes de compensação e benefícios para CPMs, o desafio dos profissionais da GIRH é manter para os expatriados um padrão de vida equivalente ao dos seus colegas da matriz, mais a compensação de todos os gastos adicionais impostos por essa condição. Chama-se essa política de "manter o expatriado íntegro".[46]

A fim de garantir que os expatriados não sofram prejuízos no decorrer de suas missões internacionais, em geral se utiliza a *política de balancete* a fim de equalizar o padrão de vida na comparação entre o país anfitrião e o da matriz, e também para acrescentar alguma compensação por perdas circunstanciais ou qualitativas. Esta abordagem é ilustrada no Quadro 9.7. Contudo, algumas companhias vêm se inclinando por basear seus pacotes de compensações, ou incentivos, na meta de atingir um padrão de vida comparável para executivos do país anfitrião, o que ajuda a resolver alguns problemas do pagamento diferenciado ilustrados no perfil de abertura deste capítulo.

Na mais justa das situações, a multinacional é obrigada a compensar os custos adicionais que o expatriado enfrentaria em matéria de impostos, moradia, bens e serviços. O diferencial dos impostos é complexo e caro para a empresa, e em geral as multinacionais utilizam uma política de equalização de impostos: a companhia paga todos os impostos incidentes sobre qualquer tipo de compensação adicional que o expatriado venha a receber em função da nova missão; o expatriado paga somente os impostos que seria obrigado a pagar se estivesse no país da matriz. A carga dos impostos estrangeiros pode ser, porém, reduzida mediante um planejamento fiscal eficiente — o que é quase sempre ignorado pelas empresas de menor porte. A escolha e os métodos do pagamento das compensações é que determinam que impostos estrangeiros sobre elas incidirão; por exemplo, qualquer empresa pode economizar em impostos ao alugar um apartamento para um funcionário expatriado, em vez de pagar-lhe determinada quantia a título de habitação. Levadas na devida conta todas as hipóteses, as multinacionais precisam pesar os incontáveis

Quadro 9.7 A política de balancete das compensações internacionais

Salário no país da matriz	Custos no país da matriz	Custos no país anfitrião pagos pela companhia e pelo salário	Poder de compra equivalente ao do país da matriz
Imposto de renda	Imposto de renda no país da matriz e no país anfitrião	Imposto de renda	Gratificações e incentivos
Moradia	Moradia	Moradia	Imposto de renda
Bens e serviços	Bens e serviços	Bens e serviços	Moradia
Poupança	Poupança	Poupança	Bens e serviços
			Poupança

Custos adicionais pagos pela companhia

Fonte: C. Reynolds, "Compensation of Overseas Personnel", em J. Famularo, *Handbook of Human Resource Administration*, 2ª ed., © 1989 McGraw-Hill. Reproduzido com permissão da McGraw-Hill.

aspectos de um pacote completo de compensações, especialmente nos níveis executivos mais altos, para que possam pôr em prática uma política de equalização de impostos.

A compensação dos CPMs executivos é um desafio complexo para as empresas com operações no exterior. O Quadro 9.8 mostra as categorias que devem ser consideradas. Todos os componentes do pacote de compensação precisam ser estudados à luz dos costumes e das leis tanto do país da matriz quanto do país anfitrião. O mais importante é que, para ser estrategicamente competitivo, o pacote de compensações deve ser comparativamente atraente para os executivos que a companhia precisa contratar ou transferir. Alguns desses executivos serão, logicamente, cidadãos do país anfitrião. Essa é igualmente uma situação complexa, exigindo políticas competitivas de compensação capazes de atrair, motivar e manter os melhores talentos locais na área da gestão. Em muitos países, contudo, é um grande desafio chegar a desenvolver pacotes de compensações apropriados para a cultura e situação locais, ao mesmo tempo reconhecendo as diferenças entre os salários locais e os pretendidos por expatriados ou transpatriados (situação essa que às vezes constitui uma fonte de vantagem competitiva).

COMPENSAÇÃO PARA OS CIDADÃOS DO PAÍS ANFRITRIÃO

De que maneira as empresas enfrentam as situações simbolizadas por Mark e Oleg no "Perfil de Abertura" deste capítulo? Não existe, é claro, um padrão único de soluções aplicável em qualquer país. As variáveis são inúmeras — entre elas, os fatores locais de mercado e as escalas salariais, a participação do governo em benefícios, o papel dos sindicatos, o custo de vida, etc.

Quadro 9.8 Componentes do pacote de compensações de um expatriado

Salário
- Cotação da matriz/moeda da matriz
- Cotação local/moeda local
- Ajustamentos salariais ou promoções – padrão da matriz ou local
- Bônus – moeda da matriz ou local, padrão da matriz ou local
- Opções de ações
- Pagamento por indução/prêmio por dificuldades – percentagem do salário ou pagamento em parcela única, moeda local/da matriz
- Proteção contra desvalorização da moeda – com base total ou parcelada
- Salário global e estruturas de desempenho

Tributação
- Proteção fiscal
- Equalização de impostos
- Outros serviços

Benefícios
- Programa do país da matriz
- Programa local
- Programa da Previdência Social

Adicionais
- Adicional contra inflação
- Moradia padrão
- Educação
- Relocação
- Gratificações
- Transferência
- Transporte e armazenamento

Fonte: P. J. Dowling e R. S. Schuler, *International Dimensions of Human Resource Management* (Boston: PWS-Kent, 1990).

Na Europa Oriental, por exemplo, a população da Hungria, Polônia e República Tcheca, segundo as indicações disponíveis, gasta de 35 a 40% da renda disponível em alimentos e outros itens de subsistência, uma proporção que pode chegar a 75% nos países da antiga União Soviética.[47] Assim, os executivos na Europa Oriental precisam ter de 65 a 80% do seu pagamento básico em dinheiro, contra cerca de 40% dos executivos norte-americanos (sendo o restante composto por incentivos, benefícios e gratificações de longo prazo). Além disso, eles ainda contam com muitos benefícios sociais fornecidos pelo "velho governo". Para serem competitivas, as multinacionais podem focar o fornecimento de bens e serviços raros ou extremamente caros na Europa Oriental; semelhantes gratificações de prestígio podem ser utilizadas para atrair trabalhadores altamente qualificados.

A Nestlé da Bulgária oferece um carro da empresa e um telefone celular a novos contratados. (...) Os preços dos combustíveis são de cerca de dois dólares o galão e os telefones celulares custam US$ 1.200 por ano — o equivalente a meio ano de salários.[48]

No Japão, as companhias estão reformulando suas políticas de GRH para poder continuar competindo no mundo globalizado, em reação a uma década de paralisia econômica. O tradicional emprego vitalício e a gorda aposentadoria garantida vão dando lugar às práticas mais ocidentais da concorrência pelos empregos, do pagamento com base no desempenho, e não na antigüidade, e de tornar as pessoas responsáveis pelas decisões relativas aos seus fundos de aposentadoria.[49]

Na China, também há mudanças em andamento. Os egressos da universidade podem agora procurar os próprios empregos, em lugar de serem nomeados para empresas estatais, embora o nepotismo continue sendo comum. Em um estudo de práticas de GRH na China, Bjorkman e Lu constataram que uma das maiores preocupações dos executivos ocidentais na China residia exatamente na compensação dos CPAs. Em Pequim e Xangai, por exemplo, os principais executivos chineses viram seus salários aumentarem entre 30 e 50% nos últimos anos. Também passaram a contar com benefícios adicionais como moradia, carro da empresa, aposentadoria e treinamento no exterior. A dificuldade maior residia no fato de que, nas *joint ventures* sino-ocidentais, a parte chinesa sempre se opunha a aumentar os salários.[50] Ainda assim, quando de suas tentativas de introduzir o pagamento com base no desempenho, as empresas ocidentais enfrentaram uma considerável oposição e em geral acabaram desistindo, resignando-se a recorrer ao sistema de aumentos generalizados de salários. Estabelecer algum tipo de benefício de moradia, como investir em apartamentos, parecia ser uma das alternativas para que as empresas ocidentais pudessem competir na atração de bons executivos. Esses executivos estavam, compreensivelmente, maximizando suas oportunidades de emprego agora que não precisam mais se submeter ao processo de obtenção de licença especial para deixar as empresas estatais chinesas.[51]

DESENVOLVIMENTO DE UM QUADRO GLOBAL DE EXECUTIVOS

Um fator crucial na competitividade global é a capacidade da empresa de maximizar seus recursos humanos globais a longo prazo. Para atingir essa meta, é preciso dedicar especial atenção a várias áreas de grande importância:

1. Maximizar a retenção e utilização de longo prazo de quadros internacionais por meio de uma gestão de carreiras, de tal forma que a empresa possa desenvolver uma equipe de executivos de alto nível com experiência global.
2. Desenvolver equipes de executivos globais eficientes.
3. Entender, valorizar e promover a participação das mulheres e das minorias na gestão internacional a fim de maximizar o potencial desses recursos até então subutilizados.

Preparação, adaptação e repatriação

Começamos, então, a entender que a efetividade de toda a missão poderia ser comprometida pelo fato de ignorarmos o cônjuge.

STEVE FORD, RELOCAÇÕES CORPORATIVAS, HEWLETT-PACKARD.[52]

A gestão efetiva do quadro global de uma companhia não termina com a instalação de um executivo no exterior. Ela só termina com a repatriação bem-sucedida do executivo para a matriz da empresa. Na verdade, a gestão proativa de longo prazo de recursos críticos deveria começar tendo-se em mente o fim da atual missão — isto é, ela deveria começar os planos para a repatriação do executivo como parte de sua trajetória na empresa. A gestão da fase de reentrada no ciclo da carreira é tão vital quanto a gestão da entrada e do treinamento interculturais; de outra forma, os benefícios de longo prazo dessa experiência internacional do executivo poderão ser reduzidos a zero.[53] Demonstrando estreiteza de visão, muitas companhias pouco fazem para minimizar os potenciais efeitos do choque cultural reverso (o choque do retorno). Com efeito, uma pesquisa de companhias integrantes da American Society of Personnel Administration International (Aspai) revelou que apenas 315 tinham programas formais de repatriação para executivos e que somente 35% desses programas incluíam os cônjuges. Além disso, somente 22% dessas haviam conduzido tais programas antes da partida dos executivos para suas missões no exterior.[54] Essas empresas americanas não tinham esses programas, apenas várias desculpas para o fato: a inexistência de especialistas em treinamento para a repatriação, o custo dos programas, ou simplesmente o fato de ignorarem a necessidade de semelhante treinamento.

As implicações a longo prazo das práticas ineficazes de repatriação são muito claras — serão cada vez menos os bons executivos dispostos a cumprir missões no exterior depois de terem visto o que aconteceu com os seus colegas repatriados. Se um determinado executivo que perdeu oportunidades de promoção enquanto no exterior parece estar, quando repatriado, em pior situação que antes do início da missão, só se mostrarão dispostas a empreender semelhantes tarefas em outros países, no futuro, as pessoas incapazes de obter sucesso no plano interno ou, ainda, as que pensam em uma missão externa apenas como um tipo especial de férias. Na verdade, as pesquisas demonstraram que as missões no exterior são normalmente vistas pelos funcionários como retrocessos na carreira em muitas das multinacionais norte-americanas.[55] Pelo contrário, em empresas européias, japonesas e australianas, essas transferências são vistas positivamente porque as próprias companhias consideram a experiência internacional algo indispensável no currículo de pretendentes a posições no topo da hierarquia empresarial.

Em um recente estudo que envolvia casais de profissões independentes, "o impacto percebido da missão internacional quando do retorno aos Estados Unidos" foi uma das questões mais importantes mencionadas pelos executivos em relação a sua disposição de serem redesignados para o exterior.[56]

O choque cultural reverso ocorre principalmente devido à dificuldade de reintegrar-se à organização, mas igualmente porque, de maneira geral, quanto mais tempo uma pessoa permanecer afastada, mais difícil será para ela se reintegrar ao seu mundo original. Além da possibilidade de o executivo sentir-se esquecido e desnorteado no burburinho da readaptação, sua família corre o risco de ter perdido os contatos sociais ou empregos anteriores e sentir-se inteiramente deslocada e desatualizada em relação aos seus contemporâneos. Esses sentimentos de alienação em relação ao que sempre fora percebido como "a casa" — devido à perda de contato com a família, amigos e vida normal — retarda o processo de ressocialização. Semelhante reação torna-se especialmente dramática se, por acaso, a situação financeira geral da família chegou a ser prejudicada pela missão e se a carreira do cônjuge também foi deixada "na geladeira" enquanto permaneceu no exterior.

Para que as empresas possam maximizar a utilização de longo prazo do seu quadro internacional, é preciso que adotem todas as providências destinadas a assegurar que a missão no exterior e o processo de reintegração sejam experiências positivas. Isso implica um cuidadoso planejamento de carreira, suporte pleno enquanto em missão no exterior e a utilização das habilidades e experiência aperfeiçoadas do executivo retornado em benefício da matriz. Pesquisas feitas sobre as práticas bem-sucedidas de multinacionais americanas, européias, japonesas e australianas neste sentido sugerem a utilização de um ou mais dos sistemas de suporte a seguir relacionados, como recomenda Tung, para um programa de repatriação de qualidade:

- Um programa de aconselhamento para acompanhar a carreira do expatriado durante a expatriação e depois desta.
- Como alternativa ao programa de aconselhamento, o estabelecimento de uma unidade organizacional especial para cuidar dos aspectos do planejamento de carreira e da permanente orientação do expatriado.
- Um sistema de fornecimento de informação e manutenção de contatos com o expatriado capaz de fazer com que ele continue a se sentir parte importante da matriz da organização à qual acabou de prestar importantes serviços no exterior.[57]

O papel do cônjuge do expatriado

Muitas empresas começam a reconhecer a importância de proporcionar suporte ao cônjuge e aos filhos dos expatriados — em especial porque muitas vezes os cônjuges acompanham a situação da corporação e exigem a inclusão dos conjuntos de exigências e necessidades de ambas as partes na barganha do contrato. As empresas muitas vezes usam meios informais, como as ligações interempresariais, a fim de ajudar a encontrar uma posição para o cônjuge acompanhante no mesmo local para onde será enviado. Sabem que, com o crescimento do número de casais com profissões independentes (65% nos Estados Unidos), se o cônjuge não encontrar uma posição, os executivos estarão propensos a recusar a nomeação para a missão no exterior. Recusam-na principalmente por não se sujeitarem à perda da renda do cônjuge acompanhante ou por temerem que a carreira deste(a) possa vir a ser destruída devido a alguns anos de intervalo. Na verdade, à medida que as mulheres continuam a ascender na hierarquia empresarial, o cônjuge acompanhante (ou "seguidor") é muitas vezes o marido — 25% dos casos registrados em 2000.[58] Corporações como a Hewlett-Packard, Shell, Medtronic e Monsanto oferecem várias compensações para o ajustamento do dilema do casal de profissões diferentes.

Na Procter & Gamble, funcionários destinados para a China são enviados, com os respectivos cônjuges, a Pequim para dois meses de treinamento no idioma e familiarização com a cultura. A Nissho Iwai, uma *trading* japonesa, costuma reunir executivos e cônjuges que estão saindo do Japão para trabalhar no exterior com executivos e cônjuges que estão voltando de missões em outros locais. Além disso, a empresa proporciona um ano de treinamento no idioma e informações e serviços para que as crianças japonesas possam freqüentar a escola no exterior. Uma recente pesquisa com cônjuges de 321 executivos americanos expatriados mostrou que o ajustamento intercultural efetivo de cônjuges de expatriados é mais provável: 1) quando as empresas solicitam a opinião dos cônjuges sobre a missão internacional e o padrão de vida esperado para então; 2) quando o próprio cônjuge inicia seu treinamento pré-partida (complementando dessa forma o treinamento mínimo que algumas empresas proporcionam).[59]

Gestão da carreira do expatriado

Os serviços de apoio proporcionam uma ajuda indispensável e adequada ao executivo, sendo, portanto, parte da efetiva gestão de uma missão no exterior. O processo completo de transição pelo qual passa o quadro de executivos internacionais de uma companhia com o decorrer do tempo é mostrado no Quadro 9.9. Ele compreende três fases de transição e adaptação que devem ser gerenciadas visando o sucesso da socialização em uma nova cultura e a readaptação quando do retorno à antiga. Essas fases são: 1) a transição de saída do país da matriz, cujo sucesso será determinado em grande parte pela qualidade da preparação do expatriado; 2) a transição de chegada no país anfitrião, em que a aculturação bem-sucedida (ou o retorno prematuro) dependerá em grande parte do monitoramento e apoio; 3) a transição de retorno ao país da matriz ou da transferência para outro país anfitrião, em que o nível do choque cultural reverso e a facilidade da readaptação irão depender de estágios prévios de preparação e suporte.[60] Embora já tenhamos discutido em termos gerais essas questões, este modelo oferece uma interessante visão geral da interdependência e da oportunidade das três transições.

A função da repatriação no desenvolvimento de um quadro de gestão global

Os executivos que retornam de missões fora do país são até duas a três vezes mais propensos a deixar a empresa dentro de um ano por entenderem que não se deu a devida atenção as suas carreiras e à respectiva readaptação à estrutura corporativa da matriz.

www.expat.FT.com, 5 de março de 2001.

Um dos objetivos de uma missão internacional é que tanto o executivo quanto a companhia possam se beneficiar com o aperfeiçoamento das qualificações e com a experiência assim adquirida pelo expatriado. Muitos executivos retornados demonstram realmente um aperfeiçoamento desses atributos e da sua autoconfiança. Algumas dessas qualificações decorrentes dessas missões, conforme relatadas por Adler, são listadas no Quadro 9.10 (p. 258).

Além das habilidades administrativas e interculturais assimiladas pelos expatriados, a companhia se beneficia também com o conhecimento e a experiência que esses executivos adquirem a respeito de

CAPÍTULO 9 DESENVOLVIMENTO DE UM NÚCLEO GLOBAL DE EXECUTIVOS

Quadro 9.9 O processo de transição do expatriado

País sede

Transição de saída (socialização precursora)

País anfitrião

Transição de entrada (confronto inicial)

Ajustamento (adaptação)

Transição de saída

País da matriz ou novo país anfitrião

Transição de entrada

Ajustamento

Saída
1. Candidato à expatriação
2. Receptividade em relação a outras culturas
3. Treinamento geral, capacidade de ação internacional
4. Relacionado para a missão
5. Receptividade em relação à cultura do país anfitrião
6. Treinamento pré-partida
7. Seleção

Sucesso: ⎯⎯⎯⎯→
Fracasso: ------→

Entrada
8. Partida e viagem
9. Chegada e confronto inicial
10. Orientação e *briefing* no local
11. Choque cultural

Ajustamento
12. Monitoramento e apoio
13. Aculturação, adaptação
14. Fracasso ou sucesso

Saída
15. Avaliado para transferência ou repatriação
16. Retirada
17. Orientação, aconselhamento sobre a carreira

Entrada
18. Partida e viagem
19. Chegada e confronto inicial
20. Orientação e *briefing*
21. Choque cultural reverso ou novo choque cultural

Ajustamento
22. Monitoramento e suporte
23. Aculturação, adaptação

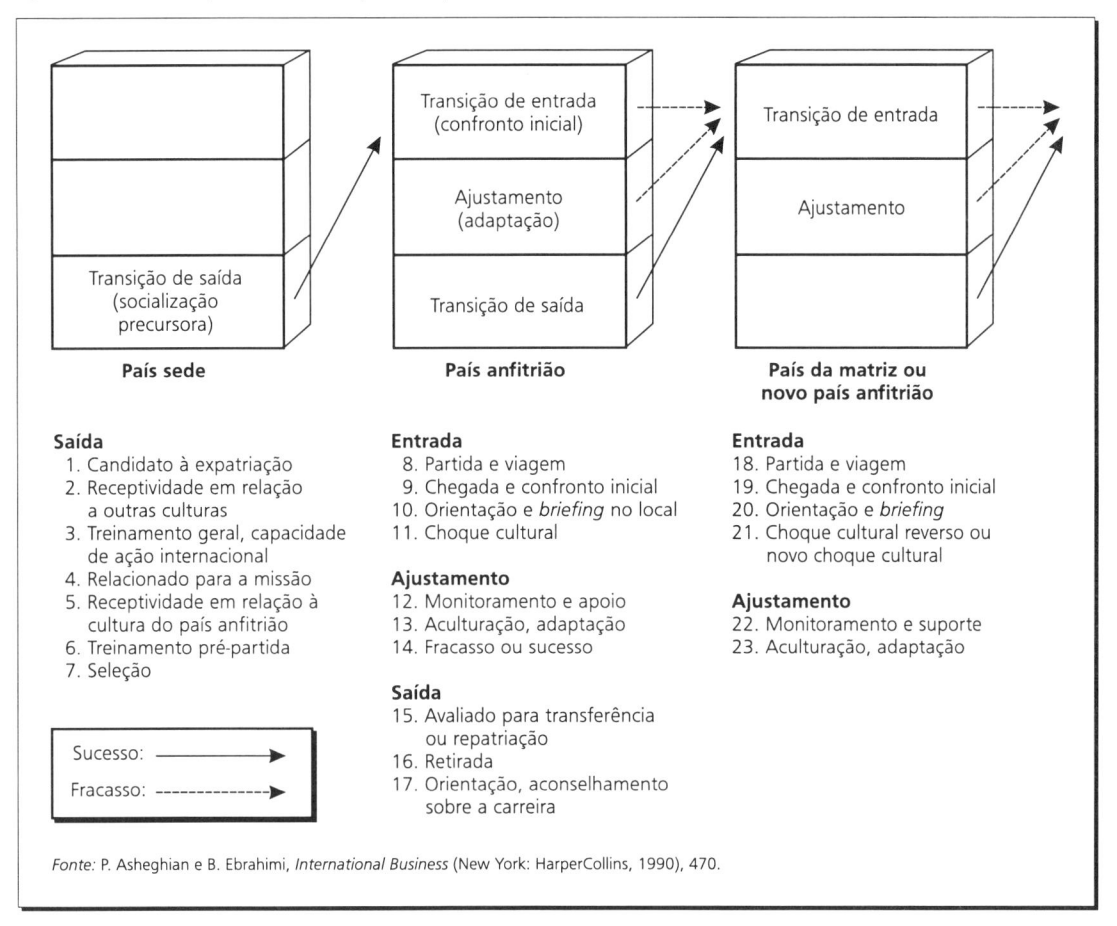

Fonte: P. Asheghian e B. Ebrahimi, *International Business* (New York: HarperCollins, 1990), 470.

como trabalhar no exterior e de todas as informações sobre novas tecnologias, *marketing* local e competitividade. A companhia deve colocar-se na melhor posição para tirar o máximo proveito desses novos conhecimentos de gestão se pretender realmente desenvolver um quadro de executivos globalmente orientado e experiente — um ingrediente essencial da competitividade global — em particular onde houver um alto grau de aprendizado compartilhado entre os executivos globais de várias organizações. Se a companhia não conseguir reter os melhores executivos retornados, o conhecimento compartilhado potencial estará sendo não apenas perdido como, o que é pior, disponibilizado para outra organização que venha a contratar aquela pessoa. Isso pode ser particularmente danoso para a posição competitiva da empresa. Algumas empresas estão por isso mesmo se tornando bastante engenhosas quanto à melhor maneira de utilizar a tecnologia para tirar proveito do conhecimento compartilhado, a fim de desenvolver seu quadro global de executivos, para atender melhor aos seus clientes e — como um benefício colateral — armazenar o conhecimento e a especialização de seus executivos em todo o mundo caso eles venham a deixar a organização; esse conhecimento, pode-se argumentar, é um ativo no qual a empresa investiu grandes recursos. Uma dessas companhias engenhosas é a Booz-Allen & Hamilton, que instituiu uma Intranet On-Line de Conhecimento.

Um pesquisa realizada por Black e Gregersen entre 750 empresas norte-americanas, européias e japonesas chegou à conclusão de que as companhias que relataram um alto grau de satisfação dos funcionários e bom desempenho e apresentaram baixo índice de rotatividade fizeram uso das seguintes práticas em relação às missões no exterior:

- Todas focam na criação de conhecimento e no desenvolvimento de liderança global.

Quadro 9.10   Habilidades aprendidas no exterior

Habilidades gerenciais, não-habilidades técnicas
Trabalhar no exterior faz com que você passe a conhecer melhor as perguntas a serem feitas, não as respostas.
Aprendi como trabalhar em duas culturas... a conciliar, não a ser um ditador. É algo muito similar a quando se tem duas culturas domésticas... como *marketing* e engenharia.
Hoje sou mais propenso a ouvir... mais capacitado a orientar uma gama mais ampla de pessoas... tudo isso devido a ter tomado conhecimento de outros pontos de vista.

Tolerância da ambigüidade
Pelo fato de entender apenas uma fração, digamos, 50%, do que se passava no exterior, tinha de tomar decisões com base apenas em uma fração da informação necessárias para isso. Atualmente, consigo tolerar melhor a inconclusividade e a ambigüidade.
Situações que você nunca imaginou que pudesse ter de enfrentar, você acaba enfrentando... Eu sempre pensei que estava certo, até que fui parar no exterior.

Múltiplas perspectivas
Aprendi o que é se sentir estrangeiro... E consegui passar a ver as coisas pela perspectiva deles.
Aprendi a antecipar... é a função dos diplomatas.

Capacidade de trabalhar com pessoas e de comandá-las
Cresceu minha tolerância em relação a outras pessoas. Pela primeira vez, me senti em minoria, em dissidência. Tornei-me um agitador consciente. Sou definitivamente melhor em relação aos outros agora.
Eu era mais rude do que agora... Era o executivo todo-americano. Hoje, faço uma pausa para pensar um pouco mais no impacto humano. Uso as pessoas como recursos. Passei a comunicar-me mais e melhor com os outros componentes da organização.

Fonte: N. J. Adler, *International Dimensions of Organizational Behavior*, 4th ed. (Cincinnati: South-Western, 2002).

- Confiam missões no exterior a pessoas cujas habilidades técnicas sejam comparáveis com as respectivas capacitações interculturais ou superadas por estas.
- Encerram qualquer missão de expatriados com um programa deliberado de repatriação.[61]

Um programa bem-sucedido de repatriação é, pois, aquele que tem início antes mesmo da expatriação. A alta administração da empresa deve desenvolver uma cultura que transmita a idéia de que a organização considera as missões internacionais parte do desenvolvimento e progresso continuados da carreira e de que valoriza devidamente as qualificações de todos os retornados. Os objetivos da companhia deveriam se refletir nos seus planos de longo prazo, no compromisso e na recompensa em benefício do expatriado. A GE estabelece um modelo para a gestão efetiva da carreira de expatriados. Com seus 500 expatriados pelo mundo inteiro, a empresa toma todo o cuidado em escolher apenas os melhores executivos para missões no exterior e se compromete a colocá-los em determinadas posições quando de seu retorno ao país da matriz.[62] Na verdade, um estudo das políticas de GIRH de multinacionais britânicas indica que o planejamento cuidadoso das missões internacionais dá os melhores resultados. Políticas previdentes, juntamente com critérios de seleção baseados mais na adaptabilidade do executivo e de sua família à cultura estranha que em habilidades técnicas, parecem estar na base do baixo índice de fracasso de expatriados — estimado em menos de 5%.[63]

Equipes globais de gestão

O termo *equipes globais de gestão* descreve conjuntos de executivos de diversos países que precisam confiar na colaboração grupal para que cada um de seus membros consiga atingir o ponto ótimo de sucesso e cumprimento de objetivos.[64] A Whirlpool International é uma *joint venture* americano-holandesa, com sede administrativa em Comerio, Itália, e de lá comandada por um sueco e uma equipe de seis executivos da Suécia, da Itália, da Holanda, dos Estados Unidos, da Bélgica e da Alemanha.[65] A fim de concretizar os objetivos individuais e coletivos dos seus integrantes, as equipes internacionais precisam "proporcionar os meios de comunicar a cultura corporativa, desenvolver uma perspectiva global, coordenar e integrar o empreendimento global e ser ao mesmo tempo receptivas às necessidades dos mercados locais".[66] A função e a importância das equipes internacionais aumentam à medida que a empresa progride e vai alcançando sucesso no escopo de atividade internacional.

De maneira parecida, a interação multicultural que afeta as operações da empresa depende do seu nível de envolvimento internacional, do seu ambiente e da sua estratégia. Em empresas nacionais, os efeitos das equipes interculturais se limitam às operações internas e a alguns contatos externos. Em empresas internacionais que exportam bens e concretizam parte de sua produção externamente, as equipes multiculturais e a diversidade cultural desempenham importantes papéis no relacionamento entre compradores, vendedores e outros intermediários nas fronteiras da organização. Nas empresas multinacionais, a função das equipes multiculturais novamente se torna interna para a companhia; as equipes consistem em executivos culturalmente diversos e pessoal técnico baseado em todo o mundo e que também trabalha em conjunto no âmbito das subsidiárias. A capacidade da equipe de trabalhar com eficiência em conjunto é crucial para o sucesso da companhia. Além disso, a tecnologia facilita o trabalho de equipe eficaz e eficiente no mundo inteiro. Isso foi algo que a equipe de planejamento de conferências da Timberland, do Reino Unido, descobriu na prática. No passado, era quase uma tortura organizar suas grandes conferências de vendas, a partir de seus escritórios na França, na Alemanha, na Espanha, na Itália e no Reino Unido. Foi quando a equipe começou a usar o sistema de conferências telefônicas da British Telecom para os acertos necessários, o que resultou em economia de viagens e despesas; a empresa posteriormente adotou as conferências telefônicas da BT para as reuniões das equipes de executivos em cada um dos países anteriormente citados.

> Realmente não fazia sentido viajar para reuniões de duas horas. Por isso, passamos a preferir discutir essas agendas em algumas horas por intermédio do Conference Call da BT.
>
> www.BritishTelecom.com/cases, 18 de fevereiro de 2001.

Com relação às organizações e alianças globais, encontramos as mesmas interações interculturais que as existentes nas multinacionais e, além disso, uma interação notavelmente mais acentuada com o ambiente externo em todos os níveis da organização. Assim, o trabalho de equipe global é vital, da mesma forma que os bolsões de trabalho de equipe intercultural e as interações que ocorrem em muitas fronteiras.[67] Quanto à companhia global, a competição e os mercados mundiais necessitam de equipes globais para o desenvolvimento de estratégia, na organização como um todo e para que as unidades locais possam reagir às peculiaridades de seus mercados.

Como é mostrado no Quadro 9.11 (p. 260), quando uma empresa reage ao seu ambiente global com uma estratégia global e passa a se organizar com uma estrutura de rede "glocal" (discutida no Capítulo 8), vários tipos de equipes interfronteiras são necessárias para a integração e a diferenciação globais. Elas incluem equipes subsidiária/matriz e as alianças de coordenação externas à organização. Em *joint ventures*, especialmente, as equipes multiculturais trabalham em todos os níveis de planejamento e implementação estratégicos e na produção e na linha de montagem.

Cada vez mais os progressos na comunicação vão facilitando as equipes globais virtuais, em que pessoas de todo o mundo realizam reuniões e trocam informações por intermédio da Internet, possibilitando que a organização tire proveito de uma produtividade 24 horas/dia. Além disso, desta forma, o conhecimento é compartilhado ao longo de unidades de negócios e entre culturas.[68] As equipes globais virtuais não deixam de enfrentar os próprios desafios — entre os quais assumem importância especial os mal-entendidos culturais e as logísticas das diferenças em tempo e espaço; os membros do grupo precisam organizar suas equipes tendo em mente a diversidade grupal e a necessidade de uma cuidadosa comunicação.[69]

Formação de equipes globais

A capacidade de organizar equipes transnacionais eficientes é essencial em uma época de crescente proliferação das subsidiárias estrangeiras, *joint ventures* e outras alianças transnacionais. Como destacou David Dotlich, da Honeywell Bull Inc. (HBI), uma empresa internacional de computadores, o trabalho de equipe internacional eficiente é essencial porque as derivações interculturais de "duplo sentido, agendas incompatíveis, prioridades e interesses desencontrados podem representar riscos comerciais terríveis quando a sua empresa tem uma vitrina que se estende ao longo de quase 10 mil quilômetros".[70] A HBI representa uma *joint venture* da NEC (Japão), Compagnie de Machines Bull (França) e Honeywell (Estados Unidos).

Quadro 9.11 Equipes internacionais nos empreendimentos globais modernos

Cenário global	→	Estratégia global	→	Organização global em rede	→	Equipes internacionais
Concorrência global; desenvolvimento tecnológico; mercados; políticas governamentais		Otimização dos recursos globais com vistas à vantagem competitiva		Coordenação e integração globais; receptividade local; estrutura organizacional; sistemas; políticas de pessoal e sistemas de recompensa que incentivem a cooperação		Equipes cosmopolitas nas matrizes; equipes de desenvolvimento estratégico; equipes subsidiárias/da matriz; equipes de transferência de tecnologia; equipes de coligação (*joint venture*)

Fonte: T. Gross, E. Turner e L. Cederholm, "Building Teams for Global Operations", *Management Review* (junho 1987): 34.

A fim de coordenar esta *joint venture*, a HBI considerou da maior importância a existência de equipes transnacionais com envolvimento direto em planejamento estratégico, engenharia, projetos, produção e *marketing*. Dotlich destacou também que a principal dúvida corporativa da HBI é como integrar um conjunto tão diversificado de valores, tradições e normas para que seja competitivo.[71]

A efetividade das equipes globais e sua capacidade de integrar-se com as metas organizacionais depende da sinergia que puderem obter apesar dos problemas e reveses resultantes das complexidades que sempre surgem no âmbito de um grupo intercultural.[72] As vantagens da sinergia são confirmadas por Moran em uma pesquisa entre executivos de duas organizações multinacionais. Nessa pesquisa, ele constatou que os respondentes conseguiam maior rapidez na geração das vantagens que das desvantagens da diversidade cultural em suas organizações. Entre as vantagens, uma oportunidade maior de competição global (pela possibilidade de compartilhar experiências, tecnologias e um conjunto de executivos internacionais) e uma maior oportunidade para o entendimento intercultural e a exposição de diferentes pontos de vista. Já as desvantagens incluíram problemas resultantes de diferenças no idioma, na comunicação e na diversidade de estilos gerenciais; processos decisórios complexos; escassas oportunidades de promoção; conflitos de personalidades, muitas vezes resultantes de preconceitos e estereótipos; e uma maior complexidade no local de trabalho.[73]

De que forma a administração poderá avaliar e analisar a atuação de suas equipes internacionais e que áreas precisam ser melhoradas? Os critérios de avaliação do sucesso dessas equipes, listados a seguir, são propostos por Indrei Ratiu, da Associação de Gestão Intercultural, com sede em Paris:

- Os integrantes das equipes trabalham realmente em conjunto com um objetivo comum? E esse objetivo é entendido e avaliado pelos envolvidos no processo como algo realmente significativo?
- A equipe desenvolveu uma linguagem ou procedimento comum? Tem uma maneira comum de realizar tarefas, um processo para a realização de reuniões?
- A equipe trabalha com base no que dá resultados, aprendendo a identificar as ações positivas antes de acabar soterrada pelas negativas?
- A equipe procura sempre esclarecer todas as questões no âmbito das diferenças culturais com as quais trabalha, delimitando o nível de desconhecimento com franqueza e abertura, sejam quais forem as origens culturais dos participantes?
- Os integrantes da equipe procuram reconhecer o impacto da respectiva programação cultural sobre os comportamentos individuais e de grupo? Enfrentam sempre suas diferenças, em vez de evitá-las, com o objetivo de criar sinergia?
- A equipe gosta do que faz? (No âmbito de grupos multiculturais bem-sucedidos, as diferenças culturais se transformam em fontes de permanente novidade, aprendizado e satisfação, jamais em causas de irritação ou frustração.)[74]

O papel das mulheres na gestão internacional

> No mundo inteiro, as mulheres estão refazendo empresas, a sociedade e elas próprias. No entanto, em cada país diferente, as mulheres atingiram diferentes objetivos, lutaram diferentes batalhas — e fizeram sacrifícios diferentes.[75]

As oportunidades para a ascensão das mulheres na hierarquia empresarial em uma determinada cultura dependem dos valores e das expectativas relacionadas ao papel das mulheres nessa mesma sociedade. No Japão, os locais de trabalho têm sido tradicionalmente redutos exclusivos dos homens no que se refere a carreiras em gestão (embora mudanças aceleradas estejam ocorrendo lá). Para a geração mais velha, uma mulher casada, com profissão, representava perda de prestígio para o marido, pois isso era indício de que ele não teria condições de a sustentar. Às mulheres, eram normalmente atribuídos apenas postos subalternos, pois todos entendiam que elas estavam ali como que de passagem e logo deixariam o emprego para cuidar da família, voltando talvez mais tarde, de preferência em tempo parcial. Os empregadores, assim, pouco se importavam em dar-lhes qualquer espécie de treinamento voltado para posições mais destacadas na hierarquia empresarial.[76] Como resultado, pouquíssimas mulheres chegavam a ocupar postos de supervisão ou gestão — com isso limitando a ascensão a curto prazo das mulheres nas fileiras executivas.[77]

A geração mais jovem e a crescente competitividade global produziram algumas mudanças nos valores tradicionais relacionados ao papel das mulheres no Japão. Mais de 60% das japonesas têm hoje trabalho profissional, o que inclui metade das japonesas que têm filhos.[78] No entanto, como e quando essas mudanças culturais se farão sentir no número de japonesas em postos de comando são questões que ninguém ainda se atreve a abordar em profundidade.

Quando as mulheres enfrentam dificuldades em relação às oportunidades de gestão em seu próprio país, é óbvio que haverá limitações ainda maiores às suas oportunidades como expatriadas. De maneira geral, as oportunidades de gestão estão disponíveis em número maior para as norte-americanas do que para as mulheres de qualquer outra nacionalidade. No entanto, mesmo para as norte-americanas, que hoje ocupam 25% das posições gerenciais no seu país, não existem oportunidades comparáveis no exterior: apenas cerca de 6% dos executivos americanos expatriados são mulheres.[79] Os motivos desta anomalia podem ser encontrados muitas vezes nas expectativas culturais dos países anfitriões — os mesmos valores culturais que mantêm as mulheres nesses países afastadas das posições de gestão.

A explicação para a escassez de mulheres ou de representantes de grupos de minorias entre os americanos expatriados não pode ser encontrada em uma falta de vontade, da parte de todos eles, de trabalharem no exterior. Muito pelo contrário: há estudos que indicam uma forte disposição da parte desses setores a realizar missões no exterior. Um alto índice de fracasso também não figura entre as causas desse fenômeno. Um estudo sobre mulheres norte-americanas que trabalham como executivas em países em todo o mundo, realizado por Adler, mostrou que a maioria delas obtém sucesso na missão.[80]

A maior dificuldade, então, é justamente conseguir esse cargo. Uma das principais razões que inibem as corporações norte-americanas na hora de atribuir missões no exterior a representantes das minorias é a pressuposição de que elas enfrentarão resistência ou de que não serão entendidas nem aceitas, particularmente em determinados países. Um estudo realizado com 52 executivas expatriadas mostrou, no entanto, tratar-se de uma pressuposição altamente questionável. Adler mostrou que, acima de tudo, os estrangeiros são sempre vistos como estrangeiros e, além disso, que não se espera que uma mulher estrangeira (no Japão, estrangeiro é chamado de *gaijin*) tenha o mesmo comportamento de uma do país. Na verdade, segundo Adler e Izraeli, "os asiáticos vêem as mulheres expatriadas como estrangeiros que são mulheres, e não como mulheres estrangeiras". As outras mulheres participantes do estudo antes citado confirmaram este ponto de vista. Uma executiva que trabalha em Hong Kong destacou: "Não faz a menor diferença o fato de você ser azul, verde, cor-de-rosa, ou uma rã. Se você tiver os melhores produtos pelos melhores preços, eles irão comprá-los."[81]

As mulheres e minorias representam um importante recurso para as missões no exterior — sejam elas expatriadas ou nacionais do país anfitrião — ainda subutilizado pelas companhias norte-americanas. Adler estudou esse fenômeno relativo às mulheres e recomenda que as empresas: 1) evitem presumir que uma executiva vá fracassar devido à maneira como será acolhida ou a problemas enfrentados pelos seus cônjuges; 2) evitem presumir que a mulher não gostará de ser enviada para outro país; 3) concedam às mulheres todas as oportunidades para serem bem-sucedidas, dando-lhes títulos, *status* e reconhecimento apropriados à posição — e também um prazo razoável para que possam se mostrar eficientes.[82]

Conclusão

A eficiência dos executivos em sucursais no exterior é crucial para o sucesso das operações de qualquer empresa, particularmente em decorrência da distância entre essas sucursais e os diretores da corporação, o que evidentemente enfraquece o controle exercido pela matriz. A capacidade dos expatriados de empreender e manter relações cooperativas com as pessoas e as sucursais irá determinar o sucesso, e até mesmo a viabilidade, da operação a longo prazo. Em um sentido real, o quadro global da companhia representa seu ativo mais valioso. A gestão proativa desse recurso pela matriz se traduzirá em ter a pessoa certa no lugar certo no momento certo, adequadamente treinada, preparada e apoiada. As multinacionais que utilizarem essas práticas de GIRH poderão esperar uma gestão eficiente de suas operações no exterior, a promoção das carreiras dos expatriados e, como corolário, o sucesso assegurado da corporação.

RECURSOS NA INTERNET

Visite o *site* de Deresky no endereço http://prenhall.com/Deresky para ter acesso aos recursos de Internet deste capítulo.

PONTOS-CHAVE

1. A Gestão Global de Recursos Humanos é um componente vital da implementação da estratégia global e, neste sentido, vem obtendo crescente reconhecimento como um dos principais fatores determinantes do sucesso ou fracasso dos empreendimentos internacionais.
2. As principais alternativas de formação de equipes para as operações globais são as práticas etnocêntrica, policêntrica, regional e global. Cada uma delas tem suas utilizações mais apropriadas, de acordo com as respectivas vantagens e desvantagens.
3. Entre as causas de fracasso dos expatriados, figuram: seleção ineficaz baseada em critérios inadequados; preparação inapropriada antes da missão; alienação da matriz; incapacidade de adaptação do executivo ou de sua família ao ambiente local; pacote de compensações insuficiente e programas ineficazes de suporte na carreira quando da repatriação.
4. A GIRH deve projetar pacotes adequados e atraentes de compensações para formar e manter um quadro global competitivo de executivos. Os pacotes de compensações para os executivos dos países anfitriões devem ser projetados de maneira a se ajustarem à cultura e conjuntura locais, bem como aos objetivos da empresa.
5. Os programas de apoio aos expatriados devem incluir informações da matriz e contato permanente com a sede, bem como orientação e suporte na carreira posterior à missão internacional.
6. As equipes globais de executivos apresentam oportunidades maiores de concorrência — pelo intercâmbio de experiências, tecnologia e executivos internacionais — e maiores oportunidades para o entendimento intercultural e a exposição a pontos de vista diferenciados. Podem também resultar em desvantagens para a comunicação e em conflitos interculturais, bem como em maior complexidade no local de trabalho.
7. As mulheres e as minorias representam um recurso subutilizado na gestão internacional; uma das razões principais desta situação é que preconceitos de raízes culturais podem limitar as oportunidades e o sucesso das mulheres e das minorias.

Capítulo 10

Motivação e liderança

Perspectiva
Perfil de abertura: *O estilo java da Starbucks ajuda a atrair, motivar e conservar lideranças em Beijing*
Motivação
Pesquisa intercultural sobre motivação
    O significado do trabalho
    A hierarquia necessária no contexto internacional
    A dicotomia intrínseco-extrínseco no contexto internacional
        Gestão comparativa em foco: *Motivação no México*
    Sistemas de recompensa
Liderança
    A função e o ambiente do líder global
    E-Biz Box: *O estilo de liderança da Italtel Spa dá autoridade aos funcionários globais pela tecnologia*
Pesquisa intercultural sobre liderança
Liderança contingente — a variável cultural
    O projeto GLOBE de liderança
        Gestão comparativa em foco: *Liderança na Índia*

PERFIL DE ABERTURA:

O estilo java da Starbucks ajuda a atrair, motivar e conservar lideranças em Beijing

A Starbucks Coffee International, que opera em Londres, no Japão, em Cingapura, em Taiwan, nas Filipinas e na Tailândia, vem dando continuidade à sua expansão global agressiva. Planeja ter 500 *coffee shops* na Europa até o final de 2003, e em 2002 conta com 35 cafeterias em Pequim (no original lê-se Beijing) e Xangai. Mesmo o estilo Starbucks não sendo desconhecido entre as principais lideranças mundiais em treinamento, a companhia ainda assim enfrentou um grande desafio ao atrair, motivar e conservar executivos para suas lojas em Pequim — sem falar na tarefa gigantesca que é convencer uma nação de apreciadores de chá a aderir ao café java, uma das atrações da Starbucks.

O primeiro desafio foi recrutar bons executivos nacionais em um país onde a demanda destes elementos por empresas estrangeiras em constante expansão supera em muito a disponibilidade de pessoas com experiência nas práticas capitalistas. Os chineses deixam claro que sua ambição maior, acima de bons salários, está na oportunidade de conseguir treinamento e promoção em companhias globais; eles sabem que os executivos com experiência em organizações ocidentais sempre podem esperar bons empregos. A identificação da marca Starbucks com a cultura *pop* é igualmente um atrativo para os jovens da capital chinesa.

A fim de expor esses pretendentes à cultura estilo java e também de treiná-los para as funções executivas, a Starbucks os leva a Tacoma, estado de Washington, por três meses, para que aprendam um pouco do estilo de vida da Costa Oeste americana e conheçam a cultura informal da empresa, que insiste na integração dos funcionários mediante os *barbecues* — churrascos ao ar livre — característicos da região. Depois disso, eles são expostos à arte de fazer um *capuccino* em uma loja verdadeira antes do amanhecer e de elaborar dezenas de outras misturas de cafés. Esses chineses passam por um treinamento tão intenso quanto outros em andamento no mundo inteiro. Um dos principiantes, o Sr. Wang, que trabalhou em um grande hotel de Pequim antes de aprender a fazer um *grand latte* triplo, disse que o que mais aprecia na empresa é a atmosfera ao mesmo tempo respeitosa e informal. O treinamento e a cultura são muito diferentes das expectativas existentes em qualquer das estatais chinesas, nas quais as tarefas são rigidamente definidas e não representam qualquer desafio para os funcionários.

A Starbuck constatou que a motivação dos seus executivos em Beijim é multifacetada. A empresa sabe que as pessoas não se dispõem a trocar de emprego simplesmente por causa de dinheiro. Seu sonho é trabalhar para a companhia que estiver disposta a lhes proporcionar uma oportunidade de aprender. Aspiram a um bom ambiente de trabalho, de preferência em uma empresa de reputação consolidada. Os recém-contratados têm manifestado sua necessidade de confiança e participação, em um cenário em que não se espera, como rotina, que os nacionais do país cheguem a postos em que possam exercer iniciativa ou autoridade; no conjunto, o que realmente parece motivá-los mais do que qualquer outro incentivo é a dignidade.

Fontes: www.Starbucks.com, "Starbucks' Expansion in China Is Slated", *Wall Street Journal*, 1998; *The Economist*, 2001.

MOTIVAÇÃO

> No México, tudo é questão pessoal; no entanto, são muitos os executivos estrangeiros que não se dão conta disso.
>
> ROBERT HOSKINS, EXECUTIVO, LEVITON MANUFACTURING, CIUDAD JUÁREZ.

Quando os executivos conseguem encaminhar as operações de uma empresa planejando a estratégia, organizando as tarefas e responsabilidades e contratando o pessoal necessário, chega a hora de voltarem suas atenções para as atividades rotineiras do empreendimento. Esse comportamento corriqueiro das pessoas que desenvolveram várias tarefas diárias capacita a empresa a atingir seus objetivos. Fazer com que tais pessoas desempenhem suas tarefas com eficiência e eficácia é o ponto central do desafio que se coloca no caminho do executivo.

Como o "Perfil de Abertura" deste capítulo bem ilustra, a motivação — e com ela um estilo adequado de liderança — pode ser afetada por muitas variáveis poderosas (sociais, culturais e políticas). Na China, há uma longa história por trás da convicção dos indivíduos a respeito de "como fazemos as coisas por aqui", além de uma forte cultura que determina atitudes relacionadas ao trabalho. Entretanto, nas grandes cidades, como Beijin, os funcionários estão ansiosos para aprender os métodos ocidentais com a finalidade de se tornarem mais valiosos para o mercado. As empresas estrangeiras são constantemente desafiadas a encontrar a mescla correta do velho e do novo a fim de motivar e manter os bons funcionários.

Nosso objetivo neste capítulo é estudar a motivação e liderança no contexto dos diversos ambientes culturais. Precisamos saber que existem diferenças nos fatores sociais que trazem à tona e mantêm comportamentos que levam os funcionários a um alto nível de produtividade e de satisfação com o emprego. Assim, as técnicas efetivas de motivação e liderança são universais ou dependem dos inumeráveis ambientes culturais?

PESQUISA INTERCULTURAL SOBRE MOTIVAÇÃO

A motivação é principalmente uma função do contexto do trabalho e da vida pessoal dos indivíduos. Esse contexto sofre grande influência de variáveis culturais, que por sua vez afetam as atitudes e os comportamentos de indivíduos (e grupos) no trabalho. A estrutura desse contexto foi descrita no Capítulo 3 e ilustrada no Quadro 3.1. Ao aplicarmos a pesquisa de Hofstede às dimensões culturais de individualismo, fuga à incerteza, masculinidade e distanciamento do poder, por exemplo, podemos fazer algumas suposições generalizadas sobre motivação, tais como:

- O alto nível de fuga da incerteza sugere a necessidade de garantia no emprego, enquanto as pessoas com baixo nível dessa fuga seriam provavelmente motivadas por oportunidades mais arriscadas em termos de variedade e avanço rápido na carreira.
- O alto nível de distanciamento do poder sugere motivadores na relação entre subordinados e seu chefe, enquanto o baixo nível de distanciamento implica que as pessoas seriam mais motivadas pelo trabalho de equipe e relacionamento com seus colegas.
- O alto nível de individualismo sugere que as pessoas seriam motivadas por oportunidades para o progresso e a autonomia individuais; o coletivismo (baixo individualismo) sugere que a motivação funcionaria de melhor maneira por meio de apelos a objetivos e apoio grupais.
- O alto nível de masculinidade sugere que a maioria das pessoas se sentiria melhor com a tradicional divisão do trabalho e das funções: em uma cultura mais feminina, as fronteiras poderiam ser afrouxadas, motivando as pessoas por meio de funções e redes de trabalho mais flexíveis.

Avaliar incorretamente a importância dessas variáveis culturais no local de trabalho pode ter como conseqüência não apenas a impossibilidade de motivar, mas o surgimento da desmotivação. Um exemplo dado por Rieger e Wong-Rieger:

> Na Tailândia, o lançamento de um plano de gratificação ao mérito individual, que vai de encontro à norma social da cooperação grupal, pode ter como resultado, em lugar do almejado aumento da produtividade, um declínio, pois as pessoas irão se recusar abertamente a cooperar com aquele que for assim recompensado.[1]

Ao levar em consideração o que realmente motiva as pessoas, precisaremos entender suas necessidades, seus objetivos, seus sistemas de valores e suas expectativas. Qualquer que seja sua nacionalidade ou passado cultural, as pessoas são levadas a satisfazer a necessidades e a atingir objetivos. Quais são, porém, essas necessidades, que objetivos pretendem atingir, e o que pode motivá-las no impulso em direção ao cumprimento dessas metas?

O significado do trabalho

Como o nosso foco aqui está nas necessidades que afetam o ambiente de trabalho, é importante entender em primeiro lugar o que o trabalho significa para pessoas de diferentes antecedentes. Para a maior parte dos indivíduos, o significado básico do trabalho está ligado às necessidades econômicas (dinheiro para alimentação, moradia etc.) dos indivíduos e da sociedade. Contudo, as conotações adicionais do trabalho são mais subjetivas, em especial sobre o que o trabalho proporciona, além de dinheiro — realização, honrarias, contatos sociais, ou seja lá o que for.

Outra maneira de analisar o trabalho, contudo, é por meio de sua relação com os demais aspectos da vida das pessoas. Os tailandeses chamam o trabalho de *ngan*, que é a mesma coisa que a palavra deles para "jogar", e eles tendem a introduzir períodos de jogos em seus dias de trabalho. Por outro lado, a maioria dos chineses, alemães e norte-americanos tem uma atitude positiva em relação ao trabalho. Especialmente na China orientada para o trabalho, as semanas de trabalho de sete dias de muitas horas e os poucos dias de folga são comuns.[2] Um estudo da média de horas de trabalho em vários países, realizado por Steers, constatou que os coreanos trabalhavam mais horas por dia e tinham menos dias de folga que os trabalhadores da Tailândia, de Hong Kong, de Taiwan, de Cingapura, da Índia, do Japão e da Indonésia.[3] Esse estudo concluiu que a paixão dos coreanos pelo trabalho podia ser atribuída à lealdade para com seu empregador, às realizações de grupo e à importância que esse povo atribui à harmonia do grupo e às relações de trabalho.

Estudos sobre o significado do trabalho foram realizados em oito países por George England e uma equipe internacional de pesquisadores conhecida como Meaning of Work (MOW).[4] Essa pesquisa buscou determinar a opinião das pessoas sobre a importância relativa do trabalho em comparação com a do lazer, da comunidade, da religião e da família. Chamaram esse conceito de *centralismo do trabalho*, definido como "o grau geral de importância que o trabalho tem na vida de um indivíduo a qualquer momento dado". O escore médio no índice do centralismo do trabalho dos oito países incluídos no estudo é mostrado no Quadro 10.1.

Quadro 10.1 O significado relativo do trabalho em oito países

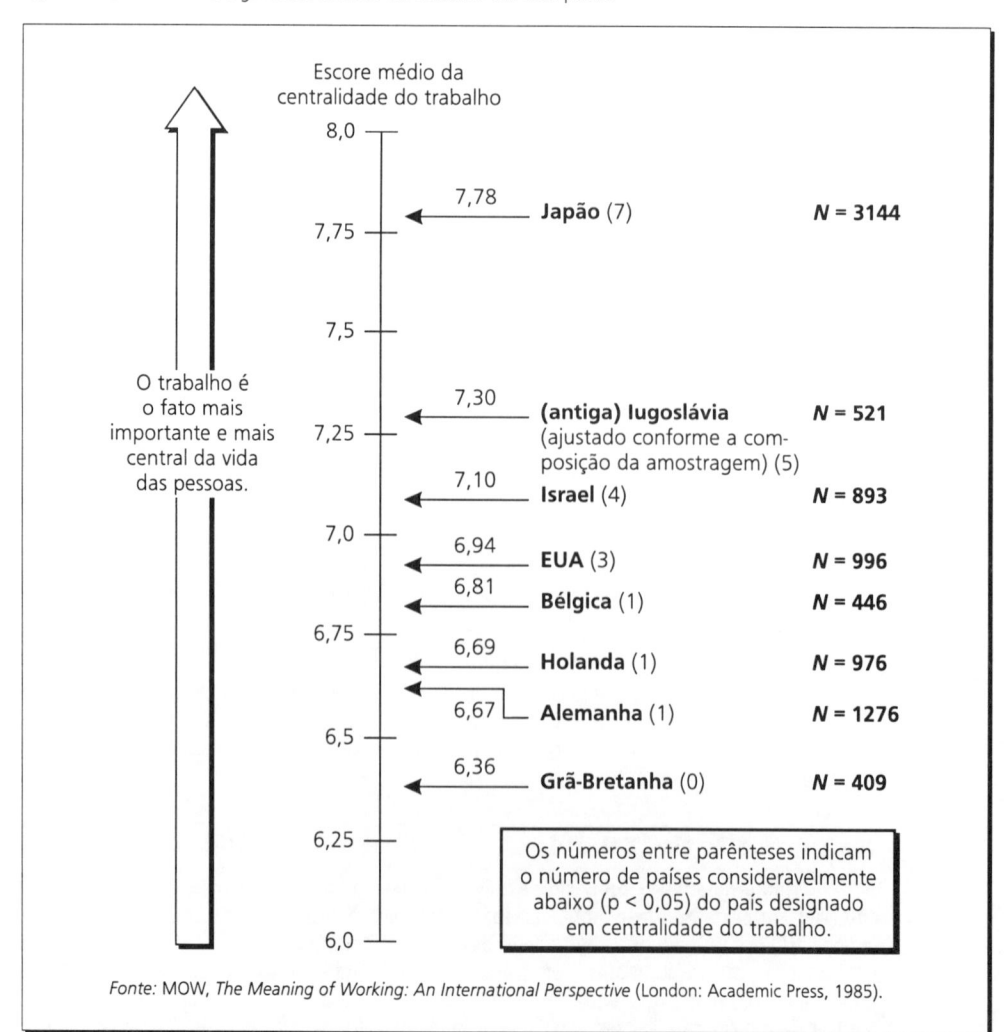

Escore médio da centralidade do trabalho	País	N
7,78	Japão (7)	N = 3144
7,30	(antiga) Iugoslávia (ajustado conforme a composição da amostragem) (5)	N = 521
7,10	Israel (4)	N = 893
6,94	EUA (3)	N = 996
6,81	Bélgica (1)	N = 446
6,69	Holanda (1)	N = 976
6,67	Alemanha (1)	N = 1276
6,36	Grã-Bretanha (0)	N = 409

O trabalho é o fato mais importante e mais central da vida das pessoas.

Os números entre parênteses indicam o número de países consideravelmente abaixo (p < 0,05) do país designado em centralidade do trabalho.

Fonte: MOW, *The Meaning of Working: An International Perspective* (London: Academic Press, 1985).

A ilação geral óbvia a partir dessas constatações é a de que quanto mais alto o escore médio da centralidade do trabalho, mais motivados e comprometidos com os objetivos são os trabalhadores. De importância ainda maior para os executivos (como um valioso instrumento de ajuda no entendimento das diferenças de bases culturais na motivação) são as razões específicas para a avaliação do trabalho. A que espécies de necessidades o ambiente de trabalho satisfaz e de que maneira isso se diferencia entre as populações?

Alguns *insights* excelentes desta questão foram descortinados pelos pesquisadores da equipe MOW ao perguntarem aos sujeitos de seu estudo nos oito países até que ponto consideravam que o trabalho satisfazia a seis diferentes funções. Essas seis funções eram: o trabalho 1) garante uma renda indispensável, 2) é interessante e satisfatório, 3) proporciona contatos com outras pessoas, 4) propicia uma forma de servir à sociedade, 5) mantém a pessoa ocupada, 6) é fonte de *status* e prestígio. Os resultados são mostrados no Quadro 10.2. Notem-se as semelhanças de algumas dessas funções com as categorias de necessidade de Maslow e com as categorias de motivadores e os fatores de manutenção de Herzberg. Esses estudos podem ajudar muito os executivos internacionais a antecipar as atitudes das pessoas em relação ao seu trabalho, quais aspectos do trabalho no seu contexto de vida são para elas mais significativos e, por isso mesmo, qual a melhor abordagem a ser dada pelo executivo para estabelecer planos de motivação e incentivos.

Além das diferenças entre países em cada categoria — como o maior nível de interesse e satisfação que os israelenses demonstram pelo trabalho quando comparados com os alemães — é interessante destacar as diferenças existentes em um mesmo país. Embora a renda tenha sido evidentemente o fator mais importante em todos os países, no Japão ela parece ter uma diferença muito maior que qualquer dos outros fatores. Em outros países — Holanda, por exemplo — a importância relativa dos diferentes fatores apresentou uma distribuição mais equilibrada.

As implicações maiores dessas comparações sobre o que o trabalho significa para as pessoas são obtidas a partir da análise do todo do contexto cultural: o baixo escore dado pelos japoneses ao *status* e prestígio encontrados no trabalho, por exemplo, sugere que essas necessidades são mais amplamente

Quadro 10.2 A validade percebida das funções do trabalho (média de pontos)

PAÍS	TAMANHO DA AMOSTRA (N)	O TRABALHO LHE PROPORCIONA UMA RENDA NECESSÁRIA	O TRABALHO É, PARA VOCÊ, ALGO INTERESSANTE E SATISFATÓRIO	O TRABALHO LHE PROPORCIONA CONTATOS INTERESSANTES COM PESSOAS	O TRABALHO É UMA MODALIDADE ÚTIL DE PRESTAR SERVIÇOS À SOCIEDADE	O TRABALHO LHE DÁ UMA OCUPAÇÃO PERMANENTE	O TRABALHO LHE PROPORCIONA *STATUS* E PRESTÍGIO
Japão	3.180	45,4	13,4	14,7	9,3	11,5*	5,6‡
Alemanha	1.264	40,5	16,7	13,1	7,4	11,8	10,1
Bélgica	447	35,5	21,3	17,3	10,2	8,7	6,9
Grã-Bretanha	471	34,4	17,9	15,3	10,5	11,0	10,9
Iugoslávia	522	34,1	19,8	9,8	15,1	11,7	9,3
Estados Unidos	989	33,1	16,8	15,3	11,5	11,3	11,9
Israel	940	31,1	26,2	11,1	13,6	9,4	8,5
Holanda	979	26,2	23,5	17,9	16,7	10,6	4,9
Todos os países somados	8.792	35,0†	19,5	14,3	11,8	10,8	8,5

*O item "o trabalho lhe dá uma ocupação permanente" foi traduzido no Japão de uma forma que deixou lugar a dúvida sobre se o significado realmente era o pretendido.
†Os totais combinados dão a cada país peso igual, não importando o tamanho das respectivas amostras.
‡A média de pontos atribuída por um país às seis funções chega a aproximadamente 100 pontos.

Fonte: Significado da *The Meaning of Working: An International Perspective* (London: Academic Press, 1985).

satisfeitas em outras áreas de suas vidas, como, por exemplo, no seio da família e da comunidade. No Oriente Médio, a religião tem uma influência maior em todos os aspectos da vida, inclusive no trabalho. A ética de trabalho islâmica é um comprometimento com a realização plena, e por isso os motivos empresariais são levados na mais alta consideração.[5] A origem da ética islâmica do trabalho está no livro sagrado muçulmano, o Alcorão, e nas palavras do profeta Maomé:

> No dia do Juízo Final, o mercador muçulmano honesto estará lado a lado com os mártires.
>
> MAOMÉ

Os muçulmanos consideram o trabalho uma virtude e, como tal, obrigatório para estabelecer o equilíbrio na vida pessoal e social dos indivíduos. O trabalhador árabe é definido de acordo com o seu nível de dedicação à família, sendo o trabalho considerado o fator determinante da capacidade de desfrutar da vida social e familiar.[6] Um estudo realizado com 117 executivos na Arábia Saudita, da autoria de Ali, constatou que os executivos árabes são altamente comprometidos com a ética islâmica de trabalho e que existe uma tendência moderada para o individualismo.[7]

O Quadro 10.3 mostra os resultados do estudo com os executivos sauditas e proporciona maior aprofundamento na ética islâmica do trabalho. Outro estudo, dos autores Kuroda e Suzuki, constatou que os árabes são mais sérios com relação ao seu trabalho e que o favoritismo, a troca de favores e o paternalismo não vigoram nos empreendimentos árabes; os autores compararam essa atitude com as dos japoneses e dos americanos, que consideram ser a amizade um componente do cenário de trabalho.[8]

Outras variáveis afetam a percepção do significado do trabalho e de como ele satisfaz a diversas necessidades, entre elas a riqueza relativa de um país.[9] Quando as pessoas têm um alto padrão de vida, o trabalho pode assumir um significado muito diferente da simples conceituação de provedor das necessidades econômicas básicas da vida. Na verdade, as diferenças econômicas entre os países foram as responsáveis pelas variações entre as atitudes relativas ao trabalho constatadas em um estudo de Furnham et al.

Quadro 10.3 As reações de executivos sauditas conforme a ética islâmica do trabalho

ITEM	MÉDIA*
A ética de trabalho islâmica	
1. O ócio é um vício.	4,66
2. A dedicação ao trabalho é uma virtude.	4,62
3. O trabalho bem feito beneficia tanto a quem o faz quanto aos semelhantes.	4,57
4. A Justiça e a generosidade no local de trabalho são condições necessárias para o bem-estar da sociedade.	4,59
5. Produzir mais que o necessário para as necessidades próprias contribui para a prosperidade da sociedade como um todo.	3,71
6. Cada pessoa deve dedicar ao trabalho o melhor de sua capacidade.	4,70
7. O trabalho não é um fim em si mesmo, mas um meio de promoção do crescimento pessoal e das relações sociais.	3,97
8. A vida não tem sentido sem o trabalho.	4,47
9. Aumentar o tempo dedicado ao lazer beneficia a sociedade.	3,08
10. As relações humanas devem ser destacadas e incentivadas nas organizações.	3,89
11. O trabalho capacita o homem a controlar a natureza.	4,06
12. O trabalho criativo é uma fonte de felicidade e realização pessoal.	4,60
13. Todo homem que trabalha tem maior possibilidade de se realizar na vida.	3,92
14. O trabalho proporciona a possibilidade de independência pessoal.	4,35
15. O homem de sucesso é aquele que cumpre todos os prazos fixados para o seu trabalho.	4,17
16. Toda pessoa deve sempre trabalhar bastante para cumprir suas responsabilidades.	4,25
17. O verdadeiro valor do trabalho é obtido das intenções que o acompanham, e não dos resultados.	3,16

*Em uma escala de 1 a 5 (sendo 5 o maior valor)

Fonte: Adaptado de Abbas J. Ali, "The Islamic Work Ethic in Arabia", *Journal of Psychology* 126, nº 5 (1992): 507–519 (513).

com cerca de 12 mil jovens de 41 países dos cinco continentes. Especificamente, os autores constataram que os jovens dos países do Extremo Oriente e Oriente Médio relataram maior competitividade e avidez por dinheiro, enquanto os das Américas do Norte e do Sul tiveram os maiores escores em ética do trabalho e "maestria" — no sentido de trabalhar para chegar ao domínio de determinada matéria pelo aperfeiçoamento contínuo.[10] Tais estudos revelam a complexidade das razões conducentes às diferenças de atitudes em relação ao trabalho — culturais, econômicas etc. — que devem ser consideradas ao se analisar as necessidades e motivações que as pessoas levam para o seu cenário de trabalho. Em resumo, a pesquisa mostra uma considerável variabilidade cultural quanto às maneiras como o trabalho satisfaz às necessidades dos trabalhadores.

A hierarquia necessária no contexto internacional

Como um executivo poderá saber o que mais motiva as pessoas em um determinado país? Evidentemente, estudando as experiências de outros que ali trabalharam; e também por inferir o tipo mais provável de estrutura motivacional presente a partir do estudo do que se sabe da cultura nessa região. Mais ainda, existem pesquisas e estudos comparativos sobre as necessidades de países determinados, pesquisas essas que podem constituir mais uma peça desse quebra-cabeças.

Alguns pesquisadores têm utilizado a hierarquia das necessidades de Maslow para estudar a motivação em outros países. Um estudo clássico de Haire, Ghiselli e Porter analisou 3.641 executivos em 14 países. Concluíram que as necessidades de Maslow, especialmente as de nível superior, são importantes no patamar dos executivos, embora os pesquisados tivessem relatado que o grau de satisfação de suas necessidades não correspondia às expectativas.[11]

Em um estudo semelhante, Ronen investigou para saber se os valores e necessidades relacionados ao trabalho são semelhantes entre nacionalidades e se as categorias de motivação de Maslow e Herzberg se aplicam universalmente. Tendo como alvos de sua pesquisa funcionários homens, qualificados, de nível não-executivo (na Alemanha, no Canadá, na França, no Japão e no Reino Unido), Ronen constatou que tais semelhanças existem e também que existem conjuntos de necessidades e objetivos que são comuns a várias nacionalidades. Entre esses conjuntos, figuram: 1) objetivos do emprego, como a área e o horário de trabalho, as condições físicas deste, os benefícios adicionais e a garantia de emprego; 2) as relações com colegas e supervisores; 3) os desafios e as oportunidades para a utilização das respectivas qualificações.[12] Ronen conclui que os conjuntos de necessidades são constantes entre as nacionalidades e que a hierarquia necessária de Maslow é confirmada por esses mesmos conjuntos. Além disso, o autor garante que as categorias de Herzberg são confirmadas pelos conjuntos de necessidades transnacionais do seu estudo.

Uma conclusão evidente é que os executivos têm necessidades similares no mundo inteiro, porém apresentam níveis diferentes de satisfação dessas necessidades em decorrência das características do seu trabalho. No entanto, outras variáveis, além da cultura, podem estar em jogo. Uma dessas seria o estágio de desenvolvimento econômico do país. Na economia em transição da Rússia, por exemplo, um estudo de Elenkov constatou que os executivos russos dão ênfase às necessidades de segurança e aceitação, em oposição a necessidades de maior hierarquia.[13] Qualquer que seja a razão para isso, muitas empresas que iniciaram operações em outros países experimentaram diferenças nas necessidades aparentes dos funcionários locais e em como esperavam ver o trabalho reconhecido. A Mazda, do Japão, experimentou esse problema em sua fábrica de Michigan, nos Estados Unidos. As empresas japonesas tendem a manifestar o reconhecimento na forma de placas, atenção e aplausos. Disso se infere que os trabalhadores japoneses tenderiam a se sentir insultados por incentivos materiais, uma vez que semelhantes recompensas significariam que eles seriam obrigados a trabalhar mais para concretizar algo além dos objetivos normais. Em vez disso, as empresas japonesas se concentram em objetivos grupais ou corporativos, ao contrário da ênfase americana em metas, concretização e recompensas individuais.

Ao considerarmos a aplicabilidade intercultural da teoria de Maslow, não são tanto as necessidades que estão em jogo, mas sim a ordenação dessas necessidades na hierarquia. Esta reflete a cultura ocidental em meio à qual Maslow conduziu seu estudo, e hierarquias diferentes poderão ser um reflexo melhor de culturas diferentes. Por exemplo, as culturas orientais focam as necessidades coletivas, em lugar das individuais. Nevis propõe que uma hierarquia capaz de refletir com maior exatidão as necessidades dos chineses seria composta de quatro níveis: 1) aceitação, 2) necessidades fisiológicas, 3) segurança, 4) auto-atualização a serviço da sociedade.[14] É difícil observar ou medir as necessidades individuais dos chineses porque, desde a infância, elas se mesclam com as da sociedade. Fica, porém, muito claro que, juntamente com a cultura, as crenças políticas imperantes na China dominam muitas facetas da motivação. Como coluna vertebral do sistema industrial, os quadros (executivos e técnicos) e trabalhadores recebem prescrições específicas e detalhadas do que se espera de cada um deles como membros de uma fábrica, um escritório ou uma unidade de trabalho; isso se traduz em um conformismo em detrimento da criatividade. Os trabalhadores são responsáveis pelo seu grupo, o que se torna um poderoso motivador. Como estar "desempregado" não é uma opção na China, é fundamental para os funcionários que se mantenham como membros cooperantes do grupo de trabalho.[15] O dinheiro é também um motivador, a partir da insegurança política histórica e dos desastres econômicos que perpetuaram a necessidade de um alto nível de poupança.[16] Uma pesquisa de opinião do Gallup citada no *1998 World Competitiveness Yearbook*, constatou que uma das prioridades dos chineses é "trabalhar duro e ficar rico", em contraste com os europeus e americanos, para os quais vale mais a auto-realização que a riqueza.[17]

A dicotomia intrínseco-extrínseco no contexto internacional

A dicotomia intrínseco-extrínseco é outro modelo útil (pesquisado por vários autores) para a análise da motivação no trabalho. A pesquisa de Herzberg, por exemplo, constatou dois níveis de necessidades: 1) fatores motivacionais (intrínseco) e 2) fatores de manutenção (extrínseco).

Os resultados de outras pesquisas em que se usou o modelo de Herzberg proporcionam algum *insight* da motivação em diferentes países e nos ajudam a determinar se a dicotomia intrínseco-extrínseco é ou não generalizável entre as culturas. Pesquisas com executivos na Grécia e trabalhadores comuns em um *kibbutz* em Israel indicam que todas essas pessoas têm na própria natureza do trabalho sua maior motivação; as insatisfações existentes resultavam das condições que cercavam o trabalho.[18,19] Outro estudo feito em Zâmbia constatou, de maneira geral, a mesma dicotomia: que a motivação para o trabalho derivava dos fatores intrínsecos da oportunidade de crescimento e da natureza do trabalho e, até certo ponto, das disposições físicas; os fatores não-motivadores e produtores de insatisfação eram extrínsecos — as relações com outros, a justiça nas práticas organizacionais e problemas pessoais.[20]

Além de amplamente utilizada em pesquisas nacionais, a teoria de Herzberg tem sido usada para comparações entre países diferentes com base em fatores de emprego e satisfação neste. Um estudo de candidatos ao Mestrado em Administração de Empresas dos Estados Unidos, da Austrália, do Canadá e de Cingapura, por exemplo, indicou que os fatores motivacionais de Herzberg eram mais importantes para esses futuros executivos do que fatores de higiene.[21] Em um estudo mais abrangente de executivos do Canadá, do Reino Unido, da França e do Japão, cujo objetivo era determinar a importância relativa, para eles, dos fatores de emprego e o seu grau de satisfação com esses fatores, Kanungo e Wright chegaram a várias conclusões interessantes. Interpretando seus resultados, podemos extrair várias conclusões abrangentes: os executivos indicaram que fatores mediados internamente (fatores de conteúdo do emprego, intrínsecos) eram mais importantes que fatores controlados organizacionalmente (fatores de contexto do emprego, extrínsecos). Contudo, descobriram diferenças entre os países, especialmente entre o Reino Unido e a França, a respeito da importância que os executivos davam aos resultados do trabalho e também quanto aos seus índices relativos de satisfação com esses resultados.[22] Como uma aplicação prática dos resultados de sua pesquisa, Kanungo e Wright sugerem as seguintes implicações para a motivação no lugar de trabalho:

> Os programas destinados a melhorar o desempenho gerencial no Reino Unido deveriam focar o conteúdo, em vez do contexto do emprego... Programas destinados ao enriquecimento do trabalho têm mais possibilidades de melhorar o desempenho em uma sociedade intrinsecamente orientada, como a Grã-Bretanha, onde a satisfação tende a derivar do próprio trabalho, que na França, onde os fatores do contexto do trabalho, como garantia e benefícios laterais, são levados em muito alta conta.[23]

Para responder a pergunta onipresente sobre se as práticas de gestão estilo japonês — grupos de trabalho, círculos de qualidade e emprego vitalício — são realmente um fator diferencial em relação à dedicação ao emprego e à realização pessoal do trabalhador nele, Lincoln estudou 8.302 trabalhadores em 106 fábricas nos Estados Unidos e no Japão (embora não tenha utilizado especificamente os fatores de Herzberg). E concluiu que tais práticas tinham efeitos semelhantes, positivos ou negativos, na atitude em relação aos empregos em ambos os países. Entretanto, embora o nível de dedicação à empresa e ao emprego, tenha sido praticamente igual em ambos os universos pesquisados, os japoneses indicaram um menor nível de satisfação pessoal quanto ao emprego.[24]

Esse menor nível de satisfação dos japoneses contrariaria a expectativa quase generalizada entre as populações em função do ambiente japonês, conhecido por destacar o trabalho em equipe, a produtividade, o emprego quase vitalício e a dedicação à empresa. No entanto, pesquisas anteriores já demonstraram uma diminuição do nível de satisfação em relação ao emprego entre os japoneses.[25] Satisfação baixa quanto ao emprego indica, em geral, um nível maior de motivação para o preenchimento de objetivos pessoais e corporativos (isto é, fazer melhor), em comparação com um índice mais baixo de motivação indicado pelo conformismo. No entanto, como Lincoln destaca, essas constatações da pesquisa poderiam ser o resultado de outra variável cultural responsável por um preconceito em relação a mensurações de qualquer tipo: a tendência japonesa de "colorir suas avaliações de quase tudo com uma grande dose de pessimismo, humildade e amenização de críticas" na sua persistente busca de fazer o melhor.[26] Isso dá importância à necessidade de avaliar com o maior cuidado todas as variáveis culturais presentes na observação ou gestão da motivação.

É evidente a necessidade de mais e melhores pesquisas interculturais sobre motivação, mas assim mesmo se pode chegar à conclusão preliminar de que no mundo inteiro a motivação de executivos vem mais de fatores intrínsecos que extrínsecos. Persistem, no entanto, grandes dúvidas em relação à universalidade das teorias de Herzberg ou Maslow, em função da impossibilidade de serem levadas em conta todas as variáveis culturais relevantes quando se faz pesquisa de motivação. Fatores diferentes têm significados diferentes no âmbito do contexto cultural pleno e devem ser levados em conta na base de situação por situação. A necessidade de analisar o contexto nacional e cultural pleno é mostrada a seguir, na "Gestão Comparativa em Foco", que trata de questões motivacionais para os trabalhadores mexicanos e indica a importância que tem para eles aquilo que Herzberg chama de fatores de manutenção. No decorrer da leitura, avalie se esta situação sustenta ou refuta a teoria de Herzberg.

Gestão comparativa em foco

Motivação no México

Para conseguir fazer alguma coisa aqui, o executivo precisa ter muito mais de instrutor, professor ou figura paterna do que de chefe.

ROBERT HOSKINS, EXECUTIVO, LEVITON MANUFACTURING, CIUDAD JUÁREZ.

Qualquer executivo internacional pretendente a uma carreira coroada de êxitos deveria procurar aprender tudo sobre os trabalhadores das fábricas mexicanas, em razão do volume cada vez maior de terceirização da produção que ali ocorre.[27]

Para compreender alguma coisa do ambiente cultural mexicano, vale a pena começar estudando as várias pesquisas que concluem que as sociedades latino-americanas, a mexicana inclusive, valorizam o distanciamento do poder (o reconhecimento da autoridade hierárquica) e o distanciamento da incerteza (preferência pela segurança e formalismo em detrimento do risco). Além disso, essas sociedades não se pautam pelo individualismo, dando preferência, isto sim, ao coletivismo, que prioriza o grupo, a família ou o país, deixando em segundo plano a realização individual.[28] No México, a família tem importância central; a lealdade e a dedicação à família freqüentemente decidem emprego, promoção e preferência em matéria de contratos. Infelizmente, é também esta admirável norma cultural que muitas vezes tem como resultado problemas de motivação e produtividade no emprego, ao contribuir para o alto índice de absenteísmo e de rotatividade no emprego, especialmente nas *maquiladoras*. Tanto o absenteísmo quanto a rotatividade representam altos custos para os empregadores, reduzindo assim, para eles, a vantagem do custo relativamente baixo da hora de trabalho dos mexicanos. "Razões de família" (cuidar de parentes doentes ou de pais idosos) são os motivos mais comuns alegados para o absenteísmo e mesmo para o abandono de um emprego.[29] Muitas vezes, os trabalhadores simplesmente não aparecem mais no emprego depois de férias ou feriados. Na verdade, para muitos mexicanos homens, o valor do trabalho reside basicamente em capacitá-los a cumprir suas responsabilidades culturalmente impostas como chefes de família e seus provedores em vez de lutarem por uma realização individual.[30] O machismo (pronunciada diferenciação de papéis baseada no gênero) e o prestígio são características importantes da cultura mexicana.

Como um povo, de maneira muito geral, os mexicanos são muito orgulhosos e patrióticos; *respeto* (respeito) é importante para eles, sendo o menosprezo da dignidade pessoal considerado uma grave provocação.[31] Os trabalhadores mexicanos esperam ser tratados com o mesmo respeito que dedicam uns aos outros. Como já comentou um expatriado americano, os executivos estrangeiros precisam adaptar-se à "cultura mais *light*" dos mexicanos; os trabalhadores mexicanos "precisam de mais comunicação, mais consolidação de amizades e mais elogios que os seus colegas norte-americanos".[32] O povo mexicano é muito caloroso e tem uma atitude tolerante em relação a prazos e horários; a interação pessoal direta é a melhor maneira de fazer negócios, especialmente se contemplar tempo para uma relação social e para a apreciação dos seu acervo cultural, com tudo o que faz parte dele. Encontrar tempo para comemorar o aniversário de um funcionário, por exemplo, servirá para mostrar o quanto o chefe estrangeiro é simpático, contribuindo, além disso, para aumentar a lealdade e o esforço do trabalhador assim homenageado. Essa expectativa, pelos funcionários, de pequenos gestos de consideração, que para os executivos americanos normalmente nada significam, não deve ser ignorada no México. Em uma das *maquiladoras*, quando a companhia decidiu não mais comemorar o Halloween (Dia das Bruxas) com a distribuição de doces que já se tornara tradicional, os funcionários apresentaram uma queixa formal à junta estatal de arbitragem trabalhista — Junta de Conciliación y Arbitraje.

Muitos executivos no México consideram que o estilo de gestão que mais dá resultados lá é o autoritário e paternalista. Na verdade, o paternalismo é algo esperado; o executivo, é visto como *el patron*, ou mesmo como um pai, cuja função é tomar conta dos trabalhadores como se fossem sua família ampliada.[33] Os funcionários esperam que os executivos exerçam sua autoridade; afinal de contas, são a "elite" — e o poder cabe ao dono, executivo e/ou outras lideranças proeminentes da comunidade. A maior parte dos trabalhadores só fará o que for mandada fazer; em compensação, jamais contestará uma ordem ou tentará tomar decisões pelo "patrão".[34] Os funcionários, no entanto, vêem no executivo uma pessoa, não um conceito ou uma função, e o sucesso muitas vezes depende da capacidade do executivo estrangeiro de adotar um estilo gerencial personalizado, em que não pode faltar, por exemplo, o ato de saudar os trabalhadores sempre que seus caminhos se cruzarem na empresa — ou, pelo menos, quando da chegada deles para mais um dia de trabalho.

De maneira geral, são poucos os operários mexicanos que se consideram capazes de determinar o futuro de suas vidas; estão sempre prontos a atribuir tudo o que acontece à vontade de Deus, à sorte, ao destino, ou ao relacionamento com pessoas "mais do alto". Para a maioria, as decisões são tomadas com base em ideais, emoções e intuição, e não a partir de informação objetiva. No entanto, crescem as evidências de materialismo e individualismo, particularmente entre os profissionais de alta tecnologia que passam a ver novas possibilidades de carreira e crescimento.

A disciplina corretiva e a motivação precisam se dar por meio de exemplos de treinamento, cooperação e, se necessário, punição discreta. Enquanto medida disciplinar, é um grande erro insultar diretamente qualquer mexicano; um insulto público representa um insulto para a família inteira do alvo. Como motivação, é bom apelar ao orgulho dos mexicanos e evitar que venham a se sentir humilhados. Dado que o "avanço pessoal" é muitas vezes relacionado mais com forças externas que com as qualidades individuais, o sistema de motivação e recompensa torna-se de difícil estruturação dentro das formas tradicionais. Experiências passadas indicaram que, na maior parte, a motivação por meio da participação no processo decisório jamais terá a mesma eficiência que a proporcionada pelos métodos autocráticos, tão tradicionais quanto previsíveis. Contudo, dependendo de uma cuidadosa implementação, o respeito mútuo e a preocupação coletiva que estão entre as principais características pessoais dos mexicanos podem levar ao espírito de equipe positivo tão necessário para que a estrutura de equipe venha a ser usada com sucesso por empresas como a GM na fábrica considerada "de maior qualidade mundial" em Ramos Arizpe, perto de Saltillo, no México.[35] Embora um estudo de Nicholls, Lane e Brehu tenha concluído que existem consideráveis impedimentos à utilização de equipes autônomas no México, os executivos mexicanos incluídos na pesquisa indicaram que o sucesso relativo depende apenas da implementação.[36] Os conflitos existentes se dão entre as normas de comportamento nas equipes autônomas (típicas das culturas americana e canadense) e os valores típicos da cultura empresarial mexicana, como se mostra no Quadro 10.4.

Enquanto as equipes autônomas exigem dos líderes a assunção de riscos a fim de levar adiante as iniciativas do grupo, esses comportamentos, de acordo com a pesquisa entre executivos mexicanos, "entram em contraste agudo com as normas de comportamento da tradição paternalista e hierárquica tanto de executivos quanto de trabalhadores no México". Os trabalhadores esperam que os executivos dêem as instruções e tomem as decisões.[37] A cultura de trabalho no México pode ser igualmente atribuída às condições econômicas imperantes no país, com baixos níveis de ensino, treinamento e habilidades técnicas. Os executivos mexicanos pesquisados deram algumas sugestões para que venha a ser possível a implementação de equipes de trabalho, alertando porém que o processo dessa implementação exigirá um longo prazo.

- Promover uma cultura de responsabilidade individual entre os integrantes das equipes.
- Antecipar o impacto das mudanças na distribuição de poderes.
- Prover liderança de cima para baixo ao longo do processo de implementação.
- Prover treinamento adequado a fim de preparar os trabalhadores para o trabalho em equipe.

Quadro 10.4 Culturas contrastantes: equipes autônomas e a cultura empresarial mexicana

EQUIPES AUTÔNOMAS	CULTURA EMPRESARIAL MEXICANA
NORMAS	VALORES ESPERADOS
Individualismo Responsabilização pessoal Responsabilidade individual Confiança na capacidade Confronto e debate	*Coletivismo* Responsabilidade compartilhada Obrigação moral Gerência paternalista Harmonia
Baixo distanciamento da incerteza Assunção da iniciativa	*Alto distanciamento da incerteza* Resistência à mudança
Baixo distanciamento do poder Capacidade de liderança Decisões da base para o topo	*Alto distanciamento do poder* Respeito ao *status* das funções Estrutura hierárquica de cima para baixo
ATITUDES EXIGIDAS	ATITUDES ESPERADAS
Os integrantes das equipes resolvem problemas e conflitos, estabelecem metas, avaliam desempenho, desencadeiam mudança e comunicam-se com a alta hierarquia. Os executivos delegam, passam informações e incentivam um ambiente de franca comunicação.	Os trabalhadores cumprem as ordens, respeitam os executivos, recebem *feedback*, evitam conflitos e críticas, e procuram manter as aparências. Os executivos tomam as decisões, comandam, controlam e disciplinam.

Fonte: C. E. Nicholls, H. W. Lane, M. B. Brechu, "Taking Self-Managed Teams to Mexico", *Academy of Management Executive* 13, nº3 (1999).

- Desenvolver a motivação e harmonia por intermédio de expectativas claras.
- Incentivar a criação de um ambiente de divisão de responsabilidades.[38]

A maioria dos trabalhadores mexicanos espera que ninguém abuse da autoridade em prejuízo deles, acreditando quase sempre que ela vá manter o modelo familiar segundo o qual todos trabalham juntos, com dignidade e nas funções a cada um destinadas.[39] Todo fato que venha a alterar essa harmonia, ou que pareça entrar em confronto com a autoridade, tende a ser encoberto. Isso pode ter como resultado um supervisor que esconde um trabalho defeituoso, ou, como ocorreu no caso de uma fábrica de esteiras de aço em Puebla, uma retirada total dos trabalhadores para que não houvesse a responsabilização de um deles em especial.[40] Contribui bastante para problemas como esses a necessidade individual de não perder a dignidade e de respeitar o lugar e a honra dos outros. Qualquer crítica pública é considerada uma humilhação. Os funcionários gostam de uma atmosfera de formalidade e respeito. Normalmente abusam da lisonja e sempre chamam as pessoas pelos títulos, e não pelos nomes, a fim de manter uma atmosfera de consideração e respeito em relação ao *status* dos demais.

Um contexto dominado por problemas econômicos continuados e por um padrão de vida relativamente baixo para a maioria dos trabalhadores ajuda a explicar por que as necessidades de maior padrão de Maslow (auto-atualização, objetivos, *status*) normalmente não figuram na maioria das listas de necessidades dos trabalhadores mexicanos. Na discussão de compensações, Mariah de Forest, uma americana que faz consultoria para empresas dos EUA no México, sugere que:

> Em vez de uma escala de salários impessoal, os trabalhadores mexicanos tendem a pensar em termos de pagamento agora para serviços prestados agora. Um sistema de incentivos diários, com pagamentos automáticos para produção além das quotas determinadas, bem como bônus mensais ou diários pela assiduidade no trabalho, são fatores que dão bons resultados no México.[41]

> Devido às reformas econômicas e à desvalorização do peso, o dinheiro passou a constituir um fator motivacional de pressão para a maioria dos trabalhadores. Como os mexicanos apreciam demais as coisas boas da vida, muitas companhias que operam nesse país proporcionam instalações de lazer — uma área para acampar, um campo de futebol etc. As gratificações são esperadas, não importando a produtividade; na verdade, a lei manda pagar gratificações natalinas equivalentes a 15 dias de salário a todos os trabalhadores. Benefícios adicionais são igualmente muito bem valorizados; como a maioria dos trabalhadores mexicanos é composta de pessoas pobres, a empresa representa a única fonte possível de tais benefícios para elas. De maneira especial, benefícios que ajudem a cuidar das questões relativas às necessidades familiares são motivadores poderosos ao menos para a assiduidade ao trabalho. Por isso, as empresas oferecem clínicas e ambulatórios no próprio local de trabalho para os trabalhadores e suas famílias, creches, refeições gratuitas e até mesmo pequenos empréstimos em situações de crises.[42] Mais ainda, as empresas que conhecem em profundidade os problemas locais de infra-estrutura muitas vezes oferecem transporte especial para amenizar os problemas generalizados do absenteísmo e da impontualidade.
>
> As declarações anteriores são generalizações a respeito dos operários mexicanos. Aumenta constantemente o número de executivos norte-americanos no México, porque o Nafta incentivou muitas empresas americanas a transferir suas operações para o país vizinho. Quanto a empresas em território americano, os executivos podem empregar cada vez mais mexicano-americanos como forma de providenciar um intercâmbio de culturas. Na condição de segundo maior grupo étnico, e também o de maior crescimento, os mexicano-americanos representam uma importante subcultura que requer cada vez maior atenção gerencial à medida que vão assumindo uma crescente proporção dos empregos disponíveis nos EUA. Mesmo assim, eles continuam sendo o grupo étnico de menor assimilação na corrente majoritária, especialmente em razão de causas econômicas e ocupacionais e, parcialmente, por decisão própria.[43]

Com base na pesquisa, parece escassa a disponibilidade de informação conclusiva capaz de dar resposta a uma pergunta direta do executivo sobre a melhor maneira de motivar em uma determinada cultura, pois não se pode presumir uma aplicabilidade universal das teorias, ou mesmo conceitos, motivacionais utilizadas para pesquisar as diferenças entre as culturas. Mais ainda, é sempre preciso levar em consideração o todo do contexto motivacional. Por exemplo, empresas ocidentais que estão entrando em mercados da Europa Oriental invariavelmente deparam com dificuldades para motivar suas equipes nacionais. Esses trabalhadores se acostumaram a agir em um contexto inteiramente diferente de circunstâncias e em geral não depositam confiança em executivos estrangeiros. É normal, então, que os sistemas e as responsabilidades de trabalho sejam altamente estruturados, porque os trabalhadores da Europa Oriental não se disporão a usar a própria capacidade de julgamento para tomar decisões, e as habilidades gerenciais necessárias para isso ainda não puderam ser desenvolvidas.[44]

Em resumo, a motivação é situacional, e os executivos inteligentes usam tudo o que conhecem de relevante sobre a cultura e subcultura — freqüentemente consultando pessoas do local — para dali inferir os melhores meios de motivar nesse contexto. Ainda mais, executivos sensíveis evitam intencionalmente assumir uma atitude etnocentrista, a partir da qual poderiam tirar conclusões sobre os objetivos, as motivações e os hábitos de trabalho das pessoas com base em sua própria estrutura referencial, e não fazem julgamentos negativos de valor sobre o nível de motivação de uma pessoa só por não ser o mesmo a partir do qual se conduzem.

São muitas as variáveis culturais que afetam o que cada pessoa considera como realizável, e que também influenciam as respectivas motivações. Uma dessas variáveis é até que ponto as pessoas acreditam ter controle sobre seu ambiente e seu destino — se acreditam que podem controlar determinados fatos, não ficando apenas à mercê de forças externas. Enquanto a maioria dos americanos sente-se fortemente responsável pelo controle de seu destino, outros atribuem os resultados, por exemplo, à vontade de Deus (no caso dos muçulmanos) ou à boa sorte de ter nascido na família ou classe social certas (como é o caso de muitos latino-americanos). Os americanos, em geral, entendem que é preciso trabalhar duro para obter os resultados pretendidos; já os chineses de Hong Kong acreditam, em sua maioria, que os resultados são sempre determinados por *joss*, ou sorte. Com estes exemplos fica, então, claro porque os executivos precisam fazer uso de estratégias de persuasão variadas para motivar os funcionários quando estes não costumam relacionar seus hábitos de trabalho com os resultados ou a produtividade.

O papel da cultura no processo motivacional é mostrado no Quadro 10.5. As necessidades de um funcionário são em grande parte determinadas pelo contexto cultural de valores e atitudes — juntamente

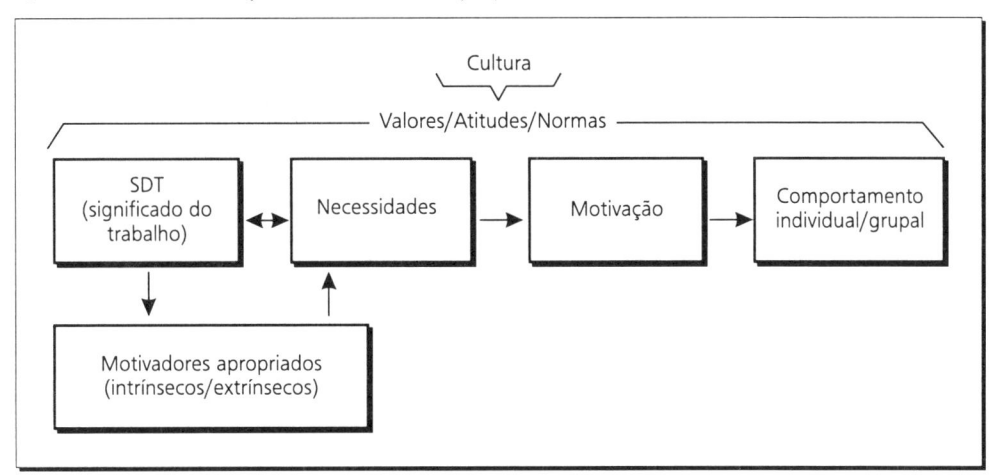

Quadro 10.5 A função da cultura na motivação para o trabalho

```
                                    Cultura
                        ┌──────────────┴──────────────┐
            ┌─── Valores/Atitudes/Normas ───┐

  ┌──────────────┐   ┌─────────────┐   ┌───────────┐   ┌──────────────┐
  │     SDT      │   │             │   │           │   │ Comportamento│
  │(significado  │◄─►│ Necessidades│──►│ Motivação │──►│ individual/  │
  │ do trabalho) │   │             │   │           │   │   grupal     │
  └──────┬───────┘   └──────▲──────┘   └───────────┘   └──────────────┘
         │                  │
         ▼                  │
  ┌──────────────────┐      │
  │   Motivadores    │      │
  │   apropriados    │──────┘
  │(intrínsecos/     │
  │  extrínsecos)    │
  └──────────────────┘
```

com as variáveis nacionais — em que vive e trabalha; são essas necessidades que determinam o sentido do trabalho para esse mesmo funcionário. O entendimento, pelo executivo, de tudo o que o trabalho significa na vida desse funcionário pode, então, levar ao projeto de um contexto trabalhista culturalmente apropriado e de um sistema de recompensa capaz de guiar o comportamento individual ou coletivo dos trabalhadores, a fim de que necessidades mútuas sejam satisfeitas.

Sistemas de recompensa

Incentivos e recompensas são componentes integrais da motivação em qualquer corporação. É preciso reconhecer e entender os diferentes padrões motivacionais das culturas para projetar sistemas apropriados de recompensa. Nos Estados Unidos, existem padrões comuns de recompensas, que variam conforme os níveis da companhia e os tipos de ocupação, e com base na experiência e pesquisa entre a população. As recompensas normalmente constam de cinco categorias: financeira, de *status* social, significado do emprego, carreira e profissional.[45] A ênfase relativa dada a uma ou mais dessas cinco categorias varia conforme o país. No Japão, os sistemas de recompensas baseiam-se em primeiro lugar na antigüidade, dando-se igualmente grande importância ao sistema de gratificações. Além disso, faz-se distinção entre os funcionários contratados e os temporários, estando entre estes as mulheres, das quais geralmente se espera que abandonem o emprego quando optarem por dar início a uma família. Como normalmente acontece, a força de trabalho permanente recebe gratificações consideravelmente maiores que a temporária, tanto em pagamento e benefícios quanto na indicação para cargos mais promissores.[46] Entre os permanentes, destaca-se a efetividade a longo prazo do funcionário em termos de comportamento, personalidade e resultado para o grupo. A recompensa individual é congelada no Japão porque incentiva a competição, e não a cooperação grupal, que é o objetivo maior das corporações. Assim, em geral é limitada a concessão de incentivos especificamente monetários. Em Taiwan, o reconhecimento e o afeto são importantes; os departamentos das empresas concorrem arduamente pelos elogios da administração superior em sua comemoração anual.

Em contraste, o sistema inteiro de recompensas na China é muito diferente dos imperantes em quase todas as demais nações. Os baixos salários são compensados por habitação, escola e assistência médica gratuitas. Embora o igualitarismo pareça imperar, as recentes reformas incentivadoras da livre iniciativa passaram a exaltar o *duo lao, duo de* (mais trabalho, melhor pagamento). Um incentivo importante é o treinamento, que dá aos trabalhadores mais poderes. Uma abordagem muito utilizada no passado — e que para os americanos sempre pareceu muito negativa — é bem ilustrada pela placa "Sra. Wong — A Funcionária do Mês". Para os ocidentais, a lógica indicaria que essa funcionária havia se destacado pelo excelente trabalho realizado naquele período, mas, na verdade, essa placa fora concedida por uma loja de varejo àquela por todos considerada como a pior dentre as funcionárias; a placa, que não poderia ser retirada do lugar, tinha por objetivo tão-somente humilhar e ofender a "premiada".[47] Os chineses mais jovens, que trabalham em áreas em transição para uma economia mais de mercado, têm participado da mudança que leva à concessão de recompensas à base de pacotes de ações das empresas, o que, não resta a menor dúvida, representa uma grande mudança na avaliação dos valores de trabalho na China.[48]

Não resta dúvida de que a cultura desempenha um papel significativo na determinação dos sistemas de incentivos e recompensas mais adequados no mundo inteiro. Os trabalhadores em culturas coletivistas, como Japão, Coréia e Taiwan, certamente não reagiriam da melhor maneira ao sistema típico americano baseado na recompensa do mérito individual como motivação dos funcionários, pois isso seria quase uma agressão a um sistema de valores arraigado nas respectivas sociedades, podendo certamente prejudicar a harmonia da cultura corporativa.[49]

LIDERANÇA

> A responsabilidade fundamental do executivo é ajudar as pessoas a concretizarem o mais alto grau do potencial de cada uma.
>
> JACQUES MAISONROUGE, da IBM WORLD TRADE CORPORATION.

À medida que você for lendo esta seção sobre liderança, analise as seguintes questões: Até que ponto, e como, os estilos e as práticas de liderança variam no mundo? Quais são as forças que perpetuam essa divergência? Onde e por que essa diferença continuará se manifestando com maior força? Existe alguma evidência que aponte para a convergência dos estilos e das práticas de liderança no mundo? Quais são as forças que conduzem a esta convergência, e como e onde, na sua opinião, esta convergência irá acontecer no futuro? Quais são as implicações dessas perguntas todas para os líderes interculturais?

A tarefa de ajudar os funcionários a pôr seu maior potencial em prática no local de trabalho é a essência da liderança. O objetivo de cada líder é concretizar as metas da organização e, ao mesmo tempo, as de cada funcionário. Os executivos globais do presente aprendem que a concorrência cada vez mais acirrada obriga a que sejam abertos as mudanças e a rever seus estilos de liderança condicionados por culturas ultrapassadas.

A função e o ambiente do líder global

A maior vantagem competitiva que as companhias globais poderão ter no século XXI será o fato de contarem com líderes globais eficazes. E não se trata de um desafio competitivo fácil. As pessoas tendem a progredir para posições de liderança à medida que se mostram capazes de liderar na cultura corporativa do seu país e de agir em conformidade com os comportamentos aceitos dessa cultura nacional. Os líderes globais, no entanto, precisam ampliar seus horizontes, tanto estratégica quanto interculturalmente, e desenvolver um modelo de liderança mais flexível, aplicável em qualquer lugar — um estilo adaptável a situações locacionais em todo o mundo.[50] A partir de uma recente pesquisa que envolve 125 líderes globais em 50 companhias, Morrison, Gregersen e Black concluíram que os líderes eficientes terão necessariamente de ser dotados de um *know how* organizacional e em negócios internacionais. Definem esse *know how* como sendo a capacidade de reconhecer oportunidades de mercado global para suas empresas e a visão voltada para negócios internacionais. O *know how* organizacional global exige um conhecimento íntimo dos recursos e das possibilidades da empresa de agir e conquistar mercado global; que entenda as linhas de produtos de cada uma das subsidiárias e a maneira como as pessoas e os negócios funcionam em nível local. Morrison, Gregersen e Black traçam o perfil de quatro estratégias de desenvolvimento pessoal pelas quais companhias e executivos podem atingir essas condições indispensáveis à liderança global efetiva: viagens, trabalho em equipe, treinamento e transferências (em inglês, são "os quatro Ts", de *travel, teamwork, training* e *transfers*).[51]

As viagens, é claro, expõem os executivos a culturas, economias, sistemas políticos e mercados de todos os tipos. O trabalho em equipes mundiais ensina os executivos a operar em um nível interpessoal ao mesmo tempo em que trabalham com processos decisórios de negócios sobre os quais influem diferenças nas normas culturais e nos modelos de negócios. Embora os seminários formais de treinamento também desempenhem um importante papel, a maior parte dos líderes globais entrevistados nesta pesquisa disse que a maior influência de crescimento em suas vidas foi a missão desempenhada no exterior. Na verdade, é cada vez maior o número de empresas globais que exigem dos seus executivos experiência em missões no exterior como condição para seu avanço na hierarquia de comando.[52] Naturalmente, os benefícios que a empresa extrai dessa experiência irão depender da eficiência com que conduzir tanto a missão externa quanto o processo de repatriamento dos executivos envolvidos, como se discutiu no Capítulo 9.

A *liderança global eficaz* inclui necessariamente a capacidade de inspirar e influir sobre o pensamento, as atitudes e os comportamentos de pessoas em todo o mundo.[53,54] A importância da função de liderança jamais será suficientemente destacada, uma vez que as interações do líder exercem influência decisiva sobre a motivação e o comportamento dos funcionários e, de maneira geral, sobre o conjunto ambiental da organização. Os efeitos cumulativos de um ou mais executivos fracos podem ter um impacto negativo significativo sobre a capacidade da organização de concretizar as suas metas.

Os executivos em missão internacional procuram maximizar a eficiência de sua liderança mediante o desempenho simultâneo de vários papéis importantes, e às vezes conflitantes, como 1) um representante da empresa matriz, 2) o executivo da empresa local, 3) um morador da comunidade local, 4) um cidadão do país anfitrião ou de outro país, 5) um membro de uma profissão e 6) um membro de uma família.[55]

A função do líder compreende a interação de dois conjuntos de variáveis — o conteúdo e o contexto da liderança. O *conteúdo da liderança* compreende os atributos do líder e as decisões a serem feitas; o *contexto da liderança* compreende todas as variáveis relacionadas com uma determinada situação.[56] O número crescente de variáveis (políticas, econômicas e culturais) no contexto da função gerencial no exterior exige uma liderança vivaz. Algumas das variáveis no conteúdo e contexto do papel do líder em localizações estrangeiras são mostradas no Quadro 10.6. O papel do líder multicultural engloba, assim,

Quadro 10.6 Fatores que influenciam a liderança no exterior

CONTEÚDO	
ATRIBUTOS DA PESSOA	**CARACTERÍSTICAS DE SITUAÇÕES DE DECISÃO**
Conhecimento do cargo desempenhado, experiência, expectativas	Grau de complexidade, incerteza e risco
Tempo na companhia, no país, na área funcional	Necessidades e disponibilidades de informação no país
Inteligência e aprendizado cultural ou capacidade de mudança	Articulação dos pressupostos e das expectativas
Personalidade demonstrada por meio de valores, crenças, atitudes em relação a situações estrangeiras	Escopo e impacto potencial sobre o desempenho
Participação múltipla em grupos no trabalho ou associações profissionais	Natureza dos sócios no empreendimento
Estilo pessoal de trabalhar e tomar decisões	Autoridade e autonomia indispensáveis
	Nível exigido de participação e aceitação de funcionários, sócios e governo
	Relacionamento com outras decisões
	Legado da administração passada
	Abertura ao exame público e à responsabilização
CONTEXTO	
ATRIBUTOS DO EMPREGO OU CARGO	**CARACTERÍSTICAS DA EMPRESA E DO AMBIENTE DE SEUS NEGÓCIOS**
Tempo de permanência e grau de sucesso dos ocupantes anteriores do cargo	Estrutura da empresa: porte, localização, tecnologia, tarefas, responsabilidade e padrões de comunicação
Requisitos técnicos do cargo	Processo da empresa: tomada de decisões, política de pessoal, sistema de controle, sistema de recompensas, sistema de informação, meios de coordenação, integração e solução de conflitos
Grau de autoridade ou poder	
Localização física (por exemplo, na sede, em campo)	
Necessidade de coordenação, cooperação e integração com outras unidades	Resultados da empresa: produtos, serviços, imagem pública, cultura corporativa, história local e relações com a comunidade
Disponibilidade de recursos	
Relacionamento com grupos de colegas estrangeiros	Ambiente de negócios: aspectos socioculturais, político-econômicos e tecnológicos de um país ou mercado

Fonte: R. H. Mason e R. S. Spich, *Management — An International Perspective* (Homewood, IL: Irwin, 1987), 186.

um misto de liderança, comunicação, capacidade de motivação e outros no plano gerencial no âmbito de ambientes com características exclusivas e em permanente transformação. No desenvolvimento desta seção estudaremos ainda a natureza contingente de semelhante liderança.

Um fator adicional — o da tecnologia — torna-se cada vez mais onipresente em sua capacidade de influir sobre a função e o ambiente dos líderes globais, e talvez venha a contribuir para uma redução das diferenças em motivação e liderança no mundo inteiro. Com freqüência cada vez maior, empresas com a Italtel Spa, apresentada no *E-Biz* Box a seguir, utilizam a tecnologia em técnicas de liderança global a fim de estabelecer sistemas com os quais os seus funcionários geograficamente dispersos possam expandir e coordenar suas operações globais. No caso da Italtel, isto exigiu uma ampla delegação de poder aos funcionários, para que eles pudessem descentralizar.

E-BIZ BOX
O estilo de liderança da Italtel Spa dá autoridade aos funcionários globais pela tecnologia

RESUMO EXECUTIVO

Companhia: Italtel spa

Setor: Telecomunicações

Desafio empresarial: "Achatar" a organização e lançar-se à expansão global

Solução: uma intranet com base em produtos Netscape que capacita a Italtel a compartilhar conhecimento e informações sobre produtos ao longo de toda a empresa.

As operações da planta, o funcionamento da antena e o tráfego em rede são monitorados *on-line*.

Instrumentos de Solução: os funcionários podem acessar a documentação dos produtos técnicos da Italtel *on-line*.

Os funcionários podem contratar cursos de treinamento via intranet.

Custos reduzidos para a informação, documentação e distribuição de *software*.

Benefícios para o Negócio: A rede e o monitoramento dos serviços *on-line* contribuem para melhorar os serviços aos clientes.

Base centralizada de dados dos funcionários e *login* em rede simplificado para cada usuário reduzem sensivelmente os custos e o tempo de administração.

A Italtel spa é um provedor internacional de redes de telecomunicações que se especializa no planejamento, no desenvolvimento e na instalação de sistemas integrados de telecomunicações. A companhia tem 16 mil funcionários, 21% dos quais trabalham exclusivamente em pesquisa & desenvolvimento. A Italtel investe 12% de sua renda anual em P&D, visando uma ampla gama de aplicações.

DESAFIO DE NEGÓCIO

Com a globalização do mercado das telecomunicações, a Italtel precisou expandir-se internacionalmente a fim de continuar competitiva. Para tanto, a administração da Italtel entendeu que deveria "achatar" a organização, saindo de uma estrutura hierarquizada para outra na qual os funcionários são equipados com todos os instrumentos e informações necessários para desempenhar melhor as suas funções, com isso melhorando os serviços aos clientes e o tempo da comercialização.

Além dos desafios empresariais derivados da expansão internacional, a companhia enfrenta vários outros obstáculos técnicos. As mudanças radicais impulsionadas pela convergência das tecnologias de informação e comunicação forçam a Italtel a inovar com maior rapidez do que nunca. Em conseqüência, a companhia precisa compartilhar conhecimento e informações e aperfeiçoar a comunicação em sua própria estrutura — tudo no contexto de um ambiente informatizado extremamente heterogêneo e distanciado. Este contexto inclui um amplo alcance de sistemas clientes, como as estações de trabalho Unix e PCs usando Windows 3.1, 95 e NT, e servidores como Digital, Hewlett-Packard, IBM, Sun e sistemas Windows com base em NT. A empresa precisava de uma nova solução de tecnologia da informação capaz de prover globalmente acesso a informação, flexibilidade e facilidade de uso. Entre os objetivos para o novo sistema, estavam a criação de uma fonte centralizada, de fácil acesso por todos os recursos de informação da companhia, para monitorar seus serviços de telecomunicações e rede *on-line* com o objetivo de melhorar o desempenho, e estabelecer grupos de trabalho em diferentes departamentos.

VENCER O DESAFIO

A Italtel escolheu componentes-chave da família de *software* de servidores Netscape SuitSpot para desenvolver e instalar uma solução de intranet e mensagem extensiva a todo o empreendimento. O Netscape Enterprise Server distribui serviços baseados em intranets e Internet.

Fonte: www.Netscape.com case studies, 1º de maio 2000.

PESQUISA INTERCULTURAL SOBRE LIDERANÇA

Inúmeras teorias sobre liderança concentram-se nas variáveis dos traços individuais, comportamento dos líderes, padrões de interação, relacionamento entre as funções, percepções do seguidor, influência sobre os seguidores, sobre as metas do trabalho, e sobre a cultura organizacional.[57] Nosso objetivo neste capítulo é entender de que maneira a variável da cultura da sociedade se ajusta a essas teorias e que implicações os executivos internacionais podem tirar disso à medida que tentam estabelecer liderança nos mais diversos pontos do mundo. Embora as *funções* de liderança sejam similares entre culturas, estudos antropológicos, como o de Mead, indicam que a liderança é um fenômeno universal e que a liderança efetiva varia de acordo com as diferentes culturas.[58]

Além de estudos e pesquisas que indicam variações nos perfis de liderança, a imagem geralmente aceita que as pessoas de diferentes países têm sobre o que esperam e admiram em seus líderes tende a se tornar norma com o passar do tempo, conformando, assim, um papel idealizado para esses líderes. Os líderes industriais na França e Itália, por exemplo, são reconhecidos por sua evidência social e poder político. Nos países latino-americanos, são respeitados como pessoas totais e líderes na sociedade, sendo a apreciação pelas artes um fator importante nesse contexto. Na Alemanha, polidez, firmeza e amplo conhecimento geral são fatores respeitados, sendo as formalidades relativas a essa condições muito observadas pelas pessoas comuns. Os estrangeiros muitas vezes se surpreendem com o estilo de vida informal dos executivos nos EUA, mesmo fora do trabalho, e não escondem seu espanto ao verem um deles manobrando um cortador de grama no jardim de sua casa em um dia de folga.[59]

Boa parte das pesquisas sobre os estilos americanos de liderança descrevem os comportamentos gerenciais em uma dimensão essencialmente similar, mesmo sendo denominada de autocrática *versus* democrática, participativa *versus* diretiva, orientada para relações *versus* orientada para tarefas, ou estruturalmente inovadora *versus* voltada para a continuidade.[60-62] Esses estudos foram desenvolvidos no Ocidente, e as conclusões relativas às respostas dos funcionários refletem em grande margem as opiniões dos trabalhadores norte-americanos. O estilo de liderança democrática, ou participativa, é visto como aquele mais propenso a obter bons resultados junto à maioria dos funcionários norte-americanos.

LIDERANÇA CONTINGENTE — A VARIÁVEL CULTURAL

A teoria moderna da liderança reconhece que não existe um estilo único de liderança que tenha sucesso em todas as situações.[63] É considerável o montante de pesquisa que, direta ou indiretamente, sustenta a noção da contingência cultural na liderança. Boa parte desta pesquisa também proporciona *insight* sobre o nível relativo de preferência pelos estilos de liderança autocrático ou participativo. Por exemplo, as quatro dimensões culturais de Hofstede (discutidas no Capítulo 3) proporcionam um bom ponto de partida para estudar expectativas e relacionamentos líder-subordinado. Podemos supor, por exemplo, que os funcionários em países com alto escore em matéria de distanciamento do poder (Índia, México, Filipinas) tenham mais propensão a preferir um estilo autocrático de liderança e um certo grau de paternalismo justamente por se sentirem mais à vontade com uma distinção nítida entre executivos e subordinados que com uma indistinção sobre a responsabilidade pela tomada de decisões.

Funcionários em países que têm escore baixo em distanciamento do poder (Suécia e Israel) são mais propensos a preferir um estilo de liderança consultiva, participativa, e até mesmo esperam que seus superiores sigam esse estilo. Hofstede, na verdade, conclui que o estilo de gestão participativa recomendado por muitos pesquisadores norte-americanos pode ser contraproducente em determinadas culturas.[64]

O projeto GLOBE de liderança

Recentes pesquisas sobre comportamentos de liderança culturalmente contingentes foram realizadas em 62 países, com 18 mil executivos, por 170 pesquisadores integrantes do projeto de pesquisa sobre liderança GLOBE, comandado por Robert House. A seguir, estão algumas pequenas amostras de suas constatações.[65] Os estilos de comportamentos de liderança considerados culturalmente contingentes foram: carismático, voltado para a equipe, autoprotetor, participativo, humano e autônomo. O líder carismático descrito nessa pesquisa é a pessoa visionária, capaz de inspirar os subordinados e voltada para o desempenho. Embora em todos os países o carisma fosse uma qualidade importante dos líderes, os países onde esse componente teve maior importância foram Israel, Filipinas, Canadá, Austrália e Estados Unidos. Os países que deram maior importância à característica principal do líder voltado para a equipe foram

Grécia, Brasil, Turquia e Argentina, embora os escores dessa característica fossem todos bem elevados e quase iguais entre esses países. A dimensão da autoproteção descreve um líder que é egoísta, autoritário e consciente do seu *status*. Sem surpresa alguma, os escores foram geralmente menores que os das duas dimensões mencionadas antes dessa, embora os executivos em alguns países — Albânia, Egito, Indonésia e Taiwan, entre eles — considerassem esses atributos dos líderes muito importantes para facilitar a liderança (escores de mais de 4,0 em uma escala de 1 a 7 pontos). Os escores mais baixos para essa característica foram os dos países nórdicos. A liderança participativa foi considerada a característica mais importante (entre todos os 62 países das pesquisas) na Áustria, no Brasil e no Canadá, sendo tal comportamento considerado entre as características menos importantes do líder na Rússia, no México e em Taiwan. Um líder autônomo é, obviamente, um individualista, e por isso os países que deram alto valor à participação tenderam a considerar a autonomia na liderança relativamente desimportante. Líderes humanos são compassivos em relação aos seus funcionários. Muitos escores a respeito dessa dimensão foram relativamente elevados, sendo os mais altos registrados na África do Sul (amostragem entre os brancos), na Índia, nas Filipinas e na Malásia. Os escores mais baixos nesse aspecto registraram-se na Finlândia, Alemanha ocidental, Itália, Rússia e Marrocos.[66]

Essa pesquisa pioneira certamente pode ter grande utilidade para executivos em missão no exterior, como instrumento para capacitá-los a desenvolver um perfil culturalmente apropriado das qualidades de liderança preferenciais em cada ponto do globo e a se guiar e trabalhar de acordo com as características inerentes ao perfil escolhido.

As expectativas em relação à autoridade de gestão em oposição à participação estiveram igualmente entre os comportamentos e filosofias administrativos estudados por Laurent, um pesquisador francês. Em um estudo realizado em nove países da Europa ocidental, dos Estados Unidos, da Indonésia e do Japão, ele concluiu que a origem nacional afeta significativamente a percepção do que é uma gestão eficaz.[67] Por exemplo, os americanos e os alemães são mais adeptos da participação que os italianos e os japoneses; os indonésios sentem-se mais à vontade dentro de uma estrutura estritamente autocrática. Os executivos na Suécia, na Holanda, nos Estados Unidos, na Dinamarca e na Grã-Bretanha acreditam que os funcionários deveriam participar mais da solução dos problemas, em lugar de simplesmente terem de "engolir" as respostas formuladas pelos executivos, em comparação com os executivos dos países na extremidade oposta dessa escala, como Itália, Indonésia e Japão. As constatações de Laurent sobre o Japão, contudo, tendem a entrar em confronto com o que é considerado consenso a respeito da cultura japonesa de alta participação no processo decisório. Na verdade, pesquisas de Hampden-Turner e Trompenaars situam o Japão em segundo lugar, logo depois da Suécia, em matéria de delegação de autoridade pelos líderes aos subordinados.[68] Constatações relativas a outros países são semelhantes, como se mostra no Quadro 10.7. Contudo, falta de iniciativa ou de responsabilidade não deve ser confundida com liderança participativa.

Outros estudos clássicos indicam diferenças interculturais no que diz respeito às expectativas em relação ao comportamento das lideranças. Haire, Ghiselli e Porter estudaram mais de três mil executivos em 14 países. Constataram que, embora os executivos no mundo inteiro demonstrem sólido apoio à delegação e à participação, ao mesmo tempo, não consideram os funcionários suficientemente capacitados ou dispostos a adotar uma participação ativa no processo de gestão.[69]

Em complementação, vários estudos sobre países ou áreas isoladamente concluem que um estilo de liderança participativa é na maioria das vezes inapropriado. Os executivos na Malásia, Indonésia, Tailândia e Filipinas favorecem, conforme tais estudos, a liderança autocrática, sendo os de Cingapura e Hong Kong, em comparação, menos autocráticos.[70] Conforme estudos semelhantes, os executivos da Turquia inclinam-se por uma liderança autoritária, da mesma forma que os da Tailândia.[71,72]

No Oriente Médio, em especial, é muito pouca a delegação de autoridade. Uma companhia bem-sucedida precisa contar com executivos autoritários que tomem todas as decisões e não sejam contestados; dá-se grande importância ao uso do poder por meio dos contatos sociais e das influências familiares, e a cadeia de comando precisa ser rigidamente observada.[73] Uma comparação dessas e de outras dimensões de gestão entre os executivos do Oriente Médio e os ocidentais é mostrada no Quadro 10.8 (p. 282).

Esses extremos dos estereótipos de estilos de liderança do Oriente Médio e do Ocidente foram mais bem exemplificados pelos presidentes George Bush e Saddam Hussein durante a Guerra do Golfo, em 1991. Subjacentes a esses estilos — e aos desentendimentos que persistem entre árabes e ocidentais — estão muitos fatores culturais e nacionais (entre os quais, diferenças de religião, lógica e idéias sobre a verdade, a liberdade, a honra, a confiança, a família e as amizades). Muitos desses fatores se baseiam em elementos da história árabe que os ocidentais não conseguem compreender. Os árabes tendem a usar o passado como base de referência, enquanto os americanos se voltam para o futuro.

Quadro 10.7 Dimensões comparativas de liderança: participação e iniciativa

INICIATIVA GERENCIAL, SENTIDO DE ORIENTAÇÃO E RESPONSABILIDADE DOS EXECUTIVOS (0 = BAIXO; 100 = ALTO)		PERCENTUAL DE DELEGAÇÃO DE AUTORIDADE PELOS LÍDERES (0 = BAIXO; 100 = ALTO)	
EUA	73,67	Suécia	75,51
Suécia	72,29	Japão	69,27
Japão	72,00	Noruega	68,50
Finlândia	69,58	EUA	66,23
Coréia	67,86	Cingapura	65,37
Holanda	67,11	Dinamarca	64,65
Cingapura	66,34	Canadá	64,38
Suíça	65,71	Finlândia	62,92
Bélgica/Luxemburgo	65,47	Suíça	62,20
Irlanda	64,76	Holanda	61,33
França	64,64	Austrália	61,22
Áustria	62,56	Alemanha	60,85
Dinamarca	62,79	Nova Zelândia	60,54
Itália	62,40	Irlanda	59,53
Austrália	62,04	Reino Unido	58,95
Canadá	61,56	Bélgica/Luxemburgo	54,55
Espanha	61,55	Áustria	54,29
Nova Zelândia	59,46	França	53,62
Grécia	58,50	Itália	46,80
Reino Unido	58,25	Espanha	44,31
Noruega	54,50	Portugal	42,56
Portugal	49,74	Grécia	37,95

Fonte: C. Hampden-Turner and A. Trompenaars, *The Seven Cultures of Capitalism* (New York: Doubleday, 1993).

De acordo com várias fontes, Saddam Hussein considerava que sua liderança forte significava o cumprimento de um destino: o Iraque nasceu para ser a potência dominante na região. Outras, contudo, dão conta da utilização interna do poder exclusivamente para fins pessoais. Seu estilo de liderança é, obviamente, ditatorial, e para a maior parte da população mundial, ele parece um tirano impiedoso e um mestre na arte de dividir para conquistar. Contudo, a maioria dos iraquianos e muitos outros árabes da região vêem Hussein como um herói. Compartilhamento e delegação de poder são, obviamente, termos que não figuram em seus manuais de comportamento de liderança, nem ele jamais irá buscar consenso em torno de qualquer plano, mesmo os mais radicais. Em contraste, são muitos os dirigentes ocidentais que estão sempre em silêncio buscando trabalhar em equipe — consultando amplamente e construindo consensos em torno de qualquer ação que precisem adotar e que seja do interesse geral. Depois que o Iraque invadiu o Kuwait, em agosto de 1990, o presidente Bush levou um bom tempo em busca de apoio nos bastidores, forjando com isso uma poderosa aliança entre árabes, israelenses, europeus, japoneses, chineses e soviéticos. Tendo como base a continuidade desse apoio, o presidente Clinton ordenou ataques adicionais contra o Iraque em 1998/99, depois de se comprovar que os iraquianos não haviam cumprido acordos feitos em 1991, e o presidente George W. Bush seguiu pelo mesmo rumo em 2001, mantendo a pressão com vistas ao cumprimento desses acordos pelo governo de Bagdá.[74]

Os efeitos da liderança participativa podem variar mesmo em um local determinado onde os funcionários têm origens culturais diversificadas — e a partir daí podemos concluir que a cultura de um subordinado é normalmente uma variável mais poderosa que outros fatores componentes do ambiente. Entre as pesquisas que dão suporte a essa conclusão, figuram um estudo realizado na Arábia Saudita que constatou ser a liderança participativa mais eficaz com trabalhadores americanos que com funcionários asiáticos e

Quadro 10.8 Comparação entre práticas gerenciais ocidentais e do Oriente Médio

FUNÇÃO GERENCIAL	ESTEREÓTIPO DO ORIENTE MÉDIO	ESTEREÓTIPO OCIDENTAL
Projeto organizacional	Altamente burocratizado, supercentralizado com todo o poder e autoridade concentrados no topo da pirâmide. Relações indistinguíveis. Ambientes de organização ambíguos e imprevisíveis.	Menos burocratizante, com maior delegação de autoridade. Estrutura relativamente descentralizada.
Padrões de tomada de decisões	Planejamento ad hoc, decisões tomadas no mais alto nível da administração. Falta de inclinação para enfrentar os riscos inerentes ao processo decisório.	Técnicas de planejamento atualizadas, com instrumentos decisórios modernos, e sistemas sofisticados de gestão da informação.
Avaliação e controle de desempenho	Mecanismos de controle informais, verificações rotineiras sobre desempenho. Ausência de sistemas de avaliação de desempenho efetivos.	Sistemas de controle adequadamente atualizados, focados na redução de custos e eficiência organizacional.
Políticas de pessoal	Forte dependência de contatos pessoais e de encontrar indivíduos "da origem social correta" para preencher os principais cargos.	Políticas confiáveis de gestão de pessoal. As qualificações dos candidatos constituem normalmente a base das decisões relativas à seleção.
Liderança	Tom altamente autoritário, instruções rígidas. Dirigentes em excesso na área executiva.	Menor ênfase na personalidade do líder, peso considerável do estilo e desempenho do líder.
Comunicação	O tom depende de quem está comunicado. Posição social, autoridade e influências familiares são fatores onipresentes. A cadeia de comando deve ser seguida rigidamente. As pessoas se relacionam de maneira dirigida e específica. As amizades são intensas e geradoras de compromissos.	Concentra-se normalmente na igualdade e na minimização das diferenças. As pessoas se relacionam sem compromissos e de maneira geral. As amizades não são intensas nem geradoras de compromissos.
Métodos de gestão	Em geral antigos e ultrapassados.	Em geral modernos e mais científicos

Fonte: Copyright © 1980 por The Regents of the University of California. Reproduzido de *California Management Review* 22, nº 3. Com licença de The Regents.

africanos e, também, um estudo realizado em uma fábrica dos EUA, que constatou que a liderança participativa produzia maior satisfação e comunicação entre os funcionários americanos que entre os funcionários mexicanos.[75,76]

No Quadro 10.9, descrevemos nosso modelo integrador do processo de liderança, apresentando em conjunto as variáveis descritas neste livro e em pesquisas sobre cultura, liderança e motivação. Ele mostra o poder contingencial da cultura à medida que afeta o papel da liderança. Lendo da esquerda para a direita, ele cobre os fatores ambientais amplos mediante os resultados afetados pela situação total de liderança. Como é mostrado no quadro, o contexto geral no qual o executivo funciona precisa de ajustamentos no estilo de liderança em relação a todas as variáveis relativas ao ambiente de trabalho e de tarefa e às pessoas envolvidas. Variáveis culturais (valores, normas de trabalho, centro de controle, entre outras) vão, na medida em que afetam todos os envolvidos no processo — o líder, os subordinados, os grupos de trabalho —, moldando o conteúdo da situação de liderança imediata.

A interação líder-seguidores é, então, ainda mais formatada pela escolha de atitudes do líderes (autocrática, participativa etc.) e pelas atitudes do funcionário em relação ao líder e aos incentivos.

CAPÍTULO 10 MOTIVANDO E LIDERANDO   **283**

Quadro 10.9 A contingência cultural no processo de liderança: um modelo integrador

```
┌─────────────────────────────────────────────────────────────────────────────────┐
│                                                                                 │
│   Contexto  →  Conteúdo  →  Situação      →  Efeitos da   →  Resultados         │
│                             líder-seguidor    motivação                         │
│                                                                                 │
│  Origem Externa            Líder                                                │
│  Política                  Sensibilidade cultural                               │
│  Econômica                 Valores, motivos                                     │
│  Tecnológica               Capacidade, expe-                                    │
│  Cultural                    riências                                           │
│                            Fonte do poder                                       │
│                            Estilo, personalidade                                │
│                                                                                 │
│                            Variáveis do                                         │
│                            Comportamento do Líder                               │
│                            Autocrático ou participativo                         │
│                            Orientado para as tarefas                            │
│                              ou as pessoas                    Empenho           │
│                            Sistema de recompensa              Desempenho        │
│                            Transformacional                   Capacidade de     │
│                                                               atingir metas     │
│                                              Interação        Satisfação        │
│                                                  ↕            Rotatividade      │
│                                              Influência       Absenteísmo       │
│                                                               Qualidade         │
│                            Subordinados                                         │
│                            Valores, normas                                      │
│                            Capacidade,                        Produtividade     │
│                              experiências                     Qualidade         │
│                            Necessidades,                      Concretização de  │
│                              motivação                        objetivos indivi- │
│                            Centro do controle                   duais e de grupo│
│                                                               Ambiente positivo │
│                            Variáveis do Comportamento         Satisfação        │
│                            do Funcionário                                       │
│                            Expectativa de concretização                         │
│  Nível de                  Valor das recompensas                                │
│  Divergência/              Reação aos comportamentos                            │
│  Convergência da             do líder                          Feedback         │
│  Cultura/Gestão            Resposta ao grupo                                    │
│                                                                                 │
│                            Grupos de Trabalho                  Recompensas      │
│  Origem Interna            Valores, normas                                      │
│  Fatores de                Objetivos de                                         │
│    organização               trabalho                                           │
│  Fatores da tarefa         Sistema de                          Motivação        │
│  Disponibilidade             autoridade                                         │
│    de recursos             Processos de grupo                                   │
│  Sistemas                                                                       │
│  Processos                                                                      │
│                                                                                 │
└─────────────────────────────────────────────────────────────────────────────────┘
```

Efeitos motivacionais — vários níveis de esforço, desempenho e satisfação — resultam dessas interações, em nível individual ou de grupo. Esses efeitos determinam os resultados para a companhia (produtividade, qualidade) e para os funcionários (satisfação, ambiente positivo). Os resultados e as recompensas dessas realizações funcionam, então, como *feedback* (positivo ou negativo) para o ciclo do processo de motivação e liderança.

Fica, portanto, perfeitamente claro que os executivos internacionais devem considerar seriamente a *contingência cultural* ao aplicar a teoria de liderança por contingenciamento. Precisam ajustar suas atitudes e comportamentos como líderes às particularidades do contexto, das normas, das atitudes e de outras variáveis daquela sociedade. Um exemplo da complexidade da situação de liderança que envolve fatores obviamente contextuais e culturais pode ser visto a partir e um estudo da maneira como funcionários russos reagiram às práticas de gerenciamento participativo de executivos americanos. Constatou-se que o desempenho dos funcionários russos declinou, algo que os pesquisadores atribuíram a um legado de constante ignorância de idéias dos funcionários pelos superiores russos e também a diferenças em valores culturais.[77] Para se ter um *insight* mais aprofundado em situações de liderança comparativa, a "Gestão Comparativa em Foco", a seguir, destaca o contexto da liderança na Índia, juntamente com as implicações que representa para que expatriados em funções de liderança possam ter um comportamento apropriado nesse país.

Gestão comparativa em foco

Liderança na Índia

> O estilo de liderança mais efetivo seria, pois, na Índia, aquele capaz de combinar integridade com a capacidade de se organizar, ser voltado para a ação, ter iniciativa própria, carisma e orientação coletiva; tudo isso e mais a capacidade de resolver problemas, ser visionário, empreendedor e fonte de inspiração, nessa ordem.
>
> JAGDEEP S. CHHOKER, PROJETO GLOBE DE PESQUISA DE LIDERANÇA, WWW.UCALGARY.CA, 5 DE NOVEMBRO DE 2001.

Muitos efeitos sutis do sistema de castas ainda persistem e afetam a vida nas organizações sob a forma de uma rígida adesão à hierarquia. Os indianos são por natureza inclinados a estruturar todas as relações hierarquicamente; por este motivo, normalmente conseguem render mais individualmente que em grupos.[78] A função de comando é quase sempre autocrática na Índia, tendo base em autoridade e carisma formais. As normas familiares com ênfase na importância da lealdade à figura patriarcal explicam a experiência limitada com os processos decisórios e a indisposição em relação à tomada de responsabilidade encontrada em muitos funcionários. Em conseqüência, o processo decisório é centralizado, dominado pelas normas e com propensão muito baixa para o risco.[79] Ademais, as intrincadas relações familiares e as poderosas figuras de autoridade perpetuam um estilo administrativo de paternalismo.

Sob as influências onipresentes da religião, casta e família na vida dos hindus, a cultura indiana se orienta pela moralidade e lealdade, como ocorre na busca do *dharma*, ou a responsabilidade de cada indivíduo para com a sociedade, em lugar de objetivos pessoais. O trabalho tende a ser visto principalmente no contexto de relacionamentos familiares ou entre castas, em vez de ser avaliado pelo que pode representar por sua própria natureza.[80] O nepotismo é comum tanto nos níveis mais altos quanto nos mais baixos da sociedade. Não constitui por isso surpresa o fato de que a autoridade com base na especialidade, na qualificação seja freqüentemente suplantada pela autoridade derivada da posição pessoal.[81] De maneira geral, os executivos americanos na Índia precisam construir conexões com as famílias certas, estabelecer contatos nos mais altos níveis e proporcionar incentivos para que os executivos intermediários e assistentes ajudem a empurrar as propostas para a frente.[82]

No nível micro da liderança – o executivo em relação aos funcionários –, os gestores americanos na Índia agirão com sabedoria se forem prudentes no período em que procuram entender a cultura e descobrir o que realmente funciona lá. Várias propostas têm sido apresentadas no sentido de ajudar os executivos a estabelecer uma liderança mais eficiente. Tripathi sugere que "valores locais, como o familiarismo, precisam ser sintetizados com os da democracia industrial".[83] De maneira semelhante, Sinha propõe que, embora um líder na Índia tenha necessariamente de ser um "nutriente", assumindo um interesse pessoal pelo bem-estar de cada um de seus subordinados, pode também usar essa "nutrição" para incentivar níveis crescentes de participação. O executivo pode chegar a isso orientando e dirigindo os subordinados para trabalharem com efetividade e manterem um alto nível de produtividade, consolidando e reforçando cada estágio com uma nutrição ainda melhor.[84] Conforme Sinha e Sinha, um pré-requisito da liderança intercultural eficiente na Índia é estabelecer o trabalho como sendo o "valor mestre". Uma vez que isto seja concretizado, "outros valores sociais tenderão a se reorganizar voluntariamente a fim de ajudar a concretizar o valor mestre".[85]

São múltiplos os problemas que se pode encontrar no nível macro de liderança de um empreendimento global na Índia, como já puderam constatar companhias como a Gillette, Rank Xerox, Texas Instruments e Hewlett-Packard. As oportunidades de investimento são por demais atraentes, com um potencial de grandes vendas e uma grande disponibilidde de mão-de-obra barata, com alto nível de ensino e qualificada. No entanto, mesmo depois de conseguir superar o labirinto burocrático que desafia o estabelecimento de qualquer negócio, os executivos poderão ver-se frente a frente com inúmeros problemas de operação, decorrentes da infra-estrutura subdesenvolvida e do clima difícil. Conquistar controle e fazer a integração de estilos de liderança com os executivos locais constituem dificuldades adicionais. Os executivos americanos, acostumados a serem os chefes em suas empresas, poderão sentir-se relutantes em aceitar ordens de sócios indianos e preferirão sempre andar em ritmo mais veloz que o destes.[86] Gill, da Gillette, sugere: "Você precisará descobrir o sócio certo e convencê-lo a dar-lhe o controle total da gestão."[87] O fato de não ter incluído um sócio indiano e de não ter conseguido apoio local foi uma das causas principais do cancelamento do projeto da usina elétrica de US$ 2,8 bilhões da Enron em Dhabol, como parte de um ressurgimento do nacionalismo econômico na Índia durante a campanha das eleições nacionais de 1995. O projeto foi retomado em 1999, mas até 2001 persistiam os problemas entre a Enron e o governo indiano, tendo esse conglomerado decidido, então, não construir novas usinas na Índia.[88,89] Em outras áreas, como a das telecomunicações, a liberalização progride satisfatoriamente, para a alegria de companhias como a AT&T, Motorola e Texas Instruments (TI). É digno de nota o fato de essas companhias terem sócios indianos em *joint ventures* e também CEOs indianos. O diretor executivo da TI da Índia, Srini Rajam, destacou que a unidade de Bagalore foi responsável por um terço dos produtos semicondutores para automação de projetos da TI em nível mundial.[90]

A Índia tem possibilidades de ser, no futuro, um dos gigantes da economia mundial. Enquanto isso, os executivos americanos precisam dar-se conta de que estabelecer e comandar uma empresa de sucesso nesse país exige qualificações de liderança de muita astúcia, entre as quais a integração e a colaboração em todos os níveis da comunidade em longo prazo.

Como já dissemos, a liderança não se refere apenas ao relacionamento executivo-subordinado, mas à tarefa importantíssima de comandar o todo da companhia, divisão ou unidade sob responsabilidade do executivo. No Japão, por exemplo, apesar das recentes dificuldades experimentadas pela economia, muitas companhias locais continuam sendo um modelo de técnicas de controle de qualidade. Um executivo que trabalhou durante 10 anos para empresas japonesas diz que a chave do sucesso do estilo japonês é "dar vários pequenos passos, com consistência, a cada dia".[91] Uma das áreas em que os executivos japoneses utilizam esse *processo de aperfeiçoamento contínuo* — ou *kaizen* — é a do controle de qualidade, que tem sido a garantia de sucesso de muitas indústrias japonesas.

Apesar das evidências cada vez maiores que, até o fim do ano 2000, indicavam a erosão do sistema de emprego vitalício pelo declínio econômico japonês e pela crescente competitividade global, fazendo também com que os funcionários japoneses aprendessem a ser mais independentes, ainda é comum que os trabalhadores japoneses sintam lealdade e responsabilidade para com suas empresas.[92] Na verdade, trabalho duro e lealdade foram as causas do generalizado "workaholismo" entre os japoneses em função das "intensas pressões para se adaptarem e se identificarem com a sua 'família' corporativa".[93] O conformismo e a dedicação são instilados desde a infância; é, por exemplo, muito comum observar grupos de funcionários cantando o hino e recitando o código de valores de uma empresa antes de darem início às tarefas do dia.

Durante um bom tempo, as empresas americanas estudaram a fundo as companhias japonesas de sucesso para se inspirar nos seus estilos de gestão a fim de conseguir melhorar a produtividade, especialmente com a prática do envolvimento e da participação dos funcionários. Mais recentemente, a crescente competitividade global e a ampla exposição à cultura e às práticas administrativas ocidentais levaram muitas empresas japonesas a adotar mais práticas americanas. Essa mistura parcial de práticas de gestão indica uma tendência rumo à convergência de estilos de liderança. E, no entanto, os processos de gestão, embora ostensivamente similares, sempre acabarão manifestando as respectivas diferenças como uma função do contexto cultural geral no qual são postos em prática.

Conclusão

Uma vez que a liderança e motivação impõem constantes interações com outras pessoas (funcionários, colegas, superiores, contatos externos), as influências culturais sobre essas funções críticas da gestão são muito fortes. Na verdade, existem outras variáveis poderosas fortemente envolvidas no contexto da gestão internacional, especialmente as da economia e política. Líderes eficientes analisam cuidadosamente o contexto em sua íntegra e desenvolvem uma espécie de sensibilidade aos valores e às expectativas dos outros em relação às interações, ao desempenho e aos resultados das pessoas e dos grupos — e então agem de acordo com essas indicações.

RECURSOS NA INTERNET

Visite o *site* de Deresky no endereço http://prenhall.com/Deresky para ter acesso aos recursos de Internet deste capítulo.

PONTOS-CHAVE

1. Motivação e liderança são fatores decisivos na implementação bem-sucedida da estratégia pretendida. No entanto, embora muitos dos princípios básicos sejam universais, boa parte do conteúdo e processo práticos são contingências da cultura — uma função das necessidades, dos sistemas de valores e do contexto ambiental de um indivíduo.
2. Um dos problemas na utilização das teorias de conteúdo, como as criadas por Maslow e Herzberg, para pesquisa intercultural é a suposição de que sejam universalmente aplicáveis. Por terem sido desenvolvidas nos Estados Unidos, mesmo os conceitos, como os de realização ou apreciação, podem ter significados diferentes em outras sociedades, resultando em bases não comparáveis de pesquisa.
3. Está implícito na motivação de um funcionário o entendimento de quais necessidades desse mesmo funcionário são satisfeitas pelo trabalho. Estudos sobre o "significado do trabalho" indicam diferenças interculturais consideráveis.
4. Outros estudos sobre a motivação intercultural sustentam a teoria dos dois fatores de Herzberg. Também indicam, da mesma forma que estudos utilizam a teoria de Maslow, o suporte para a maior importância de fatores intrínsecos de motivação, pelo menos no nível gerencial. Um problema da teoria de Herzberg é que ela não atenta para todas as variáveis culturais relevantes.
5. Um reexame da motivação relativa às dimensões de Hofstede de distanciamento do poder, fuga às incertezas, individualismo e masculinidade proporcionam outra perspectiva sobre os contextos culturais que podem ter influência sobre as estruturas motivacionais.
6. Os sistemas de incentivos e recompensas devem ser planejados tendo em mente refletir a estrutura motivacional e a ênfase cultural relativa sobre as cinco categorias de recompensas: financeira, *status* social, conteúdo do trabalho, carreira e profissional.
7. A liderança eficiente é componente indispensável da capacidade de uma empresa de atingir seus objetivos. O desafio é então definir a liderança eficiente em diferentes situações internacionais ou de mesclas culturais.
8. A percepção do que é um bom líder — tanto características quanto comportamentos — varia muito de uma sociedade para outra.
9. A teoria da contingência é aplicável às situações de liderança intercultural devido ao vasto número de variáveis culturais e nacionais que podem afetar a dinâmica do contexto da liderança. Entre essas variáveis, figuram as relações líder-subordinados e de grupo, que são afetadas por expectativas, valores, necessidades, atitudes e percepções de risco culturais e centros de controle.
10. *Joint ventures* com outros países apresentam uma situação ao mesmo tempo comum e complexa, na qual os líderes precisam trabalhar em conjunto para antecipar e encaminhar os problemas interculturais.

ESTUDOS DE CASO — Parte 1

Caso 1

A Colgate-Palmolive na África do Sul pós-Apartheid

Depois de estudar cuidadosamente todos os detalhes da proposta durante um mês, Carol Lewis decidiu aceitar o posto de presidente da Fundação Colgate-Palmolive (África do Sul). Na entrevista decisiva, Carol ficara sabendo que a subsidiária dessa empresa norte-americana na África do Sul estava comprometida a ampliar seu papel de liderança na geração de atividades de responsabilidade social (RS) na era pós-Apartheid (ver o apêndice).

"Desde 1967, quando quatro odontólogos percorreram várias favelas dos negros para ensinar os moradores como fortalecer e tornar saudáveis os dentes mediante cuidados diários e alimentação, investir em comunidades que, afinal de contas, representam a fonte de renda da empresa, passou a ser — e continuará sendo — parte de nossa missão na África do Sul", disse a Carol o vice-presidente David Moore.

Na verdade, Carol havia estudado a companhia americana, tomando assim conhecimento de que a Colgate-Palmolive atingira uma impressionante cotação de Categoria 1 no Código Sullivan para a África do Sul (ver Quadro C1.1, p. 288). Ela constatou que o cumprimento das disposições desse código faz com que uma empresa destine 12% do seu orçamento de salários a programas de responsabilidade social. E ela também se convencera de que a empresa levava muito a sério suas atividades de responsabilidade social. Por exemplo, havia lançado recentemente a Fundação Colgate-Palmolive, com um orçamento de US$ 3 milhões. Muitas firmas sul-africanas acreditavam que esse nível de comprometimento estivesse fora do alcance mesmo de gigantes como a Colgate-Palmolive.

Por tudo isso, Carol ficou feliz ao ser a escolhida para liderar as iniciativas de responsabilidade social da Colgate-Palmolive. Com mais de US$ 100 milhões em vendas anuais e uma força de trabalho de 600 funcionários na África do Sul, ela acreditava que a firma americana pudesse continuar a consolidar sua trajetória e seus bons propósitos no país. (ver Quadro C1.2, "Declaração de Propósitos", p. 288).

Já no cargo, Carol passou um mês em gerenciamento ambulante, ouvindo as opiniões de pessoas e grupos com interesses diretos na empresa. Dessa forma, pôde tomar conhecimento de quais iniciativas e programas em matéria de responsabilidade social a Colgate-Palmolive deveria, na opinião deles, empreender na África do Sul pós-Apartheid.

A primeira coisa que Carol descobriu foi que os funcionários da Colgate-Palmolive eram os trabalhadores mais bem-pagos do setor. Na verdade, ela teve conhecimento de que a empresa pagava aos seus funcionários índices superiores aos estabelecidos nos princípios de Sullivan.

Fonte: David T. Beaty, School of Business, Hampton University, Virginia, 1994. Utilizado com permissão. Copyright © 1995 por David T. Beaty. Este caso é apresentado como base para discussão de ensino, mais que para ilustrar uma gestão eficiente ou deficiente.

Quadro C1.1 Código de princípios para a África do Sul

Os princípios deste quadro foram desenvolvidos em 1977 pelo reverendo Leon Sullivan, da cidade de Filadélfia, como um código de conduta para as multinacionais norte-americanas na África do Sul.

Princípio 1º
Não-segregação de raças em todas as instalações de refeições, descanso e guarda de objetos nos locais de trabalho.

Princípio 2º
Práticas de emprego justas e igualitárias para todos os funcionários.

Princípio 3º
Pagamento igual para todos os funcionários que realizem tarefas iguais ou comparáveis em um mesmo período.

Princípio 4º
Lançamento e desenvolvimento de programas de treinamento para preparar negros, mulatos e asiáticos, em números consideráveis, para funções de supervisão, de administração, burocráticas e técnicas.

Princípio 5º
Aumento do número de negros, mulatos e asiáticos em posições de gerência e supervisão.

Princípio 6º
Melhoria da igualdade das condições de vida dos funcionários fora do local de trabalho em áreas como habitação, transporte, educação, saúde e recreação.

Princípio 7º
Trabalho pela eliminação de leis e costumes que impeçam a justiça social e política.

Quadro C1.2 Declaração de propósitos

A Colgate-Palmolive se compromete, por meio de seu programa de investimentos sociais, a apoiar projetos sociais e econômico-sociais; em especial, aqueles que promovam os princípios e as estruturas de uma sociedade não-racial, com igualdade de oportunidades, progresso baseado no mérito e liberdade de associação e expressão.

Nosso objetivo é a elevação da qualidade de vida de todos os sul-africanos com iniciativas em matéria de educação, saúde e esporte para a juventude, a fim de incentivar o autodesenvolvimento e a construção da confiança indispensável à criação de um clima social melhor na comunidade sul-africana.

A segunda constatação de Carol foi o esmagador apoio dos funcionários às iniciativas de responsabilidade social da Colgate-Palmolive. Isso ficou claro para ela ao ser constantemente abordada, nos corredores e nas portas das fábricas, por funcionários dispostos a agradecer à empresa, entre outras coisas, por ajudar seus filhos com bolsas de estudos, pagar as matrículas dos funcionários em vários cursos (impondo como condição a aprovação final) e em escolas de nutrição. A executiva foi informada, durante entrevista com a administração do setor de responsabilidade social, de que os empreendimentos da companhia nessa área tinham por objetivo "acelerar a independência econômica por meio da educação, desenvolvendo capacidades formais e informais e motivando as comunidades a se tornarem auto-suficientes" (veja a lista e descrição de atividades específicas da companhia em responsabilidade social na conclusão deste caso). A firma chegou a "adotar" sete escolas que, nessa condição, estavam autorizadas a se dirigir a um comitê de funcionários com solicitações relativas às necessidades da escola, que variavam do material de estudo até o financiamento de programas de aperfeiçoamento de professores e alunos.

Em terceiro lugar, Carol verificou, nesse período de conhecimento da sua área de atuação, que a Colgate-Palmolive patrocina enfermeiras profissionais dispostas a colaborar com creches, escolas e grupos da comunidade na implementação de programas de ensino e difusão dos cuidados primários com a saúde.

O quarto item de que Carol tomou conhecimento foi a iniciativa estratégica da administração superior no sentido de lançar um plano formal de "ação afirmativa" para funcionários negros, a ser implementado como uma estratégia para agilizar a melhoria da situação econômica e remover todos os obstáculos à ascensão desses funcionários na escala hierárquica da empresa.

Em quinto lugar, Carol ouviu e prestou atenção nos comentários aprovadores de líderes sindicais e ativistas comunitários sobre o papel de "justiça social" que a companhia vinha desempenhando em benefício das comunidades próximas. A executiva ficou sabendo que a empresa adotara inclusive a ação política de dar assistência a essas comunidades de duas formas. Na primeira delas, a Colgate-Palmolive providenciara assistência jurídica para os moradores de um conjunto vizinho de favelas que haviam sido intimidados pelo conselho municipal local em meio a um processo legal para resolver o problema dessas habitações irregulares. Depois, Carol ficou sabendo que, embora a empresa americana tivesse uma posição explícita de não-alinhamento com qualquer partido político, estavam em andamento, a pedido dos líderes da comunidade, iniciativas destinadas a proporcionar "treinamento em democracia" na forma de programa de justiça social. O material que ela estudou demonstrava que a empresa patrocinava conferências para a comunidade por parte de acadêmicos e outros especialistas em assuntos específicos, como procedimentos e métodos de votação em questões relacionadas com uma nova Constituição (esses cursos foram oferecidos tanto a grupos de brancos quanto de negros e à comunidade em geral).

Por fim, Carol descobriu que os projetos de Responsabilidade Social que davam resultados e preenchiam os objetivos traçados pela empresa eram os que conseguiam envolver ativamente as pessoas por eles beneficiadas na formulação e implementação de cada atividade. A Colgate-Palmolive seguia o processo de consulta com todos os principais interessados em suas atividades com tais iniciativas de RS.

Carol, no entanto, teve motivos para se deter em várias questões preocupantes surgidas em entrevistas pessoais com alguns dirigentes sindicais e ativistas comunitários. Em uma de suas reuniões com sindicalistas que representavam os trabalhadores nos contatos com os empresários, esses argumentavam que deveria caber aos líderes do sindicato, e não à administração da companhia, comandar e administrar o orçamento de RS da Colgate-Palmolive, uma vez que, na opinião deles, os associados do sindicato eram os maiores interessados na questão, como alvos imediatos das atividades de RS da empresa.

Carol contra-argumentou, dizendo que o orçamento de RS deveria continuar com a Fundação, até porque os funcionários sindicalizados eram apenas 50% do total, e a empresa precisava garantir uma representação eqüitativa para todos eles. Além disso, indicou aos representantes dos trabalhadores que as atividades de RS da empresa tinham como alvo principal as comunidades "menos favorecidas" representadas por todos os grupos étnicos e raciais entre os funcionários.

A executiva também comentou outra questão, levantada nas conversas com os dirigentes sindicais, que a deixara com sérias dúvidas. Tratava-se de até que ponto os líderes sindicais estariam verdadeiramente motivados pelas necessidades da sua comunidade. Com base nessas entrevistas, ela ficou com a impressão de que os dirigentes poderiam se inclinar a dar apoio a questões que lhes rendessem "dividendos políticos" junto aos seus seguidores na empresa, em detrimento dos interesses do público externo diretamente ligado às atividades da corporação. Recordou, a propósito, a discussão mantida com dirigentes sindicais a respeito de qual seria o melhor método de proporcionar bolsas de estudos aos filhos dos funcionários. Os sindicalistas jogaram todo o seu peso na alternativa pela qual a empresa concederia dez bolsas integrais. Além disso, queriam anunciar esta decisão aos funcionários como uma concessão por eles extraída da administração. Ela, por sua vez, argumentou em favor da concessão de bolsas de estudo parciais, nas quais os pais pagariam um valor simbólico e a Colgate-Palmolive contribuiria com o restante, ainda assim dentro dos limites do orçamento necessário para a concessão de mais 20 bolsas, que, é claro, beneficiariam um número maior de necessitados. Essa alternativa, acreditava ela, era mais consistente com a noção de que a "ajuda compartilhada" é mais eficiente do que a simples "caridade" no compromisso da empresa com a melhoria da situação econômica das comunidades mais carentes.

Por último, Carol refletiu intensamente a respeito de uma questão que, segundo vários dirigentes sindicais, constituía um dilema para a empresa. Sob o ponto de vista desses dirigentes, a companhia agia em benefício próprio na promoção dessas iniciativas de responsabilidade social ao vender vários produtos que acabavam se tornando "indispensáveis" no âmbito de tais ações. Um deles descreveu a maneira como a empresa encaminhou as atividades de educação com os cuidados básicos de saúde em uma comunidade local. Ele reconheceu que pais e filhos que receberam *kits* de ajuda alimentar-sanitária, pôsteres e outros materiais de leitura, como um cartum e um logotipo que destacavam o "Sorriso Colgate", foram, apesar de tudo, ajudados pelo programa. Mesmo assim, receberam no "pacote" informações promovendo a "compra" de produtos de cuidado oral vendidos pela Colgate-Palmolive. E, a partir daí, perguntou a Carol: "É certo ajudar comunidades pobres e ao mesmo tempo promover junto a elas os seus produtos?"

Carol ficou bastante tempo a pensar sobre todas essas questões; logo o telefone tocou e ela precisou sair correndo, prometendo a si própria voltar a dedicar cuidados atentos a todas essas questões que não faziam parte de suas preocupações antes de assumir esse cargo.

PONTOS DO CASO

1. Qual foi o método usado por Carol para pesquisar a opinião dos interessados diretos nas atividades da Colgate-Palmolive a respeito das iniciativas de responsabilidade social (RS) dessa companhia na África do Sul? Supondo que você seja um executivo recém-chegado dos EUA para assumir as operações da sua empresa em um país que não conhece, quais seriam as vantagens e desvantagens da utilização desse mesmo método para tentar descobrir o que os funcionários pensam a respeito?
2. A Colgate-Palmolive está politicamente engajada na África do Sul pós-Apartheid como parte de suas iniciativas de responsabilidade social. As companhias norte-americanas deveriam dar continuidade ao seu ativismo político na sociedade sul-africana do pós-Apartheid? Quais as implicações da sua resposta para empresas americanas que mantêm atividades semelhantes em outros países, ou para empresas estrangeiras que fazem o mesmo nos Estados Unidos?
3. Se você acredita nas críticas dos sindicalistas à Colgate-Palmolive pelo fato de vender vários produtos na África do Sul a pretexto de atividades de responsabilidade social, quais seriam, na sua opinião, as questões éticas a serem analisadas a partir desta situação?
4. A partir de sua leitura deste caso, quais os conhecimentos específicos e as qualificações que os executivos americanos precisam aprender e adquirir?

APÊNDICE
Atividades de responsabilidade social por meio da educação

Escola fundamental. A Colgate-Palmolive esteve entre as pioneiras na adoção de escolas na África do Sul. Em 1977, a Kutloanong Primary School, em Vosloorus, foi a primeira escola a conseguir ajuda dentro deste programa, e hoje a Colgate-Palmolive tem cinco escolas fundamentais adotadas em Vosloorus e Daveyton, todas elas recebendo ajuda em matéria de financiamento do desenvolvimento dos professores, de equipamentos de mídia, livros, material e equipamentos esportivos, e inclusive de itens como eletricidade e alarme contra roubos.

Escola de ensino médio. O St. Andrews Outreach and Bridging Program leva crianças portadoras de deficiências de Daveyton a St. Andrews para aulas de recuperação e reforço. São também organizadas festividades recreativas e para solenidades.

Universidade. Bolsas para os níveis desde preparatório até de conclusão são oferecidas aos dependentes dos funcionários. As bolsas, que cobrem os custos das anuidades e dos livros-texto, são também oferecidas aos dependentes de funcionários aposentados e falecidos.

A assistência da Colgate-Palmolive ao Programa de Suporte Acadêmico na Universidade de Witwatersrand é estruturada para complementar as conferências destinadas aos estudantes, especialmente no nível do primeiro ano.

A Colgate-Palmolive reconhece a ausência de fundos e materiais adequados para a orientação profissional, como um programa de orientação para o ensino médio na Medical University of South Africa.

Uma doação anual para bolsas de estudo é feita pela companhia a essa universidade, para estudantes de odontologia. Vários estudantes também recebem bolsas anuais para a Universidade da Cidade do Cabo.

Quarenta escolas do East Rand participaram do Programa de Orientação Profissional do Fundo Deved. *Workshops* e visitas a indústrias dão aos professores uma percepção mais aprofundada da educação necessária para que seja possível ter sucesso em determinadas carreiras.

A fundação apóia programas de aperfeiçoamento de professores no East Rand College of Education, Vista e Promat. Também financia programas de pesquisa desenvolvidos pela Unidade de Política da Câmara Americana de Comércio (Amcham) sobre educação aberta, não-racial, em escolas do East Rand. Isso inclui o treinamento de professores em questões culturais e simpósios para diretores de escolas TED e DET na área de Boksburg.

Como parte do currículo do seu curso universitário, os alunos da Technikon precisam fazer um estágio prático de seis meses na indústria. A Colgate-Palmolive já ajudou muitos estudantes a conseguir seus diplomas em química analítica, engenharia química e gerência de produção por intermédio desses períodos de seis meses de treinamento prático.

Atividades de responsabilidade social via programas da comunidade

O programa "Youth for South Africa", lançado pela Colgate-Palmolive em janeiro de 1993, destaca o lado positivo da juventude moderna. É totalmente voltado a incentivar os grupos de jovens a se tornarem mais responsáveis perante suas comunidades e recompensa esses esforços de diversas maneiras, a saber:

- Apoio ao projeto do Instituto de Rercursos Naturais em KwaZulu, que inclui purificação da água e trabalho com saneamento básico.
- Fundos para o Centro de Idosos St. Anthony, em Johannesburgo.
- A Colgate-Palmolive organiza e comanda a Rústica de Estrada Colgate, de 15 quilômetros, que atrai mais de 4.500 corredores todos os anos. Uma percentagem do dinheiro das inscrições, à qual a empresa acrescenta outro tanto, é doada à Retinitis Pigmentosa Organization.
- Assistência ao centro de reabilitação de drogados e alcoólicos da Casa da Misericórdia, da paróquia de St. Anthony.
- A companhia patrocina os custos da manutenção da Casa de São Francisco para doentes terminais.
- Programas de educação sobre AIDS, entre os quais o patrocínio da página de alerta sobre a AIDS em livros didáticos, dirigida pelo Departamento de Saúde da Prefeitura de Johannesburgo, bem programas internos para funcionários da Colgate-Palmolive.
- A Unidade Móvel Dental Medunsa/Colgate proporciona tratamento para as comunidades mais pobres do nordeste do Transvaal.
- Unidades Móveis Dentárias proporcionam tratamento para as comunidades mais pobres na África do Sul. O patrocínio da Colgate-Palmolive possibilitou aos Departamentos de Odontologia Comunitária das Universidades de Witwatersrand, Pretória, e Medunsa (Universidade Médica da África do Sul) a operação das três unidades que levam esse serviço essencial a diversas áreas urbanas e rurais.
- O Business Development Training-East Rand Townships Project oferece cursos de treinamento em habilitações comerciais básicas. O programa dá aos pequenos negociantes a oportunidade de desenvolver e criar oportunidades adicionais de emprego nas áreas em que a taxa de desemprego é mais alta.
- A Colgate-Palmolive patrocina o Eagle Tumbling Club, que oferece treinamento em educação física e acrobacias às crianças; esse patrocínio cobre igualmente os custos do transporte e dos equipamentos.
- O projeto Salva-Vidas, em Durban, patrocina o treinamento e o equipamento dos salva-vidas negros nas praias dessa cidade.
- Assessoria e financiamento são canalizados para o Daveyton Physically Handicapped Training Center, onde uma oficina oferece emprego protegido.
- Construiu-se em um ônibus uma Clínica Médica Móvel, que é utilizada nos subúrbios em expansão de Vosloorus.
- Programas de educação em saúde são realizados por estudantes de medicina e odontologia em clínicas rurais como parte do Programa de Clínica Infantil Comunitária da Medunsa. Uma clínica dentária localizada junto à ala pediátrica do hospital provincial vizinho à Medunsa recebe financiamento, ficando o tratamento, gratuito, a cargo dos estudantes do último ano de odontologia da Medunsa.

ESTUDOS DE CASO — Parte 2

Caso 2

Footwear International

John Carlson foi ficando cada vez mais assustado à medida que progredia na leitura da tradução da matéria de primeira página da edição vespertina do *Meillat,* um jornal fundamentalista fortemente ligado a um partido político de oposição. A matéria, sob a manchete "A Imperdoável Audácia da Footwear", sugeria que a companhia teria conscientemente insultado o Islã mediante a inclusão do nome de Alá em um logotipo utilizado nas palmilhas de sandálias que estava produzindo. Para complicar ainda mais a questão, o jornal publicou, também na sua primeira página, a foto de uma dessas sandálias ofensivas. Como resultado, grupos de estudantes passaram a convocar manifestações públicas contra a Footwear no dia seguinte. Como diretor executivo da Footwear Bangladesh, Carlson sabia que precisaria agir rapidamente para desativar uma situação potencialmente explosiva.

FOOTWEAR INTERNATIONAL

A Footwear International é uma multinacional que fabrica e comercializa calçados. Suas operações se espalham pelo mundo e incluem 83 companhias em 70 países. Entre elas, existem fábricas de calçados, curtumes, fábricas de máquinas e moldes de calçados, estúdios de desenvolvimento de produtos, fábricas de meias, laboratórios de controle de qualidade e cerca de 6.300 lojas de varejo e 50 mil revendedores independentes.

A Footwear emprega mais de 67 mil pessoas e produz e vende mais de 270 milhões de pares de calçados por ano. A sede central funciona como um centro de serviços e conta com especialistas recrutados no mundo inteiro. Esses especialistas, em áreas como *marketing*, varejo, desenvolvimento de produtos, comunicações, projetos de lojas, processamento de dados eletrônicos e administração empresarial, viajam durante a maior parte do ano para compartilhar seus conhecimentos com as várias empresas do grupo. O ensino técnico e o treinamento, em instituições dirigidas pela companhia e no centro de treinamento na sede mundial, colocam ao alcance de funcionários do mundo inteiro o aprendizado e aperfeiçoamento nas mais modernas técnicas e tecnologias do setor calçadista.

Embora a Footwear exija padronização em tecnologia e no projeto de suas instalações, também incentiva um alto grau de descentralização e autonomia em suas operações. As empresas são praticamente autônomas, o que significa que seu compromisso maior é para com os países nos quais operam. Todas são comandadas por juntas de diretores que incluem representantes da comunidade empresarial local. O conceito de "parceria" em nível local tornou a empresa internacionalmente conhecida e aceita, dando-lhe condições de operar com sucesso em países nos quais outras multinacionais foram incapazes de sobreviver.

Fonte: Reproduzido com permissão do autor. (Copyright © R. William Blake, Faculty of Business Administration, Memorial University of Newfoundlands [Terra Nova], St. Johns, Canadá.)

BANGLADESH

Com cerca de 110 milhões de habitantes em uma área de 143.998 quilômetros quadrados (ver o Quadro C2.1), Bangladesh é o país de maior densidade populacional do mundo. Figura igualmente entre os mais pobres, com um produto nacional bruto *per capita* de US$ 160 (dados de 1987) e dependem em extremo da ajuda internacional. Mais de 40% do produto interno bruto é gerado pela agricultura, e mais de 60% de sua população economicamente ativa trabalha no setor agrícola. Embora a terra seja fértil em Bangladesh, o país tem um clima de monções tropicais e sofre a devastação causada por ciclones periódicos. Em 1988, o país sofreu as piores inundações de sua história recente.

A população de Bangladesh é 85% muçulmana, e o Islã foi proclamado como religião oficial do Estado em 1988. Cerca de 95% da população fala bengali e a maioria dos restantes, dialetos tribais.

Bangladesh teve uma história atribulada ao longo do século XX. A maior parte do país integrou, até 1947, Bengala Oriental, governada pelo Império Britânico. Naquele ano, aliou-se com Assam para se transformar no Paquistão Oriental, uma província do então recém-criado Paquistão. O Paquistão Oriental era separado das quatro províncias do Paquistão Ocidental por 1.600 quilômetros de território indiano e, embora a maioria da população vivesse no Leste, a capital nacional foi estabelecida no Paquistão Ocidental. Ao longo dos anos que se seguiram, foi-se ampliando o descontentamento no Oriente, cuja população sentiu-se prejudicada, entre outras coisas, pela desproporção nos fundos destinados ao desenvolvimento local e por não estar devidamente representada no novo governo.

Depois de um período de agitação que teve início em 1969, a Liga Awami, o maior partido político do Paquistão Oriental, conquistou uma esmagadora vitória nas eleições locais realizadas em 1970. Essa vitória tendia a dar à Liga, que lutava pela independência, o controle da Assembléia Nacional. Para evitar que isso ocorresse, o governo nacional suspendeu, por prazo indeterminado, a convocação da Assembléia. Em 26 de março de 1971, a Liga Awami proclamou a independência da República Popular de Bangladesh, o que deu início a uma guerra civil. No conflito que se seguiu, centenas de milhares de pessoas fugiram para a Índia, em busca de segurança. Em desembro, a Índia, que apoiava a independência de Bangladesh, proclamou guerra, e 12 dias depois o Paquistão se rendeu. Bangladesh havia conquistado sua independência, sendo a capital do novo país estabelecida em Daca. Nos anos que se seguiram, a produção diminuiu nas principais indústrias, como resultado da fuga da maior parte das classes financeira e administrativa, predominantemente não-bengalis.

Quadro C2.1 Bangladesh

CASO 2 FOOTWEAR INTERNATIONAL   **295**

Nos anos que se seguiram, a estabilidade política virou raridade em Bangladesh. Embora fossem realizadas eleições, a estabilidade viu-se ameaçada pelas táticas terroristas a que recorreram grupos oposicionistas de ambos os extremos políticos. Golpes e contragolpes, assassinatos e suspensão das liberdades civis tornaram-se fatos rotineiros da vida em Bangladesh.

Desde 1983, Bangladesh vinha sendo governado pelo general H. M. Ershad, autoproclamado presidente. Apesar das manifestações que, em 1987, levaram à proclamação do estado de emergência, Ershad conseguiu permanecer no poder nas eleições realizadas no ano seguinte.* O país continua politicamente instável. Dezenas de partidos políticos manobram incessantemente em busca de posições e alianças, e coalizões são formadas e desfeitas rotineiramente. A Liga Awami é hoje o principal partido de oposição, ou melhor, uma aliança de oito partidos políticos. Muitos dos partidos são intimamente ligados aos chamados jornais oposicionistas, que promovem suas posições políticas. Greves e manifestações são freqüentes, sendo, muitas vezes, o resultado da cooperação entre partidos oposicionistas, entidades estudantis e sindicatos.

FOOTWEAR BANGLADESH

A Footwear começou a trabalhar, na então Bengala Oriental, na década de 1930. Em 1962, o primeiro grande investimento tomou a forma da construção de uma fábrica de calçados em Tongi, uma cidade industrial a 30 quilômetros ao norte de Daca. Nos anos posteriores, a companhia expandiu sua presença, tanto convencional quanto não-convencional, na região. Em 1971, o diretor executivo da época tornou-se um guerrilheiro, ao mesmo tempo em que continuava a supervisionar as operações. Ele posteriormente se tornou o único estrangeiro condecorado pelo governo com a "Bir Protik", em reconhecimento à contribuição dele e da companhia para a independência de Bangladesh.

Em 1985, a Footwear Bangladesh se tornou uma companhia aberta e, dois anos depois, comandou o maior investimento do setor privado no país, uma fábrica de calçados e curtume em Dhamrai. O novo curtume passou a produzir couro para as necessidades locais da Footwear e para o mercado exportado, enquanto a fábrica produzia diversos calçados para o mercado local.

Em 1988, a Footwear Bangladesh empregava 1.800 pessoas e fazia suas vendas em 81 lojas e 54 agências. A companhia lançava cerca de 300 novos produtos por ano no mercado utilizando as próprias instalações de projeto e desenvolvimento. Executivos de calçados mostravam-se particularmente orgulhosos da competência do pessoal nesses departamentos, nos quais não trabalhavam estrangeiros.

As vendas anuais de mais de 10 milhões de pares de calçados deram à companhia 15% do mercado nacional em 1988. Os resultados financeiros eram superiores a 30 milhões de dólares, sendo os lucros líquidos de US$ 1 milhão. Financeiramente, a companhia era considerada, no âmbito da Footwear mundial, como de porte médio. Com uma população aproximando-se dos 100 milhões de habitantes e o consumo *per capita* de um par de sapatos a cada dois anos, Bangladesh oferecia à Footwear enorme potencial de crescimento, mediante a educação do consumidor e pressão competitiva.

O diretor executivo da Footwear Bangladesh era John Carlson, um dos quatro únicos estrangeiros que trabalhavam para a companhia. Os outros eram os diretores de produção, *marketing* e vendas. Todos tinham experiência extensiva e variada no âmbito da organização Footwear.

O INCIDENTE

Em 22 de junho de 1989, uma quinta-feira, mostraram a John Carlson um exemplar do *Meillat*, jornal decididamente oposicionista com inclinações pró-Líbia. Sob a manchete "A Imperdoável Audácia da Footwear", o redator sugeria que o desenho na palmilha de um modelo de sandálias produzido pela companhia incluía a grafia arábica da palavra Alá (ver Quadro C2.2, p. 296). Indignado, o redator dizia ser a Footwear de propriedade de judeus e relacionava a suposta ofensa com a morte de muitas pessoas na

---
*N. de T. Bangladesh adotou o regime parlamentarista no início da década de 1990. A chefia do governo está atualmente a cargo da primeira-ministra Begum Khaleda Zia, do Partido Nacionalista de Bangladesh, em aliança com outros três partidos. O presidente atual é Jamiruddin Sircar Iajuddin Ahmed, eleito pela Assembléia Nacional. O general Ershad continua ativo na política, no comando de um dos vários blocos de oposição.

Quadro C2.2 Tradução da matéria do jornal Meillat*

A IMPERDOÁVEL AUDÁCIA DA FOOTWEAR

Em Bangladesh, uma sandália tendo Alá como a marca registrada da Footwear em arábico desenhado a mão vem sendo vendida, apesar de o islamismo ter sido consagrado, no ano passado, como a região oficial do país. A sandália em branco e preto contém o nome de Alá em preto. Sem muito esforço, constata-se que ela foi desenhada e que Alif "a primeira letra em arábico" foi escrita em conjunto. Excluindo-se Alif, lê-se LILLAH. Em Bangladesh, isso acontece na esteira dos "Versos Satânicos" de Satan Rushdie** que desencadearam manifestações sem precedentes e inúmeras greves gerais obrigatórias (*hartels*). Essa organização internacional de produção de calçados, de propriedade de judeus, cometeu uma ofensa religiosa com esse uso da imagem de Alá. Quando, pela santidade do Islã, um milhão de pessoas deram suas vidas no Afeganistão e enquanto, na Palestina ocupada, muita gente continua sendo metralhada pelos judeus em nome da santidade do Islã, neste país a palavra Alá, estilizada, foi posta abaixo dos pés.

À noite passada, um grupo de estudantes da Universidade de Daca compareceu à sede do Meilat com alguns pares dessas sandálias. O pessoal administrativo da Footwear não atendeu aos telefonemas para comentar o assunto. Essa sandália tem duas tiras feitas de espuma.

---

*Essa é a versão em português da tradução da matéria do jornal que Carlson recebeu em seu gabinete.
**Salman Rushdie (Satan foi como o redator o qualificou) é o autor do controvertido livro *Os Versos Satânicos*. Indignado, o aiatolá Khomeini, à época ainda vivo e líder espiritual e político supremo do Irã, condenou o escritor à morte, por crimes contra o Islã.

Palestina pelos judeus. A matéria destacava o fato de que o desenho aparecia na palmilha da sandália e, portanto, sob da parte inferior do pé, um sinal de supremo desrespeito, para os muçulmanos.

Carlson entrou em contato imediato com o supervisor do departamento de desenhos, exigindo dele todas as informações disponíveis sobre a feitura das sandálias. Ele já sabia que faziam parte de uma linha de calçados femininos de preço médio cujo desenho da palmilha era mudado freqüentemente como instrumento de *marketing*. Depois da investigação que promoveu, o supervisor relatou que o desenho indigitado tivera como base um par de sinos de templos chineses que a desenhista comprara em uma feira livre local. Tendo gostado da aparência dos sinos, ela os usara como base para um desenho mais estilizado, que apresentou à sua supervisora para estudo e aprovação (ver Quadro C2.3).

Todos os funcionários do departamento de *marketing* e desenvolvimento eram muçulmanos. O supervisor relatou que a mulher autora do desenho julgado ofensivo era uma fiel muçulmana bengali, que não falava nem lia qualquer coisa em arábico. O mesmo ocorria com quase todos os outros funcionários do departamento. O supervisor confirmou para Carlson que muita gente do departamento havia visto o novo desenho da palmilha antes da aprovação final, não tendo havido qualquer objeção ou advertência a respeito de possíveis confusões. Depois dessas conversas, Carlson comparou o desenho com a palavra Alá escrita em arábico (ver Quadro C2.4).

Carlson estava perplexo com o artigo e com todos os possíveis significados. As sandálias em pauta não eram exatamente um lançamento recente, e ninguém havia apresentado qualquer reclamação a respeito delas. Ao reler a tradução do artigo do *Meillat*, tentou entender a razão da referência aos judeus, por se tratar a Footwear International, de empresa de propriedade de uma família de cristãos. Ele também pensava na importância do fato de o grupo de universitários ter levado as sandálias à sede do jornal.

Nenhuma reflexão serviu para grande coisa, pois, à medida que o dia avançava, a situação se agravava. Carlson teve de ler igualmente a tradução de um manifesto distribuído por dois grupos diferentes de jovens, convocando manifestações contra a Footwear para o dia seguinte (ver Quadro C2.5, p. 298). A proclamação acusava a companhia, Salman e a comunidade judaica de serem todos um inimigo único e afirmava, em tom de ameaça, que "mesmo que isto venha a custar nossas vidas, não podemos deixar de protestar contra esta conspiração".

As más notícias não pararam por aí. Houve telefonemas informando que Carlson e outros quatro seriam enquadrados em um parágrafo do código penal bengali que proibia "atos deliberados e intencionais voltados a ofender os sentimentos de qualquer classe insultando sua religião" (ver Quadro C2.6, p. 298). Pouco depois, Carlson recebeu cópia de notificação emitida por um advogado legal, ainda que não acompanhada por qualquer intimação formal da Justiça (ver Quadro C2.7, p. 299).

CASO 2 FOOTWEAR INTERNATIONAL   297

Quadro C2.3 Os sinos do templo e o desenho utilizado na sandália

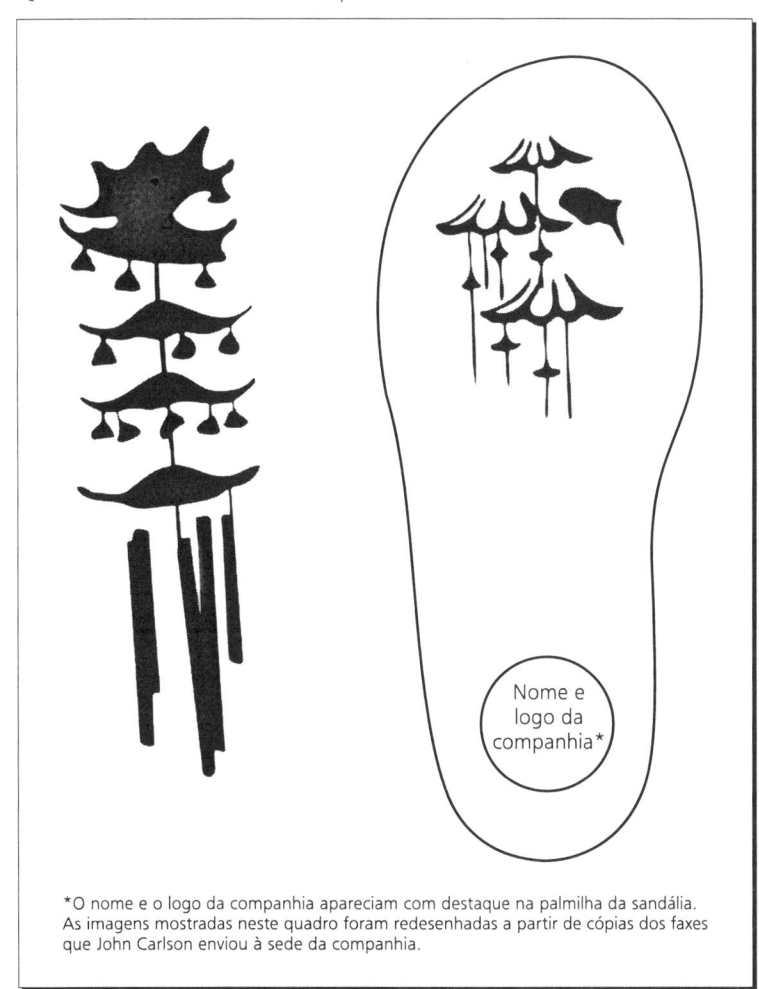

*O nome e o logo da companhia apareciam com destaque na palmilha da sandália. As imagens mostradas neste quadro foram redesenhadas a partir de cópias dos faxes que John Carlson enviou à sede da companhia.

Quadro C2.4 A palavra Alá, em arábico*

*Este quadro foi redesenhado a partir de um fax enviado por John Carlson à sede da Footwear.

Quadro C2.5 Tradução do manifesto dos grupos de estudantes*

A audácia de usar o nome de Alá em uma sandália.
  Que a judaica Footwear Company de Rushdie seja proibida em Bangladesh.
  Amado povo que acredita no deus único anunciado no sagrado Alcorão. O nome de Alá é superior a tudo, mas o fabricante de calçados Footwear judeu usou o nome Alá e mostrou desrespeito sem precedentes e também uma imperdoável audácia. Depois do fracasso da tentativa de Rushdie de destruir as crenças dos muçulmanos no Alcorão, o Islã e o profeta, aquele que é autor dos versos satânicos e o povo judeu começaram a ofender os muçulmanos. Desta vez trata-se de uma guerra contra Alá. Na verdade, Daud Haider, Salman Rushdie, a Viking Penguin e a Footwear são todos apoiados e financiados pela comunidade judaica. Por isso mesmo, nada de compromisso com eles. Mesmo que isto venha a custar nossas vidas, precisamos protestar contra esta conspiração.
  Pois esta procissão e demonstração serão realizadas no dia 23 de junho, sexta-feira, depois das orações de Jumma, a partir do portão sul da mesquista Baitul Mukarram. Por favor, juntem-se a esta procissão e proclamem ao mundo que não perdoaremos a audácia da Footwear. Essa companhia precisa ser banida de Bangladesh. Não comprem produtos judeus nem calçados Footwear. Fiquem de olho aberto contra os parceiros de Rushdie.
  Emitido pela Jubashibir (União dos Jovens Estudantes) Islâmica e pela Satrashbir (União dos Estudantes) Islâmica de Bangladesh.

Fonte: É a versão, em português, da tradução dos manifestos que assustaram Carlson em Bangladesh.

Quadro C2.6 Parágrafo 295 do Código Criminal

295.A. Atos deliberados e intencionais voltados a ofender crenças religiosas de qualquer classe mediante insultos à própria religião ou aos seus fiéis. Todo aquele que com a intenção deliberada e maligna de ofender os sentimentos religiosos de qualquer classe (dos cidadãos de Bangladesh), por palavras, verbais ou escritas, ou mediante representações visíveis, ofensas ou tentativas de ofender a religião ou crenças religiosas dessa classe, será punido com prisão (...).
  (...) Para que uma questão se enquadre no Parágrafo 295.A, não é só a questão do discurso ou expressão escrita, mas igualmente a sua maneira que precisa ser levada em consideração. Em outras palavras, as expressões devem ser de tal maneira que possam ser consideradas por qualquer homem sensato como abertamente ofensivas, provocativas, malignas e deliberadamente voltadas a ofender os sentimentos de qualquer classe de cidadãos (...) Se o ato ofensivo tiver sido praticado voluntariamente, sem qualquer desculpa prevista em lei, poderá ser deduzida a intenção dolosa.

Enquanto tentava avaliar a situação e suas conseqüências, Carlson foi interrompido por sua secretária. Extremamente agitada, ela informou que o primeiro-ministro bengali teria dito que o incidente da sandália constituía um "crime imperdoável". A gravidade do incidente parecia assumir contornos cada vez piores com o passar das horas, e Carlson se dedicou a pensar no que poderia fazer para minimizar os danos.

PERGUNTAS DO CASO

Você está na posição de John Carlson. Analise a situação enfrentada pela Footwear e prepare um plano de ação detalhado, começando pelas questões de resolução mais imediata inerentes ao seu cargo, passando a seguir para o conjunto da situação e um plano de longo prazo. As sugestões a seguir poderão ajudá-lo no desenvolvimento desse plano:

- Utilize uma análise de interessados diretos a fim de determinar o papel e os objetivos dos vários grupos de interesses e avaliar tudo o que realmente está acontecendo e as razões para isso, e também para enxergar além da situação imediata.
- Tente entender o papel, ou papéis, que a política local desempenha no caso da Footwear e quais são os atores principais neste drama da vida real do mundo dos negócios.

Quadro C2.7 A Notificação do advogado

O requerente vem respeitosamente a sua presença declarar que:
1. O requerente é advogado, cidadão de Bangladesh, e o Islã é sua religião. É, basicamente, um muçulmano devoto. E realiza suas atividades diárias de acordo com a tradição islâmica.
2. O primeiro acusado aqui (...) é o diretor executivo da Footwear Shoe Company; o segundo acusado, o diretor de produção da referida companhia; o terceiro, é o executivo de *marketing*, o quarto, é o calígrafo da referida companhia e o último acusado, o executivo de vendas da referida companhia. A referida companhia é uma organização internacional que tem negócios de calçados em vários países.
3. As pessoas acusadas pretenderam deliberadamente ofender a religião dos muçulmanos mediante a gravação da caligrafia de "Alá" em arábico em uma sandália, para insultar a religião da maioria deste país muçulmano. Ao comercializar essa sandália com a caligrafia de "Alá", elas insultaram os sentimentos religiosos de milhões de muçulmanos. Constituem dever e responsabilidade religiosas de cada devoto muçulmano proteger a santidade de Alá. O requerente viu pela primeira vez a sandália com essa caligrafia no dia 22 de junho de 1989 em uma loja da Rua dos Elefantes.

As pessoas acusadas pretenderam, deliberada e coletivamente, colocar essa caligrafia abaixo da sola do pé, com isso insultando a minha religião, e de muitos outros muçulmanos, cometendo assim um crime de acordo com as provisões do parágrafo 295.A do Código Penal. Quando da realização de audiência a respeito, as provas serão apresentadas.

Por isso, de acordo com as determinações do parágrafo 295.A, o Código Penal requer que sejam as pessoas acusadas detidas e encaminhadas ao tribunal, para serem justiçadas.

Nomes das testemunhas:
1)
2)
3)

- Quais são as questões mais preocupantes para a Footwear Bangladesh? E para a Footwear International?

Nota: Todos os fatos aqui narrados são verídicos. Na sua opinião, essa situação poderia se repetir?

Caso 3

Moto: fazendo a América

Moto chegou a Chicago em pleno inverno, completamente despreparado para enfrentar os fortes ventos que assolam o lago. No primeiro dia, comprou uma nova capa e botas com forro de pele. Foi recebido por uma simpática vendedora que sorria enquanto embalava a capa de chuva. Os americanos pareciam simpáticos, concluiu Moto. Ele não sentia qualquer temor em relação ao que viera fazer nos Estados Unidos. O terreno já fora comprado, e a responsabilidade de Moto era contratar uma empresa de construção e cuidar dos detalhes dos custos. Parecia uma missão sem complexidades maiores.

A empresa de Moto, KKD, uma fornecedora de peças para automóveis, passara um ano e meio pesquisando entre empresas norte-americanas de construção por empreitada. A Allmack havia figurado com os melhores registros em termos de conclusão nos prazos acertados e ligações com bons arquitetos e os melhores fornecedores de materiais de construção. Naquela noite, Moto ligou para o Sr. Crowell, da Allmack, que confirmou o encontro marcado para a manhã seguinte. Seu tom era extremamente amistoso.

Moto chegou aos escritórios da Allmack às nove horas em ponto. Levava um conjunto de bonecas *kokeshi* para Crowell. As bonecas, em cuja escolha a esposa de Moto levara quase um dia inteiro, eram feitas de um bordo — árvore da família das aceráceas — especial das montanhas perto da casa de sua família em Niigata. Ele explicaria tudo isso a Crowell mais tarde, quando se tivessem conhecido. Crowell também procedia de um lugar montanhoso, nevado, chamado de Vermont.

Quando a secretária o introduziu na sala, Crowell levantou-se imediatamente e deixou sua mesa de trabalho com a mão estendida. Apertando a mão de Moto, ele praticamente gritou: "Como vai você? Viagem muito longa de Tóquio. Sente, por favor, sente-se."

Moto sorriu, procurou seu cartão de visitas no bolso da jaqueta. Quando o apresentou, Crowell já estava de volta ao outro lado da mesa de trabalho. "Meu cartão, por favor", disse Moto, muito sério.

"Claro, claro", foi a resposta de Crowell. Botou o cartão de Moto em um dos bolsos sem sequer examiná-lo.

Moto fixou os olhos no chão. Aquilo não poderia estar acontecendo, pensou. Estava tudo no cartão. KKD, Michio Moto, Diretor de Projetos da KKD, resumiam Universidade de Tóquio e anos de trabalho árduo para merecer uma recomendação do laboratório do Dr. Iwasa. E Crowell havia simplesmente ignorado tudo aquilo.

"Aqui". Era Crowell apresentando seu próprio cartão.

"Muito bem, John Crowell, presidente da Allmack", Moto leu em voz alta, tentando lentamente recuperar seu equilíbrio. "A Allmack é famosa no Japão."

Fonte: Patricia Gercik, *On Track with the Japanese*, 1992 (New York: Kodansha International, 114 Fifht Ave., NY, NY 10011) (OR Kudanske America).

"Claro, você me conhece", respondeu Crowell, com um arreganho de sorriso. "Todos aqueles faxes. Prazer em conhecê-lo, Moto. Estou achando que este negócio vai ser muito bom."

Moto sorriu e colocou o cartão de Crowell na mesa de trabalho, à sua frente.

"A KKD orgulha-se de fazer negócios com a Allmack", disse Moto, lentamente. Orgulhoso de seu bom inglês. Não apenas fora um dos alunos com as melhores notas em inglês durante o segundo grau e na universidade, como também estudara inglês em uma *juku* (escola particular) durante cinco anos. Além disso, logo que designado para essa missão, fizera um curso intensivo de seis semanas comandado pela Sra. Black, uma americana, que também o instruiu intensivamente sobre História e costumes dos americanos.

Crowell parecia impaciente. Moto tentou lembrar das lições de etiqueta da Sra. Black enquanto continuou falando sobre a história da KKD e da Allmack. "Somos os melhores no nosso setor", Crowell interrompeu-o. "Pode perguntar a quem quiser. Nós é que construímos os maiores e melhores *shoppings* neste país."

Moto hesitou. Ele sabia dos feitos da Allmacks — era por isso que estava ali naquela sala. Crowell não podia deixar de saber disso. A caixa das bonecas *kokeshi* a essa altura pressionava os seus joelhos. Talvez fosse o momento de entregar o presente. Melhor pensando, ainda não, Crowell não parava de falar das realizações da Allmack. Em seguida mudou de assunto, para falar dos seus próprios feitos. Moto não sabia mais o que fazer.

"Você bem que poderia dar uma chegada na minha casa", continuou o anfitrião. "É uma casa fantástica. Foi um arquiteto da Califórnia que a construiu. Ele constrói para astros e estrelas de Hollywood, e para mim também." Crowell deu uma risadinha. "Construiu para a minha esposa. Ela é a melhor esposa, a melhor das melhores. Eu a chamo de Doçura. Dei a casa de presente de aniversário. Levei-a até a porta da entrada e a carreguei para dentro."

Moto não sabia mais o que fazer. Se ficasse quieto, Crowell poderia talvez mudar de assunto. E os dois poderiam fingir que aquela conversa jamais acontecera. "Moto-san, afinal, qual é o seu primeiro nome? Aqui a gente gosta de se tratar pelo primeiro nome."

"Michio", Moto conseguiu murmurar.

"Michio-san, você não vai encontrar preço melhor que o meu. Você pode até ir ali na Zimmer, ou na Casey, na outra quadra, mas negócio como o meu, só aqui mesmo."

"Trouxe um presente para o senhor", disse Moto, estendendo a caixa com as bonecas *kokeshi*.

"Obrigado", disse Crowell. Parecia realmente satisfeito ao rasgar o papel do presente. Moto olhou para o outro lado quando Crowell pegou uma boneca em cada mão. "Parece até aquelas bonecas russas. Puxa, muito obrigado mesmo, minha filha vai adorar."

Moto fingiu não ter ouvido. Profundamente envergonhado, ele só conseguia pensar em que seria para o benefício geral ele fingir que não tinha ouvido aquilo.

Crowell botou as bonecas *kokeshi* de lado e apertou uma campainha. "Mande o George aqui", disse. A porta então se abriu e entrou na sala um homem alto, musculoso, cabelo à escovinha.

"George Kubushevsky, este é Moto-san, Michio..."

"Como vai o senhor?" O aperto de mão de Kubushevsky era firme.

Moto pegou mais um cartão de visitas.

"Obrigado", disse Kubushevsky. "Nunca tive um desses." Riu e enfiou os polegares no cinto. Moto fez um aceno com a cabeça. Ficou curioso. Kubushevsky devia ser um nome judeu — ou seria polonês, quem sabe até mesmo alemão? No Japão, ele havia lido vários livros sobre esses três grupos. Examinou a estrutura óssea de Kubushevsky. Era impossível saber por ali. O homem tinha muita gordura.

"George, providencie para que Michio veja tudo. Queremos que ele vá a todos os fornecedores, conheça as pessoas certas, entende?"

"Certo", resmungou George, antes de sair da sala.

Moto então voltou-se para Crowell. "Ele é americano de verdade?, perguntou.

"Americano de verdade? E que diabo é isto?"

Moto enrubesceu. "É americano de primeira geração?", foi o que conseguiu dizer. Lembrava de ter lido que judeus, libaneses e armênios eram freqüentemente de primeira geração.

"E como é que eu vou saber? Tudo que sei é que é Kubushevsky."

Nas semanas seguintes, Moto esteve com Kubushevsky durante quase todo o tempo. Todas as manhãs, ele o buscava às nove horas, levando-o para visitar uma série de fornecedores. Kubushevsky sempre fazia um breve histórico de cada um deles antes das apresentações. Ele era amistoso e cortês, mas nunca permitia intimidades. A reação de Moto era igualmente a polidez. Certa vez, ele sugeriu que fossem beber alguma coisa depois do trabalho, mas Kubushevsky recusou prontamente, dizendo que precisava mesmo era trabalhar na manhã seguinte. Moto suspirou, lembrando por um momento de seu bar favorito e sua recepcionista preferida em Tóquio. Yuko-san devia estar perto dos cinqüenta anos, pensou com afeição. E como ela conseguia fazê-lo rir. O que gostaria realmente de estar fazendo naquele momento era estar em um bar com os colegas do seu grupo *ringi* na KKD. Moto lamentou não ter trazido mais algumas bonecas *kokeshi*, pois Kubushevsky não pareceu ter ficado muito entusiasmado com a caneta da KKD que ele lhe dera de presente.

Certa manhã, eles estavam a caminho de um fornecedor de cimento.

"George."

"Sim, Michio-san."

Moto parou. Ele ainda achava forçado chamar Kubushevsky pelo primeiro nome. "Será que você me conseguiria alguns documentos?"

"Que tipo de documentos?" A voz de Kubuschevsky era amistosa. Ao contrário de Crowell, ele mantinha um tom razoável. Moto apreciava muito esse fato.

"Preciso de documentos das vendas que aquela gente já fez."

"Nós somos os melhores nisso."

"Não, eu preciso dos arquivos dos últimos cinco anos daquela empresa que vamos visitar."

"Eu já lhe disse, Michio-san, eu o estou levando ao melhor! O que é mesmo que você está pretendendo?"

"Eu preciso de alguns arquivos."

"Confie em mim, eu sei o que estou fazendo."

Moto ficou quieto. Ele simplesmente não sabia mais o que dizer. O que é mesmo que a confiança tinha a ver com os detalhes dos negócios? O seu grupo *ringi* em Tóquio precisava mesmo era de documentação para poder discutir os detalhes e se sentir participante da decisão. Se a decisão de optar por um fornecedor, ou por outro, fosse a correta, isso deveria se refletir nos números.

"Preste atenção no que está acontecendo agora", disse-lhe George. "Registros dos últimos cinco anos, isso é coisa para historiador."

Moto ficou em silêncio. George apertou mais o acelerador do carro. Ultrapassou um caminhão, depois outro. Moto olhava nervoso para o ponteiro que marcava o aumento da velocidade. De repente, Kubushevsky deu um assobio e aliviou um pouco o pé. "Tudo bem, Mishio-san, vou conseguir esses malditos dados."

"Obrigado", disse Moto, bem baixinho, com o alívio estampado na voz.

"Depois de a gente conversar com o pessoal do cimento, vamos beber alguma coisa."

Moto estava com o olhar parado na luz vermelha que iluminava o bar. Dava uns goles na sua cerveja e comia alguns amendoins. Kubushevsky estava de olhos parados em uma loira alta no outro extremo do bar. Ela também parecia estar olhando para ele. Os dedos dela acariciavam a haste do cálice que segurava.

"George", disse Moto bem baixinho. "De onde mesmo você é?"

"Daqui e dali", foi a resposta preguiçosa de George, com os olhos ainda parados na loira.

Moto gostou da tirada. "Daqui e dali..."

Kubushevsky acenou. "Daqui e dali", repetiu.

"Vocês americanos...", disse Moto. "Mas você deve ter uma casa..."

"Casa nenhuma, Michio-san."

A loira arrastou o seu drinque pelo bar até perto deles e sentou-se ao lado de George. Kubushevsky voltou-se quase que inteiramente para ela.

Moto sentiu uma espécie de desespero. Na semana anterior, Crowell também tinha agido rudemente com ele. Quando Imai, vice-presidente da KKD, chegou do Japão para uma visita, Crowell simplesmente levou os dois a uma pista de golfe. Qual seria o objetivo daquilo?

Moto então esgotou sua cerveja. Imediatamente, o calor familiar do álcool fez com que se reanimasse um pouco. "George", disse ele, em um tom de amigo. "Você precisa de uma esposa. Você precisa de uma esposa como a de Crowell."

Kubushevsky, então, voltou-se lentamente em seu banco do bar. Olhou fixamente para Moto. "E você está precisando ser amordaçado", disse, lentamente.

"Mas, você precisa de uma esposa", Moto repetiu. Com isso conseguiu atrair toda a atenção de Kubushevsky. "Beba", ordenou.

Kubushevsky bebeu. Na verdade, os dois beberam. E de repente a voz de Kubushevsky mudou. Botou o braço nos ombros de Moto e falou bem no ouvido dele. "Me deixa contar um segredo a você,

Moto-san. A mulher do Crowell é uma cadela. Crowell é um cachorro. E eu vou me mandar da Allmack, logo que puder. Não quer ir comigo, não, Michio-san?"

Moto sentiu-se gelar por dentro. Abandonar Crowell. O que é mesmo que Kubushevsky estava querendo dizer? Ele mal estava começando a conhecê-lo. Eles formavam uma equipe. Todas aquelas horas juntos no carro, todas aquelas horas de olhos parados nos campos de trigo e no cimento da estrada. Do que é mesmo que Kubushevsky estava falando? Crowell sabia alguma coisa a respeito? O que será que Kubushevsky quis dizer quando perguntou se ele não gostaria de "se mandar" com ele? "Você está bêbado, George."

"E então eu não sei disso?"

"Bêbado demais."

"Eu sei."

Moto sorriu. A loira cansou de esperar e saiu do bar. Kubushevsky nem notou. Durante o resto da noitada, falou da sua primeira mulher e dos dois filhos do casal, que ele então raramente via. Falou do seu cargo na Allmack e das esperanças de conseguir um emprego melhor na Califórnia. Os dois foram do balcão para uma mesa do bar. Moto falou dos seus filhos e da esposa distantes. Sentiu-se bem por estar falando deles. Era quase como contar com Yuko, a recepcionista no seu bar, perto dele.

Quando saíram do bar, Kubushevsky estava se apoiando pesadamente no japonês. Os dois urinaram em um muro antes de embarcarem no carro. Durante todo o caminho de volta, Kubushevsky cantou uma canção sobre um herói do folclore chamado Davy Crockett, que "matou seu primeiro urso quando tinha apenas três anos de idade". Moto cantou uma canção de Niigata, sobre a beleza da neve nos telhados no inverno. Kubushevsky tentou acompanhá-lo.

Nos quatro meses que se seguiram, eles trabalharam realmente em equipe. Kubushevsky conseguiu literalmente toda a documentação, por mais detalhada que fosse, solicitada por Moto. Saíram muitas vezes para beber. Em algumas ocasiões, sentiam-se um tanto deprimidos, em outras, contentes, mas durante quase o tempo todo Moto sentiu-se inteiramente à vontade. Kubushevsky apresentou-o a muitas pessoas, dos mais variados tipos: Porter, um grandalhão do ramo da siderúrgica que gostava de caçar e cozinhar pratos finos; Andrews, um baixinho que dançava polca como se fosse valsa, e por aí.

Pouco antes do fechamento do negócio, Kubushevsky levou Moto a um bar para contar de uma proposta de emprego na Califórnia, recém concretizada. Moto ficou com lágrimas nos olhos e se despediu do amigo com um abraço. A essa altura, ele já se conformara com o fato de que a qualquer momento seu companheiro de missão iria trocar de emprego.

Duas semanas depois disso, Moto estava na sala de conferências da Allmack. Ishii, o presidente da KKD, e Imai haviam chegado de Tóquio para a assinatura do contrato da construção do *shopping mall*, o que representava a culminância de três anos de pesquisas e meses de negociações. John Crowell estava ao lado de sua advogada, Sue Smith. Ela estivera conferindo os últimos detalhes do contrato nas cinco horas anteriores. Mike Apple, o advogado de Moto, bateu com o punho na mesa e apontou para eles, em tom de interrogação. Os advogados discutiam um detalhe de prazo que, na lembrança de Moto, fora acertado várias semanas antes. Moto relanceou os olhos, nervoso, para Ishii e Imai. O primeiro estava de olhos fechados. Imai, por sua vez, olhava para a mesa, fixamente.

Moto agitava-se em sua cadeira. Sue parecia bem mais perspicaz que Mike, pensou. Isso só mostrava que ter uma advogada mulher talvez não fosse a pior coisa do mundo. No Japão, não era assim tão incomum encontrar mulheres fazendo carreira profissional, mas, afinal de contas, aqui se estava nos Estados Unidos. Tóquio poderia não ter entendido isso direito. Afinal de contas, Moto repetia com seus botões, aqui se estava nos Estados Unidos. A internacionalização exigia sem dúvida um bocado de adaptação. Um ano atrás, ele teria se sentido totalmente perdido em meio a esta sessão final e ainda cheia de dúvidas de assinatura de um contrato. Naquele dia, tanto fazia. Ele ainda não havia conseguido explicar à sede, em Tóquio, tudo o que havia aprendido nesse intervalo, todos os amigos que havia conquistado. Sempre que tentava se comunicar com a sede a respeito do andamento dos negócios nos EUA, a sede lhe mandava simplesmente notas curtas e secas via fax.

Agora, finalmente, os advogados se deram por satisfeitos. O presidente Ishii abriu seus olhos. Crowell apresentou uma caneta a Ishii, e os dois assinaram o documento. Os advogados sorriram, finalmente. Sue Smith parecia satisfeita. Ela deveria mesmo se sentir recompensada, pensou Moto. Toda a preparação demonstrada por ela ao longo do caso fez com que Moto se desse conta mais uma vez do quanto o estereótipo japonês sobre o americano "preguiçoso" era infundado. A advogada conhecia o caso inteiro nos mínimos detalhes. Ele bem que poderia recorrer a ela em uma próxima oportunidade, pensou Moto. Afinal de contas, ela era a mais adequada. Realmente, pensou ainda, o seu amigo Kusbushevsky conseguira ensinar-lhe muitas coisas. De repente, sentindo como que a presença de Kubushevsky na sala, Moto inclinou a cabeça, em sinal de agradecimento e reverência.

PERGUNTAS DO CASO

1. Quais eram o objetivo e a agenda de Moto em sua primeira reunião com Crowell? De que forma ele tenta implementar essa agenda?
2. O que ocorreu para introduzir "ruído" na comunicação de Moto para com Crowell e, então, de Crowell para com Moto?
3. Qual era o significado da boneca? O que deu errado?
4. Por que as observações de Crowell sobre a Allmack representavam, na visão de Moto, uma vergonha?
5. Como Moto, se sentiu no início, em relação ao comportamento de Kubushevsky? Como esse relacionamento mudou?

ESTUDOS DE CASO — Parte 3

Caso 4

Reorganização na AB Telecom (1998)[1]

No começo de 1998, imperava na hierarquia superior da AB Telecom um acalorado debate sobre os meios e métodos de reformar essa organização internacional. A AB Telecom é uma empresa canadense de *hardware* de telecomunicações que fabrica sistemas fixos de transmissão sem fio. Essa empresa de US$ 200 milhões tinha, então, mais de 95% de sua renda no exterior do Canadá, sendo que, em 1997, 40% haviam procedido da Ásia. Em 1998, a AB Telecom tinha toda a sua produção e P&D em território canadense; grande parte de seu desenvolvimento de mercados e engenharia de projetos é feita na sede no Canadá.

A AB Telecom foi fundada em 1981 e tem suas ações vendidas ao público em várias bolsas canadenses. Havia sido lucrativa desde 1980, com uma média de 7% de lucratividade líquida entre 1990 e 1997. Dada a sua forte atuação fora do Canadá, a ABT já havia sido premiada várias vezes, pelo governo canadense, com o Canadian Export Award.

O cliente tradicional da AB Telecom é uma companhia telefônica nacional que pretende aperfeiçoar as telecomunicações com a comunidade rural. Das vendas da ABT em 1997, 60% estiveram concentrados em projetos instalados para companhias telefônicas nacionais. Sua estruturação obedecia a uma formatação de vendas regionais e setor de *marketing* com três regiões: Ásia/Pacífico, América Latina e Europa/Oriente Médio. Cada região tinha uma sede e diversas subsidiárias de vendas em diferentes países. Esses escritórios regionais gozavam de autonomia para acertar transações de pequeno porte, mas as sedes intervinham em negócios a partir de US$ 2 milhões. Os escritórios regionais são igualmente dependentes de alguns projetos de suporte de engenharia fornecido pelas sedes.

Várias mudanças significativas haviam convencido a direção superior da necessidade de revisar sua atual estrutura:

- Indicativos preliminares de dificuldades econômicas na Malásia e outros países do sudeste da Ásia apresentavam potencial para protelar ou até mesmo romper acordos já estabelecidos nessa região.
- Crescimento das oportunidades para a utilização dos sistemas existentes de telefonia fixa para aplicativos industriais.
- A Europa, o Oriente Médio e a África apresentavam novas e grandes oportunidades de vendas a empresas telefônicas nacionais tradicionais no campo da telefonia rural.

Fonte: Caso elaborado pela professora Anne Smith, da University of New Mexico, com base na sua pesquisa sobre a empresa aqui debatida. © 1998 pela professora Anne Smith. Usado com permissão da autora.

- Potencial ainda desconhecido do novo produto de telefonia sem fio para a transmissão de dados urbanos a companhias telefônicas e novos concorrentes.

Em março de 1998, o CEO, sua equipe de diretores principais e alguns integrantes da diretoria executiva reuniram-se para debater a melhor maneira de reestruturar a companhia.

UTILIZAÇÕES DO PRODUTO

Telefonia rural. A AB Telecom pesquisa, projeta e fabrica sistemas de telefonia fixa sem fio principalmente para instalação em áreas rurais e remotas, a fim de ajudar nas telecomunicações rurais. A ABT produz todos os componentes exigidos para a instalação rural. Ela terceiriza a instalação dos sistemas com empresas locais.

A principal utilidade do produto da AB Telecom é justamente a conexão de aldeias e cidades remotas com a grade do sistema telefônico nacional. A telefonia fixa sem fio é uma solução custo-eficiente para a maioria das empresas telefônicas nacionais no que se refere à conexão com localidades rurais; o custo da instalação de um sistema fixo sem fio é bem menor que o da instalação de quilômetros e quilômetros de cabos de fibra ou cobre até o mesmo local. Os clientes mais tradicionais da ABT são, por isso mesmo, empresas telefônicas nacionais.

Neste setor, a ABT considera a Alcatel, a NEC Japão e a Lucent seus concorrentes mais diretos, apesar de os sistemas fixos sem fio serem uma parte muito pequena das vendas dessas grandes empresas multinacionais, enquanto a ABT se especializa justamente em sistemas e tecnologia de telefonia fixa sem fio.

Utilizações na indústria. As novas aplicações e utilidades dos sistemas sem fio da ABT foram recentemente reconhecidas. Companhias atuantes em setores como os do petróleo, do gás e da geração de eletricidade necessitam fazer um sensoreamento de suas operações mais dispersas. No começo de 1998, esse tipo de operação havia aumentado a ponto de compreender 25% das receitas da ABT. Grande parte dessas transações foram desenvolvidas "por acaso", segundo a explicação de um executivo bem posicionado na hierarquia da companhia:

> Chegamos à conclusão de que a proporção de nossas vendas para as indústrias poderia ser bem mais significativa. O mercado industrial não estava sendo adequadamente tratado, nem tinha suas necessidades incluídas da melhor maneira em nossos programas de P&D. Foi quando conseguimos entender que se trataria de uma área com grande potencial de desenvolvimento se pudéssemos apresentar novos produtos necessários para os clientes, pois somos uma das maiores companhias que vendem para esse mercado diversificado e fragmentado.

Esse mesmo executivo continuou explicando a maneira como se desenvolveu o mercado para esse clientes industriais em um país da Ásia:

> Nossos clientes industriais surgiram meramente por acaso (nesse país). Atualmente, temos 100 clientes industriais. Não tínhamos a menor idéia de quais fossem as necessidades deles. Como as vendas à companhia telefônica nacional local eram demoradas e controladas pelo governo, deparamos por acaso com empresas de energia elétrica que tinham interesses ainda não atendidos. Tudo começou com o desvio da atenção de um encarregado de vendas que já estava trabalhando nesse mercado, mas se desenvolveu realmente mais por conversas pessoais (...) algo que vale muito (no país em questão). Conquistamos a reputação de fornecedores de confiança, apesar de que não fazia parte de nossos planos crescer nesse setor de negócios (...) tudo simplesmente foi ocorrendo sem premeditação.

As receitas potenciais estimadas desse mercado chegam a cerca de US$ 100 milhões anuais, mas elas já se espalharam por centenas de clientes industriais. Um executivo da ABT explicou: "São necessários imensos esforços de vendas e *marketing* para conseguir um contrato de US$ 5 milhões, porém, uma vez que o cliente tinha feito o pedido e se mostrado satisfeito com o seu atendimento, é bem provável que venha a repetir a compra. (...) Precisamos de maiores informações para bem desenvolver essa área do negócio. (...) É difícil descobrir onde se encontram os grandes usuários industriais no mundo inteiro. (...) Isso acontece principalmente por tentativa e erro", afirmou outro importante executivo da ABT.

Sem fio urbano. A ABT também desenvolveu e passou a testar sistemas fixos sem fio em cenários urbanos. Os clientes potenciais para esse produto eram principalmente as companhias telefônicas, tanto a responsável por um determinado setor quanto as que se lançavam ao negócio, especialmente na Europa. Uma companhia iniciante poderia oferecer serviços de dados em concorrência com a companhia telefônica original. O sistema da ABT seria utilizado para transmitir dados com segurança em meio a cenários urbanos sobrecarregados. Essa utilização exigiu algumas modificações das linhas de produtos originais da ABT. "Com aplicações no setor de dados, estamos realmente começando a partir do zero, mas certamente gostaríamos de ter a capacidade de crescer significativamente no futuro." Em 1998, esse sistema estava sendo testado na Grã-Bretanha. O programa envolvia apenas algumas pessoas dos setores técnicos e do *marketing*, e assim mesmo de maneira ocasional.

INVESTINDO NO LICENCIAMENTO RURAL

Em 1996, a ABT desviou-se da exclusividade em vendas e entrega de sistemas de operação para investir na infra-estrutura de telecomunicações de um país da América Latina. Esse investimento em infra-estrutura rural latino-americana representou uma grande mudança da ABT em relação às suas operações de projetos instalados, orientados a projetos, de curto prazo. Ao longo de vários anos, os principais executivos vinham discutindo a possibilidade de prospectar negócios como investimentos, e não apenas operações de vendas. Esse investimento era lançado, administrado e controlado por executivos em Montreal, no Canadá, sendo porém contratados executivos locais para auxiliar decisivamente na instalação e nas operações desse investimento.

Os executivos envolvidos nessa nova orientação tinham várias razões a alinhar como base para que a ABT buscasse investir nas operações de telecomunicações rurais. Segundo um deles, "muita gente confunde campo com pobreza, mas ao fazer isso está, às vezes, perdendo um investimento muito bom e uma imensa demanda contida". A maioria dos fabricantes de equipamento pesado de *hardware* passou da prioridade em venda de equipamentos e serviços para o investimento e aquisição de licenças de operação em mercados internacionais. Como disse um importante executivo, "foi uma decisão que se tomou arduamente a de investir na telecomunicação rural, mas a nossa junta de diretores estava realmente convencida de que se tratava de uma boa idéia (...) chegamos à conclusão de que seria possível fornecer nossos equipamentos sem aumento de preço e, então, vender uma participação de 51% no nosso investimento, quem sabe usando isto para financiar futuros investimentos nas telecomunicações rurais".

Quanto aos desafios inerentes ao lançamento deste novo caminho, um executivo explicou: "Não somos especialistas em administração de companhia telefônica; não sabemos cobrar nem fazer manutenção." Em 1998, a ABT contratou um executivo local que havia trabalhado na companhia telefônica nacional para administrar a empresa. Consultores com experiência na Bell Canada também estavam participando do lançamento do empreendimento. Em 1998, a ABT instalara 1.000 linhas telefônicas e tinha 100 funcionários; o objetivo era a instalação de telefones pagos, uma exigência do licenciamento. Executivos da ABT estimaram que seriam necessárias de 8.000 a 10.000 linhas instaladas para equilibrar a receita e a despesa, o que aconteceria provavelmente em 1999. Uma vez consolidado esse investimento rural, a ABT pretendia vender participação a um sócio local. Se o empreendimento fosse bem-sucedido, o alto escalão da empresa certamente aprovaria novos investimentos em telecomunicação rural. Um executivo chegou a dizer: "Já estamos sendo consultados e sondados em mercados do mundo inteiro com relação à possibilidade de novos investimentos."

VENDAS REGIONAIS E ESTRUTURA DE *MARKETING* ATUAIS

Entre 1981 e 1988, a sede canadense da ABT controlava todos os detalhes dos negócios da companhia. A partir de então, como explicou um executivo, "sentimos a necessidade de uma maior aproximação em relação ao cliente e nos lançamos a isso na Ásia, por ser a área de melhores perspectivas de negócios". Assim, no final da década de 1980, a ABT lançou a campo seu pessoal de vendas em três regiões principais: Ásia/Pacífico, América Latina e Europa/África/Oriente Médio. Em 1997, os mercados da Ásia/Pacífico representaram 50% de todas as receitas, a América Latina entrou com 36% e Europa/África/Oriente, com 19% das vendas. Os Estados Unidos não eram mercado para os equipamentos da ABT em virtude de já ter uma infra-estrutura rural significativa.

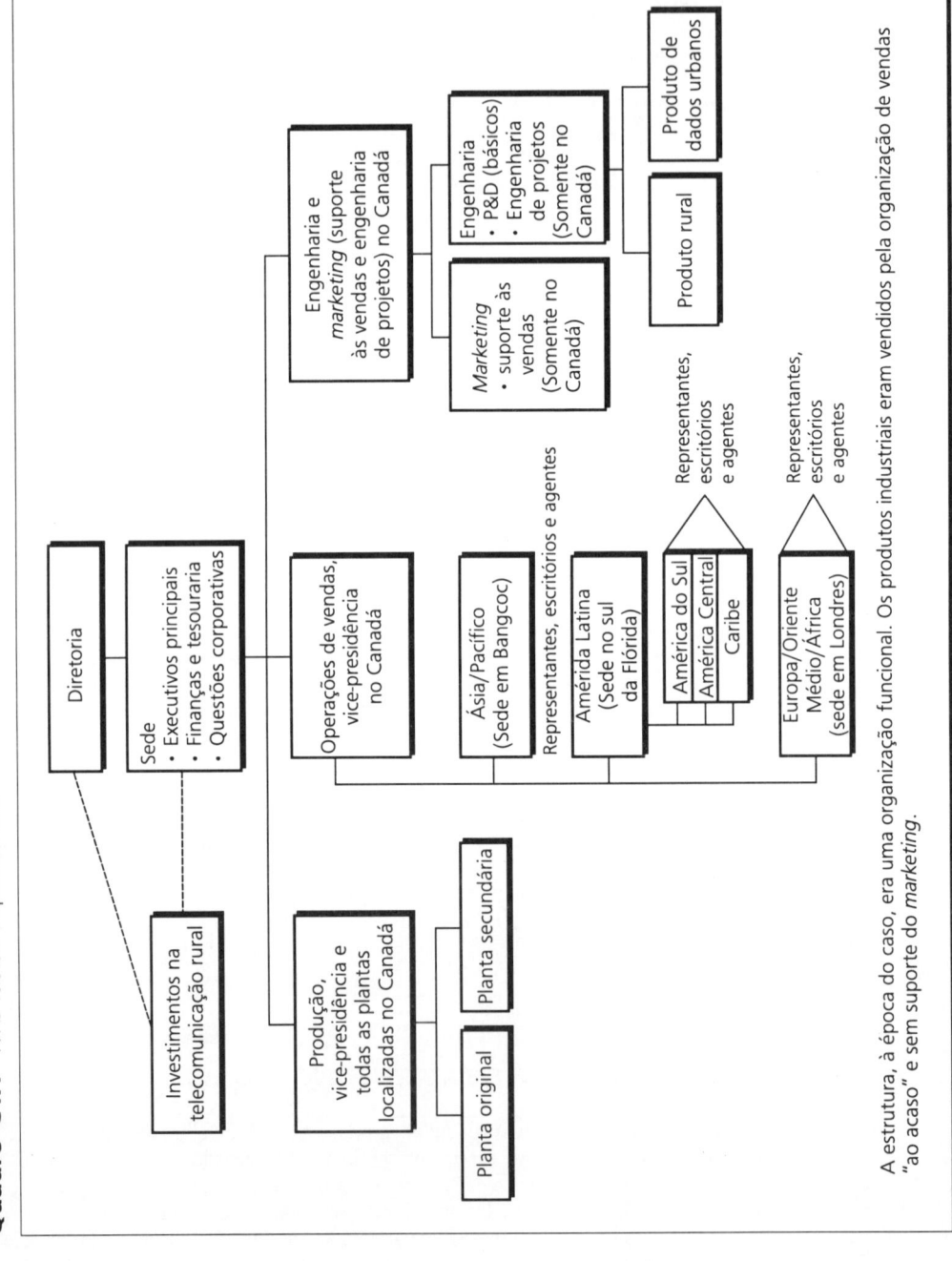

Quadro C4.1 A AB Telecom à época do caso

- Diretoria
  - Sede
    - Executivos principais
    - Finanças e tesouraria
    - Questões corporativas
  - Investimentos na telecomunicação rural

- Produção, vice-presidência e todas as plantas localizadas no Canadá
  - Planta original
  - Planta secundária

- Operações de vendas, vice-presidência no Canadá
  - Ásia/Pacífico (Sede em Bangcoc) — Representantes, escritórios e agentes
  - América Latina (Sede no sul da Flórida) — Representantes, escritórios e agentes
    - América do Sul
    - América Central
    - Caribe
    - Representantes, escritórios e agentes
  - Europa/Oriente Médio/África (sede em Londres)
    - Representantes, escritórios e agentes

- Engenharia e *marketing* (suporte às vendas e engenharia de projetos) no Canadá
  - *Marketing*
    - suporte às vendas (Somente no Canadá)
  - Engenharia
    - P&D (básicos)
    - Engenharia de projetos (Somente no Canadá)
    - Produto rural
    - Produto de dados urbanos

A estrutura, à época do caso, era uma organização funcional. Os produtos industriais eram vendidos pela organização de vendas "ao acaso" e sem suporte do *marketing*.

Ásia/Pacífico. A primeira subsidiária surgiu em Hong Kong, como "o melhor caminho para entrar na China", na definição de um diretor da ABT. Não havia clientes, e era muito cara a manutenção de um escritório lá. "Como não estávamos conseguindo pagar nem mesmo as contas da luz, decidimos transferir a sede da Ásia/Pacífico para Manila, nas Filipinas, a fim de economizar em matéria de impostos e taxas e também de contarmos com acesso a uma força de trabalho capacitada". Pouco depois dessa mudança, foi estabelecida uma subsidiária de vendas na China, seguida por outro escritório em Bangcog, Tailândia, em conseqüência de um grande projeto lá acertado.

No começo da década de 1990, a ABT tinha mais de 60 pessoas em campo nessas três operações. Os escritórios contavam com técnicos em vendas dotados de experiência em engenharia. Eles recebiam de acordo com o preenchimento de uma determinada quota de vendas e trabalhavam com uma relativa autonomia da sede. Seus esforços de vendas concentravam-se em vender equipamentos e soluções da ABT para as companhias telefônicas nacionais. Esses técnicos em vendas acertavam os pedidos com a sede e depois forneciam serviços à empresa compradora uma vez que o sistema estivesse instalado e em funcionamento. Muitas vezes, recorriam à engenharia de projetos por motivo de detalhes técnicos relacionados a uma concorrência ou a uma proposta final do cliente.

Também no começo da década de 1990, a sede na Ásia foi transferida outra vez, para Bangcoc. Como disse um executivo, com esses escritórios regionais, nós cultivamos bons relacionamentos". Se um projeto ou concorrência estivessem em torno de US$ 1 milhão, a sede mundial dificilmente teria alguma participação. Tratando-se de um pedido mais estratégico (algo em torno de US$ 5 milhões até US$ 10 milhões), a sede interagiria em forte contato com o setor de vendas, trabalhando para a determinação de questões de preço, entrega e especificações técnicas.

América Latina. O escritório regional para a América Latina estava instalado no sul do estado norte-americano da Flórida. No início, a região era atendida por especialistas em vendas. Depois, executivos de diferentes áreas no âmbito da América Latina foram a eles acrescentados a fim de fortalecer as possibilidades de vendas da região. Em 1998, havia três executivos de área, sendo um para a América do Sul (incluindo Brasil, Argentina, Colômbia e Peru), o Caribe americano e a América Central. O número total de especialistas em vendas e de executivos chegou a 12 em 1998. Havia também, na sede em Montreal, especialistas em suporte de vendas e projetos para suprir as necessidades de assistência técnica, ou operações, em projetos de concorrências na América Latina. Grande parte das atividades nessa área se destinava a manter os clientes, as companhias telefônicas nacionais. Essa área de vendas e *marketing* latino-americana nada teve a ver com o investimento iniciado em 1997 pela ABT nas telecomunicações rurais. Na verdade, poucos executivos sabiam algo a respeito dessa transição para os investimentos.

Com a privatização de muitas companhias telefônicas latino-americanas, os executivos do escritório latino-americano da ABT desenvolveram uma forte relação de trabalho com a Telefonica (a companhia telefônica nacional da Espanha) e a STET (a companhia telefônica nacional da Itália), pois essas duas empresas haviam adquirido fatias acionárias significativas de diversas companhias telefônicas nacionais na América Latina. Essa área havia estado em consistente crescimento para a AB Telecom na década de 1990.

É de um executivo a seguinte explicação para a maneira como se desenvolviam negócios nessa região: "Acompanhamos de perto as mudanças em andamento nas regulamentações existentes nos países que abraçam a privatização. Sabemos que uma parte disso será rural, e que haverá dinheiro disponível para o setor rural de acordo com as proporções da privatização. Nosso representante local nos mantém sempre a par da situação." Outro executivo explicou: "Não chegamos a investir pesado nos negócios industriais na América Latina, com exceção de um excelente cliente industrial — uma companhia de petróleo na Venezuela —, e essa relação foi conquistada por um representante técnico que trabalhava junto à empresa de petróleo". Quanto ao modo como se dá a interação com a P&D no Canadá, um diretor afirmou: "Não nos preocupamos com tecnologia (...) nossa preocupação é satisfazer a uma necessidade (...) sabemos que temos o melhor produto tecnicamente, o que se reflete na nossa alta qualidade e em nosso preço (...) isso, aliado ao envolvimento com o cliente, nos consegue bons negócios (...) muitos de nossos empreendimentos na América Latina são renovações."

Um diretor de área na divisão da América Latina afirmou: "O maior impedimento ao nosso crescimento internacional está nos recursos — recursos humanos. Procuramos sempre pessoas com capacitação em língua, especialidade técnica, capacidade de projetar e se relacionar bem com as pessoas certas."

Europa/Oriente Médio/África. Em 1998, de acordo com inúmeros executivos, a área Europa/Oriente Médio/África era a que maiores dificuldades representava. Isso se devia ao excesso de regulamentos e freqüências elétricas diferenciadas nessa região. Criaram-se subsidiárias de vendas em locais onde fora possível desenvolver um forte relacionamento com as companhias telefônicas nacionais. Por exemplo, em Nairóbi (Quênia), na Arábia Saudita, na África do Sul, na Suécia e no Reino Unido. Um dos primeiros diretores dessa estrutura regional ficou pouco tempo no cargo, ao qual renunciou.

DILEMA

Ao revisar a evolução de sua estrutura, diretores importantes reconheceram que haviam saído de uma estrutura funcional doméstica para uma estrutura geográfica de vendas e *marketing* regionais. Reconheceram que cada subsidiária de vendas era organizada de maneira a desenvolver e manter um forte relacionamento com a companhia telefônica nacional de países de sua região, relacionamento esse voltado especialmente para as necessidades da telefonia rural.

O pessoal de vendas não tinha incentivos para o desenvolvimento de novos mercados (fosse no mercado industrial, fosse na área de transmissão urbana de dados), pois seu pagamento era feito com base no cumprimento de quotas trimestrais de vendas. Segundo um executivo, "eles não conseguiam focar um mercado tão diversificado quanto o industrial pelo fato de saberem que seria necessário trabalhar com um cliente industrial ou um novo concorrente na área telefônica durante dois ou três anos até fechar um negócio, algo que não se enquadra no nosso sistema de recompensas para o pessoal de vendas".

Em 1998, mercados tradicionais e companhias telefônicas começavam a padecer os efeitos da crise asiática, e havia diretores conscientes de que as receitas procedentes desses mercados iriam diminuir, ou até mesmo desabar, até o fim do ano. Ainda havia, a essa altura, oportunidades para expandir sua presença em mercados não-asiáticos com clientes tradicionais ou para pressionar pelo ingresso em outras áreas, como a da transmissão de dados urbanos ou industriais.

Assim, os diretores estavam concentrados em desenvolver uma estrutura capaz de superar a tensão entre sua divisão de tecnologia sem fio (tradicionalmente abrigada na área de P&D no Canadá), sua estrutura regional existente (capaz de responder às necessidades dos clientes e a diferenças culturais, principalmente nas atuais utilizações rurais) e em grupos de novos clientes emergentes (como os dos produtos de transmissão sem fio de dados urbanos e industriais).

PERGUNTA DO CASO

Como a alta administração da ABT deveria conduzir a reorganização, de maneira a resolver as tensões entre a organização regional voltada para as vendas a clientes de companhias telefônicas nacionais, as novas utilizações para dados industriais e urbanos e os investimentos em telefonia rural?

Caso 5

Softbank Corp.

Aquisições de empresas relacionadas à Internet e Web, expansão de mercados e estratégias globais em 2001/02

Syed Tariq Anwar

INTRODUÇÃO

Softbank Corp. é um conglomerado japonês que controla mais de 600 empresas de Internet ou ligadas à tecnologia e outros empreendimentos mundiais (ver os Quadros C5.1 e C5.4). A corporação, iniciada por Masayoshi Son em 1981, tem sede em Tóquio. Mesmo depois da recessão de 1999/2000 no reino das empresas ponto.com, a companhia figura como um dos maiores distribuidores mundiais de *software* e produtos relacionados à tecnologia e também como provedor de informação gerada pela Internet. Em 2001, o Softbank Group estava dividido nos seguintes segmentos: distribuição e *e-commerce* de itens relacionados à tecnologia da informação, serviços financeiros, publicação e *marketing*, infra-estrutura de Internet, serviços de tecnologia e transmissão de mídia (ver o Quadro C4.4). Devido às aquisições maciças efetuadas, o Softbank é às vezes chamado de *Keiretsu da Internet* (Linskey e Yonekura, 2001; Webber 1992). A companhia é a maior investidora na Internet, no *e-commerce* e em áreas relacionadas à tecnologia no mundo. Desde 1992, o Softbank tornou-se um dos mais influentes e dinâmicos participantes da indústria da Internet e do *e-commerce*. Devido ao seu estilo empreendedor incomum e à sua personalidade extravagante, Son ganhou da imprensa ocidental vários "codinomes", entre os quais "Bill Gates do Japão", "Cibermagnata", "Senhor da Internet", "Mr. Internet do Japão" etc. O estilo empreendedor de Son, codinomes à parte, tornou-se uma potência no mundo da Internet. Son começou o Softbank logo depois de receber seu diploma em Economia na Universidade da Califórnia/Berkeley, em 1980. Desde 1994, as ações do Softbank são negociadas no mercado paralelo de Tóquio. Em 1998, as vendas totais do grupo chegaram a US$ 4,38 bilhões, com lucro bruto de US$ 339 milhões. Em 1999, o preço de mercado do Softbank ultrapassou US$ 11,5 bilhões, e a companhia tinha sete mil funcionários espalhados pelo mundo (conferir no Quadro C5.1; *Business Week*, 1999a&b; *Financial Times*, 1997 a-c; *The Wall Street Journal*, 1996, 1999 a-c).

Quadro C5.1 Softbank Corp.: dados financeiros e corporativos selecionados (comparativo entre 1999 e 2001)

A: Dados financeiros	1999	2001
Receita consolidada	US$ 4,3 bilhões	US$ 4,6 bilhões
Lucro bruto	US$ 339 milhões	US$ 286 milhões
Lucro líquido	US$ 311 milhões	US$ 75 milhões
Preço de mercado	US$ 11,3 bilhões	US$ 12,81 bilhões
Classificação no *ranking* mundial	–	447

B: Dados corporativos		
Sede mundial:	24–1, Nihonbashi-Hakozakicho, Chuco-ku, Tóquio, Japão	
Funcionários em todo o mundo (2001):	7.000	7.219
Inaugurada em:	8 de setembro de 1981	
Informações sobre ações:	Ações negociadas na *Bolsa de Valores de Tóquio* (primeira seção) Símbolo: *9984*	

Estrutura da companhia:
  Softbank Corp.
  Softbank Global Ventures
  Softbank International Ventures
  Softbank Venture Capital
  Softbank Capital Partners
  Softbank Europe Ventures
  Softbank Latin American Ventures
  Sofbank China Ventures Capital
  Softbank Ventures Korea

Diretoria (em 21 de junho de 2001)
  Presidente e CEO: Masayoshi Son
  Diretores: Yoshitara Kitao, Ken Miyauchi, Kazuhiko Kasai, Masahiro Inoue, Ronald Fisher, Jun Murai, Toshifumi Suzuki, Tadashi Yanai, Mark Schwartz

Fonte: (1). Softbank Corp., Tóquio, Japão: setembro de 1999, www.softbank.com/corporate_data.htm; *Forbes*. "Master of the Internet", 5 de julho de 1999, pp. 146/151; *Financial Times*, 11 de maio de 2001, pp. 1/55.

Nos últimos dez anos, a Softbank empreendeu uma diversificação global agressiva, adquirindo companhias de destaque na Internet e investindo milhões de dólares em tecnologias Internet de longo prazo. Em setembro de 1999, as aquisições mais importantes e participações acionárias majoritárias do Softbank incluíam: Yahoo, Yahoo Japan, E-Trade-Japan, E-Trade Group, Buy.com, Concentric, E-Loan, USWeb, ZDNet, Ziff Davis, ZD Comdex, Kingston Technology, SB Networks e Japan Digital Broadcasting Services (ver Quadro C5.5). A subsidiária de capital de risco do Softbank (Softbank Technology Ventures) tem se dedicado a investir e adquirir companhias das áreas de tecnologia da informação digital, comunicações na Internet, serviços de rede e *e-commerce*.

A guinada do Softbank em matéria de concentração principal e estratégias de longo prazo é o resultado de um crescimento maciço nos mercados de Internet e tecnologia a ela ligados nos Estados Unidos, no Japão e na Europa Ocidental. Conforme analistas desse setor, o Softbank pretende se tornar um dos maiores grupos mundiais em matéria de Internet e tecnologia de comunicação. O Softbank tem sido realmente uma companhia pioneira nos mercados de seus produtos. Os analistas acreditam que, nos próximos anos o grupo se transformará em uma das maiores potências da Internet e nas áreas de distribuição de tecnologia e *software* devido à crescente demanda e importância desses setores. Por outro lado, o Softbank será também um dos alvos principais de todos os empreendimentos novos no setor. O caso do grupo pretende fazer com que os estudantes vejam o futuro crescimento de mercado do Softbank e suas estratégias globais no âmbito do conceito da internacionalização e das questões da vantagem competitiva.

Quadro C5.2 Softbank Corp.: principais componentes e linhas de produtos (1999)

A: **Mídia & Marketing**
Ziff-Davis, Inc. (na NYSE: **ZD**):
– Companhia de mídias integradas & *marketing*
– PC Magazine
– PC Week
– Computer Shopper
– 50 publicações licenciadas (circulação conjunta: 8 milhões de leitores)
– COMDEX (a maior feira de informática dos EUA)
ZDNet (na NYSE: **ZDZ**)
– Site na Internet (notícias, informações, lazer)
ZDTV
– Canal de TV a cabo – Matérias sobre Informação Digital
Ziff-Davis – Divisão de Pesquisa de Mercado
– Unidade de Inteligência informatizada; empresa de pesquisa de mercado

B: **Companhias de Internet e tecnologias compatíveis**
– *Softbank Technology Ventures*
– *Asymetrix Learning Systems* (na NASDAQ: **ASYM**): Programas de negócios *on-line*
– *BackWeb:* Vende *softwares*; fornece informações personalizadas
– *Buy.com:* Opera com *sites* de varejo
– *Concentric* (na NASDAQ: **CNCX**): Provedora de redes e extranets privadas; opera a *Quicken Financial Network* para a Intuit
– *E-Loan:* Empréstimos *on-line*
– *E*Trade* (na NASDAQ: **EGRP**): Corretora de investimentos e transações acionárias *on-line*
– *InterTrust:* Desenvolve e vende sistemas de *software* nas áreas de arquivos médicos, filmes, áudio, transações em bolsas etc.
– *MessageMedia* (na NASDAQ: **MESG**): Desenvolve, comercializa e instala sistemas de mensagens via Internet; comunicações em duas vias.
– *Reciprocal:* Provedora de serviços nas áreas de venda de *software*, música, revistas e outros tipos de propriedade digital
– *USWeb/CKS* (na NASDAQ: **USWB**): Assessora em projetos de *sites* para as empresas da lista das mil maiores da revista Fortune; trabalha com consultoria estratégica.
– *Yahoo* (na NASDAQ: **YHOO**): Principal companhia global de mídia na Internet; a Softbank é a maior acionista da Yahoo, que recentemente adquiriu a *GeoCities*.

Fonte: *Softbank Corp.*, Tóquio, Japão, 09/99, www.softbank.com/corporate_data.htm

Quem é Masayoshi Son?

Son nasceu em 1957 na ilha de Kyushu e cresceu na cidadezinha de Tosu, na Prefeitura de Saga. Sua família era de origem coreana, e seus avós haviam imigrado da Coréia para o Japão. Em 1973, com 16 anos, Son fazia o segundo grau em uma escola da Califórnia, transferindo-se depois para o Holy Names College, em Oakland, igualmente nesse estado norte-americano. Em 1980, ele se diplomou em Economia na Universidade da Califórnia/Berkeley. Ainda nos tempos de universitário, Son inventou um tradutor de bolso multilíngüe e vendeu a patente para a Sharp Corp., ganhando com isso, mais tarde, US$ 1 milhão (Linskey e Yonekura, 2001). Son fundou também a Unison Computer Company, atualmente controlada pela Kyocera Corp. (Webber, 1992; wwwpp.softbank.com/bios.htm.

Em 1981, Son retornou ao Japão e logo fundou a Softbank Corp. A companhia começou a operar com dois funcionários de tempo parcial, crescendo para chegar, em 1991, a 570 funcionários. A Softbank fornecia *software* de computador, livros e revistas e outros produtos relacionados com essa tecnologia para 200 pontos de varejo. Em 1991, a companhia apresentou uma verdadeira explosão de crescimento e passou a fornecer para 15 mil pontos de venda, em decorrência da mudança nas condições do mercado e da forte demanda dos consumidores por *software* e produtos de informática.

Quadro C5.3   Softbank Corp.: Estrutura da companhia e empresas componentes do *portfólio* (dezembro de 2001)

A: **Estrutura da companhia**
- A Softbank no Japão
- Softbank Corp.
- Softbank e-Commerce Corp
- Softbank Finance Corp.
- Softbank Media & Marketing Corp.
- Softbank Technology Corp.
- Softbank Networks Inc.
- Softbank Broadmedia Corp.
- Softbank Venture Capital (Mountain View, Califórnia)
- Softbank Capital Partners
- Softbank Europe Ventures
- Softbank Latin America Ventures
- Softbank China Holdings
- Softbank Ventures Korea
- Softbank Emerging Markets

B: **Companhias no portfolio**
Estados Unidos:
- BUY.COM, Inc.
- CompuBank National Associates
- E*Trade
- E-LOAN, Inc.
- Key3media
- Kinesoft Development Corp.
- SayIt
- Sonnet Financial, Inc.
- UTStarcom
- Viacore, Inc.
- Yahoo! Inc.
- ZDNet

SOFTBANK Capital de Risco
Estados Unidos:
- Neomeo
- ProSavvy
- ADIR Technologies
- APPGenesys
- Aqueduct
- Art Technology Group, Inc.
- Asia Online
- Asymetrix
- Atreus Systems
- B2SB Technologies
- beMANY!
- Blue-Silicon
- BlueLight.com Corporation
- BlueTiger Networks
- Broad Daylight, Inc.
- BUY.COM, Inc.
- CBCA, Inc.
- ChannelWave Software, Inc.
- Comergent Technologies, Inc.
- Concentric Network Corporation
- Connected Corporation
- Critical Path, Inc.
- Cybercash
- Danger Research
- dbDoctor
- deuxo
- Differential, Inc.
- Digimarc Corporation
- E-Loan, Inc.
- Electron Economy
- etrieve, Inc.
- Evant
- Everest Broadband Networks, Inc.
- Exactis.com.
- EYT
- FastParts, Inc.
- FileFish
- Finali Corporation
- FinaPlex
- Game Change
- GenericMedia
- Gold Systems, Inc.
- Group Sense PDA Holdings Limited
- Guggenheim
- HeyAnita
- Hubstorm
- HVC Technologies
- iBoost Technology, Inc.
- iGeneration
- Ignition Corporation
- Intend Change Group, Inc.
- Interliant, Inc.
- InterTrust Technologies
- Corporation invesmart
- Invisible Worlds, Inc.s
- iPtrint.com

Quadro C5.3 Continuação

- Kefta
- Latis
- Law.com
- Legal Knowledge Company
- LIMITrader.com
- Maaya
- MessageMedia, Inc.
- Mondo Media
- Net2Phone, Inc.
- Netgov.com
- NETSEC
- New Moon
- Novare
- Oediv
- PayTrust.com
- PeoplePc, Inc.
- Perfect Commerce
- Photopoint
- PocketThis
- Peview Systems, Inc.
- Proxinet, Inc.
- Pulse Entertainment
- Purple Yogi, Inc.
- Quova
- Raindance Communications
- ReachCast Corporation
- REBAR
- Reciprocal, Inc.

- Reelplay.com
- Rentals.com
- Rivio
- SecurityFocus
- ServiceMagic.com
- ServiceMagic.com
- ShareWave, Inc.
- SportBrain
- StartSampling
- Support.com
- TelEvoke, Inc.
- Terabeam Networks
- The Feld Group
- TheStreet.Com, Inc.
- Tonos
- Toysrus.com
- Transilica
- Trapezo
- United Devices, Inc.
- UTStarcom
- Veripost
- Verisign, Inc.
- Viathan
- Voice Works
- Vytek Wireless
- Wideforce Systems
- WiredCapital
- Xythos

SOFTBANK Sócios de capital
Estados Unidos
- 1-8000-FLOWERS.Com, Inc.
- AllAdvantage.com
- BlueLight.com Corporation
- BUY.COM, Inc.
- ClearCross
- DoveBid, Inc.
- Electron Economy
- Global Sports, Inc.
- Ignition Corporation
- Law.com
- Webhire

- Legal Research Network, Inc.
- Mysmart.com, Inc.
- Naviant, Inc.
- Odimo.com
- Optimark Technologies, Inc.
- PeoplePC, Inc.
- Rivals.com
- SmartAge.com Corp.
- Tosyrus.com
- Web MD

SOFTBANK Europa Capital de Risco
Finlândia:
- LPG Innovations
França:
- CONSUL
- Cril Telecom Software (CTS)
Israel:
- iSeg
Holanda:
- StiVentures
Suécia:
- Picofun
- Startupfactory

- Enition
- NeTarget

Quadro C5.3 Continuação

SOFTBANK Europa Capital de Risco *(continuação)*
Suíça:
– uB-mobile
Reino Unido:
– Picsel
– RIOT-E
– theworkx.net

– Venation
– Volantis

SOFTBANK América Latina Capital de Risco
Argentina:
– Dineronet
Brasil:
– ConnectMed.com
– Springwireless
Estados Unidos:
– BitTime
– From2.com (fusão com a Arzoon)

– LearningSoft Corporation
– Tiaxa

SOFTBANK Capital de Risco na China
China:
– 51Marry.Com
– Airoam Technology
– Alibaba
– Asiawise.com
– ChinaQuest
– eBao
– ExhibitionOne
– EZnova

– Good Doctor
– Goodbaby
– Guardian Auction
– Jia2000
– NewLido
– Precom
– Prosys
– Universiti

SOFTBANK Capital de Risco na Coréia
Coréia:
– Alibaba Korea
– Anysteel.com
– B2B Cons
– CrossCert
– Cyberdigm
– HeyAnita Korea
– I-Cube
– I-Textile Korea
– I-World

– JoyinBox
– MediOn (n-Health)
– MediService (n-Health)
– SecureSoft
– SOFTBANK Media
– SOFTBANK Web Institute
– SOFTBANKnPlatform
– Yahoo! Korea

Fonte: Softbank <www.softbank.com>

Em 1991, Son registrou US$ 350 milhões em vendas, e sua rede de varejistas expandiu-se para 25 mil pontos. Nesse período, a Softbank continuou distribuindo produtos de empresas como a Microsoft, Novell, Sun Microsystems e Oracle (Linskey e Yonekura, 2001). Depois de 1991, Son começou a expandir-se na área da Internet, fazendo inúmeras aquisições. Em 1994, as ações da Softbank começaram a ser negociadas no mercado paralelo em Tóquio. Quatro anos depois, passaram a figurar na Bolsa de Valores de Tóquio. Desde 1994, cada ação passou a valer quatro vezes mais. As recentes iniciativas, aquisições e grandes alianças de Son incluem a Nihon Cisco Systems, a feira comercial Ziff-Davis, Comdex, Windows World, Yahoo, Yahoo Japan e Softbank Technology Ventures (ver Quadros C5.1/C5.3). Em 1994, quando o mercado da Internet na América do Norte começou a deslanchar, a Softbank era a única empresa japonesa que fazia aquisições de porte. Isso comprova a personalidade visionária e o estilo agressivamente

Quadro C5.4 Composição do Softbank Group/dezembro de 2001

A: Serviços de distribuição ligados à tecnologia da informação e e-commerce
Softbank EC Holdins Corp., Softbank Commerce Corp., Softbank Frameworks Corp., Onsale Japan K.K., e-Shopping! Information Corp., e-Shopping! Books Corp., e-Shopping! Toys Corp., e-Shopping! Cargoods Corp., e-Shopping! Wine Corp., e-Career Corp., CarPoint K.K., e-Best Corp., Vector Inc., VerticalNet Japan Corp., eEntry Corp., SmartFirm Corp., Tavigator Inc., e-Express Co., Ltd., Style Index Corp., Diamon.com Corp., Softbank Mobile Corp., GWP Japan Corp., eselect Corp., BridalConcierge Corp./Eupholink, Inc., AIP Bridge Corp., CrativeBank Corp., Nihon Ariba K.K., Cmnet Corp., BluePlanet Corp., Ability Design, Ltd.

B: Serviços financeiros
Sofrtbank Finance Corp., E*Advisor Co., Ltd., E*Trade Japan K.K., E8Trade Securities Co. Ltd., Ascot Co. Ltd., E-Loan Japan K.K., Insweb Japan K.K., Softbank Investment Corp., Cognotec Japan K.K., Cybercash K.K., Morningstar Japan K.K., Web Lease Co. Ltd., Softbank Frontier Securities Co. Ltd., SophiaBank Ltd., Office Work Corp., HousePortal Co., Ltd., Goodloan Co. Ltd., e-Commodity Co., Ltd., Online IR Co. Ltd., E-Real Estate Co. Ltd., SF Realty Co. Ltd., Web Portal Co. Ltd., Softbank Asset Management Co., Ltd., SBI Capital Co. Ltd., SBI Promo Corp., Benefit Systems, Inc., Utopian Lile Co. Ltd., Finance All Corp., Arsnova Capital Research, Inc., SBF Auction, Inc., Dream Support, Inc., TechTank Corp., SF Aggregation Service Co. Ltd.

C: Publicações & marketing
Softbank Media & Marketing Corp., Softbank Publishing Inc., Key3Media Events Japan, Inc., Com-Path, Inc., Cyber Communications, Inc., Softbank ZDNet, Inc., WebMD Japan K.K., Barks K.K., Click2learn Japan K.K., Rivals Japan Corp., JaJa Entertainment Inc., Aplix Net Inc., Englishtown Ltd., DirektPlanet Co., Ltd., iWeb Technologies Japan K.K., EC Research Corp.

D: Infra-estrutura de Internet
Softbank Networks Inc., IP Revolution Inc., Internet Facilities Inc., GlobalCenter Japan Corp.

E: Serviços e tecnologia
Softbank Technology Holdings Corp., Softbank Technology Corp., E-cosmos, Inc., Broadbank Technology Corp., EC Architects Corp., Softbank Mobile Technology Corp., e-Commerce, Technology Corp.

F: Transmissão e mídia
Softbank Broadmedia Corp., Digital Club Corp., Computer Channel Corp., Xdrive Japan K.K., YesNoJapan Corp., Akamai Technologies Japan K.K., Digital Media Factory Inc., Sky Perfect Communications Inc., J Sky Sports Corp., Nihon Eiga Satelitte Broadcasting Corp., Aliss-Net Co. Ltd.

G: Outras
Yahoo Japan Corp., AtWork Corp., Softbank Digital Rights Corp., Nasdaq Japan, Inc., Aozora Bank Ltd., SpeedNet Inc., BB Technologies Corp.

Fonte: Softbank <www.softbank.com>.

empreendedor de Son (Business Week, 1996; Business Week E-Biz, 1999; U.S. News & World Report, 1999; Weinberg, 1999). Abrahms e Nakamoto (1999, p. 16) comentaram:

> A Softbank é uma empresa japonesa realmente extraordinária. Liderada por seu excêntrico presidente, Masayoshi Son, tem sido chamada de a resposta japonesa à Microsoft. O império multimídia de Son expandiu-se a um ritmo alucinante até se transformar em um empreendimento global, mas no último ano as ações do grupo sofreram um tropeço, causando preocupações quanto ao futuro da própria Softbank.

A *Forbes* (1999, p. 148) assim analisou as aquisições maciças da Softbank:

> O toque de ouro nos investimentos na Web tornou Masayoshi Son um homem fabulosamente rico. Os seus 42% das ações da Softbank representam uma fortuna pessoal de US$ 6,4 bilhões. A pergunta de US$ 6,4 bilhões, então, é: trata-se de alguém tão espantosamente mais esperto que qualquer outro — ou é simplesmente um caso de sorte gigantesca?

Quadro C5.5 Receitas da Softbank com Internet e tecnologia (junho de 1999)

A: **Produtos de software e rede**
Vendas (1998): US$ 1,58 bilhão (acréscimo de 9,7%)
Lucro operacional: US$ 30,1 milhões (redução de 38,4%)
Maiores empresas: SB Networks, UTStarcom, Trend Micro

B: **Transmissão e mídias**
Vendas (1998): US$ 0,96 bilhão (aumento de 17,3%)
Lucro operacional: US$ 114,2 milhões (aumento de 10,8%)
Maiores empresas: Ziff-Davis, Japan Digital Broadcasting Corp. (TV, rádio e transmissão de dados)

C: **Eventos de tecnologia e feiras comerciais**
Vendas (1998): US$ 0,3 bilhão (aumento de 30,4%)
Lucro operacional: US$ 78,8 milhões (aumento de 8,0%)
Empresas selecionadas: ZD Comdex & Forums, Inc.

D: **Serviços de tecnologia**
Vendas (1998): US$ 1,35 bilhão (aumento de 185,4%)
Lucro operacional: US$ 48,5 milhões (aumento de 22,7%)
Empresas selecionadas: Kingston Technology (módulos de memória), Pasona Softbank (agência de computadores temporários)

E: **Setor de Internet**
Vendas (1998): Não Disponível
Lucro operacional: Não Disponível
Empresas selecionadas: Yahoo Japan (51% das ações), E*Trade Japan (58%), GeoCities Japan (60%), ZDNet (notícias e revistas *on-line*)

Fonte: The Wall Street Journal, "Japan's Softbank Unveils New Internet Deals", 25 de junho de 1999, página 17 do primeiro caderno.

Já a *Far Eastern Economic Review* (1999, p. 11) comentou desta forma os lances característicos de Son e o seu estilo de fazer negócios:

> A visão de Son é transformar a Softbank em um consórcio global, ou *zaibatsu*[1], da Internet, com o mesmo impacto, na formatação desse novo panorama, dos *zaibatsu* da era Meiji, responsáveis pela criação das primeiras indústrias modernas do Japão. E ele está consolidando tal objetivo ao identificar negócios aos quais seja possível dar eficiência máxima colocando-os *on-line*. Son tem visado em especial o mundo japonês agitado da corretagem, dos seguros e dos serviços bancários. (...) Se ele for bem-sucedido, passará a ser conhecido não apenas como o homem que domina a Internet, mas como um dos mais importantes protagonistas do setor de serviços.

AQUISIÇÕES, DIVERSIFICAÇÃO E ESTRATÉGIAS GLOBAIS EM 1999

Conforme a revista *Forbes*, a Softbank investiu (até 1999) US$ 2,4 bilhões em 100 companhias de Internet, tecnologia, comunicações e publicações especializadas em informática. Em julho de 1999, o valor total de mercado dessas companhias ultrapassava os 14 bilhões de dólares. Em muitas companhias, a Softbank tornou-se uma das maiores investidoras (ver Quadro C5.6). A subsidiária de capital de risco da Softbank (Softbank Technology Ventures) aplicou US$ 906 milhões em inúmeras empresas de Internet nos Estados Unidos e no Japão. Analistas acreditam que o conglomerado planejasse investir US$ 1,2 bilhão nos meses seguintes em novas aquisições e no lançamento de empresas de Internet. Até setembro de 1999, a Softbank detinha de 7 a 8% dos ativos mundiais de Internet e *e-commerce*. As aquisições do grupo nas áreas de Internet e tecnologia dividiam-se em duas categorias. Em primeiro lugar, na área de mídia e *marketing*, a Softbank detém o controle de 70% das ações da Ziff-Davis, Inc., o maior grupo mundial do setor de feiras e exposições de computadores. A Ziff-Davis edita publicações especializadas,

Quadro C5.6 Empresas de Internet e tecnologia relacionada adquiridas pela Softbank e seu valor de mercado em 1999 e 2001

A: Em julho de 1999

AQUISIÇÕES	DATA DA AQUISIÇÃO	PREÇO PAGO (EM US$ MILHÕES)	FATIA ATUAL DO CAPITAL (%)	VALOR DE MERCADO (EM US$ MILHÕES)
E-Trade Group (Investimentos Online)	Julho 98	409	27%	2.364
Message Media (Tecnologia de Mensagens)	Mai/set 98	8	24	124
Pasona Softbank (Agência de Aluguel)	Fevereiro 95	N/D	20	62
Trend Micro (Software Antivírus)	Dezembro 96	64	27	768
USWeb (Consultoria na Web)	Fevereiro 96	14	7	131
Yahoo (Portal de Internet)	Nov. 95/ago. 98	410	27	8.424
Yahoo Japan (Portal de Internet)	Abril 96	10	51	2.287
Ziff-Davis (Mídia & Marketing)	Out. 94/fev. 96	1.500	70	833
Totais:		2.415	14.993	

B: Em janeiro de 2001

SETOR INTERNET/WEB	INVESTIMENTO REALIZADO (US$)	RETORNO (US$)	NÚMERO DE EMPRESAS
Infra-estrutura de Web:	771 milhões	2,8 bilhões	142
Wireless:	143 milhões	238 milhões	41
Portais e conteúdos:	484 milhões	15 bilhões	155
E-comércio doméstico:	924 milhões	1,4 bilhão	108
E-comércio business-to-business:	484 milhões	612 milhões	140

Fontes: *Financial Times*, "Softbank Widens Its Net", 9/07/99, pág. 12; *Forbes*, "Master of the Internet", 5/07/99, págs. 146-151; *Business Week*, "The Last True Believer", 22/01/2001, págs. EB 23-28.

entre as quais *PC Magazine*, *PC Week* e *Computer Shopper*. Em segundo lugar, nos setores de Internet, comunicações e tecnologia, a Softbank investiu em algumas das mais conhecidas grifes da Internet, como Yahoo, Yahoo Japan, E-Trade Group, E-Loan, Concentric, USWeb, Message Media e Asymetrix Learning Systems. Essas aquisições situaram a Softbank entre os maiores grupos mundiais de Internet e tecnologia.

Um ligeiro exame da estratégia global da Softbank revela duas áreas. Na primeira, a Softbank é a principal companhia de Internet e comunicações no mundo. Isso foi conseguido mediante a aquisição de algumas das grifes estratégicas do mercado mundial de Internet. Em segundo lugar, a Softbank pretendia deixar o setor de publicações sobre informática, para concentrar-se nas áreas de Internet e *e-commerce*. Tal decisão poderia ser atribuída ao crescimento elevado dos setores de Internet e *e-commerce*. Embora sejam setores de risco por natureza, esse movimento estratégico de longo prazo da Softbank tem o suporte de uma excelente fatia de mercado que a colocará entre as principais companhias de Internet no Japão e em outros mercados. São poucas as companhias japonesas que se dedicaram a essa espécie de estratégia de crescimento de risco nas áreas da Internet e *e-commerce*.

OPORTUNIDADES GLOBAIS E ÁREAS DE RISCO EM 1999

Planos da companhia e oportunidades globais

Ao contrário da Microsoft, Dell, AOL, Amazon.com, Intel e outras companhias de alta tecnologia e *e-commerce*, a Softbank não conseguiu se transformar em marca reconhecida universalmente no Ocidente. A maior parte de seus mercados e clientes está no Japão e em outros países da Ásia. Por outro lado, a

Softbank é considerada concorrente mundial nos mercados da Internet e *e-commerce*. Em 1999, o investimento inicial de US$ 358 milhões da Softbank na Internet e no setor de alta tecnologia havia se tornado um valor de US$ 10 bilhões (*Far Eastern Economic Review*, 1999). Grande parte da visibilidade da Softbank está no Japão, onde inclusive alterou a tradicional cultura corporativa local. Ao contrário do cenário de negócios norte-americano, o mercado japonês é limitado em termos de empresas de capital de risco. Analistas acreditam que o Japão tem um atraso de quatro a seis anos nas áreas de Internet e *e-commerce*. Por este motivo, a Softbank representa uma das poucas corporações japonesas detentoras de empreendedorismo de significativo potencial e perspectivas de crescimento futuro. Poucas são as empresas japonesas tão bem posicionadas para tirar proveito do futurístico setor de Internet e *e-commerce* quanto a Softbank.

Ao contrário de outras empresas japonesas de Internet e serviços, a Softbank adquiriu empresas que são de natureza complementar e podem representar bom potencial de crescimento futuro. Desde a sua criação em 1981, a Softbank tornou-se um pequeno conglomerado com influência em muitos setores de Internet e alta tecnologia. Embora a Internet e os empreendimentos a ela relacionados estejam ainda em seus estágios primários no Japão e em outros mercados desenvolvidos da Ásia, a Softbank tem explorado a fundo esses mercados. Esse é o motivo principal por que o conglomerado capturou uma fatia de mercado significativa e mudou a cultura corporativa predominante no Japão. O estilo empreendedor de Son provocou muitas alterações no ambiente corporativo japonês. Son, o maior definidor de caminhos no setor de Internet, forçou outros concorrentes a acompanhá-lo. O processo de mudança buscado e conduzido pela Softbank representa um estudo de caso digno dos melhores compêndios. Como Brown & Eisenhardt (1998, págs. 4-5) doutrina a respeito da condução do processo de mudança:

> Num determinado nível, administrar a mudança significa reagir a ela. (...) No entanto, administrar a mudança significa igualmente antecipar-se a ela. (...) Por fim, no nível superior, administrar a mudança trata especificamente de liderá-la. Com isso queremos dizer criar a mudança à qual outros terão que reagir. Significa lançar um novo mercado, elevar o padrão de serviços de um setor, redefinir as expectativas do cliente, ou aumentar a rapidez dos ciclos de produtos da indústria. Significa estar à frente da mudança ou até mesmo mudando as regras do jogo. Em resumo, as empresas de melhor desempenho lideram solidamente as mudanças em seus setores.

A Softbank se enquadra perfeitamente no processo de mudança como definido por Brown & Eisenhardt (1998) não apenas por se tornar a empresa líder do seu setor como também por acabar forçando outras companhias a aderir às mudanças. [2]

Muitos analistas acreditam que, nos próximos anos, os mercados da Softbank experimentarão um crescimento significativo. Nas áreas de desenvolvimento de produto e visibilidade mundial da marca, a Softbank ostenta uma sólida posição para capitalizar sobre suas áreas de curva de aprendizado e tecnologias relativas ao conhecimento. Vários dos investimentos da Softbank em companhias de Internet foram duplicados nos últimos três anos e deram uma fortuna maciça a Son (conferir no Quadro C5.6). Empresas selecionadas incluem Yahoo, Yahoo Japan, E-Trade, Ziff-Davis, ZDNet e GeoCities. Em junho de 1999, a Softbank anunciou uma *joint venture* com a NASDAQ para o lançamento do processo de um mercado de ações do tipo NASDAQ no Japão (The Wall Street Journal, 1999b). Em setembro de 1999, a Softbank anunciou outra aliança estratégica com a Microsoft e a Global Crossing para prover serviços de telecomunicações nos mercados asiáticos. A Global Crossing ficará com 93% do investimento, cabendo à Softbank e à Microsoft, cada uma, 3,5%. A Softbank e a Microsoft poderão aumentar seus investimentos para até 19% (http://www.quicken.com). Essas alianças recentes e novos empreendimentos comprovam que a Softbanks planeja expandir muito o seu tradicional mercado japonês.

Áreas problemáticas e fraquezas

Nos próximos anos, a Softbank poderá vir a enfrentar problemas em decorrência das mudanças nos setores da Internet e *e-commerce* (ver Quadro C5.7). Alguns desses problemas são:

1. Ao contrário da Microsoft, Dell, AOL, Amazon.com e outras companhias *high-tech*, a Softbank não é marca universalmente reconhecida nos EUA e no Ocidente em geral. A companhia é muito conhecida no Japão, mas sua influência em outros mercados é limitada.
2. A Softbank surgiu e se expandiu no Japão, procurando crescer mediante aquisições. Essas aquisições acarretaram um acúmulo de dívidas, que poderão limitar o crescimento futuro se algumas dessas entidades não derem os resultados esperados.

3. A Ziff-Davis, Inc., que edita *PC Magazine* e *Computer Shopper*, enfrenta problemas devido à redução da receita decorrente da publicidade, e também da crescente concorrência e de seus problemas com dívidas. Analistas acreditam que a Ziff-Davis poderá levar algum tempo para se recuperar, uma vez que o setor dos PCs enfrenta agora a redução da lucratividade e uma invasão de máquinas mais baratas (*Advertising Age,* 1998; *Business Week,* 1999a; cbs.marketwatch.com/news/current).
4. A Softbank não tem títulos transacionados na Bolsa de Nova York nem na NASDAQ. Isso enfraquece a capacidade do grupo de atrair as atenções dos diretores de fundos mútuos e investidores institucionais dos EUA. Além disso, é um fator capaz de criar problemas para o futuro da corporação.
5. A crise do Leste da Ásia afetou a expansão da Softbank nos mercados asiáticos. Embora as condições econômicas ali estejam melhorando, a Softbank poderá ser afetada em decorrência de depreciação das moedas nas economias mais fracas, como as da Indonésia, Tailândia e Malásia, entre outras.
6. Historicamente, a Softbank voltou-se para a distribuição de *software*, publicações sobre computadores e áreas selecionadas de *e-commerce*. Por isso, é ainda um participante menor no setor do *e-commerce*, em decorrência das barreiras à entrada de novos concorrentes e à exacerbação dessa mesma concorrência.
7. A Softbank planeja entrar no setor financeiro e de seguros *on-line* do Japão, que é ainda um tanto inexplorado. Alguns analistas acreditam que a Softbank poderá enfrentar dura concorrência em decorrência de sua escassa especialização nesses setores. O sólido *know-how* da Softbank em áreas da Internet pode não ser o mais indicado para os setores de finanças e seguros.

Quadro C5.7 Softbank Corp.: pontos fortes e fracos

PONTOS FORTES	PONTOS FRACOS
• A Softbank é uma das maiores e mais inovadoras companhias mundiais de Internet e comunicações.	• A Softbank não é uma grife universalmente conhecida nos EUA e na Europa Ocidental.
• Lançou/adquiriu mais de 100 companhias de Internet; tem como objetivo ser líder nos setores de Internet e *e-commerce*.	• Algumas aquisições não deram os resultados esperados; alguns dos empreendimentos iniciados para desenvolvimento futuro podem igualmente fracassar se a Softbank optar pela expansão em áreas diferentes.
• Excelente potencial nas áreas de distribuição de *software*, publicações na rede e feiras e exposições de informática.	• A Softbank poderá enfrentar maior concorrência no mercado de Internet.
• Excelente índice de crescimento mediante aquisições	• O foco cambiante da Softbank em matéria de estratégia central poderá criar problemas nos próximos anos.
• Recente *joint venture* com a NASDAQ, com perspectivas promissoras.	
• Pioneirismo nos setores de Internet e tecnologia relacionada.	• A Softbank corre o risco de não conseguir administrar suas centenas de alianças e *joint ventures* em virtude da rapidez das mudanças tecnológicas e da concorrência cada vez mais acirrada nas áreas de *e-commerce*.
• Excelente curva de aprendizado; conhece a fundo o mercado japonês.	
• Sabe como agilizar o processo de desenvolvimento de produtos e definir novos mercados.	• Suas ações não são cotadas nos EUA (nem na Bolsa de Nova York nem na NASDAQ).
• Planeja promover mudanças significativas no mercado japonês de Internet.	• Os mercados do Leste da Ásia encontram-se em fase de estagnação; uma recuperação poderá exigir alguns anos.
• Masayoshi Son (Presidente/CEO) tem formação nos EUA; conhece o sistema e a cultura das corporações ocidentais; é igualmente dotado de excelente visão empresarial.	• A Softbank é um participante menor nos setores do *e-commerce* e das vendas a varejo.
• Boa fatia de mercado nos setores voltados para nichos exclusivos da Internet e comunicações.	• A administração inadequada das dívidas e fluxos de caixa tem criado sérios problemas.

8. O setor de Internet e *e-commerce* é, no nível global, extremamente complexo devido às regulamentações e aos padrões específicos de cada país. A Softbank pode enfrentar dificuldades com as quais não costuma lidar no mercado japonês.
9. Desde 1996, as ações da Softbank desabaram várias vezes em decorrência de suas aquisições maciças e dos problemas do débito. Alguns analistas se preocupam com o gerenciamento que o conglomerado poderá dar aos seus débitos e fluxos de caixa negativos, uma vez que Son é o dono de 43% da companhia (*Fortune*, 1997).
10. No mercado norte-americano, a Softbank desenvolveu uma nova estratégia para enfrentar seus novos competidores. Existe a percepção de que algumas das companhias menores do setor do *e-commerce* possam vir a ser mais bem-sucedidas e lucrativas nessa atividade.

ESTRATÉGIAS GLOBAIS E ÁREAS PROBLEMÁTICAS EM 2001/2002

Entre os anos de 1996 e 1999, a Softbank estava em posição sólida para capitalizar em suas aquisições de Internet e empresas de tecnologia no mundo inteiro. Desde a depressão que atingiu as empresas ponto.com, no entanto, a companhia tem encontrado dificuldades quanto aos seus mercados de consumidores e novas tecnologias. Como outras companhias ponto.com e de Internet, a Softbank perdeu significativamente em termos de valor de mercado, sendo inclusive classificada em 447º lugar pelo *Financial Times* (2001) em uma comparação entre mil empresas mundiais. Nos próximos anos, a Softbank poderá enfrentar os problemas a seguir (refere-se ao Quadro C5.7):

1. Como já se afirmou antes, a Softbank não é uma marca conhecida universalmente nos EUA e na Europa Ocidental. A companhia é bem situada no Japão, mas tem presença relativamente fraca em outros mercados.
2. A partir de 2001, a Softbank teve seu valor de mercado reduzido em US$ 188 bilhões, e o preço de sua ação sofreu uma redução de 94%. Por outro lado, a companhia continua a ser pioneira em áreas de Internet. Em 2000/2001, a Softbank sofreu alguns dos seus maiores prejuízos em empreendimentos como Webvan, Buy.com e outras companhias relacionadas com vendas pela Internet a clientes individuais. Em 2001, a Softbank concentrou-se em segmentos de nichos e/ou exclusivos na área do *wireless* e outras tecnologias de Internet (*Business Week*, 2001; *The Wall Street Journal*, 2001a-c).
3. Em comparação com outras companhias de Internet, a posição financeira da Softbank continua a ser sólida para crescimento futuro. Desde 2001, a companhia tem um fundo de US$ 2 bilhões para capital de risco e acumulou US$ 10 bilhões em lucros não-confirmados em decorrência de seus investimentos anteriores na área de Internet. Além disso, a Softbank mantém US$ 1,6 bilhão em fundos corporativos e ações comercializáveis (*Business Week*, 2001).
4. A estratégia da Softbank de buscar expansão em infra-estrutura da Web, portais/conteúdos, *e-commerce* de clientes individuais e comércio B2B pode dar maus resultados se esses mercados não se recuperarem. Desde 2001, a companhia tem um portfólio de mais de 600 companhias de Internet no mundo inteiro (ver o Quadro C5.3). A estrutura corporativa da Softbank lembra uma rede de *keiretsu*, que pode não apresentar oportunidades de realização de lucros se os mercados vierem a cair. Por outro lado, como uma companhia pioneira, a estratégia de diversificação da Softbank tem dado ótimos resultados. Desde 2001, a Softbank continua a acumular uma fortuna maciça com a propriedade parcial ou total de empreendimentos em tecnologia espalhados pelo mundo.
5. Como ocorreu em suas primeiras iniciativas, as futuras estratégias de crescimento da Softbank deverão girar em torno de três assimetrias de informação: (a) assimetria de cadeia de valor, que pode ajudar a coordenar o setor de informação (entre provedores e compradores); (b) assimetria financeira, que pode equilibrar as diferenças nos custos das aquisições; (c) assimetria tecnológica, que pode equilibrar as diferenças tecnológicas (Lynskey e Yonekura, 2001, pp. 10–12).
6. De acordo com Son, nos próximos anos, a competência central da Softbank estará solidificada apenas no setor de Internet, devendo continuar a adquirir companhias das áreas de infra-estrutura, *hardware*, conteúdos, comércio e distribuição (Lynskey e Yonekura, 2001, p. 12).

E O FUTURO?

Por todas as características aqui expostas, a Softbank constitui, para inúmeros analistas de mercados, uma companhia japonesa de tipo especial e exclusivo. Sob a liderança de Son, a empresa está preparada para amealhar imensas recompensas desde que não ocorra uma derrocada dos mercados no biênio 2001/2002. No curto prazo, a Softbank tem condições de colher todos os benefícios representados pela liderança do mercado. Espera-se que concretize mais aquisições na Internet e no comércio móvel. Existem analistas que consideram fazer parte dos planos da Softbank uma consolidação de sua posição no mercado de Internet. Espera-se igualmente que a Softbank venha a reduzir gradualmente seus ativos nas áreas de mídia, publicações e distribuição de *software*, concentrando-os no comércio direto com os clientes e B2B. No Ocidente, há um enorme potencial de crescimento no comércio B2B. Obviamente, isso também poderá envolver riscos, devido à concorrência e à natureza de constante mutação dos mercados. Em nível global, a Internet e os mercados de tecnologia a ela relacionados são altamente fragmentados (*The Economist*, 1999; Departamento de Comércio dos EUA, 1999). As companhias precisam estar vigilantes para poder capitalizar em novas tecnologias, crescimento e clientes. A Softbank está em posição privilegiada

Quadro C5-8 Softbank Corp.: áreas com potencial de crescimento e mercados globais de Internet

A: Mercado futuro da NASDAQ no Japão e detalhamento dos ativos de consumidores (a partir de dezembro de 1997)

Depósitos a prazo:	40,5%
Seguros:	24,4%
Depósitos a curto prazo:	8,6%
Ações:	7,3%
Fundos:	5,9%
Ações:	4,8%
Dinheiro à vista:	3,7%
Fundos:	2,5%
Fundos de investimentos:	2,3%
Ativos totais:	US$ 10,3 trilhões (1.230 trilhões de ienes)

B: Acesso global à Internet por regiões (a partir de maio de 1999)

Canadá e EUA:	97,0 milhões de consumidores (56,6%)
Europa:	40,1 (23,4)
Ásia/Pacífico:	27,0 (15,8)
América Latina:	5,3 (3,1)
África	1,1 (0,6)
Oriente Médio	0,9 (0,5)
Total:	171 milhões

C: Seleção de países com acesso à Internet: doméstico e profissional (a partir de 1998)

EUA	37%
Canadá	36
Países nórdicos	33
Austrália	31
Reino Unido	15
Alemanha	10
Japão	10
França	8

Fontes: (1) *Financial Times*: "Electronic Trading to Open Up the World to Japan Investors", 16/06/1999, p. 20; (2) Departamento de Comércio. *The Emerging Digital Economy-II*, Washington, D.C.: U.S. Dept. of Commerce, 1999, p. 3.

para se tornar parte importante do crescente mercado. Como a *Forbes* (1999, p. 151) comentou, com relação aos planos de Son para o futuro:

> Son pretende ser simplesmente o líder supremo em matéria de consulta aos *sites*, finanças, *e-commerce* e conteúdos (...) e isso não mediante o controle de um único gigante como a Amazon.com, mas, sim, pela participação acionária nos maiores protagonistas de uma infinidade de nichos de mercado.

A Softbank Technology Ventures, a subsidiária da Softbank para capital de risco, estabeleceu uma sede de 1.200 metros quadrados em Mountain View, Califórnia (*Fortune*, 1999), que teve, porém, seu desenvolvimento prejudicado pela queda nos negócios ponto.com. Essa instalação é usada como uma "incubadora de crescimento" para empreendimentos promissores de Internet e tecnologia (ver o Quadro C5.3). Depois de chegar a um portfólio de 600 companhias de Internet, a Softbank planeja transformar-se em um dos principais protagonistas em cada aspecto relacionado às áreas de tecnologia e *e-commerce*. E isso inclui telecomunicações, financiamento e serviços bancários, seguros, publicação, distribuição, varejo e outros produtos e serviços a partir da Web (consultar o Quadro C5.3).

No Japão, a Softbank formou uma *joint venture* com a NASDAQ. O mercado estilo NASDAQ apresenta um imenso potencial no Japão (consultar o Quadro C5.8). Conforme uma das estimativas a respeito, a poupança e os ativos dos clientes são usados inadequadamente em decorrência da indisponibilidade de investidores individuais ao estilo norte-americano. A iniciativa da Softbank neste segmento com a NASDAQ pretende provocar grandes mudanças estruturais nos mercados acionários japoneses se a economia apresentar melhoras significativas em 2001/2002 (*Financial Times*, 1999 a-c; *The Wall Street Journal*, 1999b). Além disso, a Softbank faz planos para consolidar sua posição na indústria *on-line* no Japão em praticamente todos os setores, ou seja, educação, *e-commerce* (atacado e varejo), varejo, serviços bancários, finanças, seguros e mercado acionário, distribuição e setor de transmissão. Dentro das atuais circunstâncias, a Softbank é uma das maiores companhias de Internet do mundo. Será interessante verificar se terá condições de manter essa posição como companhia mundial de Internet ou se algum dia será simplesmente destronada por outra companhia do seu próprio tipo. Na *Business Week* (2001, p. EB23 & 24), Son é chamado de "o maior crente verdadeiro na revolução da Internet" e, como tal:

> Sem se deixar abater pelos tropeços da revolução tecnológica, Masayoshi Son, da Softbank, pensa mais alto que nunca; seu projeto-mestre é a criação de um ciberconglomerado capaz de transformar a Rede em um fenômeno verdadeiramente global.

QUESTÕES DO CASO

1. Qual é a sua opinião sobre a recente diversificação da Softbank, voltada para a Internet, e de suas aquisições no setor da tecnologia?
2. Analise e avalie o nicho de mercado da Softbank na Internet e no setor do *e-commerce*.
3. Que espécies de estratégias globais específicas a Softbank deve empreender para ser a protagonista principal dos mercados de Internet e das tecnologias a ela relacionadas no Japão, na América do Norte e em outros pontos do mundo?
4. O que você aprendeu com as iniciativas de diversificação global e expansão estratégica da Softbank?
5. Compare e faça o contraste da Softbank com outras multinacionais do Japão e do Ocidente em relação às questões da internacionalização, diversificação e concorrência.
6. Avalie a expansão de mercado e as estratégias globais da Softbank em 2001/2002.

REFERÊNCIAS

Abrahams, Paul & Michiyo Nakamoto. 1999, "Heat Turns Up on the Rising Star", *Financial Times* (November 13): 16.
Advertising Age. 1998. "Softbank Woes Rattle Clients of Web Ad Firms" (March 23): 1 & 48.
Brown, Shona L. & Kathleen Eisenhardt. 1998. *Competing on the Edge. Strategy as a Structured Chaos*, Boston, MA: Harvard Business School Press.
Business Week. 1996. "Cyber-Mogul: to Conquer the Net, Masayoshi Son Takes to the High Wire". (August 12): 56–62.
Business Week. 1999a. "Ziff-Davis Is Printing in Red Ink" (January 25): 107.
Business Week. 1999b. "Time for This Behemoth to Evolve?" (September 20): 48.
Business Week e.Biz. 1999. "The E-Biz 25: Masters of the Web Universe". (September 27): 20–56.
Business Week e. Biz. 2001. "The Last True Believer" (January 22): EB23–28.
Butler, Steve. 1999. "Empire of the Son". *U.S. News & World Report* (July 5): 48–50.
The Economist. 1999. "The Real Internet Revolution" (August 21): 53–54.
Far Eastern Economic Review. 1998. "Prodigal Son" (January 22): 42–44.
Far Eastern Economic Review. 1999. "Japan's Mr. Internet" (July 29): 11-12.
Far Eastern Economic Review. 2000. "Internet Warrior on the Defensive" (November 16): 54–60.
Financial Times. 1997a. "Softbank Spree Has Investors in a Jitter" (April 23): 21.
Financial Times. 1997b. "Softbank Shares Take Further Dive" (October 4/5): 23.
Financial Times. 1997c. "Softbank Falls into the Perception Gap" (December 3): 19.
Financial Times. 1999a. "Softbank Set for Online Investors")(April 21): 24.
Financial Times. 1999b. "Electronic Trading to Open up the World to Japan's Investors" (June 16): 20.
Financial Times. 1999c. "Softbanks Widens Its Net" (July 9): 12.
Financial Times. 2001. "Lehman, Softbank Close Web Venture" (April 10): 17.
Financial Times. 2001. "Softbank and Yahoo Japan in Broadband Plan" (July 20): 20.
Forbes. 1999. "The World's Working Rich" (July 5): 222.
Fortune. 1997. "Japan's Top Technology Investor Takes a Hit" (September 8): 150–151.
Fortune. 1999. "How Son Captured Japan's Internet Economy" (August 16): 156–160.
<http:www.quicken.com>. "Global Crossing, Microsoft, Softbank Announces Asian Network Venture" (September 8, 1999).
Kim, W. Chan & Renee Mauborgne. 1999a. "How to Discover the Unknown Market", *Financial Times* (May 13): 20.
Kim, W. Chan & Renee Mauborgne. 1999b. "How Southwest Airlines Found a Route to Success", *Financial Times* (May 13): 20.
Kim, W. Chan & Renee Mauborgne. 1999c. "From Trend to Quantum Leap", *Financial Times* (June 10): 24.
Lynskey, Michael and Seiichiro Yonekura. 2001. "Softbank: An Internet Keiretsu and Its Leveraging of Information Asymmetries", *European Management Journal*, 19(1): 1–15.
Softbank, Tokyo, Japan, September 1999, </www.softbank.com>
Softbank, Tokyo, Japan, September 2001, </www.softbank.com>
The Wall Street Journal. 1996. "Softbank's Buying Spree May Be Hard Act to Follow" (August 19): B4.
The Wall Street Journal. 1999 a. "Softbank Cleans Up on the Internet" (February 3): B4.
The Wall Street Journal. 1999b. "NASDAQ Plans to Set Up a New Stock Market in Japan" (June 16): A19&21.
The Wall Street Journal. 1999c. "Japan's Softbank Unveils New Internet Deals" (June 25): A15&17.
The Wall Street Journal. 2001 a. "Softbank-Cisco Deal Nourishes Alliance" (January 25): A3.
The Wall Street Journal. 2001b. "Masayoshi Son's Role as Internet Kingpin in Japan Is Shrinking" (March 29): A1&A8.
The Wall Street Journal. 2001c. "Softbank's Corp.'s Net Profit Quadruples, but Web-Stock Plunge Still Poses Problem" (May 29): A19.
U. S. Department of Commerce, 1999. *The Emerging Digital Economy-II* (June): Washington, DC.: U.S. Dept. of Commerce.
Webber, Alan M. 1992. "Japanese Style Entrepreneurship: An Interview with Softbank's CEO, Masayoshi Son", *Harvard Business Review*, 70(1): 93–103.
Weinberg, Neil. 1999. "Master of the Internet", *Forbes* (July 5): 146–151.
Yip, George S. 1992. *Total Global Strategy: Managing for Worldwide Competitive Advantage*, Upper Saddle River, NJ: Prentice Hall.
Ziff-Davis Rebuts News Corp. Story, (September 13, 1999), <cbs.marketwatch.com/news/current>.

Fonte: Este caso foi preparado por Syed Tariq Anwar, do T. Boone Pickens College of Business. Copyright 2001 por Syed Tariq Anwar. Reproduzido com permissão. A discussão deste caso é feita exclusivamente com propósito de debate, jamais para ilustrar o encaminhamento eficiente ou ineficaz de uma situação de gerenciamento ou estratégias corporativas.

ESTUDO DE CASOS — Parte 4

Caso 6

A primeira experiência de um expatriado em joint venture na China: realmente inesquecível

John Stanbury

A LONGA VIAGEM DE VOLTA

James Randolf voava para o Illinois, seu estado, no encerramento antecipado de sua missão na China. Ele e a esposa voavam havia três horas quando ela adormeceu, com a cabeça repousando na almofada da empresa aérea, encostada na cabina. James estava exausto, mas pela primeira vez em muitos e muitos dias podia dar-se ao luxo de refletir e analisar tudo o que acontecera com a vida do casal.

Não sentia raiva nem amargura, mas a loucura das últimas semanas certamente atingira proporções jamais esperadas e, em muitos sentidos, realmente infelizes. Ele estava certo de que cumpriria seu contrato de três anos como o principal executivo norte-americano da *joint venture* estabelecida por sua companhia perto de Xangai. Agora, no entanto, apenas 13 meses depois do início da missão, ele estava de volta e um executivo do escritório regional de Cingapura passara a ocupar seu posto. Claro, a *joint venture* vai sobreviver, pensava ele, mas até que ponto as relações que ele com tamanho cuidado conseguira estabelecer entre as empresas associadas nesse empreendimento seriam afetadas? Seus sócios chineses mostravam-se perplexos com as decisões de sua companhia e visivelmente contrariados com a partida do seu amigo e colega.

Seria tudo aquilo, pensava James, um erro de julgamento resultante da inexperiência relativa da Controls no setor multinacional e como sócia de uma *joint venture* internacional? Ou fora algum outro fator, ainda não identificado, o causador da mudança de política que resultou na retirada, mais cedo do que o planejado, de vários executivos da companhia indicados para trabalhar na China? O planejamento da redução do número de expatriados em qualquer lugar era permanente, claro, mas a prática mais recente indicava o completo abandono dos cronogramas cuidadosamente estabelecidos nessa área.

Na semana seguinte, ele teria de entregar seu relatório, que abrangia todos os aspectos do trabalho realizado ao longo de sua missão. Até que ponto ele deveria ir em matéria de franqueza? A quais detalhes deveria dar maior importância? A quem poderia enviar cópias do relatório? Eram fartos os boatos de que a companhia estava pedindo a vários executivos seniores uma aposentadoria precoce. Aposentar-se não fazia parte dos planos de James, apesar de ele mal poder conter sua indignação com o rumo que a situação havia tomado. Quem sabe aceitar a proposta, se realmente fosse apresentada, não seria a melhor solução, para depois tentar encontrar alguma empresa de consultoria capaz de usar da melhor forma possível o amplo espectro de experiência técnica e administrativa que ele acumulara, e que agora incluía até mesmo uma missão na China, considerada um dos maiores desafios no mundo para executivos expatriados?

James continuou refletindo, lembrando com satisfação o sucesso na implementação dos objetivos iniciais do empreendimento, que eram estabelecer uma presença de produção e comercialização. Na verdade, ele se orgulhava do sucesso que havia conseguido ao colocar em marcha vários dos aspectos que permitiriam a continuação bem-sucedida da operação. Os vários departamentos da *joint venture* estavam agora cooperando mutuamente e trabalhando em coordenação, e as relações que ele estabelecera eram a melhor prova disso. Ele só gostaria, porém, de ter tido tempo suficiente para ver as operações se tornarem mais eficientes.

Voltando às preocupações, entre as principais, quando do seu retorno, estava o trabalho que lhe seria dado realizar. Relatos dos expatriados que o haviam precedido nos últimos meses indicavam a ausência de planos para a utilização de seus talentos na companhia, sabendo-se, pelo contrário, de muitos casos em que a direção indicava e pressionava uma aposentadoria precoce. Além dos exames físicos e relatórios situacionais obrigatórios, pouco havia para os retornados fazerem, ficara sabendo. Muitos dos expatriados chamados de volta antes do prazo previsto para suas missões acabaram ocupando mesas no Setor de Pessoal, à espera de respostas sobre outras possibilidades de colocação.

James voltou sua atenção para a esposa, agora recolhida a um confortável repouso. Pelo menos ela havia tido uma experiência inesquecível. Tendo nascido em Xangai, ela havia abandonado a China em 1949. O país estava então no meio de uma revolução e, além da recordação da ansiedade dos seus pais pela oportunidade de sair dali, pouco conseguia recordar a respeito de sua emigração para os Estados Unidos. A maior parte das percepções que ela tinha sobre "como eram as coisas na China" vinha da cobertura das questões chinesas pela televisão norte-americana, de alguns fatos concretos e de muita ficção.

Enquanto o avião avançava noite adentro, James aproveitava para relembrar como aquilo tudo havia começado.

A COMPANHIA

A sede mundial da Controls Inc. ficava em Chicago, Illinois. A companhia tinha operações em vários países da Europa, Ásia e América do Sul, mas, com a exceção de algumas *maquiladoras*, quase toda a sua expansão havia ocorrido muito recentemente. Seu primeiro envolvimento em *joint ventures* começara havia apenas três anos. Como fornecedora doméstica da Filtration, Inc., um imenso conglomerado de Chicago que projetava e fabricava sistemas de controle e filtragem de temperatura, a companhia estivera como que protegida de uma concorrência mais significativa, e boa parte de suas linhas de produtos de vários mecanismos de controle eletrônico era produzida na América do Norte. Dez anos atrás, contudo, quando a Controls se tornara uma subsidiária da Filtration, Inc., ganhara também uma espécie de autorização para fazer negócios além daqueles referentes aos da exclusivamente matriz. Ao mesmo tempo, as regras dos negócios domésticos também foram alteradas. A Controls agora precisava participar de licitações em concorrência com alguns dos maiores fabricantes do equipamento de que a Filtration Inc. necessitava. A necessidade de utilizar mão-de-obra barata e de estar mais perto de clientes potenciais levou a companhia a expandir-se internacionalmente a um ritmo que, apenas alguns anos atrás, estaria completamente fora da realidade da corporação.

Uma *joint venture* na China daria à Controls a oportunidade de marcar presença nesse mercado ainda não testado em matéria de sistemas de controle de temperatura. E isso certamente poderia abrir caminho para uma maior presença na economia chinesa em expansão. Se a *joint venture* fosse bem-sucedida, levaria igualmente à instalação de fábricas para a produção de vários produtos para todo o imenso mercado da Ásia/Pacífico.

O envolvimento da corporação na *joint venture* foi aparentemente menos planejado que outros empreendimentos de sua expansão. A Unidade de Negócios com Congeladores e Geladeiras (uma das principais unidades de negócios da Controls), com sede em Lakeland, Minnesota, enviou uma equipe de quatro integrantes, sendo dois engenheiros e dois representantes dos Departamentos de Finanças e Planejamento de Negócios, para investigar a possibilidade de associar-se a uma operação de montagem de eletrônicos chineses ainda a ser escolhida. A equipe não contou com um orçamento adequado e teve de realizar sua missão em apenas um mês. Não sendo composta por negociadores internacionais experimentados, conseguiu identificar apenas um sócio potencial, uma empresa estatal chinesa. Como o tempo para as negociações se esgotava, a equipe retornou para a sede sem ter alcançado seu objetivo. Depois do relatório prestado no retorno aos Estados Unidos, os planejadores da corporação decidiram que a *joint venture* chinesa representava uma boa oportunidade de negócios e enviaram outra equipe para dar continuidade às negociações iniciais. Finalmente, se chegou a um acordo com a empresa estatal chinesa. O Quadro C6.1 mostra as relações organizacionais entre a Filtration Inc. e suas subsidiárias.

COMO TUDO COMEÇOU

Uma missão no exterior sempre estivera nos planos de James. Esse interesse aumentou no dia em que a Controls, Inc., anunciou suas intenções de basear uma expansão dos seus negócios no estabelecimento de uma maior presença nos mercados internacionais. Aos 51 anos de idade, James havia ocupado cargos de chefia em engenharia, qualidade, apoio ao consumidor e gestão de programas ao longo dos últimos 15 dos 23 anos na companhia, mas sempre em posições geograficamente baseadas em Pauley, Illinois. Falava freqüentemente aos seus superiores da idéia de trabalhar no exterior durante as revisões de desempenho e em várias outras oportunidades. Não havia se fixado mentalmente em um determinado país, mas preferiria alguma missão na Bacia do Pacífico, devido ao anseio permanente de se aprofundar na herança cultural de sua esposa.

Quadro C6.1 Estrutura organizacional: Filtration Inc.

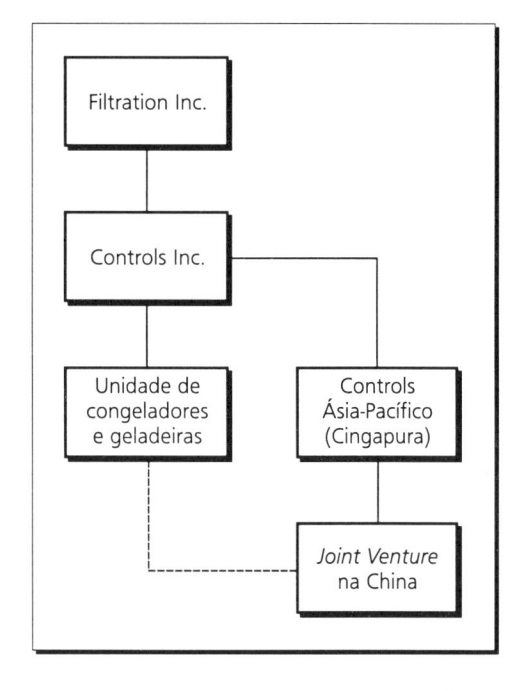

Por fim, dois anos atrás, ele havia conseguido a oportunidade de discutir seus interesses com o Diretor Internacional de Recursos Humanos da corporação. Ao longo dessa entrevista, James foi advertido dos problemas que o aguardariam como expatriado. Poderia haver principalmente um problema com o idioma, além de dificuldades causadas pela distância entre a sede e a *joint venture*. Apesar de tudo isso, ele se manteve interessado.

Um ano mais tarde, James teve pela primeira vez seu nome lembrado para uma posição em Tóquio que tinha como exigência experiência em desenvolvimento de empreendimentos de risco. Em determinado momento, ele chegou a receber a informação de que fora escolhido para o caso. Posteriormente, sem maiores explicações, a companhia anunciou a escolha de um elemento mais jovem, com melhores ligações "políticas", enfim, um partidário da "via rápida".

Quando, meses depois, o departamento de pessoal passou a sondá-lo a respeito de uma posição na China, isso foi feito quase como se se tratasse de uma espécie de prêmio de consolação. O cargo, no entanto, parecia aquele para o qual James estaria especialmente indicado, ao mesmo tempo que conteria a dose suficiente de desafio para testar a verdadeira capacidade de qualquer executivo da companhia. A missão era administrar uma fábrica de uma *joint venture* localizada na ilha de Chongming Dao, cerca de 40 quilômetros ao norte de Xangai. O objetivo estratégico dessa *joint venture* era estabelecer uma entrada de mercado na China.

Pouco depois, em meados de agosto de 1992, James recebeu a determinação de se dirigir imediatamente a Lakeland para uma reunião exclusiva com Joe Whistler, o diretor da Unidade de Negócios de Congeladores e Geladeiras da Controls, para analisar a *joint venture*. A equipe de negociação ainda estava na China no processo de "finalizar" o acordo para a *joint venture* com a Companhia de Eletro-Montagem de Chongming, uma operação estatal de montagem de equipamentos eletrônicos. A corporação estava sentindo uma grande necessidade de colocar alguém dos seus quadros no local. Joe perguntou se James poderia partir na semana seguinte! James confirmou seu interesse pelo cargo e sua disposição de fazer o que a companhia dele exigisse para colocar o empreendimento em ação o mais rapidamente possível. Dava-se como certo que a proposta formal para o cargo seria processada via Departamento de Pessoal e comunicada pela gerência de James. A viagem, porém, não se materializou no prazo anteriormente indicado, e James chegou a pensar se não se iria repetir o caso da nomeação não concretizada para Tóquio. No fim de setembro, porém, o supervisor de James chegou a ele com a notícia: "Se você ainda estiver interessado, aquele prêmio é seu..."

ORIENTAÇÃO

A Filtration Inc. tem um elenco padronizado de procedimentos na orientação dos expatriados antes de iniciarem seu trabalho no exterior. Quando ficou claro que James era um forte candidato a um posto no exterior, ele e sua esposa foram mandados a Chicago para treinamento primário nessa orientação. Ele começou com um dia inteiro de trabalhos conduzidos pelo Setor Internacional de Pessoal da companhia. James considerou o treinamento extraordinariamente bem-feito. A Filtration Inc. destacou especialistas para a discussão de salários, benefícios, procedimentos para a mudança e uma enormidade de outras questões relacionadas ao trabalho no exterior para essa empresa. Parte do processo de orientação era uma "viagem de observação", com duração normal de sete dias. Ficou logo acertado que essa viagem começaria duas semanas depois. O casal Randolf estava entusiasmado com as perspectivas que se abriam. Para Lily, seria a primeira viagem de volta à China. Por isso mesmo, eles ampliaram o período da viagem para 20 dias, a fim de poderem fazer alguns contatos pessoais.

A organização da viagem, no entanto, transformou-se em confusão pura. Embora o Departamento de Pessoal, em Pauley, quisesse se encarregar de toda a viagem, o escritório regional Ásia-Pacífico da Control, em Cingapura, insistiu em que seria melhor que eles tomassem conta de tudo no plano local. O casal Randolf deveria ter um carro alugado à sua disposição já na chegada, mas constatou que nada disso fora providenciado e precisou providenciar o próprio transporte. O itinerário garantia que o casal tinha reservas no Shangai Inn, mas foi só chegar a esse hotel para constatar que, ali também, nada havia sido providenciado.

Em Xangai, o casal ficou três dias fazendo programas por conta própria. Depois disso, estavam programados sete dias de atividades oficiais. Passaram então dois dias com uma consultora que estava ali por conta da *joint venture* e que passeou com os expatriados potenciais pela cidade inteira. O roteiro por ela organizado consistia no que, na sua opinião, um americano típico mais gostaria de conhecer na cidade.

Sendo casada com um expatriado, a consultora não falava nem o dialeto de Xangai nem qualquer outro dos vários dialetos chineses. A viagem com ela se transformou em uma espécie de pesadelo. Em vez de discutir os locais planejados com o motorista chinês no começo do dia, ela orientava a viagem quase passo a passo. Mostrava ao motorista um cartão com o endereço do próximo local e mandava: "Vamos para lá agora." Esta modalidade causou imensos atrasos, pois representava atravessar a cidade várias vezes em sentidos já percorridos e em uma seqüência completamente descoordenada. Os visitantes foram levados a locais de compras "estilo americano", restaurantes idem e a residências em perspectiva. O casal Randolf foi informado de que alugar um bom apartamento normalmente dependia de uma "gorjeta".

Depois de visitar a fábrica da *joint venture* perto de Xangai, eles viajaram para a sede regional da Controls Ásia-Pacífico em Cingapura, a fim de participar em um *workshop* intensivo de orientação. Mais uma vez, as questões discutidas foram principalmente as políticas de compensação e outros itens de interesse de expatriados, desta vez a partir da perspectiva da Controls Inc. James e Lily não puderam deixar de constatar o enorme contraste que havia entre lidar com a equipe de pessoal regional da Controls Inc. e com a "de primeira classe" dos Recursos Humanos da Filtration Inc. Esta última era, sem dúvida alguma, uma operação bem mais adequada e informada. Ao voltar de Cingapura para os Estados Unidos, marido e mulher nutriam sérias dúvidas sobre se valeria a pena, para eles, tomar a decisão de mudar. Passaram vários dias refletindo sobre a viagem e discutindo qual seria a melhor decisão. Um dos fatores capazes de abater os ânimos mesmo dos mais voluntariosos era a pobre manutenção da fábrica da *joint venture*, evidentemente inferior aos padrões norte-americanos. Lá tudo parecia imundo, e não se notava esforço algum em relação aos controles ambientais. Os dias, em conseqüência, pareciam extremamente nublados. Contudo, o casal havia se sentido tremendamente atraído pelo povo de Xangai, e foi, afinal, esse o fator fundamental na decisão que tomaram de aceitar aquela posição. Em função dos seus contatos com os sócios chineses e todos os moradores de Xangai que encontraram naqueles dias, James e Lily sentiam uma grande esperança de poder estabelecer relacionamentos profundos e de longa duração com pessoas extremamente interessantes.

Uma vez tendo se declarado firmemente dispostos a assumir a missão, participaram de um seminário de dois dias sobre viver e trabalhar na China. A orientação esteve a cargo da Prudential Relocation Services Inc., em Boulder, Colorado, que fez tudo de acordo com as necessidades e expectativas dos participantes. Entre as matérias optativas da orientação, estavam história, cultura, clima político, ambiente de negócios e o povo da região. James centralizou seu treinamento em um currículo voltado nitidamente para os negócios, que foi ministrado por professores de uma universidade local. Além disso, sempre que um funcionário expatriado da companhia voltava da China, em férias ou por encerramento de sua missão, James tinha a oportunidade de interagir com ele.

Entre novembro de 1992 e janeiro de 1993, James trabalhou realmente duro, alternando períodos de duas semanas em Pauley e na *joint venture* na China, onde se alojava em um hotel. Durante esse período, Lily, a esposa, permaneceu em Lakewood, preparando-se para a mudança definitiva. Além disso, a Filtration Inc. realizou cursos intensivos de língua mandarim em Chicago, que James realmente pretendia freqüentar, mas não pôde devido ao seu exaustivo cronograma de atividades. Finalmente, em janeiro, James fez, durante uma semana, esse curso de língua. Felizmente, ele e Lily falavam um pouco de cantonês, outro dos dialetos chineses. Depois que James foi finalmente instalado em tempo integral em seu novo posto, em fevereiro, contratou um professor de idioma para complementar o seu treinamento. O procedimento de orientação foi concluído com uma verificação geral de tudo o que ele e a Controls deveriam concretizar após sua instalação no novo posto. Embora todos os itens constantes dessa verificação fossem finalmente concretizados, as prioridades do trabalho não permitiram que essa concretização se desse da melhor maneira.

ORIENTAÇÃO NO TRABALHO

O mandarim, idioma oficial chinês, era falado na fábrica. Em regiões onde esse não fosse o idioma do povo, era, mesmo assim, a linguagem mais usada na indústria e comércio e nos contatos com o governo. A maioria da população era fluente em mandarim, embora os mais velhos o houvessem aprendido somente depois de completar algum tipo de educação formal — o que não era o caso de todos, evidentemente. O mandarim tornou-se o idioma oficial da China quando seu alfabeto foi padronizado em 1955. Longe do local de trabalho, as pessoas falavam o dialeto de Xangai ou o dialeto próprio de Chongming Dao, que é parecido.

Chongming Dao, o local da fábrica, ficava à margem do rio Chuang Yangtze. Com cerca de 80 quilômetros de comprimento por 29 quilômetros de largura, trata-se da terceira maior ilha chinesa, com aproximadamente um milhão de habitantes. Na opinião dos xangaineses, a maioria dessa gente era de camponeses pobres, atrasados.

James descobriu que teria condições de manter residências em Xangai e em Chongming Dao, mesmo com todos os trabalhadores chineses, inclusive os executivos, vivendo perto do seu local de trabalho. A viagem do centro de Xangai até a fábrica levava mais de duas horas. A primeira etapa levava uma hora e meia até o ponto de partida da barca e, depois dessa, outros 20 minutos de carro. A semana de trabalho na fábrica era programada de Terça-feira até Sábado. Como é comum na China, esses cronogramas tinham uma programação central destinada a forçar um rodízio com outras fábricas em função das disponibilidades de energia.

O sócio chinês tinha armazéns e um centro comercial na ilha, que, juntamente com a fábrica, se tornaram parte da *joint venture*. As pessoas trabalhavam sob condições que seriam totalmente inaceitáveis para a maioria dos trabalhadores norte-americanos. Não havia controles de temperatura nem de umidade. No inverno, a fábrica era tão gelada que os trabalhadores usavam até seis camadas de roupas. Em compensação, os verões eram quentes e úmidos demais. Nenhuma das máquinas tinha dispositivos de segurança. As ferramentas, quando apareciam, não se prestavam às finalidades desejadas. A iluminação era igualmente muito deficiente.

A força de trabalho era composta principalmente por mulheres jovens. O que contrastava fortemente com as outras fábricas do sócio chinês que James havia visitado, e nas quais a maioria dos trabalhadores era formada por homens com mais de 40 anos de idade. A operação e a organização da fábrica favoreciam consideráveis ineficiências. Não havia qualquer controle de processos para prevenir erros e defeitos. Os únicos métodos visíveis de controle de qualidade eram consideráveis períodos de teste e inspeção geral, realizados depois de estarem os produtos completamente montados. O *layout* da fábrica era terrível. Havia inúmeras salas reduzidas e nenhuma grande área de produção, capaz de ser ampliada. Não se faziam as operações em seqüência e nem mesmo numa fila. O modo típico de operar era colocar numerosos trabalhadores lado a lado junto a uma grande mesa.

O movimento de materiais era em geral feito arrastando-se enormes tonéis de materiais pelo chão. A armazenagem não tinha método nem ordem, não sendo, por exemplo, as caixas empilhadas devido à inexistência de prateleiras. Em conseqüência, contêineres de partes, produtos parcialmente montados, material sobressalente e montagens finais podiam ser encontrados de qualquer maneira e por todos os lados. Em vez de fazer o cronograma da produção da fábrica, o sistema programava apenas o número de horas de trabalho a ser gasto. Esta inexistência de direção causava, evidentemente, enorme confusão e ineficácia. Na verdade, o empreendimento era principalmente uma forma de dar conta do excesso de força de trabalho existente na fábrica e na área em que se localizava. James comentava muitas vezes que ele poderia produzir tanto ou mais que a produção existente utilizando tão-somente os operadores de controle de qualidade empregados na fábrica. Pelas suas estimativas, a *joint venture* empregava três vezes mais trabalhadores do que o necessário. James não pensava poder solucionar esse problema de imediato, mas achava que com o tempo conseguiria convencer a administração chinesa da necessidade de alterar, eventualmente, essa prática.

ADAPTAÇÃO À VIDA NA CHINA

Com exceção de algumas pessoas muito especiais no Departamento de Pessoal em Pauley, que poderiam servir de ajuda em questões específicas do trabalho, James levou pouco tempo para se dar conta de que a sede iria lhe proporcionar pouco apoio operacional. Seus contatos com a corporação eram mais com a Filtration Inc. que com a Controls. A Filtration pelo menos lhe mandava um pacote mensal com seleções de notícias, relatórios da diretoria e memorandos preparados especificamente para os expatriados. O pacote permitia que James se mantivesse até certo ponto a par do que acontecia no ambiente corporativo geral.

A Filtration Inc. tinha alguns funcionários em Xangai, cuja função era estabelecer e implementar uma *joint venture* que a matriz tinha negociado com uma empresa chinesa diferente da parceira da Controls. Como parte dessa equipe, havia também alguns representantes da Controls Inc., todos instalados em um pequeno edifício de escritórios no centro de Xangai. Foi nesse ambiente corporacional que James encontrou forte apoio, muitas sugestões úteis e aquele que viria a ser seu supervisor extra-oficial, um executivo da Filtration Inc. que estava na China havia quatro anos. Ao conhecê-lo, James ficou imaginando qual teria sido a razão de ter visitado esse escritório na sua viagem de orientação.

A assistência que James recebia da subsidiária da Controls, a Controls Asia Pacific, era quase sempre inútil e inconsistente, caracterizada por políticas ultrapassadas e uma barreira burocrática insuperável. Persistiam as dificuldades de encontrar e manter um tradutor qualificado para James. No acordo da *joint venture*, os chineses se responsabilizavam por proporcionar um tradutor para cada expatriados. A Controls Asia-Pacific era a responsável pela estrutura salarial na *joint venture*. O Departamento de Pessoal em Cingapura estabelecera como teto máximo para a função de tradutor dois mil iuanes. Era uma remuneração razoável para a área, mas o problema era a inexistência de tradutores de qualidade. Quando aparecia um, era inevitável perdê-lo para outra multinacional em atuação na área, que oferecia um salário de três mil iuanes. Atrair tradutores de Xangai só seria possível oferecendo-lhes salários comparáveis aos disponíveis na cidade, e a soma de dois mil iuanes era consideravelmente menor que a base salarial oferecida em Xangai.

Outro aspecto da política de emprego na China que merecia consideração especial era o do "arquivo pessoal" que se leva de um emprego para outro. Esse arquivo equivaleria a mudar-se de um estado para outro nos Estados Unidos. Quem vivia e trabalhava em Chongming Dao era tachado de "caipira", e é claro que qualquer tradutor que, tendo trabalhado por algum tempo lá, teria prejuízos, em uma futura transferência para Xangai, pelo fato de seu arquivo pessoal mencionar sua passagem pela ilha. Cingapura simplesmente não entendia as implicações dessa situação e se recusava a aumentar a base salarial a um nível que pudesse incentivar tradutores qualificados a trabalhar na ilha. Como resultado de tudo isso, James passou consideráveis períodos de sua estadia na China sem um tradutor qualificado. O impacto disso na sua capacidade de trabalhar nesse ambiente foi também significativo, fazendo com que realizasse bem menos do que teria conseguido se Cingapura tivesse demonstrado maior flexibilidade.

A residência em Xangai estava disponível porque a *joint venture* fizera um contrato de dois anos para o *leasing* de um apartamento executivo no 22º andar do Shangai Inn. Eram acomodações realmente confortáveis, quase um lar com todas as suas facilidades. O complexo hoteleiro incluía um supermercado, instalações para ginástica, um cinema e vários restaurantes, entre os quais o Hard Rock Café. O apartamento de três suítes, que, conforme James mediu, tinha cerca de 500 m², foi transformado em um apartamento de dois quartos de acordo com as orientações dele. Entre as amenidades disponíveis, havia TV a cabo, com cinco canais em língua inglesa. As acomodações na ilha, porém, eram bem menos confortáveis. O plano original previa que James ficasse temporariamente alojado na casa de hóspedes do governo, em terrenos da fábrica, até a construção de um condomínio residencial de 12 unidades na vizinhança próxima. Os quartos minúsculos, o intenso calor e os insaciáveis mosquitos da casa de hóspedes se tornaram insuportáveis e, no mês de junho, James decidiu tomar outros rumos. Isso incluiu a decisão de permanecer em um hotel a cerca de 30 quilômetros de distância com os dois outros expatriados da Controls Inc. para gerenciar a *joint venture*. Embora a construção fosse nova, a qualidade era muito ruim, algo que parecia muito comum na China. Os custos relativos à construção do seu alojamento já haviam, a essa altura, ultrapassado em muito o orçamento. Finalmente, chegou-se a uma solução que consistiu em consertar determinados aspectos da casa de hóspedes e conservá-la como uma garantia de habitação de longo prazo na ilha para eles. Depois disso, Lily passou a viajar com James, de Xangai para a fábrica e desta para Xangai.

ADAPTAÇÃO AO TRABALHO

Além de James, havia outros três expatriados da Controls Inc. que trabalhavam na *joint venture*. Os diretores de engenharia e o de produção também eram dos Estados Unidos. O diretor financeiro era de Cingapura. Cada um deles tinha funções duplas, encarregados de chefiar seus respectivos departamentos e da missão de capacitar a *joint venture* com nova tecnologia relacionada a cada departamento. O diretor financeiro tinha a tarefa especialmente difícil de introduzir um novo sistema de contabilidade na *joint venture* que fosse compatível com o sistema da Controls Inc. O sistema em funcionamento, instalado pelo sócio chinês, não era projetado para relatar lucros e perdas, conceitos irrelevantes na companhia quando de propriedade exclusivamente estatal.

Os outros expatriados freqüentemente se queixavam de não conseguir uma colaboração adequada dos trabalhadores chineses. James nunca enfrentou semelhante problema, uma vez que sempre transmitia suas exigências diretamente aos trabalhadores.

Uma das primeiras situações críticas que se seguiram teve relação com as diferentes condições de emprego dos expatriados na Filtration Inc. e Controls Inc. A maior parte dos funcionários da primeira recebia uma diária de US$ 95, enquanto os da Controls ganhavam apenas US$ 50. Além disso, as políticas de visitação da Filtration Inc. eram mais liberais em termos de permitir visitas de crianças em idade escolar aos seus pais expatriados.

NEGOCIAÇÕES EM ANDAMENTO

Na China, um contrato de *joint venture* constitui uma "moldura razoável" a partir da qual se pode dar início a um verdadeiro processo de negociação. A equipe de negociação da *joint venture* da Controls viu, porém, o contrato como um fechamento de negociações e retornou aos Estados Unidos em fins de dezembro de 1992. James não demorou muito para perceber que o processo de negociação continuaria em andamento. Quase diariamente, havia algum elemento do acordo a ser ajustado ou aumentado com novos entendimentos.

Um dos pontos que a equipe de negociadores da Controls não entendeu direito foi diretamente relacionado à facilidade de obter as aprovações necessárias do governo local. Havia vários anexos e sub-contratos à espera de finalização e aprovação quando a equipe voltou para os Estados Unidos. Algumas dessas aprovações dependiam de funcionários governamentais com quem os negociadores americanos haviam tido escassa ou nenhuma interação. O impacto desse erro de cálculo foi que a produção na *joint venture* não pôde começar no dia 1º de janeiro de 1993, como era para ser. A produção só foi realmente ter início em 1º de agosto de 1993, com sete meses inteiros de atraso.

Uma das questões mais sérias para a operação da *joint venture* e que teve impacto direto sobre a eficiência do trabalho de James foi a estrutura de organização da JV, que havia sido negociada pela equipe da Controls. O mapa da organização da JV é mostrado no Quadro C6.2. A Controls entendeu ser a Presidência da Diretoria (PD) mais importante, na operação da empresa, que a de Diretor Executivo, pensando que poderia "comandar a empresa" a partir dessa função. Em conseqüência, quando o mapa organizacional foi esboçado, a Controls cedeu a posição de Diretor Executivo ao sócio chinês em troca do direito de indicar o PD para os primeiros três anos dos cinco previstos no contrato. James ficou sabendo e notou que, em outras *joint ventures* negociadas com os chineses pela Filtration Inc., o sócio americano sempre se empenhava em preservar a função de Diretor Executivo.

Quadro C6.2 Estrutura organizacional: Controls-Xangai

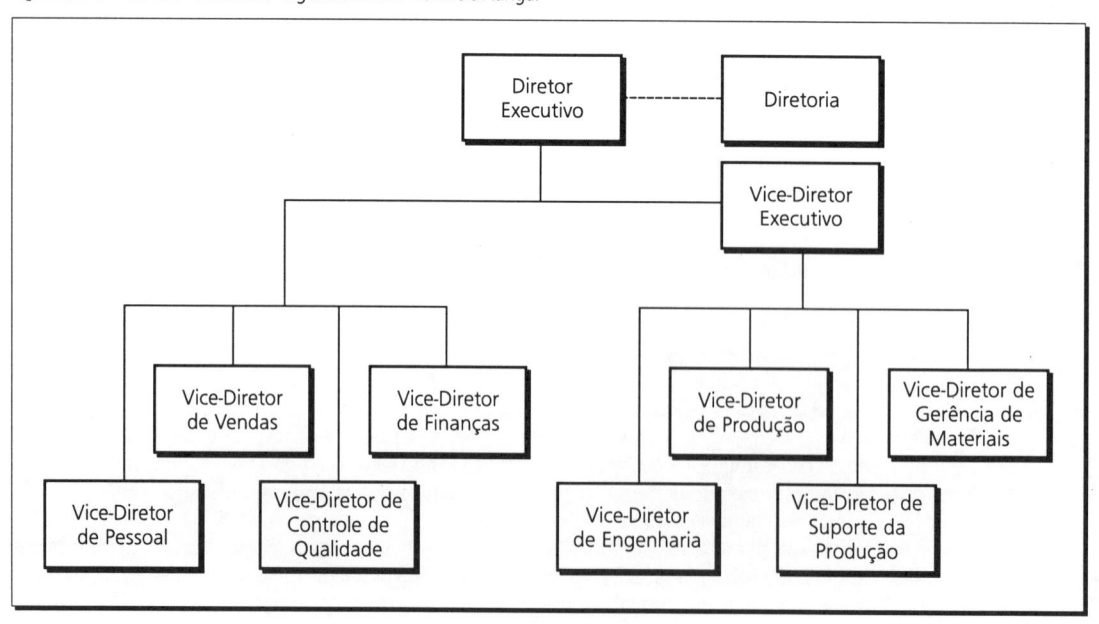

```
                        ┌──────────────┐         ┌──────────────┐
                        │   Diretor    │---------│  Diretoria   │
                        │  Executivo   │         │              │
                        └──────┬───────┘         └──────────────┘
                               │
                               │         ┌──────────────┐
                               ├─────────│ Vice-Diretor │
                               │         │  Executivo   │
                               │         └──────┬───────┘
        ┌──────────────────────┼────────────────┼──────────────────────┐
        │                      │                │                      │
┌───────┴──────┐      ┌────────┴─────┐   ┌──────┴───────┐     ┌────────┴─────────┐
│ Vice-Diretor │      │ Vice-Diretor │   │ Vice-Diretor │     │  Vice-Diretor de │
│  de Vendas   │      │ de Finanças  │   │ de Produção  │     │   Gerência de    │
│              │      │              │   │              │     │    Materiais     │
└──────┬───────┘      └──────┬───────┘   └──────┬───────┘     └────────┬─────────┘
       │                     │                  │                      │
┌──────┴───────┐   ┌─────────┴────────┐  ┌──────┴───────┐    ┌─────────┴────────┐
│ Vice-Diretor │   │  Vice-Diretor de │  │ Vice-Diretor │    │  Vice-Diretor de │
│ de Pessoal   │   │   Controle de    │  │ de Engenharia│    │    Suporte da    │
│              │   │     Qualidade    │  │              │    │     Produção     │
└──────────────┘   └──────────────────┘  └──────────────┘    └──────────────────┘
```

OBSERVAÇÕES SOBRE OS MÉTODOS CHINESES DE ADMINISTRAÇÃO

James observou que sempre que os administradores chineses lidavam com subordinados, o processo decisório era vertical. Isso significava que praticamente todas as decisões de alguma importância eram tomadas pelo Diretor Executivo. James teve a felicidade de descobrir que o Diretor Executivo indicado pelo sócio chinês estava disposto a compartilhar sua autoridade. Ambos desenvolveram um excelente relacionamento, que James cultivou conscientemente com a firme convicção de que essa seria a chave do sucesso dos negócios na China. Próximo do final de seu período na *joint venture*, James era freqüentemente deixado no comando das operações da fábrica, enquanto o Diretor Executivo visitava amigos influentes, clientes e clientes potenciais. O único outro diretor que desfrutou de uma condição semelhante foi o Diretor de Pessoal.

O Departamento de Pessoal dessa *joint venture*, como ocorria nas companhias estatais chinesas, era extremamente poderoso, quando comparado com o que ocorria na maioria das companhias norte-americanas que James conhecia mais ou menos bem. O departamento cuidava dos todo-influentes arquivos de empregos e era intimamente ligado ao Partido Comunista.

OBSERVAÇÕES SOBRE A EQUIPE CHINESA DE ADMINISTRAÇÃO

Os executivos chineses da *joint venture* tinham um nível de conhecimento e educação consideravelmente maior que o dos trabalhadores comuns. Haviam freqüentado várias universidades, sendo formados em engenharia, administração e semelhantes. Em um dos casos, toda a experiência e educação de um dos executivos foram obtidas no tempo que passara nas fileiras do Exército.

INTERAÇÕES COM O GOVERNO CHINÊS

Antes da formação da *joint venture*, o secretário do Partido Comunista e o Diretor Executivo eram considerados iguais em tudo o que dissesse respeito à "Administração da Fábrica de Montagem de Equipamentos Elétricos de Chongming". Cerca de 325 dos 1819 funcionários da JV eram membros do PC. Depois da chegada de James, ficou sempre no ar a dúvida sobre o que aconteceria ao escritório do PC, adjacente ao do Diretor Executivo. De muitas maneiras, o PC exerce uma função semelhante a dos sindicatos de trabalhadores nos Estados Unidos. Ele representava os trabalhadores e participava de discussões relacionadas a questões de relações trabalhistas. O Partido Comunista poderia ser visto como um canal diferente para encaminhar algumas questões complicadas, e James agiu rapidamente ao determinar que seria melhor tê-lo como aliado que como inimigo.

A única experiência de James com um departamento do governo ocorreu enquanto procurava legalizar os documentos de sua permanência no país. As regras que encontrou eram extremamente inflexíveis, tudo precisava ser exatamente como estava no papel, nenhum documento original podia ser substituído por cópias, pois isso não era permitido. O escritório desse departamento governamental, do tamanho de uma sala de espera nos Estados Unidos, estava sempre superlotado, e o processo requeria que o interessado forçasse passagem até chegar à mesa em que policiais femininas davam início ao encaminhamento dos documentos. Depois que tudo estava pronto, James viu que haviam escrito seu nome errado. Ele preferiu não fazer tudo de novo, deixando seu nome do jeito que haviam colocado.

INTERAÇÃO COM O SINDICATO

A *joint venture* também tinha um sindicato, mas, em comparação com o que ocorria nos Estados Unidos, tratava-se de uma organização extremamente fraca e superficial. As únicas tratativas de James com o sindicato tiveram como motivo o pedido de doações para uma festa dos aposentados que o sindicato pretendia organizar. Uma vez que a *joint venture* não tinha aposentados e que esse era um campo inteiramente novo para ele, James achou melhor encaminhar os representantes do sindicato ao Diretor Executivo.

FAZER TUDO FUNCIONAR

James realmente gostava de confraternizar com os funcionários e ver de perto o que acontecia na fábrica. Sua posição lhe dava a autoridade de decidir as atividades prioritárias, mas muitas vezes ele nem precisou usar tal poder. Os trabalhadores chineses pareciam influenciados por todas as ações que ele empreendia. Se observava que estava na hora de limpar o estacionamento da fábrica no dia seguinte, certamente o lixo ali existente teria sido inteiramente removido. Outro exemplo dessa conexão ocorreu quando ele endireitou alguns jornais nos escaninhos de um sistema de arquivamento. No dia seguinte, todas as pilhas de jornais estavam arrumadas com perfeição. Ele sentiu que nunca chegou a percorrer o chão da fábrica sem que alguma coisa de positivo disso resultasse. Constatou, ao vivo, que os trabalhadores chineses prestam enorme atenção aos detalhes.

Ele era seguidamente testado pelos chineses, tanto executivos quanto funcionários comuns, algo que, aliás, não era muito diferente de outras partes do mundo. Percebia que eles se empenhavam em testar seu comprometimento, liderança e capacidade de tomar decisões. Com isso, procuravam determinar até que ponto esse executivo poderia ser confrontado. Esses testes acabaram dando a James a oportunidade de fazer o que era certo. Um caso típico dessa determinação ocorreu quando um vendedor, bêbado, assediou uma mulher em um clube noturno. James levou o homem para um lugar separado e ali o advertiu seriamente.

Durante todo o tempo de sua missão, ele ficou consciente do fato de que uma de suas tarefas era a de fazer com que o Diretor Executivo sempre ficasse em boa situação. Isso fez com que ele demitisse na hora um tradutor que afirmou que todo aquele que desejasse continuar na China só poderia ser um tolo.

Ele tinha grande admiração pelos trabalhadores chineses na JV. Afinal de contas, eles mostraram ser pessoas de grande confiabilidade e sentido de colaboração. Tinham muito orgulho e lealdade em relação à empresa e ao setor em que trabalhavam. James seguidamente comentava que, com lideranças capacitadas, os trabalhadores chineses poderiam ser tão ou mais qualificados que quaisquer outros do mundo inteiro.

O que James mais gostava, contudo, era das suas interações com o povo chinês. E cada dia lhe proporcionava uma nova experiência nesse convívio.

OBSERVAÇÕES EM RELAÇÃO AO POVO CHINÊS

A maioria dos chineses não queria nada com o comunismo. Pelo contrário, preferia ignorar as situações políticas que se desenvolviam em seu redor e manter a própria vida. Mostravam-se ansiosos por aprender tudo o que os ocidentais tivessem a lhes ensinar. Quase sem exceções, os chineses começavam a observar um norte-americano e logo a seguir a imitá-lo, em tudo e por tudo. James viu nisso algo extremamente gratificante. Ele também se encantou com o tratamento por eles dado à sua esposa, Lily, que chegava quase à reverência. James ficava imaginando qual seria a razão para isso. Talvez tivesse algo a ver com o fato de que ela, por seus pais, tivesse anteriormente escapado à opressão comunista e conseguido uma vida melhor, o que simbolizava, para os chineses, que havia esperanças para todos.

James nunca observou chinês algum olhando para uma mulher com malícia, como ocorre nos Estados Unidos e em tantos outros países. Na China, a sexualidade é algo muito privado. Os chineses tendem a ter uma vida muito mais simples que a maior parte dos ocidentais. Seus filhos eram tratados com reverência, até mesmo com exagero. Seus engarrafamentos de trânsito caóticos eram sempre enfrentados com extrema urbanidade e calma. James nunca observou alguém xingando ou amaldiçoando, como era comum nos EUA. Outra coisa que aprendeu foi que os chineses em geral se consideram mais sábios que os ocidentais, mas jamais se atreveriam a manifestar tal convicção de alguma forma ofensiva. Pelo contrário, eles sempre deixavam a entender que, algum dia, de alguma forma, os ocidentais acabariam se rendendo à maneira deles de pensar e agir. Era quase como se fizessem o papel de um patriarca urbano mais sábio guiando o primo do interior na primeira visita à cidade grande. Para mais informações sobre a cultura e a administração chinesas, ver o Quadro C6.3.

Quadro C6.3 Características principais da cultura e administração chinesas

Cultura

Uma das convicções fundamentais dos chineses é de que têm a mais antiga e a melhor das culturas. É por isso que são o centro do universo, o Zhong guo — o país do meio. Acreditam ser totalmente auto-suficientes. No alfabeto chinês, a letra inicial da palavra China significa "reinado do meio", querendo dizer que todos os não-chineses estão atrás deles.

Conceitos de dignidade e de tempo

O conceito de dignidade tem importância fundamental na China. Trata-se, afinal, daquilo que de mais precioso alguém pode possuir. Sem ela, a pessoa não é nada na China. A dignidade é obtida pelo cumprimento dos deveres e demais obrigações inerentes a uma pessoa. A dignidade muitas vezes exige pouco esforço, bastando que se preste muita atenção à cortesia nas relações com terceiros. Dignidade envolve um alto grau de autocontrole, consciência do social e preocupação em relação ao próximo. Na sociedade chinesa, demonstrações de raiva, mau humor, perda do autocontrole ou frustrações criam mais situações de indignidade que de perda de respeito.

Apesar de terem sido os inventores do relógio, os chineses nunca definem nem segmentam o tempo à maneira dos ocidentais. Ainda hoje, para os chineses, o tempo simplesmente flui de um dia para o outro. Se alguma missão não for concluída hoje, haverá tempo amanhã, depois de amanhã etc. Esta é uma manifestação do conceito de tempo policrônico (não linear). Nas culturas ocidentais, as pessoas vêm o tempo como monocrônico (linear).

Uma diferença cultural muito importante entre o Ocidente e a China é o costume chinês de dar precedência à forma e ao processo na concretização de uma tarefa, e não à tarefa propriamente dita, uma abordagem que, obviamente, tende a consumir muito mais tempo.

Comportamento

O modo de proceder dos chineses, seu comportamento, sofre a influência de sua história brutal. Isto criou um povo muito cauteloso, retraído, que tende a dar enorme atenção às repercussões que poderão ter cada movimento ou decisão que toma.

Um aspecto importante desse comportamento é o modo de pensar dos chineses. Eles raciocinam em termos de pensamento e relacionamentos, enquanto os ocidentais raciocinam em padrões lineares de causa e efeito.

Outro aspecto que confunde os ocidentais é a disposição dos chineses a discutir possibilidades intermináveis, mesmo quando se trata de algo que a todos parece irrealizável.

Uma filosofia chinesa que se relaciona à interação com os ocidentais pode ser firmada: sempre que um ocidental procurar lhe contar, em uma conversação, tudo o que sabe a respeito do assunto tratado, o chinês ficará ouvindo a fim de aprender o que o ocidental realmente sabe, para que, no final do dia, o chinês continue de posse do conhecimento que já detinha e, mais, de tudo aquilo que o ocidental revelou.

A arte de dar presentes

Os chineses são condicionados a manifestar agradecimento, ou apreciação por alguma coisa boa, por alguma forma concreta, como, por exemplo, dando presentes ou fazendo favores. Para eles, a maneira ocidental de estar sempre dizendo "muito obrigado!" é uma forma disfarçada de agradecer apressadamente e logo esquecer a obrigação de retornar o favor prestado. Quando os chineses fazem um favor a alguém, esperam que o reconhecimento seja manifestado de forma concreta. Se alguém só tiver a dizer "obrigado!", deverá fazê-lo de maneira específica e sincera, e parar por aí. Os chineses não gostam daqueles agradecimentos intermináveis, melosos. A arte de dar presentes é altamente desenvolvida na China. Embora, hoje, severamente diminuída (surgiu até mesmo uma lei que proíbe os funcionários governamentais de receberem presentes de qualquer espécie e/ou valor), trata-se de uma prática de importância vital para o estabelecimento e a manutenção de relacionamentos pessoais.

Viver como hóspede estrangeiro na República Popular da China

Os estrangeiros que estiveram na República Popular da China na última década para participar da reconstrução da economia nacional têm recebido tratamento preferencial. Seus alojamentos são quase sempre bem mais modernos que os de um chinês comum. O expatriado goza de privilégios que, entre os chineses, só estão ao alcance dos mais altos funcionários do regime. Por exemplo, têm acesso a uma alimentação da mais alta qualidade e recebem salários muitas vezes superiores aos dos chineses em posições semelhantes. São protegidos das duras realidades da vida chinesa e destinatários de cortesias e cuidados inimagináveis pelos nativos.

São três os motivos principais deste tratamento preferencial. O primeiro é que, como nação assolada pela pobreza, a China precisa atrair e manter estrangeiros em número suficiente para ajudá-la a conquistar um padrão de vida mais elevado, por meio da elevação de seus índices técnicos e econômicos. Em segundo lugar, os chineses acreditam que todo e qualquer cidadão procedente de nações mais desenvolvidas está tão acostumado aos confortos da vida moderna que não teria condições de dar o melhor de si sem estar cercado por esses mesmos elementos. Por fim, existe, pura e simplesmente, o orgulho nacional. Os chineses querem que ninguém possa dizer algo do seu país que não seja o melhor.

Quadro C6.3 Continuação

Fator social

O comportamento sociocultural dos chineses é, de maneira geral, muito diferente do predominante nas sociedades ocidentais. A família é de extrema importância para eles, e a responsabilidade para com ela tem precedência quando entra em conflito com as responsabilidades geradas pelo trabalho. Os estranhos à família são tratados com indiferença que pode muitas vezes raiar o desprezo. A tomada de decisões é algo que vai evoluindo a partir da opinião e do apoio da família. Os mais velhos e os antepassados são tratados com supremo respeito. A reverência pela autoridade e a ordem explica porque os chineses se empenham tanto na busca de um consenso o mais geral possível. Um dos ideais mais importantes promovidos pela família é a harmonia.

Os chineses não acreditam no conceito da privacidade. Esta ausência de individualidade e liberdade é, na verdade, um modo de vida na China.

As leis existem para ser infringidas

Exatamente em função de seu atravancamento histórico em meio a regras e proibições, os chineses desenvolveram uma atitude perversa e aparentemente contraditória em relação às leis e aos regulamentos. Eles tendem a ignorar e violar essas normas sempre que isso sirva aos seus propósitos, desde que entendam que disso não vá resultar qualquer complicação que não tenham condições de enfrentar e superar. Boa parte da atitude pública dos chineses baseia-se na conveniência política, e não em seus verdadeiros sentimentos. Como o seu comportamento público, oficial é acima de tudo uma técnica de sobrevivência, eles não se sentem culpados sempre que precisam ignorar ou subverter o sistema. Trata-se de algo que fazem ao natural, simplesmente como uma maneira de ir para a frente.

A importância da gestão dos recursos humanos nas organizações chinesas

O ambiente de trabalho chinês fica sob a influência de seis grandes fatores: os Planos Econômicos Nacionais, os Programas das Quatro Modernizações, Liderança Política, Valores Culturais Chineses, Sindicatos e as Zonas Econômicas Especiais (ZEEs). Estas foram criadas especificamente para a concretização de *joint ventures* com outros países. As características especiais das ZEEs que se encontra em uma *joint venture* são a sua influência dominante em matéria do sistema de salários e empregos, estrutura organizacional, funções administrativas e decisões.

Um dos mais interessantes aspectos da gestão chinesa de Recursos Humanos é a influência inconfundível de valores culturais tradicionais, como *guanxi* (relacionamentos), *renqing* (favores), *mianzi* (dignidade) e *bao* (retribuição) sobre o recrutamento e seleção, treinamento e aperfeiçoamento, e colocação e promoção.

Há um componente político definitivo na atuação dos executivos chineses de pessoal: os mais focados no partido baseiam suas decisões preferencialmente nas políticas partidárias e só depois pensam no que é melhor para o empreendimento.

Os registros pessoais e suas implicações

A política chinesa de administração de pessoal não perdoa nem esquece qualquer transgressão, real ou imaginária, cometida em qualquer época pelos trabalhadores sob sua jurisdição. Qualquer erro ou falta grave cometido(a) por um(a) funcionário(a) é indelevelmente registrado em sua ficha, sendo assim muito fácil usá-lo em seu prejuízo.

Para contratar alguém que trabalhe para outra companhia, esta última deve liberar o fichário da pessoa em questão. Tal ficha contém o histórico de trabalho da pessoa e comanda seu direito a qualquer dos benefícios atribuídos aos funcionários do setor estatal. Se o empregador não quiser liberar a ficha e o funcionário mesmo assim deixar esse emprego, perderá automaticamente qualquer benefício previsto em lei, um risco que poucos chineses se mostram, em geral, dispostos a correr. Muitas empresas estrangeiras já descobriram que, para contratar alguém que esteja trabalhando para outra empresa, precisarão ofereciam algum tipo de compensação a esse empregador relutante. A média salarial que os estrangeiros ofereciam, em 1992, ficava em torno de mil iuanes, soma bem modesta em termos de dólares, mas que representava a metade do salário mensal de um tradutor.

Os chineses são, de maneira geral, etnocêntricos em matéria de sua percepção em relação a pessoas de outras províncias. Isto pode ter influência na revisão e aceitação da ficha de trabalho de pessoas de outras províncias. O emprego anterior pode ter grande impacto nas perspectivas de sucesso em uma próxima carreira. Como exemplo disso, em Xangai, sempre será vista com resistência a ficha de trabalho (e conseqüentemente a própria pessoa) de pessoas procedentes da área mais pobre e menos esclarecida de Chongming Dao.

Uma diferença cultural relacionada a isso é que um executivo estrangeiro tenderia a examinar a ficha de trabalho sob a perspectiva do desempenho, enquanto um executivo chinês examinaria a mesma ficha buscando principalmente sua antigüidade e examinando se contém algum dado a indicar que o seu portador está acostumado a causar dissensões.

Hierarquia

Oficialmente não existem distinções de classes na China, mas a hierarquia é importante demais entre os dirigentes empresariais e os burocratas do governo. É essencial saber a hierarquia do indivíduo com quem se precisará compartilhar atividades oficiais e, da mesma forma, saber dosar a atitude em relação a ele de acordo

Quadro C6.3 Continuação

com essa hierarquia. Ligações e hierarquia garantem acesso ao *te-quan*, ou privilégios especiais. Se o alto funcionário com o qual se for tratar estiver acompanhado pelo seu subordinado mais próximo, toda a discussão deverá concentrar-se naquele, ficando o subordinado em plano absolutamente inferior, na verdade, como se não existisse.

Produção e controle de qualidade na China

Os chineses têm, em geral, apenas um entendimento rudimentar dos conceitos de qualidade. Quase sempre fazem inspeções totais para "controlar" a qualidade. Como os chineses estão há muito acostumados com bens e produtos de qualidade inferior, os trabalhadores não percebem a importância de produzir artigos de alta qualidade. Artigos que não passam nos testes de controle de qualidade são oferecidos gratuitamente aos funcionários.

A qualidade da tecnologia usada na China varia tremendamente. Em sua maior parte, o nível tecnológico é o que existia nos Estados Unidos na década de 1950. A informatização é escassa. Os materiais são translados manualmente. O maquinário é pesado e está sempre necessitando de consertos.

A programação do trabalho é algo quase inexistente, ainda que o trabalho em si seja designado para grupos determinados. Uma operação típica de produção depende de muita mão-de-obra, e, na maioria dos casos, essa mão-de-obra é excessiva. O planejamento da produção baseia-se mais no número de horas que consumirá que no número de unidades a serem fabricadas.

Infra-estrutura

A economia chinesa tem todos os problemas que podem assolar uma infra-estrutura deficiente. A energia elétrica é racionada (especialmente no caso de empresas que têm excedido suas quotas). As estradas são péssimas, os embarques por ferrovia chegam muito mais com atraso do que em dia, as remessas de matérias-primas para as fábricas vão (ocasionalmente) parar em outras unidades, e os sistemas de comunicação podem ser considerados um verdadeiro pesadelo.

Nota complementar

Nem o estudo original de Geert Hofstede (Hofstede 1980), nem seu trabalho posterior (Hofstede e Bond 1988) incluem a China como um país de análise. Contudo, Hong Kong e Taiwan foram incluídas em ambas as instâncias. Os resultados foram similares para Distância do Poder (grande), Individualismo (baixo), Indisposição a Arriscar-se (baixo) e Confucianismo (alto), sendo diferentes apenas em relação a Masculinidade (Hong Hong, alta, e Taiwan, baixa). Poderíamos, em conseqüência, esperar um processo decisório de alto a baixo, autoridade centralizada, gerência pouco participativa, tolerância da incerteza e autoridade confiada apenas aos funcionários mais antigos. Tudo isso confirma os fatos descritos neste caso.

ATIVIDADES FORA DO EMPREGO

James e Lily tinham uma vida social muito diferente daquela com a qual estavam acostumados nos Estados Unidos. Passavam horas caminhando e conversando. Ocasionalmente, quando em Xangai, tinham a oportunidade de assistir a belos espetáculos. Viram os acrobatas, foram a concertos sinfônicos e ao *ballet* e até mesmo se juntaram às multidões em um parque de Xangai quando a cerveja Foster patrocinou a exibição, ali, de bandas australianas.

As preocupações que Lily havia manifestado antes dessa experiência desapareceram à medida que fez novas amizades e se integrou ao ambiente social da área. Como sua aparência fosse indistinguível da dos naturais da área de Xangai, era mais rapidamente aceita e aprendia muito mais sobre a vida local que a maioria dos ocidentais na China. Em determinado momento, dois meses depois de ter chegado à China, Lily foi hospitalizada devido a uma infecção pulmonar. Até mesmo isso teve uma solução satisfatória. Ela aprendeu na prática que a capacidade dos médicos e seus assistentes era muito alta, desde o diagnóstico até a maneira indolor com que recolhiam amostras de sangue. De maneira geral, ela não teve problemas de ociosidade. Era uma esposa de estilo tradicional, que nunca chegou a trabalhar em tempo integral desde o nascimento de seus filhos, mas nunca enfrentou dificuldades para se ocupar devido a ser uma mulher sempre compelida a saber cada vez mais sobre tudo e sobre todos. Passava a maior parte do seu tempo viajando com James para todos os lados e, quando ele estava no trabalho, procurava as pessoas e fazia trabalho voluntário em uma missão dos arredores, pois tinha alguma experiência como enfermeira assistente, tendo até mesmo concluído um curso a respeito antes de casar-se com James.

Os Randolfs preferiam comida com ingredientes frescos, e se mostravam muito satisfeitos à distância da "sociedade supermercadista", embora Lily passasse dias inteiros fazendo compras nos mercados tradicionais. Eles entendiam que podiam se alimentar muito bem na China.

James e Lily aprenderam o máximo possível sobre o dialeto de Xangai. Apesar de nunca terem chegado a ser inteiramente proficientes, o esforço que fizeram para falar direito o dialeto agradou demais aos chineses com quem conviveram. Passavam boa parte do seu tempo livre interagindo com as pessoas da área.

Ocasionalmente, a Filtration Inc. promovia um evento para os expatriados em Xangai. James e Lily eram sempre convidados. Na ilha, contudo, faziam sempre as refeições no restaurante da fábrica. Ao contrário do que lhes fora passado durante o treinamento de orientação, aprenderam, com alegria, que os chineses são gregários e gostam de conversar e se divertir durante as refeições. Aliás, essas ocasiões eram aproveitadas como oportunidade para o desenvolvimento de amizades e intercâmbio de experiências.

A CONVOCAÇÃO E A PARTIDA DE JAMES

Uma dia, no começo de fevereiro de 1994, James recebeu um telefonema de Cingapura com a pior notícia que recebeu ao longo de toda a sua experiência chinesa. A Controls havia optado por chamá-lo de volta à sede mundial. Antes disso, ele deveria treinar seu substituto e, dentro de um mês, voltar para os Estados Unidos.

Tudo havia dado certo nos últimos meses, e ele pensava estar concretizando muitos dos objetivos fixados. Claro que ainda tinha muito para fazer, inclusive convencer o sócio chinês na *joint venture* da necessidade de reduzir significativamente o número de funcionários.

Embora ele e Lily tivessem conseguido enfrentar essa notícia e os preparativos para o retorno com extrema dignidade, não puderam se livrar do sentimento de decepção e tristeza que a determinação de encerrar a missão provocou. Jimmy Chao, seu substituto, chegou duas semanas mais tarde. Era um engenheiro de Cingapura cuja experiência se limitava à supervisão da produção em uma das fábricas da Controls nesse país. James passou todo o tempo possível tentando ensinar-lhe o máximo com a maior rapidez. Jimmy era 18 anos mais novo que James, muito arrogante, convencido de suas idéias e até mesmo agressivo. Embora James lhe proporcionasse todos os ensinamentos possíveis, Jimmy dizia que iria mesmo fazer tudo à maneira dele.

A cena na barca quando o casal partiu da ilha pela última vez foi inacreditável. Muitos dos trabalhadores e todos os executivos da parte da *joint venture* que era chinesa estiveram lá para se despedir do casal. Muitos presentes e lembranças foram trocados.

O avião se aproximava inexoravelmente do ponto de partida. James, a essa altura da viagem, havia conseguido passar e repassar as fitas de sua experiência vezes sem conta, em pensamento, e só encontrava consolo no fato de sentir-se abençoado por ter passado por aquela experiência. O que mesmo eu devo recomendar no meu relatório e durante as inquirições? Se chegar à conclusão de que eles realmente estão pensando em abandonar tudo, será minha a responsabilidade de fazê-los mudar de idéia. Bem, mas acho que todas essas questões terão de esperar mais um dia. Acho que está na hora de dormir um pouco. Como estará a temperatura em Pauley?

REFERÊNCIAS

Steven R. Hendryx, "The China Trade: Making the Deal Work", *Harvard Business Review* (July–August 1986), pp. 75–84.

_____ e Michael H. Bond, "The Confucius Connection: From Cultural Roots to Economic Growth", *Organizational Dynamics* (Spring 1988), pp. 5–21.

Geert Hofstede, *Culture's Consequences: International Differences in Work Related Values*, Sage Publications, Beverly Hills, CA, 1980.

Wenzhong Hu, e Cornelius Grove, *Encountering the Chinese: A Guide for the Americans*, Intercultural Press Inc. Yarmouth, ME, 1993.

Saha Sudhir Kumar, "Managing Human Resources in China", *Canadian Journal of Administrative Science* (Summer 1991), pp. 167–177.

Roderick Macleod, *How to Do Business with the Chinese*, Bantam Books, New York, 1988.

James J. Wall, Jr., "Managers in the People's Republic of China", *Academy of Management Executives* (1990), pp. 19–32.

Irene Y. M. Yeung and Rosalie L. Tung, "Achieving Business Success in Confucian Societies: The Importance of Guanxi", *Organizational Dynamics* (Autumn 1996), pp. 54–65.

Fonte: John Stanbury. Este caso foi preparado pelo professor John Stanbury, da University Indiana, em Kokomo, com a assessoria de Rina Dangarwala e John King, estudantes de MBA. O caso não pretende apontar eficiência ou incompetência em situação administrativa. Os pontos de vista manifestados são os do autor do caso e não refletem necessariamente os da Society for Case Research. A opinião do autor baseia-se em julgamentos profissionais próprios. Os nomes da organização e do setor na qual opera, bem como nomes de indivíduos e situações citados neste caso, foram modificados para preservar as respectivas identidades. Apresentado e aceito pela Society for Case Research. Todos os direitos reservados para o autor e a Society for Case Research. Copyright © 1997 by John Stanbury. Reproduzido mediante autorização.

Notas dos capítulos

CAPÍTULO 1: ANÁLISE DO CENÁRIO — POLÍTICO, ECONÔMICO, LEGAL E TECNOLÓGICO

1. "Nokia's China Strategy: Exchanging Technology for Market Access", www.business.week.com, 22/01/2001.
2. D. Pearl e J. Freedman, "Behind Cipla's Offer of Cheap AIDS Drugs", *Wall Street Journal*, 12/03/2001.
3. K. Ohmae, "Putting Global Logic First", *Harvard Business Review* (January–February 1995): 119-125.
4. *Business Week*, 31/08/1998.
5. www.WTO, 10/11/1998.
6. Jeremy Kahn, "The Fortune Global 500", *Fortune*, 03/08/1998.
7. K. Ohmae, *The Borderless World* (New York: Harper Business, 1990).
8. Ibid.
9. "EU Members play the numbers game", *Financial Times*, 17/11/2000.
10. *Wall Street Journal*, 28/02/1995.
11. "South Korean Chaebol Enter Series of Mergers", *Wall Street Journal*, 04/09/1998.
12. "How Japan's Toshiba Got Its Focus Back", *Wall Street Journal*, 28/12/2000.
13. "A Kinder, Gentler Way to Open Up Japan", *Wall Street Journal*, 12/01/2001.
14. G. Becker, "It's Time for NAFTA to Look Further South", *Business Week*, 08/01/2001.
15. *Fortune Investor's* Guide, 18/12/1949.
16. W. E. Halal e A. I. Nikitin, "One World: The Coming Synthesis of New Capitalism and a New Socialism", *Futurist* (November–December 1990): 8–14.
17. J. A. Quelch, E. Joachimsthaler e J. L. Nueno, "After the Wall: Marketing Guidelines for Eastern Europe", *Sloan Management Review* (Winter 1991): 82–93.
18. "Piling into Central Europe", *Business Week*, 01/07/1996.
19. M. Forney, P. Yatski, "No More Free Lunch", *Far Eastern Economic Review*, 16/10/1997, 62–63.
20. "China's Effort to Joint WTO Gaining Urgency", *Wall Street Journal*, 12/01/2001.
21. Newswire UPI, 07/11/1995.
22. K. Ohmae.
23. W. B. Johnston, "Global Work Force 2000: The New World Labor Market", *Harvard Business Review* (March–April 1991): 19–22.
24. Ibid.
25. N. J. Adler, "Cross–Cultural Management: Issues to Be Faced", *International Studies of Management and Organization* 13 (Spring-Summer 1983): 7–45.
26. B. Weiner, "What Executives Should Know About Political Risks", *Management Review* (January 1991): 19–22.
27. Ibid.
28. S. H. Robock e K. Simmonds, *International Business and Multinational Enterprises*, 4th. ed. (Homewood, IL: Irwin, 1989): 378.
29. Ibid.
30. D. F. Simon, "After Tiananmen: What Is the Future for Foreign Business in China?", *California Management Review* (Winter 1990): 106–108.
31. A. Jack, Moscow: "Europe reinvented: Russians wake up to consumer capitalism", www.FT.com, 30/01/2001.

32. A. Clark, "Japan Goes to Europe", *World Monitor* (April 1990): 36–40.
33. E. F. Micklous, "Tracking the Growth and Prevalence of International Terrorism", em *Managing Terrorism Strategies for the Corporate Executive*, ed. P. J. Montana e G. S. Roukis (Westport, CT: Quorum Books, 1983): 3.
34. Robock e Simmonds.
35. G. M. Taoka e D. R. Beeman, *International Business* (New York; HarperCollins, 1991).
36. Rahul Jacob, "Asian Infrastructure: The Biggest Bet on Earth", *Fortune*, 31/10/1994, 139–146.
37. D. R. Beeman, "An Empirical Analysis of the Beliefs Held by the International Executives of United States Firms Regarding Political Risk and Risk Reduction Methods in Developing Nations" (tese de doutorado na Indiana University Graduate School of Business, 1978), reproduzida em G. M. Taoka e D. R. Beeman, *International Business* (New York: HarperCollins, 1991): 36–41.
38. T. W. Shreeve, "Be Prepared for Political Changes Abroad", *Harvard Business Review* (July–August 1984): 111–118.
39. M. C. Schnitzer, M. L. Liebrenz e K. W. Kubin, *International Business* (Cincinnati, OH: South-Western, 1985).
40. C. Erol, "An Exploratory Model of Political Risk Assessment and the Decision Process of Foreign Direct Investment", *International Studies of Management and Organization* (Summer 1985): 75–90.
41. T. Morrison, W. Conaway, J. Bouress, *Dun & Bradstreet's Guide to Doing Business Around the World* (Englewood Cliffs, NJ: Prentice-Hall, 1997).
42. M. C. Schnitzer, M. L. Liebrenz e K. W. Kubin, *International Business* (Cincinnati, OH: South-Western, 1985).
43. P. Smith Ring, S. A. Lenway e M. Govekar, "Management of the Political Imperative in International Business", *Strategic Management Journal* 11 (1990): 141–151.
44. Ibid.
45. L. D. Howell e B. Chaddick, "Models of Political Risk for Foreign Investment and Trade", *Columbia Journal of World Business*, Fall 1994.
46. Taoka e Beeman.
47. Ibid.
48. Overseas Private Investment Corporation, *Investment Insurance Handbook*, 4.
49. Schnitzer, Liebrenz e Kubin.
50. B. O'Reilly, "Business Copes with Terrorism", *Fortune*, 06/01/1986, 48.
51. *Wall Street Journal*, 29/12/200.
52. J. Dahl, "Firms Warn Workers Traveling Abroad", *Wall Street Journal*, 10/04/1989, B1.
53. A. Paul, "Indonesia", *Fortune*, 13/04/1998.
54. F. John Mathis, "International Risk Analysis", em *Global Business Management in the 1990s*, ed. R. T. Moran (Washington, D.C.: Beacham, 1990): 33–34
55. Mathis, 40.
56. Ibid.
57. Grande parte desta seção é extraída de A. Paul, "Indonesia", *Fortune*, 13/04/1998.
58. Ibid.
59. "Why Sweet Deals are Going Sour in China", *Business Week*, 19/12/1994, 50-51.
60. Loeb.
61. P. Hui-Ho Cheng, "A Business Risk in China: Jail", *Asian Wall Street Journal*, 22/04/1994.
62. M. Litka, *International Dimensions of the Legal Environment of Business* (Boston: PWS-Kent, 1988): 5.
63. Ibid.
64. Jacob.
65. Litka.
66. Jacob.
67. Ibid.
68. R. J. Radway, "Foreign Contract Agreements", em *Global Business Management in the 1990s*, ed. R. T. Moran (Washington D.C.: Beacham, 1990): 93–103.
69. S. P. Robbins e R. Stuart-Kotze, *Management* (Scarborough, Ontario: Prentice-Hall, Canadá, 1990): 4–11.
70. Ibid.
71. "Lacking Roads, Village Building Information Highway", *Wall Street Journal*, 29/12/2001.
72. Sylvia Ostry, "Technological Productivity and the Multinational Enterprise", *Journal of International Business Studies* 29,1 (1st quarter, 1998) 85–99.
73. Ibid.
74. "Where Technology Is the Appropriate Word", *Economist*, 18/04/1987, 83.
75. "How to Sell Soap in India", *Economist*, September 1988, 82.
76. Hans Dieter Zimmerman, "E-Business" www.businessmedia.org.
77. "What Is E-Business", PriceWaterhouseCoopers, www.pwcglobal.com, 21/07/2000.
78. J. Rajesh, "Five E-Business Trends", Net.Columns, www.indialine.com, 18/02/1999.
79. Ibid.
80. "E-Management", *The Economist*, 11/111/2000.
81. "E-Commerce Report", *The New York Times*, 26/03/2001.
82. PriceWaterhouseCoopers, www.pwcglobal.com.
83. Esta seção é baseada em um trabalho de conclusão de Laura Harrison, à época aluna da State University of New York, December 2000.
84. "What Is E-Business", PriceWaterhouseCoopers, www.pwcglobal.com, 21/07/2000.
85. B. James, "Reducing the Risks of Globalization", *Long-Range Planning* 23, nº 1 (1990): 80–88.

CAPÍTULO 2: ADMINISTRAÇÃO DA INTERDEPENDÊNCIA: RESPONSABILIDADE SOCIAL E ÉTICA

1. "Killer in a Bottle", *Economist* 279, nº 7184, 09/05/1981, 50.
2. A. M. Freedman e S. Stecklow, "As Unicef Battles Baby-Formula Makers, African Infants Sicken", *Wall Street Journal*, 05/12/2000.
3. Ibid.
4. J. C. Laya, "Economic Development Issues", em *Multinational Managers and Host Government Interactions*, ed. Lee A. Tavis (South Bend, IN: University of Notre Dame Press, 1988).

5. John A. Quelch e James E. Austin, "Should Multinationals Invest in Africa?", *Sloan Management Review* (Spring 1993): 107-119.
6. Milton Friedman, *Capitalism and Freedom*, (Chicago: University of Chicago Press, 1962).
7. S. Prakash Sethi,"A Conceptual Framework for Environmental Analysis of Social Issues and Evaluation of Business Response Patterns", *Academy of Management Review* (January 1979): 63-74.
8. A. B. Carroll, "A Three Dimensional Conceptual Model of Corporate Performance", *Academy of Management Review* 4 (1979): 497-505.
9. John Dobson, "The Role of Ethics in Global Corporate Culture", *Journal of Business Ethics* 9 (1990): 481-488.
10. Ibid.
11. N. Bowie, "The Moral Obligations of Multinational Corporations", em *Problems of International Justice*, ed. Luper-Fay (New York: Westview Press: 1987): 97-113.
12. A. C. Wicks, "Norman Bowie and Richard Rorty on Multinational: Does Business Ethics Need 'Metaphysical Comfort'?", *Journal of Business Ethics* 9(1990): 191-200.
13. Joanna Ramey, "Clinton Urges Industry to enlist in the War Against Sweatshops", www.labordepartment.com, 15/04/1997.
14. Shu Shin Luh, "Report Claims Abuses by Nike Contractors", *Wall Street Journal*, 12/02/2001.
15. *Asian Wall Street Journal*, 08/04/1994.
16. "Staunching the Flow of China's Gulag Exports", *Business Week*, 13/04/1992.
17. J. Carlton, "Ties With China Will Be Severed by Levi Strauss", *Wall Street Journal*, 05/05/1993, A3.
18. G. P. Zachary, "Levi Tries to Make Sure Contract Plants in Asia Treat Workers Well", *Wall Street Journal*, 28/07/1994.
19. "Sweatshop Police", *Business Week*, 20/10/1997.
20. Kathleen A. Getz, "International Codes of Conduct: An Analysis of Ethical Reasoning", *Journal of Business Ethics* 9 (1990): 567-577.
21. Swee Hoon Ang, "The Power of Money: A Cross-Cultural Analysis of Business-Related Beliefs", *Journal of World Business*, 35 (Spring 2000): 43.
22. D. Vogel, "Is U.S. Business Obsessed with Etchics?", *Across the Board* (novembro/dezembro, 1993): 31-33; A. Singer, "Ethics — Are Standards Lower Overseas?", *Across the Board* (September 1991): 31-34.
23. Parviv Asheghian e Bahman Ebrahimi, *International Business* (New York: Harper and Row, 1990).
24. Ibid.
25. Vogel.
26. Singer.
27. Ibid.
28. J. G. Kaikati e W. A. Label, "American Bribery Legislation: An Obstacle to International Marketing", *Journal of Marketing* (Fall 1980): 38-43.
29. G. R. Laczniak e J. Naor, "Global Ethics: Wrestling with the Corporate Conscience", *Business* (July-August-September 1985): 3-10.
30. Singer.
31. G. A. Steiner e J. F. Steiner, *Business, Government and Society*, 6th. ed. (New York: McGraw-Hill 1991).
32. Larry Luxner, "IBM Feeling Blue in Argentina", *Multinational Monitor*, October 1996, vol. 17, nº 10: 14 (4).
33. T. L. Carson, "Bribery and Implicit Agreements: A Reply to Philips", *Journal of Business Ethics* 6 (1987): 123-125.
34. M. Philips, "Bribery", *Ethics* 94 (July 1984).
35. Ibid.
36. Singer.
37. L. H. Newton e M. M. Ford, *Taking Sides* (Guilford, CT: Dushkin, 1990).
38. Ibid.
39. K. Gillespie, "Middle East Response to the U.S. Foreign Corrupt Practices Act", *California Management Review* (Summer 1987).
40. K. M. Bartol e D. C. Martin, *Management* (New York: McGraw-Hill, 1991).
41. Vogel.
42. A. Cadbury, *Harvard Business Review* (September-October 1987): 67-73.
43. M. E. Shannon, "Coping with Extortion and Bribery", em *Multicultural Managers and Host Government Interactions*, ed. Lee A. Travis (South Bend, IN: University of Notre Dame Press, 1988).
44. Laczniack e Naor.
45. "A World of Greased Palms", *Business Week*, 06/11/1995.
46. D. E. Sanger, "Nippon Telegraph Executive Demoted for Role in Scandal", *New York Times*, 10/12/1988.
47. Susan Chira, "Another Top Official in Japan Loses Post in Wake of Scandal", *New York Times*, 25/01/1989, 1,5; e "Remember the Recruit Scandal? Well...", *Business Week*, 08/01/1990, 52.
48. Sadehei Kusomoto, "We're Not in Honshu Anymore", *Across the Board* (June 1989): 49-50.
49. Ibid.
50. P. W. Beamish et al., *International Management* (Homewood, IL: Irwin 1991).
51. J. N. Behrman, *National Interests and the Multinational Enterprise* (Englewood Cliffs, NJ; Prentice-Hall, 1970): 31.
52. Adaptado de P. Asheghian e B. Ebrahimi, *International Business* (New York: Harper and Row, 1990): 640-641.
53. R. Grosse e D. Kujawa, *International Business* (Homewood, IL: Irwin, 1988): 705.
54. R. H. Mason e R. S. Spich, *Management, An International Perspective* (Homewood, IL: Irwin, 1987).
55. Yves L. Doz e C. K. Prahalad, "How MNCs Cope with the Host Government Intervention", *Harward Business Review* (March-April 1980).
56. Mason e Spich.
57. Simcha Ronen, *Comparative and Multinational Management* (New York: John Wiley and Sons, 1986): 502-503.
58. R. T. De George, *Competing with Integrity in International Business* (NY: Oxford University Press, 1993): 3-4.
59. *Fortune – Investors' Guide*, 18/12/2000.
60. "Two Years Later, the Promises Used to Sell NAFTA Haven't Come True, but Its Foes Were Wrong, Too", *Wall Street Journal*, 26/10/1995.
61. *Wall Street Journal*, 28/10/1994.
62. Ibid.
63. *Fortune*, 2000.
64. *Wall Street Journal*, 1994.
65. "The Border", *Business Week*, May 1977.
66. Ibid.
67. *Wall Street Journal*, 29/06/1994.
68. B. Ward e R. Dubois, *Only One Earth* (New York: Ballantine Books, 1972).
69. Ronen.
70. S. Tifft, "Who Gets the Garbage", *Time*, 04/07/1988, 42-43.

71. Jang B. Singh e V. C. Lakhan, "Business Ethics and the International Trade in Hazardous Wastes", *Journal of Business Ethics* 8 (1989): 889–899.
72. R. A. Peterson e M. H. Sauber, "International Marketing Ethics: Is There a Need for a Code?" (trabalho apresentado na *International Studies Association Southwest*, Houston, TX, 16–19/03/1984).
73. M. Reza Vaghefi, S. K. Paulson e W. H. Tomlinson, *International Business Theory and Practice* (New York: Taylor e Francis, 1991): 249–250.
74. T. E. Graedel e B. R. Allenby, *Industrial Ecology* (Englewood Cliffs, NJ: Prentice Hall, 1995).
75. M. Sharfman, Book Review of Graedel e Allenby, *Academy of Management Review* 20, nº 4 (1995): 1090–1107.
76. Ronen.
77. Asheghian e Ebrahimi.
78. H. Becker e D. J. Fritzsche, "A Comparison of the Ethical Behavior of American, French and German Managers", *Columbia Journal of World Business* (Winter 1987): 87–95.

CAPÍTULO 3: A COMPREENSÃO DA IMPORTÂNCIA DA CULTURA

1. David A. Ricks, *Big Business Blunders: Mistakes in Multinational Marketing* (Homewood, IL: Dow Jones-Irwin, 1983).
2. Carla Joinson, "Why HR Managers Need to Think Golbally", *HR Magazine*, April 1998, 2–7.
3. Ibid.
4. J. Stewart Black e Mark Mendenhall, "Cross-Cultural Training Effectiveness: A Review and a Theoretical Framework for Future Research", *Academy of Management Review* 15, nº 1 (1990): 113–136.
5. Adaptado de Bernard Wysocki Jr., "Global Reach: Cross-Border Alliances Become Favorite Way to Crack New Markets", *Wall Street Journal*, 26/03/1990, A1, A4.
6. Geert Hofstede, *Culture's Consequences: International Differences in Work-Related Values* (Beverly Hills, CA: Sage Publications, 1980): 25.
7. E. T. Hall, *The Silent Language*, (Greenwich, CT: Fawcett, 1959).
8. Uma definição mais detalhada pode ser encontrada em A. L. Kroeber e C. Kluckholhn, "A Critical Review of Concepts and Definitions", em *Peabody Museum Papers* 47, nº 1, (Cambridge, MA: Harvard University Press, 1952): 181.
9. David Dressler e Donald Carns, *Sociology, The Study of Human Interaction* (New York: Knopf, 1969): 56–57.
10. K. David, "Organizational Processes for Intercultural Management" (trabalho apresentado na *Strategic Management Association*, San Francisco, CA, 1989).
11. www.McDonalds.com, 20/02/2001; e *Wall Street Journal*, 02/02/1990, A15.
12. Lane Kelley, Arthur Whatley e Reginald Worthley, "Assessing the Effects of Culture on Managerial Attitudes: A Three-Culture Test", *Journal of International Business Studies* (Summer 1987): 17–31.
13. J. D. Child, "Culture, Contingency and Capitalism in the Cross-National Study of Organizations", em *Research in Organizational Behavior*, ed. L. L. Cummings e B. M. Shaw (Greenwich, CT: JAI Publishers, 1981): 303–356.
14. Jangho Lee, T. W. Roehl, Soonkyoo Choe, "What Makes Management Style Similar and Distinct Across Borders? Growth Experience and Culture in Korean and Japanese Firms", *Journal of International Business Studies* 31, nº 4 (4th Quarter, 2000): 631–652.
15. James A. Lee, "Cultural Analysis in Overseas Operations", *Harvard Business Review* (March–April 1966).
16. E. T. Hall, "The Silent Language in Overseas Business", *Harvard Business Review* (May–June 1960).
17. "American Culture is Often a Puzzle for Foreign Managers in the U.S.", *Wall Street Journal*, 12/02/1986, 34.
18. "One Big Market", *Wall Street Journal*, 06/02/1989, 16.
19. D. A. Ralston, Yu Kai-Ceng, Xun Wang, R. H. Terpstra e He Wel, "An Analysis of Managerial Work Values Across the Six Regions of China" (Trabalho apresentado na *Academy of International Business*, Boston, November 1994).
20. Philip R. Harris e Robert T. Moran, *Managing Cultural Differences* (Houston, TX: Gulf Publishing, 1987).
21. K. David, "Field Research", em *The Cultural Environment of International Business*, 3rd ed, ed. V. Terpstra e K. David (Cincinnati, OH: South-Western, 1991): 176.
22. "Sharia Loosens Its Grips", *Euromoney*, May, 1987, 137–138.
23. "Korea's Digital Quest", www.Businessweek.com, 25/09/2000.
24. Geert Hofstede, "National Cultures in Four Dimensions", *International Studies of Management and Organization* (Spring-Summer 1983).
25. Elizabeth Weldon e Elisa L. Mustari, "Felt Dispensability in Groups of Coactors: The Effects of Shared Responsibility on Cognitive Effort" (Trabalho não publicado, Kellog Graduate School of Management, Northwestern University), February, 2000.
26. P. Christopher Earley, "Social Loafing and Collectivism: A Comparison of the United States and the People's Republic of China", *Administrative Science Quarterly* 34 (1989): 565–581.
27. H. K. Steensma, L. Marino, K. M. Weaver, "Attitudes towards Cooperative Strategies: A Cross-Cultural Analysis of Entrepreneurs", *Journal of International Business Studies*, 31, nº 4 (4h Quarter 2000), 591–609.
28. Simcha Ronen e Oded Shenkar, "Clustering Countries on Attitudinal Dimensions: A Review and Synthesis", *Academy of Management Review* 10, nº 3 (1985): 435–454.
29. F. Trompenaars, *Riding the Waves of Culture* (Nicholas Brealey, London, 1993).
30. L. Hoeklin, *Managing Cultural Differences: Strategies for Competitive Advantage* (The Economist Intelligence Unit/Addison-Wesley, 1995).
31. Ross A. Webber, *Culture and Management, Text and Reading in Comparative Management* (Homewood, IL: Irwin, 1969); 186.
32. Arvind V. Phatak, *International Dimensions of Management*, 2nd ed. (Boston: PWS-Kent, 1989).
33. D. Darlin e J. B. White, "GM Venture in Korea Nears End, Betraying Firm's Fond Hopes", *Wall Street Journal*, 16/01/1992, 1.
34. Geert Hofstede, *Culture's Consequences: International Differences in Work-related Values* (Beverly Hills, CA: Sage Publications, 1980).

35. George W. England, "Managers and Their Value Systems: A Five-Country Comparative Study", *Columbia Journal of World Business* (Summer 1978): 35–44.
36. Lennie Copeland e Lewis Griggs, *Going International* (New York: Random House, 1985); Boye De Mente, *Japanese Etiquette and Ethics in Business* (Lincolnwood, IL: NTD Business Books, 1989; Boye De Mente, *Korean Etiquette and Ethics in Business* (Lincolnwood, IL.: NTC Business Books, 1989); George W. England e R. Lee, "Organizational Goals and Expected Behavior Among American, Japanese, and Korean Managers: A Comparative Study", *Academy of Management Journal* 14, nº 4 (1971): 425–438); R. L. Tung, *Business Negotiations with the Japanese* (Lexington, MA: Lexington Books, 1984); W. G. Ouchi e A. M. Jaeger, "Theory Z Organization: Stability in the Midst of Mobility", *Academy of Management Review* 3, nº 2 (1978): 305–314; T. Seth, "Management and Its Environment in India", em *Management in an International Context*, eds. Joseph L. Massie e J. Luytjes (New York: *Harper and Row*, 1972): 201–225; Nam-Won Suh, "Management and Its Environment in Korea", em *Management in an International Context*, eds. Joseph L. Massie e Jan Luytjes (New York: Harper and Row, 1972): 226–244; Philip R. Harris e Robert T. Moran, *Managing Cultural Differences* (Houston, Texas: Gulf Publishing, 1991); Fernando Quezada e James E. Boyce, "Latin America", em *Comparative Management*, ed. Raghu Nath (Cambridge, MA: Ballinger Publishing, 1988): 245–270; Simcha Ronen, *Comparative and Multinational Management* (New York: John Wiley and Sons, 1986); e V. Terpstra e K. David, *The Cultural Environment of International Business*, 3d ed. (Cincinnati, OH: South-Western, 1991).
37. R. G. Linowes, "The Japanese Manager's Traumatic Entry in the United States: Understanding the American-Japanese Cultural Divide", *Academy of Management Review*, 1992, 21–38.
38. Ibid.
39. Yumiko e Wm. Spindle, "Japan's Long Decline Makes One Thing Rise — Individualism", *Wall Street Journal*, 29/12/2000.
40. Ibid.
41. E. T. Hall e M. R. Hall, *Understanding Cultural Differences* (Yarmouth, ME: Intercultural Press, 1990): 4.
42. P. R. Harris e R. T. Moran, *Managing Cultural Differences*, 4th ed (Houston, TX: Gulf Publishing Co., 1996).
43. Robert Moore "Saudi Arabia", Capítulo 11, em Harris e Moran.
44. John A. Pearce II, Richard B. Robinson, Jr., "Cultivating Guanxi as a Foreign Investor Strategy", *Business Horizons*, January 2000, v. 43, i1, p. 31.
45. M. Chen, *Asian Management Systems: Chinese, Japanese and Korean Styles of Business* (New York, NY: Routledge, 1995).
46. Anne Marie Francesco e Barry Allen Gold, *International Organizational Behavior* (Upper Saddle River, NJ: Prentice Hall, 1997).
47. J. Lee, "Culture and Management — A study of Small Chinese Family Business in Singapore", *Journal of Small Business Management*, July, 1996.
48. R. Sheng, "Outsiders' Perception of the Chinese", *Columbia Journal of World Business* 14 (2), Summer (1996): 16–22.
49. Lee.
50. Ralston.

CAPÍTULO 4: A COMUNICAÇÃO INTERCULTURAL

1. E. T. Halll e M. R. Hall, *Understanding Cultural Differences* (Yarmouth, ME: Intercultural Press, 1990): 4.
2. E. Wilmott, "New Media Vision", *New Media Age*, 09/09/1999, p. 8.
3. Hall e Hall; K. Wolfson e W. B. Pearce, "A Cross-Cultural Comparison of the Implications of Self-discovery on Conversation Logics", *Communication Quarterly* 31 (1983): 249–256.
4. H. Mintzberg, *The Nature of Managerial Work* (New York: Harper and Row, 1973).
5. L. A. Samovar, R. E. Porter e N. C. Jain, *Understanding Intercultural Communication* (Belmont, CA: Wadsworth Publishing Company, 1981).
6. P. R. Harris e R. T. Moran, *Managing Cultural Differences*, 3d. ed. (Houston, TX: Gulf Publishing, 1991).
7. Samovar, Porter e Jain.
8. Hall e Hall, 15.
9. L. A. Samovar e R. E. Porter, *International Communication: A Reader* (Belmont, CA: Wadsworth, 1988.).
10. Harris e Moran.
11. Simcha Ronen, *Comparative and Multinational Management* (New York: John Wiley and Sons, 1986).
12. M. L. Hecht, P. A. Andersen e S. A. Ribeau, "The Cultural Dimensions on Nonverbal Communication", em *Handbook of International and Intercultural Communication*, ed. M. K. Asante e W. B. Gudykunst (Newbury Park, CA: Sage Publications, 1989): 163–185.
13. H. C. Triandis, *International Behavior* (Monterey, CA: Brooks/Cole, 1977).
14. Harris e Moran.
15. Adaptado de N. Adler, *International Dimensions of Organizational Behavior*, 2d. ed. (Boston: PWS-Kent, 1991); e baseado em M. Martin, *Adaptation to a Foreign Environment* (Ottawa: Canadian International Development Agency, a ser publicado).
16. L. A. Samovar, Porter, e Jain.
17. D. A. Ricks, *Big Business Blunders: Mistakes in Multinational Marketing* (Homewood, IL: Dow Jones-Irwin, 1983).
18. Vern Terpstra e K. David, *The Cultural Environment of International Business*, 3d. ed. (Cincinnatti, OH: South-Western, 1991).
19. L. Copeland e L. Griggs, *Going International* (New York: Random House, 1985).
20. J. R. Schermerhorn, "Language Effects in Cross-Cultural Management Research: An Empirical Study and a Word of Caution", *National Academy of Management Proceedings* (1987): 103.
21. Jiatao Li, Katherine R. Xin, Anne Tsui, Donald C. Hambrick, "Building Effective International Joint Venture Leadership Teams in China", *Journal of World Business*, 34, nº 1 (1999): 52–68.
22. R. L. Daft, *Organizational Theory and Design*, 3d. ed. (St. Paul, MN: West Publishing, 1989).

23. Li et al., 1999.
24. O. Klineberg, "Emotional Expression in Chinese Literature", *Journal of Abnormal and Social Psychology* 33 (1983): 517–530.
25. P. Ekman e W. V. Friesen, "Constants Across Cultures in the Face and Emotion", *Journal of Personality and Social Psychology* 17 (1971): 124–129.
26. P. Ekman e W. V. Friesen, "A New Pancultural Expression of Emotion", *Motivation and Emotion* 10 (1986): 159–168.
27. J. Pfeiffer, "How Not to Lose the Trade Wars by Cultural Gaffes", *Smithsonian* 18, nº 10, January 1988.
28. E. T. Hall, *The Silent Language* (New York: Doubleday, 1959).
29. Hall e Hall.
30. Ibid.
31. N. M. Sussman e H. M. Rosenfeld, "Influence of Culture, Language, and Sex on Conversational Distance", *Journal of Personality and Social Psychology* 42 (1982): 66–74.
32. Copeland e Griggs.
33. Hecht, Andersen e Ribeau.
34. Li et al., 1999.
35. Pfeiffer.
36. Hall e Hall.
37. Ibid.
38. Hecht, Andersen e Ribeau.
39. P. A. Andersen, "Explaining Differences in Non-verbal Communication", em *Intercultural Communication: A Reader*, ed. L. A. Samovar e R. E. Porter (Belmont, CA: Wadwsworth, 1988); S. Scott Elliot, A. D. Jensen, e M. McDonough, "Perceptions of Reticence: A Cross-Cultural Investigation", em *Communication Yearbook 5*, ed. M. Burgoon (New Brunswick, NJ: Transaction, 1982).
40. Hall e Hall.
41. R. Axtell, ed., *Dos and Taboos Around the World*, 2d. ed. (New York: John Wiley and Sons, 1985).
42. Copeland e Griggs.
43. M. K. Nydell, *Understanding Arabs* (Yarmouth, ME: Intercultural Press, 1987).
44. Harris e Moran.
45. E. T. Hall, *The Hidden Dimension* (New York: Doubleday, 1966): 15.
46. A. Almaney e A. Alwan, *Communicating with the Arabs* (Prospect Heights, IL: Waveland, 1982).
47. E. T. Hall, "The Silent Language in Overseas Business", *Harvard Business Review* (May–June 1960).
48. Ibid.
49. Baseado principalmente no trabalho de Nydell; e R. T. Moran e P. R. Harris, *Managing Cultural Sinergy* (Houston, TX: Gulf Publishing, 1982): 81–82.
50. Ibid.
51. Copeland e Griggs.
52. Hall e Hall.
53. D. C. Barnlund, "Public and Private Self in Communicating with Japan", *Business Horizons* (March–April 1989): 32–40.
54. Hall e Hall.
55. A. Goldman, "The Centrality of 'Ningensei' to Japanese Negotiating and Interpersonal Relationships: Implications for U.S.–Japanese Communication", *International Journal of Intercultural Relations* 18, nº 1 (Winter 1994).
56. Jean-Louis Barsoux e Peter Lawrence, "The Making of a French Manager", *Harvard Business Review* (July–August 1991): 58–67.
57. D. Shand, "All Information Is Local; IT Systems Can Connect Every Corner of the Globe, But IT Managers Are Learning They Have to Pay Attention to Regional Differences", *Computerworld*, 10/04/2000, 88 (1).
58. T. Wilson, "B2B Links, European Style — Integrator Helps Apps Cross Language, Currency and Cultural Barriers", *Internet Week*, 09/10/2000, 27.
59. Shand, 2000.
60. Wilmott, 1999.
61. *Business Week*, February 1998, 14–15.
62. Wilson, 2000.
63. www.Manheimauctions.com, April, 2001.
64. Shand, 2000.
65. Ibid.
66. D. Ricks, *Big Business Blunders* (Homewood, IL: Dow Jones–Irwin, 1983).
67. Adler.
68. P. G. W. Keen, "Sorry, Wrong Number", *Business Month*, January 1990, 62–67.
69. R. B. Ruben, "Human Communication and Cross-Cultural Effectiveness", em *Intercultural Communication: A Reader*, ed. L. Samovar e R. Porter (Belmont, CA: Wadsworth, 1985): 339.
70. D. Ruben e B. D. Ruben, "Cross-Cultural Personell Selection Criteria, Issues and Methods", em *Handbook of Intercultural Training: vol. 1, Issues in Theory and Design*, ed. D. Landis e R. W. Brislin (New York: Pergamon, 1983): 155–175.
71. Young Yun Kim, *Communication and Cross-Cultural Adaptation: An Integrative Theory* (Clevedon, England: Multilingual Matters, 1988).
72. Ibid.
73. R. W. Brislin, *Cross-Cultural Encounters: Face-to-Face Interaction* (New York: Pergamon, 1981).

CAPÍTULO 5: NEGOCIAÇÃO E PROCESSO DECISÓRIO INTERCULTURAIS

1. John Pfeiffer, "How Not to Lose the Trade Wars by Cultural Gaffes", *Smithsonian* 18, nº 10 (January 1988): 145–156.
2. Nancy J. Adler, *International Dimensions of Organizational Behavior*, 2d. ed. (Boston: PWS-Kent).
3. Philip R. Harris e Robert T. Moran, *Managing Cultural Differences*, 2d ed. (Houston, TX: Gulf Publishing).
4. John L. Graham e Roy A. Herberger, Jr., "Negotiators Abroad — Don't Shoot from the Hip", *Harvard Business Review* (July–August 1983): 160–168.
5. Adler.
6. John L. Graham, "A Hidden Cause of America's Trade Deficit with Japan", *Columbia Journal of World Business* (Fall 1981): 5–15.
7. Phillip D. Grub, "Cultural Keys to Succesfull Negotiating", em *Global Business Management in the 1990s*, ed. F. Ghader et al. (Washington., D.C.: Beacham, 1990): 24–32.
8. R. Fisher e W. Ury, *Getting to Yes* (Boston: Houghton Mifflin, 1981).
9. "Soviet Breakup Stymies Foreign Firms", *Wall Street Journal*, 23/01/1992.

10. S. Weiss, "Negotiating with 'Romans'", *Sloan Management Review* (Winter 1994): 51-61.
11. John A. Reeder, "When West Meets East: Cultural Aspects of Doing Business in Asia", *Business Horizons* (January-February 1987): 72.
12. Adler, 197.
13. Fisher e Ury.
14. Lennie Copeland e Lewis Griggs, *Going International* (New York: Random House, 1985): 85.
15. Ibid.
16. Adler, 197-198.
17. Fisher e Ury.
18. R. L. Tung, *U.S. — China Trade Negotiations* (NY: Pergamon Press, 1982).
19. John L. Graham, "The Influences of Culture on Business Negotiations", *Journal of International Business Studies* 16, n° 1 (Spring 1985): 81-96.
20. G. Fisher, *International Negotiation: A Cross-Cultural Perspective* (Chicago: Intercultural Press, 1980).
21. Pfeiffer.
22. *Wall Streett Journal*, 02/02/1994.
23. John L. Graham, "Brazilian, Japanese, and American Business Negotiations", *Journal of International Business Studies* (Spring-Summer 1983): 47-61.
24. T. Flannigan, "Successful Negotiating with the Japanese", *Small Business Reports* 15, n° 6 (June 1990): 47-52.
25. Graham, 1983.
26. Boye De Mente, *Japanese Etiquette and Ethics in Business* (Lincolnwood, IL: NTC Business Books, 1989).
27. Robert H. Doktor, "Asian and American CEOs: A Comparative Study", *Organizational Dynamics* (Winter 1990): 49.
28. Harris e Moran, 461.
29. Adler, 181.
30. Estes perfis foram adaptados de Pierre Casse, *Managing Intercultural Negotiations: Guidelines for Trainers and Negotiators* (Washington, D.C.: Society for Intercultural Education, Training and Research, 1985).
31. D. K. Tse, J. Francis e J. Walls, "Cultural Differences in Conducting Intra- and InterCultural Negotiations: A Sino-Canadian Comparison", *Journal of International Business Studies* (3rd Quarter 1994): 537-555.
32. B. W. Husted, "Bargaining with the Gringos: An Exploratory Study of Negotiations between Mexican and U. S. Firms", *International Executive 36*, n° 5 (September-October 1994): 625-644).
33. Pierre Casse, *Training for the Cross-Cultural Mind*, 2d. ed. (Washington, D.C.: Society for Intercultural Education, Training, and Research, 1981).
34. Nigel Campbell, John L. Graham, Alain Jolibert e Hans Meissner, "Marketing Negotiations in France, Germany, the United Kingdom and the United States", *Journal of Marketing* 52 (April 1988): 49-63.
35. Neil Rackham, "The Behavior of Successful Negotiators" (Reston, VA: Hutwaite Research Group, 1976, 1982).
36. J. Teich, H. Wallenius, J. Wallenius, "World-Wide-Web Technology in Support of Negotiation and Communication", *International Journal of Technology Management*, 17, n°s 1-2 (1999): 223-239.
37. Ibid.
38. Ibid.
39. Citado em J. A. Pearce, II, R. B. Robinson, Jr., "Cultivating Guanxi as a Foreign Investor Strategy", *Business Horizons* 43, n° i1 (January 2000): 31.
40. Ibid.
41. R. L. Tung, *U.S.–China Trade Negotiations* (New York: Pergamon Press, 1982).
42. Joan H. Coll, "Sino-American Cultural Differences: The Key to Closing a Business Venture with the Chinese", *Mid-Atlantic Journal of Business* 24, n°s 2,3 (December/1988-January/1989): 15-19.
43. M. Loeb, "China: A Time for Caution", *Fortune*, 20/02/1995, 129-130.
44. O. Shenkar e S. Ronen, "The Cultural Context of Negotiations: The Implications of Chinese Interpersonal Norms", *Journal of Applied Behavorial Science* 23, n° 2 (1987): 263-275.
45. Tse *et al*.
46. J. Brunner, anotações de aula, The University of Toledo.
47. Ibid.
48. Joanna M. Banthin e Leigh Stelzer, "Ethical Dilemmas in Negotiating Across Cultures: Problems in Commercial Negotiations between American Businessmen and the PRC" (trabalho apresentado na 1st. International Conference on East-West Joint Ventures, 19/20 de outubro de 1989, State University of New York — Plattsburgh); e J. M. Banthin e L. Stelzer, "Opening' China: Negotiation Strategies when East Meets West", *The Mid-Atlantic Journal of Business* 15, n°s 2, 3 (December/1988–January/1989).
49. Brunner.
50. Pearce e Robinson.
51. Ibid.
52. Ibid.
53. C. Blackman, "An Inside Guide to Negotiating", *China Business Review,* 27, n° 3 (May 2000): 44-45.
54. Brunner.
55. Boye De Mente, *Chinese Etiquette and Ethics in Business* (Lincolnwood, IL: NTC Business Books, 1989): 115-123.
56. S. Stewart e C. F. Keown, "Talking with the Dragon: Negotiating in the People's Republic of China", *Columbia Journal of World Business* 24, n° 3 (Fall 1989): 68-72.
57. Banthin e Stelzer, "Opening' China".
58. Blackman.
59. Ibid.
60. Lucian Pye, *Chinese Commercial Negotiating Style* (Cambridge, MA: Oelgeschlager, Gunn e Hain, 1982).
61. W. B. Gudykunst e Ting Tomey, S., *Culture and Interpersonal Communication* (Newbury Park, CA: Sage Publications, 1988).
62. L. Copeland e L. Griggs, *Going International* (New York: Random House, 1985): 80.
63. M. A. Hitt, B. B. Tyler e Daewoo Park, "A Cross-Cultural Examination of Strategic Decision Models: Comparison of Korean and U.S. Executives", em *Best Papers of the 50th Annual Meeting of the Academy of Management* (San Francisco, CA, 12/15 August/1990): 111-115; G. Fischer, *International Negotiation: A Cross-Cultural Perspective* (Chicago: Intercultural Press, 1980); G. W. England, "Managers and Their Value Systems: A Five-Country Comparative Study", *Columbia Journal of World Business* 13, n° 2 (Summer 1978); W. Whitely e G. W. England, "Variability in Common Dimensions of Managerial Values Due to Value Orientation and Country Differences", *Personnel Psychology* 33 (1980): 77-89.
64. Hitt, Tyler e Park, 114.

65. B. M. Bass e P. C. Burger, *Assessment of Managers: An International Comparison* (New York: Free Press, 1979): 91.
66. D. K. Tse, R. K. Belk e Nan Zhan, "Learning to Consume: A Longitudinal and Cross-Cultural Content Analysis of Print Advertisements from Hong Kong, People's Republic of China and Taiwan", *Journal of Consumer Research*.
67. Copeland e Griggs; M. K. Badawy, "Styles of Mideastern Managers", *California Management Review* 22 (1980): 51–58.
68. N. Namiki e S. P. Sethi, "Japan", em *Comparative Management — A Regional View*, ed. R. Nath (Cambridge, MA: Ballinger Publishing, 1988): 74–76.
69. De Mente, *Japanese Etiquette*, 80.
70. S. Naoto, *Management and Industrial Structure in Japan* (New York: Pergamon Press, 1981).
71. Namiki Sethi.
72. Harris e Moran, 397.
73. S. P. Sethi e N. Namiki, "Japanese-Style Consensus Decision-Making in Matrix Management: Problems and Prospects of Adaptation", em *Matrix Management Systems Handbook*, ed. D. I. Cleland (New York: Van Nostrand, 1984): 431-456.

CAPÍTULO 6:   FORMULAÇÃO DE ESTRATÉGIAS

1. "FedEx Forms Joint Venture in China", www.Fedex.com, 11/11/1999.
2. Ibid.
3. D. Blackmon e D. Brady, "Orient Express: Just How Should A U.S. Company Woo a Big Foreign Market?", *Wall Street Journal*, 06/04/1998.
4. A. Hill, "International Economy: UPS Granted Application to Fly Direct to China", *Financial Times*, 27/11/2000.
5. Bernard Wysocki, Jr., "U.S. Firms Increase Overseas Investments", *Wall Street Journal*, 09/041990.
6. Herbert Henzler e Wilhelm Rall, "Facing Up to the Globalization Challenge", *McKinsey Quarterly* (Winter 1986): 52–68.
7. "The Stateless Corporation", *Business Week*, 14/05/1990, 100–101.
8. A. E. Serwer, "McDonald's Conquers the World", *Fortune*, 17/10/1994.
9. "The Avon Lady of the Amazon", *Business Week*, 24/10/1994.
10. Ibid.
11. A. K. Gupta e V. Govindarajan, "Managing Global Expansion: A Conceptual Framework", *Business Horizons*, March/April, 2000.
12. G. Melloan, "Global Manufacturing Is an Intricate Game", *Wall Street Journal*, 29/11/1988.
13. "The Avon Lady of the Amazon", *Business Week*, 24/10/1994.
14. "The Stateless Corporation".
15. "Trinidad and Tobago", *Wall Street Journal*, 23/05/1990, caderno publicitário especial.
16. Robert Weigand, "International Investments: Weighing the Incentives", *Harvard Business Review* (July–August 1983): C1.
17. M. McCarthy, M. Pointer, D. Ricks e R. Rolfe, "Managers' Views on Potential Investment Opportunities", *Business Horizons* (July–August 1993): 54–58.
18. Anant R. Negandhi, *International Management* (Boston: Allyn and Bacon, 1987): 230.
19. Henry Mintzberg, "Strategy Making in Three Modes", *California Management Review* (Winter 1973):44–53.
20. Arvind V. Phatak, *International Dimensions of Management*, 2d. ed. (Boston: PWS-Kent, 1989).
21. Joseph V. Micallef, "Political Risk Assessment", *Columbia Journal of World Business* 16 (Summer 1981): 47–52.
22. Mark Fitzpatrick, "The Definition and Assessment of Political Risk in International Business: A Review of the Literature", *Academy of Management Review* 8 (1983): 249.
23. M. Porter, *Competitive Strategy* (New York: Free Press, 1980).
24. D. J. Garsombke, "International Competitor Analysis", *Planning Review* 17, nº 3 (May–June 1989): 42–47.
25. A. Swasy, "Procter & Gamble Fixes Aim on Tough Market: The Latin Americans", *Wall Street Journal*, 15/06/1990.
26. W. H. Davidson, "The Role of Global Scanning in Business Planning", *Organizational Dynamics* 19 (Winter 1991).
27. Garsombke.
28. Joann S. Lublin, "Japanese Auto Makers Speed into Europe", *Wall Street Journal*, 06/06/1990.
29. K. R. Andrews, *The Concept of Corporate Strategy* (Homewood, IL: Dow Jones-Irwin, 1979): 601.
30. A. Shama, "After the Meltdown: A Survey of International Firms in Russia", *Business Horizons* 43, nº i4 (July 2000): 73.
31. C. K. Prahalad e Gary Hamel, "The Core Competence of the Corporation", *Harvard Business Review* (May–June 1990): 79–91.
32. Ibid.
33. M. E. Porter, "Changing Patterns of International Competition", em *The Competitive Challenge*, ed. D. J. Teece (Boston: Ballinger, 1987): 29–30.
34. P. W. Beamish et al., *International Management* (Homewood, IL: Irwin, 1991).
35. A. Palazzo, "B2B Markets–Industry Basics", www.FT.com, 28/01/2001.
36. N. S. Levinson e M. Asahi, "Cross-National Alliances and Interorganizational Learning", *Organizational Dynamics* (Autumn 1995): 50–62.
37. A. J. Morrison, D. A. Ricks e K. Roth, "Globalization Versus Regionalization: Which Way for the Multinational?", *Organizational Dynamics* 19 (Winter 1991).
38. Ibid.
39. G. M. Taoka e D. R. Beeman, *International Business* (New York: HarperCollins, 1991).
40. Beamish *et al.*
41. B. Schlender, "Matsushita Shows How to Go Global", *Fortune*, 11/07/1996.
42. Yoram Wind e Susan Douglas, "International Portfolio Analysis and Strategy: The Challenge of the 1980s", *Journal of International Business Studies* (Fall 1991): 69–82.
43. R. Gross e D. Kujawa, *International Business* (Homewood, IL: Irwin, 1989): 372.
44. P. Greenberg, "It's Not a Small eCommerce World, After All", www.ecommercetimes.com, 23/02/2001.
45. Ibid.

46. M. Porter, *The Competitive Advantage of Nations* (New York: The Free Press, 1990).
47. S. Butler, "Survivor: B2B Style", www.emarketer.com/analysis/ecommerce, 13/04/2001.
48. "eBusiness Trends", www.idc.com/ebusinesstrends, 12/04/2001.
49. "Fuji-Xerox Teams Up for New E-Marketplace", www.fujixerox.com, 14/04/2001.
50. "Online Auctions Free Procurement Savings", BHP Corporate Services, www.bhp.com, 20/04/2001.
51. "Small Business Take Part in Export Boom", *Investor's Daily*, 10/07/1991.
52. John Garland, Richard N. Farmer e Marilyn Taylor, *International Dimensions of Business Policy and Strategy*, 2d. ed. (Boston: PWS-Kent, 1990): 106.
53. Phatak, 58.
54. R. J. Radway, "International Franchising", em *Global Business Management in the 1990s*, ed. R. T. Moran (Washington D.C.: Beacham, 1990): 137.
55. Franklin R. Root, *Entry Strategies for International Markets* (Lexington, MA: Lexington Books, 1987).
56. Ibid.
57. S. Zahra e G. Elhagrasey, "Strategic Management of IJVs", *European Management Journal 12*, n° 1 (1994): 83–93.
58. Yigang Pan e Xiaolia Li, "Joint Venture formation of very Large Multinational Firms", *Journal of International Business Studies*, 31, n° 1 (1st Quarter, 2000), 179–181.
59. Dorothy B. Christelow, "International Joint Ventures: How Important Are They?", *Columbia Journal of World Business* (Summer 1987): 7–13.
60. Kenichi Ohmae, "The Global Logic of Strategic Alliances", *Harvard Business Review* (March/April 1989): 143–154.
61. Zahra e Elhagrasey.
62. "The Partners", *Business Week*, 10/02/1992.
63. John Templeman e Richard A. Melcher, "Supermarket Darwinism: The Survival of the Fattest", *Business Week*, 09/07/1990.
64. Muitos dos fatos e opiniões que aparecem nesta seção procedem das seguintes fontes: R. Hudson, "Investing in Euroland", *Wall Street Journal, World Business*, 28/09/1998, R. 25; Danna Milbank, "Can Europe Deliver?", *Wall Street Journal*, 30/09/1994; Tamar Almor e Seer Hirsch, "Outsider's Response to Europe 1992: Theoretical Considerations and Empirical Evidence", *Journal of International Business Studies* 26, n° 2 (2nd Quarter 1995): 223–237; S. Tully, "Europe 1992 — More Unity Than You Think", *Fortune*, 17/08/1992; S. Lee, "An Impossible Dream?", *Forbes*, 25/07/1988; R. E. Gut, "The Impact of the European Community's 1992 Project", *Vital Speeches of the Day* 65, n° 2, 01/11/1988; D. Oliver, "Antitrust as a 1992 Fortress", *Wall Street Journal*, 24/04/1989; C. W. Verity, "U.S. Business Needs to Prepare Now for Europe's Single Internal Market", *Business America*, 01/08/1988; L. H. Clark Jr., "Europe 92? It's Mostly a Break for the Americans", *Wall Street Journal*, 21/05/1990; e Barbara Toman, "Now Comes the Hard Part: Marketing", em "World Business Special Report", *Wall Street Journal*, 22/09/1989.
65. N. G. Carr, "Managing in the Euro Zone", *Harvard Business Review*, January-February 1999: 47–57.
66. Ibid.
67. Ibid.
68. Milbank.
69. A. Cowell, "Zeneca Buying Astra as Europe Consolidates", *New York Times*, 10/12/1998.
70. L. E. Brouthers, S. Werner e E. Matulich, "The Influence of Triad Nation's Environments on Price-Quality Product Strategies and MNC Performance", *Journal of International Business Studies* 31, n° 1 (1st Quarter, 2000): 39–62.
71. Ibid.
72. Yigang Pan e David K. Tse, "The hierarchical Model of Market Entry Modes", *Journal of International Business Studies* 31, n° 4 (4th Quarter 2000): 535–554.
73. Gupta e Govindarajan.
74. Ibid.
75. A. E. Serwer, "McDonald's Conquers the World", *Fortune*, 17/10/1994.
76. Ibid.
77. K. R. Harrigan, "Joint Ventures and Global Strategies", *Columbia Journal of World Business* 19, n° 2 (Summer 1984): 7–13.
78. G. Hofstede, *Cultures and Organizations: Software of the Mind* (London: McGraw-Hill, 1991).
79. Pan e Tse.
80. Hofstede, 1994.
81. Pan e Tse.
82. Hofstede, 1994.
83. Pan e Tse.

CAPÍTULO 7: ALIANÇAS GLOBAIS E A ESTRATÉGIA DE IMPLEMENTAÇÃO

1. B. R. Schlender, "How Toshiba Makes Alliances Work", *Fortune*, 04/10/1993, 116–120.
2. D. Lei e J. W. Slocum, Jr., "Global Strategic Alliances: Payoffs and Pitfalls", *Organizational Dynamics* (Winter 1991).
3. M. A. Hitt, R. D. Ireland e R. E. Hoskisson, *Strategic Management* (Cincinnati, OH: Southwestern, 1999).
4. Arvind Parkhe, "Global Business Alliances", *Business Horizons* 43, n° i15 (September 2000): 2.
5. www.e4engineering.com, 04/01/2001; www.Covisint.com, 28/09/2001.
6. www.businessweek.com, 14/10/2000.
7. J. E. Hilsenrath, "Tiger Trouble", *Wall Street Journal*, 28/09/1998, R.17.
8. D. Lei, "Offensive and Defensive Uses of Alliances", em *Strategic Management in a Global Economy*, 3rd. Ed., Heidi Vernon-Wortzel e L. H. Wortzel eds. (NY: John Wiley & Sons, 1997).
9. J. Main, "Making Global Alliances Work", *Fortune*, 17/12/1990.
10. R. N. Osborn e C. C. Baughn, "Forms of Interorganizational Governance for Multinational Alliances", *Academy of Management Journal* 33, n° 3 (1990): 503–519.
11. Lei, 1997.
12. Lei, 1997.
13. T. L. Wheelen e J. D. Hunger, *Strategic Management and Business*, 6th ed. (Reading, MA: Addison-Wesley, 1998).
14. Lei, 1997.
15. T. L. Wheelen e J. D. Hunger.
16. Vladimir Kvint, consultor na Arthur Anderson & Co., New York. Ele é originário da Sibéria.

17. A. Jack, "Russians Wake Up to Consumer Capitalism", www.FT.com, 30/01/2001.
18. A. Shama, "After the Meltdown: A Survey of International Firms in Russia", *Business Horizons*, 43, n° i4 (July 2000): 73.
19. Ibid.
20. Ibid.
21. Jack.
22. Shama.
23. S. B. Novikov, "Soviet-American Joint Ventures: The Problems of establishment and activities" (trabalho apresentado na *1st International Conference on East-West Joint Ventures*, State University of New York, Plattsburgh, 19–20 October 1989.
24. K. R. Harrigan, "Joint Ventures and Global Strategies", *Columbia Journal of World Business* 19, n° 2 (Summer 1984): 7–13.
25. M. Brzezinski, "Foreigners Learn to Play by Russia's Rules", *Wall Street Journal*, 14/05/1998.
26. M. Brzezinski e Vladimir Kvint, "Don't Give Up on Russia", *Harvard Business Review* (March–April 1994): 62–73; "The Russian Investment Dilemma", Perspectives, *Harvard Business Review* (May–June 1994): 35–44; Robert Starr, "Structuring Investmens in the CIS", *Columbia Journal of World Business* (Fall 1993): 12–19; Paul Lawrence e Charalambos Vlachoutsicos, "Joint Ventures in Russia: Put the Locals in Charge", *Harvard Business Review* (January–February 1993): 44–54.
27. A. E. Serwer, "McDonald's Conquers the World", *Fortune*, 17/10/1994.
28. Theodore Herbert e Helen Deresky, "Should General Managers Match Their Strategies?", *Organizational Dynamics* 15, n° 3 (Winter 1987): 12. R. H. Mason and R. S. Spich, *Management – An International Perspective* (Homewood, IL: Irwin, 1987): 177.
29. E. Anderson e H. Gatignon, "Modes of Foreign Entry: A Transaction Cost Analysis and Propositions", *Journal of International Business Studies* (Fall 1986): 1–26.
30. J. L. Schaan, "Parent Control and Joint Venture Success: The Case of Mexico" (tese de doutorado, University of Western Ontario, 1983).
31. H. W. Lane e P. W. Beamish, "Cross-Cultural Cooperative Behavior in Joint Ventures in Less Developed Countries", *Management International Review* 30 (Edição Especial 1990): 87–102.
32. J. M. Geringer, "Strategic Determinants of Partner Selection Criteria in International Joint Ventures", *Journal of International Business Studies* (First Quarter 1991): 41–62.
33. J. M. Geringer e L. Hebert, "Control and Performance of International Joint Ventures", *Journal of International Business Studies* 20, n° 2 (Summer 1989).
34. Geringer.
35. P. W. Beamish et al., *International Management* (Homewood, IL: Irwin, 1991).
36. J. P. Killing, *Strategies for Joint Venture Success* (New York: Praeger, 1983).
37. J. L. Schaan e P. W. Beamish, "Joint Venture General Managers in Less Developed Countries", em *Cooperative Strategies in International Business*, ed. F. Contractor e P. Lorange (Toronto: Lexington Books, 1988): 279–299.
38. Oded Shenkar e Yoram Zeira, "International Joint Ventures: A Tough Test for HR", *Personnel* (January 1990): 26–31.
39. Ibid.
40. J. M. Geringer e L. Hebert, "Control and Performance of International Joint Ventures", *Journal of International Business Studies* 20, n° 2 (Summer 1989): 235–254.
41. M. Geringer, "Criteria for Selecting Partners for Joint Ventures in Industrialized Market Economies" (tese de doutorado, University of Washington, Seattle, 1986).
42. J. L. Schaan e P. W. Beamish, 1988, op. cit.
43. R. Mead, *International Management* (Cambridge, MA: Blackwell Publishers, 1994).
44. Lisa Shuchman, "Reality Check", *Wall Street Journal*, 30/04/1998.
45. C. S. Smith, "GM Bets Billions on Shaky Car Market in China", *Wall Street Journal*, 10/05/1998.
46. Ibid.
47. Pura, "Backlash Builds Against Suharto-Lined Firms", *Wall Street Journal*, 27/05/1998.
48. P. Rosenzweig, "Why Is Managing in the United States So Difficult for European Firms?", *European Management Journal*, 12, n° 1. (1994): 31–38.
49. "In Alabama, the Soul of a New Mercedes?", *Business Week*, 31/03/1997.
50. Ibid.
51. J. Friedland e L. Lee, "The Wal-Mart Way Sometimes Gets Lost in Translation Overseas", *Wall Street Journal*, 08/10/1997.
52. Ibid.
53. J. A. Pearce, II, R. B. Robinson, Jr., "Cultivating Guanxi as a Foreign Investor Strategy", *Business Horizons* 43, n° II: (January 2000): 31.
54. Ibid.

CAPÍTULO 8: ORGANIZAÇÃO DA ESTRUTURA, DOS SISTEMAS DE CONTROLE E DAS RELAÇÕES TRABALHISTAS

1. A. D. Chandler, *Strategy and Structure: Chapters in the History of the American Industrial Enterprise* (Cambridge, MA: MIT Press, 1962); R. E. Miles et al., "Organizational Strategy, Structure, and Process", *Academy of Management Review* 3, n° 3 (July 1978): 546–562; e J. Woodward, *Industrial Organization: Theory and Practice* (Oxford University Press, 1965).
2. C. A. Bartlett e S. Ghoshal, *Managing Across Borders* (Boston: Harvard Business School Press, 1989).
2a. John M. Stopford e Louis T. Wells, Jr., *Managing the Multinational Enterprise* (New York: Basic Books, 1972).
3. D. Milbank, "Alcoa Chairman Plans to Begin Reorganization", *Wall Street Journal*, 09/08/1991.
4. P. Asheghian e B. Ebrahimi, *International Business* (New York: Harper and Row, 1990).
5. Asheghian e Ebrahimi.
6. R. H. Mason e R. S. Spich, *Management — An International Perspective* (Homewood, IL: Irwin, 1987).
7. "Heinz's Johnson to Divest Operations, Scrap Management of Firm by Regions", *Wall Street Journal*, 08/12/1997, B22.
8. A. Taylor III, "Ford's really Big Leap at the Future", *Fortune*, 18/09/1995: 134–144.
9. L. Greenhalgh, "Ford Motor Company's CFO Jac Nasser on Transformational Change, E-Business and environmental

responsibility (Entrevista)", *Academy of Management Executive* 14, n° i13. (August 2000): 46.
10. "Borderless Management", *Business Week*, 23/05/1994.
11. Ibid. "Power at Multinationals Shifts to Home Office", *Wall Street Journal*, 09/09/1994; "Big Blue Wants the World to Know Who's Boss", *Business Week*, 26/09/1994.
12. H. Henzler e W. Rall, "Facing up to the Globalization Challenge", *McKinsey Quarterly* (Fall 1986): 52–68.
13. T. Levitt, "The Globalization of Markets", *Harvard Business Review* (maio-junho 1983): 92–102; e S. P. Douglas e Yoram Wind, "The Myth of Globalization", *Columbia Journal of World Business* (Winter 1987): 19–29.
14. L. Kraar, "The Overseas Chinese", *Fortune*, 31/10/1994.
15. J. Kao, "The Worldwide Web of Chinese Business", *Harvard Business Review* (March-April 1993): 24–35.
16. "Asia's Wealth", *Business Week*, 29/11/1993.
17. Kao.
18. "The New Power in Asia", *Fortune*, 31/10/1994.
19. M. Weidenbaum, "The Rise of Great China: A New Economic Superpower", em *Annual Editions*, 1995–96 (Guilford, CT: The Dushkin Publishing Group): 180–185.
20. Weidenbaum.
21. Ibid.
22. Kraar.
23. Kao.
24. Weidenbaum.
25. Kraar.
26. P. M. Rosenzweig, "Colgate–Palmolive: Managing International Careers", Estudo de Caso em C. A. Bartlett e S. Ghoshal, *Transnational Management*, 2nd. ed. (Boston: Irwin Publishing Co., 1995).
27. "For Levi's, A Flattering Fit Overseas", *Business Week*, 05/11/1990, 76–77.
28. Ibid.
29. B. R. Schlender, "How Fujitsu Will Tackle the Giants", *Fortune*, 01/07/1991.
30. S. Ghoshal e C. A. Bartlett, "The Multinational Corporation as an Interorganizational Network", *Academy of Management Review* 15, n° 4 (1990): 603–625.
31. R. E. White e T. A. Poynter, "Organizing for Worldwide Advantage", *Business Quarterly* 54 (Summer 1989): 84–89.
32. B. Hagerty, "Philips to Eliminate 35000 to 45000 Jobs by End of 1991", *Wall Street Journal*, 26/10/1990, A12.
33. C. A. Bartlett e S. Ghoshal, "Organizing for Worldwide Effectiveness: The Transnational Solution", *California Management Review* (Fall 1988): 54–74.
34. Ibid., 66.
35. R. H. Kilmann, "A Networked Company That Embraces the World", *Information Strategy* 6 (Spring 1990): 23–26.
36. R. B. Reich, "Who Is Them?", *Harvard Business Review* (março-abril 1991): 77–88.
37. Ibid.
38. A. V. Phatak, *International Dimensions of Management*, 2d. ed. (Boston: PWS-Kent, 1989).
39. G. Rohrmann, CEO, AEI Corp., comunicado à imprensa, www.aeilogistics.com, agosto 1997.
40. Phatak.
41. W. G. Egelhoff, "Patterns of Control in U.S., U.K., and European Multinational Corporations", *Journal of International Business Studies* (Fall 1984): 73–83.
42. Ibid.
43. Ibid.
44. S. Ueno e U. Sekaran, "The Influence of Culture on Budget Control Practices in the U.S.A. and Japan: An Empirical Study", *Journal of International Business Studies* 23 (Winter 1992).
45. Phatak.
46. P. J. Dowling, R. S. Schuler e D. E. Welch, *International Dimensions of Human Resource Management*, 2nd. ed. (Belmont, CA: Wadsworth, 1994).
47. "Taking the Pledge", *The Economist*, 23/11/1996, S15(2).
48. R. M. Hodgetts e F. Luthans, *International Management*, 2nd. ed. (NY: McGraw-Hill, 1994).
49. M. R. Czinkota, I. A. Ronkainen e M. H. Moffet, *International Business*, 3rd. ed. (NY: Dryden Press, 1994).
50. C. K. Prahalad e Y. L. Doz, *The Multinational Mission: Balancing Local Demands and Global Vision* (NY: The Free Press, 1987).
51. R. Taylor, "Challenge Facing Endangered Species", *Financial Times*, 14/08/1995, 10.
52. R. J. Adams, *Industrial Relations under Liberal Democracy* (University of South Carolina Press, 1995).
53. Dowling, Schuler e Welch.
54. J. S. Daniels e L. H. Radebaugh, International Business, 6th Ed. (Reading, MA: Addison-Wesley, 1992).
55. M. Poole, *Industrial Relations: Origins and Patterns of National Diversity* (London: Routledge, 1986).
56. Dowling, Schuler e Welch.
57. Adams.
58. Ibid.
59. "Unions Feel the Beat", *U.S. News and World Report*, 24/01/1994.
60. Ibid.
61. "World Wire: China to Unionize Foreign Firms", *Wall Street Journal*, 01/05/1994.
62. Ibid.
63. J. T. Barrett, "Trade Unions in South Africa: dramatic change after Apartheid ends", *Monthly Labor Review*, 119, n° 5 (maio 1996): 37.
64. M. M. Lucio e S. Weston, "New Management Practices in a Multinational Corporation: The Restructuring of Worker Representation and Rights", *Industrial Relations Journal* (1999): 25, n° 2, 110–121.
65. Ibid.
66. D. B. Cornfield, "Labor Transnationalism?" *Work and Occupations* 24 n° 3 (August 1997): 278 (10).
67. R. Martin, A. Vidinova, S. Hill, "Industrial Relations in Transition Economies: Emergent Industrial Relations Institutions in Bulgaria", *British Journal of Industrial Relations* 34, n° 1 (March 1996): 3.
68. "Labour Relations: Themes for the 21st Century", *British Journal of Industrial Relations* 33, n° 4 (December 1995): 515.
69. Daniels e Radebaugh.
70. J. T. Barrett.
71. "Culture clash: South Korea", *Economist*, 11/01/1997, 35.
72. A. M. Rugmam e R. M. Hodgetts, *International Business* (New York: McGraww-Hill, 1995).
73. Esta seção é baseada em um projeto de tese de Joy Kennley e Tim Lemos, à época alunos da State University of New York, Plattsburgh, Spring de 1995; e em artigos de Tim Shorrock, como "GE, Honeywell are Focus of NAFTA Labor Complaints", *Journal of Commerce* e *Commercial* 399, n° 2814, 15/02/1994.
74. Daniels e Radebaugh.
75. R. Calori e B. Dufour, "Management European Style", *Academy Management Executive* 9, n° 3 (August 1995).

76. J. Hoerr, "What Should Unions Do?", *Harvard Business Review* (May–June 1991): 30–45.
77. Hodgetts e Luthans.
78. Hoerr.
79. H. C. Katz, "The Decentralization of Collective Bargaining: A Literature Review and Comparative Analysis", *Industrial and Labor Relations Review* 47, nº 1 (October 1993).
80. Adams.
81. "The Perils of Cosy Corporatism", *Economist*, 21/05/1994.
82. Wolfgang Streeck, "More Uncertainties: German Unions Facing 1992", *Industrial Relations* (Fall 1991): 30–33.
83. "Germany's Economic Future Is on the Bargaining Table", *Business Week*, 30/03/1992.

CAPÍTULO 9: DESENVOLIMENTO DE UM NÚCLEO GLOBAL DE EXECUTIVOS

1. J. L. Laabs, "HR Pioneers Explore the Road Less Traveled", *Personnel Journal*, February 1996, 70–72, 74, 77–78.
2. Ibid.
3. J. Stewart Black e Hal B. Gregersen, "The Right Way to Manage Expats", *Harvard Business Review*, March–April 1999, 52–62.
4. C. Joinson, "Why HR Managers Need to Think Globally", *HR Magazine*, April 1998, 2–7.
5. C. A. Bartlett e S. Ghoshal, "Matrix Management: Not a Structur, a Frame of Mind", *Harvard Business Review*, July–August 1990.
6. J. S. Lublin, "Foreign Accents Proliferate in Top Ranks as U.S. Companies Find Talent Abroad", *Wall Street Journal*, 21/05/1992.
7. S. J. Kobrin, "Is There a Relationship Between a Geocentric Mind-Set and Multinational Strategy?", *Journal of International Business Studies* (3rd Quarter 1994); N. J. Adler e S. Bartholomew, "Managing Globally Competent People", *Academy of Management Executive*, 06/08/1992, 52–65; P. Dowling e R. S. Schuler, *International Dimensions of Human Resource Management* (Boston: PWS-Kent, 1990).
8. G. Hedlund, "Who Manages the Global Corporation" (material de estudo da Stockholm School of Economics, 1990).
9. D. Welch, "HRM Implications of Globalization", *Journal of General Management* 19, nº 4 (Summer 1994): 52–69.
10. T. T. Herbert e H. Deresky, "Should General Managers Match Their Business Strategies?, *Organizational Dynamics* 15, nº 3 (Winter 1987); e "Senior Management Implications of Strategic Human Resource Management Programs", *Proceedings of the Association of Human Resource Management and Organizational Behavior Conference* (New Orleans, November 1986).
11. D. A. Heenan e H. V. Perlmutter, *Multinational Organization Development* (Reading, MA: Addison-Wesley, 1979): 18–19.
12. S. B. Prasad e Y. K. Krishna Shetty, *An Introduction to Multinational Management* (Englewood Cliffs, NJ: Prentice-Hall, 1979).
13. Rochelle Kopp, "International Human Resources Policies and Practices in Japanese, European, and United States Multinationals", *Human Resource Management* 33, nº 4 (Winter 1994): 581–599.
14. Herbert e Deresky.
15. M. Mendenhall e G. Oddou, "The Dimensions of Expatriate Acculturation: A Review", *Academy of Management Review* 10, nº 1 (1985): 39–47.
16. R. L. Tung, "Selection and Training of Personnel for Overseas Assignments", *Columbia Journal of World Business* (Spring 1981): 68–78.
17. Ibid.
18. P. J. Dowling e R. S. Schuler, *International Dimensions of Human Resource Management* (Boston: PWS-Kent, 1990).
19. S. J. Kobrin, "Expatriate Reduction and Strategic Control in American Multinational Corporations", *Human Resource Management* 27, nº 1 (1988): 63–75.
20. P. J. Dowling, "Hot Issues Overseas", *Personnel Administrator* 34, nº 1 (1989): 66–72.
21. Hem C. Jain, "Human Resource Management in Selected Japanese Firms, the Foreign Subsidiaries and Locally Owned Counterparts", *International Labour Review* 129, nº 1 (1990): 73–84.
22. Bartlett e Ghoshal.
23. R. L. Tung, "Selection and Training Procedures of U.S., European, and Japanese Multinationals", *California Management Review*, 25 (1981): 57–71.
24. R. D. Hays, "Expatriate Selection: Insuring Success and Avoinding Failure", *Journal of International Business Studies* 5, nº 1 (1974): 25–-37.
25. R. L. Tung.
26. J. S. Black, "Work Role Transitions: A Study of American Expatriate Managers in Japan", *Journal of International Business Studies* 19 (1988): 277–294.
27. "They're Sending You Where?" www.businessweek.com, 05/06/1999.
28. M. Harvey, "Dual-Career Expatriates: Expectations, Adjustment and Satisfaction with International Relocation", *Journal of International Business Studies* 28, nº 3 (1997).
29. Tung, "U.S., European, and Japanese Multinationals".
30. Ibid.
31. B. Wysocki, Jr., "Prior Adjustment: Japanese Executives Going Overseas Take Anti-Shock Courses", *Wall Street Journal*, 04/12/1987.
32. Mendenhall e Oddou.
33. J. S. Black e M. Mendenhall, "Cross-Cultural Training Effectiveness: A Review and a Theoretical Framework for Future Research", *Academy of Management Review* 15, nº 1 (1990): 113–136.
34. K. Oberg, "Culture Shock: Adjustments to New Cultural Environments", *Practical Anthropology* (July–August 1960): 177–182.
35. Ibid.
36. Ibid.
37. Tung, "Overseas Assignments".
38. P. C. Earley, "Intercultural Training for Managers: A Comparison of Documentary and Interpersonal Methods", *Academy of Management Journal* 30, nº 4 (December 1987): 685–698.
39. S. Ronen, *Comparative and Multinational Management* (NY: John Wiley and Sons, 1986): 108.
40. P. R. Harris e R. T. Moran, *Managing Cultural Differences*, 4 ed. (Houston, TX: Gulf Publishing, 1996), p. 139.
41. Harris e Moran, 1996.
42. J. S. Lublin, "Younger Managers Learn Global Skills", *Wall Street Journal*, 31/03/1992.

43. "Seoul Is Supporting a Sizzling Tech Boom", www.businessweek.com, 25/09/2000.
44. Herbert e Deresky, Senior Management Implications.
45. T. F. O'Boyle, "Little Benefit to Careers Seen in Foreign Stints", *Wall Street Journal*, 11/12/1989.
46. B. W. Teague, *Compensating Key Personnel Overseas* (New York: Conference Board, 1972).
47. D. Kiriazov, S. E. Sullivan e H. S. Tu, "Business Success in Eastern Europe: Understanding and Customizing HRM", *Business Horizons*, January–February 2000, 39–43.
48. Ibid.
49. Y. Ono e W. Spindle, "Japan's Long Decline Makes One Thing Rise: Individualism", *Wall Street Journal*, 03/01/2001.
50. Ingmar Bjorkman e Yuan Lu, "The Management of Human Resources in Chinese-Western Joint Ventures", *Journal of World Business* 34, nº i3 (Fall 1999): 306.
51. Ibid.
52. Charlene M. Solomon, "One Assignment, Two Lives", *Personnel Journal*, maio 1996, 36–47.
53. N. J. Adler, *International Dimensions of Organizational Behavior*, 2 ed. (Boston: PWS-Kent, 1991; M. Mendenhall, E. Dunbar e G. Oddou, "Expatriate Selection, Training, and Career-Pathing: A Review and Critique", *Human Resource Management* 26 (1987): 331–345.
54. M. G. Harvey, "Repatriation of Corporate Executives: An Empirical Study", *Journal of International Business Studies* 20 (Spring 1989): 131–144.
55. Tung, "Career Issues in International Assignments", *Academy of Management Executive* 2, nº 3 (1988): 241–244.
56. M. Harvey, "Dual-Career Expatriates: Expectations, Adjustments and Satisfaction with International Relocation", *Journal of International Business Studies* 28, nº 3 (1997): 627.
57. Tung, 1988.
58. Solomon, 1996.
59. R. Pascoe, *Surviving Overseas: The Wife's Guide to Successful Living Abroad* (Singapore: Times Publishing, 1992); e R. Pascoe, "Employers Ignore Expatriate Wives at Their Own Peril", *Wall Street Journal*, 29/03/1992.
60. J. S. Black e H. B. Gregersen, "The Other Half of the Picture: Antecedents of Spouse Cross-Cultural Adjustment", *Journal of International Business Studies* (Third Quarter 1992): 461–477.
61. J. S. Black, H. B. Gregersen, M. E. Mendenhall, L. K. Stroh, *Globalizing People Through International Assignments* (Reading, MA: Addison-Wesley, 1999).
62. www.Ge.com, 21/03/2001.
63. J. Hamill, "Expatriate Policies in British Multinationals", *Journal of General Management* 14, nº 4 (Summer 1989): 18–33.
64. Baseado em W. Dyer, *Team Building* (Reading, MA: Addison-Wesley, 1987).
65. R. B. Reich, "Who is Them?", *Harvard Business Review* (March–April 1991): 77–88.
66. T. Gross, E. Turner e L. Cederholm, "Building Teams for Global Operations", *Management Review* (June 1987): 32–36.
67. Baseado principalmente em N. J. Adler, *International Dimensions of Organizational Behavior* (Boston: PWS-Kent, 1991).
68. C. Solomon, "Building Teams Across Borders", *Global Workforce*, November 1998, 12–17.
69. Ibid.
70. T. Brown, "Building a Transnational Team", *Industry Week*, 16/05/1988, 13.
71. Ibid.
72. R. T. Moran, "Cross-Cultural Contact: A Formula for Success in Multicultural Organizations", *International Management*, December, 1988, 74.
73. Ibid.
74. I. Ratiu, "International Consulting News", em *Managing Cultural Differences*, 3 ed., P. R. Harris e R. T. Moran eds. (Houston, TX: Gulf Publishing, 1991).
75. *Wall Street Journal*, 26/07/1995.
76. M. Kaminski e J. Paiz, "Japanese Women in Management: Where Are They?", *Human Resource Management* 23, nº 2 (Fall 1984): 277–292.
77. P. Lansing e K. Ready, "Hiring Women Managers in Japan: An Alternative for Foreign Employers", *California Management Review* 26, nº 4 (1988): 112–127.
78. "Japan's Working Mothers", *Japan Report* 37, nº 5 (August 1991).
79. "Women in Business: A Global Report Card", *Wall Street Journal*, 26/07/1995.
80. N. J. Adler e D. N. Izraeli, *Women in Management Worldwide* (Armonk, NY: M. E. Sharpe, 1988): 245.
81. Ibid.
82. M. Jelinek e N. J. Adler, "Women: World Class Managers for Global Competition", *Academy of Management Executive*, 11, nº 1 (February 1988): 11–19.

CAPÍTULO 10: MOTIVAÇÃO E LIDERANÇA

1. F. Rieger e D. Wong-Rieger, "A Configuration Model of National Influence Applied to Souteast Asian Organizations", *Proceedings of the Research Conference on Business in Southeast Asia*, 12/13 May 1990, University of Michigan.
2. M. J. Gannon & Associates, *Understanding Global Cultures: Metaphorical Journeys Through 17 Countries* (Beverly Hills, CA: Sage Publications, 1994).
3. R. M. Steers, *Made in Korea: Chung Ju Yung and the Rise of Hyundai* (New York: Routledge), 1999.
4. Meaning of Work International Research Team, *"The Meaning of Working: An International Perspective"* (New York: Academic Press, 1985).
5. D. Siddiqui e A. Alkhafaji, *The Gulf War: Implications for Global Businesses and Media* (Apollo, PA: Closson Press, 1992): 133–135.
6. Ibid.
7. A. Ali, "The Islamic Work Ethic in Arabia", *Journal of Psychology*, 126 (1992): 507–519.
8. Yasamusa Kuroda e Tatsuzo Suzuki, "A Comparative Analysis of the Arab Culture: Arabic, English and Japanese Language and Values" (trabalho apresentado no 5th Congress of the International Association of Middle Eastern Studies, Túnis, 20-24 September 1991, citado em Siddiqui).

9. J. R. Hinrichs, "Cross-National Analysis of Work Attitudes" (trabalho apresentado no American Psychological Association Meeting, Chicago, 1975).
10. A. Furnham, B. D. Kirkcaldy e R. Lynn, "National Attitudes to Competitiveness, Money, and Work Among Young People: First, Second, and Third World Differences", *Human Relations* 47, n° 1 (1994): 119–132.
11. M. Haire, E. E. Ghiselli e L. W. Porter, "Cultural Patterns in the Role of the Manager", *Industrial Relations* 12, n° 2 (February 1963): 95–117.
12. S. Ronen, *Comparative and Multinational Management* (New York: John Wiley and Sons, 1986).
13. D. S. Elenkov, "Can American Management Concepts Work in Russia? A Cross-Cultural Comparative Study", *California Management Review* 40, n° 4 (1998): 133–157.
14. E. C. Nevis, "Cultural Assumptions and Productivity: The United States and China", *Sloan Management Review* 24, n° 3 (Spring 1983): 17–29.
15. R. L. Tung, "Patterns of Motivation in Chinese Industrial Enterprises", *Academy of Management Review* 6, n° 3 (1981): 481–489.
16. Swee Hoon Ang, "The Power of Money: A Cross-Cultural Analysis of Business-Related Beliefs", *Journal of World Business* 35, n° i1 (2000): 43.
17. *World Competitiveness Yearbook* (Lausanne, Switzerland: Institute for Management Development, 1998).
18. D. D. White e J. Leon, "The Two-Factor Theory: New Questions, New Answers", *National Academy of Management Proceedings* (1976): 358.
19. D. Macarov, "Work Patterns and Satisfactions in an Israeli Kibbutz: A Test of the Herzberg Hypothesis", *Personnel Psychology* (Autumn 1973): 483–493.
20. P. D. Machungwa e N. Schmitt, "Work Motivation in a Developing Country", *Journal of Applied Psychology* (February 1983): 31–42.
21. G. E. Popp, H. J. Davis e T. T. Herbert, "An International Study of Intrinsic Motivation Composition", *Management International Review* 26, n° 3 (1986): 28–35.
22. R. N. Kanungo e R. W. Wright, "A Cross-Cultural Study of Managerial Job Attitudes", *Journal of International Business Studies* (Fall 1983): 115–129.
23. Ibid, 127–128.
24. J. R. Lincoln, "Employee Work Attitudes and Management Practice in the U.S. and Japan: Evidence from a Large Comparative Survey", *California Management Review* 32, n° 1 (Fall 1989): 89–106.
25. J. R. Lincoln e K. McBride, "Japanese Industrial Organization in Comparative Perspective", *Annual Review of Sociology* 13 (1987): 289–312.
26. Lincoln.
27. "Detroit South", *Business Week*, 16/03/1992.
28. Hofstede.
29. M. B. Teagarden, M. C. Butler e M. Von Glinow, "Mexico's Maquiladora Industry: Where Strategic Human Resource Management Makes a Difference", *Organizational Dynamics* (Winter 1992): 34–47.
30. T. T. Herbert, H. Deresky e G. E. Popp, "On the Potential for Assimilation and Integration of Sub-Culture Members into the U.S. Business System: The Micro-Cultural Effects of the Mexican-American National Origin, Culture, and Personality", *Proceedings of the International Business Association Conference* (London, Novembro de 1986).
31. John Condon, *Good Neighbors: Communication with the Mexicans* (Yarmout, ME: Intercultural Press, 1985).
32. G. K. Stephens e C. R. Greer, "Doing Business in Mexico: Understanding Cultural Differences", *Organizational Dynamics* (Summer 1995): 39–55.
33. Teagarden, Butler e Von Glinow.
34. Stephens e Greer.
35. Ibid.
36. C. E. Nicholls, H. W. Lane, M. B. Brechu, "Taking Sel-Managed Teams to Mexico", *Academy of Management Executive* 13, n° 3 (1999): 15–25.
37. Ibid.
38. Ibid.
39. Mariah E. de Forest, "Thinking of a Plant in Mexico?", *Academy of Management Executive* 8, n° 1 (1994): 33–40.
40. Ibid.
41. Ibid.
42. Teagarden, Butler e Von Glinow.
43. Herbert, Deresky e Popp; R. S. Bhagat e S. J. McQuaid, "Role of Subjective Culture in Organizations: A Review and Direction for Future Research", *Journal of Applied Psychology Monograph* 67, n° 5 (1982): 669.
44. Malgorzata Tarczynska, "Eastern Europe: How Valid Is Western Reward/Performance Management?", *Benefits and Compensation International* 29, n° 8 (April 2000): 9–16.
45. M. A. Von Glinow e M. B. Teagarden, "The Transfer of Human Resource Management Technology in Sino-U.S. Cooperative Ventures: Problems and Solutions", *Human Resource Management* 27, n° 2 (1988): 201–229.
46. M. A. Von Glinow e Byung Jae Chung, "Comparative HRM Practices in the U.S., Japan, Korea and the PRC", em *Research in Personnel and HRM, A Research Annual: International HRM*, ed. A. Nedd, G. R. Ferris e K. M. Rowland (Londres: JAI Press, 1989).
47. A. Ignatius, "Now If Ms. Wong Insults a Customer, She Gets an Award", *Wall Street Journal*, 24/01/1989, 1, 15.
48. T. Saywell, "Motive Power: China's State Firms Bank on Incentives to Keep Bosses Operating at Their Peak", *Far Eastern Economic Review*, 08/07/2000: 67–68.
49. Steers, 1999.
50. A. Morrison, H. Gregersen e S. Black, "What Makes Savvy Global Leaders?", *Ivey Business Journal 1999*, 64, n° 2, 44–51: e *Monash Mt. Eliza Business Review*, 1, n° 2 (1998).
51. Ibid.
52. Ibid.
53. Morrison, et al., 1999; J. W. Gardner, *John W. Gardner on Leadership* (New York: Freee Press, 1989); W. Bennis e B. Nanus, *Leaders* (New York: Harper and Row, 1985).
54. R. D. Robinson, *Internationalization of Business* (Hindsdale, IL: Drysden Press, 1984): 117.
55. R. H. Mason e R. S. Spich, *Management — Aan International Perspective* (Homewood, IL: Irwin, 1987).
56. Ibid, 184.
57. B. M. Bass, *Bass & Stogdill's Handbook of Leadership* (New York: Free Press, 1990).
58. Ver, por exemplo, M. Mead, *Sex and Temperament in Three Primitive Societies* (New York: Morrow, 1935); e M. Mead et al., *Cooperation and Competition Among Primitive Peoples* (New York, McGraw-Hill, 1937).
59. L. Copeland e L. Griggs, *Going International* (NY: Random House, 1985): 131.
60. D. McGregor, *The Human Side of Enterprise* (New York: McGraw-Hill, 1960).
61. Ver, por exemplo, R. M. Strogdill, *Manual for the Leader Behavior Description Questionnaire — Form XII*

(Columbus: Ohio State University, Bureau of Business Research, 1963).
62. R. R. Blake e J. S. Mouton, *The New Managerial Grid* (Houston, TX: Gulf Publishing, 1978).
63. F. E. Fiedler, "Engineering the Job to Fit the Manager", *Harvard Business Review* 43, nº 5 (1965): 115–122.
64. Geert Hofstede, "Motivation, Leadership and Organization: Do American Theories Apply Abroad?", *Organizational Dynamics* (Summer 1980): 42–63.
65. Ibid.
66. Geert Hofstede, "Value Systems in Forty Countries", *Proceedings of the 4th International Congress of the International Association for Cross-Cultural Psychology* (1978).
67. Andre Laurent, "The Cultural Diversity of Western Conceptions of Management", *International Studies of Management and Organization* 13, nº 1-2 (Spring-Summer 1983): 75–96.
68. C. Hampden-Turner e A. Trompenaars, *The Seven Cultures of Capitalism* (New York, Doubleday, 1993).
69. M. Haire, E. E. Ghiselli e L. W. Porter, *Managerial Thinking: An International Study* (New York: John Wiley and Sons, 1966).
70. S. G. Redding e T. W. Case, "Managerial Beliefs Among Asian Managers", Proceedings of the *Academy of Management*, 1975.
71. I. Kenis, "A Cross-Cultural Study of Personality and Leadership", *Group and Organization Studies* 2 (1977): 49–60.
72. F. C. Deyo, "The Cultural Patterning of Organizational Development: A Comparative Case Study of Thailand and Chinese Industrial Enterprises", *Human Organization* 37 (1978); 68–72.
73. M. K. Badawy, "Styles of Mid-Eastern Managers", *California Management Review* (Spring 1980): 57.
74. Vários Noticiosos Radiofônicos, 2001.
75. A. A. Algattan, *Test of the Path-Goal Theory of Leadership in the Multinational Domain* (trabalho apresentado na Academy of Management Conference, 1985, San Diego, CA).
76. J. P. Howell e P. W. Dorfman, *A Comparative Study of Leadership and Its Substitutes in a Mixed Cultural Work Setting* (trabalho de 1988, ainda não publicado quando do lançamento deste livro nos EUA).
77. D. H. Welsh, F. Luthans e S. M. Sommer, "Managing Russian Factory Workers: The impact of U.S.-based behaviorial and participative techniques", *Academy of Management Journal* 36 (1993): 58–79.
78. Jai B. P. Sinha e D. Sinha, "Role of Social Values in Indian Organizations", *International Journal of Psychology* 25 (1990): 705–715.
79. Hofstede, "Motivation, Leadership and Organization".
80. Jai B. P. Sinha, "A Model of Effective Leadership Styles in India", *International Studies of Management and Organization* (Summer-Fall 1984): 86–98.
81. Ibid.
82. B. M. Bass e P.C. Burger, *Assessment of Managers: An International Comparison* (New York: Free Press, 1979).
83. R. C. Tripathi, "Interplay of Values in the Functioning of Indian Organizations", *International Journal of Psychology* 25 (1990): 715–734.
84. Sinha.
85. Sinha e Sinha.
86. A. Spaeth, "India Beckons — and Frustrates: The Country Needs Foreign Investment, but Investors May Find That Hard to Believe", *Wall Street Journal*, 22/09/1989, R23–R25.
87. Ibid.
88. "Enron Switches Signals in India", *Business Week*, 08/01/2001.
89. "Enron Calls on Guarantees by India to Collect Debts", *Wall Street Journal*, 09/02/2001.
90. S. S. Rao, "Yankee, Be Good", *Financial World*, 07/11/1995, 54–68.
91. J. J. Curran, "Why Japan Will Emerge Stronger", *Fortune*, 18/05/1992.
92. Yumiko Ono e Wm. Spindle, "Japan's Long Decline Makes One Thing Rise — Individualism", *Wall Street Journal*, 29/12/2000.
93. Kuniyasu Sakai, "The Feudal World of Japanese Manufacturing", *Harvard Business Review* (November–December 1990): 38–47.

Índice

A

AB Telecom, 307-312
Abordagem do inventário, 34
Abordagem objetiva do processo decisório, 148-149
Academy of Management, 108
Acesso aos recursos e economia de custos, 158-159
Adams, R.J, 226-227n, 227-228n, 231n
Adaptação ao ambiente de regulamentações políticas, 32
Adequação dos sistemas de informação de gestão (MIS), 225
Adler, Nancy J., 26n, 108n, 129-130n, 130-131n, 132-133n, 133-134n, 139n, 239-240n, 254n, 257, 260n, 261n, 262n
Aeroespacial, 42-43
Aerospatiale, 42-43, 185
Affective appeals, 138
AFG, 316-317
Afinidade como variável cultural, 79
AFL-CIO, 229-230
África do Sul, apartheid na, 51-52
Ahlback, Folke, 20-22
Airbus Industrie, 42-43, 59
Air Canada, 185
Air Express International, 222-223
Airline Corporate Human and Organisation Resources Database (ACHORD) (ou Base de Dados Corporativa de Recursos Humanos e Organizacionais da Empresa Aérea), 238
Air New Zealand, 185
Alcatel, 307-308
Alemanha
    Ambiente tecnológico na, 38-39
    Cultura na, 92-93
    Relações trabalhistas na, 231-232
Algattan, A. A., 281n
Ali, Abbas J., 268n
Alianças
    acionárias estratégicas, 185
    diretrizes para sucesso em, 190-191
    estratégicas, 167-168, 184-195
    internacionais, 186-186, 188-189
    não-acionárias estratégicas, 185
Alianças acionárias estratégicas, 185
Alianças estratégicas não-acionárias, 185
Alitalia, 185
Alkhafaji, A., 267n
All-China Federation of Trade Unions, 228-229

Allenby, B. R., 67n
Almaney, A., 114-115n
Almor, Tamar, 175n
Aluminum Company of America (Alcoa), 206-207
Alwan, A., 114-115n
Ambiente (*environment*)
    de negócios globais, 22-26
    legal (jurídico), 36-38
    político e econômico, 26-36
    tecnológico, 38-43
Ambiente político e econômico, 26-36
    risco do terrorismo no, 33-34
    risco econômico no, 33-36
    risco político no, 27-33
Amdahl, 213-214
América Latina, estilos de negociação na, 137-138
American Can, 29
American Society of Personnel Administration International (ASPAI), 254
Amman, Fred, 239-240
AMR Research, 39-40
Análise do ambiente ideal, 161-162, 162-163
Andersen, Arthur, 144
Andersen, P. A., 106-108n, 111-112n, 113-114n
Anderson, E., 196n
Andrews, K. R., 166n
Ang, Swee Hoon, 269-270n
Anheuser-Busch, 172-173
Ansett Australia, 185
Anti-Sweatshop Code of Conduct (Acordo Internacional contra Trabalho Escravo), 51-53
Aparência (*face*), 145
Apelos axiomáticos, 138
Apelos factuais, 138
Apropriação da tecnologia, 38-39
Árabes
Arábia Saudita
    cultura e estilos de gestão na, 96-98
    religião na, 80
    sistema jurídico na, 36-37
Ariba, Inc., 171
Artzt, Edwin L., 76-78
Asahi, M., 167-168n
Asante, M.K., 107-108n
Asea Brown Boveri (ABB), 215, 239-240, 244, 249-250
Asheghian, Parviz, 55-56n, 62-63n, 67n, 206-207n, 208n
Ásia
    bloco comercial na, 23-24
    choque cultural via Internet, 75
Asia-Steel.com, 75
Associações como variável cultural, 80
Astra A. B., 177
AT&T, 72, 73-74, 186, 188-189, 191
AT&T-Philips, 177-179
Atitudes no processo de comunicação, 107-108
Audi, 200-201
Austin, James E., 48-49n
Autêntica, Frente Sindical, 229-230
Autocrática, liderança, 149-150
Automobilística, indústria, no México, 65-67
Avaliação (*evaluation*), variáveis de, 225
Avaliação do ambiente, 161-162, 163-164
Avaliação do risco país, 29-32
Aviões, seqüestros de, 33-34

Avon Products, 53, 158-159
Axtell, R., 113-114n

B

Badawy, M. K., 150n, 282n
BAE Systems, 42-43
Balancete, política de, das compensações internacionais, 252-253
Banco de La Nación, 58-59
Banthin, Joanna M., 145n, 146n
Barnlund, D. C., 117n
Barreiras comerciais, 23-24, 157-158
Barrett, J. T., 228-230n
Barshefsky, Charlene, 136
Barsoux, Jean-Louis, 118-119n
Bartholomew, S., 239-240n
Bartlett, C.A., 206n, 212-215n, 239n
Bartol, K. M., 58-59n
Bass, B. M., 148-149n, 279n, 285n
Baughn, C. C., 186, 188-189n
Beamish, P. W., 61-62n, 166-167n, 196n, 197n
Becker, G., 23-24n
Becker, H., 68n
Beecham, 157-158
Beeman, D. R., 28-29n, 32-33n, 167-168n
Behrman, J. N., 61-62n
Belk, R. W., 149-150n
Bell Canada, 309
Bell Labs, 191
Benneton Group SPA, 177
Bennis, W., 276n
Bhagat, R.S., 274n
Bhopal, vazamento de gás da Union Carbide em, 48-49, 66-67
Birmânia (atual Mianmar), violações de direitos humanos na, 52-53
Bjorkman, Ingmar, 254n
Black, J. Stewart, 73-74n, 237n, 245-246n, 247, 249n, 250-251n, 256n, 258n
Black, S., 276n
Blackman, C., 145-146n
Blackmon, D., 156n
Blake, R. R., 279n
Bloco da Europa Central e Oriental, 24-25
Boeing, 42-43
Booz-Allen & Hamilton, 258
Borwick, Bill, 35
Bouress, J., 32n
Bowie, N., 50-52
Boyce, James E., 88-90n
Brady, D., 156n
Brechu, M. B., 273n
Brislin, R. W., 122-123n
Bristol-Meyers Squibb, 210
British Airways, 185, 238
British Telecom, 249-250
    sistema de Conferência Telefônica, 258-259
Broadfoot, Robert, 36-37
Broering, James, 144
Broken Hill Proprietary Company, Ltd. (BHP), 171-172
Brouthers, L. E., 177-179n
Brown, T., 259-260n
Brunner, J., 145n-146n

Brzezinski, M., 192-193*n*, 194-195*n*
Burger, P. C., 148-149*n*, 285*n*
Burgoon, M., 113-114*n*
Bush, George W., 282
Bush, George, 26
Business-business (B2B)
  benefícios do, 169-171
  e-commerce, 75
  transações em, 39-41, 148
Butler, M. C., 271*n*, 272*n*, 273-274*n*
Butler, S., 170-171*n*

C

Cadbury, A., 59*n*
Cadeia de valor, 20
Caio, Francesco, 175, 218-219, 221
Callahan, Richard J., 25-26
Calori, R., 231*n*
Calóricos, 315
Camacho, Francisco, 72
Campbell, Nigel, 141-142*n*
Canadá,
  sistema jurídico no, 38
  subculturas no, 78-79
Canon, 166
Carlson, John, 295-301
Carlton, J., 52-53*n*
Carns, Donald, 74-75*n*
Carr, N. G., 175*n*
Carroll, A. B., 48-49*n*
Carson, T. L., 58-59*n*
Case, T. W., 282*n*
Casse, Pierre, 139*n*, 141-142*n*
Cassoni, Vittorio, 239-240
Caterpillar, 167-168, 191, 198-199
Cederholm, L., 258-259*n*
Cendant Mobility, 72-73
Centralização-descentralização, o *continuum* da, 216-218
Centros geográficos, 84-85
CEO (*Chief executive officer*), ou diretor-presidente, 239
CFO (*Chief financial officer*), ou diretor-financeiro, 239
Chaddick, B., 32*n*
Chandler, A. D., 206*n*
Chang, Vanessa, 36-37
Chantagem, 33-34
Chase Manhattan Bank, 250-251
Chen, M., 100-101*n*
Cheng, P. Hui-Ho, 36*n*
Child, J.D., 76*n*
China
  a estratégia da Nokia na, 20-22
  comércio na, 24-26
  compensação para os funcionários do país anfitrião na, 253-254
  contratos na, 36-37
  implementação de estratégia na, 200-201
  individualismo na, 82-83, 88-89
  joint ventures na, 330-343
  paralinguagem na, 111-112
  pequenas empresas na, 98-101
  rede global na, 211-214
  relações trabalhistas na, 228-229
  repressão do levante da praça Tiananmen na, 27-28
  sistema de recompensas na, 276
  sistema jurídico na, 36
  subculturas na, 78-79
  violações dos direitos humanos na, 51-53
Chineses, negociações com os, 144-146
Chira, Susan, 59*n*
Choe, Soonkyoo, 76*n*
Choque cultural, 247, 249
Choque cultural reverso, 254, 255-256
Chongming Electro-Assembly Company, 345
Christelow, Dorothy B., 174-175*n*
Chryysler, 186-187, 200-201
Chrysler-Mitsubishi, 174-175
Chu, Justin, 75
Chun Joo Bum, 186-187
Chung, Byung Jae, 275*n*
Ciba-Geigy, 216
Cidadãos de Terceiros Países (CTPs), 239-240
Cidadãos do País da Matriz (CPMs), 239
Cifra, 24-25
Cingapura, 185
  bloco comercial em, 23-24
Civil, lei, 36-37
Clark, A., 28-29*n*
Clark, L. H. Jr., 175*n*
Cleland, D. I., 152-153*n*
Cliente, exigências do, 157-158
Clinton, Bill, 51-52, 157-158, 186, 188, 192
Cobertura, 32-33
Coca-Cola, 51-52, 157-158, 186, 188, 192
Co-determinação, 231-232
Codificação, 121
Códigos de conduta, 54-55
  Internacional, para corporações multinacionais (as MNEs), 54-55, 59-60
Cohon, George A., 203-204
Cole, David, 66-67
Coletivismo, 111-112, 149-150
Coletivos, acordos, 227-228
Colgate-Palmolive, 212-214, 232, 249-251, 287-291
Coll, Joan H., 144*n*
Commerce One, 187
  MarketSite Portal Solution, 42-43
Compagnie de Machines Bull, 259-260
Companhia de gestão de exportações (EMC), 172
Compartilhamento acionário, 32
Compensação
  para cidadãos do país anfitrião, 253-254
  para expatriados, 250-254
Compensação para os, 250-254
Competências centrais, 166
Competitiva, análise, 166-167
Comportamento cinésico, 109-110
Comportamento visual, 109-111
Comportamentos não-verbais, 134-136
Comum, lei, 36
Comunicação com, 113-115
Comunicação, 105-107
  atitudes em, 107-108
  canais, 115-119
  com os árabes, 113-115
  contexto em, 113-115, 119, 121-124
  definida, 105-106

fatores culturais na, 105-107
funções na, 108, 109
intercultural, 113-114, 119, 121-124
linguagem na, 109-110
não-verbal, 109-112
o tempo na, 111-114
organização social na, 108
padrões de pensamento na, 108
ruído cultural na, 105-119
sistemas de informação em, 115-117, 118-119
variáveis culturais na, 105-114
Comunidade dos Estados Independentes (CEI), ex-União Soviética, 174-175
joint ventures na, 191-195
Conaway, W., 30, 32n
Concessões e acordo, 127-136
Concorrentes, globalização dos, 156-158
Condon, John, 272n
Confederação dos Trabalhadores Mexicanos (CTM), 229-230
Confederação Internacional dos Sindicatos Livres (CISL), ou International Confederation of Free Trade Union (ICFTU), 228-230
Confederação Mundial do Trabalho (CMT), ou World Confederation of Labor (WCL), 229-230
Confiança, 83
Conflitos, solução, administração de, 146-147
Conquista *versus* atribuição, 85, 87
Construcciones Aeronauticas, 42-43, 185
Contexto
  em liderança, 276
  na comunicação, 113-115, 116-117
Continental, 185
Contingência, teoria da, 218-219, 221
Contingente, liderança, 279-286
Contractor, F., 197n
Contratos, 36-37
  administração de, 173-174
Contratos, lei dos, 36-37
Contratos, produção mediante, 173-174
Control Data Corp., 53, 56-58
Controle, sistemas de, (...) para operações globais, 218-219, 221-224
Controls, Inc., 330-343
Convergência, 76
  versus divergência em sistemas trabalhistas, 228-230
Cooperação, estratégias de, 184-185
Coordenação, mecanismos diretos de, 221-223
  mecanismos indiretos de, 221-224
Copeland, Lennie, 88-90n, 109n, 110-111n, 113-114n, 116-117n, 132-133n, 148-149n, 150n, 279n
Copyrights, 38-39, 198-199
Coréia do Sul
  bloco comercial na, 23-24
  chaebol, 23-24
  escândalo de suborno na, 56-58
  tecnologia na, 80-81
Coréia, cultura na, 93-96
Corey, Michael P., 238
Cornfield, D. B., 228-229n
Corning Glass Works, 174-175, 216
Corporação de Investimentos Privados no Exterior (CIPE), 32-33
Council on Economic Priorities (CEP), 53
Covisint, 185, 187-187

Cowell, A., 177n
Critério de auto-referência, 76-77
Críticas, diferenças, (...) entre valores operacionais, 85, 87-90
Cross-border (interfronteiras)
  alianças, 186-189
  equipes, 260
  parcerias, 186, 188-191
  privacidade de dados eletrônicos, na União Européia, 57
Crown Corporations, 38
Cruz Vermelha, 60
Cullen, John B., 221-222n
Cultura
  definida, 73-74
  efeitos da tecnologia na, 80-81
  efeitos nas organizações, 73-78
  estilos de gestão e na China, 98-101
  influência da, na opção estratégica, 181
  influência no processo decisório, 148-150
  na Arábia Saudita, 96-98
  papel da, em processos motivacionais
Cultura materialista, 111-112
Culturais, influências sobre a implementação estratégica, 199-201
  aperfeiçoamentos, 119, 121
  desenvolvimeno de perfis, 88-96
  habilidades, 72-73
  ruídos no processo da comunicação, 106-119
  sensibilidades, 72-73, 76-78, 121
Culturais, variáveis, 76-90
  como afinidades, 79
  como associações, 80
  como economia, 79
  como educação, 79
  como lazer, 80-81
  como políticas, 79-80
  como religião, 80
  como saúde, 80
  em sistemas de informação, 117-118
  no processo de comunicação, 106-114
Cultural, empatia, 72-73
Culturas de alto contato, 110-186, 188
Culturas de alto contexto, 113-114
Culturas de baixo contato, 110-112
Culturas de baixo contexto, 113-114
Cunningham, David, 156
Cúpula da Terra (Earth Summit, ou Rio 92)
Curran, J. J., 286n
Czinkota, M. R., 226n

D

Daewoo Electronics, 186-187
Daewoo Motors, 174-175
Daft, R.L., 109-110n
Dahl, J., 33-34n
Daimler-Benz, 185, 186-187, 198-201
DaimlerChrysler AG, 42-43, 184-185, 187, 231-232
Daniels, J. S., 226-227n, 229-230n
Danone Group,, 192, 225
Darlin, D., 88-90n
Dart & Kraft, 319-320
Da Tian W. Air Service Corporation, 156
David, K., 76n, 79n, 88-90n, 109n

ÍNDICE

Davidson, W. H., 164n
Davis, H. J., 270n
Decisão, processo de, 148-153
    em companhias japonesas, 151-153
    influências da cultura sobre o, 148-150
    políticas de, 149-150
    processo de, 148-149
Decodificação, 122-123
De Forest, Mariah E., 273-274n
De George, R. T., 63-64n
Del Monte, 48-49
Delta, 185
De Mente, Boye, 88-90n, 138n, 145-146n, 151n
Den Fujita, 180
Denny's, restaurants, 49-50
Dependência, 32-33
Deresky, Helen, 195-196n, 240-241n, 242n, 243n, 250-251n, 272n, 274n
Desempenho, gerenciamento do, em *joint ventures* internacionais, 196-199
Desenvolvimento, assistência para o, 32-33
Desinteresse aparente, 137-138
Deutsche BA, 177
Deyo, F. C., 282n
Diferenciação, 210
Diferenciais de salário entre executivos nacionais e os, 236-237
Diferentes, casais com profissões, 255-256
Direta, mecanismos de coordenação, 221-223
Dirty tricks (truques sujos), 134-135
Disney, 164, 166
Distanciamento do poder, 81-82
Divergência *versus* convergência em sistemas trabalhistas, 228-230
Diversidade da força de trabalho, 26
    linguagem e, 109
Dobson, John, 50-51n
Doktor, Robert H., 138n
Doméstica, estrutura, mais departamento de exportações, 206-207
    mais subsidiária estrangeira, 206-207
Dorfman, P. W., 281n
Dotlich, David, 259-260
Douglas, Susan P., 168-169n, 211n
Douress, J., 30
Dow Chemical, 29, 177-179
Dowling, P. J., 226n, 227-228n, 239-240n, 244n, 253n
Doz, Yves L., 62-63n, 226n
DRAM, tecnologia, 186, 188-189
Dressler, David, 74-75n
Dubois, R., 66-67n
Dufour, B., 231n
Dunbar, E., 254n
Dunkin' Donuts, 64-65
Dyer, W., 258-259n

E

Earley, P. Christopher, 82n, 249-250n
Eastman Kodak, 41-42, 191
Ebrahimi, Bahman, 55-56n, 62-63n, 67n, 206-207n, 208n
E-business global, 39-43, 169-172
Ecologia industrial, 67
E-commerce, 39, 118-119
    impacto sobre a implementação da estratégia, 200-201
Economia como variável cultural, 79
Economia, crise, reação global dos gestores à, na Indonésia), 35-36
Economias de escala, 158-159
Economias de Recente Desenvolvimento, 167-168
Educação como variável cultural, 79
Efetiva, liderança global, 276
Egan, Francis, 172
Egelhoff, W. G., 223-224n
Ekman, P., 109-110n
Electrolux, 199-200
Elenkov, D.S., 269-270n
Elesperu de Freitas, Susana, 163-164
Elhagrasey, G., 173-174n, 175n
Elliot, S. Scott, 113-114n
Ellis, Roy, 204-205
Emergentes, formas estruturais, 214-216
England, George W., 88-90n, 148-149n, 265-266
Enron's, 128-129
Entrada, alternativas de estratégias de, 171-177
Entrada, hora da, 180-181
Equipamento Digital, 156-157, 250-251
Equipes de gestão global, 258-261
Equipes globais virtuais, 260
Erol, C., 29n
Esprit de Corp, 239-240
Estados Unidos
    negociação nos, 139
    subsidiárias estrangeiras nos, 60-62
Estereotipagem, 108
Estratégias de contribuições em estágios, 32-33
Estratégia, implementação, 194-201
    impacto do e-commerce na, 200-201
    influências culturais na, 199-201
    influências do governo na, 198-200
Estratégica, opção, 177-180
    influência da cultura na, 181
Estratégicas, alianças, 167-168, 184-195
    função dupla das, 189-190
Estratégico, formulação do processo, 159-160
Estratégico, planejamento, 156-157
    para o mercado da União Européia (EU), 175-179
Estratégicos, Unidades de Negócios (SBU), 207, 208
Estrutural, evolução, 206
Ética na gestão global, 53-60
Etnocêntricos, 51-52
    atitudes de, 107-108
    desvantagens de, 239
    na formação de equipes, 239
Etnocentrismo, 76-78
E-Toys, 166-167
European Aeronautic Defence and Space Company, 42-43
Européia, Comissão, 41-42
Européia, União (EU), 23-24, 156-157
    privacidade dos dados eletrônicos interfronteiras na, 57
    diretriz sobre
Europeu, Mercado Comum, 174-175
Expansões, programação de, 180-181
Expatriados, 242
    compensação para os, 256
Expatriados, fracasso dos, 245
Exportação, 172-173
Exposição à mudança de moeda, 34

Expressivamente orientada, 146
Expropriação, 27-28
Exxon, 27-28
E-Zaiko, 75

F

Farmer, Richard N., 172-173n
Fatores de sucesso para os, 244
   gerenciamento da carreira dos, 256
   papéis dos cônjuges dos, 255-256
   problemas dos diferenciais de salário entre executivos nacionais e os
Fatores materiais, 88-89
Fatores-chave do sucesso, 164, 166
Federal Express (FedEx), 156, 222-223
Federal Express-DTW Co., 156
Feedback, decodificação de, 122-123
Ferris, G.R., 275
Fetten, Karsten, 205n
Fiat, 173-174
Fiat-Nissan, 174-175
Fiedler, F. E., 279n
Filosofias de pessoal para operações globais, 239-243
Filtration Inc., 330, 332, 334, 338
Financial Accounting Standards Board (FASB) Ruling Number 62-63, 222-223
Financiamento dos débitos locais, 32-33
Finmeccanica, 42-43
Fisher, G., 136n, 148-149n
Fisher, R., 131n, 132-133n
Fitzpatrick, Mark, 161-162n
Flannigan, T., 138n
Follow-up (acompanhamento), ações de, 122-123, 124
Footwear International, 293-301
Ford, M. M., 58-59n
Ford Motor Company, 55-56, 62-63, 66-67, 164, 166, 187, 191, 210
Ford, Steve, 254
Foreign Corrupt Practices Act (FCPA) — Lei contra Práticas Corruptas no Exterior, 56-59
Foreign Credit Insurance Association (FCIA), 32-33
Formação de equipes regionalizadas, 240-241
Forney, M., 24-25n
Forrester Research, 41
Fox, Vincente, 63-67
Francesco, Anne Marie, 100-101n
Francis, J., 141-142n, 145n
Franqueza, 122-123
Franquias (*franchising*), 172-173
Freedman, A. M., 21-22n, 48n
Freeport McMoRan, Inc., 35
Friedland, J., 200n
Friedman, Milton, 48-49n
Friesen, W. V., 109-110n
Frigidaire, 315
Frings, Peters, 204-205
Fritzstche, D. J., 68n
Fuga das incertezas, 81-82
Fugir ao investimento, 32
Fuji, 171
Fujitsu, 174-175, 186-187, 213-215

Funções no processo de comunicação, 108
Fundo Monetário Internacional (FMI), ou International Monetary Fund (IMF)
   pressão sobre o governo da Indonésia para estabilizar o sistema financeiro, 35-36
Funio Sato, 186-187
Furnham, A., 269n

G

Gannon, M. J., 265-266n
Gardner, J. W., 276n
Garland, John, 172-173n
Garrison, John R., 249-250
Garsombke, Diane J., 162-163n, 164, 166, 166n
Gartner Group, 39-40
Gatignon, H., 196n
GEC Alstholm, 186-187
General Electric (GE), 174-175, 177-179, 191, 195-196, 249-251, 258-259
General Electric-Samsung, 190-191
General Foods, 166
General Motors (GM), 35, 51-52, 64-65, 164, 166, 185, 187, 198-199, 239-240, 250-251, 273
George, Gil, 205n
Geringer, J. M., 196n, 197n
Geringer, M., 197n
Gestão (*management*). Ver também *Gestão global*
   cultura e, 96-101
   da independência ambiental, 66-68
   da interdependência, 60-68
Gestão global, 22
   equipes em, 258-261
   ética na, 53-60
   função da, 26, 276-277
   reação da, à crise econômica na Indonésia, 35-36, 90-96
   tarefas enfrentadas pela, 23-24
Gestão global, pessoal, desenvolvimento de, 254-262
Gestão por objetivos, 195-196
Gestão, adequação dos sistemas de informação de, 225
Gestão, contratos de, 173-174
Getz, Kathleen A., 53n
Ghader, F., 131n
Ghiselli, E. E., 269n, 282, 282n
Ghoshal, S., 206n, 212-215n, 239n
Gillespie, K., 58-59n
Gillette International, 191, 192, 207, 208, 285
Giovindarajan, V., 158-159n
Glenn, E. S., 138n
Global Alliance, 52-53
Global, ambiente de negócios
   blocos regionais de comércio no, 23-26
   diversidade da força de trabalho no, 26
   globalismo no, 22-23
   papel dos executivos no, 26
   tecnologia da informação no, 25-26
Globalização, 22-23
   alianças estratégicas na, 185
   alianças na, 186-187, 188-189
      desafios na implementação da, 186, 188-191
   alternativas estratégicas na, 166-167
   análise competitiva na, 166-167

análise interna na, 164, 166
avaliação do ambiente na, 161-164, 166
de concorrentes, 156-158
e-business na, 39-43, 169-172
estratégias de entrada da, 169-172
estratégias de integração em, 168-169
estrutura de produtos na, 207, 208
estrutura funcional na, 207, 208
estrutura geográfica na, 208, 210
formação de equipes na, 239-261
integração do treinamento com, 250-251
interdependência na, 48
missão na, 161-162
na abordagem dos mercados mundiais, 166-168
na China, 211-214
objetivos na, 161-162
organização para a, 210, 304-305
organizações de serviços profissionais na, 41-42
passos no desenvolvimento de estratégias para a, 161-164
programando expansões na, 180-181
razões proativas para a, 157-159
razões reativas para a, 156-158
sistemas de controle para a, 218-219, 221-224
tempo da entrada na, 180-181
GLOBE, projeto de liderança, 279-280
GM-Daewoo, *joint venture*, 88-90
GM-Toyota, *joint venture*, 151, 186-187
Goizueta, Roberto C., 205
Gold, Barry Allen, 100-101n
Goldman, A., 117n
Goldstar, 316
Goodyear Tire & Rubber, 35
Governo, influências sobre a implementação estratégica, 198-200
Govindarajan, 178-179n
Graedel, T. E., 67n
Graham, John L., 111-112, 130-131n, 134-135n, 136n-138, 141-142n
Grand Metropolitan, 199-200
Grécia, comunicação não-verbal na, 112
Greenberg, P., 170-171n
Greengard, S., 238n
Greenhalgh, L., 210n
Greer, C. R., 272n
Gregersen, Hal B., 237n, 250-251n, 256n, 258n, 276n
Grifes, 38-39
Griggs, Lewis, 88-90n, 109n, 110-111n, 113-114n, 116-117n, 132-133n, 148-149n, 150n, 279n
Gross, T., 258-259n
Grosse, R., 62-63n, 168-169n
Grossmans, 64-65
Grub, Phillip D., 131n
Guanxi, 212
Guanxihu, 200
Gudykunst, W. B., 107-108n, 146n, 147n
Gupta, A. K., 158-159n, 178-179n
Gut, R. E., 175n

H

H. J. Heinz Company, 207, 208, 239-240
Haggerty, B., 214-215n
Haire, M., 269n, 282n
Halal, W. E., 24-25n
Halcrow, Allan, 236-237
Hall, Edward T., 74-75n, 76-77n, 93n, 104-105n, 106-107n, 109-111n, 112n, 113-115n, 116-117n
Hall, M. R., 93n, 104-105n, 106-107n, 110-111n, 112n, 113-114n, 116-117n
Hambrick, C., 109-110n, 111-112n
Hamel, Gary, 166n
Hamill, J., 258-259n
Hampden-Turner, C., 281n
Harmonia, 145
Harns, 249-250n
Harrigan, K. R., 181n, 192n
Harris, Philip R., 78-79n, 88-91n, 97n, 98n, 106-107n, 108n, 114-115n, 130-131n, 138n, 152-153n, 249-250n, 261n
Harrison, Laura, 41-42n
Harvey, M.G., 245-246n, 254n-256n
Hebert, L., 196n, 197n
Hecht, M. L., 106-108n, 111-112n, 113-114n
Heckmann, Richard, 64-66
Hedging, 32-33
Hedlund, G., 239-240n
Heenan, D., 240-241n, 242n
Heinrich v. Pierer, 171
Henzler, Herbert, 156-157n, 211n
Herberger, Roy A., Jr., 130-131n
Herbert, Theodore T., 195-196n, 240-241n, 243n, 250-251n, 270n, 272n, 274n
Herzberg, 269, 269-270, 271
He Wel, 78-79n
Hewlett-Packard Japan, Ltd., 171
Hewlett-Packard, 177-179, 191, 254, 256
Hill, A., 156n
Hill, C. W. L., 128, 216-218n
Hill, S., 228-229n
Hilsenrath, J.E., 186-187n
Hindrichs, J.R., 269n
Hirsch, Seer, 175n
Hispano-americanos, 26
Hitt, M. A., 148-149n, 185n
Hodgetts, R. M., 226n, 229-230n, 231n
Hoecklin, Lisa, 85, 86n, 87n
Hoerr, J., 231n
Hofstede, Geert, 74-75n, 81-82n, 88-90n, 181n, 271n, 279-280n, 284n
Honda, 164, 166, 175, 186-187, 249-250
Honeywell, 229-230, 259-260
Honeywell Bull Inc. (HBI), 259-260
Hong Kong, bloco de comércio em, 23-24
Hoskins, Robert, 264-265
Hoskisson, R. E., 185n
House, Robert *et al.*, 279-280
Howell, J. P., 281n
Howell, L. D., 32n
Howells, R., 57n
Hudson, R., 175n
Hui-Ho Cheng, P., 36n
Humanos, direitos, responsabilidade das multinacionais para com os, 51-55
Hunger, J. D., 190-191n
Hungria, 24-25
Husted, B.W., 141-142n

Huthwaite Research Group, 141-142

I

ICI, 167-168
ICTs (*information and communication technologies*), tecnologias de informação e comunicação, 38-39
IG Metall, 231
Ignatius, A., 276*n*
Igreja Católica Romana, papel cultural da, 80
Incentivos, 159
Incomparabilidade dos dados sobre desempenho entre países, 225
Índia, liderança na, 284-285
Indianos, negociações pelos, 139-140
Indireta, mecanismos de coordenação, 222-224
Individualismo, 82, 88-90, 111-112, 149-150
Indonésia, crise econômica na, 35-36
Informação, sistemas de, 115-117, 118-119
    função dos, 224-225
    variáveis culturais nos, 117-118
Informação, Tecnologia da (Information Technology, 25-26, 118-119, 121
    investimento na, 39-40
Informações sobre o ambiente, fontes de, 163-164, 166
Input, controle de, 32-33
INSPIRE, 144
Instabilidade da moeda (*currency*), 161-162
Institute for the World Economy, 232
Instrumentalmente orientado, 146
Integração, 210
Integradas, estruturas globais, 207, 208-210
Intel, 164, 166, 186-187
Intercâmbio de informações relacionadas com a tarefa, 133-134
Intercâmbios, 148
Interceramic, 64-65
InterCity Gas Corp., 319-320
Intercultural, comunicação, 106-107
intercultural (*Cross-cultural*), comunicação, 113-114, 119, 121-124
    necessidades centrais, 269
    pesquisa sobre liderança, 279
    relações, 76-78
    sobre motivação, 264-276
    treinamento, 245-247, 249
Intercultural, eficiência da comunicação, 122-123
Intercultural Management Association, 259-260
Interdependência de ambientes, gestão da, 66-68
Interdependência, gestão da, 57-68
Interna, análise, 164, 166
Internacionais, Códigos (...) de Conduta para as corporações multinacionais, 54-55, 59-60
Internacionais, ética nos negócios, 55-56
Internacionais, gestão de recursos humanos, 237
Internacionais, *joint ventures*, 173-175, 191, 193-195
    gestão do desempenho nas, 196-199
Internacional, concorrência, 161-162
Internacional, contexto
    dicotomia intrínseco-extrínseca no, 269-275
    hierarquia necessária na..., 269-270
Internacional, Convenção, para a Proteção da Propriedade Industrial, 38-39

Internacional, divisão, 206-207, 208
Internacional, Padrão (...) de Contabilidade Número 20-21, 222-223
Internacional, papel das mulheres na gestão, 261-262
International Business Machines (IBM), 33-34, 51-52, 58-59, 156-157, 171, 191, 207, 208, 210, 238, 276
International Chamber of Commerce, 53
International Computers Ltd. (ICL), 213-215
International Telephone and Telegraph Corporation (ITT), 222-223
Interorganizacionais, redes, 214-215
Intrínseco-extrínseca, dicotomia, no contexto internacional, 269-275
Investimentos externos diretos, 22-23, 60-62
Ireland, R. D., 185*n*
Islâmica, lei, 36-37
    ética de trabalho, 267-268
Italianos, em negociação, 140-141
Italtel Spa, 278
Itochu Corp., 75
Izraeli, D. N., 261

J

Jack, A., 28-29*n*, 191*n*, 192*n*, 205*n*
Jacob, Rahul, 28-29*n*, 36-37*n*
Jaeger, A. M., 88-90*n*
Jain, Hem C., 245*n*
Jain, N. C., 105-107*n*, 109*n*
JAL, 185
James, B., 43-44*n*
Japão
    bloco comercial no, 23-24
    comunicação no, 117
    cultura no, 90-92
    ética no, 59
    keiretsu no, 23-24, 211
    negociações no, 136-138
    processo decisório no, 148-149, 151-153
    responsabilidade social corporativa no, 60-62
    sistema jurídico no, 36-37
Jeelof, Gerrit, 158-159
Jelinek, M., 262*n*
Jenen, A. D., 113-114*n*
Joachimsthaler, E., 24-25*n*
Johnson, William R., 207, 208
Johnston, W. B., 26*n*
Joinson, Carla, 72-73*n*, 237*n*
Joint ventures, 185, 200
    internacionais, 173-175, 196-199
    na China, 343-254
    na Comunidade dos Estados Independentes (CEI, antiga União Soviética), 191-39
Jolibert, Alain, 141-142*n*
Jones, E. R., 216-218*n*
Jordan Toothbrush, 171

K

Kahn, Jeremy, 23*n*
Kaikati, J. G., 55-56*n*
Kaminski, M., 261*n*

Kanungo, R. N., 270n
Kao, J., 211n, 212n
Katz, H. C., 231n
Kayner, Robert, 73-74
Keen, P. G. W., 122n
Kelley, Lane, 76n
Kenis, I., 282n
Kennley, Joy, 229-230n
Kentucky Fried Chicken (KFC), 35, 191
Keown, C. F., 145-146n
Khazbulatov, Khamzat, 204-205
Kilmann, R. H., 216, 216n
Kim In Kyung, 250-251
Kim, Jin K., 96, 99-100n
Kiriazov, D., 253-254n
Kirkcaldy, B. D., 269n
Klineberg, O., 109-110n
KLM Royal Dutch Airlines, 74-75, 76, 185, 190-191
Kluckholhn, C., 74-75n
Kobrin, S. J., 239-240n, 244n
Kodak-Canon, 190-191
Kopp, Rochelle, 243n, 244n
Kraar, L., 211n, 212n, 214n
Kraft, 166
Kroeber, A. L., 74-75n
Krysha, 192-194
Kubin, K. W., 29n, 32n, 33n
Kujawa, D., 62-63n, 168-169n
Kumming, Lida Wood and Bamboo Products de, 145
Kunii, Irene M., 20
Kuroda, Yasamusa, 269n
Kusumoto, Sadahei, 60-61n, 62
Kuzuoka, Akio, 90-91
Kvint, Vladimir, 191n, 194-195n

L

Laabs, J. L., 237n
Label, W. A., 55-56n
Laczniak, Gene R., 56-58n, 59n
Lakhan, V. C., 67, 67n
Landis, D., 122-123n
Landsend, 166-167
Lane, Barry, 35
Lane, H. W., 196n, 273n
Lansing, P., 261n
Laurent, Andre, 197, 281n
Lavagem de dinheiro, 192-194
Lawrence, Paul, 193-195n
Lawrence, Peter, 118-119n
Laya, J. C., 48-49n
Lazer como variável cultural, 80-81
Lee, Jangho, 76, 76n
Lee, Jean, 99-100n, 100-101n
Lee, L., 200n
Lee, R., 88-90n
Lee, S., 175n
Legado administrativo, 218-219, 221
Lei
    civil, 36-37
    comum, 36
    contrato, 36-37
    muçulmana, 36

Lei, David, 185n, 186, 188n-189n, 190n
Lemos, Tim, 229-230n
Leninets, 191
Lenway, S. A., 32n
Leon, J., 270n
Lever, 39
Levinson, N. S., 167-168n
Levi Strauss, 52-53, 212-214
Leviton Manufacturing, 264-265
Licenciamento, 172-173
Li, Jiatao, 109-110n, 111-112n
Li, Xiaolia, 173-174n
Liderança, 276-278
    autocrática, 149-150
    conteúdo da, 276
    contexto da, 276
    contingência, 279-286
    global, 276-277
    na Índia, 284-285
    participativa, 32, 149-150
    pesquisa intercultural sobre, 279
Liebrenz, M. L., 29n, 32-33n
Lin, Willy, 23
Lincoln, J. R., 270n, 271n
Linguagem
    no processo de comunicação, 109-110
    tradução da, 121
Linowes, R. G., 91n
Lista negra, 229-230
Litka, M., 36-37n
Liz Claiborne, 51-52
Localização da operação, 32
Lockheed Martin Corporation, 42-43, 59
Loeb, M., 36n, 144n
Lógica LSI, 186-187
Lopez de Arriortua, J. Ignacio, 239-240
Lorange, P., 197n
Lu, Yuan, 254n
Lublin, Joann S., 164n, 239-240n, 249-250n
Lucent, 307-308
Lucio, M. M., 228-229n
Lufthansa, 185
Luthans, F., 226n, 231n, 284n
Luxner, Larry, 58-59n
Luytjes, Jan, 88-90n
Lynn, R., 229-230n

M

Maastricht, Tratado de, 229-230
Macarov, D., 270n
Machismo, 272
Machungwa, P.D., 270n
Main, J., 186, 188-189n
Maisonrouge, Jacques, 276
Malásia, ambiente tecnológico na, 38
Management by wandering around (MBWA), 287-288
Manheim Auctions, Inc., 120-119n, 121
Maquiladoras, 23-24, 271
Marcas registradas, 38-39
Marino, L, 83n
Mark, Rebecca, 128
Marquette Company, 58-59

Martin, D. C., 58-59n
Martin, M., 108n
Martin, R., 228-229n
Marystown Shipyard, 38
Masculinidade, 83
Maslow, Abraham, 269, 269-270, 271
Mason, R. H., 62-63n, 195-196n, 207, 208n, 276n, 277n
Massie, Joseph L., 88-90n
Mastercraft Industries Corp.
Materialismo, 83
Mathis, John, 34n
Matriz, estrutura de, 210
Matsushita, 24-25, 168-169, 245
Matulich, E., 177-179n
Maytag, 315
Mazda, 164, 166, 186-187, 269-270
McBride, K., 270n
McCain Foods Limited, 204-205
McCarthy, M., 159n
McDonald's, 76, 79-80, 87-88, 157-159, 172-173, 179-180, 193-194, 203-205, 222-223
McDonough, M., 113-114n
McGregor, D., 279n
MCI Communications, 72
MCI-WorldCom, 186, 188-189
McKinsey & Company, 186, 188-189
McQuaid, S. J., 274n
Mead, M., 279n
Mead, R., 197-198n
Meaning of Work (MOW), equipe internacional de pesquisadores, 265-266
Medtronic, 256
Meissner, Hans, 141-142n
Melcher, Richard A., 174-175n
Melloan, G., 158-159n
Mendenhall, Mark E., 73-74n, 243n, 245-247n, 249, 249n, 250-251n, 254n, 258n
Mercado, controle de, 32-33
Mercado, entrada no, 186-187
Mercedes-Benz, 199-200
Merck, 164, 166
Merloni Elettrodomestici, 218-219, 221
México
   Acordo Norte-Americano de Livre Comércio (NAFTA) no, 63-65, 229-231
   motivação no, 271-274
   paralinguagem no, 111-112
   relações trabalhistas no, 229-231
Micallef, Joseph V., 161-162n
Micklous, E. F., 28-29n
Microsoft, 164, 166
Milbank, Dana, 175n, 177n, 206-207n
Miles, R. E., 206n
Milos Manufacturing, 23
Minolta Corporation, 60-62
Mintzberg, Henry, 105-106n, 159n
Missão, 161-162
Mitsubishi Motors, 23-24, 186-187
Mitsubishi Trading Company, 164, 166
Mitsui & Co., 75
Modelo de estágios, 206
Moffett, M. H., 226n
Monsanto Chemical Corporation, 67, 256
Montana, P. J., 28-29n

Moore, Robert, 97n
Moran, Robert T., 34n, 36-37n, 78-79n, 88-90n, 91n, 97n, 98n, 106-107n, 108n, 114-115n, 130-131n, 138n, 152-153n, 172-173n, 249-250n, 259-260n, 261n
Morrison, A. J., 167-168n, 276n
Morrison, T., 30, 32n
Moscow, A. Jack, 28-29n
Motivação, 264-265
   efeitos, 284
   no México, 271-274
   pesquisa intercultural sobre, 264-276
   sistemas de recompensa em, 275-276
Mouton, J. S., 279n
Muçulmanos
   função cultural dos, 80
   lei para os, 36
Mudança, 87-88
Mulheres
   em gestão internacional, 261-262
   no Oriente Médio, 113-114
Multibras S. A., 327-329

Multinacionais, corporações, 26
   administração da interdependência entre a subsidiária e o país anfitrião nas, 61-67
   administração do risco de terrorismo, 33-34
   ambiente tecnológico para as, 38-39
   avaliação de riscos pelas, 29, 32
   códigos internacionais de conduta para as, 54-55, 59-60
   comunicação em nível de, 122-123
   ética internacional de negócios das, 55-56
   evolução e mudança nas estruturas organizacionais nas, 206-210
   gestão do risco político pelas,
   interdependência ecológica e, 67-68
   responsabilidade em relação aos direitos humanos, 51-55
   responsabilidade social das, 48-52
   riscos econômicos das, 33-35
Mustari, Elisa L., 82n

N

N. V. Philips, 186-187, 214-215
Nacionalismo, 161-162
Nacionalização, 27-28
Namiki, N., 151n, 152-153n
Nam-Won Suh, 88-90n
Nanus, B., 276n
Naor, J., 56-58n, 59n
Naoto, S., 151n
Nasser, Jacques, 210, 210n
Nath, Raghu, 84n, 88-90n, 151n
National Trade Foreign Council (NFTC), 237
NEC Corporation, 246-247, 259-260
NEC Japan, 307-308
Necessidade de hierarquia no contexto internacional, 269-270
Necessidades, conjuntos de
Nedd, A., 275n
Neghandi, Anant R., 159n, 224-225
Negociação, 129-136
   com os chineses, 144-146
   concessões e acordo em, 134-136
   consolidar relacionamento em, 132-133

estilo árabe de, 139-140
estilo indiano de, 139-140
estilo italiano de, 140-141
estilo norte-americano de, 139
estilo sueco de, 139-141
estilos de, 136-141
gestão da, 140-148
intercâmbio de informações relacionadas à tarefa na, 133-134
na América Latina, 137-138
persuasão em, 133-136
preparação em, 130-133
suporte, na Internet, 143-144
variáveis em, 131-133
Negociação, Sistemas de Suporte de (SSN), 143-144
Nemawashi, processo, 151
Nestlé, 47-219, 199-200, 208, 210-209
Nestlé S. A., 225
Neutra *versus* afetiva, dimensão, 85, 87
Nevis, E. C., 269-270n
Newmont Mining Corporation, 131-132
Newton, L. H., 58-59n
Nicholls, C. E., 273n
Nike, 51-53
Nikitin, A.I., 24-25n
Nippon Telephone and Telegraph Company, 59
Nissan, 175, 177-179, 187
Nível de imposição, 56-58
Nixon, Richard, 59
NMB Semiconductor, 186-187
Nokia (China) Investment Co., 20-22
Norris, William C., 53, 56-58
North-American Free Trade Agreement (NAFTA) (Acordo de Livre Comércio da América do Norte), 23-25, 63-64
perspectivas do, 63-67
relações trabalhistas no México e o, 229-231
Northwest Airlines, 185, 190-191
Novikov, S. B., 192n
Nueno, J. L., 24-25n
Nuumi, corporação, 185
Nydell, M. K., 113-114n, 115n

O

Oberg, K., 247, 249n
O'Boyle, T. F., 250-251n
O'Reilly, B., 33-34n
Objetivos, 161-162
Objetos, linguagem dos, 111-112
Oculésicos, 109-187
Oddou, G., 243n, 246-247n, 254n
Ohmae, Kenichi, 22, 23n, 25-26n, 174-175n
Oliver, D., 175n
Olivetti, 73-74, 186-187
Ono, Yumiko, 92n, 253-254n, 286n
Ontario Hydro Corporation, 38
Opel, 24-25
Oportunidades de crescimento, 158-159
Oracle, 187
Organização Internacional do Trabalho (OIT), ou International Labor Organization (ILO), 53, 228-229
Organização Mundial do Trabalho (OMT), ou World Trade Organization (WTO), 24-25
Organização para a Cooperação e Desenvolvimento Econômico (OCDE), 53
Organizacional, estrutura, 205-206
emergente, 214-216
escolha da forma na, 216-219, 221
evolução e mudança na, para corporações multinacionais, 206-210
formas emergentes de, 214-216
para a globalização, 210-215
relações trabalhistas e, 226-232
variáveis de mudança e projeto na, 216-219, 221
Organizações trabalhistas (sindicais) no mundo, 226-229
Organizações, efeitos da cultura sobre as, 73-78
Oriente Médio, risco político no, 27-28
Osborn, R. N., 186, 188-189n
OSI Industries, 157-158
Ostry, Sylvia, 38-39n
Otis Elevator, 157-159
Ouchi, W. G., 88-90n

P

Padrões de pensamento no processo de comunicação, 108
País anfitrião, cidadãos do, 239
compensação para os... 253-254
diferenciais de salários entre os expatriados e os... 236-237
treinamento dos... 250-251
Países de menor desenvolvimento (subdesenvolvidos), 25-26, 38-39, 167-168
Paiz, J., 261n
Palazzo, A., 166-167n
Pan, Yigang, 173-174n, 178-179n, 181n
Panamá, individualismo no, 82
Pan-européias, empresas, 226
Paquistão, individualismo no, 82
Paralinguagem, 111-112
Park, Daewoo, 148-149n
Parkhe, Arvind, 185n
Paroquialismo, 76-78
Participativa, gestão, 32, 149-150
Pascoe, R., 263n
Patel, 39
Patentes, 38-39, 198-199
Paul, A., 33-34n, 35n
Paulson, S. K., 67n
Pearce, John A., II, 99-100n, 144n, 145n, 200n
Pearce, W. B., 104-105n
Pearl, D., 21-22n
PepsiCo, 109, 191, 207, 208, 249-250
Perlmutter, H. V., 240-241n, 242n
Persuasão, 133-136
Petersburg Products International (PPI), 191
Petersen, Donald, 55-56
Peterson, R. A., 67n
Petro Canada, 38
Peugeot-Citroen SA, 198-199
Pfeiffer, John, 109-110n, 111-112n, 129-130n, 136n
Phatak, Arvind V., 88-89n, 161-162n, 172-173n, 178-179n, 222-223n, 225n
Philip Morris, 166, 174-175, 239-240
Philips Group, 158-159
Philips, M., 58-59n
Phillips-Van Heusen, 42-43

Pizza Hut, 191
Plar AS, 65-66
PLEOMART, 171
Pointer, M., 159n
Policêntrica, política de formação de equipe, 239-240
Policrônicos, sistemas de tempo, 111-112
Política como variável cultural, 79
Política, instabilidade, 161-162
Political & Economic Risk Consultancy (Hong Kong), 36-37
Político, adaptação ao ambiente de regulamentação, 32
Político, risco, 27-29
    avaliação do, 28-32
    gestão do, 32-33
    redução do, 186, 188-189
Político, seguro de risco, 32-33
Polônia, 24-25
Popp, G. E., 270n, 272n, 274n
Porter, L. W., 269n, 282n
Porter, Michael E., 162-163n, 166-167n, 170-171n
Porter, R. E., 105-107n, 109n, 113-114n, 122-123n
Posição, controle de, 32-33
Powell, Colin, 33-34
Poynter, T. A., 214-215n
Prahalad, C. K., 62-63n, 166n, 226n
Prasad, S. B., 240-241n
Preparação no processo de negociação, 130-133
Pricewaterhouse-Coopers, 41-43
PRISM (matriz de acompanhamento de risco primário para os investimentos), 29
Privatização, tendência à, 24-25, 227-228
Proativas, razões, 157-159
Problemas para os, 245
Procter & Gamble (P&G), 41-42, 76-78, 163-164, 239, 256
Produto Nacional Bruto (PNB) mundial, 22
Produto Nacional Bruto (PNB), mundo, 22
Projetiva, similaridade cognitiva, 130-131
Proteção da tecnologia patenteada, 38-39
Proteção de dados, 57
    globalismo e, 22-23
    planejamento estratégico para a, 175-179
Proxêmicas, 110-111
PSA Peugeot, 186-187
Puffer, Sheila M., 236-237n
Pura, 199-200n
Putin, Vladimir, 192
Pye, Lucian, 146n

Q

Qantas, 185
Qualitativa, abordagem, 34
Quantitativo, método, 34
Quelch, John A., 24-25n, 48-49n
Questionáveis, pagamentos, 56-59
Questões de regulamentações, 36-38
Quezada, Fernando, 88-90n
Quinlan, Mike, 179-180

R

R.C.A., 318
Rackham, Neil, 142n

Radebaugh, L. H., 226-227n, 229-230n
Radway, R. J., 36-37n, 172-173n
Rajesh, J., 39n
Rall, Wilhelm, 156-157n, 211n
Ralston, D. A., 78-79n, 100-101n
Ramey, Joanna, 51-52n
Rank Xerox, 285
Rao, S. S., 285n
Ratiu, Indrei, 259-260, 261n
Raytheon, 42-43
Ready, K., 261n
Recompensas, sistemas de, 275-276
Recruit Company, 59
Recruitgate, 59
Redding, S.G., 282n
Reebok, 51-52, 52-53
Reeder, John A., 132-133n
Regalia, 106-107
Regionais, blocos de comércio, 23-26
Regionalização, 167-169
Regulamentações, 157-158
Reich, R. B., 216n, 258-259n
Rejeitos perigosos, exportação dos, de países desenvolvidos para nações menos desenvolvidas, 66-67
Relações trabalhistas, 226
    interação com os sistemas locais, 226-232
    na Alemanha, 231-232
    no México, 229-231
Relações, consolidação de, em negociações, 132-133
Relativismo ético, 51-52
Religião como variável cultural, 80
Renault, 187
Renschler, Andreas, 200
Repatriação, função da, no desenvolvimento de um quadro global de executivos, 256-259
Repatriados, 242
Resiliência, 122-123
Restrições, 157-158
Rhone-Poulenc, 186-187, 199-200
Ribeau, S. A., 107-108n, 111-112n, 113-114n
Ricks, David A., 72-73n, 109n, 121n, 159n, 167-168n
Rieger, F., 265-266n
Ring, P. Smith, 32n
Ringi, processo, 151-153
Ringi, sistema, 151
Ringi-sho, 151-152
RISC, tecnologia, 186-187
Risco econômico, 33-35
Risco, avaliação de, pelas corporações multinacionais, 29, 32
Risco, orientação, 181
Risco, tolerância ao, 148-149
RJR Nabisco, 166, 191
Robbins, S. P., 38n
Robinson, R. D., 276n
Robinson, Richard B., Jr., 99-100n, 144n, 145n, 200n
Robock, S. H., 27-29n
Roehl, T. W., 76, 76n
Rohrmann, G., 222-223n
Roh Tae Woo, 56-58
Rolfe, R., 159n
Ronen, Simcha, 62-63n, 66-67n, 84n, 106-107n, 145n, 249-250n, 269n
Ronkainen, I.A., 226n
Root, Franklin, R., 173-174n

Rosenfeld, H. M., 110-111*n*
Rosenzweig, P. M., 199-200*n*, 212-214*n*
Roth, K., 167-168*n*
Roukis, G. S., 28-29*n*
Rowland, K. M, 275*n*
RSD, 186, 188
Ruben, B. D., 122-123*n*
Ruben, R. B., 122-123*n*
Rugman, A. M., 229-230*n*
Russell, Scott, 72-73

S

SA8000 (Responsabilidade Social 8000), 53
Sabena, 185
Sadhu, Kinal K., 84*n*
Safe Harbor (porto seguro), princípio do, 57
Sainsbury Plc, 53
Sakai, Kuniyasu, 286*n*
Samovar, L. A., 105-107*n*, 109*n*, 113-114*n*, 122-123*n*
Samsung, 186-187, 316
San Diego Gas & Electric Co., 65-66
Sanger, D. E., 59*n*
SAS, 185
Saskatchewan Telephones, 38
Sato, Fumio, 184-185
Sauber, M. H., 67*n*
Saúde como variável cultural, 80
Saywell, T., 276*n*
Scarborough, J., 98-99*n*
Schaan, J. L., 196*n*, 197*n*-198*n*
Schermerhorn, J. R., 109, 109*n*
Schlender, B. R., 168-169*n*, 184-185*n*, 214-215*n*
Schmitt, N., 270*n*
Schnitzer, M. C., 29*n*, 32*n*-33*n*
Schrempp, Juergen, 184-185, 199-200
Schuler, R. S., 226*n*, 227*n*, 228*n*, 239-240*n*, 244*n*, 253*n*
Segredos comerciais, 38-39
Sekaran, U., 223-224*n*
Seletiva, transmissão, 121-122
Seqüestros, 33-34
Serwer, A. E., 157-158*n*, 179-180*n*, 194-195*n*
Seth, T., 88-90*n*
Sethi, Namiki, 151*n*
Sethi, S. Prakash, 48-49*n*, 151*n*, 152-153*n*
Shama, A., 166*n*, 191*n*, 192*n*
Shand, D., 118-119*n*, 121*n*
Shannon, M. E., 59*n*
Sharfman, M. 67*n*
Sharp, 316
Shaw, George Bernard, 109
Shekshnia, Stanislav V., 236-237*n*
Sheleznov, Mikhail, 204-205
Shell, 256
Sheng, R., 100-101*n*
Shenkar, Oded, 84*n*, 145*n*, 197*n*
Shetty, Y., K. Krishna, 240-241*n*
Shorrock, Tim, 229-230*n*
Shreeve, T. W., 29*n*
Shusheng, Wang, 156
Shu Shin Luh, 52-53
Shuchman, *Lisa*, 198-199*n*
Siddiqui, D., 267*n*

Siemens AG (Alemanha), 59, 171, 174-175, 177-179, 216
Siemens-Bosch, 317
Simitomo Corporation, 171
Simmonds, K., 27, 28-29*n*
Simon, D. F., 28-29
Sindicatos de metalúrgicos, 226-227
Sinergias, 186, 188-189
Singer, 55-56*n*, 58-59*n*
Singh, Jang B., 67, 67*n*
Sinha, D., 284*n*, 285*n*
Sinha, Jai B. P., 284*n*
Sistema jurídico, 36-38
    lei de contratos em, 36-37
    questões de regulamentação em, 36-38
Sistemas de acompanhamento e relatório, 221-222
    adequação dos, 223-225
    gestão efetiva dos, 223-225
Sistemas de alerta antecipado, 32
sistemas de gestão empresarial (*Enterprise resource planning*),
    118-119
Sistemas de tempo monocrônicos, 111-112
Sistemas trabalhistas, convergência *versus* divergência nos,
    228-230
Slocum, J. W., Jr., 185*n*
Smart, Bruce, 55-56
Smith, C. S., 198-199*n*
Smith, H. J., 57*n*
SmithKline, 157-158
Smoleevskij, Georgij, 204-205
Snow, Lynn, 199-200
Social, organização, no processo de comunicação, 108
Social, responsabilidade, das multinacionais, 48-52
Societé Nationale Industrielle Aerospatiale, 168-169
Sociótipo, 108
Softbank Corp., 313-329
Solomon, Charlene M., 254*n*, 256*n*, 260*n*
Soltwedel, Rudiger, 232
Sommer, S. M., 284*n*
Son, Masayoshi, 334-336
Sony, 166, 167-168
South African Airways, 185
Spaeth, A., 285*n*
Spich, R. S., 62-63*n*, 195-196*n*, 207, 208*n*, 276*n*, 277*n*
Spindle, Wm, 92*n*, 253-254*n*, 286*n*
Starbucks, 264
Starr, Robert, 194-195*n*
Stecklow, S., 48*n*
Steensma, H. K., 83*n*
Steers, R. M., 265-266*n*, 276*n*
Steiner, G. A., 56-58*n*
Steiner, J. F., 56-58*n*
Stelzer, Leigh, 145*n*, 145-146*n*
Stephens, G. K., 272*n*
STET, 309
Steveson, K. A., 138*n*
Stewart, L., 147*n*
Stewart, S., 145-146*n*
Stogdill, R. M., 279*n*
Stopford, John M., 206*n*
Streeck, Wofgang, 232*n*
Stroh, Linda K., 250-251*n*, 258*n*
Stuart-Kotze, R., 36-37*n*
Subculturas, 78-79
Subculturas, choques das, 247, 249

Subjetiva, abordagem, do processo decisório, 148-149
Suborno, 59
Subramaniam, Rajesh, 223
Subsidiárias
   de propriedade integral, 174-175
   estrangeiras, nos Estados Unidos, 60-62
   gestão de, 61-67
Subsidiárias de propriedade integral, 174-175
Subsidiárias estrangeiras nos Estados Unidos, 60-62
Suchard, Jacobs, 174-175
Sudeste da Ásia, compromissos econômicos na, 23-24
Suecos, negociadores, 139-141
Suez Lyonnaise des Eaux SA, 198-199
Suharto, presidente, 35, 161-162, 198-200
Sullivan, S.E., 253-254n
Sumisho Computer Systems, 169-170
Sun Microsystems, 186-187
Sussman, N. M, 110-111n
Suzuki, Tatsuzo, 177-179, 269n
Swasy, A., 163-164n
Swee Hoon Ang, 53, 53n
Sweeney, John, 229-230
Swissair, 185
SWOT, análise, 166

T

Taiwan, bloco comercial em, 23-24
Takeshita, Noboru, 59
Taoka, G. M., 28-29n, 32-33n, 167-168n
Tarczynska, Malgorzata, 274n
Táticas, 133-134
Táticas de transferência de precificação, 62-63
Tatum, Paul, 193-194
Tavis, Lee A., 48-49n
Taxas financeiras, 164, 166
Taylor A., III, 210n
Taylor, Marilyn, 172-173n
Taylor, R., 226-227n
Tcheca, República, 24-25
TD-SCDMA, 20-21
Teagarden, M. B., 271n, 272n, 273-274n, 275n
Teague, B. W., 252n
Teamsters (caminhoneiros, sindicato dos), 229-230
Tecnoglobalismo, 38
Tecnologia, efeitos na cultura, 80-81
Tecnológico, ambiente, 38-43
   e-business global no, 39-43
Teece, D. J., 166-167n
Teixeira, Josina Reis, 158-159
Telefonica, 309
Telefonos de Mexico SA (Telmex), 72-73
Templeman, John, 174-175n
Tempo
   no processo de comunicação, 111-114
   significado cultural do, 87-88
Terpstra, R. H., 78-79n
Terpstra, Vern, 79n, 88-90n, 109n
Terrorismo, administração do risco do, 33-34
Texas Instruments, 186-187
Thai, 185
Thames Water PLC, 198-199
Tifft, S., 67n

Timberland U.K., 258-259
Ting-Toomey, S., 147n
Toman, Barbara, 175n
Tomey, Ting, 146n
Tomey, W. B., 146n
Tomlinson, W. H., 67n
Toshiba Corporation, 23-24, 184-185, 186-187
Toyota, 23-24, 164, 166, 175, 177-179, 185
Toys 'R' Us, 53
Trabalho, centralidade do, 265-266
Trabalho, significado do, 265-269
Transnacionais, corporações (TNCs), 48-49, 216-217
   estrutura de rede das, 214-216
Transpatriados, 239-240
Treinamento no trabalho, 249-250
Treinamento, 245-251
   de cidadãos do país anfitrião, 250-251
   integrado com orientação global, 250-251
   intercultural, 245-247, 249
   técnicas em, 247, 249-251
3M, 177-179
TRIADE, mercado da, 23-26
Triandis, H. C., 108n
Triandis, H. D., 107-108n
Tripathi, R. C., 285n
Trompenaars, A., 281n
Trompenaars, Fons, 85-85, 87, 85n
Tse, David K., 141-142n, 145n, 149-150n, 178-179n, 181n
Tsui, Anne, 109-110n, 111-112n
Tu, H. S., 253-254n
Tully, S., 175n
Tung, R.L., 88-90n, 134-136n, 144n, 244n, 245n, 246-247n, 249n-250n, 255-256n, 269-270n
Turk, Milan, Jr., 41-42
Turner, E., 258-259n
Turnkey (Prontas), operações, 173-174
Tyler, B. B., 148-149n

U

Ueno, S., 223-224n
União de Paris, 38-39
UNICEF, 48
Unilever, 208, 210, 239-240
Union Carbide, vazamento de gás em Bhopal, 48-49, 66-67
United Airlines, 185
United Auto Workers (UAW), 108
United Electrical, Radio and Machine Workers Union, 229-230
United Nations Commission on Transnational Corporations (Comissão da ONU sobre Multinacionais), 53
United Nations Convention on Contracts for the International Sale of Goods (CISG), ou Convenção das Nações Unidas sobre Contratos para as Vendas Internacionais de Bens, 36
Universalismo moral, 50-51
Universalismo versus particularização, 85, 87
Unocal, 35
Ury, W., 131n, 132-133n
U.S. Airways, 185
U.S. Export Sales, 327-329
U.S. Filter, 64-66
U.S., *software*, 171
USS Cole, atentado contra o navio no ano 2000, 33-34

ÍNDICE

U.S. West International, 25-26, 35
Utilitarismo, 149-150

V

Vaghefi, M. Reza, 67n
Valores de barco salva-vidas, 212
Valores, 80-81
    diferenças operacionais críticas em, 85, 87-90
    dimensões em, 80-85
    salva-vidas, 212
Variáveis
    culturais, 76-90
    de avaliação, 225
    em negociação, 131-133
Variáveis financeiras nos relatórios das companhias
    multinacionais, 222-223
Varig, 185
Verity, C. W., 175n
Vernon-Wortzel, Heidi, 186, 188-189n
Versand, Otto, 53
Vidinova, A., 228-229n
Vitromatic S. A., 322
Vlachoutsicos, Charalambos, 193-195n
Vogel, D., 55-56n
Vondras, John, 41-35
Von Glinow, M. A., 271, 272, 273-274, 275

W

Waldheim, Kurt, 132-133
Wallenius, H., 143-144n
Wallenius, J., 143n
Walls, J., 141-142n, 145n
WalMart, 24-25, 51-52, 64-66, 164, 166, 200
WalMex, 24-25
Wang, Y. C., 212
Ward, B., 66-67n
Weaver, K. M., 83n
Web, suporte a negociações na, 143-144
Webber, Ross A., 87-88n
Wedge, 224-225
Weidenbaum, M., 212n, 212-214n
Weigand, Robert, 159n
Weiner, B., 27-28n
Weiss, S., 132n
Welch, D. E., 226n, 227n, 228n, 239, 240-241n
Welch, Jack, 271
Weldon, Elizabeth, 82n
Wells, Louis T., Jr., 206, 206n
Welsh, D. H., 284n
Werner, S., 228-229n
Westinghouse-Mitsubishi, 189-190
Weston, S., 228-229n

Whatley, Arthur, 76n
Wheelen, T. L., 190-191n
Whirlpool International, 258-259, 313-339, 341, 342
White Consolidated Industries, 314-315
White, D. D., 270n
White, J. B., 88-90n
White, R. E., 214-215n
Whitely, W ., 148-149n
Whitwam, David R., 313
Wicks, A. C., 51-52n
Wideband CDMA (ou W-CDMA), 20-21
Will-Bill-Dann, 191
Wilmott, E., 104-105n, 119, 121n
Wilson, T., 118-119n, 120n
Wind, Yoram, 168-169n, 211n
Win-win (ganha-ganha), situação, 129-130
Witmeyer, D., 138n
Wolfson, K., 104-105n
Wong-Rieger, D., 265-266n
Woodward, J., 206n
World Trade Center, 33-34
Worthley, Reginald, 76n
Wortzel, L. H., 186, 188-189n
Wright, R. W., 270n
Wysocki, Bernard, Jr., 73-74n, 156-157n, 246-247n

X

Xerox Corporation, 158-159, 171, 239-240
Xin, Katherine R., 109-110n, 111-112n
Xun Wang, 78-79n

Y

Yahoo!, 166-167
Yamamoto, Takuma, 214-215
Yatski, P., 24-25n
Young Yun Kim, 124n
Yu Kai-Ceng, 78-79n

Z

Zachary, G. P., 52-53n
Zahra, S., 173-175n
Zeira, Yoram, 197n
Zemin, Jiang, 24-25
Zeneca Group P.L.C., 177
Zenith Electronics, 186, 188-189
Zetsche, Dieter, 184-185
Zhan, Nan, 149-150n
Zhou, Sunny, 145
Zhurakovskij, Vladimir, 204-205
Zimmerman, Hans Dieter, 39n
Zubiran, Roland, 72

edelbra

Impressão e acabamento:
E-mail: edelbra@edelbra.com.br
Fone/Fax: (54) 321-1744

Filmes fornecidos pelo Editor.